ACCOUNTING DECISION MAKING

기업 경영에서의
회계의사결정

IN THE BUSINESS SETTING

손성규

박영사

「회계문제의 대응과 해법」이라는 저서를 2019년 봄에 간행한 이후에 1년 만에 저술을 간행하게 되어 기쁘다.

본 저술은 저자가 기업지배구조원 기업지배구조위원회, 기업지배구조원 등급위원장, 삼정회계법인 감사위원회 지원센터, 감사위원회 포럼 등의 활동을 수행하면서 학습하고, 또한 실제로 다수 기업의 이사회와 감사위원회 경영 활동에 참여하면서 경험한 내용 등에 근거한 저술이다.

본 저술은 「회계감사이론, 제도 및 적용」(2006), 「수시공시이론, 제도 및 정책」(2009), 「금융감독, 제도 및 정책 – 회계 규제를 중심으로」(2012), 「회계 환경, 제도 및 전략」(2014), 「금융시장에서의 회계의 역할과 적용」(2016), 「전략적 회계 의사결정」(2017), 「시사적인 회계이슈들」(2018), 「지배구조의 모든 것(연강흠, 이호영과 공저)」(2018), 「회계문제의 대응과 해법」(2019)에 이은 저술이다.

2017년에 개정된 신외감법이 2018년 11월부터 적용되며 이제는 개정된 외감법에서의 제도들이 정착 단계에 들어갔다. 그러나 신외감법 적용 초기 시점부터 표준감사시간이 적정감사시간인지 아니면 최소감사시간인지에 대한 논란이 제기되면서 새로운 제도의 적용이 결코 쉽지만은 않다는 것을 실감하게 되었고, 기업에서는 기업의 상황을 너무 모르고 감사시간을 증가시키려 한다는 반발이 제기되었다. 또 일부에서는 공정거래위원회가 표준감사시간의 적용에 개입할 수도 있다는 우려도 제기되었다.

회계제도의 변화는 미국에서도 회계개혁법안이라는 명칭이 붙을 정도로 개혁적이라서 개혁의 대상이 되는 경제주체가 불편해 하거나 어느 정도 불만이 있는 것은 충분히 이해할 만하다. 기업은 신외감법 이전에는 감사인의 선임에 대해서 감사위원회가 승인권한만을 가지고 있다가 신외감법 도입으로 선임권한을 넘겨받으며 주도적으로 이 업무를 수행하게 되었다. 이러한 제도의 변화가 기업의 감사인 선임에 있어서 실질적인 변화가 있는 것인지 아니면 실체적인 변화 없이 단지 제도만 변경된 것인지도 점검해 보아야 한다.

내부회계관리제도에 대한 감사도 그렇고, 주기적 지정제도 규모가 대기업부터 2020년부터 점진적으로 도입되는데 2022년에는 거의 모든 상장기업에 적용되게 된다.

제도를 급진적으로 모두 도입하는 것이 어려우므로 새로운 제도는 순차적으로 도입하게 된다. 이러한 점진적인 새로운 제도의 도입도 도입이지만 IFRS와 같은 새로운 회계제도는 big bang approach라고 해서 2011년 일시에 도입되는 방식을 취하였다. 물론, 상장기업과 금융기관에 우선적으로 도입되었다. 예를 들어, 외감법의 개정으로 인해서 내부회계관리제도에 대한 인증이 검토가 아니고 자산규모 2조원이 넘은 기업의 경우는 2019년부터 감사로 격상되었다. 별도 재무제표의 경우, 5,000억원이 넘는 기업은 2020년, 1,000억원이 넘는 기업은 2022년부터 상장법인 전체는 2023년부터 강제된다. 연결재무제표의 경우는 2조원 이상은 2022년부터, 5,000억원 이상은 2023년부터, 상장기업 전체 기업은 2024년부터 적용된다.

핵심감사제의 경우는 2016년부터는 수주산업에 대해서 우선적으로 적용되었으며, 2018년부터는 자산규모 2조원이 넘는 기업에 강제되었고 2019년부터는 1,000억원이 넘는 기업, 2020년부터는 전체 상장기업에 적용된다. 이와 같이 새로운 제도의 도입이 점진적으로 추진된다.

2019년에 들어오면서 국민연금의 경영참여가 화두로 대두되었다. 기업지배구조 차원에서 매우 획기적인 사건이다. 644조의 국민의 노후자금을 운용하는 주식시장의 큰손인 국민연금은 스튜어드십 코드의 도입과 함께 국민연금의 행보에 많은 관심이 모아지고 있다. 지난 20년간 기업 지배구조의 개선과 관련된 많은 의견이 제시되었지만 개인 투자자 차원에서의 요구는 최대주주의 엄청난 힘 앞에서는 할 수 있는 것이 거의 없었던 것이 사실이다. 기관투자자들이 조직적으로 움직일 때, 기업도 이제는 더 이상 변화에 대한 요구를 간과할 수 없는 환경이 조성되어 가고 있다는 판단을 할 수 있다.

1990년대 후반부터 기업지배구조 관련된 제도가 확립되어서 20년째 시행되어 오고 있지만 그럼에도 우리나라 기업은 특히나 최대주주가 있는 기업의 경우 이들이 주도적으로 기업을 경영하는 것이고 이러한 기업의 경우, 이사회나 감사위원회는 요식/형식적으로 운영된다는데 큰 이견이 없다. 사외이사들조차도 제 역할을 하지 못할 때, 시민단체나 기관투자자들이 어느 정도 역할을 수행하면서 순기능을 할 수 있다.

2018년 사업연도의 주총에서의 배당의 급격한 증가나 최대주주의 이사회 진입 실패 등은 국민연금의 경영권 참여가 우리나라 기업지배구조에 있어서 큰 전환점이 되고 있음을 입증하고 있다.

특히나 신외감법의 도입 시점에 아시아나항공의 감사의견이 변경되기는 하였지만 애초에 한정의견이 표명되면서 궁극적으로 금호의 아시아나항공 매각이라는 사건으로 이어지면서 신외감법의 도입이 엄청난 파괴력을 지닌 사건임을 우리 모두가 실감하게 되었다.

저술 과정에도 도움을 준 서울고등법원의 윤성근 부장판사, 연세대학교 법학전문대학원의 안강현 교수님, 선명회계법인 품질관리실 전괄 실장님, 삼정회계법인의 박성배 전무, 김철영, 지동현 상무, 한영의 양준권 파트너, 금융감독원의 손기숙 수석, 변지영 선임, 현대건설기계의 황재하 변호사, 한국공인회계사회의 윤경식 감리조사위원회 위원장께 감사한다. 지은상 박사과정이 3년째 연구를 같이 해오고 있다. 항상 옆에서 강의와 연구에 도움을 주고 있는 은상 씨에게 감사한다.

사랑하는 아내 두연이 35년간 항상 함께 해 주어서 이 모든 것이 가능하게 되었으니 아내에게 감사한다. 부모님과 장모님께서 9순이 넘는 고령임에도 건강하게 생활하고 계시니 너무 감사하다. 남은 여생이 평안하기를 위해 기도한다.

우리의 큰 아들 승현이가 가정을 가꾸어 현정이와 잘 살고 있으니 고맙고, 둘째 승모도 건강한 사회인으로 맡겨진 일을 잘 하고 있으니 가족에게 항상 감사한다. 졸고를 출간해 주신 박영사 관계자분들께도 감사한다.

2020.4.10.

저자

이 저술은 2019년 연세대학교 연구비의 지원을 받아 수행된 것임(2019-22-0139)

이 책은 연세대학교 경영연구소의 '전문학술저서 및 한국기업경영연구 총서' 프로그램의 지원을 받아 출간되었습니다.

차 례

기업 경영에서의 회계의사결정

품질관리실 최소 인원

회계법인은 영리기관이다. 단, 다른 영리 기관과 차이가 나는 부분은 공적인 업무를 수행하는 영리기관이다. 동시에 품질관리가 되지 않는다고 하면 감사인이 제공하는 회계감사라는 용역은 가치를 잃게 되므로 회계법인 차원에서, 아니면 회계업계 차원에서 감독기관/규제기관이 개입하기 이전에 自淨적인 차원에서 자율적으로 품질관리(quality control)을 할 유인이 있다. 감독/규제기관의 감독도 구속력이 있고, 경계의 대상이지만 자율규제도 매우 강력할 수 있다.[1]

비상장기업에 대한 감리는 공인회계사회(한공회)에 위탁되어 있지만 최종적인 조치 권한은 금융위원회의 증권선물위원회에 있고 개인 공인회계사의 자격 정지 등에 관한 최종적인 판단도 금융위원회의 공인회계사 징계위원회에 있는데, 때로는 한공회의 조치를 증선위가 경감하는 경우도 있어서, 자율 규제가 항상 관대한 것만은 아니다.

예를 들어 주식시장에 있어서는 한국거래소가 자율규제를 하는 기관이며 회계와 관련되어서는 한공회가 자율규제기관이다. 자율규제가 실패하면 감독이 개입되기 때문에 자율규제가 철저히 수행될 당위성이 존재한다.

어떻게 보면 주기적 지정제라는 규제도 자유수임제도라는 제도가 1980년대 초반에 도입되었는데 정착되지 못하고 30여년이 유지되다가 대우(1997년 19.5조, 1998년 21.5조, 합쳐서 41조원),[2] SK글로벌(1조 5천억원), 대우조선해양(5조

---

1) 이러한 자정적인 차원에서 quality control을 하는 경우는 한국거래소의 불성실공시에 대한 조치나 한국공인회계사회에 위탁된 비상장기업에 대한 위탁감리를 예로 들 수 있다. 감독기관이나 규제기관에서 조치하기 이전에 자율적인 조치를 수행하는 것이다.
2) 한겨레신문. 2005.6.15. 김우중 감독의 '세계 최대 41조 회계조작' 사건
매우 오래된 사건이지만 전대미문의 대대적인 회계분석 사건이라서 기억을 되찾기 위해서 신문기사를 인용한다.

원) 등의 대형 분식회계가 발생하면서 자율로는 회계분식의 문제는 해결되지 않는다는 결론이 도출된 것이다.

특히나 미국의 엔론 사태의 경우의 분식이 1조 2,000억원이라고 하니 우리 나라에서의 대형 분식의 경우는 전대미문의 금액이다.

각 회계법인에는 품질관리실 또는 심리실 조직이 있어서 품질관리를 전담하고 있다. 품질관리부서는 revenue나 profit center가 아니고 cost center라

....

검찰 수사자료에서 가장 자주 등장하는 대우의 분식수법은 매출과 자산 부풀리기이다. ㈜대우 무역부문은 홍콩현지법인을 통해 페이퍼컴퍼니인 '이스테빌리쉬 프렌드'를 만든 뒤 수출계약서나 선하증권 등 수출 관련 서류를 가짜로 만들어 국내 은행에서 수출어음(DA)을 할인받는 방식으로 가공매출을 만들었다.

㈜대우 건설부문의 경우 인도 자동차공장 건설공사 등 10개 국가에서 건설공사를 한 사실이 없는데도 각 국가별로 거짓 재무제표를 만들어 1998년 회계연도의 손익계산서상 당기순이익을 5,296억원이나 거짓으로 늘렸다.

대우차는 계열사인 대우차판매에 1998년 10월 차량 1만 3천대를 판 것처럼 꾸며 1,056억원의 거짓 매출채권을 만들기도 했다. 또 ㈜대우가 폴란드 우크라이나 루마니아 등지에 자동차 제조설비 및 장비 공급계약을 맺고 이에 필요한 장비 등은 대우차가 제공하는 것으로 계약서를 만든 다음, 실제 수출이 이뤄지지 않은 상태에서 계약서만으로 대우차가 2,071억원의 설비 및 장비를 공급한 것처럼 꾸몄다.

부채 감추기도 단골수법이었다. 예를 들어 대우차의 경우 1996년 6월께 스위스의 유비에스(UBS) 등으로부터 2억 달러를 빌리면서 국외에 '아르텍'이라는 종이회사를 차려 자금이 들어오도록 했다. 아르텍은 대우차의 증자에 참여하는 방식을 택했다. 결국 사실상 외국에서 빚을 얻은 셈인데, 대우차 회계장부에는 외자유치로 자본금만 2억 달러 늘어나는 것으로 분칠됐다. 이 밖에도 △재고자산 부풀리기 △회수 가능성이 전혀 없는 매출채권을 우량채권으로 탈바꿈시키기 △관계회사 투자자금 손실 감추기 등 온갖 분식회계 수법이 다 동원됐다.

■ 대부분 김우중의 작품 = 대부분의 대우 계열사 분식회계는 김우중 전 회장의 직접 지시에 따라 이뤄진 것으로 검찰 수사에서 드러났다. 가령 ㈜대우의 1997회계연도 가결산에는 부채가 9조 7,493억원이고, 1조 2,803억원의 당기순손실을 낸 것으로 되어 있는데도 김 전 회장이 "부채비율은 400% 이하로 낮추고 이익배당률이 2%가 되도록 하라"고 지시해, 부채 7조 4,741억원에 2,512억원의 순이익을 낸 것으로 둔갑했다.

김 전 회장은 조금 규모가 큰 분식회계 건과 관련해서는, 각 계열사별 최고경영자를 제치고 실무임원들로부터 직접 보고를 받은 것으로 드러났다. ㈜대우는 수출관련서류를 허위로 만들어 수출어음(DA)를 국내 은행에서 할인해 자금을 끌어다 쓴 경우 자금담당과 외환담당 임원이 김 회장에게만 '특수차입금 현황'이라는 보고를 했다.

대우의 각 연도별 분식 금액(단위: 조)

	1997년	1998년
대우	12.8	14.2
대우차	1.6	2.8
대우중공업	2.9	2.1
대우전자	1.7	2.0
대우통신	0.3	0.4

고 볼 수 있는데, 그렇기 때문에 영리 위주의 경영을 수행하는 회계법인이라고 하면 품질관리실을 소홀히 운영할 가능성도 있다.

이러한 기능을 하도록 회계법인에도 monitoring 기능을 수행하는 감사를 선임한 회계법인도 있지만 그렇지 않은 회계법인이 더 많은 듯하다. 물론 우리나라 상법 체계에서의 감사만이 이러한 기능을 하는 것은 아니고 딜로이트 안진의 경우는 RRL(Risk reputation leader)라는 직을 두어 international 차원에서 대표이사를 monitoring하도록 하고 있다. 다만 우리나라의 감사라고 하는 상법 체계에서의 직은 아니지만 그 역할은 나름대로 하고 있고 당연히 그렇게 되어야 한다.

회계법인의 법적인 형태가 유한회사이며 유한회사에서의 감사는 임의 기관이므로 감사를 선임할 의무는 없다. 반면에 자본금 10억원이 초과하는 주식회사에는 감사를 두어야 하므로 회사의 형태에 따라서 quality control을 강제하는 수준에 차이가 있다.[3] 그럼에도 일부 회계법인은 감사를 선임하는 경우도 있다.

신외감법에서 일부의 유한회사에 외부감사를 강제하게 되는데, 내부 감사 기능이 강제되지 않는데 이는 주식회사와는 달리 유한회사는 회사가 보호해야 하는 주주가 존재하지 않기 때문이다. 대규모 유한회사에 대한 감사를 강제화하는 외감법은 2018년에 개정되었고, 유한회사에 감사가 임의 기관이라는 상법 규정은 오래전부터 있어 왔기 때문에 하위 법률인 외감법의 개정으로 의해서 어느 정도 상법과 불합치가 발생하기 때문이다. 이는 외부감사인은 어느 정도 내부 감사의 보조자의 역할을 하게 되는데 내부 감사 기능 자체도 없는 상황에서 보조자를 둔다는 것이 논리적이지 않다. 이는 어떻게 해석하면 우리 자신이 우리를 monitoring하는 데는 관심이 없지만 외부의 힘을 빌려서는 monitoring을 해야 한다는 접근일 수 있다. 외부 감사에 한계가 있다는 것을 인정하면 이는 매우 옳지 않은 접근 방식이다. 회사가 내부적으로 감사업무를 수행하면서 외부 감사인의 보조를 받는다는 개념이어야 한다.

기업의 경우도 동일하다. 내부회계관리팀, 내부감사팀, 감사실, 글로벌리

---

3) 물론 감사의 기능이 반드시 quality control에만 있는 것은 아니지만, quality control과 무관하다고 할 수도 없다.

스크관리팀, 준법감시팀⁴⁾ 등의 품질관리와 관련된 업무를 수행하는 부서는 원가를 발생시키는 cost center이지 revenue center나 profit center가 아니라서 영리를 추구하는 기업이 이 업무에 소홀할 수도 있다.

그렇기 때문에 금융기관일 경우는, 내부회계관리제도의 운영을 위해서는 별도의 조직을 운영할 것을 요구받고 있으며 일반 기업의 경우도 감사나 내부회계관리를 운용하는 별도의 조직이 있는 것이 바람직하다. 물론, 별도의 조직이 있다고 해도 이를 어떻게 운용하는지에 따라서 나타나는 효과는 당연히 달라지지만 그럼에도 운용을 어떻게 하는지는 쉽게 관찰할 수 없기 때문에 외부적으로는 별도의 조직의 존재 여부로 접근할 수밖에 없다.

이에 정부는 2019년 한때 외부감사 및 회계 등에 관한 규정에 다음과 같이 회계법인에 품질관리부서의 최소 인원을 강제하는 정책을 입안하였다. 아마도 품질관리부서의 운영을 위한 최소 인원이 업무를 담당하는 것은 바람직하지만 이를 최소 인원에 대한 필요가 자생적인 것이 아니라 외부에서 이를 정해 주는 것이 너무 관료적이라는 비판이 제기되었을 수 있어서 이 규정은 처음에 입안되었다가 위의 사유로 삭제되었다가 다시 부활되는 복잡한 과정을 거쳤다. 인원으로 규제하는 것이 가장 쉽게 규제하는 대안일 수 있다.

회계감사의 quality에 문제가 있으니 감사 품질에 영향을 미칠 수 있다는 감사시간이나 감사수임료에 대해서 감독기관/규제기관의 개입 건이 이슈가 된다. 감사품질에 문제가 있는데 정부가 개입하지 않는다고 하면 이는 선량한 투자자가 피해를 볼 수 있기 때문에 이들을 보호해 주어야 하는 책무가 규제기관/감독기관에 있다.

품질관리실의 최소 인원과 관련된 이슈이므로 이는 이들이 투입하는 업무 시간에 관한 이슈일 수도 있으니 감사시간에 대한 이슈와 관련된다.

감사수임료는 감사 시간에 평균 시간당 임률을 곱한 것이므로 수임료도 거의 감사시간에 비례한다고 할 수 있다. 단, 임률의 경우는 협상력의 산물이

---

4) 일부 기업에서는 내부감사기능과 준법감시기능이 명확히 구분되지 않는다는 얘기도 한다. 단, 제도적으로 준법감시기능은 회계의 제도가 법규, 규정 등을 잘 준수하고 있는지를 점검하는 사전적인 점검 기능을 수행하고 내부 감사기능은 문제가 있을 경우 사후 조치하는 기능을 구분하여 맡고 있지만 이 두 업무 영역이 명확하게 구분되는 것은 아니다. 더욱 수년 전부터 일부 대기업의 경우 준법지원인제도가 도입되어 그렇지 않아도 복잡한 준법감시인, 내부감사인 setting에 기능이 하나 더해지는 모습이다.

며 공정거래위원회가 시간은 몰라도 수임료에 정부기관이 개입하는 것은 허용하지 않는다. 공정위는 수임료의 경우 수요자와 공급자가 시장의 자율적인 기능에 의해서 정하는 것인데 정부가 개입하는 것은 옳지 않다는 판단을 하고 있다.

2018년 이전만 하여도 빅4 회계법인의 평균적인 시간당 임률이 8만원이었는데, 2019년부터는 10만원 정도로 상향 조정되었다고 한다. 이는 신외감법에 의해서 회계와 회계감사가 강화되는 상황에서 회계업계에서 나타난 현상이다. 또한 52시간 근무시간제도 하에서 나타난 현상이기도 하다. 일부에서는 신외감법의 도입으로 피감기업과 감사인의 갑을관계가 완전히 역전되었다고도 한다. 대등한 계약 당사자들 간의 관계인데 과도하게 이를 갑/을 관계로 몰아가는 것도 바람직한 것만은 아니다.

시간이라는 것이 가장 기본적인, 업무의 성실성에 대한 기준이므로 품질관리실의 경우도 품질관리에 전업으로 업무를 처리한다고 하면 감사 업무의 감사시간에 해당하는 내용이 품질관리실의 경우는 인원수에 해당한다고 할 수 있다.

품질관리실에 근무하는 인원으로 최소한의 품질관리를 의무화하는 것이 규제 당국이 가장 쉽게 감독하는 방법일 수 있다. 이는 어떻게 보면 감사시간으로 감사품질을 보장 받으려는 것과 동일하다.

예를 들어 이사회의 독립성을 확보하기 위해서 자산 규모가 2조원이 넘는 기업에 대해서는 전체 이사 중 과반을 사외이사로 선임하도록 하는 제도나 상법 542조의 8항에서 이사 총수의 1/4 이상을 사외이사로 하는 제도도 다른 복잡한 독립성 확보 정책보다도 매우 쉽게 계량화하여 규제하며 취지를 이루려는 제도이다.

회계법인이 quality control에 신경을 쓴다면 당연히 품질관리에 종사하는 직원의 수도 이슈가 될 수 있다.

품질관리업무 담당자의 수는 다음 표와 같다.

공인회계사 수	20~70명	71~100명	101~300명	301명~
품질관리업무 담당자의 수	1명 이상	2명 이상	2명에 100명을 초과한 인원의 2%를 합한 수 이상 (소수점 이하는 절사한다)	6명에 300명을 초과한 인원의 1%를 합한 수 이상 (소수점 이하는 절사한다)

이 내용은 기업 내부에서 내부 감사부서에 근무하는 인원의 수를 최소한 몇 명이 관여하여야 하는 것인지의 내용과 일맥상통한다. 모든 조직에서의 감사 관련된 인원 수는 조직 업무의 성격과 무관하게 공통되는 고민 대상일 수 있다.

위에서의 일반적인 1%, 2%의 수치와 아래에서의 정부와 공기업에서의 0.5~2%의 인원수는 큰 차이가 나지 않는 숫자이다. 기업에서의 감사의 업무나 회계법인 내에서의 품질관리의 업무나 일맥상통하는 부분이 있다.

이종운(2015)은 다음과 같이 우리나라 정부와 공기업의 감사인력에 대한 내용을 보고하였다.

공공기관의 자체 감사 인력:

정부기관(중앙＋지자체)은 5000명, 전체 인력의 약 0.5%

공공기관(공사, 공단) 약 2,500명(전체 인원의 1.5%~2%)

2015년 말 기준 감사원의 자체감사활동 심사 대상기관(198개)의 감사인력 비율(자체감사기구 현원/기관 현원) 평균은 1.27%이다. 이는 감사원 권고 사항인 0.8%를 충족하기 위하여 각 기관에서 인력충원 노력을 통해 증가한 상황이다. 중앙행정기관 1.48%, 지방자치단체 1.15%, 공공기관 1.52%이다(이준철, 2019).

신외감법에 의해서 도입된 등록제에서도 심리이사 등의 자격 요건을 두고 있는데 이 내용은 chapter 38에서 기술된다.

전체 인력 중에 어느 정도의 인원이 감사에 투입되어야 하는지 표준을 구한다는 것이 매우 어렵다. 아마도 공공기관은 그 성격상, 정부기관의 통제 하에 사업을 영위하며 부정이 개입할 소지도 높으므로 공공성이 더 중요한 경제 분야일 것이다.

참고로 IT 관련 부서 인력의 경우 이 업무에 종사하는 인력 비중과 예산을 감독규정에서 규정하고 있다. 이는 금융기관에서의 정보 보안과 관련된 IT 업무의 중요성과 연관된다.

관련법규: 전자금융감독규정 제8조 제2항

금융회사 또는 전자금융업자는 인력 및 예산에 관하여 다음 각 호의 사항을 준수하도록 노력하여야 한다.

1. 정보기술부문 인력은 총 임직원수의 100분의 5 이상, 정보보호인력은 정보기술부문 인력의 100분의 5 이상이 되도록 할 것

2. 정보보호예산을 정보기술부문 예산의 100분의 7 이상이 되도록 할 것

IT 인원에 대해서 최소 인원을 두었다는 것은 그만큼 IT라는 것이 금융기관에 있어서는 필수적인 요소라는 것을 의미하며 금융산업이 규제산업인 것과도 무관하지 않다. 인원뿐만 아니라 예산에 대해까지도 최소 금액을 두었다는 것도 흥미롭다.

물론, 감사업무가 IT업무와 비교하여 덜 중요한 업무라고 판단되지는 않지만 감사가 수행되지 않는다고 회사의 업무가 중단되는 것은 아니다. 반면 IT의 문제는 회사 운영의 문제로 직접 연결된다. 그렇기 때문에 IT에 투입되어야 하는 최소 인원과 감사업무에 투입되어야 하는 최소 인원에는 근본적인 차이가 있다.

물론, 기업이 운용할 수 있는 인원의 배정에 대해서 감독기관이 인위적으로 과도하게 개입한다는 것이 바람직하지 않을 수 있다.

어떻게 보면 회계법인 차원에서 품질관리실에 몇 명이 근무하는 것까지도 규제기관의 규제의 대상이 되어야 하는지라는 의문이 들 수 있다.

이러한 내용까지도 규제의 대상이 될 수 있다는 점은 공익성을 갖는 회계법인의 운영에 있어서 품질관리보다는 영리에 주안점이 가면서 회계법인의 운영에 있어서 품질이라는 가치가 우선되지 않을 우려가 있기 때문이다.

이러한 위험이 상존한다고 할 때, 감독기관이 가장 쉽게 회계법인으로 하여금 품질에 신경을 쓰도록 강제하는 대안 중 하나가 품질관리실에 근무하는 인원을 강제하는 것이다. 이렇게 쉽게 계량화되고 수치화된 접근이 용이하기 때문에 주관적인 판단보다도 훨씬 용이하다.

계량화하고 수치화하는 것이 가장 바람직한지는 그 다음 이슈이다.

물론, 이러한 품질관리실의 업무 인원이 규정화되어 있지 않아도 감독원의 품질관리감리나 감사인등록제의 신청과정에서 품질관리실에 근무하는 인원이 너무 적다고 하면 이러한 점이 회계법인의 품질관리상의 문제점으로 지적이 될 수는 있지만 그럼에도 불구하고 규정에 최소 인원이 정해져 있는 경

우와는 차이가 있다.

한국경제신문. 2019.2.1.
"표준 감사시간, 기업들과 합의가 중요"

　최회장은 금융위원회가 전날 의결한 '외부감사 및 회계 등에 관한 규정 개정안'에 대해 "회계법인 대형화 바람이 불 것"이라고 했다. 감사품질 관리자 배치 등 일정 요건을 갖추고 금융위에 등록한 회계법인만 상장사 외부감사를 맡을 수 있게 하는 내용을 담고 있다.

　감사품질 부서에 관리자가 배치된다는 것은 관리할 정도의 인원으로 감사품질 부서를 운영한다는 것을 의미한다.

　인원뿐만 아니라 품질관리자의 수준이나 급여가 어떻게 되어야 하는지 등의 내용이 chapter 38에 기술된다.

　신외감법에서 품질관리에 중점을 둔다는 것은 감사위원회의 운영을 강화하는 것과 일맥상통한다. 감사위원회의 운영이 강화된다 함은 책임 또한 강화됨을 의미하며 감사과정을 투명하게 관리하지 못한 감사위원에 대한 제재도 포함하게 된다.

02 표준감사시간

표준감사시간과 관련된 논의가 2018년 후반기부터 진행되었고 최종적으로 2019년 2월 14일에 확정되었다. 확정 전에 어떠한 논의가 있었는지도 표준감사시간을 이해하는 데 중요하므로 이를 어느 정도 시간적 순서로 기술한다. 결국은 최종적으로 확정된 표준 감사시간이 남게 되었지만 그 중간 과정에서 여러 가지 논란이 해결되어 가는 과정 또한 의미가 있다고 판단된다.

한국경제신문. 2018.5.26.
"표준 감사시간제, 적용 대상 점진적으로 늘려야"

표준 감사시간은 감사인이 감사에 의무적으로 투입해야 하는 시간이다. 한국공인회계사회 주도로 업종별 시간 등의 제정 작업을 하고 있다. 다음 달 공청회 등을 거쳐 확정될 예정이다.

전교수는 또 "제도는 오는 11월부터 시행되지만 시장에 연착륙할 수 있도록 올해는 자율 시행한 뒤 내년부터 의무화하는 '버퍼'를 두는 게 바람직하다"고 강조했다.

남기권 중소회계법인협의회 회장은 시행 대상도 조금씩 늘려가야 한다고 밝혔다. 그는 "감사인 지정제 대상인 상장회사 등 대기업에 우선 시행한 뒤 중소기업으로 점차 확대하는 게 맞다"고 제안했다.

유병연 한국경제신문 부장은 "감사투입시간이 표준 감사시간을 초과하는 경우 오히려 투입시간을 기존보다 줄여야 하는 상황도 일어날 수 있다"며 "업종 등의 특성을 감안해 신중하게 적정한 감사 시간을 정해야 하는 이유"라고 말했다.

2015년부터 감사시간이 감사보고서에 공시하는 제도가 시행될 때도, 감사시간의 차이는 많은 논란의 대상이 되었다.

매일경제신문. 2015.3.20.
대우인터내셔널, KT&G, 동서 감사 시간 짧아 부실 가능성

　3월말 감사보고서가 공시되면서 각 기업들이 한해 동안 회계감사를 몇 시간 동안 받았는지 드러나고 있다. 유사기업들의 평균보다 짧은 시간 동안 감사를 받았다면 부실 감사의 위험이 높다는 지적이다. 감사품질은 감사 시간과 비례 관계에 있기 때문이다.

　29일 금융감독원 공시시스템을 통해 공개된 감사보고서에 따르면 현대제철은 지난해 삼정회계법인으로부터 5404시간 동안 감사를 받았다. 문제는 현대제철이 받은 감사시간이 다른 유사업체들이 받은 감사시간에 비해 턱없이 부족하다는 것이다.

　한국공인회계사회에 따르면 연결재무제표를 작성하는 자산총액 5조원 규모의 제조업 상장사는 2011년부터 2013년까지 평균적으로 5,500시간의 감사를 받았다. 현대제철의 자산 규모는 28조원에 달한다. 자산 규모가 비교 대상 기업들보다 5배를 훨씬 넘는데도 이들보다 짧은 시간동안 감사를 받은 것이다.

　현대제철을 감사한 삼정회계법인 측은 "현대 제철의 공장 수가 많지 않고 거래처가 몇 개 안 되다 보니 짧은 감사 시간으로도 충분히 감사할 수 있었다"고 밝혔다.

　이마트도 마찬가지였다. 이마트의 자산 규모는 12조원이나 됐지만 5조원 규모의 동종 업체가 받는 감사시간인 4,800시간보다도 짧은 4,791시간 동안 감사를 받았다. 이마트의 외부 감사인은 삼일회계법인이다. 이마트 측은 "회사의 전산시스템이 잘 돼 있어서 신뢰도가 높다 보니 감사 시간을 줄일 여지가 컸다"고 해명했다.

　최근 MB정부의 자원외교 비리 의혹 중심에 선 대우인터내셔널 감사도 동종 업체 감사시간에 못 미쳤다. 이 회사의 자산 규모는 8조 6,000억원 수준이지만 5조원 규모 기업의 평균 감사시간인 4,800시간보다 321시간이나 적게 감사를 받았다. 대우인터내셔널 감사 담당 회계법인은 한영회계법인이다.

　삼일 회계법인이 감사한 KT&G 역시 동종 업체 감사시간인 5,500시간에 턱없이 부족한 4,312시간 동안 감사를 받은 것으로 나타났다. 심지어 KT&G의 자산 규모는 6조 3,000억원으로 비교 대상 기업들의 자산 규모인 5조원보다 1조 3,000억원이나 컸다.

　동종 업체보다 감사시간이 짧은 것은 감사보수가 적기 때문일 수도 있다. 감사를 맡은 회계법인으로서는 적은 감사수임료를 받고 오랫동안 회계사 인력을 투입한다면 수

익이 나지 않기 때문이다. 이 경우에는 감사보수를 적게 지급한 상장사뿐만 아니라 애당초 저가 수주를 한 회계법인에 책임이 돌아 갈 수도 있다.

윤경식 공인회계사회 상근부회장은 "특별한 이유 없이 표준 감사시간보다 감사시간이 훨씬 적다면 감사품질에 문제가 생길 소지가 커진다"며 "공인회계사회에서는 이러한 기업들을 상대로 감리를 강화할 것"이라고 말했다.

대우인터내셔널은 포스코인터내셔널로 사명이 변경되었다.

감사시간이 동종 업종/유사한 자산 규모보다 적었던 경우의 기업에 대해서는 시스템이 잘 갖추어져 있으며 감사시간이 적게 투입될 수 있으므로 이를 표준화한다는 것은 매우 어렵다. 그럼에도 표준을 정하기로 했으므로 이러한 기업간의 차이가 존재할 수 있다는 것은 어느 정도는 극복하여야 한다.

한국경제신문. 2016.4.15.
감사보수 가장 짠 SKC

자산 규모 100대 기업 가운데 감사비용을 가장 적게 쓴 곳은 SKC로 나타났다. 한국타이어월드와이드 강원랜드 E1은 외부 감사에 투입한 시간이 전체 평균의 5분의 1에 불과한 것으로 집계됐다.

14일 한국경제신문이 유가증권시장에 상장된 자산 규모 기준 100대 기업(금융사 제외)의 감사보수와 감사시간을 분석한 결과 SKC의 감사보수가 5만 1,500원으로 가장 낮았다.

SKC의 외부감사인인 삼정KPMG회계법인은 지난해 이 회사를 감사하는 데 총 4,949시간을 썼지만 보수로 받은 돈은 2억 5,000만원 정도였다. 시간당 감사보수가 가장 많은 삼성물산(18억 7,000만원, 1만 4,267시간) 13만 1,000원의 절반에도 미치지 못했다. 100개 상장사의 평균 시간당 감사수 7만 9,400원보다는 35% 낮다.

SK케미칼(5만 2,400원) 롯데쇼핑(5만 5,300원) 현대중공업(5만 6,000원) 등도 시간당 보수가 상대적으로 낮았다. SK가스의 보수도 5만 7,100원에 불과해 시간당 보수가 적은 10개 기업 가운데 SK 그룹 계열사가 세 곳을 차지했다. 지난해 분식회계 의혹으로 평상시보다 이례적으로 많은 감사시간을 들인 대우조선해양은 순위 집계에서 제외했다.

　회계 논란이 있었던 조선업체들은 지난해 모두 전년 대비 시간당 감사보수가 줄었다. 대우조선해양의 감사인인 딜로이트 안진회계법인은 지난해 총 1만 2,845시간을 감사해 전년 6,215시간의 두 배 이상 시간을 투입했다. 이에 따라 시간당 감사보수는 2014년 7만 7,800원에서 지난해 4만 2,500원으로 절반 가까이 급락했다. 삼성중공업 역시 감사시간을 1,476시간, 현대중공업은 1,515시간 늘리면서 시간당 감사보수가 줄었다.

　외부 감사에 투입한 시간이 다른 상장사보다 크게 적은 기업은 한국타이어월드와이드(1,014시간) 강원랜드(1,455시간) E1(1,703시간) 팬오션(1,804시간) LS(1,915시간) 등이었다. 해당 기업들의 외부감사 시간은 2000시간이 채 안 돼 100대 기업 평균인 7,651시간을 크게 밑돌았다. 한국타이어월드와이드 LS 등 계열사 관리에 특화된 지주회사의 특성을 감안하더라도 자산 규모가 비슷한 다른 회사들보다 감사시간이 지나치게 적은 회사는 부실감사의 우려가 있다고 회계업계는 지적한다. 금융감독원도 이 같은 우려 때문에 감사시간이 지나치게 적은 것으로 추정되는 회사를 감리 대상 선정 시 고려하고 있다.

　회계업계 관계자는 "보수 계약을 맺은 후 충실한 감사를 위해 시간을 추가로 투입하다보니 시간당 보수가 낮아지는 측면도 있다"고 말했다.

　감사라는 것이 용역이고 용역은 투입된 시간이 가장 중요한 업무인데 어떠한 사유에서 시간을 투입하지 않고 용역수임료만 높게 책정이 되어 있었는지의 논쟁이었다. 어떻게 보면 이러한 모든 논쟁은 감사시간이 표준화되어 있지 않으므로 발생하는 논의일 수 있다.

　물론 기업의 내부통제제도의 강건성 등의 이유에 따라 감사에 투입되는 시간에 차이가 있을 수 있다. 즉, 내부 통제시스템이 잘 되어 있는 기업일 경우, 감사시간을 많이 투입하지 않고도 성공적인 감사를 할 수 있다. 또한 감사위험이 높은 기업일 경우에는 시간 투자가 당연히 많아야 할 것이다.

　그럼에도 감사시간을 결정하는 가장 주된 변수는 자산으로 측정되는 피감기업의 규모이다.

　기업 측의 불만도 충분히 이해할 수 있다. 이제까지 통상적인 감사시간으로도 아무 문제 없이 감사 활동을 수행해 왔는데 갑자기 감사시간을 증가하여야 하고 이에 따라 비례적으로 감사수임료가 올라간다는데 이를 반길 기업은 없을 것이다.

특히나 감사품질이라는 것이 black box와 같은 것이라서 객관적으로 측정을 하는 것도 불가능한데 눈에 잘 보이지도 않는 무형의 가치에 자원을 투입하는 것에 대한 거부감이 당연히 있을 것이다. 그렇다고 거의 98.5%의 기업이 적정의견을 받는데 이러한 적정의견이 '더 좋은 적정의견'과 '그렇지 않고 낮은 품질의 적정의견'으로 구분될 수 있는 것도 아니니 더더욱 그렇다. 고품질의 감사라는 것에 대한 결과가 다른 경로를 통해서 드러난다면 모를까.

그러나 최근의 대우조선해양의 5조원 분식 사태 등으로 유발된 외감법 개정에 의한 표준감사시간을 설정한 것이니 이러한 경영 환경의 변화에 대해서 기업은 순응하여야 한다고 판단된다. 기업이 유발한 문제를 해결하는 대안을 기업이 나서서 수용하지 않는다는 것도 이해하기 어렵다.

표준감사시간제도의 도입을 정형화한다는 의미가 있다. 즉, 모든 감사 건은 감사기준에 의해서 용역이 수행되며 투입되는 감사 시간은 정형화가 가능하다는 데 기초하는 정책이다.

이전에도 빅4 수준에서는 PCAOB가 요구하는 정도의 감사를 수행하려고 하면 아마도 현재 우리나라 기업의 감사에 투입하는 시간의 4배 정도는 투입하여야 한다는 주장을 하기도 하였다. 문제는 실제로 품질이 개선되었는지를 입증하기 어렵다는 데 있다. 제도가 변경되기 이전에 비적정의견을 받다가 제도 변경 이후에 적정의견을 받는 것도 아니고, 대부분의 경우, 이전에도 적정이고 이후에도 적정인데 정확히 뭐가 달라졌다는 것인지가 명확하지 않다. 물론, 추가적인 시간의 투입으로 확신의 정도가 높아졌을 수는 있어도 이는 매우 추상적인 개념이라 쉽게 와닿지가 않는다. 감사과정이 잘못되었다는 것은 감독원의 감리의 대상이 되지 않고서는 밝혀지지 않는다.

즉, 이전과 비교해서 별로 달라진 것이 없음에도 불구하고 표준감사제도의 시행으로 인해서 감사수임료가 많이 높아졌는데 이는 회계업계가 담합하여 이를 추진하고 있다는 비판을 받고 있다.

하기는 IFRS가 도입되면서 많은 회계 관련 제도 등이 변경되었는데, 일부의 회계 비전문가들은 회계 전문가들이 공연히 IFRS라는 것을 만들어서 회계를 복잡하게 만들었고 그래서 회계 쪽에 추가적인 일감이 생겼다고도 회계의 변화를 폄하하기도 한다.

감사 수준이라는 것이 국가를 떠나서는 얘기하기 어렵다. 물론, 우리나라 기업이 NYSE나 AMEX, NASDAQ 또는 LSE(London stock exchange)에 상장이 되어 있다고 하면 그들 거래소(listing)가 요구하는 수준의 감사를 수행하여야 한다. 물론, 그러한 조건을 만족시켜야 하기 때문에 PCAOB는 미국에 상장된 기업을 감사하는 회계법인에 대해서는 각국의 감독기구와 joint inspection을 진행한다. 그러한 기업의 감사 수준은 당연히 국제적인 수준을 만족하여야 하겠지만 그렇지 않고 한국거래소에 상장된 기업의 감사수준은 우리 거래소 수준을 만족하면 된다고도 생각할 수 있다.

물론, 중국, 일본, 스위스 등의 국가는 미국 PCAOB의 이러한 joint inspection이 회계 주권에 대한 침해라는 차원에서 이를 인정하지 않고 일본의 경우는 미국의 PCAOB가 일본에 와서 조사를 하는 것이 아니라 미국 시장에 상장한 일본 기업들이 미국에 가서 방문 inspection을 받도록 하였다.

그러나 국제감사기준(GAAS, Generally Accepted Auditing Standard)을 수용하여 우리의 감사기준을 작성한 것이므로 국가간에는 회계기준도 통일되어 있지만 감사도 동일화/균질화되어야 한다고 할 수 있다. 물론 이러한 감사기준을 강제하는 역할은 각국의 감독기관/규제기관의 몫이므로 감독의 수준에는 차이가 있고 따라서 동일한 감사기준이라고 하여도 이 기준이 어느 정도 엄격하고 철저하게 준수되는 지에는 차이가 존재한다. 즉, 감사품질이 균질화되기는 어렵다는 의미이다. 예를 들어 재고자산의 실재성 감사에 있어서 동일한 감사 절차를 거친다고 해도 표본 추출에 있어서 우리나라는 모표본의 1%를 표본으로 검토하는 것이 표준일 수 있고, 미국의 경우는 10%가 표준일 수 있다. 어느 정도의 표본 추출을 하는지에 따라서 감사시간도 또한 감사품질도 달라질 수 있다.

동일 자산 규모의 미국과 한국의 기업에 대해서 예를 들어, 미국에서 투입되는 감사시간이 우리나라에서 투입되는 감사시간의 몇 배가 투입된다고 하면 감사품질에는 당연히 차이가 날 수밖에 없다.

표준감사시간의 도입에 대해서 불편해 하는 기업들은 어떠한 회계환경에서 이와 같이 표준감사시간이 도입되었는지에 대해서 곰곰이 생각해 보아야 한다.

한국경제신문. 2018.12.21.
내년부터 상장사 감사 시간 2배로

내년부터 상장사가 회계 감사를 받는 시간이 지금보다 두 배가량 늘어날 전망이다. 감사품질 제고를 위해 기업 자산 규모, 상장 여부 등에 따라 적정 수준의 감사시간 투입을 의무화하는 '표준감사시간 제도'가 시행되기 때문이다.

한국공인회계사회는 20일 '주식회사의 외부 감사에 관한 법률' 개정에 따른 표준감사시간 제정안 초안을 발표했다. 회사 규모와 상장 여부, 사업 복잡성, 감사위원회를 비롯한 지배기구 역할 수준, 내부회계관리제도 등을 고려해 외부감사 대상 기업들을 6개 기업으로 나눠 표준감사시간을 산정했다.

외부감사법 개정으로 도입되는 표준감사시간은 감사 품질을 높이기 위해 일정한 감사시간을 보장하는 제도다. 2016년 대우조선해양에서 대규모 분식회계사건이 터진 것을 계기로 감사 품질을 높이기 위해 추진됐다.

초안에 따르면 6개 그룹 중 그룹1은 '개별자산 2조원 이상 또는 연결 기업 규모 5조원 이상인 유가증권 코스닥시장 상장사, 그룹2는 '상장사 중 그룹1과 코넥스를 제외한 상장사'로 구분됐다. 이들 상장사 그룹에 속한 기업의 감사시간은 내년부터 단계적으로 지금의 두 배 수준으로 늘어난다. 유가증권과 코스닥시장에 상장된 2,000여 개 기업이 대상이다.

구체적으로 재무제표 감사시간이 50% 늘어난다. 또 증가한 감사시간의 40%를 내부회계관리제도 감사에 써야 한다. 현재 감사시간이 100시간인 기업의 경우 재무제표 감사시간은 150시간으로 늘어나고, 이 중 40%인 60시간을 더해 총 210시간을 감사에 투입해야 한다.

그룹3은 '자산 1,000억원 이상, 코넥스 상장사, 사업보고서 제출 대상인 비상장사'다. 그룹2의 코스닥 기업과 그룹3에 대해서는 단계적 적용 방안이 검토되고 있다. 이외 비상장사 그룹인 -그룹4인 '자산 500~1000억원 비상장사' - 그룹5인 자산 200~500억원 비상장사 -그룹6인 자산 200억원 미만 비상장사에 대해서는 적용을 1~3년간 유예하는 것이 유력하다. 그룹 3~6에 해당하는 기업들은 내부회계관리제도 대상인 상장사가 아니어서 감사시간만 50%가량 늘어난다.

기업들은 한공회 초안에 대해 "감사시간을 늘리는 취지에는 공감하지만 상장사는 시간이 두 배가량 늘어 충격이 클 것"이라며 "기업 특성에 맞춰 시간의 상하한선을 두는 방안이 고려돼야 한다"고 지적했다. 또 "표준감사시간이 정확하게 산정된 것인지 객관적인 검증절차를 갖고 시범적용 기간을 거쳐 부담을 줄여 달라"고 요구하고 있다.

한공회 관계자는 "한국의 감사 투입시간은 일본의 37~83%, 미국의 20~41%에 그 치고 있다"며 "의견 수렴 과정에서 기업들의 고충을 듣고 최종안에 반영할 수 있도록 노력할 것"이라고 말했다.

한공회는 다음달 11일 이 초안을 바탕으로 한 '표준감사시간 제정 공청회'를 열 예 정이다. 이후 20일간의 의견수렴 기간을 거쳐 확정안을 공표한다.

표준감사시간 적용 6개 기업 그룹

구분	시행시기
그룹1	2019년
그룹2	2019년 (코스닥은 단계적 적용 검토)
그룹3	단계적 적용 검토
그룹4	1~3년 유예
그룹5	1~3년 유예
그룹6	1~3년 유예

증가한 감사시간의 40%를 내부회계관리제도에 대한 감사에 써야 한다는 내용도 매우 흥미롭다. 이러한 내부회계관리제도의 감사에 사용되는 시간이 내부회계관리제도가 검토에서 감사로 격상되면서 발생한 것일 수도 있다.

물론, 위의 6개 그룹은 차후에는 9개 그룹으로 최종안에는 11개 기업군으 로 세분화된다. 아무리 기업을 세분화하여 구분하여도 그룹 내에서도 각 기업 의 성격에 따라서 상이하게 감사수임료가 결정될 수도 있지만 이는 그룹핑의 한계일 수밖에 없다.

한국경제신문. 2019.1.12.
"감사시간, 회계사가 정할 사항" vs "무차별 연장, 기업 부담"

"의사가 수술 시간을 결정하듯 외부 감사시간은 감사인이 정할 시간이다. 협의 조정 하는 타협의 영역이 아니다." (최중경 한국공인회계사회 회장)
"정상 기업의 감사 시간을 무차별적으로 연장하면 안 된다. 더 세밀한 검토가 필요

한데 기업 의견을 무시되고 있다" (공청회 참석 기업 관계자)

감사 품질을 높이기 위해 일정 감사시간을 보장하는 '표준감사시간' 도입을 놓고 회계업계와 기업 간 갈등이 깊어지고 있다. 올해 시행을 목표로 지난해부터 협의해 왔지만 입장 차이를 좁히지 못하고 있다.

한국공인회계사회는 11일 서울 서대문 한공회 대강당에서 '표준감사시간 제정을 위한 공청회'를 열었다. 이날 공청회에서는 표준감사시간 초안이 아니라 그동안 표준감사시간심의위원회에서 논의한 잠정안만 공개됐다.

이 안에 따르면 회사 규모와 상장 여부, 사업 복잡성, 지배구조 등을 고려해 외부감사대상 기업을 6개 그룹으로 나눠 '최소 투입해야 할 감사시간을 표준감사 시간으로 산정했다. 감사시간은 – 개별 자산 2조원 이상 또는 연결기준 규모 5조원 이상인 상장사는 51% – 상장사 중 그룹1과 코넥스를 제외한 상장사는 44% – 자산 1,000억원 이상 또는 사업보고서 제출 비상장사는 68%가 현재 평균치 대비 늘어난다. 여기에 내부회계관리제도 감사제도 도입으로 감사 시간이 40% 정도 늘어나는 것까지 더하면 기업 감사 시간은 지금보다 두 배가량 늘어날 전망이다.

기업들은 반대 목소리를 냈다. 고병욱 제이티 상무는 "한공회가 제시한 통계모형과 산식은 구체적인 근거가 빠져 있어 기업 입장에선 의아하고 받아들이기 어렵다"며 "예를 들어 코스닥시장 상장사를 '그룹2'로 일괄 적용한 것은 다양한 규모와 업종, 사업형태를 갖고 있는 기업의 특성을 무시한 것"이라고 지적했다.

한공회는 오는 18일 표준감사시간심의위원회를 열어 제정안을 심의한 뒤 다음달 11일 2차 공청회에서 표준감사시간을 최종 공표할 계획이다.

이러한 공청회의 결과에 따라서 기업이 더 세분화되었지만 표준화하자는 과정에서 세분화의 요구에는 어느 정도 한계가 있을 수밖에 없다.

한국경제신문. 2019.1.17.
'회계감사보수 폭탄' 맞는 기업들

회계법인들이 작년보다 두 배가량 높은 보수로 기업들과 올해 외부감사 예약을 맺고 있다. 아직 최종안이 확정되지 않은 '표준감사도입'을 가정하고 감사시간과 시간 보수를 대폭 높이는 계약 조건을 제시하고 있다. '신 외감법' 시행에 따라 우려됐던 '감사보수 폭탄'이 현실화하고 있다는 지적이 나온다.

16일 관련 업계에 따르면 EY한영은 올해 한국전력과 외부감사인 계약을 체결하면서 연간 50억원 이상의 감사보수(재무제표 감사와 외 부수업무 포함)를 책정했다. 지난해까지 한국전력의 외부감사를 맡았던 삼정KPMG가 재무제표 감사보수 14억원 등 30억원 정도를 받았던 것을 감안하면 두 배 가까이로 인상된 것이다.

삼일회계법인과 외부감사 계약을 연장한 동국제강은 7억 5,000만원에서 12억원 정도로 올해 감사보수가 높아졌다. 연 감사보수가 10억원 미만이던 한국석유공사에도 회계법인들이 30억원 수준을 제안한 것으로 전해졌다.

회계업계 관계자는 "최근 계약을 맺은 기업들의 감사보수가 몇십 %에서 많게는 두 배 넘게 뛰었다"며 "앞으로 단계적으로 적용될 표준감사시간과 내부회계관리 감사 등을 감안해 감사시간을 대폭 늘린 데다 보수도 높아졌기 때문"이라고 설명했다.

또 지난해 말부터 올해 초 감사계약을 맺은 기업은 대부분 '표준감사시간 최종 확정 시 감사시간과 보수는 달라질 수 있다'는 일종의 특약 조항을 넣은 것으로 알려졌다. 표준감사시간이란 적정 수준의 감사 품질을 확보하기 위한 최고 감사시간을 제시한 가이드라인이다. 지난해 11월 시행된 신외감법에는 한국공인회계사회가 이해관계자의 의견을 청취해 표준감사시간을 제정하도록 명시돼 있다.

그러나 한공회가 제시한 표준감사시간 제안에 기업들이 반발하면서 초안 확정에 어려움을 겪고 있다.

올해 도입을 목표로 논의돼 온 표준감사시간이 확정되지 않다 보니 회계감사 현장에선 가격을 높이거나 특약을 걸고 계약을 맺는 상황이 벌어지고 있다. '주52시간 근로제' 시행으로 인력 운영이 빡빡해진 회계법인이 기업들을 가려서 계약하고 있는 것도 감사보수를 인상시키는 요인 중 하나로 지목된다.

정도진 중앙대 경영대학 교수는 "회계 법인 간 영업 경쟁을 해야 하는 환경에선 갑의 위치에 있는 기업이 감사보수를 '덤핑'해 부실 감사 우려가 제기됐지만 이제는 갑을 관계가 뒤집혀 회계법인이 감사보수를 높여 부르고 있다"며 "신외감법의 첫 단추인 표준감사시간 문제를 잘 정리하지 않으면 기업들의 반발이 더욱 커질 것"이라고 말했다.

그룹별 표준 감사시간 논의안

그룹	구분	적용기업수	최소감사시간 증가율
1	자산 개별 2조원 연결 5조원 이상 상장사	132개	51%
2	그룹1 및 코넥스 제외한 상장사	55개	54%
3	자산 1000억원 이상 또는 사업보고서 제출 비상장 코넥스 상장	2,899개	78%
4	자산 500-1000억원 비상장	2,874개	67%
5	자산 200-500억원 비상장	7,986개	55%
6	자산 200억원 미만 비상장	1만 300개	

* 감사시간 증가율은 현재 평균 시간 대비(유예조항 비적용)

자산규모 2조원이 넘는 기업일 경우는 2018년말까지 감사계약서를 체결해야 하는 것으로 신외감법에 규정하고 있는데 2018년말까지 표준감사시간이 확정되지 않았으니 매우 혼란스러웠다. 외부감사 첫해인 회사는 결산 이후 4개월까지 감사계약을 체결하여야 하며(4개월의 기간은 2018년 사업연도 재무제표에 대해서 감사계약이 체결되어야 하는 기한), 이 두 경우가 아닌 대부분의 회사인 경우, 45일인 2월 14일까지 계약을 체결해야 하였다. 2월 14일까지 계약을 하는 기업들도 표준감사시간이 확정되지 않는 상황에서 감사계약을 체결해야 했던 것은 동일하다. 결국 최종적인 표준감사시간이 2월 14일 공표되면서 많은 기업이 감사인과의 계약에 어려움을 겪었다. 이러한 기업들의 고충을 감독기관이 수용하여 2019년 감사계약만큼은 2월 14일의 감사계약 시한이 3월 15일까지로 한 달 유예되었다.

그룹을 구분하여 차등화하기는 하였지만 시간 증가율이 51~78%로 평균 증가율인 65%에서 크게 차이가 나지 않는다. 결국 거의 모든 기업의 최소 감사시간을 거의 일률적으로 높이겠다는 것이다.

일부에서는 AI나 전산화가 회계에서 진행되고 있는 현 시점에서 표준감사시간을 정한다는 것에 대해 Olivia Cutley IFAC 직전 회장은 2018년 11월 29일 한국공인회계사가 개최한 해외 연사 초청 세미나에서 세계적인 추세에 역행하는 것이라고 주장하였다. 즉, 과거에 비해서 인력이 투입되는 감사보다는 모든 감사가 전산화되기 때문에 감사용역에 대한 수임료의 계산에 있어서 투입되는 인력도 중요하지만 투입되는 전산 소프트웨어에 대한 비용이 앞으로는 더 중요한 수임료 계산의 기초가 될 수 있다는 것이다. 이러한 비판도 당연히 수용되어야 하지만 그럼에도 감사시간이 감사품질에 대한 대용치로서 정책 방향이 설정되어 진행되었기 때문에 이를 되돌릴 수는 없고 아무리 전산화가 진행된다고 해도 기본적으로 사람이 하는 일을 모두 기계가 대체할 수는 없으므로 기본적인 인력의 투입은 어쩔 수 없다.

또한 표준감사시간을 매 3년에 한번씩 update하기로 하였으므로 앞으로 논의되는 내용은 2022년 3월에 개정되는 표준감사시간에 update하면 될 것이다.

결국 이제까지의 이러한 표준에 대한 접근 자체가 quality에 대한 대용치가 시간 또는 수임료라는 접근을 취했는데, AI가 도입되면서 이 가정 자체가 무너질 수도 있다. 이는 감사과정에서 어느 정도 전산화가 많이 도입되었는지에 따라서 달리 전개될 수가 있다. 즉, 감사시간에도 일관적인 원칙을 적용할 수 없지만 우리의 정책이 나아가는 방향은 일률적인 원칙을 적용하려는 것이다.

한국경제신문. 2019.1.21.
금융위 "표준감사시간 강제 규범 아니다" 제동

표준감사시간을 놓고 한국공인회계사회와 기업들의 대립이 격화되자 금융위원회가 표준감사시간은 강제규범이 아니라며 한공회에 제동을 걸었다. 한공회는 금융위의 안건을 받아들여 부랴부랴 완화된 안건을 마련했다.

20일 관련 업계에 따르면 금융위는 최근 한공회에 표준감사시간은 최소감사시간이 아니라는 의견을 전달했다. 한공회가 표준감사시간 도입을 앞두고 지난 11일 열린 공청회에서 표준감사시간을 최소감사시간으로 정의해 발표한 데 대해 제동을 건 것이란 분석이 나온다. 금융위 관계자는 "표준 감사시간이 강제 규범이 되는 것은 법의 취지에 맞지 않다"며 "적정감사시간이 어느 정도인지를 가늠해 볼 수 있는 가이드라인으로 봐야 한다"고 설명했다.

표준감사시간이란 감사품질을 유지하기 위해 제시되는 적정 감사시간으로, 한공회에서 올해 도입을 목표로 기업, 금융감독원 등과 논의하고 있다. 지난해 11월 시행된 신외감법에는 한공회가 이해관계자의 의견을 반영해 표준감사시간을 정하도록 명시돼 있다. 기업들은 표준감사시간에 최소 개념을 도입한 것은 기업의 특성을 무시한 강제 조항이라며 반대 견해를 나타냈다.

한공회는 금융위 의견대로 표준감사시간에는 최소 개념을 삭제키로 했다. 또 기업 규모 상장 여부 등에 따라 6개 그룹으로 나눴던 분류 방법을 9개 그룹으로 세분화하기로 했다. 그룹별로 시행 시기에 대한 유예 범위도 확대할 방침이다.

한공회가 한발 물러섰지만 기업들은 반발을 누그러뜨리지 않고 있다. 한 대기업 관계자는 "표준감사시간이 강제성을 띠는 것으로 해석될 여지가 농후한 내용이 초안 곳곳에 존재한다고 주장했다. 한공회 측은 "그동안 비정상적으로 낮았던 감사보수를 정상화하기 위한 것"이라며 답답함을 토로했다. 한공회는 21일 표준감사시간 수정안을 발표한 뒤 다음달 11일 2차 공청회를 거쳐 최종안을 만들 계획이다.

구분	1차 공청회 발표안	수정안
개념	최소 감사 투입 시간	적정 감사 투입 시간
그룹	6개 그룹 군	9개 그룹 군
적용시기	2019-2022년 단계적 시행	2019년부터 유예대상 확대

위의 신문기사에서 비정상으로 낮았던 감사보수를 정상화하는 과정이라고 기술하고 있는데 2018년 사업연도의 주총시에 발생하였던 재무제표와 내부회계관리제도에 비적정의견을 받는 기업이 높게 나타나자 일부 언론에서는 이를 비정상화가 정상화되는 과정일 뿐이니 크게 놀라운 사건이 아니라고 기사화하는 것을 보았는데 이는 같은 접근이다. 이제까지의 감사시간이 너무 낮았던 것이고 이를 정상화하는 과정일 뿐이지 새롭게 적용될 감사시간이 정상을 넘어서는 시간은 아니라는 것이다.

가이드라인이라하면 규범과 같이 軟性(soft law) 법규이며 강행규정(hard law)이 아니므로 이 둘 간의 차이는 매우 크다.

이 내용은 한국공인회계사회가 아파트 감사시 최소 감사시간을 강제한 내용과도 일맥상통한다.

한국경제신문. 2018.4.30.
공정위 '아파트 감사' 회계사회 검찰 고발 논란

　　한국공인회계사회가 아파트 관리비 투명성을 높이기 위한 정부 대책에 맞춰 최소 감사시간을 도입했다가 공정거래위원회로부터 검찰에 고발당했다. 회계사회는 아파트 관리비 관련 부정부패를 척결하고자 한 정부 정책에 따라 제도를 만든 것인데 전과자 신세를 면치 못하게 됐다며 반발하고 있다.

　　29일 공정위는 공정거래법 상 사업자단체 금지행위 혐의로 회계사회와 상근부회장 윤 모씨, 심리위원 심 모씨를 검찰에 고발했다. 또 회계사회에 사업자단체에 부과할 수 있는 과징금 최대 액수인 5억원을 부과하고, 중앙일간지에 위반 사실을 공표하도록 하는 시정 명령도 내렸다. 회계사회는 공인회계사법에 따라 설립된 법정 단체로 금융위원회에 등록한 모든 공인회계사와 회계법인은 반드시 가입해야 한다.

　　국토부는 주택법을 개정해 2015년부터 300가구 이상 아파트는 외부 회계감사를 의무적으로 받도록 했다. 이에 회계사회는 2013년 아파트당 최소 감사시간을 100시간으로 정해 회원 회계사에 통보했다. 공정위는 "회계사회가 보수 산정 기준을 정해 가격 경쟁을 제한했다"며 공정거래법을 위반했다고 판단했다.

　　하지만 회계사회는 정부의 회계개혁 정책과는 상반되는 결정이라며 반발하고 있다. 공정위 판단이 회계감사 품질을 담보할 수 있도록 표준감사시간을 도입하는 정부의 부패개혁 정책에 역행하고 있다는 주장이다. 아울러 아파트 감사강화를 위한 가이드라인 제시도 당초 국토부 요청에 의했던 것으로 회계사회에 대한 제재는 전형적인 정부간 엇박자의 산물이라는 입장이다. 특히 공정위는 아파트 감사비용 증가로 소비자 피해가 유발됐다고 밝혔지만, 감사 강화를 통해 관리비가 줄어 되레 주민들에게 이익이 된 것으로 전해졌다.

　　먼저 회계사회는 공정위가 지적한 '최소 감사 100시간'은 회계개혁에 따른 표준 감사시간제도와 같다는 시각이다. 표준감사시간제는 개별 기업이나 업종별로 최소한의 감사시간을 정해 감사품질 향상을 유도하는 제도로, 올해 회계학회 TF, 핵심 과제 중 하나다. 이는 지난 18일 대통령 주재 관계기관 합동 '5개년 반부패종합계획'에도 보고된 사안이다. 아파트 관리비 사용 비리 척결을 위해 최소한의 감사시간을 투입해 꼼꼼히 점검해야 한다는 취지로 기존 감사시간이 30시간 내외로 너무 부족했다는 지적을 보완하기 위한 대책이었다.' 예컨대 회계사회는 같은 취지에서 농업협동조합 170시간,

신용협동조합 100시간, 사학기관(학교법인) 130~500시간 등 최저 감사시간을 운영하고 있다.

또 회계사회가 이 같은 가이드라인을 제시한 것은 국토부 요청에 의했던 것이다. 실제 국토부는 2013년 5월 '아파트관리 제도 개선책'을 발표하면서 외부감사 의무화를 중심으로 한 대책을 내놓았다. 대책이 실종된 뒤인 2015년 11월에는 외부회계감사비용이 단지당 평균 205만원으로 높지 않은 수준이라고 평가하기도 했으며, 이듬해 3월에는 1,610개(19.4%) 단지에서 감사 부적합 판정으로 횡령 등 각종 부조리를 밝혀내는 데 일조했다고 밝힌 바 있다. 이후 정부 합동 부패 척결추진단은 회계사회의 공로를 인정해 실무진에게 국무총리상을 수여하기도 했다.

공정위가 지적한 감사비용 증가는 관리비 절감으로 효익 측면에서 소비자에게는 피해가 아닌 이득으로 돌아왔다는 것도 문제다. 공정위는 가이드라인 이후 감사비용이 2014년 평균 96만원에서 213만원 9,000원으로 2배가량 증가했다고 지적했다. 국내 아파트 단지 평균 가구 수가 700 가구임에 비춰 가구당 감사비용이 연간 약 1,384원에서 3,055원으로 증가한 수준이다. 하지만 감사 강화 효과도 가구당 관리비가 9,873원 줄어든 점은 빠졌다. 소비자 입장에서는 1,671원을 더 지불하고 관리비를 1만원 가까이 줄였으니 비용 편익 측면에서 8,200원 가량 수익을 본 셈이다.

회계사회 관계자는 "회계감사의 공공재적 성격을 고려하지 않은 결과로 과징금에 임직원 고발까지 당해 억울한 상황"이라고 말했다.

빅4 회계법인의 평균 시간 당 감사보수가 신외감법이 시행되기 이전에는 약 7, 8만원이었다. 빅4가 아파트 단지 감사를 맡지도 않겠지만 수임한다고 해도 100시간일 경우의 수임료가 700, 800만원이며 300가구가 이 비용을 분담한다고 하면 가구당, 2만여 원이다. 2만여 원을 투입하여 더 큰 금액의 부정이나 횡령을 예방하면서 관리비를 절감할 수 있다고 하면 엄청난 절약이다. 더더욱 빅4 회계법인 소속이 아닌 공인회계사들의 시간 당 수임료는 7, 8만원보다 낮을 것이니 100시간의 최소 감소 시간은 경제성의 차원에서도 아파트 입주민들에게 혜택이 갈 수 있는 정책인데 공정위가 이 제도에 대해서 제기하는 문제는 이해하기 어렵다. 시장 기능이 잘 작동될 수 있도록 이해관계자 집단이 개입하면서 부실감사를 방지하기 위한 제도에 대해서 공정위가 제동을 거

는 것은 바람직하지 않다. 법에서 감사를 의무화하였고, 누가 판단하거나 너무 낮은 수임료로 감사가 적절하게 수행되지 않는 것을 수수방관하라는 것인지 의문이 있다. 또한 이러한 최소시간의 의무화를 정부 기관이 강제한 것도 아니고 이해 관계자 집단에서 자율적으로 자율규제를 하는 것에 대해 개입하는 것에 대해서는 더더욱 이해가 어렵다.

공공성이 있는 농업협동조합, 신용협동조합, 사학기관에는 최소 감사시간을 의무화하는데 비해서 아파트 감사에만 최소 감사시간을 의무화하는 것이 어떤 문제가 있다는 것인지를 이해하기 어렵다. 최소 감사시간을 강제화함으로써 최소한의 품질을 보장받자는 의미이다.

표준감사시간과 관련된 논의와 아파트 감사의 최소감사시간과 관련된 논의 간에는 유사성이 존재한다.

아파트의 최소감사시간은 한국공인회계사회가 최소 감사시간을 강제하는 것이 옳지 않다는 공정거래위원회의 주장이며 표준감사시간의 경우도 표준 감사시간은 가이드라인에 불과한 것이지 '최소'의 의미가 있는 강제성의 의미가 아니라는 것이다.

모든 논란을 이해하면서도 2018년 외감법의 개정과 관련된 정책 의지가 희석화되는 것이 아닌가라는 우려도 있다. 외감법 개정안을 준비할 때, 회계개혁법안이라는 주제로 금융위원회가 TF를 운영하면서 광범위하게 개선안을 준비하였다. 미국의 경우도 엔론 이후의 SOX법안의 명칭이 회계개혁법안으로 'reform'을 매우 강조하였다.

이러한 대의를 가지고 준비한 외감법이라고 하면 기업들의 어느 정도의 반대가 있다고 해도 정부가 이를 추진해야 하는 것은 아닌지에 대한 생각을 해본다.

이 TF는 대우조선해양의 5조원 분식으로 역사가 거슬러 올라가면서 회계 감사가 제대로 되기 위해서는 감사품질을 보장하기 위한 대안을 찾아보자는 취지였다. 물론, 그 이전에는 2000년대 초반의 SK글로벌의 1.5조 분식, 대우조선해양의 5조원 분식, 지금은 행정법원에서 분식 여부에 대해서 다툼을 하고 있는 삼성바이오로직스의 4.5조 분식 건이 이슈가 크게 되었던 대기업의 분식 건이 지속적으로 밝혀지던 시기였다. 기업이 감사시간이나 감사수임료가 높아지는 것에 대해서 반대하는 것은 너무도 당연하다. 그러나 문제는 이렇게 낮은 감사시간이나 감사수임료를 가지고 적절한 수준의 감사를 수행하는 것이 가능한가라는 의문이다.

　기업들의 이러한 반발을 예상하지 못하였던 것도 아니고, 정부 차원에서 수년 동안 노력해서 만들어진 개혁 방향이 일부 기업의 반대로 추진하게 못하게 된다면 매우 아쉽다.

　그렇다면 최소감사시간을 강제하는 위에 기술된 농업협동조합, 신용협동조합, 사학기관과 최소감사시간을 강제하기 어렵게 된 아파트 감사나 일반적인 감사에는 어떠한 차이가 있는 것인가? 이러한 기관들에게도 최소한의 감사품질을 보장하기 위해서 이러한 최소감사시간이 강제되었을 것이다.

　표준감사시간이 제정되었다고 해도 개정된 외감법에 의해서는 감사선임권한과 감사수임료 결정 권한이 감사위원회가 설치되어 있는 기업에게는 감사위원회에 있기 때문에 감사위원회가 감사인이 적정 수임료를 받을 수 있도록 의사결정을 해 주어야 한다. 물론 적정 수임료라는 것이 매우 주관적인 판단의 영역이므로 쉽지 않은 의사결정이지만 누구로부터도 독립적이어야 하는 감사위원회가 기업의 편에 서서 수임료를 결정할 때, 적정 수임료보다는 수임료를 낮추는 의사결정을 수행할 가능성도 높다.

　상법에 의하면 감사위원회는 기업 편도 아니고 감사인 편도 아니고 중립적이며 독립적이어야 한다. 즉, 주주를 대리해서 공익적인 업무를 수행하여야 한다. 금융투자협회에는 비상근의 회원이사 이외에도 비상근의 공익이사라는 제도가 있다. 어떻게 보면 공익이사라는 제도가 공익을 강조하면서 사외이사/감사위원의 업무를 수행하기를 기대하는 것이다.

　예를 들어 국민연금 이사회의 구성을 보면 이사장 1명과 4명의 상임이사(기획이사·연금이사·기금이사·복지 이사), 7명의 비상임이사로 짰였다. 근로자대표 2명, 사용자 대표 2명, 지역가입자 대표 2명, 공무원 1명으로 구성되었는데 수급자 대표 2인이 추가될 예정이다. 이사장과 상임이사를 제외하고는 모두 공익적인 성격의 이사이다. 근로자대표 사용자 대표가 어느 쪽을 지지할지는 자명하며 지역가입자 대표는 그 성격이 모호할 수 있는데 현재로서는 녹색소비자연대와 대한변호사협회가 대표자를 파견하고 있다.

　감사위원회가 수행하여야 할 내부에서의 감사업무를 외부의 감사인이 대신 수행해 준다는 차원에서는 높은 수임료를 확보해 주어서 감사인이 due care를 할 때에 감사위원회도 소송, 제재/징계 등의 불이익으로부터 보호받을 수 있다고 할 수 있다. 따라서 감사위원회와 외부 감사인은 counter part로 협업하는 관계이다.

감사기준에 외부 감사인의 지배기구와의 communication에 대해서 기술하고 있는데 명확하게 지배기구가 누구인지를 정의하고 있지 않지만 상근감사 또는 감사위원회라고 이해하는 것이 옳다.

다만, 이러한 communication이 회계감사기준상 적시에 하여야 한다고 되어 있지, ① 커뮤니케이션 시기 및 ② 커뮤니케이션 횟수에 대해서는 분기당 1회 이상 등으로 강제하고 있지는 않다.

단, 금융위원회가 한국공인회계사회에 그 작성을 위임하고 그 위임을 받아 기업지배구조원이 작성한 감사위원회 모범 규준에는 분기 당 1회, 회계 내부 실무자들 없이 감사인들과 감사위원회가 회의를 진행하는 것으로 되어 있다.

감사위원회 모범 규준이 기존의 기준이나 법령과 차이가 있는 부분을 정리하면, 다음과 같다.

1. 감사위원회 설치
법에는 자산 규모 2조원 이상, 모범규준에는 자산 규모 1조 이상

2. 회계 및 재무전문가
법에는 자산 규모 2조원이 넘는 경우 1인 이상, 모범규준에는 2조원이 넘는 경우 2인 이상

3. 감사인과의 communication 회수
기준에는 분기 제한 없으나, 모범규준에는 한 분기에 최소 1회 communication하는 것으로 제안

회계감사기준 외감법에 따라, 회계감사기준위원회에서 제정 및 개정(금융위 승인)의 과정을 거치므로 당연히 기준은 강행 규정이다. 기준하에서의 규정은 아래와 같다.

커뮤니케이션의 시기

21. 감사인은 적시에 지배기구와 커뮤니케이션하여야 한다.

(문단 A49 − A50 참조)

지배기구 내 하위그룹과의 커뮤니케이션 (문단 12 참조)

A7. 양호한 지배원칙은 다음과 같다.

감사위원회는 최소한 1년에 한 번씩 경영진을 참석시키지 않고 감사인과 만남

이러한 감사의 독립성을 확보하기 위하여 감사를 선임할 때, 최대주주의 의결권이 3%로 제한되는 것이다. 이러한 제도는 상법 전문가들에 의해서 준주평등 원칙에 위배되는 제도라고 비판받는다. 즉, 제도상으로는 감사/감사위원은 누구로부터도 독립적으로 주주를 위해서 감사인을 선임하고 감사수임료를 결정하도록 기대되고 있다.

선임은 주주가 주도적으로 수행하지만 감사가 보호해야 할 기업 관련된 이해 관계자가 주주만인가에 대해서는 상법학자들 간에서도 이견이 있다.[1]

기업이 주주들만을 위해서 존재하는 것이 아니고 이해관계자의 이해를 보호해 주어야 한다는 주장도 있다. 이러한 경우에 감사가 외부감사인을 선임함에 있어서 보호해 주어야 하는 기업과 관련된 경제 주체에는 채권자도 있고 종업원(직원)도 있다. 물론 주식회사의 존재 가치가 주주의 부의 극대화에 있다고 재무관리 교과서에 기술되어 있지만 이해관계자의 이해가 기업에 nexus of contract와 같이 얽혀 있는데 다른 이해관계자의 이해가 침해되면서까지 주주의 부의 극대화를 달성해야 하는 것인가는 명확하지 않다.

특히나 최근 들어, 노동이사제(근로이사제) 등의 제도가 도입되면서 근로자의 이해가 기업 경영에까지 반영되어야 한다는 기조의 정책들이 입안되고 있어서 이제까지 익숙한 미국식 자본주의가 아닌 어느 정도 유럽식의 사회주의적 자본주의 유사한 제도가 우리나라에 도입되고 있다. 이는 진보성향의 정권과 무관하지 않다.

....

1) 이 내용은 chapter 28의 매일경제신문. 2019.8.21. "주주이익, 기업 최우선 목표 아니다"라는 기사의 내용과 일맥상통한다.

매일경제신문. 2019.1.23.
표준감사시간 1.5배만 늘리기로

한국공인회계사회는 22일 회계사가 기업 감사 업무에 투자해야 하는 시간 기준인 '표준감사시간 제정안'을 공개했다.

공개된 제정안은 기업 분류 기준을 기존 6개 그룹에서 9개 그룹으로 세분화했으며 그룹별 적용 수준을 완화한 것이다.

지난 11일 '표준감사시간 제정을 위한 공청회'에서 제기된 의견을 반영해 조정된 안이며 향후 20일간 홈페이지에 공고하고 의견 조회를 실시할 예정이다.

제정안에 따르면 상장 여부, 기업 규모, 사업 복잡성, 지배기구의 역할 수준, 내부회계관리제도, 감사인 특성 등을 고려해 외부감사 대상 회사를 9개 그룹으로 구분했다.

상장사 그룹은 자산 기준 - 개별 2조원 이상, 연결 5조원 이상(그룹1) - 그룹 1 제외 개별 2조원 이상(그룹2) - 개별 1,000억원 이상 2조원 미만(그룹3) - 개별 1,000억원 미만(그룹4)으로 나눴다. 코넥스 상장사와 사업보고서 제출 대상 비상장 법인(그룹5)은 별도 그룹으로 분리했다. 비상장사는 자산 기준 -1,000억원 이상(그룹6) -5,000억원 이상 1000억원 미만(그룹7) - 200억원 이상 500억원 미만(그룹9)으로 분류했다. 제정안에 따르면 그룹1과 그룹2 소속 상장사만 표준감사시간 제도를 올해부터 시행하고 나머지 기업에는 단계적으로 적용하거나 완화할 방침이다.

정해진 표준감사시간 대비 일정 수준을 넘어서면 의무를 지킨 것으로 간주하는 표준감사시간 적용률도 그룹3은 올해 85% 이상, 내년 90% 이상, 2021년 95% 이상으로 완화했다. 그룹 4~6은 올해 80% 이상, 내년 85% 이상, 2021년 90% 이상이다. 이에 따라 당초 감사시간이 2배 이상 증가할 것이라는 예상과 달리 자산 2조원 이상은 1.5배, 1,000억~2조원 미만은 1.3배, 그 이하는 1.2배 수준으로 증가할 것으로 보인다. 3년 뒤에는 적용시간을 재검토한다.

한국경제신문. 2019.1.23.
"표준감사시간, 자산 2조 상장사에 우선 적용"

적정한 기업 외부감사시간에 대한 가이드라인인 '표준감사시간'이 당초 논의되던 것보다 다소 완화된 초안으로 공표됐다. 적용그룹은 6개에서 9개로 세분됐고, 강제규범으로 여겨질 수 있는 '최소감사시간' 개념이 삭제됐다. 그러나 일부 기업은 이 안에 대해 여전히 불만의 목소리를 내고 있어 최종안이 마련되기까지 진통이 불가피할 전망이다.

한공회는 22일 홈페이지에 '표준감사시간 제정안'(초안)을 공개했다. 이 안에 따르면 기업 규모와 상장 여부 등에 따라 표준감사시간 적용 그룹을 9개 그룹으로 나눴다. 지난 11일 공청회에서는 6개 그룹으로 발표됐다.

그룹 1, 2에 속하는 개별자산 2조원 연결 규모 5조원 이상 상장사는 올해 표준감사시간을 시행하고, 그룹3인 자산 1,000억~2조원 상장사의 경우 올해 85% 이상 시행한 뒤 단계적으로 시행 범위를 확대하기로 했다. 또 자산 1,000억원 이상 대형 비상장사 그룹에서 코넥스와 사업보고서 제출 대상 법인은 별도 그룹으로 분리해 단계적으로 시행한다. 비상장사도 자산 규모별로 그룹을 쪼개 유예 범위를 넓힌다.

이들 기업에 대한 표준감사시간은 현재 평균 감사시간보다 65% 늘어난다. 여기에 내부회계관리제도 감사시간 40%를 더하면 지금보다 두 배 가량 감사시간이 증가할 전망이다.

표준감사시간에 대한 정의도 당초 논의안보다 후퇴했다. 공청회에서 공개된 논의안에선 표준감사시간은 '적정한 감사품질을 유지하기 위해 투입해야 하는 최소감사시간'이라고 명시했지만 이번 초안에선 '최소'라는 단어가 빠졌다. 표준감사시간이 최소감사시간으로 정의되면 반드시 제시된 시간 이상을 확보해야 하는 강제성을 갖게 된다며 금융위원회가 제동을 걸었기 때문이다.

금융위 관계자는 "관련법상 외부감사 시간이 표준감사시간에 현저히 미달할 경우 금융당국으로부터 외부감사인을 지정받는 불이익이 있다는 것이지, 과태료를 받거나 제재 대상이 되지는 않는다"며 "표준감사시간은 일정 감사품질을 확보하기 위한 가이드라인 성격으로 도입되는 것"이라고 설명했다.

이 초안이 발표되기 직전 표준감사시간 위원회를 통해 서면의결을 한 결과 일부 기업 단체는 반대 의견을 냈고, 일부는 기권한 것으로 전해졌다. 초안 곳곳에 강제성을 나타내는 조항이 존재하는 데다 그룹 분류와 산식에 기업 입장이 제대로 반영되지 않았다는 이유에서다.

최중경 한공회 회장은 "이 제정안은 회계정보 이용자의 폭넓은 의견을 구하기 위한 초안"이라며 "회계정보 이용자의 의견을 수렴해 단계적 적용 방안 등 최종안을 확정지을 것"이라고 밝혔다.

한공회는 다음달 11일까지 제정안에 대한 의견을 받은 후 다음 달 중순 2차 공청회를 거쳐 표준감사시간 최종안을 확정할 예정이다.

표준감사시간 9개 그룹별 적용방안

그룹	기준(개별자산)	시행방안	2019년	2020년	2021년
그룹1	2조원 이상 (연결규모 5조원 이상)	2019년 시행	100%	100%	100%
그룹2	2조원 이상 상장사	2019년 시행	100%	100%	100%
그룹3	1,000억원 이상 2조원 미만 상장사	2019년 시행	80% 이상	90% 이상	95% 이상
그룹4	1,000억 미만 상장사	단계적 적용	80% 이상	85% 이상	90% 이상
그룹5	코넥스, 사업보고서 제출 대상		80% 이상	85% 이상	90% 이상
그룹6	1,000억 이상 비상장사		80% 이상	85% 이상	90% 이상
그룹7	500억 이상 1,000억원 미만 비상장사	2020년 시행 단계적 적용	유예	80% 이상	90% 이상
그룹8		2021년 시행 단계적 적용	유예	유예	80% 이상
그룹9		2022년 시행 단계적 적용	유예	유예	유예

위의 신문기사에서 감사시간이 표준감사시간에 현저히 미달할 경우는 감사인 지정 등의 조치를 받을 수 있다고 기술되어 있다. 물론 현저히 미달한다는 것이 어느 정도 미달한다는 의미인지에 대해서는 임의적인 판단이 수행될 수밖에 없다. 지정의 대상일 수는 있어도 과태료를 받거나 제재대상이 되는 것은 아니라고 기술되어 있기는 하지만 기업들이 체감하기는 자유수임이 아니고 지정의 대상이 된다는 것은 기업들에게는 큰 부담이다.

매일경제신문. 2019.2.1.
"코리아디스카운트, 회계개혁으로 넘어야"

"회계 투명성 강화에 성공해 국내 기업 시가총액이 1%만 올라도 16조원의 국부 향상을 이룰 수 있습니다. 감사를 비용으로만 생각하지 말고 코리아 디스카운트를 극복할 수 있는 방법으로 생각해야 합니다.

최회장은 "감사보수가 늘어나는 것을 얘기할 게 아니라 투명성을 제고해 전체 시가

총액 가치를 올리는 게 중요하다"며 인식의 전환을 촉구했다. "전체 상장법인 감사보수(약 3,000억원)가 100% 증가해봤자 6,000억원인데, 이는 시총이 1%만 올라도 생기는 16조원 규모 국부 향상의 이자수준(2%×3,200억원)밖에 안 된다"고 설명했다.

주기적 감사인 지정제에 대해서는 한국이 회계 선진국으로 가는 토대가 되고 있다고 강조했다. 최회장은 "최근 영국 공정거래위원회는 감사인을 기업이 자유 선임하는 것은 문제가 있다는 의견을 내는 등 미국과 유럽 등에서도 감사인 교체 주기가 20년에 달해 한국처럼 감사인을 지정할 필요가 있다는 논의가 진행되고 있다"고 밝혔다.

회계개혁에 대한 회계시장은 인수 합병을 통한 대형화가 진행될 것이라는 전망도 내놓았다. 이와 관련해 금융당국은 감사인 등록제를 시행하면서 공인회계사 40인 미만(지방 20인 미만) 회계법인에 대해서는 상장사 회계감사 업무를 배제하는 정책을 시행할 계획이다.

감사인을 강제 교체하여야 하는지에 대한 논란은 미국에서 SOX가 2002년에 도입되면서부터 미국의 감독당국도 많은 고민을 했던 사안이다. 그러나 미국의 변경된 감사인의 감사가 계속감사인의 감사보다 적절하다는 것이 입증이 되지 않는 상황에서 미국은 감사인 강제 교체를 추진할 수 없었다.

감사인이 오랜 기간을 동일 피감기업에 대해서 감사를 수행하여도 전문성은 계속적으로 제고될 수 있으므로 독립성만을 상실하지 않는다고 하면 문제가 되지 않는다. 문제는 피감기업과 감사인 간의 유착관계이다.

특히나 이러한 이슈가 문제가 되는 것이 우리나라 사회는 가장 전형적인 네크워크 사회이기 때문이다. 우리사회에서 가장 중요한 것이 혈연, 지연, 학연이라고 한다. 따라서 다른 어느 문화권의 국가보다도 우리나라에서 독립적인 감사가 수행되기 어려운 정황이 더 높으며 따라서 피감기업과 감사인의 연결고리를 끊어야 한다는 생각이 무척이나 강하다. 이러한 네크워크의 이슈는 사외이사의 임기와도 무관하지 않다.[2]

반면, 우리나라의 거의 모든 회계나 회계감사 관련된 제도가 미국의 제도를 많이 채택함에도 우리나라에서는 과거 수년 동안 감사인 강제 교체 제도를

---

2) chapter 57 상법 시행령 개정안에서도 이러한 내용이 이슈가 된다.

시행하였다가 이 제도가 폐지되었는데, 유럽에서는 2016년부터 강제교체제도가 채택되어 시행되고 있다. 첫 10년 이후에는 강제 교체하지만 공모할 수 있는 기회를 주어서 20년까지는 가능하고 joint audit을 수행한다고 하면 24년까지도 연장 가능하다고 한다. 유럽의 경우도 모든 기업에 강제교체 제도를 적용하는 것은 아니고 상장기업과 은행, 보험 등의 금융기관에 적용하게 된다.

2019년 5월 31일의 한공회 공청회에서도 표준감사시간을 제정하는 정책의지가 무엇인지에 대한 논란이 있었다. 표준감사시간을 제정하는 목적은 감사수임료를 높이자는 것은 아니고 감사품질을 제고하자는 것이다. 공청회에서도 감사시간과 감사품질의 관련성은 어느 정도 입증이 되었지만 감사수임료와 감사품질과의 유의한 正의 관계는 간단하지 않다는 논란이 있었다.

오히려 감사수임료가 너무 높을 경우 이는 기업의 감사인에 대한 뇌물 성격이라고 할 수 있으므로 표준감사시간의 논의는 표준감사시간에서 그치는 것이지 표준 감사 수임료에 대한 논의가 아니다.

물론, 표준감사시간에 평균 감사수임료를 곱하면 감사수임료를 구할 수 있기 때문에 감사시간과 관련된 논의가 감사수임료에 관한 논의와 무관한 내용이 아니기는 하지만 그럼에도 감사수임료에 대한 논의는 논외로 한다. 가장 논리적인 접근은 감사시간을 상향조정하다 보니 자연스럽게 감사수임료가 상향조정된다는 것이다.

일부에서는 다음과 같은 우려가 표명되기도 한다. 빅4회계법인은 표준감사시간을 준수하며 동시에 시간당 평균 임률도 과거의 8만원에서 10만원으로 상승하면서 감사품질, 감사수임료가 모두 제고되는 효과가 나타나는 반면, 중소회계법인은 표준감사시간을 준수하지 않을 수 없으므로 시간당 수임료를 낮추면서 수임료에는 큰 변화가 없을 것이라는 의견도 있고 또는 중소회계법인은 시스템적으로 감사시간을 기록하는 것이 아니므로 실제 투입된 감사시간을 왜곡하여 감사보고서에 적을 가능성도 있다는 우려도 제기되었다.

외부감사법 제16조의2 제1항에는 "감사업무의 품질을 제고하고 투자자 등 이해관계인의 보호를 위하여 감사 투입하여야 할 표준감사시간을 제정"한다고 기술되어 있다.

이해 관계인이 누구인가를 생각해 보면 가장 주된 이해관계자는 주주와 채권자일 것이다. 감사인을 누가 선임하여서 이해관계자를 보호하고 있는지를 검토할 수 있다. 감사위원회가 구성되어 있는 기업일 경우는 감사위원회가 감사인을 선임하지만 감사위원회가 구성되어 있지 않은 기업일 경우는 감사인 선임위원회가 감사인을 선임하며 감사인 선임위원회의 구성을 보면 채권자 대표도 포함되어 있다. 반면, 감사위원회는 주총에서 주주들이 선임한 것이므로 감사위원회가 주주를 위한 외부감사인을 선임할 것이라는 데는 이견이 없다.

따라서 회사가 감사인을 선임할 때 반드시 투자자 즉, 주주의 이해만을 보호하는 것은 아니다. 회사가 감사인을 선임할 때, 어느 경제주체의 이해를 앞세우는 경우, 선임되는 감사인이 달라질 것인지에 대해서도 의문이 있다. 이 사회나 감사위원회가 특정한 이해집단을 위해서 의사결정을 수행한다는 논리는 통할 수도 있지만 감사인이 특정한 이해집단을 위해서 감사업무를 수행한다고는 할 수 없다.

어떻게 보면 특정한 경제주체의 이해만을 대변하는 것이 아니라 감사/감사인은 기업과 관련된 모든 이해관계자의 이해를 대변해야 한다고 할 수 있다. 이에는 물론, 최근에 진보 성향의 정권에 영향을 받아서 근로자의 이해도 보호되어야 한다.

문제는 예를 들어 주주의 이해와 채권자의 이해가 상충될 경우는 누구의 이해가 우선되는지의 이슈가 있을 수 있다. 많은 경제 주체의 모든 이해를 보호해 준다는 것이 생각만큼 쉽지 않을 수 있다. 이해는 상충되기 마련이기 때문이다.

공청회에서는 표준 감사시간이 회계법인 공인회계사가 관여하는 어떤 업무까지를 포함하는지에 대한 논의가 있었고 감사시간에는 아래에 나열된 감사 과정에서의 거의 모든 시간이 포괄적으로 포함된다고 정리되었다.

회계감사 과정에서의 전문가의 영역이라고 하면 IT, 퇴직연금(계리사), 세무, valuation 등을 선정할 수 있다.

(범위) 감사업무 (내부회계관리제도 검토 또는 감사(외국어 감사보고서 등의 작성 발행을 위해 투입된 시간 제외), 업무 수임검토 등 부수업무 등 포함)와 분반기 검토를 수행하는 담당이사, 등록공인회계사, 수습공인회계사, 품질관리검토자, 전산감사 세무 가치평가 등 회계법인 내부 전문가의 투입시간을 포함한다.

종속회사 또는 관계회사 감사인이 회사의 감사인과 동일한 경우 기업규모는 연결기준 기업규모에서 동일 감사인이 감사하는 종속회사 기업규모(또는 관계회사금액)을 차감하여 산정한다고 기술되어 있다.

국제회계기준이 도입되면서 많은 상호출자제한 기업에서는 모회사와 자회사간의 감사인은 동일화하는 경향이 있다. 물론, 감사인을 달리 가져가는 경우도 있지만 표준감사시간은 모회사와 자회사의 감사인이 상이한 경우에는 감사시간이 더 소요될 수 있다는 점을 고려하고 있다.

표준감사시간의 정의

1차 공청회안 표준감사시간 제도의 실효성 확보를 위해 표준감사 시간을 "최소감사투입시간"으로 정의

[제정안] "감사인이 회계감사기준을 충실히 준수하고 적정한 감사품질을 유지하기 위해 투입해야 하는 감사시간"으로 정의

내부회계관리제도 감사 표준감사시간을 재무제표 감사에 투입되는 시간의 40%로 정하고 있는데 미국의 경우에는 150%라고 하여서 이 경우는 가능하게 낮게 추가시간을 산정한 것이다. 이 시간은 추후에 30%로 조정되었다.

공청회에서 논란이 된 부분이 숙련도 관련된 이슈사항이다.

표준감사시간은 관여하는 공인회계사들의 숙련도에 따라서 표준 감사시간을 조정한다.

일반적으로 공인회계사시험 합격자들은 거의 대부분 빅4 회계법인에서 채용이 되며 빅4 회계법인에서 퇴사하는 회계사들이 로칼회계법인으로 이직하게 된다. 그러면 이러한 논리대로 한다면 로칼회계법인의 숙련도는 높고, 빅4 회계법인 회계사들의 숙련도는 낮게 된다.

공청회에서 또 하나의 이슈는 이 시간이 표준시간일 뿐이니 이 표준시간에서 차이가 나는 경우에는 적합도 심사를 받게 되어 있다. 기업의 상황에 따라, 또한 피감기업과 감사인과의 관계에 따라서 감사시간이라는 것은 차이가 있을 수 있으므로 이러한 차이가 적합도 심사에 의해서 적합한지 판정을 받게

된다. 그럼에도 감사시간에 미치는 여러 가지 독립변수에 의해서 영향을 받을 것이다.

> (표준감사시간의 적합도심사) 회사와 감사인, 타당한 근거자료를 제출해야 하며, 회사는 감사인의 의견서를 첨부하여 신청
> (문서화) 감사인은 개별 회사의 표준감사시간 산정 근거와 산정결과, 표준감사시간과 실제 투입감사시간의 차이내역과 사유 등을 문서화

산업별로 감사시간이 제시되는데 앞으로 4차 산업혁명에 있어서의 여러 가지 기업의 형태가 나타날 것이며 하이브리드형 기업의 경우도 있을 수 있다. 예를 들어 상호지급보증제한이 되는 대기업 집단의 지주회사를 생각해 본다. 지주회사는 매우 여러 가지 형태의 업종에 관여할 수 있으므로 어떠한 업태로 분류될지가 애매하다. 다음의 신문기사에서도 지주회사의 분류가 우리가 예상하던 것과는 매우 다르게 되는 경우를 기술하고 있다.

지주회사뿐만 아니라 삼성물산과 같이 다양한 segment/sector에 걸쳐 있는 기업을 생각해 보면 산업 구분이 어렵다. 삼성물산은 건설, 상사, 패션, 리조트 사업을 하고 있으므로 산업 구분을 하여서 다른 회사와 비교한다는 것이 어렵다.

지주사의 경우도 지주사 산업으로 분류할 수 있는 것이 아니고 산업 분류가 되어야 공식에 의해서 표준감사시간을 찾아갈 수 있다. 사업지주회사는 지주회사가 별도의 사업을 영위하면서 지주회사의 역할을 하게 되는데, 순수지주회사는 별도의 사업 없이 순수히 지주회사의 역할만을 수행한다. 예를 들어 (주)LG는 순수하게 지주회사의 역할만을 수행하는 반면, 2019사업연도의 주총에서 로보틱스가 분사되기 이전의 현대중공업지주(구 현대로보틱스)는 지주회사이면서 로봇사업을 병행한다.

매일경제신문. 2019.2.12.
한진칼이 금융업? 제 업종 찾는 지주사

지금까지 엉뚱하게 금융업으로 분류돼 왔던 지주회사가 제 업종으로 자리를 찾는다. 11일 한국거래소는 상장사의 지주회사 업종분류 체계를 개선하기 위해 상장 규정 시행세칙을 개정했다고 밝혔다. 한국거래소는 4월1일까지 각 지주회사로부터 업종 심사자료를 받은 뒤 4월말까지 변경을 모두 마칠 계획이다. 시장에 반영되는 시기 역시 4월말이 될 전망이다.

거래소의 업종 분류 기준은 유가증권시장 상장규정 시행세칙 132조에 명시돼 있다. 기존 규정은 업종분류 기준을 통계청장이 고시하는 한국표준산업분류에 따르도록 해 왔다. 그러나 한국표준산업분류가 비금융지주회사를 기타 금융업으로 분류하며 금융과 크게 관련 없는 지주회사들도 금융업종으로 분류됐다. 한진칼, 현대중공업지주, SK, SK이노베이션 등이 산업별 지수상 금융업에 속해 왔다.

이번 개정은 상장규정 시행세칙 132조에 항목을 추가하는 형태다. 현재는 특정 산업부문 매출액이 연결재무제표상 50% 이상이면 해당 산업의 업종으로 분류되도록 명시됐다. 지주회사는 업종분류와 관련된 경영계획 등 자료를 거래소에 제출하고, 거래소는 공익 실현 및 투자자 보호 등을 고려해 업종을 분류한다. 가령 대한항공과 진에어 등의 지주회사인 한진칼은 기존에 '금융업'으로 분류돼 왔으나 연결재무제표상 운송부문 매출이 50%를 넘기 때문에 업종이 변경된다. 특정 산업 매출액이 50%에 미치지 못하면 그대로 금융업으로 분류된다. 다만 해당 기업에서 신청이 있으면 거래소 심사를 통해 변경을 허용할 예정이다. 이번 개정을 통해 지난해 업종 심사에서 금융업으로 분류된 58개 지주회사 가운데 48개사의 업종분류가 변경될 전망이다.

한진칼, 현대중공업, SK나 SK이노베이션이 금융업으로 분류된다고 하면 표준감사시간을 정함에 있어서도 그들 회사의 주 업종과는 많은 시간의 차이가 발생할 수 있다.

한공회 관련 한 인사는 최근의 우리 회계업계 역사에서 수임료가 높아질 수 있는 기회가 두 번 있었는데 회계업계가 단합하지 못하여 이 두 번의 기회를 모두 놓쳤다고 한다. 첫 기회는 내부회계관리제도의 검토 인증이 도입될 때이며 두 번째는 국제회계기준이 도입될 때라는 것이다. 내부회계관리제도의 인증이 재무제표에 대한 인증과는 별도의 용역이므로 추가적인 용역 수입이 발생해야 한다는 감사인 측 주장과, 내부회계관리제도에 대한 인증은 재무제표의 인증 과정에서는 반드시 동반되어야 하는 인증이므로 과거의 재무제표에 대한 감사와 비교해서 달라진 것이 없으므로 수임료가 인상되어서는 안 된다는 기업 측 주장이 상충되었다.

2016년 4월 16일 정정후 대우조선해양의 검토보고서는 아래와 같다.

우리는 회사로부터 주식회사의 외부감사에 관한법률 제2조의2에서 정하고 있는 내부회계관리제도에 관한 운영실태 평가보고서는 제시받았으나 이를 검토할 수 있는 충분한 내부 평가자료를 제시받지 못했습니다. 따라서, 우리는 회사의 내부회계관리제도 운영실태에 대한 보고내용을 검토·보고하는 데 필요한 절차를 수행할 수 없었습니다.

우리는 상기 문단에서 설명하고 있는 사항이 재무제표 및 내부회계관리제도에 미치는 영향이 중요하기 때문에 대우조선해양주식회사의 2014년 12월 31일 현재의 내부회계관리제도의 운영실태보고의 내용이 내부회계관리제도 모범규준에 따라 작성되었는지에 대하여 검토의견을 표명하지 아니합니다.

우리의 검토는 2014년 12월 31일 현재의 내부회계관리제도를 대상으로 하였으며 2014년 12월 31일 이후의 내부회계관리제도는 검토하지 않았습니다. 본 검토보고서는 주식회사의 외부감사에 관한 법률에 근거하여 작성된 것으로서 기타 다른 목적이나 다른 이용자를 위하여는 적절하지 않을 수 있습니다. 또한 본 검토보고서는 회사의 2014년 12월 31일로 종료되는 보고기간의 재무제표의 재작성에 따라 필요한 감사절차를 수행하면서 재발행하게 되었습니다. 따라서 2014년 3월 13일자의 내부회계관리제도 검토보고서는 더 이상 유효하지 않습니다.

또한 본 검토보고서는 회사의 2014년 12월 31일로 종료되는 보고기간의 재무제표의 재작성에 따라 필요한 감사절차를 수행하면서 재발행하게 되었습니다.

이 마지막 문단은 재무제표 재작성이 없었다면 내부회계관리제도에 대한 검토보고서도 재작성되지 않았을 것이라는 것을 암시한다. 이러한 문건들 때문에 재무제표에 대한 감사 인증과 내부회계관리제도에 대한 검토 인증이 별개가 아니라는 주장이 제기된다.

반면에 2018년 많은 기업의 사업보고서에 대해서 내부회계관리제도에 대한 인증과 재무제표에 대한 인증의 적정/비적정이 일치하지 않는 것을 보면 이 두 인증은 결코 동일한 인증이 아니라는 판단도 할 수 있어서 이 두 인증을 별개로 해석해야 할지 아니면 동일한 건으로 인식해야 할지에 대해서는 혼재된 판단을 할 수 있다.

국제회계기준이 도입될 때도 감사인들은 이 기준이 과거에 비해서 높은 수준의 회계기준이므로 이 기준에 근거하여 감사를 수행하면 더 많은 시간과 수임료가 필요하다는 주장을 하였지만 국제회계기준이 도입된 2011년에 이러한 감사인들의 주장이 거의 반영되지 못하였다.

문화일보. 2019.2.14.

기업 표준감사시간, 전년보다 30% 넘지 않게 한다

외부 감사기업이 적용되는 표준감사시간이 최종 확정됐다. 기업 부담을 고려해 감사시간 증가에 상한을 두고 기업 그룹을 11개로 세분화하는 등의 내용이 반영됐다.

한국공인회계사회는 13일 표준감사 시간 심의위원회를 열고 표준감사시간 최종안을 심의 확정했다고 14일 밝혔다. 표준감사시간은 감사인이 적정한 감사품질을 유지하기 위해 기업 감사에 필요한 적정시간을 말한다. 지난해 11월 1일 시행된 주식회사 등의 외부감사에 관한 법률에 따른 것으로 이번 확정안은 2019, 2020, 2021년 3개 연도에 적용된다.

회계사회는 기업의 부담을 최소화하기 위해 여러 가지 장치를 마련했다고 밝혔다. 우선 '상승률 상한제'를 도입했다. 제도 도입 후 표준감사 시간이 직전연도 감사시간보다 약 30% 이상 상승할 경우 30%를 초과하지 않도록 한도를 정했다. 자산 규모 2조 원 이상 대기업의 경우 표준감사시간이 50% 이상 상승할 경우 최대 상승률 한도를 50%로 제한하도록 했다. 또 적용대상 그룹 분류를 기존 9개에서 11개로 세분화해 기업별 특성을 최대한 반영토록 했고, 내부회계관리제도 감사 시간 가산율도 당초 40%에서 30%로 낮춰 단계별로 적용한다.

한국경제신문. 2019.2.15.
시간상한 도입…표준감사제 논란 속 확정

적정 감사 품질을 위한 감사시간 가이드 라인인 표준감사시간이 우여곡절 끝에 최
종 발표됐다. 그룹이 11개로 세분화됐고, 과도한 감사시간 증가율을 막기 위해 30%
(자산 2조원 이상은 50%) 증가율 상한선도 도입하는 등 당초 논의안보다 완화된 안
으로 확정됐다. 그러나 기업단체들은 "일방적으로 결정된 안이라"며 반발하고 있어 당
분간 진통이 불가피할 전망이다.

• 감사시간 증가율 30% 증가

한국공인회계사회는 상장 여부, 기업 규모 등에 따라 11개 그룹별로 적정 감사시간
을 제시한 표준감사시간을 최종 확정했다고 14일 발표했다. 표준감사시간 적용 기준이
되는 외부감사 대상 회사 그룹은 당초 6개에서 공청회 이후 9개로 늘어난 뒤 이번에
11개로 더 세분화됐다. 그룹별 분류에서 기업들의 특성이 제대로 반영되지 않는다는
지적을 수용한 것이다.

감사시간 증가율 상한제를 도입하기로 한 것도 초안에게 크게 달라진 점이다. 자산
2조원 이상 상장기업의 경우 표준감사시간을 적용할 때 직전 사업연도 감사시간보다
50%를 초과할 수 없게 했고, 자산 2조원 미만 기업들은 증가율 상한을 30%로 정했
다. 표준감사시간을 적용해 과도하게 감사시간이 늘어나 기업 부담이 커지는 것을 방
지하기 위해서다. 내부회계관리제도 감사시간도 당초 40% 증가하는 안이 논의됐지만
30%로 적용 수치를 낮췄다.

자산 200억원 미만 중소기업들은 표준 감사시간 적용 대상에서 일단 배제하기로 했
다. 이번 안은 올해부터 2021년까지 적용되며 이후 분석 과정을 거쳐 다음 3개 연도에
적용할 표준감사시간을 정할 계획이다.

최중경 한공회 회장은 "이번 표준감사시간은 논의과정에서 제기된 기업 측 의견 중
수용 가능한 것은 모두 반영한 결과물"이라며 "당초 안보다 많이 후퇴했다는 지적이
있지만 시간을 두고 표준감사시간이 정착돼 나갈 것을 확신한다"고 말했다.

• 기업 단체들 불만

기업단체들은 표준감사시간 최종안을 받아들일 수 없다며 불만의 목소리를 내고 있
다. 한국상장회사협의회와 코스닥협회, 코넥스협회는 이날 공동 입장문을 내고 "표준

감사시간제의 최대 이해 관계자인 기업 측의 의견을 고려하지 않은 채 일방적으로 확정한 안을 수용할 수 없다"며 "법적 조치를 포함해 가능한 한 모든 대응조치를 강구할 것"이라고 밝혔다.

기업단체들은 이번 안이 법률상 절차적 하자가 있다고 주장하고 있다. 기업단체 관계자는 "지난 13일 표준감사시간 심의위원회에서 위원들의 동의하에 22일 제정안을 재논의하기로 만장일치 합의했는데 한공회가 일방적인 서면결의를 강행했다"며 "표준감사시간이 법상 의무조항인 것처럼 강제하는 것도 법 위반 소지가 있다"고 말했다.

금융위원회와 금융감독원은 표준감사시간을 둘러싼 감사 시장의 혼란을 막기 위해 올해에 한해 감사계약 시한을 다음달 15일까지로 한 달 연장하기로 했다. 또 회계법인이 개별 기업의 특수 상황을 고려한 감사시간에 대한 구체적 설명 없이 표준감사시간만을 근거로 감사보수 인상을 요구하는 행위에 대해서는 엄정하게 제재할 계획이다.

매일경제신문. 2019.2.15.
"외부감사시간 증가율 제한" 한공회, 표준감사 시간제 확정

한공회는 크게 자산 2조원 이상 기업은 기존 대비 약 1.3배 늘어나는 감사시간을 2019년도 회계감사부터 적용하고, 자산 1,000억원 이상~2조원 미만은 올해부터 늘어난 감사시간의 85% 이상, 내년 90%, 2021년 95% 이상 등 단계적으로 시간을 늘리는 방식을 택했다.

비상장기업은 자산 1,000억원 이상 기업에 대해 올해 70% 적용을 시작으로 10%씩 시간을 늘릴 방침이다. 자산 1,000억원 미만 중소기업은 올해 표준감사시간 적용이 유예되며 내년 70%를 시작으로 낮은 강도의 시간을 적용받는다. 자산 200억원 미만 비상장사는 2021년까지 새 제도에서 배제된다.

표준감사시간제는 3년마다 조정이 가능하며 현행 제도는 2021년까지 적용되고 2022년에는 새롭게 조정된 감사시간을 도입할 수 있다.

금융위원회는 기존 감사인 선임 기한을 회계연도 시작 후 4개월에서 45일(2월 14일)로 앞당긴 규정을 올해만 3월 15일까지로 유예할 방침이다.
또 표준감사시간 관련 감사인 지정 사유도 합리적으로 운영할 방침이다. 금융위는 감사인 지정 사유인 '감사시간이 표준감사시간보다 현저히 적은 경우' 해당 여부를 개별

기업의 구체적 상황을 고려해 판단하기로 했다.

매일경제신문. 2019.2.18.
감사보수 과다 인상 회계법인

금융당국이 감사인 지정을 이유로 회계법인이 과도하게 감사보수를 올리면 법인 징계를 추진하기로 했다. 회계개혁에 따라 중소기업을 중심으로 감사 부담 민원이 제기되자 기업 부담 완화책을 들고 나온 것으로 풀이된다.

17일 금융감독원에 따르면 2017년 감사인 자유선임에서 지난해 감사인 지정을 받아 특정 회계법인과 계약한 회사 497곳을 조사한 결과 전기 대비 평균 감사보수가 250%나 증가한 것으로 조사됐다. 감사보수는 2017년 137% 올랐지만 지난해 2배 가량 더 상승한 셈이다. 금감원은 이에 따라 회계법인이 우월적 지위를 남용해 과도한 보수를 요구하는 징후가 발견되면 한국공인회계사회 윤리위원회에 통보하고 문제가 있을 경우 벌점을 부과하는 등 제재에 나설 방침이다.

위의 정책 방향은 기사 내용과 같이 쉽게 해결될 수 있는지는 의문이다. 감사인들은 자유수임일 경우 본인들이 을의 위치에서 수임을 하게 되므로 제대로 수임료를 못 받았는데 감사인 지정제 하에서는 자유수임에 비해서 한계기업에 대해서 감사를 수행하는 것이므로 위험이 높고 따라서 지정제하에서의 감사수임료가 자유수임에 비해서 높은 것은 당연하다고 생각할 것이다. 오히려 지정제하에서의 수임료가 적정수임료라고도 판단할 수 있으므로 감독기관이 이러한 이슈에 개입하는 것이 가능할지는 의문이다. 즉, 비정상이 정상화되는 과정이라고 주장하면 이를 제재하려는 한공회와는 충돌이 발생할 수도 있다.

특히나 1999년 『독점규제 및 공정거래에 관한 법률의 적용이 제외되는 부당한 공동 행위 등의 정비에 관한 법률(카르텔 일괄 정리법)』에 의해서 감사보수규정을 제정하는 등, 정부가 민간의 감사수임료에 개입하는 것이 금지되었는데 새로이 감사보수에 정부가 개입한다는 것이 적법하고 현실 가능한 것인지에 대한 의문이 있다.

시간의 이슈이니 보수의 이슈가 아니라고 할 수도 있지만 시간과 보수가 불가분의 관계를 갖는다.

한국경제신문. 2019.6.4.
적자기업도 회계감사 비용 2~3배 뛰어.. 중소 상장사들 '악 소리'

한국공인회계사회는 지난 2월 외감보수와 직결되는 감사시간을 직전연도보다 30% (자산 2조 이상은 50%)를 넘길 수 없도록 했다. 현장에서는 이 같은 '제한폭'이 오히려 '허용폭'으로 적용되고 있다.

03 공인회계사 적정 인원

공인회계사의 적정 인원이 어느 정도 되어야 하는지는 해답이 없는 풀기 어려운 문제이다. 경제 발전과 더불어 회계사 시장이 증가해야 하는 것은 맞는 것이지만 그렇다고 이 시장을 과도하게 풀게 되면 전문가로서의 품질 수준이나 희소성을 잃게 된다. 이러한 논의는 공인회계사에게만 국한하는 것이 아니고 모든 자격증 소지자에게 적용되는 것이다.

한국경제신문. 2018.6.5.
"몸집 켜져야 일감 늘어난다"

삼일 삼정 안진 한영 등 국내 4대 회계법인이 올해 신입 공인회계사 채용 규모를 지난해보다 30% 가량 늘리기로 했다. 주 52시간 근무제와 감사인 지정제 도입 등으로 회계사 수요가 늘어난 데 따른 것으로 풀이된다.

4일 회계업계에 따르면 삼일회계법인과 삼정, 안진, 한영 등 4대 회계법인의 올해 신입 CPA 채용 목표는 총 1,300명에 달한다. 지난해(1,030)명에 비해 27% 증가한 수치다.

가장 먼저 채용에 나선 것은 삼정이다. 지난해 신입 CPA 343명을 뽑아 4대 회계법인 중 가장 많았던 삼정은 올해도 지난해 수준의 인력 확보를 목표로 하고 있다. 우수한 인재라면 인원 제한 없이 받는다는 '열린 채용'이어서 실제 채용은 목표치보다 더 늘어날 수 있다.

한영도 공격적인 채용에 나선다. 올해 신입 CPA 채용 목표는 350명으로 지난해(250명)보다 40% 늘려 잡았다. 한영은 신입 외 경력 CPA도 400명 가량 채용해 시장 점유율 높이기에 나선다는 전략이다.

대우조선해양 분식회계 사태로 지난해 신규 채용이 150명에 그쳤던 안진도 올해는 채용 인원을 300명으로 늘릴 계획이다. 지난해보다 두 배 늘어난 것으로 상황에 따라 300명 이상도 가능하다는 게 안진 측 설명이다.

'회계사 사관학교'로 불리는 삼일은 상대적으로 보수적인 채용계획을 내놓고 있다. 예년과 비슷한 250~300명 수준의 신규 채용을 준비하고 있다. 이 회계법인은 지난해 신입 CPA 280명을 뽑았다.

회계법인들이 올해 공격적인 CPA 채용에 나서는 것은 오는 11월 시행하는 '회계개혁안'의 영향이 크다. 기업의 업종과 규모, 지배구조 등에 따라 적정한 감사 시간을 지켜야 하는 '표준감사시간'이 올해 도입된다. 2020년부터 '주기적 감사인 지정제'도 시행돼 회계사가 많은 회계법인일수록 지정 일감을 많이 따낼 가능성이 커진다.

오는 7월 시행하는 '주 52시간 근무제'도 인력 수요를 높인 결과이다. 연말과 연초 감사보고서가 나오는 시기에 업무가 집중되는 회계법인 특성상 기존 인력만으로는 적법한 근로시간을 맞추기가 어렵기 때문이다. 회계업계 관계자는 "올해 시험에 합격하는 CPA는 대부분 4대 회계법인에서 소화할 수 있을 정도로 신입 채용 경쟁이 치열하다"고 말했다. 금융감독원은 최종 합격자를 8월31일 발표할 예정이다. 합격 인원은 850~1,000명이다.

한국경제신문. 2018.10.1.

정부 CPA 선발인원 확대 추진에 회계업계 "증원 안 된다" 반발

정부가 약 20년만에 공인회계사 선발인원 증원을 추진하는 가운데 회계업계에서 반대 목소리가 거세지고 있다. 주 52시간과 '신외감법' 시행에 따라 회계사 수요가 늘고 있긴 하지만, 품질관리와 휴업 회계사 등을 감안하면 "인원을 늘려선 안된다"는 회계업계의 주장이다.

30일 금융당국에 따르면 금융위원회는 11월 초 '공인회계사 자격 제도 심의위원회'를 열고 2019년 공인회계사 선발 예정 수를 결정키로 했다. 위원회에서는 2000년 이후 처음으로 최저 선발 인원수를 늘리는 방안을 논의할 예정이다. 금융위 관계자는 "주 52시간 체제가 가동된 데다 11월부터 시행되는 신외감법에 따라 표준감사시간 등이 적용되면 회계사 인력난이 벌어질 것"이라며 "단계적으로 최저 선발인원을 늘리는 방안을 검토 중"이라고 설명했다.

CPA 선발인원은 2000년 500명대에서 2001년 1,000명으로 두 배 증가한 뒤 18년 동안 850~1,000명 사이에서 결정됐다. 2009년부터는 최저 선발인원이 850명으로 유지돼 왔다.

회계업계는 정부의 CPA 증원 방침에 반대하고 있다. 단기적인 인력 수요만 생각해 증원했다가는 기업 감사의 품질이 떨어지고 중장기적으로 구직난이 심해진다는 이유를 들고 있다. 휴업 중인 회계사 수도 고려해야 한다. 지난 6월말 기준 회계사 2만 75명 중 휴업 신고를 한 회계사는 7,256명으로 36.1%를 차지한다. CPA 자격증을 취득했지만 회계법인이나 감사반에서 근무하지 않고 기업, 금융회사 등에 취직한 경우엔 휴업 회계사로 집계된다.

4대 회계법인은 CPA 증원엔 반대하면서도 올해 합격한 CPA 인력을 '싹쓸이'해갔다. 금융감독원에 따르면 올해 4대 회계법인의 CPA 신규 채용은 1,198명으로 지난해보다 21.5% 증가했다. 4대 회계법인은 올해 CPA 합격자 904명 중 792명(87.6%)를 데려갔다. 대학 1~3학년 합격자가 227명인 것을 감안하면 취업 의향이 있는 합격자는 대부분 4대 회계법인에 채용됐다는 게 금감원의 설명이다. 한 회계학과 교수는 "대형 회계법인들이 신입 CPA를 싹쓸이해 가면서 증원은 안 된다는 것을 기득권 지키기의 일환"이라고 꼬집었다.

공인회계사의 적정인원수에 대한 판단은 매우 많은 설명변수가 있다. AI가 회계에도 도입되면서 감사실무에서 이전과 비교하여 많은 인원이 필요하지 않다는 주장도 있다. 반면, 전문가의 정원이 조정되면 그 미치는 결과는 매우 오랜 기간이 경과한 후에 나타나므로 단기적으로 판단을 하면 되는 것이 아니라 예를 들어, 앞으로 10년 후의 공인회계사 수요를 추정하여서 현재의 공인회계사 합격자의 적정 규모를 결정하여야 하므로 결코 근시안적으로 결정할 사항이 아니라는 주장도 있다.

또한 주당 52시간 근로시간이 적용되면서 과거와 같이 결산 시즌에 야근을 반복하던 관행도 사라지게 되면서 많은 인원을 필요로 한다.

모든 자격증 소지자 이익 집단에서는 자격증 소지자의 인원을 증가하는 대안에 대해서는 반대하는 입장이 일반적이다. pie는 일정한데 이를 나눠야 하는 입장이 전문가 집단이므로 자격증 소지자의 숫자가 증가하는 것에 대해서 반대하는 것은 당연하다.

일부에서는 1차 공인회계사 합격자를 감사업무의 보조자로 활용하는 방안이 제시되기도 한다. 미국의 경우, 단순 업무일 경우 cpa가 아니더라도 업무에 협조를 받을 수 있지만 우리나라는 이에 대해서 매우 엄격한 잣대를 적용한다. 아마도 단순 업무에만 관여가지 않고 전문성이 요구되는 업무에 참여하는 것을 예방하는 것이 어렵다는 판단을 감독기관이 하고 있을 수도 있다.

특히나 회계법인이 필요한 인원이 공인회계사도 있지만 IT 전문가들에 대한 수요도 많이 높아지는 추세이다. 기업의 회계부서일 경우도 일단 system으로 분개의 내용을 입력해 두면 회계전문가가 필요 없이 기계적으로 회계처리가 수행되는데 그럼에도 회계전문가가 필요한 경우는 시스템이 down되거나 시스템이 해결할 수 없는 경우에만 회계전문가가 필요하다는 주장도 있다.

손성규 외 3인(2016)은 적정 공인회계사 인원을 추정하기 위해서 여러 가지 방법을 사용하였다. 최근의 공인회계사 시험 합격자의 수가 평균 950명 수준인데,

1. 일단, 다른 국가의 공인회계사 인원과의 국제적 비교를 수행하였는데, 인구, 주요경제지표 등이 설명변수로 사용되었다.
2. 또한 공인회계사 합격자는 2년 동안 수습의 과정을 거쳐야 하기 때문에 수습기관이 공인회계사 합격자를 수용해 주어야 하고 이 또한 공인회계사 합격자수를 결정하는 데 있어서 제약요인이다.
3. 모든 외감대상 기업을 감사하는 데 필요한 감사시간을 구한 후, 현업에 있는 공인회계사가 full time으로 일할 때 몇 명의 공인회계사가 필요한 인원인지를 구하고, 현업의 공인회계사의 연령구조를 고려하여 역산을 하고 필요한 공인회계사의 수를 구하였다.
4. 전체 회계시장 규모 증가도 고려하였다.

공인회계사 자격증을 가지고 교직에 있거나 일반 직장을 다니는 경우가 비 전업공인회계사이다. 비 전업공인회계사라는 것은 공인회계사 자격증을 회계감사를 위한 자격증으로 사용하는 것이 아니라 회계전문가로서의 자격증으로 사용하는 것이다. 회계가 필요한 영역이 넓으므로 공인회계사 업계의 입장

에서는 많은 자격증 소지자가 경제 전반에서 활동하는 것이 바람직하다.

단, 정부의 입장은 공인회계사라는 자격증을 국가 자격증으로 부여하는 이유가 회계감사라고 하는 고유 업무를 수행하라고 인정하는 것이며 이렇게 정의하는 것이 맞다는 입장이다. 그렇게 이해하지 않을 경우, 공인회계사의 수급에 문제가 발생하게 되는 것이다. 공인회계사 자격증 이외에도 회계 관련되어서는 민간단체에서 발급하는 여러 가지 자격증이 많은데, 회계전문가로서의 자격증이 반드시 공인회계사 자격증인 것만은 아니라는 입장이다. 금융위원회의 입장도 충분히 이해가 가능하지만 그럼에도 현실적으로 공인회계사 자격증 소지자가 현업을 떠나 비 전업을 하는 것을 제도적으로 막을 방법도 없고 이유도 없다.

공인회계사 자격증 소지자의 적정인원을 구함에 있어서 또 하나 문제를 복잡하게 만드는 요인은 세무사 자격증 소지자의 숫자이다. 개인으로 활동하는 공인회계사들의 경우 대부분의 업무가 세무사 업무와 중복된다.

손성규 외 3인의 연구에서의 결론은 다음과 같다. 2007년 공인회계사 제도를 개편한 이후 최근 10년간 매년 평균적으로 950명 정도의 공인회계사가 선발되었으며 추정모형을 사용하여 산출된 적정 공인회계사 수를 기준으로 볼 때 현재 공인회계사 선발 인원은 다소 과다한 측면이 있다는 주장을 하고 있다.

매일경제신문. 2019.5.11.
"회계사 증원보다 감사 보조 인력 늘려야"

최중경 한국공인회계사회 회장이 회계 인력 증가에 대응하는 방안으로 공인회계사 선발 인원 확대보다는 감사 보조 인력 확충이 우선돼야 한다고 밝혔다. 공인회계사 1차 합격자를 보조 인력으로 활용하는 방안도 제시했다.

지난 9일 서울 여의도에서 기자들과 만난 최 회장은 "회계 제도 개선이 이뤄지면서 공인회계사 선발 숫자를 늘려야 한다는 일부 의견이 있다"며 "감사 업무 중에는 채권 조회 등 단순 업무도 상당한 만큼 감사인보다는 감사 보조 인력을 늘리는 방식으로 접근해야 한다"고 덧붙였다. 현행 회계사법에서 공인회계사만이 참여할 수 있는 감사 업무에 감사 보조 인력도 포함될 수 있도록 법 개정이 필요하다는 취지다."

감사 보조 인력으로 회계사 시험 1차 합격자를 활용하는 방법도 추천했다. 그는 "업계에서 필요로 하는 회계 인력을 공인회계사뿐 아니라 회사 경리와 회계 담당 인력 등을 포함한다"며 "1차 시험에 합격하기 위해서는 대학에서 회계학 분야 학점을 일정 수준 이상 이수해야 하는 만큼 역량 면에서도 감사보조자 역할을 하기에 충분하다고 본다"고 말했다. 경리 실무를 맡는 accountant와 감사인(auditor)를 구분할 필요가 있다는 주장이다.

앞서 금융위원회는 지난해 11월 새 외부감사법 시행으로 감사 업무량이 늘고 회계법인 외에 일반 기업, 공공기관 수요도 증가하고 있다며 올해 공인회계사 최소 선발 예정 인원을 전년보다 150명 많은 1,000명으로 늘리겠다는 계획을 밝혔다. 매년 1회 1, 2차 시험으로 나누어 치러지는 공인회계사 시험은 1차에 합격하면 해당 연도의 다음해 시험에 응시할 수 있다.

한편 최회장은 이날 '정부의 감사인 선임 과정 개입'을 주제로 발표하면서 공공분야에도 감사인 지정제를 적극 도입해야 한다고 주장했다. 감사인 지정제는 감사인의 독립성을 확보하기 위해 감사 대상이 아닌 제3자가 회계감사인을 지정해 주는 제도다. 민간 부문에서는 지난해 외부감사법 개정으로 2020년부터 상장법인과 금융회사 등 법인은 6년간 자유롭게 감사인을 선임하고, 이후 3년간은 금융당국이 직권으로 감사인을 지정하게 된다. 이처럼 민간 부문 회계 개혁은 개선이 이뤄지고 있지만 공공 비영리 부문은 아직 미흡하다는 지적이다.

1차 시험 합격자를 감사업무의 보조자로 사용할 수 있어야 한다는 주장도 제기된다.

미국의 경우도 많은 학부 졸업생들이 CPA firm에 공인회계사 자격증이 없이 채용되어 업무를 하다가 MS in Accounting 과정을 거치면서 공인회계사가 되기도 한다.

지정제가 확대되어야 한다는 최중경회장의 주장은 최근 사학재단에 대한 감사에서 '3+2'의 형태로 법 개정이 제안되었는데, 3년을 자유수임하고 2년은 지정을 한다는 제도의 변화이다.[1]

----

1) chapter 46의 내용과도 연관된다.

거의 모든 감사의 과정은 감사 대상에 무관하게 감사인의 독립성이 요구되므로 자유수임제와 지정제를 혼합하는 주기적 지정제가 거의 모든 감사 건에서 제안될 수도 있다.

한국경제신문. 2019.6.25.
회계사 채용 전쟁에 다시 불붙은 'CPA 증원' 논란

공인회계사 증원 여부를 둘러싼 논란이 수면 위로 떠오르고 있다. 금융위원회는 회계사 최소 선발 인원을 단계적으로 확대하는 방안을 추진하고 있지만, 인재 확보 경쟁에 나선 회계업계는 오히려 반대의견을 고수하고 있다.

금융위 산하 증권선물위원회는 지난 19일 '공인회계사 자격제도 심의위원회' 위원 수를 기존 7명에서 11명으로 확대하는 안건을 의결했다. 이 중 민간위원은 4명에서 7명으로 늘리기로 했다. 이 위원회가 회계사 자격제도와 선발 인원에 대한 의사결정을 한다.

금융당국 관계자는 '회계사 증원과 관련한 관심이 커짐에 따라 의사 결정의 신뢰도를 높이기 위해 위원회를 확대 개편했다'고 설명했다.

공인회계사 자격제도 심의위는 올 하반기 회계사 선발 인원을 늘릴지 여부를 논의할 예정인 것으로 전해졌다. 2009년부터 850명으로 유지돼온 최소 선발 인원을 지난해 1,000명으로 10년 만에 늘린 이후 1년 만에 또 다시 증원 여부를 논의하는 것이다. 금융위원회는 내년 이후 적정 회계사 수를 가늠해 보기 위해 한국개발연구원에 연구 용역을 맡겼다.

주 52시간 근로제와 신외감법(외부감사에 관한 법률 전부 개정안) 시행에 따른 회계사 인력 수요가 단기간에 급증하면서 회계법인들은 치열한 인력 쟁탈전을 벌이고 있다. 4대 회계법인은 올해 배출되는 회계사 1,000명을 싹쓸이해 갈 전망이다. 삼일회계법인과 삼정회계법인은 올해 채용 인원을 각각 300명 이상으로 잡았다. 딜로이트안진과 EY한영은 각각 200명 이상 채용할 계획이다.

연간 회계사 선발 인원은 2000년 500명에서 2001년 1,000명으로 2배 늘어났다. 이후 18년간 850~1000명을 오갔다. 올해 신입 회계사 품귀 현상이 예상되지만 회계업계는 회계사 증원을 반대하고 있다. 회계감사 품질이 떨어질 수 있고, 실무수습기관의 수용 능력에 한계가 있다는 이유에서다. 휴업 중인 회계사 수도 고려해야 한다고 주장한다.

회계업계 관계자는 "당장 몇 년간 회계사 수요가 많다는 이유로 회계사 수를 급격히 늘리면 부작용이 뒤따르게 될 것"이라고 말했다. 그는 "인공지능이 감사시장에 미치는 영향과 같은 중장기 추이를 고려해 회계사 증원 여부를 결정해야 한다"고 했다.

반면 한 회계학과 교수는 "회계업계가 증원에 반대하는 주된 이유는 기득권을 지키기 위한 것"이라고 지적하기도 했다.

문화일보. 2019.11.18.

금융당국, 내년 공인회계사 1100명 이상 선발한다

금융당국이 내년에 공인회계사를 1,100여 명 이상 선발키로 했다. 사상 최대 인원이다. 회계업계에선 기업 감사 품질이 떨어지고 중장기적으로 구직난이 심해질 수 있다면 금융당국 결정에 반대하고 있다.

공인회계사자격심의위원회는 18일 전체 회의를 열고 2020년 CPA 최소 선발 예정 인원을 1,100여 명으로 의결했다. 공인회계사자격제도심의위원회에서 최소 선발 예정 인원을 정하면 금융감독원에서 그 기준에 맞춰 CPA를 선발하게 된다. 위원회는 금융당국 학계 기업 회계업계 관계자 11명으로 구성돼 있으며 위원장은 금융위 부위원장이 맡고 있다.

최소 선발 예정 인원 측면에서 볼 때 지금까지 최대는 2001~2006년과 2019년의 1,000명이었다. 2009년부터 2018년까지는 850명 선을 유지해왔다. 따라서 내년에는 1,100여 명 이상이라는 사상 최대의 CPA인원을 선발하는 셈이다. 금융당국은 -외부 감사대상 회사 증가와 신 외부감사법 시행 등에 따라 회계법인 감사반 소속 회계사 수(1만 2,877명) 대비 약 8.67%(1,116명) 증가 예상 -과거 비감사 업무 회계사 수 증가율 고려 22명 추가 -최소 선발 예정 인원과 최종 선발 인원 간 차이(최근 3년 평균 42명) 등을 고려해 CPA 선발 인원을 1100여명으로 늘렸다고 설명했다.

이에 대해 회계업계는 크게 반발하고 있다. 최중경 공인회계사회 회장은 "회계 감사 품질 일정 수준 유지, 향후 인공지능의 업계 인원 대체 가능성 등을 고려할 때 인원을 늘리는 것에 대해 반대한다"며 "대신 공인회계사법을 개정해 보조 인력이 회계 단순 업무를 할 수 있도록 하는 것이 더 현실적인 방안으로 보인다"고 말했다. 금융당국도 이러한 반발을 의식하고 있다.

손병두 금융위 부위원장은 "수험생의 예측 가능성과 형평성 차원에서 매년 선발인원 급변은 바람직하지 않다"고 말해 2021년 이후 선발 인원 변화는 크지 않을 것임을 시사했다.

진보성향의 정권이 2017년에 들어오면서 기업지배구조에도 변화가 나타나기 시작하였으며 그중에 하나가 국민연금의 적극적인 의결권행사이다. 주주권은 바로 의결권이며 대주주가 의결권을 행사하지 않는다는 것이 바람직한 것인가에 대한 의문을 가질 수 있다.

스튜어드십을 너무 과도하게 강제하게 되면서 다음과 같은 문제점이 나타나기도 한다.

매일경제신문. 2019.6.28.
스튜어드십 담당자 겨우 3~6명… 80%는 공시 안 해

스튜어드십 코드 가입 기관투자자가 100개사를 돌파하는 등 기관투자자들의 참여 행렬이 줄을 잇고 있지만 이제는 주주활동의 양보다 질을 높여야 한다는 지적이 나오고 있다. 스튜어드십 코드를 도입만 해두고 주주활동을 전혀 하지 않거나 주주활동을 하고서도 공시를 제대로 하지 않는 경우가 다반사이기 때문이다. 아울러 각 사 스튜어드십 코드 담당자와 책임자는 3~6명 선으로 제대로 된 기업 분석을 위해서는 전문 인력을 제대로 갖춰야 한다는 지적도 나온다.

27일 한국기업지배구조원에 따르면 스튜어드십코드를 도입한 자산운용사수가 35개라는 점을 감안하면 77%는 공시 내역이 없는 셈이다. 대부분의 기관투자자들이 스튜어드십 코드 도입의 일환으로 '연간 최소 1회 이상 주주활동 내역을 공개하겠다'고 밝힌 것을 감안하면 투명성이 낮다는 평가다.

한 자산운용사의 스튜어드십 코드 담당 임원은 "스튜어드십 코드에 이름만 걸어두고 활동을 안 하는 투자자들이 있는가 하면, 상장사와의 관계를 고려해 대화 내용을 공개하지 않는 곳들도 다수 있다"며 "스튜어드십 코드 도입 여부가 국민연금의 위탁운

용사 선정 등 기관투자자들의 평가 기준이 되는 상황에서 벌어지는 촌극"이라고 평가했다.

류영재 서스틴베스트 대표는 "스튜어드십 코드의 7가지 원칙 중 하나로 공시를 투명하게 한다는 원칙이 나와 있고, 도입한 자산운용사들은 이 같은 원칙을 준수할 필요가 있다"며 "스튜어드십 코드를 본격적으로 하는 상황에서 제대로 공시하는 자산운용사가 거의 보이지 않는다는 점은 아쉽다"고 평가했다.

전문 인력 육성 역시 스튜어드십 코드의 제대로 된 활용을 위한 장기 과제라는 평가다. 대형 자산운용사들조차 스튜어드십 코드 담당자가 3~6명 수준이다. 일부 중소형 자산운용사의 경우 스튜어드십 코드에 대해 생소한 운용역을 담당자로 배치해 불만이 나오기도 한다.

익명을 요구한 한 자산운용사 관계자는 "대부분의 운용사들이 스튜어드십 코드와 연관성이 떨어지는 운용역을 해당 업무에 겸직을 시키고 있다"며 "관련 전문성이 떨어지기 때문에 외부 의결권 자문사의 영향력에 좌지우지되기 쉽다"고 토로했다.

어떻게 보면 누가 기업지배구조에 대한 전문가인지를 가늠하기도 쉽지 않다. 전문 자격증이 있는 것도 아니고 그렇다고 주총이 1년 내내 분산되어서 개최되는 것도 아니니 스튜어드십 관련된 업무만 1년을 수행할 수도 없다. 의결권이라 함은 법적인 내용에 대한 검토가 병행되어야 하므로 법 지식이 필요하다고도 판단된다. 전문성은 자격증 아니면 경험인데 우리나라에서 기업 지배구조에 대한 전문성을 가질 정도로 기업지배구조에 대한 역사가 길지 않다.

기업지배구조원도 의결권의 방향성을 어떻게 설정할지가 쉽지 않은 결정이며 모든 의결권 자문사들도 동일한 고민을 해야 하지만 이는 기관투자자들도 동일하다. 담당자가 3~6명 수준이라고 하면 이들이 의결권 자문기관의 제안을 취합하여 종합적인 의사결정을 해야 할 것인지 아니면 중요한 의사결정은 실무자가 아니고 기관투자자의 상위 직급자가 해야 할 것인지도 이슈이다. 그러나 현재로서는 이러한 의사결정이 체계화되어 있지 않고 아직까지는 기업에 중요한 영향을 미칠 정도의 심각한 의결 사안이 다수 있었던 것 같지 않지만 앞으로는 상황이 많이 바뀔 것이다. 또한 기관투자자들이 기업 집단의 계열사인 경우는 동일 집단의 계열사의 주총 의사결정에 대해서 중립적이고 독립적인 의사결정을 수행할 수 있는 것인지 등 산재한 문제가 한두 개가 아니다. 따라서 스튜어드십의 적용은 생각만큼 쉬운 것은 아니다. 이러한 경우에 해당하는 기관투자자는 계열사에 대해서는 의견을 내지 않는 것이 해답으로 보인다.

단, 국민연금이 보건복지부 산하에 있으며 보건복지부가 정권의 영향력으로부터 자유로울 수 없다는 차원에서 국민연금의 의결권을 통해서 경영활동에 참여하는 것이 바람직한지에 대한 논쟁이 활발하게 진행되었다.

이는 전 정권에서부터 문형표 국민연금공단 이사장이 홍완선 국민연금 기금운용본부장을 통해서 삼성물산과 제일모직의 합병에 찬성표를 던지는 것으로 영향력을 행사한 점이 문제가 되면서 이 2인이 구속되는 결과가 초래되었다.

모든 경제 활동 인구는 누가 선임해 주었는지에 따라서 의사결정 시 선임 권자의 의향을 묻게 될 가능성이 높아진다. 그래서 최대주주가 있는 대부분의 우리나라 기업에서는 최대주주가 본인의 network에 기초해서 사외이사를 선임하고 이렇게 선임된 사외이사는 최대주주가 듣고 싶지 않아 하는 쓴소리를 하기 어렵게 되는 악순환이 반복된다. 그래서 network에 기초한 우리 사회에서 독립적인 사외이사의 역할을 기대하기 어렵다고 한다. 큰 책임을 지지도 않으면서 상당한 경제적인 보상이 있으므로 누구도 맡기를 희망하는 사외이사를 최대주주가 시켜주었는데 그러한 최대주주가 듣고 싶지 않은 의견을 개진한다는 것이 어렵다는 것은 우리가 충분히 이해할 수 있다.

이러한 내용은 chapter 29의 사외이사추천위원회의 논의에서 지속된다.

그렇기 때문에 자산규모 2조원이 넘는 기업일 경우는 사외이사후보추천위원회를 거쳐서 사외이사 후보를 추천하도록 되어 있으나 이러한 위원회의 구성 또한 최대주주의 영향력 아래에 있다고 하면 이는 '눈가리고 아웅'하는 식이 될 수 있다. 따라서 최대주주가 없는 금융지주의 경우 이외에는 기업에서 무슨 활동을 하여도 최대주주가 경영에 참여하는 한, 최대주주의 영향력을 벗어나기 어렵다.

그렇기 때문에 사외이사후보추천위원회에 최대주주 또는 CEO가 포함되는 것이 바람직하지 않다는 의견이 제시되기도 하지만 아직까지는 CEO가 사외이사후보추천위원회에 포함되는 경우가 많다. 이러한 이유에서 기업지배구조가 선진화되어 있는 KB금융지주의 경우는 최근에는 CEO가 사추위에 포함되지 않고 삼성전자의 경우도 CEO뿐만 아니고 사내이사가 사추위에 포함되지 않고 사외이사들만이 이러한 업무를 수행하도록 하였다. CEO 본인을 감시하는 역할을 수행해야 하는 사외이사를 선임하는데 (특히나 이 사외이사가 감사가 주된 역할인 감사위원까지도 겸직하는 경우) CEO가 사외이사 선임에 역할을 한다면 자기감사(self-audit)의 위험이 존재하기도 한다.

반면에 이사회의 기능을 감시보다는 자문의 성격이 강하다고 할 때, 기업 측에서 자문을 받고 싶은 전문성을 가진 인사를 초빙한다는 차원에서는 최대주주나 사내이사가 사추위에 포함되는 것도 일리가 있다. 이는 사외이사보다는 사내이사나 최대주주가 기업이 희망하는 전문가가 누구인지를 더 잘 판단할 수 있기 때문이다. 그러나 이보다는 독립성을 확보하는 것이 더 중요하므로 사추위에서 최대주주나 사내이사가 배제되는 것이 최근의 추세이다.

금융지주는 대부분의 경우, 누가 대주주인지가 명확하지 않고 그래서 실질적으로 이사회가 회사의 주인 역할을 하는 경우가 많다. 이렇게 구성된 이사회에서 사외이사를 중심으로 회장 추천위원회를 구성하게 되므로, CEO가 사추위의 member라고 하면 CEO가 역할을 해서 사외이사를 선임하고 이렇게 선임된 사외이사가 그 CEO를 연임하는데 역할을 한다고 하면 완전히 그들만의 league가 형성되는 것이다. 이러한 차원에서 사추위에 CEO가 포함되지 않는 것이 옳다는 판단을 할 수 있다. 그렇기 때문에 CEO의 영향을 완전히 배제하기 위해서 KB금융지주와 같은 기관에서는 외부 사외이사 인선 자문위원을 선정하고 헤드헌터 회사들이 주도적인 역할을 수행하게 한다. 이는 사외이사 후보를 추천하는 과정에 내부 인사가 전혀 관여할 수 없도록 firewall을 설치하는 것이다. 특히나 이해상충을 피하기 위해서 search하는 헤드헌터와 평판 조회하는 헤드헌터를 분리하는 등, 독립성을 확보하기 위해서 최선을 다하고 있어서 내부의 임직원이 사외이사 후보 선임에 개입할 가능성을 완전히 배제하며 독립적으로 의사결정을 한다. 포스코와 같은 경우도 사외이사 선임 시 자문위원들을 선임하는데 주도적인 역할을 사외이사들이 하게 되는데도 불구하고 자문위원들의 존재가 옥상옥의 모습이 될 수도 있다는 우려가 있다.

일반 기업일 경우도 그러한데, 국민연금과 같은 보건복지부 산하의 기관이 정부나 정권으로부터 또는 더 구체적으로는 청와대 또는 정권으로부터 자유롭지 않다는 것은 자명하다. 그럼에도 불구하고 최대주주 개인이 횡령 배임 등의 범죄를 범하는 경우에 이러한 부분에 대한 monitoring이 회사 차원에서 진행될 수 없다면 이들이 경영활동에 참여하도록 기업에 맡겨 두는 것이 옳은 지에 대해서는 여러 가지 다양한 의견이 있을 수 있다. 이러한 논의가 스튜어 드십의 도입 취지이며 기업 자체적으로 또는 기업의 지배기구 차원에서 해결 할 수 없다면 기관투자자가 그 역할을 맡아 주어야 한다는 논지이다.

2014년 12월의 조현아 사건을 사례로 들 수 있다. 최대주주 가족의 일탈 이며 범법의 행위인지는 사법부가 판단할 사안이다. 이 사건 이후 대한항공 최대주주 배우자와 다른 자녀의 일탈 행위가 이어지면서 최대주주에게 경영권 행사를 못하도록 해야 한다는 주장까지 제기되었지만, 최대주주 가족의 일탈 행위가 윤리적, 도덕적으로 또한 사회적으로 지탄을 받아야 하는 행위인 점과 자본주의에서 지분을 가지고 있는 최대주주에게 경영권 행사를 못하도록 한다 는 것 간에는 큰 차이가 있다. 즉, 모든 문제는 법으로 해결해야 하는데 이를 감정으로 또는 소위 국민정서법으로 해결할 수는 없다.

지분을 가지고 있는 최대주주에게 가족의 일탈을 이유로 경영권 행사를 제한한다는 것은 무슨 과거의 연좌제도 아니고 자본주의의 근간을 흔드는 일 이다. 물론, 사회적으로 지탄받을 일을 했다는 것을 부정할 수는 없지만 이와 경영권의 행사는 완전히 별개의 이슈이다.

한국경제신문. 2019.1.5.

KCGI, 한진 한진칼 감사 자리 노린다

행동주의 사모펀드 KCGI가 한진그룹의 지주회사 한진칼과 물류 계열사 한진의 2 대주주에 오르면서 이들 회사의 감사를 노릴 가능성이 높아졌다. 오는 3월 정기 주주 총회에서 한진그룹 측과의 표 대결시 불가피할 것으로 전망된다.

4일 금융감독원에 따르면 KCGI는 지난해 말 기준으로 한진칼과 한진 지분 10.81%, 8.03%를 각각 보유하고 있다. KCGI는 3월 열리는 두 회사의 정기 주총에서 감사 선임을 통해 이사회 진입에 나설 것으로 예상된다. 3월이면 한진칼은 윤종호, 한 진은 이근희 상근감사의 임기가 끝난다.

감사 선임과정에서 대주주 지분 의결권이 3%로 제한되는 것이 KCGI에 유리하게 작용할 전망이다. KCGI와 한진그룹이 같은 3% 의결권으로 표 대결을 벌이기 때문에

KCGI가 열세를 만회할 수 있다.

이런 이유로 한진에서 KCGI가 감사 자리를 확보할 가능성이 적지 않다는 분석이다. 한진은 한진그룹 및 특수관계인이 지분 33.13%를 보유 중이다. 국민연금(7.41%), 쿼드자산운용(6.49%), 조선내화(1.53%) 등도 주주다.

조선내화는 KCGI 펀드출자자인 만큼 KCGI편에 설 가능성이 높다. 국민연금 등도 스튜어드십코드를 앞세우고 있어 KCGI에 우호적인 행보를 보일 가능성이 높다.

한진칼 감사 자리 대결에서는 누가 이길지 가늠하기가 쉽지 않다. 한진칼은 이번 주총에서 KCGI 감사 선임을 저지하기 위해 상근감사 자리를 없애고, 감사위원회 설치를 추진한다. 상근감사는 최대주주의 의결권이 3%로 제한되지만 감사위원회 감사는 사외이사 가운데서 선임해 '3%룰'에서 자유롭다. 한진그룹 특수관계자인 한진칼 지분(28.7%)를 오롯이 활용할 수 있다.

하지만 한진칼이 감사위원회를 설치하려면 3월 정기 주총에서 정관에 감사위원회 설치 조항을 신설해야 한다. 정관 변경은 특별결의 사항이어서 주총 참석 주주 3분의 2 이상과 총 주식의 3분의 1이 찬성표를 던져야 한다.

한진칼 최대주주인 조양호 회장 및 특수관계인 지분은 물론 추가로 18.0~24.6% 찬성표를 확보해야 승기를 잡을 것으로 예상된다. 이 같은 찬성표를 한진그룹이 획득하지 못하면 이번 주총에서 상근감사 제도가 존속돼 KCGI에 유리해 질 수 있다.

일각에서는 한진그룹과 KCGI가 주총 표 대결 전에 합의를 볼 것이라는 관측도 내놓고 있다. KCGI가 한진그룹 경영 감시 및 견제자 역할에 머무를 것이라고 밝혔기 때문에 주주친화책이 나오면 합의 할 수 있다는 시각이다. KCGI는 조만간 한진그룹에 대한 입장과 요구안을 내놓을 것으로 알려졌다.

"감사위원회 감사는 사외이사 가운데서 선임해 '3%룰'에서 자유롭다"는 내용은 금융기관은 금융기관지배구조법에서 감사위원을 선임할 때 1인은 분리하여서 선임하도록 하고 있으므로 3% rule이 명확하게 지켜지지만 금융기관이 아닌 기업은 주총에서 사외이사를 선임한 이후 감사위원을 선임하게 되므로 3% rule의 실효성이 거의 없다고 볼 수 있다. 일반 기업도 감사위원을 분리 선임하여야 한다는 상법 개정안이 지속적으로 발의가 되고 있지만 이 내용이 중도에 폐기되면서 개정까지는 가지 못하고 있다.

매일경제신문. 2019.2.9.

KCGI, 한진 감사 선임도 무산될 듯

　　김성부 대표가 이끄는 행동주의 펀드 KCGI가 한진칼에 이어 한진에서도 감사 선임 시도가 무산될 수 있다는 관측이 나왔다. 한진은 지난 1일 잠정 실적 공시를 통해 연결재무제표 기준 자산 총액이 2017년 2조 4,538억원에서 지난해 2조 6,794억원으로 증가했다고 밝혔다. 한진이 자산재평가를 통해 부채비율을 2017년 말에 182%에서 지난해 말 143%로 낮춘 부분이 반영된 것으로 풀이된다.

　　8일 증권가에서 이와 관련해 2017년 1조 9,000억원 대였던 한진의 별도 기준 자산이 2018년 2조원을 넘어설 것이라는 분석이 나왔다. 이에 따라 박지승 진성회계법인 대표를 감사로 선임할 것을 요구한 KCGI 측 주주제안은 무산될 전망이다.

　　현행 상법에 따르면 별도 기준 자산이 2조원을 넘으면 감사 선임 대신 감사위원회를 의무적으로 설치해야 한다.

　　감사를 선임하면 최대주주만 의결권이 3%로 묶인다. 반면 감사위원을 선임하면 모든 주주 의결권이 3%로 제한되기 때문에 조양호 한진그룹 회장 측이 유리하다. 앞서 KGCI는 한진그룹 지주사인 한진칼에 대해 감사 선임을 시도했지만 한진칼이 단기 차입금을 늘려 자산 규모 2조원을 넘기면서 이 같은 시도가 무산됐다.

　　관련된 상법의 규정은 다음과 같다.

상법 제409조(선임) ① 감사는 주주총회에서 선임한다.

② 의결권 없는 주식을 제외한 발행주식의 총수의 100분의 3을 초과하는 수의 주식을 가진 주주는 그 초과하는 주식에 관하여 제1항의 감사의 선임에 있어서는 의결권을 행사하지 못한다. <개정 1984. 4. 10.>

제542조의11(감사위원회) ① 자산 규모 등을 고려하여 대통령령으로 정하는 상장회사는 감사위원회를 설치하여야 한다.

상법 시행령 제37조(감사위원회) ① 법 제542조의11제1항에서 "대통령령으로 정하는 상장회사"란 최근 사업연도 말 현재의 자산총액이 2조원 이상인 상장회사를 말한다. 다만, 다음 각 호의 어느 하나에 해당하는 상장회사는 제외한다.

상법 제542조의12(감사위원회의 구성 등) ① 제542조의11제1항의 상장회사의 경우 제393조의2에도 불구하고 감사위원회위원을 선임하거나 해임하는 권한은 주주총회에 있다.

② 제542조의11제1항의 상장회사는 주주총회에서 이사를 선임한 후 선임된 이사 중에서 감사위원회위원을 선임하여야 한다.

③ 최대주주, 최대주주의 특수관계인, 그 밖에 대통령령으로 정하는 자가 소유하는 상장회사의 의결권 있는 주식의 합계가 그 회사의 의결권 없는 주식을 제외한 발행 주식총수의 100분의 3을 초과하는 경우 그 주주는 그 초과하는 주식에 관하여 감사 또는 사외이사가 아닌 감사위원회위원을 선임하거나 해임할 때에는 의결권을 행사하지 못한다. 다만, 정관에서 이보다 낮은 주식 보유비율을 정할 수 있다.

④ 대통령령으로 정하는 상장회사의 의결권 없는 주식을 제외한 발행주식총수의 100분의 3을 초과하는 수의 주식을 가진 주주는 그 초과하는 주식에 관하여 사외이사인 감사위원회위원을 선임할 때에 의결권을 행사하지 못한다. 다만, 정관에서 이보다 낮은 주식 보유비율을 정할 수 있다.

물론, 감사위원의 선임이 분리 선임되지 않고 사외이사를 선임하고 그 다음에 감사위원을 선임하므로 실질적으로 3%의 rule이 별 실효성이 없다.

이코노미스트. 2019.5.27.
경영참여 목적의 행사 기준 모호해 혼선

올해 한진칼 주총에서는 감사위원회 제도를 통한 소수주주 영향력 제한 시도도 부각됐다. 세 번째 장면에서처럼 상장사가 단기 차입을 통해 자산 총액을 늘려 감사위원회 제도를 채택하는 식이다. 한진칼 측에서는 부인하지만 한진칼이 단기 차입을 늘린 진짜 이유는 감사위원회 제도 도입을 위해서일 가능성이 크다. 우리 상법에서는 주주총회에서 감사를 선임할 때, 최대주주와 그 특수관계인의 의결권을 합쳐 3%만 인정한다. 반면 나머지 주주는 개별적으로 의결권을 3%로 제한한다.[1] 3% 이상 주주가 모두 제한을 받지만 감사를 도입할 경우(저자 추가) 최대주주의 영향력이 크게 줄어드는 셈이다. 반면 감사위원회 제도에서는 감사위원(저자: 사외이사라고 기술하는 것이 더 정확함, 왜냐하면 사외이사 중에서 감사위원이 아닌 경우도 있음)을 선임할 때 최대주주 의결권 제한이 없이 이사를 선임한다. 이후 이사들 중에서 감사위원을 선임할 때 의결권 제한을 적용받는다. 사실상 최대주주 영향력이 전혀 약화되지 않는다.

현행 제도 아래서는 자산 총액이 2조원 미만인 경우 감사제도와 감사위원회 제도 가운데 한 가지를 선택해 적용할 수 있다. 이와 달리 자산 총액이 2조원을 넘어설 경우 감사위원회 제도를 선택해야 한다. 따라서 한진칼 입장에서는 자산총액이 2조원 미만인 경우에도 감사제도 대신 감사위원회 제도를 둘 수 있었다. 하지만 주주들의 반론을 완전히 차단한다는 차원에서는 자산 총액을 2조원 이상으로 만들어 놓은 것이 유리했을 것이다. 감사위원회 제도가 소수 주주권을 제한하는 제도로 악용되지 않도록 감사위원회 위원인 이사들도 감사와 마찬가지로 감사위원회 위원이 아닌 이사들로부터 분리해 선임되도록 현재 국회에 계류돼 있는 상법 개정안에 대한 논의를 재개해야 한다.

위의 신문기사는 기업이 본인들이 희망하는 감사위원을 선임하기 위해서 회계정보를 조정할 수 있다는 의미이다. 즉, 자산규모가 2조원이 넘지 않을 경우는 상근감사를 선임해야 하고 2조원이 넘을 경우는 감사위원회 제도가 의무화되는데, 감사위원회는 현재 주총에서 감사위원에 대한 분리선임이 되지 않음으로 인해서 3% 의결권 제한이 무의미한 제도인 반면 상근감사위원의 선임은 사외이사가 아니므로 3% rule이 강제된다고 할 수 있다. 따라서 소액주주들의 의견을 무시하고 최대주주가 원하는 감사/감사위원을 선임하기 위해서는 자산 규모를 2조원을 넘겨서 감사위원회 제도를 가져가는 것이 최대주주/기업의 입장에서는 최선이다.

이러한 주총의결의 이슈 때문에 기업들이 기회주의적으로 행동하는 단면을 보게 된다. 위의 기사들은 그렇기 때문에 기업들이 사용처도 불분명한 단기차입금을 차입하며 자산규모를 늘려서 자산을 늘리는 회계처리를 했다는 심

1) 개별적으로 의결권이 제한된다는 의미는 최대주주의 경우는 특수관계인의 지분까지 합하여 감사 및 감사위원 선임시 의결권이 제한되는 경우와 비교하면서 사용된 표현이다.

증이 있다는 것이다. 우리가 흔히 회계정보의 조절/조정의 경우는 대부분의 경우 이익 조정에 대해서 논의하게 되지만 이 경우는 손익계산서에서의 이익 조정은 없이 재무상태표에서의 자산 조정의 이슈이다. 이러한 단기차입금이 기업의 재무활동에 도움이 되지 않는 자금이라며 기업은 지배구조를 지키기 위해서 금융비용에 부담이 되는 차입을 했다는 판단을 할 수 있다. 단순히 회계처리의 이슈가 아니라 재무상태표를 달리 보이도록 자의적인 판단, 즉 추가 차입을 했다면 회계학 문헌에서 사용하는 실질이익조정의 이슈이다.

매일경제신문. 2019.6.6.
KCGI, 이번엔 한진칼 차입금 사용내역 공개 압박

　행동주의 사모펀드 KCGI가 한진칼이 지난해 말 이사회를 통해 외부 조달한 차입금 1,600억원에 대해 사용 내역을 공개하라며 소송을 제기했다.
　한진칼의 단기 차입금 증액이 KCGI의 감사 선임 시도를 저지하려는 시도였을 것이라는 의심에 따른 조치다. KCGI는 올 들어 세 차례 넘는 경영권 분쟁 관련 소송을 제기하며 한진칼에 대한 압박 수위를 높이고 있다.
　5일 한진칼은 KCGI가 작년 12월 5일 한진칼 이사회에서 의결한 1,600억원 규모의 단기 차입금에 대해 차입일 이후 가처분 신청일 현재까지의 구체적인 사용 내역을 확인할 수 있는 장부나 증빙서류를 열람 등사하는 가처분을 신청했다고 공시했다.
　KCGI는 한진칼이 해당 차입금 증액을 통해 인위적으로 자산 총액을 2조원 이상으로 늘려 현행 감사제도를 감사위원회로 대체하고 최대주주의 의결권이 제한되는 감사 선임을 봉쇄하기 위한 시도라고 주장했다. 현행 상법에 따르면 자산이 2조원 이상인 상장사는 감사 선임 대신 감사위원회를 설치해야 한다.
　감사를 선임하면 최대주주만 의결권이 3%로 묶이지만 감사위원회를 두고 감사위원을 선임할 경우에는 모든 주주의[2] 의결권이 3%로 제한된다. KCGI는 감사위원회 설치가 당시 고 조양호 전 한진그룹 회장 일가에 유리할 수 있다고 지적했다.
　이에 대해 한진그룹은 "당시 차입금 결정은 금융시장 불확실성과 연말연시 금융기관의 업무 일정을 감안해 진행된 정상적인 경영활동이었다"고 해명했다.

....

2) 여기에서 모든 주주라함은 최대주주와 대주주를 구분하지 않는다는 의미이다. 즉 대주주인 KCGI를 포함한다는 의미이다.

한진그룹에 따르면 KCGI는 지난달 10일 차입금과 관련한 이사회 의사록 및 회계 장부 열람 등사를 청구했고, 한진칼은 KCGI가 요구한 이사회 회의록 등 관련 서류를 지난달 21일 제공했다.

한진칼은 "주주로서 KCGI의 권리를 존중해 최대한 신속하고 성실하게 요구하는 자료를 제공했다는 점을 법원에 적극 소명하겠다"고 설명했다.

앞서 KCGI는 잇달아 한진칼에 대한 경영권 분쟁 소송을 제기한 상황이다. 지난 2월에는 감사 및 사외이사 선임과 관련해 자신들이 추천하는 인사를 선임하는 안건을 주주총회에 의안으로 상정해 달라는 신청을 한 바 있다.

해당 안건은 KCGI 지분 보유 기간이 6월에 못 미친다는 이유로 기각된 바 있다.

지난달 28일에는 한진칼 보유 지분을 기존 14.98%에서 15.98%로 늘리며 지분율 경쟁에 박차를 가하는 한편 지난 4일에는 한진칼과 한진과 관련해 검사인을 선임해 달라고 서울중앙지방법원에 요청하기로 했다.

매일경제신문. 2019.8.19.
"이사회 무리한 차입에 주주손실"

강성부펀드 'KCGI'가 한진칼에 조원태 석태수 대표이사 및 한진칼의 전 현직 사외이사 3명을 상대로 한 손해배상 청구소송을 제기하라고 요구했다. 지난해 한진칼 이사회가 단기 차입금을 늘리기로 결정한 부분을 문제 삼은 것이다.

8일 KCGI 투자목적회사인 그레이스홀딩스는 보도자료를 내고 "지난해 12월 단기 차입금 1,600억원 증액 결정을 내린 한진칼 이사들에게 한진칼이 손해배상 청구 소송을 제기할 것을 촉구했다.

KCGI는 "한진칼이 이 중 최소 1,050억원을 차입한지 불과 2개월 만에 차입처에 중도상환했으며 회사에 이자 비용만큼 손해를 입혔다"고 주장했다.

KCGI는 지난 6월에도 해당 단기 차입금 사용 내용을 공개하라며 소송을 제기한 바 있다. KCGI는 당시 한진칼이 해당 차입금 증액을 통해 인위적으로 자산 총액을 2조원 이상으로 늘려 현행 감사제도를 감사위원회로 대체하고 최대주주의 의결권이 제한되는 감사 선임을 봉쇄하기 위한 시도라고 주장한 바 있다.

현행 상법에 따르면 자산이 2조원 이상인 상장사는 감사 선임 대신 감사위원회를 설치해야 한다. 감사를 선임하면 최대주주만 의결권이 3%로 묶이지만 감사위원회를 두고 감사위원을 선임할 경우에는 모든 주주의 의결권이 3%로 제한된다. 최대주주뿐만 아니라 대주주인 KCGI 의결권 역시 제한받게 되는 셈이다. 이 때문에 당시 KCGI는 감사위원회 설치가 고 조양호 전 회장 일가에 유리할 수 있다고 지적했다.

이날 KCGI는 "한진칼이 단기 차입금 증액 결정은 독립적인 감사 선임을 저지하고 지배주주의 지배력을 강화하기 위한 방편으로 감사위원회를 도입하는 차원에서 이뤄진 것"이라며 "이사의 선관 주의의무와 충실의무에 반하는 것일 뿐 아니라 지배주주의 이익을 위해서 회사에 신규 차입금에 대한 이자 상당의 손해를 가한 것"이라고 주장했다.

아울러 KCGI 측은 한진칼이 30일 이내에 소송을 제기하지 않을 경우 주주대표소송을 위한 소장을 직접 법원에 제출할 예정이라고 밝혔다.

1,600억원을 차입하고 그 중 1,050억원을 2개월 이내에 중도 상환하였다는 내용은 과연 1,600억원을 다른 목적으로 차입한 것은 아닌지에 대한 의문을 갖게 한다.

한국경제신문. 2019.8.9.
수세 몰린 KCGI, 한진칼 상대 주주대표 소송

토종 행동주의 사모펀드 KCGI가 한진그룹 지주사 한진칼의 전·현직 이사들을 상대로 주주대표 소송을 제기하기로 했다. 미국 델타항공이 한진가의 백기사로 등장한 이후 수세에 몰린 KCGI가 반격에 나서는 모습이다.

KCGI는 한진칼에 조원태, 석태수 대표 이사 및 전 현직 사외이사 3명을 상대로 손해배상청구소송을 제기할 것을 청구하는 소제기청구소를 보냈다고 8일 밝혔다. 한진칼이 지난해 말 1,600억원의 단기차입금을 빌린 건 자산총액을 인위적으로 2조원 이상으로 늘려 KCGI의 감사 선임을 저지하기 위한 '꼼수'였고, 이 과정에서 회사에 손해를 끼쳤다는 이유에서다. KCGI는 한진칼 지분 15.98%를 보유한 2대 주주다.

한진칼은 지난해 12월 '만기도래 차입금 상환 및 운용자금 확보'를 목적으로 1,600억의 단기 차입금 증액 결정을 내렸다. 이 차입으로 지난해 말 개별 재무제표 기준 자산 총액이 2조 165억원으로 늘어났다. 현행 상법에 따르면 자산 2조원 이상의 기업은 감사 선임 대신 감사위원회를 의무적으로 설치해야 한다.

KCGI는 한진칼이 감사 선임 시 지배 주주 일가의 의결권이 3%로 제한되는 규정을 피하기 위해 뚜렷한 필요 없이 차입금을 증액했다고 주장하고 있다. 이 과정에서 고율의 이자를 지급하는 등 회사에 손해를 끼쳤다는 것이다. 한진칼은 "당시 차입은 금융자산의 불확실성과 연말연시 금융사 업무 일정 등을 감안해 진행한 정상적인 경영활동의 일환이었다"고 일축했다.

"KCGI는 한진칼에 조원태, 석태수 대표 이사 및 전 현직 사외이사 3명을 상대로 손해배상청구소송을 제기할 것을 청구하는 소제기청구소를 보냈다"고 위의 기사에 기술되어 있는데 한진칼이라는 법인격이 자연인인 이사들을 상대로 회사에 해가 되는 의사결정을 수행한 데 대해서 소송을 제기할 것을 요구하는 것이다.

"감사를 선임하면 최대주주만 의결권이 3%로 묶이지만 감사위원회를 두고 감사위원을 선임할 경우에는 모든 주주의 의결권이 3%로 제한된다"는 위 신문기사의 내용이 그 핵심이다.

1,600억원의 차입이 금융시장의 불확실성을 해소하기 위한 정책 방향이라고 기업이 주장하면 이를 반박하기는 쉽지 않다. 많은 기업이 경제 상황이 불확실할 때는 용도에 무관하게 현금을 확보하려고 하기 때문이다. 또한 기업 내부의 사정의 외부에서 정확히 파악하기는 어렵다. 경영의사 결정에 겉으로 드러난 의미 이외의 다른 의도가 있는지를 외부에서 제3자가 판단하기는 매우 어렵고 때로는 이러한 판단을 사법부가 해야 할 때도 있는데 이는 재판부도 동일하게 어렵다.

한국경제신문. 2018.3.29.
주총 안건 부결, 이달에만 50곳, 정족수 미달로 감사 선임 등 실패 잇따라

한국거래소는 이날 '주주총회 의안 부결의 상장법인 영향도 검토'라는 자료를 통해 "감사 선임 등 주총 안건이 부결돼도 해당 기업에 미치는 영향은 크지 않다"고 밝혔다.

거래소 관계자는 "신임 감사가 선임되지 않으면 기존 감사가 차기 주총이 열릴 때까지 계속 업무를 수행하게 되기 때문에 기업 경영에 큰 지장이 없다"고 말했다.

이 관계자는 "정족수 미달로 이사 감사 보수 한도를 정하지 못하면 해당 회사 이사 와 감사는 그해 주총 전 지급된 돈(3월 주총 개최 회사의 경우 1, 2 월분)을 반납하는 게 원칙이지만, 이후 임시 주총에서 안건이 승인되면 보수를 소급 받을 수 있어 중대성 이 크지 않다"고 덧붙였다.

한국경제신문. 2019.1.24.
'한진그룹 적극적 주주권 행사' 일단 제동

국민연금 기금운용위 산하 수탁자책임전문위원회 위원들이 국민연금의 한진그룹 경 영 참여에 제동을 걸었다. 위원 중 과반수가 대한항공 한진칼 등 한진그룹에 경영참여 형 주주권을 행사하는데 반대한다는 의견을 내놨다.

수탁자책임위원회 주주권 행사 분과 위원 9명은 23일 서울 모처에서 비공개회의를 열고 한진그룹에 대한 주주권 행사 여부와 범위 등을 논의했다. 수탁자책임위원회는 국민연금이 지난해 7월 스튜어드십코드를 도입하면서 구성한 자문기구다.

이날 회의에서 위원들은 한진칼과 대한항공에 사내이사 해임, 사외이사 선임, 정관 변경 요구 등 경영참여에 해당하는 주주권을 행사할지를 놓고 4시간에 걸쳐 치열한 토 론을 벌였다. 9명 위원 중 2명이 경영참여 주주권 행사에 찬성표를 던졌다. 지난해 국 민연금이 한진그룹에 지배구조 개선 방안을 요구하는 서한을 보냈지만 이렇다 할 답 을 듣지 못했기 때문에 적극적인 주주권을 행사해 주주가치를 높여야 한다는 주장이 었다.

하지만 절반이 넘는 5명의 위원들은 현 상황에서 경영참여형 주주권을 행사하는 건 적절하지 않다는 의견을 내놨다. 상법, 자본시장법 등 관련 제도가 정비돼 있지 않다 는 현실적 이유에서다. 나머지 2명의 위원은 대한항공에 대한 경영참여 주주권 행사에 반대하면서 한진칼에 대해서는 부분적으로 주주권을 행사하자는 의견을 내놨다. 조양 호 한진그룹 회장 등 사내이사를 한진칼 이사회에서 물러나게 하고, 불법을 저지른 경 영진을 해임할 수 있도록 정관을 변경하는 안에 찬성해야 한다는 주장이었다.

국민연금은 스튜어드십코드를 도입하면서 마련한 로드맵에서 '경영참여에 해당하는 주주권은 자본시장법 등 관련 제도가 정비된 뒤 행사하겠다'고 발표했다. 다만 기금운영위원회가 의결할 경우 행사할 수 있다는 예외조항을 뒀다.

당시 정부가 정비하겠다고 한 법은 자본시장법상 10%룰과 5%룰이다. 국민연금은 대한항공 지분을 11.7% 보유하고 있다. 10%룰에 따라 국민연금이 대한항공 투자 목적을 '단순투자'에서 '경영참여'로 바꾸면 신고일 기준으로 6개월 안에 얻은 단기 차익을 회사 측에 반환해야 한다. 국민연금의 위탁을 받아 자금을 운용하는 민간 운용사들이 대한항공 주가가 많이 올라 차익을 실현하고 싶어도 이 규정에 묶여 주식을 팔지 못하게 된다.

국민연금이 7.34%를 보유한 한진칼은 5%룰을 적용받는다. 경영참여를 목적으로 투자한 5% 이상 주주는 1% 이상 지분 변동이 있으면 실시간으로 공시해야 한다. 이 경우 국민연금의 투자 전략과 매매패턴이 시장에 공개돼 추종매매가 생겨나 운용에 어려움을 겪을 수 있다. 한 수탁자책임전문위원은 "현재로서는 적극적인 주주권을 행사해서 얻을 수 있는 실익보다 시장 혼란 등 비용이 더 크다는 의견이 많았다"고 전했다.

최종 결정은 국민연금의 최고의사결정기구인 기금운영위원회가 다음 달 초 회의를 열고 내린다. 수탁자책임위원회와 반대되는 결론을 내리기는 부담스럽겠지만, 결과를 예단하기는 어렵다는 분석이다. 현재 기금운용위원회는 대부분 진보적인 성향의 위원들로 구성돼 있기 때문이다.

위의 기사에서 추종매매가 생겨나 운용에 어려움을 겪을 수 있다는 내용이 기술되어 있다. 더더구나 국민연금의 의결권의 방향이 사전적으로 공개된다면 추종매매의 문제는 더 심각하게 나타날 것이다.

국민연금이 기관투자자들 간에서 주도적인 역할을 수행하는 경우는 위와 같이 지분 변동이 있은 경우 이를 실시간으로 공시할 때, 다른 기관투자자들에게 영향을 미칠 수 있으며 다른 경우는 국민연금이 의결권을 행사할 때, 주총 전에 어떠한 방향의 의사결정을 국민연금이 수행할지를 공개하는 것으로 제도가 변경되었다. 국민연금이 상징성이 있기는 하지만 그럼에도 국민연금이 시장에서 주도적인 역할을 수행한다는 것은 바람직하지 않을 수 있다. 또한 주총에 상정되는 안건에 대한 분석 능력이 뒤지는 기관 투자자들은 자체적인 판단을 수행하기보다 국민연금의 판단을 추종하는 것이 안전하다는 소극적인 의사결정을 수행할 수 있다.

특히나 투자금융협회의 회원사 기준으로 57개의 증권사가 회원인 반면 자산운용사는 222개가 존재하면서 규모 면에 있어서 많은 차이가 있으며 이는 품질의 균질성을 유지하는 것이 쉽지 않을 수 있다.

매일경제신문. 2019.1.25.
"할 수 있는 게 없는데" 수탁위 반대 많았던 까닭

문재인 대통령이 적극적인 주주권 행사를 주문한 당일 국민연금 수탁자책임위원회는 다수의 반대 목소리를 보이며 온도차를 보였다. 상법과 자본시장법 등 제반 여건을 감안하면 '할 수 있는 게 없다'는 주장이 앞선 셈이다. 수탁자책임위는 공식 발표를 통해 "단기 매매차익 반환 등 기금 수익성에 미치는 영향을 고려할 필요가 있다"고 반대 사유를 간략히 표현했지만 회의에서는 경영참여 주주권 행사에 대한 격론이 벌어졌던 것으로 확인됐다.

24일 회의에 참석한 복수의 수탁자책임위원을 통해 확인한 결과 경영참여 주주권 행사를 주장하는 측에서는 주로 세가지 형태의 주주제안을 해야 한다고 요구했다. 조양호 한진그룹 회장과 조원태 대한항공 사장의 사내이사 해임과 독립적인 사외이사 추천, 범죄 행위로 회사에 손해를 끼친 사외이사 해임, 임명 불가 등의 내용을 담은 정관 변경이다. 이 같은 형태의 주주활동은 '단순 투자'인 국민연금의 투자목적을 '경영참여'로 변경하고, 주주제안 형태로 이뤄져야 한다.

한진칼에 대한 경영참여 반대가 4명 대 5명, 대한항공은 2명 대 7명으로 수탁자책임위원 사이에서 반대 목소리가 컸던 것은 현재 제반 환경에서 주주제안을 하기에는 무리라는 현실적인 판단이 앞섰기 때문이다. 현행법상 경영참여를 할 수는 있으나 그 실익이 없거나, 경영 개입에 나서기에는 준비가 덜됐다는 얘기다.

조양호 회장과 조원태 사장에 대한 한진칼 이사 해임 관련 주주제안은 경영참여를 반대하는 위원들 사이에서 '이번 주주총회에선 사실상 불가하다'는 평가가 나왔다. 상법 시행령 제12조 4호에 따르면 '임기 중에 있는 임원의 해임에 관한 사항'은 이사회가 그 주주제안을 거부할 수 있다. 이 경우 임시주주총회 소집과 주총 특별결의를 통해 주주제안을 관철시켜야 하는데 발행주식 총수 3분의 1 이상의 찬성과 주총에 출석한 주주 의결권 3분의 2 이상의 찬성이 필요하다. 한진 오너 일가의 한진칼 지분율이

28.95%인 점을 감안하면 특별결의 통과가 사실상 불가능하다.

조회장과 조사장의 한진칼 사내이사 임기가 내년 3월이기 때문에 이번에 무리하게 경영참여를 하기 보다는 내년에 이사 연임 안이 올라올 경우 반대 의결권을 행사하는 편이 낫다는 목소리가 나온 것이다. 한 수탁자책임위원은 "이사 해임에 대한 주주제안을 하더라도 이사회가 거절해 버리면 그만"이라며 "우호지분을 확보할 수 있을지도 미지수이고 관련 프로세스에 걸리는 시간을 감안하면 내년에 한진 이사 연임 안이 올라오는 걸 기다리는 게 나은 상황"이라고 평가했다.

경영진을 추천할 사외이사 추천에 대해서는 국민연금의 준비가 덜 된 상황이라는 평가가 나왔다. 노조와 시민단체 일각에서는 노동자와 소비자 이사 등 총수 일가의 이해관계로부터 자유로운 사외이사 선임을 해야 한다고 목소리를 높이고 있지만, 수탁자책임위원들 사이에서는 국민연금이 프로세스를 갖춰 적임자를 추천해야 한다는 신중론이 우선했다.

이에 대해 반대 의견을 밝힌 수탁자책임위원은 "경영참여 주주권 행사를 해오지 않던 국민연금이 사외이사 후보 추천군을 마련하지 못한 상황"이라며 "3월 주총에 급하게 후보를 추천하기에 무리가 따른다는 의견을 제시했다"고 말했다.

수탁자책임위원들이 주주제안에 반대 목소리가 높았던 것은 국민연금이 경영참여를 선언해 감내해야 할 손해에 비해 실익이 적다는 이유에서다. 단기 매매차익 반환(10%룰)이 대표적이다. 보건복지부와 국민연금은 10%룰 완화에 대한 목소리를 주문하고 있지만 금융당국은 미온적인 상황이다. 금융위원회 관계자는 "이미 자본시장법안에 국민연금의 특례조항이 많은 상황은 맞는다"면서도 "10%룰 관련법 개정에 대한 연구용역 결과가 2월말 나올 예정인데 해당 결과를 바탕으로 장기적인 안목에서 제도 개선 여부를 검토할 계획"이라고 설명했다.[3]

조선일보. 2019.1.25.
"대한항공에 경영 참여하려면 국민연금, 100억 토해내야 가능"

지난 23일 열린 국민연금 수탁자책임전문위원회에서 한진그룹에 대한 주주권 행사

---

[3] 이 저술 시점에도 교정을 보는 시점에도 한진칼의 2019년 사업연도 주총에서의 경영권 관련 이슈가 많으나 이 논의는 다음 번의 저술로 미룬다.

반대의견이 우세했던 것을 두고 '예상 밖 결과'라는 반응이 나오고 있다. 국민연금 기금운용위원장인 박능후 보건복지부 장관이 지난 16일 대한항공과 한진칼에 대한 주주권 행사 의지를 강력히 밝힌 것과 다른 결과가 도출됐기 때문이다. 수탁자책임위는 기금운용위 산하 전문위원회다.

본지 취재 결과 수탁자책임위원회에서는 국민연금이 경영 참여형 주주권 행사를 할 경우 득보다 실이 크다는 현실적인 지적이 집중적으로 제기됐다.

격론이 벌어진 이날 회의에서 친정부 성향의 일부 위원은 "반대 의결권을 행사하는 정도로는 조양호 회장의 이사직 수행에 영향력을 행사할 수 없다"며 경영 참여 주주권을 행사해야 한다고 주장했다. "국내 기업들에 국민연금의 스튜어드십 코드 행사 의지를 보여주기 위해서라도 한진에 칼을 빼들어야 한다"는 의견도 나온 것으로 알려졌다.

하지만 대세를 이룬 것은 대주주 행사가 국민연금의 기본 목표인 '장기 수익률 제고'에 도움이 되지 않는다는 의견이었다. 자본시장법에 따르면 국민연금이 지분 보유 목적을 경영 참여로 바꾸면 지분율에 변동이 생길 때마다 5일 내에 공시하고 6개월 이내 단기 매매차익을 토해내야 한다. 경영에 참여하면 기업 내부 정보에 접근할 수 있어 이를 활용해 부당 이익을 취할 수 있다는 우려 때문이다.

김우진 교수는 "현실적인 수익률 문제가 경영 참여의 필요성을 압도했다"고 밝혔다. 특히 대한항공에 대한 경영 참여 주주권 행사는 위원 9명 중 7명이 반대했는데, 국민연금이 대한항공 지분율 110.56%을 보유하고 있어 뱉어내야 할 수익금이 많다는 점이 가장 큰 이유였다는 것이다.

최준선 위원도 '대한항공이 최근 6개월 간 주가가 약 30% 올라 토해낼 수익이 100억원에 가까운 것으로 추산된다"며 "주주권을 행사하면 오히려 국민연금 수익률을 훼손하는 결과를 낳는 것"이라고 지적했다.

국민연금 지분이 7.34%인 한진칼에 대한 경영 참여 주주권 행사는 5명이 반대했다. 이사 해임 등의 안건을 부의하더라도 주주총회에서 실현될 가능성이 크지 않고, 기업 길들이기 목적의 주주권 행사는 부적절하다는 의견도 제시된 것으로 알려졌다.

단기매매차익이라는 것은 기업의 내부자가 6개월 이내에 차익을 실현하는 경우, 이를 회사에 환입하도록 하는 제도이다. 이는 내부자가 내부자 정보를 이용하였다는 물증은 없어도 이러한 심증이 있기 때문이다. 실무에서 소위

'단차'라고 통칭되는 제도이다. 반면에 단차에 대한 반론도 있는데 6개월 이내에 손실이 발생하는 경우는 이 손실은 보전하지 않은 상태에서 단기매매차익을 토해 내도록 하는데 이 제도는 합리적이지 않다는 비판이다. 어떻게 보면 단기이익에서 단기손실을 차감한 순액만이 내부 정보라는 심증을 가지게 하는 것임에도 불구하고 단기손실은 고려하지 않는다.

증권거래세의 경우도 손실에 무관하게 과세하는 동일한 문제가 있어서 다음과 같이 법 개정안이 국회에 제출되어 있다.

매일경제신문. 2019.7.5.
"주식 손실 때도 세금부과 증권거래세법 폐지 추진"

국회 기획재정위원회 소속인 추경호 자유한국당 의원이 주식 거래 시 손실이 발생해도 증권거래세를 납부하는 과세 체계를 폐지하고, 금융투자 상품별로 상이한 과세 체계를 양도소득세로 통합하는 내용을 골자로 한 '증권거래세법 폐지안' '소득세법 개정안' '농어촌특별세법 개정안' 등을 대표 발의했다고 4일 밝혔다. 법안이 올해 안에 본회의를 통과하면 증권거래세법은 41년 만에 역사의 뒤안길로 사라진다.

추 의원은 "'소득 있는 곳에 세금 있다'는 조세 원칙에 어긋나는 증권거래세는 폐지해야 한다"며 "금융상품별로 서로 다른 과세 방식을 전체 금융투자 상품의 손실과 이익을 통합해 계산한 후 종합 이익에 대해 양도소득세를 부과하는 방식으로 통합해 운영해야 한다"고 법안 발의 이유를 설명했다. 현재는 증권거래세법에 따라 손실과 이익에 관계없이 모든 주식 거래에 증권거래세가 부과된다.

매일경제신문. 2019.1.30.
우군 없는 '국민연금 경영참여'

이제 최종 주주권 행사 방향에 대한 결정 권한은 국민연금 최고 의사결정기구인 기금운용위원회로 넘어갔다. 기금운용위원회는 위원 간 합의를 강조하는 회의 분위기를 중시해 왔지만 사안이 민감한 만큼 표결에 부칠 가능성도 적지 않다.

민주노총과 한국노총, 공공연맹과 참여연대 등 경영참여 주주권 행사에 찬성의사를 보이고 있는 단체가 추천한 위원만 4명 이상인 데다 보건복지부와 국민연금 등 정부 관계자 역시 6명에 달한다. 경영참여에 적극적으로 반대 목소리를 낼 것으로 평가되는 위원은 재계에서 추천한 위원 2명뿐이다.

재계 관계자는 "이미 국민연금 최고의사결정기구인 기금위는 기울어진 운동장인 상황"이라며 "정부와 노조, 시민단체 추천 위원이 다수를 구성하고 있다는 점을 감안하면 경영참여를 찬성하는 쪽으로 무게추가 급격히 이동할 가능성도 있다"고 말했다.

다만 지난 1차 기금운용위 때 진보진영과 재계 간 팽팽한 의견 대립에서 정부 측 인사들은 신중론을 펼쳤던 것으로 밝혀졌다. 다음달 1일 개최되는 최종 회의에서도 정부 측 인사가 국민연금 경영참여 여부에 대한 열쇠를 쥐고 있음을 시사하는 대목이다. 특히 금융당국이 '10%룰'과 관련해 기존 입장을 고수하면서 국민연금이 쉽사리 경영참여를 선언하기는 어려운 것도 현실이다. 지난 25일 복지부는 '10%룰'에 대한 유권해석을 요청했지만 금융위원회는 29일 현 규정상 국민연금에 예외를 두기 어렵다는 입장을 보였다.

국민연금은 지난해 말 기준 대한항공 지분 11.7%를 보유하고 있어 이 규정에 적용을 받는다. 결국 국민연금이 이사해임, 정관변경 등 경영참여 주주권 행사를 결정하더라도 단기 매매차익은 포기해야 하는 상황에 놓이는 셈이다. 보건복지부와 국민연금은 그 규모가 연간 50~300억원에 달한다는 분석을 내놓기도 했다. 민간 자산운용사의 관련 주식 매매 등 시장에 미칠 여파도 고려해야 한다. 민간 자산운용사는 국민연금의 자금을 위탁 운용하고 있는데, 주식에 대한 주권은 국민연금에 있기 때문에 자산운용사의 매매 역시 10%룰을 피할 수 없다.

조선일보, 2019.2.2
국민연금, 한진칼에 경영 참여 결정

국민연금이 한진그룹의 지주회사인 한진칼에 대해 주주제안이란 형태의 주주권 행사를 결정했다. 국민연금이 투자기업에 대해 적극적인 주주권을 행사하기는 이번이 처음이다. 지금까지는 이사 선임이나 연임에 대한 반대 같은 소극적 의결권 행사가 대부분이었다.

국민연금 운용의 최고의사결정기구인 기금운용위원회는 1일 회의를 열고, 한진칼에 대해 경영 참여형 주주권을 행사하기로 결정했다. 적극적 주주권 행사 방법으론 주주 제안을 통해 '이사가 회사 또는 자회사 관련 배임 횡령의 죄로 금고 이상의 형이 확정된 때는 자동 해임한다'는 내용의 정관 변경 안건을 주주총회에 제출하기도 했다. 국민연금은 한진칼 지분을 7.34% 보유한 3대 주주이다.

국민연금은 작년 7월 경영 참여를 포함한 '스튜어드십 코드'를 도입한 후, 오너 일가의 갑질 논란이 불거진 한진그룹의 한진칼과 대한항공을 대상으로 적극적 주주권 행사를 검토했었다. 이번 결정은 문재인 대통령이 지난 23일 "대기업 대주주의 중대한 탈법과 위법에 대해선 국민연금의 '스튜어드십'코드를 적극 행사하겠다"는 발언과 궤를 같이 한다.

다만 이번 정관 변경만 제안하는 결정은 이사 해임 요구, 이사 감사 선임 주주제안, 소송 제기 등 적극적 주주권 중에 가장 수위가 낮은 것이다. 또 대한항공에 대해서도 적극적 주주권을 행사하지 않기로 결정했다. 대한항공의 경우엔 10% 이상 지분을 가진 투자자가 경영 참여를 하는 경우 단기 매매 차익을 반환해야 한다는 규정이 걸림돌이 됐다. 국민연금은 대한항공의 11.56% 지분을 갖고 있다.

조선일보. 2018.2.7.
친여 성향 위원들이 '경영 참여' 밀어 붙여 … "정치적 결정" 지적

644조원의 노후 자금을 굴리는 국민연금이 1일 한진칼에 대한 적극적인 주주권 행사를 결정하면서 지분투자 기업에 대한 경영참여의 물꼬를 텄다. 이날 국민연금의 최고 의사결정기구인 기금운용위원회는 격론 끝에 한진칼에 대한 경영 참여를 결정했다. 다수를 이룬 시민단체 등 친여권 성향의 위원들이 적극적 주주권 행사를 밀어 붙였다는 점에서 정치적인 결정이었다는 비판이 나오고 있다. 지난해 국민연금의 기금운용 수익률이 2008년 이후 처음으로 마이너스를 기록할 전망일 정도로 운용 수익률이 엉망인데, '기업 손보기' 목적의 경영 참여 이슈만 몰두하고 있다는 지적도 나온다.

• 6대5로 팽팽히 맞선 끝에 결론

이날 기금위 회의는 대한항공과 한진그룹의 지주사인 한진칼에 대한 주주권 행사를 최종 결정하는 자리였다. 국민연금은 대한항공의 2대 주주로 지분 11.56%를 보유하고

있고, 한진칼의 3대 주주(7.34%)다. 이날 회의엔 기금위원 20명 중 12명이 참석했고, 4시간이 넘는 결론을 벌였다. 결국 한진칼에 대해선 적극적 주주권을 행사하되, 대한항공은 제외하기로 했다. 기금위에 앞서 전문가들의 의견을 듣기 위해 열렸던 수탁자책임전문위에선 두 회사 모두에 대해 적극적 주주권을 행사해선 안 된다는 의견이 많았지만, 이날 기금위가 한진칼에 대해 수탁자책임위의 결정을 뒤집은 것이다.

회의에 참석했던 한 위원은 "위원장을 제외한 11명 위원 의견이 성향에 따라 6대5로 팽팽히 맞섰다"고 말했다. 논란이 많았던 것이다. 시민 사회단체 등에 소속된 6명의 위원은 "경영진 일가의 일탈 행위로 주주 가치가 훼손됐으니 주주권을 행사해 오너리스크를 없애 주주가치를 제고할 필요가 있다"며 목소리를 높였다. 한 시민단체 위원은 "기금위 결정이 대통령을 비롯해 국민의 초관심사인데 뭐라도 하긴 해야 하는 것 아니냐"는 취지로 말했다고 한다. 국민연금의 적극적 경영 참여를 재촉했다는 것이다.

반면 재계 등에 속한 5명의 위원은 "아직 어떤 기업에 대해 어느 정도의 경영 참여를 할지 명확한 기준이 없는데 국민연금이 경영 참여를 선언하는 것은 시기상조이며, 시장에도 큰 충격을 줄 것"이라고 맞섰다.

격론이 지속되자, 위원장인 박능후 보건복지부 장관이 중재에 나섰다. 경영 참여를 선택하되, 가장 강도가 약한 정관 변경을 하기로 결론을 모은 것이다. 한 참석위원은 "결국 기금 수익률을 높이기 위해 국민연금이 경영 참여에 나서겠다는 것인데, 경영 참여 선언 이후 성과가 나쁠 때는 누가 책임져야 하느냐에 대해선 아무도 결론 내지 못했다"고 말했다.

• "금고형 CEO 퇴출" 정관 변경 추진

국민연금이 한진칼에 대해 적극적인 주주권 행사를 결정했기 때문에 앞으로 5일 이내에 한진칼 주식의 보유 목적을 종전 '단순 투자'에서 '경영 참여'로 공시해야 한다. 국민연금은 오는 3월 열리는 한진칼 주주총회에서 "임원이 회사 또는 자회사 관련 배임 횡령의 죄로 금고 이상의 형이 확정되면 자동 해임된다"는 내용의 정관 변경을 제안하기로 했다. 다만 정관 변경을 하려면 주주총회 참석 주주의 3분의 2 이상이 찬성해야 한다. 하지만 조양호 회장 일가 지분이 29%인데다 우호 지분을 포함하면 40%에 육박한다. 이 때문에 주총에서 국민연금이 제안한 정관 변경 안건이 통과되기 어렵다는 의견이 많다.

이상철 한국경영자총연합회 본부장은 "정관 변경이 가장 약한 형태의 경영참여라고는 하지만, 일반 기업 입장에서는 그것도 경영에 큰 부담일 수 있다"고 말했다. 윤창현 서울시립대 교수는 "국민연금의 경영 간섭이 심해지면 기업 경영이 위축되고 투자가 부진해져 오히려 기금 수익률에 나쁜 영향을 미칠 수 있다"고 말했다.

매일경제신문. 2019.2.8.
저배당 남양유업에 국민연금 '경고장'

한진칼에 경영참여 주주권 행사를 결정한 국민연금이 두 번째 스튜어드십 코드 발동 대상 상장사를 결정했다. 국민연금이 2016년 이후 3년 연속 저배당을 이유로 재무제표 승인에 반대표를 던진 남양유업이 그 대상이다. 국민연금은 남양유업에 배당 정책 수립을 위한 심의 자문위원회를 설치하는 정관 변경 주주제안을 결정했다.

7일 국민연금 수탁자 책임전문위원회는 "오늘 배당 관련 공개 중점기업인 남양유업에 대한 주주제안을 논의했다"며 "배당 정책 수립 및 공시와 관련해 심의 자문하는 위원회를 설치하는 정관 변경 주주제안을 하기로 결정했다"고 밝혔다.

2016년부터 국민연금은 남양유업에 대해 저배당을 이유로 '기업과의 대화 대상 기업'으로 관리해왔고, 2017년에는 비공개 중점관리기업, 지난해에는 공개 중점 관리기업으로 선별했다. 수탁자책임위 관계자는 "남양유업은 배당 관련 개선이 없어 주주제안을 하게 됐다"며 "이번 주주제안은 자본시장법에 따른 경영참여 주주권 행사에 해당하지 않는다"고 설명했다.

지난해 5월 국민연금이 공개 '저배당 블랙리스트' 기업으로 꼽은 남양유업은 지난해까지 3년 연속 주당 배당금을 1,000원으로 유지해왔다. 2015년 201억원, 2016년 418억원이었던 영업이익이 2017년에는 51억원으로 크게 줄어 배당 여력이 감소했지만 주당 배당금을 유지하면서 배당성향이 크게 높아졌다. 2015년 3.21%의 배당성향은 2017년 17.02%로 크게 올랐다.

국내 상장기업의 배상 성향 평균은 27%로서 2017년의 남양유업의 배당 성향이 크게 낮다고 할 수는 없다. 배당의 크기와 관련한 두 개의 변수가 배당성향과 배당수익률이다.

상장회사 배당 성향과 관련된 상장회사협의회의 통계치는 다음과 같다.

	2015년	2016년	2017년
시가배당률	1.8	1.8	2.0
배당성향	28.1	31.7	27.2
상장사/배당사	705/510	708/509	700/483

문화일보. 2019.2.8.

힘세진 의결권 자문사, 공정 전문성 못 믿겠네

한진그룹의 지주회사인 한진칼 주주총회에서 경영진 교체 여부는 결국 표(위임장) 대결로 결정될 것으로 보이는 가운데, 기관투자자 의결권 행사에 막강한 영향을 미치는 의결권 자문사의 전문성 및 공정성 확보 대책을 마련해야 한다는 목소리가 커지고 있다. 국민연금을 비롯해 100곳이 넘는 기관투자자가 스튜어드십 코드(기관투자자의 의결권 행사 지침)를 도입해 주주권을 적극적으로 행사할 방침이지만 의결권 자문사에 대한 관리가 전혀 이뤄지지 않아 3월 주총 시즌을 앞두고 잡음이 적지 않을 전망이다.

8일 금융투자업계에 따르면 현재 국내에서 활동하고 있는 주요 의결권 자문사는 한국기업지배구조원, 대신지배구조연구원, 서스틴베스트, 좋은기업지배구조연구소, ISS, 글래스루이스 등 6곳이다. 이들은 주요 기업의 주주총회 안건을 분석해 기관투자자에게 찬성과 반대 의견을 권고한다. 기관투자자들은 보유 종목 수가 많아 주총 개별 안건에 대한 찬반을 일일이 결정하기 어렵다. 이로 인해 대다수가 의결권 자문사 권고에 따라 주총 안건에 대한 투표 방향을 결정짓는다. 지난해 KT&G의 사장 연임안, 맥쿼리 인프라의 운용사 교체안, 현대차그룹의 지배구조 개편안 등에서의 의결권 자문사 판단은 최종 결론에 상당한 영향력을 미쳤다. 현재 스튜어드십 코드를 도입했거나 도입의사를 밝힌 곳만 115곳에 달해 의결권 자문사들의 영향력은 더 커질 것으로 전망된다.

문제는 의결권 자문사의 자문능력을 검증하기 어렵다는 점이다. 미국은 금융당국이 의결권 자문사를 직접 관리하고 있지만, 국내 의결권 자문사는 컨설팅업이나 여론조사업으로 등록돼 별다른 관리와 감독을 받지 않는다. 공시 의무도 없다. 기관 투자자와 기업을 동시에 고객으로 두고 있어 이해 상충의 문제가 있을 뿐만 아니라 의사결정과정이 불투명하다는 점은 공정성 논란도 불러오고 있다. 금융투자업계 관계자는 "국내 의결권 자문사는 현대모비스 분할합병 등 주총 안건에 대해서 제각기 다른 의견을 내놓았다"면서 "데이터 오류나 불투명한 평가방식에 대한 우려가 큰 상황"이라고 지적했다. 이에 대한 대책으로 정치권에서 의결권 자문사 신고제를 주축으로 한 자본시장법 개정안을 발의했지만 당장 통과는 어려운 상황이다.

이들 의결권 자문사가 본연의 업무를 수행하는지를 가늠하는 데 있어서도 독립성이 매우 중요하다.

스튜어드십의 적용이 확대되면서 많은 기관투자자들이 자체적으로 주총 안건을 모두 분석할 수 없게 되면 이들 모두는 의결권자문기관에 의사결정을 의존할 수밖에 없는데 이들 또한 전문성이 부족하다고 하면 스튜어드십 자체가 흔들리게 된다.

우리가 기업에 대해서 사외이사/감사위원에 대한 독립성 확보를 위한 많은 규제와 제도를 시행하는 것과 같이 의결권자문사에 대해서도 동시에 이들이 합리적이고 중립적인 자문을 할 수 있는 환경을 확보할 수 있어야 한다.

매일경제신문. 2019.2.9.
국민연금, 오너 견제 이어 저배당도 정조준

국민연금이 스튜어드십 코드를 활용해 오너 일가 견제에 이어 저배당 기업을 대상으로 한 주주제안에 나서면서 상장사에 대한 압박 수위가 높아지고 있다. 국민연금은 경영참여에 해당하지 않는다고 선을 그었지만 오는 3월 주주총회를 앞두고 다른 상장사들도 다음 타킷이 될 수 있다는 우려가 커지고 있다.

국민연금이 수탁자책임활동 가이드라인을 통해 저배당 기업과 오너 리스크가 있는 상장사들을 관리하겠다는 계획을 밝힌 만큼 재계에서는 언제든 국민연금의 '살생부'에 이름이 오를 수 있다는 긴장감이 감도는 상황이다.

7일 국민연금 수탁자책임전문위원회는 스튜어드십 코드 발동 두 번째 상장사로 남양유업을 선택했다. 이날 국민연금은 남양유업에 배당 정책 수립을 심의 자문하는 위원회를 설치하는 정관 변경 주주제안을 결정했는데, 정관 변경은 특별결의 사항으로 참석 주주 3분의 2 이상의 동의를 받아야 주총을 통과할 수 있다는 점을 감안하면 사실상 상징적인 의미가 크다는 평가다. 홍원식 남양유업 회장 일가 지분이 53.81%, 국민연금 지분이 6.03%에 불과하기 때문이다.

이날 회의에 참석한 한 수탁자책임위원은 "일각에서는 주주제안이 실효성 없다는 점을 강조했지만 그동안 남양유업이 저배당 상장사로 줄곧 꼽혀왔다는 점이 위원 다수의 공감대를 이뤘다"며 "국민연금이 지분을 대거 보유한 다수 상장사에서도 이 같은 제안이 이뤄질 가능성이 크다"고 평가했다.

국민연금은 2015년 마련된 배당 관련 주주 활동 프로세스에 따라 3개년에 걸쳐 저배당 기업을 관리한다. 1년 차에는 기업과 비공개 대화를 진행하고, 다음 정기 주총 때까지 개선하지 않으면 비공개 중점 관리기업으로 분류한다. 그 다음 주총까지 개선 사항이 없을 때는 수탁자 책임위가 공개 전환을 결정했다. 국민연금은 이 프로세스에 따라 지난해 5월 남양유업을 '저배당 블랙리스트' 기업으로 공개 발표했다.

국민연금은 올해 3월 주총 시즌을 앞두고 배당 확대 요구에 더욱 박차를 가할 것으로 예상된다. 국민연금은 지난해 7월말 스튜어드십 도입 방안을 발표하면서 비공개 대화 대상 기업을 기존 4~5개에서 8~10개로 늘리겠다는 방침을 밝힌 바 있다.

국민연금이 정한 저배당 기업 관리 절차를 감안하면 사실상 2년 연속 저배당 기업으로 꼽힐 경우 비공개로 중점 관리 대상 기업에 포함된다. 광주 신세계와 한국공항, 현대리바트 등은 최근 2년 이상 국민연금이 과소 배당을 이유로 재무제표 승인을 거절한 상장사다. 올 3월 주총까지 배당 정책에 개선이 없으면 추가로 공개 대상 기업에 오를 가능성이 크다.

국민연금이 최근 발표한 수탁자책임활동 가이드라인에도 배당 안건을 반대한 기업, 의결권 행사 대상 기업 중 배당 성향 하위 기업 등을 선정해 중점관리기업으로 정하고 기금운용위원회를 통해 경영참여 주도권 행사를 결정하겠다는 계획을 밝히기도 했다. 실제 3월 주총을 앞두고 주요 상장사를 대상으로 한 국민연금의 배당 압박 전략이 먹혀들고 있다.

지난달 31일 광주신세계는 전년 대비 현금배당을 2배 이상 늘렸다. 광주신세계는 국민연금이 2014년 이후 지난해 주총까지 5년 연속 과소 배당을 이유로 재무제표 승인을 거절한 곳이다. 지난해 국민연금이 과소 배당을 이유로 주총에서 재무제표 승인을 거절한 현대리바트, 한국공항, S&TC 등 역시 저배당 압력을 받고 있는 기업으로 꼽힌다.

재계 일각에서는 과도한 배당 요구에 대한 우려도 나온다. 유정주 한국경제연구원 기업 혁신팀장은 "기업들이 신규 투자를 늘려 기업의 성장성을 제고하면 장기 주주 가치 제고에 도움이 될 수 있는데도 기관투자자들 요구는 단기 배당에 집중돼 있다"며 "배당과 기업의 신규 투자 여력이 음의 상관 관계라는 점을 감안하면 무리한 기업 옥죄기식 배당 확대 요구는 지양할 필요가 있다"고 평가했다.

> 과소배당 지적 1년차: 기업과의 대화
> 2년차: 비공개 중점 기업 관리
> 3년차: 공개 중점기업 관리
> 개선 불이행시: 주주 제안 등 경영참여형 주주권 행사 검토

배당은 이사회가 주총에 제안하는데 배당정책을 심의하는 배당 자문위라고 하는 별도 위원회가 필요한지에 대해서는 의문이 있다. 결국은 이사회에서 의결하는 내용인데 공연히 옥상옥의 위원회 설치를 국민연금이 요구하는 것은 아닌지에 대한 의문이 있다.

매일경제신문. 2019.2.9.
국민연금의 강수.. 주총 전 안건 찬반 공개

국민연금이 올해 상장기업 주주총회부터 의결권 행사 방향을 사전에 공개한다. 한진칼과 남양유업 등 주주제안 형태로 상장사들에 대한 압박 수위를 높여가는 가운데 이뤄진 결과이다. 국민연금 위탁 운용 자금 유치에 사활을 걸 수밖에 없는 민간 자산운용사들을 우군으로 확보해 주총 의결권 대결을 유리하게 끌고 가겠다는 전략으로 풀이된다. 기업에 대한 국민연금의 경영 개입 수위가 한층 높아질 것이라는 우려가 재계에서 나오고 있다.

8일 국민연금에 따르면 수탁자책임전문위원회는 올해 3월 주주총회부터 의결권 행사 방향을 사전에 공개하기로 했다. 대상은 국민연금 지분율이 10% 이상이거나 국내 주식 투자 포트폴리오 중에서 비중이 1% 이상인 기업이 대상이다. 지난 1월말 기준 국민연금 지분율이 10% 이상인 기업이 79개, 보유 비중이 1% 이상(2017년말 기준)인 기업은 21개에 달한다. 이 밖에 수탁자책임위원회가 별도로 책정한 안건을 사전 공시할 계획인 점을 감안하면 대상 기업만 100곳이 넘을 가능성이 크다. 삼성전자 SK하이닉

스 포스코 현대차 등 유가증권시장 시가총액 상위 대기업이 상당수 포함된다.

지금까지 국민연금은 주총 이후(14일 이내)에 의결권 행사 결과를 공개했다. 국민연금 측 의사결정이 시장과 기업에 미칠 수 있는 여파를 감안한 조치였다.

이번 결정으로 국민연금은 '주총 거수기'라는 오명에서 벗어날 수 있는 전망이다. 보건복지부에 따르면 국민연금은 최근 몇 년간 주주총회 반대 의견 비중이 10%대에 머물렀다. 2014년 9.05%, 2015년 10.12%, 2016년 10.07%, 2017년 12.87% 등이다. 스튜어드십 코드를 도입한 지난해만 반대 비중이 19.23%로 높았다.

특히 국민연금이 반대한 안건이 실제 부결로 이어진 사례는 극히 드물다. 2016년 국민연금의 반대 의결권 대상이 된 기업 67곳 가운데 실제 안건이 부결된 기업은 한 곳도 없었고, 2017년에는 4개사, 지난해에는 3개사뿐이다. 주총 안건 부결을 위해선 최소 25% 이상 의결권 확보가 필요한 탓에 국민연금의 현재 의결권 행사 시스템으로는 안건 부결을 끌어내는 게 쉽지 않다는 평가다.

이종오 한국사회책임투자포럼 사무국장은 "국민연금이 현재 다수 상장사 지분을 보유하고 있지만 보유 지분만으로는 실제 의안 통과에 영향력을 미치지 못해온 게 사실"이라며 "기관투자자들 간 공식 연대까지는 아니더라도 사전 공시는 시장에 충분한 시그널을 줄 수 있다"고 평가했다.

하지만 의결권 행사 방향을 미리 공시하게 되면 국민연금이 여론전의 선봉에 서게 될 것이라는 비판도 만만치 않다. 국민연금은 국내 증시에 투자한 자금 중 57조원을 민간자산운용사에 위탁하고 있는데, 자금을 받아야 하는 운용사로서는, 국민연금 눈치를 보지 않을 수 없는 구조다. 여기에 정부 입김이 강한 국민연금 거버넌스 구조를 감안하면 관치 논란이 증폭될 소지도 있다는 평가다.

윤창현 서울시립대 교수는 "의결권 행사를 논하기 전에 전문성을 키우고 독립성을 높여야 한다고 본다"며 "스튜어드십 코드와 관련해서는 국민연금이 하는 대로 하겠다는 펀드나 연기금이 다수라는 점을 감안하면 일반 행동주의 펀드처럼 움직이기에는 리스크가 크다"고 평가했다.

조선일보. 2019.2.9.
국민연금 다음 타깃은

지금까지는 주총 이후 14일 이내에 의결권 행사 결과를 공개했다.

과거에 주총 이후 14일 이내에 의결권 행사 결과를 공개한 이유는 국민연금이 과도하게 다른 기관투자자에 영향을 미치는 것을 예방하기 위함이었을 것이다. 모든 기관투자자들은 의결권자문기관의 도움을 받아서 각자 독립적으로 의결권에 대한 판단을 수행하는 것이 바람직하지 국민연금이 과도하게 영향을 미치는 것은 바람직하지 않다. 이러한 방향으로 움직인다 함은 국민연금의 의결권이 이슈가 되면서부터 연금사회주의가 되는 것이 아닌가하는 우려와 같이 맞물린다. 이러한 영향력 이외에도 위에서도 기술하였듯이 지분 변동이 있은 경우 이를 실시간으로 공시하여야 하는데 이 경우도 추종매매의 가능성이 발생한다.

과거 국민연금의 의안 공시에 대해서는 주총 후 14일 이내에 공개하는 규정은 "국민연금기금 수탁자 책임 활동에 관한 지침" 6장 25조 2항에 나와 있는 내용이었다. 모든 경우에 주총 후 공시는 아니고 3항에 주총 전 공시 가능한 사유가 나와 있기는 하다.

국민연금 외 집합투자업자는 2013년 2월부터 국민연금처럼 주총 후로, 다만 14일이 아닌 5일 이내 공시로 법개정이 되었다.

과거의 제도에 있어서도 집합투자업자가 주총 5일 이내로 국민연금의 경우와 차별화하여 정책을 가져갔던 이유가 국민연금의 경우는 다른 기관투자자에게 상당한 영향을 미치므로 주총 이전에 어떠한 방향으로 의결권을 행사하였는지를 공개하는 것을 금지하였던 것이며 집합투자업자의 경우는 국민연금 정도로 지배적으로 다른 기관투자자들에게 영향을 미치지 않는다. 다른 기관투자자들도 국민연금의 의사결정과 다른 방향으로 소신 있게 의견을 개진할 수 있어야 하지만 동시에 국민연금과 다른 의사결정 방향을 취하였다가 그들의 방향이 잘못된 방향으로 귀착될 경우의 책임 문제가 매우 부담스러울 수 있다. 아무래도 국민연금의 의결권 방향으로 방향성이 수렴될 수 있음에도 이에서 벗어난다는 것이 큰 부담일 수 있다.

　　의결권 행사 결과의 공개는 공시 관련된 이슈이다. 반면에 다음과 같이 배당의 높고 낮음에 대한 판단과 관련된 논란도 존재한다.

한국경제신문. 2016.4.18.

배당 100% 늘려도 '반대' 상장사 "국민연금 판단기준 뭐냐"

　　국내 기업이 국민연금에 갖는 가장 큰 불만은 국민연금의 내부 평가 기준이 불명확하거나 매년 바뀐다는 것. 코스닥 기업인 에스에프씨는 올해 배당성향을 30.99%로 지난해의 3배 가량으로 높였는데도 국민연금으로부터 반대표를 받았다. 순이익의 10.38%를 배당한 지난해 국민연금 측은 별다른 의견을 나타내지 않았다. 회사 관계자는 "올해 찬성표를 받을 줄 알았는데 당황스럽다"고 말했다.

　　① 졸속 심사 작년엔 찬성, 올해는 반대 '오락가락'

　　'적정 배당'에 대한 기준이 없는 것도 기업들이 혼란스러워 하는 대목 에이디테크놀로지(37.46%)와 민앤지(22.49%)는 지난해 국내 기업 평균 배당 성향(17%)을 훌쩍 뛰어 넘는 배당을 결정했지만 국민연금으로부터 '부족하다'는 평가를 받았다.

　　CJ E&M은 지난해까지 배당을 아예 하지 않다가 올해 첫 배당(배당성향 14.5%)을 했지만 국민연금으로부터 2년 연속 반대표를 받았다. 회사 측은 "주주의 권한 행사를 존중한다"면서도 "외국인 주주와 기관투자가도 적정하다고 한 배당 규모에 국민연금만이 반대표를 던진 것을 이해하기 어렵다"는 반응을 보였다. 코아로홀딩스는 배당성향을 1.96%에서 10.1%로 5배 높였음에도 2년 연속 반대표를 받았다.

　　이 같은 양상을 놓고 국민연금이 의결권 행사 시스템이 부실하기 때문이라는 지적도 있다. 의결권 행사는 기금운용본부 운용전략실 산하 책임투자팀에서 수행한다.

　　운용 인력은 5명이다. 이들이 총 791개(작년 말 기준)에 달하는 국내 투자 기업의 의결권 행사를 전담한다. 이들 기업이 지난해 주주총회에서 다룬 안건 수는 2,836개, 상장사의 주주총회가 집중되는 3월 한 달여 동안에 모든 안건에 대해 찬반 여부를 결정해야 하기 때문에 '과부하'가 걸릴 수밖에 없는 구조다.

　　② 불통 결정 투자해야 한다는데 '과소배당' 낙인

　　롯데푸드는 미래 인수합병을 추진하기 위한 내부 자금 유보를 국민연금이 제대로 인정하지 않는다는 불만을 드러냈다. 미래 성장에 대비하기 위해 적정 현금을 보유해야 한다는 뜻을 여러 차례 전달하였지만 이 같은 사정을 끝내 외면했다는 것.

지난해부터 2년 연속 배당 관련 반대표를 받은 현대그린푸드도 "미래 신규 투자에 대해 2대 주주(12.85%)인 국민연금과 지속적으로 협의했지만 반영되지 않았다"고 허탈감을 드러냈다.

국민연금은 활발한 투자활동으로 적자가 누적된 바이오 기업에도 '과소배당'을 이유로 재무제표를 반대한 것으로 확인됐다. 누적결손금이 280억원으로 한 해 매출이 4배에 달한 바이로메드는 지난해 주총에서 배당이 적다는 이유로 반대표를 받았다. 민앤지도 '기업공개 후 첫 배당'이라는 나름의 성과를 발표했지만 기관투자가 가운데 국민연금만 반대표를 던지자 아쉬움을 표하고 있다.

회사 관계자는 "투자재원을 모아야 하는 상황에서 22.49%의 비교적 높은 배당성향을 결정했는데도 적다고 하니…"라며 말끝을 흐렸다. 차입금 상환을 위해 큰 폭의 배당을 할 수 없다고 수차례 호소한 광주신세계도 2년 연속 반대표를 받았다.

③ 깜깜이 기준 반대 이유 물어도 "공개 못한다"

다른 기업들도 국민연금이 다른 주총 안건과 달리 유독 배당 관련 의결권 행사의 구체적인 기준을 공개하지 않는 것을 이해하기 어렵다고 항변했다. 한 기업 IR 담당자는 "의결권 행사를 위탁받은 자금 운용사가 '배당 규모가 작다'는 이유만을 제시했다"며 "앞으로 배당 성향을 어떤 식으로 개선해야 찬성표를 받을 수 있을지 알 수가 없다"고 털어놨다.

지난해 국민연금이 저배당 기업을 블랙리스트(중점관리기업)로 지정하고 외부에 명단을 공개하는 내용을 골자로 하는 의결권 행사 강화 방침을 세운 뒤 기업들의 불만이 고조되고 있다. 주주에게 배당을 제대로 하지 않는다는 "낙인 효과" 때문에 직·간접적인 피해를 볼 수 있어서다.

국민연금 측은 세부 평가 기준을 공개할 수 없다는 뜻을 고수하고 있다. 중점관리기업은 배당정책 수립, 산업과 개별 기업 특수성을 종합적으로 고려해 선정할 예정이라고 강조했다. 하지만 평가 기준이 매년 바뀌는 점과 전체 평가에서 정성 평가가 차지하는 비중이 상당하다는 점을 의식해 외부 공개를 꺼리는 측면이 강한 것으로 알려졌다. 사후적으로 국회와 감사원 등에서 문제를 제기할 수 있기 때문이다.

배당의 크고 작음은 배당수익률과 배당성향으로 판단할 수 있지만 기업이 처한 상황이 모두 다르므로 절대적인 잣대는 될 수 없다. 전체 상장기업의 평균 배당수익률/배당성향보다도 그 기업이 속한 산업에서의 배당수익률과 배당성향이 더 타당한 기준이 될 수 있다. 배당을 더 해야 한다, 또는 덜 해야 한다는 판단은 기업 측에서도 매우 어려운 결정인데 이러한 결정에 대한 비판도 동시에 매우 어렵다.

2014년 감사인 지정 대상 기업이 확대되는 과정에서도 부채비율과 이자보상비율이 그 잣대로 사용되었는데, 판단 기준은 산업별 평균이었음을 보면 절대적 기준이라는 것은 존재하기 어렵다.

매일경제신문. 2019.2.12.

남양 "대주주 이득 가장 커" 배당 확대 거부 … 국민연금 망신살

남양유업이 국민연금의 배당 확대 요구를 공개 거절했다. 배당 확대가 일반 주주보다 오히려 대주주에게 이득이 되는 일이라는 자체 판단의 결과이다. 국민연금은 앞서 스튜어드십 코드를 발동해 남양유업을 상대로 배당 정책 수립을 심의 자문하는 위원회를 설치하자는 정관 변경을 주주 제안한 바 있다.

남양유업은 11일 공식 입장문을 통해 "지분 6.15%를 보유한 국민연금이 주주권익을 대변한다는 논리는 이치에 맞지 않고, 오히려 합법적인 고배당 정책을 이용해 최대주주 및 특수관계인의 이익 증대를 대변하는 역효과가 나타날 수 있다"며 "배당을 확대한다면 늘어난 배당금의 50% 이상을 가져가는 최대주주 및 특수관계인이 혜택을 보게 되기 때문에 사내 유보금으로 기업 가치 상승을 유지해 온 것"이라고 밝혔다. 국민연금 제안을 수용할 경우 사내에서 현금이 빠져나가며 기업가치가 깎이고 혜택은 반대로 대주주가 더 크게 누린다는 논리다.

남양유업은 최대주주 홍원식 회장을 비롯한 오너 일가 지분율이 보통주 기준 53.85%에 달한다. 뒤를 이어 신영자산운용(6.82%), 국민연금공단(6.15%), 외국계 퍼스트이글펀드(5.55%) 등이 주요 주주로 자리매김하고 있다. 이들을 제외한 기타 주주 지분율은 27.63%다.

문제는 국민연금이 이 같은 사태를 예견했음에도 남양유업이 배당을 확대해야 한다는 원칙론을 고수하고 있다는 점이다. 실현 가능성이 높지 않은 상황에서 스튜어드

십코드라는 대의명분에 초점을 맞춘 셈이다.

국민연금 수탁자책임위원회의 한 위원은 "남양유업과 같은 경우에는 향후 회사의 성장 동력 확보를 위해 배당보다는 유보금 축적이 더 필요하다는 의견도 수탁자위원회 내부에서 있었다"면서 "그러나 저배당 기업들에 대해서는 적극적으로 스튜어드십코드를 행사해야 한다는 수탁자위의 의지에 묻혀 실현 가능성에 대한 면밀한 고려 없이 주주제안을 했던 측면이 있었다"고 말했다. 남양유업과 같은 경우에는 최대주주 지분이 53.85%이기 때문에 주주총회에서 표 대결로 가면 승산이 없다는 점을 알았지만, 저배당 블랙리스트에 올리고 공개적으로 배당 확대를 요구하는 무리수를 뒀다는 것이다. 수탁자 책임위 관계자는 "표대결로 국민연금 의견이 묵살되고 국민연금이 요구한 주주가치 상승이 실현되지 않는다면 국민연금은 지분을 다 팔고 나가야 하는 방법만 남는 셈"이라고 말했다.

이 같은 상황에서 국민연금이 오히려 남양유업 지분율을 늘렸다는 점도 의문점으로 작용한다. 국민연금은 남양유업 보유 지분율을 2017년 말 5.71%에서 6.15%로 0.44% 늘렸다. 애당초 주주권 행사를 통한 기업 개선의 여지가 없었다면 앞선 관계자의 발언처럼 '주식 매도'를 통한 실력 행사가 보다 더 효율적이었을 가능성이 높다.

사실 남양유업은 그 동안 고배당을 통한 회사 이익의 사외유출보다는 사내유보를 함으로써 재무구조 건전성을 높이고, 장기 투자를 위한 밑거름으로 활용하는 것이 기업가치를 높일 수 있는 방법이라는 판단 하에 저배당 정책을 유지해 왔다고 밝혔다. 남양유업 관계자는 "저배당 기조를 통한 회사 이익의 사외유출을 최소화함으로써 1997년 IMF 외환위기부터 무차입 경영이 가능했고, 이후 재무구조 건전성이 높아지고 기업의 가치는 더욱더 상승했다"며 "앞으로도 기업의 가치를 높이기 위해 최선을 다하겠다"고 말했다.

실제로 이 같은 남양유업의 주장은 숫자로 일부 증명된다. 남양유업 배당 정책은 기업 이익과 무관하게 결정돼왔기 때문이다. 2010년 이후 주당 배당금을 보통주 기준으로 1,000원, 우선주 기준으로는 1,050원을 고수하고 있다. 2010년 이전에는 주당배당금을 이보다 조금 작은 보통주와 우선주에 각각 950원과 1,000원을 고수했었다. 이에 따라 배당금 총액은 2010년 이후 매해 8억 5,500만원 수준을 유지하고 있는 등 꾸준한 흐름을 보이고 있다. 배당금은 일정한 반면 당기순이익 진폭은 컸다. 금융위기가 발발한 2008년에는 당기순손실 251억원을, 대리점 갑질 논란이 벌어진 2013년에는 당기순손실 455억원 등 손실을 기록하기도 했다. 손실이 나도 일정한 배당금을 지급한 까닭에 남양유업 주식은 예측가능성 측면에서는 나름 '안전자산'이었다.

이 같은 '정액 지급 방식' 배당 정책 변경을 위한 국민연금의 위원회 설치 주주제안은 정관 변경이 필요하다. 이는 주주총회 특별결의 사안이다. 주총 특별 결의는 절반 이상 주주가 참석해 참석 주주 3분의 2 이상 동의를 받아야만 가능하다. 과반 지분을 확보한 최대주주가 거부할 경우 해당 안건은 자동 부결된다.

국민연금이 공개적으로 배당 확대를 요구해왔지만 남양유업은 최근 수익성이 악화돼 배당금을 높이기 쉽지 않을 거라는 관측이 많았다. 2015년 201억원, 2016년 418억원이었던 영업이익(연결기준)이 2017년에는 51억원으로 크게 줄어들었다. 지난해 3분기까지 누적 영업이익도 49억원으로 영업이익률이 0.6%에 불과하다. 유업계 자체가 수익성이 하락하는데다 2013년 대리점 갑질 논란에 따른 브랜드 이미지 하락이 여전히 영향을 미치고 있다. 금융투자업계에서는 회사 측 설명과 달리 남양유업에 대규모 투자 계획이 없는데다 현금이 풍부한 재무구조를 갖고 있어 주주환원 차원에서 배당을 더 늘릴 필요가 있다는 비판도 일부 나온다. 이 같은 비판의 근거는 절대적인 배당 수익률이 낮다는 대목이다. 남양유업은 2017년말 기준 이익 중 배당금 비중을 나타내는 현금배당성향이 17.0%이며, 이날 남양유업 종가 63만 7,000원을 기준으로 한 시가 배당률은 불과 0.16%에 그친다. 이는 2017년 말 기준 코스피 상장사 평균 현금 배당성향 33.8%, 평균 시가 배당률 1.62%를 훨씬 밑도는 수치다.

실제로 많은 기업에서 한 주 당 배당금을 큰 고민 없이 정액제로 정하는 경우도 많다. 또는 남양유업과 같이 어느 정도 배당금을 정액제로 묶어 두고 매년 주당 50원 또는 100원 정도 높이는 경우도 다수 찾아볼 수 있다. 재무관리에서는 거창한 이론을 사용하면 적정 배당을 결정할 수 있지만 기업이 배당금을 이사회에서 결정하는 과정을 보면 의외로 많은 고민을 하는 것은 아닌 듯하다. 때로는 동종 업계의 경쟁사의 배당을 검토하여 단순 비교하기도 한다. 고차원적인 분석을 수행한다고 해도 이러한 배당 금액이 반드시 모범 배당이라는 보장도 없는 상황에서 굳이 배당에 대해 크게 고민할 것이 없다고도 할 수 있다.

조선일보. 2019.2.14.
한진, 경복궁 옆 호텔 부지 팔고 … 한진칼 배당 순이익의 50%까지 늘리기로

한진그룹이 시가 5,000억원대의 서울 경복궁 옆 송현동 부지를 올해 안에 매각하고, 그룹 지주회사 격인 한진칼의 배당을 당기순이익의 50% 수준으로 늘리는 등의 경영비전을 13일 발표했다. 최근 국민연금과 행동주의 KCGI가 지배구조 개선 등을 압박하자 주주 친화책을 내놓은 것으로 풀이된다.

한진칼은 올해 주총에서 작년 당기순이익의 약 50%를 주주에게 배당하는 등 앞으로 배당을 지속적으로 확대하기로 했다. 한진칼의 배당 수준은 2017년 3.1%, 2016년 0%, 2015년 41.7%였다.

지배구조도 손질할 예정이다. 한진칼은 사외이사를 현재 3명에서 4명으로 늘려 7인 이사회 체제로 운영한다. 이사회 내에 내부거래위원회도 만들기로 했다. 한진그룹 측은 "반수 이상이 사외이사로 구성되는 내부거래위원회는 계열사의 특수 관계인 거래시 법률 위반 행위를 사전에 예방하는 역할을 하게 될 것"이라고 밝혔다.

전문가들의 평가는 엇갈렸다. 정성엽 대신지배구조연구소 본부장은 "배당 확대 등으로 다른 주주들의 지지를 이끌어 내겠다는 시도로 보이는데, 내부거래위원회 설치 등은 지배구조 개선의 계기는 되겠지만 근본적인 개선으로 보기는 힘들다"고 말했다. 최준선 성균관대 명예교수는 "지배구조 개선 등에 나서는 노력은 평가할 만하지만 외부의 압력을 받아 배당하고 자산 매각을 하는 것은 성장 동력을 훼손할 수 있다"고 말했다.

한국경제신문. 2019.2.15.
과도한 배당은 독, '마법의 탄환'에 총 맞을 수도

지난해 배당을 늘렸지만 시장의 평가가 오히려 나빠진 종목들이 있다. 재무 부담이 커졌다는 이유 때문이다.

14일 금융투자협회에 따르면 지난달 국제 신용평가사 S&P는 SK이노베이션의 장기 신용등급 전망을 '안정적'에서 '부정적'으로 하향 조정했다. 부정적 전망은 1~2년 내 신용등급이 떨어질 가능성이 크다는 뜻이다. 배당과 자사주 매입 등의 자본 지출 규모

가 커진 것을 주요 원인으로 꼽았다. 이 회사의 지난해 순이익은 1조 6,871억원으로, 전년보다 21.3% 줄었다. 반면 배당은 전년과 비슷한 6,983억원(보통주 기준)을 유지했다. 이에 따라 배당성향이 43.5%로 전년(35.4%)보다 크게 높아졌다. S&P는 이 회사의 배당과 자사주 매입 등을 포함하는 자본지출 규모가 지난해 2조~2조 5,000억원에 달하는 것으로 추정했다.

코웨이도 배당금 지출과 자사주 매입에 따른 재무 부담이 커지고 있다. 한국신용평가에 따르면 2014년 1,483억원이었던 배당금은 2017년 4,092억원으로 늘었다. 배당을 늘리기 위해 돈을 많이 빌리면서 부채비율이 56.0%에서 119.8%로 높아졌다.

다음 달 웅진씽크빅이 코웨이의 최대주주가 된 뒤에도 코웨이의 고배당은 계속될 것이란 전망이다. 최원영 한국신용평가 애널리스트는 "웅진이 코웨이로부터 받은 배당금을 코웨이 인수를 위해 빌린 돈의 이자와 원금 상환 재원으로 쓸 것"이라며 "코웨이가 높은 수준의 배당을 유지할 수밖에 없기 때문에 재무적으로 부담이 예상된다"고 말했다.

한정된 이익으로 주주배당을 늘리면 기업의 투자 여력은 감소한다. 이로 인해 신사업 진출이 어려워지면 장기적으로는 오히려 투자자들에게 피해가 갈 수 있다는 지적이 나온다. 대주주 지분율이 높은 종목의 경우 배당 증가를 통해 오너 몫을 늘리는 데만 신경을 쓴다는 비판의 목소리도 있다.

한국경제신문. 2019.2.15.
예금금리보다 높아진 배당수익률, '순이익 2배' 배당으로 쏜 기업도

상장사 배당 규모가 빠른 속도로 늘고 있다. 전체 상장사의 지난해 실적에 대한 배당금 총액은 30조원을 넘을 것으로 추정된다. 2014년 16조 6,488억원 이후 4년 만에 2배 가까이 증가했다. 전체 상장사 배당의 절반 가량을 차지하는 매출 30대 기업의 배당성향은 40%대에 육박해 이미 글로벌 수준에 도달했다는 평가가 나온다. 주주이익 환원이라는 측면에선 긍정적이지만, 이익 증가는 주춤한데 배당만 빠르게 늘어 기업의 투자여력과 장기적 경쟁력이 훼손되는 것 아니냐는 우려의 목소리도 나온다.

• 글로벌 수준에 가까워진 배당 성향

포스코대우는 지난 1일 주당 600원을 배당한다고 공시했다. 지난해 순이익이 1,157

억원으로 전년 대비 31% 줄었지만 배당은 617억원에서 740억원으로 20% 늘었다. 배당성향은 35.1%에서 47.7%로 높아졌다. 류제현 미래에셋 대우 연구원은 "니켈 광산 손상 차손 등 일회성 요인으로 순이익이 줄었다"며 "일회성 요인이 재발하지 않는다면 올해 주당 배당금은 800원까지 늘어날 수 있다"고 말했다.

이처럼 순이익이 줄어든 기업까지 배당 확대에 동참하거나 높은 배당을 유지하면서 국내 매출 상위 기업들의 배당 성향이 급상승하고 있다. 현대차 배당 성향은 2017년 26.8%에서 작년 70.7%로 뛰었고, 포스코(4.7.3%), KT(39.2%), LG화학(31.2%) 기아차(31.2%) 등도 높은 배당성향을 보였다. 139억원의 순이익을 냈지만, 289억원을 배당한 SK네크웍스의 배당성향은 215%에 이른다.

대신증권과 블룸버그에 따르면 지난해 세계 증시의 배당성향 추정치는 47.1%, 신흥국 증시는 35.4%였다. 한국 전체 상장사의 배당성향은 20.3% 수준이지만, 매출 30대 기업(지주 금융회사 제외) 중 결산배당 공시를 한 22개 기업의 배당 성향은 평균 37.1%에 달한다. 황세운 자본시장 연구원 연구위원은 "국민연금 등 스튜어드십 코드를 도입한 기관투자가들이 배당 확대를 요구하는 한편 배당에 관한 기업 경영진의 인식이 바뀌고 있기 때문"이라고 설명했다.

• 정기예금보다 높아진 배당 수익률

배당수익률도 큰 폭으로 올랐다. 주가는 급락했는데 배당이 늘었기 때문이다. 20개 주요기업의 지난해 종가 기준 보통주 배당수익률은 2.7%로, 12월말 은행 정기 예금 평균 금리(2.05%)는 물론 미국 S&P500지수 편입 종목의 배당수익률(2.1%)을 웃돌았다.

삼성전자는 지난해 보통주 배당수익률이 3.66%로 처음 3%대에 올랐다. 주당 배당금이 2017년 850원에서 작년 1,416원으로 늘어난 반면 연말 종가는 5만 960원에서 3만 8,700원으로 낮아졌기 때문이다. 올 들어 주가가 23% 오르며 현재 배당수익률이 2.9%로 낮아졌지만 여전히 높은 편이다.

세계 증시 배당성향

	2016년	2018년
세계	58.6%	47.1%
미국	53.6%	46%
일본	34.6%	30%
한국	18.8%	20.3%

위의 표에서 한 가지 눈에 띄는 것은 배당수익률이 전 세계적으로는 하향 추세인데 우리는 상향추세라는 것이다. 물론 이제까지의 우리나라의 배당수익률이 글로벌 수준에 비해서 낮았다는 것을 감안하여야 한다.

배당이 높다는 것이 반드시 좋은 신호만은 아니다. 아래의 신문 기사에서 보듯이 SK의 경우와 같이 성장에 목이 마른 기업들은 배당이 아니고 재투자에 재원을 집중해야 한다. 배당을 많은 주는 것을 주주 포퓰리즘이라고 부정적으로 해석하고 있다. 물론, 이 또한 매우 주관적인 판단이다.

한국경제신문.2017.11.1.
총수 부재 삼성전자 '주주 포퓰리즘'에 빠져드나

삼성전자는 내년부터 잉여현금흐름(free cash flow)의 전반을 자사수 매입 소각과 배당에 사용하겠다고 주주들에게 약속했다. FCF는 매년 기업이 벌어들이는 현금에서 비용, 세금, 투자 등을 제외하고 회사에 남는 현금을 뜻한다. 투자를 많이 할수록 줄어드는 구조를 갖고 있다. 올해 삼성전자의 FCF는 약 20조원으로 추산되고 있다. 사상 최대로 예상되는 연간 55조원의 영업이익을 크게 밑도는 이유는 평택반도체 공장, 하만 인수 등에 많은 투자금이 들어간 데 따른 것이다. 삼성전자는 그 20조원의 절반인 10조원을 배당과 자사주 매입 소각에 사용할 예정이다.

문제는 내년 이후다. 삼성전자의 FCF는 내년에 30~40조원으로 늘어날 전망이다. 올해 수준의 경영실적을 낼 것으로 추정되는 가운데 투자 규모가 크게 줄어 들 것으로 예상돼서다. 만약 FCF가 40조원에 이르게 되면 무조건 20조원을 주주들에게 돌려줘야 한다. 삼성전자는 2018년부터 2020년까지 3년간 매년 9조 6,000억원 이상을 배당하겠다고 이날 밝혔다.

올해 실적분에 대한 배당금(4조 8,000억원)보다 정확하게 100%를 늘린 것이다. 이 경우 삼성전자는 나머지 10조 4,000억원을 자사주 매입 소각에 투입하게 된다.

삼성전자의 이 같은 방침은 "2016년부터 2017년까지 잉여현금흐름의 50%를 주주환원에 활용하겠다"고 발표한 2016년 11월의 주주가치 제고방안과 맥이 닿아 있다. 당시 이 방안은 삼성그룹 경영권을 공격한 글로벌 헤지펀드인 엘리엇 매니지먼트의 주주제안을 일정 부분 수용한 것으로 주목을 받았다. 이에 따라 삼성전자 당기순이익에서 배당과 자사주 매입 소각이 차지하는 금액 비중(총주주 환원율)은 2012년 5.2%에서 지난해 49.7%로 치솟았다. 가히 기록적인 급등이다. 삼성전자와 어깨를 나란히 하고 있는 애플 구글 아마존 토요타 지멘스 알리바바 등의 글로벌 기업들 가운데 어느 곳도 이처럼 가파른 속도로 주주환원을 늘린 기업은 없다.

구글 아마존 알리바바는 아예 배당을 한푼도 하지 않고 있다. 일각에서 "주주 경영 강화가 아니라 주주들을 향한 포퓰리즘이 아니냐"는 비판적 시각이 나오는 이유다.

현재 삼성전자의 뛰어난 실적과 현금 흐름에 비춰볼 때 이렇게 돌려 주고도 충분한 투자재원을 확보할 수 있을 것으로 보는 시각이 많다. 하지만 정보기술 업계는 전통적으로 경기 변동성이 심하고 특정 업체의 장기 독주를 허용하지 않는 특성이 있다. 더욱이 한국은 북핵 등 지정학적 위험에 전면적으로 노출돼 있다.

이런 상황에서 '퍼주기'식 주주환원이 지속 가능할지, 그것이 중장기적으로 성장 동력 확보에 도움이 될지는 의문이다. 이번에 "주주환원의 예측성을 높이기 위해 앞으로 FCF를 계산할 때 M&A 금액을 차감하지 않기로 했다"는 발표도 좀처럼 이해하기 어렵다. 예를 들어 30조원의 FCF가 발행하는 해에 10조원짜리 글로벌 M&A가 성사되더라도 FCF 금액에 변동을 주지 않겠다는 것이다. 다시 말해 실질 FCF가 M&A 자금 10조원을 제외한 20조원임에도 주주들에게 30조원의 절반인 15조원을 돌려 주겠다는 것이다.

이 대목에서 어쩔 수 없이 드는 의문이 있다. 삼성전자는 이건희 삼성그룹회장이 건재하고 이재용부회장이 정상적인 경영을 펼치고 있는 상황에서도 이런 방안을 내놓았을까. 세계 최대 네크워크장비업체인 시스코(시가총액 약 30조원)를 통째로 사들일 수 있는 돈을 3년치 배당금액으로 감히 약속할 수 있을까.

아마 발표 순서와 내용이 바뀌었을 가능성이 높다. 주주환원을 단계적으로 늘려 가는 방향은 존중했겠지만 미래 생존을 위한 투자와 성장전략이 먼저였을 것이다. 오너는 배당 등으로 손쉽게 주주들에게 아부하지 않는다.

최태원 SK그룹 회장을 봐도 알 수 있다. SK하이닉스가 엄청난 돈을 벌어들이고 있지만 그는 아직도 성장에 목이 마르다. 경쟁사들의 온갖 방해와 견제를 뚫고 일본 도시바의 반도체 지분을 확보한 것을 보라. 지금의 삼성전자에는 이런 필사적 노력을 찾아볼 수가 없다. 향후 수익에 관계없이 무조건 대규모 배당을 하겠다는 발표는 오너십을 상실한 삼성전자의 심각한 방향착오이자 기업판 포퓰리즘이다.

매일경제신문. 2019.2.18.
한진칼 직접 투자 1주도 없이

국민연금이 경영 참여를 선언한 한진칼 보유 지분 중 직접 투자를 통해 확보한 지분은 전혀 없는 것으로 확인됐다. 전체 보유 지분 7.1% 모두 위탁관리를 맡은 민간 자산운용사들이 자체적으로 판단해 매입한 것이지, 국민연금이 직접 투자 판단을 내려 보유하고 있는 지분이 아니라는 뜻이다.

자산운용업계와 학자들은 한진칼에 대해서 국민연금이 직접 투자한 주식이 단 한 주도 없는데 경영 참여 주주권 행사를 선언하고 나서는 것은 모순된 상황이라는 지적을 내놓고 있다.

27일 국민연금공단에 따르면 지난해 말 기준 국민연금이 보유 중인 한진칼 지분 7.1%는 전량 위탁 투자분인 것으로 나타났다. 대한항공은 보유 지분 11.7% 중 직접 투자분이 6.3%, 위탁 투자가 5.4%다. 국민연금은 투자 전략 노출을 이유로 개별 주식에 대한 직접 위탁 투자 현황을 철저히 비공개로 유지해 왔다. 개별 종목에 대한 국민연금의 직접 위탁 현황이 공개된 것은 이번이 처음이다.

국민연금이 112조원의 자금을 국내 주식에 투자하고 있는데, 이 중 51조 6,000억원(45.9%)은 민간 자산운용사에 위탁하는 구조다. 위탁 투자한 주식 역시 소유권은 국민연금에 있기 때문에 주주권 행사에 대한 법적인 문제는 없다. 하지만 직접 투자를 전혀 하지 않은 국민연금이 한진칼 경영에 참여하겠다고 나선 것은 모순이 아니냐는 논란이 제기되고 있다. 위탁운용사가 국민연금을 대신해 투자 판단을 내려 매입했기 때문에 국민연금이 국민에게 스튜어드십을 받았듯이, 국민연금은 위탁운용사에 이를 부여해야 한다는 것이다.

양준모 연세대 경제학과 교수는 "국민연금이 국민 노후 역할을 하겠다고 나섰지만, 해당 주식의 매매 과정을 감안하면 결국 위탁 운용 자금에 대한 최종 스튜어드는 민간 자산운용사"라며 "이를 감안하면 국민연금이 위탁을 맡긴 자금까지 직접 주주권을 행사는 게 과연 정말 스튜어드십을 충실히 이행하는가에 대해 의문이 제기된다"고 평가했다.

민간 자산 운용사에 주주권을 대신 행사할 수 있도록 하는 방안이 대안으로 꼽히지만, 관련 논의는 현안에 밀려 줄줄이 뒤처져 있다.

매일경제신문. 2019.2.18.
'국민 집사' 국민연금, 자신의 집사에는 권한 안 줘

정관변경 주주 제안을 하며 한진칼에 대한 경영 참여를 선언한 국민연금이 대상 기업에 대해 직접 투자로 확보한 지분이 전혀 없는 것으로 확인되면서 주주권 행사 타당성 논란이 불거지고 있다. 국민연금의 주주권 행사 자체에는 법적인 문제가 없다고 하더라도 자기가 직접 투자하지 않은 자금에 대해서까지 의결권을 행사하는 것이 타당한지에 대한 의문이 제기되기 때문이다.

17일 국민연금에 따르면 지난 1일 최고의사결정기구인 기금운용위원회에 제출한 회의 자료에는 국민연금이 보유 중인 한진칼과 대항항공에 대한 직접투자와 위탁투자현황이 나와 있다. 자료에 따르면 지난해 말 기준 국민연금은 한진칼 지분 7.1%를 보유하고 있는데, 이 중 직접 투자지분은 전혀 없고 전량 위탁투자분인 것으로 나타났다. 자산운용업계 관계자는 "국민연금은 코스피 200을 벤치마크 지수로 쓰고 있는데,

대한항공은 코스피 200대 기업으로 국민연금의 직접투자 자금이 대거 들어간 반면 한진칼은 시총 200위 밖이라 주로 위탁투자 형태로 이뤄진 것으로 보인다"고 평가했다.

전문가들은 국민연금이 국민에게 부여받은 스튜어드십을 가동해 한진칼에 경영 참여를 하는 것이라면, 민간운용사에 위탁한 지분은 해당 운용사들이 스튜어드십을 받아 경영 참여 여부를 자율적으로 결정하는게 논리적으로 타당하다는 지적을 내놓고 있다

성태윤 연세대학 교수는 "국민연금이 직접 투자하지 않은 자금에 대해서까지 주주권을 행사하는 것은 의사결정에 대한 사후 논란을 더 키울 수 있다"며 "가이드라인을 정해 의결권 행사에 대한 철학을 공유하는 자산운용사에 의결권 행사까지 맡기는 방향으로 가야 한다"고 평가했다. 조동근 명지대 경제학과 교수 역시 "위임한 것은 일종의 '네가 다 알아서 하라'는 것이고 '성과가 부진하면 책임을 묻겠다'는 것인데, 위임한 자금에까지 이래라 저래라 하는 것은 사실상 국민연금의 '갑질'"이라고 비판했다.

국민연금이 직접 투자해 보유한 주식에 주주권을 행사하는 데 대해서도 논란이 나온다. 국민연금의 개별 기업에 대한 직접투자가 패시브투자(인덱스를 통한 간접투자) 성격이 강하기 때문이다. 자산운용업계에서는 국민연금의 국내 주식 직접투자 자산 중 80~90%가 패시브 투자를 통해 이뤄지는 것으로 보고 있다. 대형 연기금 출신의 자산운용사 고위 관계자는 "이런 논란을 해소하기 위해서는 패시브투자에서는 중립적으로

주주권을 행사하고, 액티브(개별 종목 투자)하게 운용하는 것은 위탁 운용사에 주주권 행사를 내어 주는 게 필요하다"며 "국민연금이 지금같이 행동주의를 표방하고 싶으면 행동주의 펀드를 만들어 거기서 의결권을 행사하는 것이 적절한 방법"이라고 평가했다.

일본공적연금(GPIF)이 이 같은 사례이다. 일본 증시에서 패시브투자만 하는 GPIF는 개별 기업에 대한 의결권 행사를 모두 민간 자산운용사에 위임하고 있다. 미국 캘리포니아 공무원 연금 캘퍼스(CalPERS) 역시 의결권 행사 가이드라인을 제공하고, 개별 의사 결정은 운용사에 맡긴다.

성교수는 "주주권 행사로 기업 경영이 바뀌었는데 주가나 기업 가치에 변화가 없거나 더 떨어지는 경우, 주주권 행사가 해당 기업에 전혀 먹혀들지 않는 경우 등 국민연금이 주요 사안에 대해 직접 의결권을 행사하는 것은 리스크가 크다"고 평가했다. 국민연금이 의결권에 한해서는 위탁운용사에 위임할 계획이지만 이 또한 법률 정비가 마무리됐음에도 제도 시행이 늦춰지고 있다.

하지만 법적으로 개별 주식에 대한 주권이 국민 연금에 있기 때문에 문제가 없다는 반론도 만만치 않다. 아울러 민간 자산운용사는 국민연금에 비해 단기 차익 실현 관점에서 투자를 집행하기 때문에 기업의 장기 가치 제고를 위한 주주권 행사를 국민연금이 직접 나설 필요가 있다는 지적도 나온다.

이러한 문제가 제기되자 국민연금은 위탁한 자금에 대해서는 국민연금이 아니고 위탁자문사가 steward가 될 수 있도록 아래와 같이 정책방향을 변경하게 된다.

매일경제신문. 2019.7.6.
국민연금 위탁 주식 54조원

국민연금 공단이 "연금사회주의" 논란을 피하기 위해 위탁운용사에 의결권을 위임하는 방안을 추진한다.

5일 보건복지부와 국민연금공단은 2019년도 제6차 국민연금기금운용위원회를 열고 민간운용사에 위탁해 운용하는 국민연금 보유 주식에 대한 의결권을 해당 운용사가 방향을 결정해 행사하는 것을 원칙으로 하는 의결권행사 위임 초안을 위원들에게 보고했다. 위원장인 박능후 보건복지부 장관은 "기금위 의견 수렴을 거치고 공청회를 열어 의결권 행사 위임 초안을 위원들에게 보고했다. 위원장인 박능후 보건복지부 장관은 "기금위 의견 수렴을 거치고 공청회를 열어 의결권 행사 위임과 관련된 가이드라인 최종안을 9월에 발표할 계획"이라며 "국민연금이 행사해 온 의결권을 위탁운용사가 위임받아 행사하면 국내 자본시장도 더 건강하게 발전하는 효과가 나타날 것으로 기대한다"고 밝혔다.

국민연금공단이 보유한 118조원의 국내 주식(올해 3월말 기준) 중 45.5%를 자산운용사가 공단에서 위탁받아 운용한다. 그럼에도 불구하고 올해 주주총회까지도 국민연금공단이 직접투자는 물론 자기가 투자를 결정하지 않은 기업에까지 의결권을 직접 행사해 스튜어드십코드의 취지에 어긋난다는 지적이 많았다. 의결권 위임을 통해 국민연금이 직접적으로 의결권을 행사하는 기업 수가 줄어들면 국내주식에서 국민연금의 영향력도 다소 줄어들 여지가 있다. 그러나 같은 기업을 놓고 복수의 위탁운용사 의견이 달라지는 '의결권 불통일 행사'일 경우엔 주주권을 행사하지 못하는 문제가 있어 관련 제도 개선이 요구된다.

국민연금 스튜어드십 활동과 관련해 경영 참여 주주권 행사의 기준, 절차를 명확히 하는 가이드라인도 9월 중에 나올 계획이다.

배당이 많다는 것만이 good news는 아니고, 배당이 많은 것이 항상 좋다는 식의 접근 방법에는 분명 역기능이 있다.

매일경제신문. 2019.2.20.
"배당 너무 많다" S&P, SK E&S 신용전망 낮춰

과도한 배당에 나서는 기업들에 잇따라 신용등급 하락 경고가 나오고 있다. 글로벌 신용평가사 S&P는 19일 SK E&S에 대해 등급 전망을 '안정적'에서 '부정적'으로 조정했다고 밝혔다. S&P는 SK E&S의 장기 발행자 신용등급과 장기 채권 등급은 각각 'BBB'와 'BB+'를 유지했다.

S&P는 이번 등급 전망 조정과 관련해 "SK E&S의 공격적이나 주주 환원 정책과 2018년 하반기 유가 급락에 따른 실적 악화 전망을 반영한다"고 설명했다. S&P는

"지난주에 발표한 SK E&S 배당 지급 수준은 S&P의 기존 예상치보다 공격적으로 변했다"며 "2018년 배당금 총액은 약 6715억원으로 S&P의 기존 추정치인 2,700억원과 최근 몇 년간 연간 배당금인 1,000억~3,000억원보다 크게 높은 수준"이라고 밝혔다.

S&P는 또 SK E&S 등급 전망이 부정적인데 대해 "SK E&S의 공격적인 재무정책과 주주 환원 정책을 고려할 때 SK E&S가 향후 24개월 동안 현재 신용등급을 유지할 수 있는 여력이 감소했다고 평가하는 견해를 반영한다"고 설명했다.

SK E&S는 지난해 매출 6조 4,674억원을 기록했다. 2017년과 2016년 매출은 5조 5,352억원, 4조 4,47억원 수준이다. 영업이익은 지난해 4478억원으로 2016년 1,545억원, 2017년 3,557억원에서 꾸준히 증가했다. 순이익 역시 2016년 1,973억원, 2017년 3,743억원을 거쳐 지난해 4,390억원을 기록했다.

다만 영업이익 순이익 증가 추세에 비해 지난해 배당액 증가 추세가 과도하다는 우려가 제기된 것이다. 지난해 SK E&S 배당금 총액은 6,715억원으로 2017년 2,642억원보다 두 배 이상 급증했다. SK E&S의 2016년과 2015년 배당금은 각각 1,508억원, 2,161억원이었다.

국내 신용평가사 관계자는 "배당이 늘어나면 기업 재무구조에 부정적 영향을 끼치는 것이 이론적으로는 맞지만 국내 기업 배당 수준을 고려할 때 일반적인 사례는 아니다"면서도 "결국 기업이 감당할 수 있는 수준에서 주주 환원 정책 등이 이뤄져야 하지 않겠느냐"고 말했다.

배당을 위한 재원은 SK E&S가 파주에너지 지분을 매각해 확보한 자금으로 마련할 것으로 전망된다.

SK E&S는 지난해 자회사인 파주에너지 지분 49%를 태국 에너지 기업 EGCO에 약 8,850억원에 매각했다. 이를 바탕으로 SK E&S는 약 7,000억원의 순현금 수익(세금과 제반 비용 차감 이후 거둔 이익)을 얻은 것으로 추정된다. S&P는 "(SK E&S는) 현금 수입 대부분을 차입금 감축이 아닌 배당금 지급에 사용할 예정"이라고 밝혔다.

SK이노베이션 역시 지난 1월 S&P 신용등급 전망이 '안정적'에서 '부정적'으로 하향 조정했다. 신용평가사 신용등급 전망은 해당 기업 신용등급의 방향성을 보여주는 것이 일반적이다. 해당 기업이 통상 6개월~2년 내에 신용평가사가 제시한 기준을 충족시키지 못하면 신용등급 하락이 발생할 수 있다.

S&P는 당시 보고서를 통해 "SK이노베이션은 자사주 매입과 배당금 지급을 포함해 지난해 약 1조 9,000억원을 주주들에게 환원했다"며 "배당금과 투자 증가가 향후

12~24개월 동안 '재량적 현금 흐름'에 부담이 될 것"이라고 밝혔다. 또 S&P는 "SK이노베이션의 자사주 매입과 실적 저하로 인해 EBITDA 대비 차입금 비율은 지난 해 동안 상당한 폭으로 상승했을 것으로 추정된다"고 덧붙였다.

SK이노베이션의 2018년 순이익은 약 1조 6,871억원으로 2017년 대비 21.3% 가량 감소했다. 반면 배당은 2017년과 비슷한 6,893억원(보통주 기준)을 유지하면서 배당성향이 43.5%로 2017년 35.4%보다 높아졌다.

이와 함께 S&P는 SK이노베이션이 전기차 배터리 공장 건설 등으로 투자 부담은 늘어나는데 업황 악화로 실적이 나빠진다는 점도 신용등급 전망을 하향 조정한 배경으로 꼽았다.

한국경제신문. 2019.3.1.
이달 한진칼 주총 안건에 KCGI 주주제안 올라간다

3월 열린 한진칼 주주총회에 행동주의 사모펀드 케이씨지아이의 주주제안이 안건으로 올라갈 수 있게 됐다. 법원이 'KCGI는 지분을 보유한지 6개월이 지나지 않아 주주제안 자격이 없다'는 한진그룹 측의 주장을 일축했기 때문이다.

이번 판결로 지분율 3% 이상 주주는 6개월 이상 주식을 보유하지 않아도 주주제안을 할 수 있게 돼 소액주주들의 주주권 행사가 더욱 활발해질 전망이다. 상장사들의 경영권 방어는 그만큼 힘들어졌다.

서울중앙지방법원 민사합의 50부(부장판사 이승련)는 28일 KCGI가 지난 21일 한진칼과 조양호 회장 등을 상대로 낸 의안상정 가처분 신청과 관련해 "상장회사의 주주는 6개월 보유 요건을 갖추지 못했더라도 3% 이상 지분을 보유하면 주주제안권을 행사할 수 있다"고 판시했다.

이번 재판은 한진그룹이 KGCI의 주주제안권에 문제를 제기하면서 시작됐다. 지배구조 전문가로 불리는 강성부대표가 이끄는 KCGI는 지난해 8월 28일 특수 목적법인인 그레이스홀딩스를 설립하고 한진칼과 한진주식을 매입하기 시작했다. 두회사 지분을 각각 10.71%, 8.03% 매입한 KGCI는 3월 22일 주총을 앞두고 감사 및 사외이사 선임, 이사 보수 한도 감액 등을 담은 주주제안을 1월31일 한진 측에 보냈다.

그러나 한진그룹은 "KCGI가 주식 보유기간 요건인 6개월을 채우지 못했다"며 주주

제안을 주총에 올리지 않겠다는 뜻을 분명히 했다. KCGI는 법원의 판단을 묻기 위해 가처분신청을 냈다.

쟁점은 '6개월 전부터 상장회사의 주식 0.5%(자본금 1,000억원 이하일 경우 0.1%) 이상을 보유한 주주는 주주제안을 할 수 있다'고 규정한 상장회사 특례조항(상법 제532조의 6)이 '지분율 3% 이상을 보유한 주주는 주총일 6주전에 주주제안을 할 수 있다'고 규정한 일반 상법 조항(제363조의 2)에 우선하는지 여부였다. 법원은 이날 판결문에서 "상장회사 특례조항의 입법 취지는 주식보유 비율 3% 미만인 주주라도 6개월 이상 주식을 보유하면 주주제안을 할 수 있도록 해 기업 경영의 투명성을 제고하고 소수주주의 권익을 보호하려는 것"이라고 배경을 설명했다.

KCGI는 한진칼 감사에 김칠규 회계사를, 사외이사에는 조재호 서울대 교수와 김영민 변호사를 선임할 것을 요구하고 있다. 3월 17일로 임기가 끝나는 석태수 한진칼 대표이사 사장을 대신할 사내이사 선임도 제안했다. 사내이사의 보수 한도를 줄이고 감사의 보수 한도는 늘리는 안도 포함됐다.

한진그룹은 판결에 불복해 항고하겠다는 입장을 밝혔다.

조선일보. 2019.3.22.
"강성부펀드, 한진칼 주총서 제안할 자격 없어"

한진그룹이 행동주의 사모펀드 KCGI와 벌인 대결에서 사실상 판정승했다. 주주총회를 앞두고 한진칼이 제기한 주주 자격 문제와 관련해 법원이 한진칼의 손을 들어줬기 때문이다. 오는 29일 예정된 주총에서 한진칼은 KCGI가 제안한 감사와 이사 선임 및 이사 보수 한도 제한 등 내용을 주총 안건으로 상정하지 않는다. 다만 조양호 회장 측근인 석태수 대표를 사내이사로 재선임할 지와 조회장에게 영향을 미칠 수 있는 이사 자격 강화 등 국민연금의 제안에 대해서는 표 대결 가능성이 남아 있다.

서울 고법 민사 25부는 21일 한진칼 주총에서 KCGI가 주총에서 주주 제안을 할 자격이 없다는 취지의 판결을 내렸다. KCGI 손을 들어준 지난달 1심 판결을 뒤집은 것이다. 한진칼은 "소수 주주인 KCGI가 한진칼에 주주제안을 하기 위해서는 6개월 이전부터 0.5% 이상의 주식을 보유해야 하는데, KCGI가 설립한 투자 목적 회사인 그레이스홀딩스 등기 설립일이 지난해 8월28일로 지분 보유 기간이 6개월이 되지 않아 상법상 주주 제안 자격이 없다"고 주장해 왔다.

KCGI의 그레이스홀딩스는 한진그룹 지주회사인 한진칼 12.01%를 보유한 2대 주주다. 지난해 11월부터 조양호 한진그룹 회장 일가의 전횡을 견제하고 기업 가치를 올리겠다며 주총을 목표로 공세를 벌였다.

한국경제신문. 2019.6.5.
한진그룹 승계 과정 정조준한 KCGI… 경영권 공격 본격화하나

KCGI 산하 투자목적회사인 그레이스홀딩스는 한진그룹의 승계를 둘러싼 과정과 내용의 적법성을 조사하기 위해 법원이 지정하는 검사인을 선임해 달라는 내용의 소송을 지난달 29일 제기했다. 검사인은 주주총회 의결이나 법원 판결에 따라 선임되는 임시직이다. 상법 제367조에 따르면 발행주식 총수의 100분의 1 이상에 해당하는 주식을 보유한 주주는 이사회 결의의 적법성 등을 조사하기 위해 법원에 검사인 선임을 청구할 수 있다.

한진칼은 "4월 이사회에서 조 사장을 대표이사로 선임했고, 회장은 회사에서 직책을 부여한 것"이라는 입장이다. 익명을 요구한 한진칼 사외이사는 "법적으로 중요한 것은 대표이사 선임이었고, 회장은 이사회 결의사항도 아니다"며 "이사회에서 회장 선임에 대한 잡음도 없었다"고 말했다.

KCGI가 회장이라는 직책에 대해서 의문을 제기하는 것은 이해하기 어렵다. 익명의 사외이사가 언급하였듯이 회사에서 중요한 것은 대표이사로 선임되었다는 것이지 이 대표이사가 회장이든 사장이든 직급은 호칭에 불과하다. 물론, 직급에 따라서 받는 급여에 차이가 있을 수는 있지만 KCGI가 급여 수준에 대한 의문을 제기하기보다는 지배구조를 문제 삼는 것이다.

최근에 오면서 많은 기업에서 직급에 대한 개념이 많이 사라지고 있으며 직급을 최소화하려는 움직임이 있다. 임원 중에서도 회장, 부회장, 사장, 부사장, 전무, 상무, 상무보, 이사, 이사대우 등의 여러 복잡한 직급이 있지만 최근 일부 기업은 이러한 복잡한 직급 체계가 중요한 것이 아니고 본부장 등의 직

책 업무에 관련된 책임과 호칭만이 중요한 것이지 군대의 상명하복식의 계급 문화가 중요한 것이 아니라는 식으로 기업 내 문화가 바뀌고 있다. 이는 직원의 직급/직위에도 동일하다.

매경이코노미 2019.8.7.-13
SK, 임원제 중심 개편 '상무 전무직 없앤다'

최태원 SK그룹회장이 국내 대기업 최초로 그룹 내 상무 전무 등 임원 직급을 폐지한다. 수평적 조직 문화를 만들기 위해 직책 중심으로 임원제도를 바꾼 것이다. 임원 호칭은 직급 대신 본부장, 그룹장 등 직책으로 구분하기로 했다. 상무와 전무 호칭은 없어지고 직책이 없는 임원은 '부사장'으로 통일된다. 임원 인사는 새로 임명되거나 대표이사를 정할 때만 발령을 내고, 직책이 바뀔 경우에는 전보 등으로 처리한다는 계획이다. 그룹 안팎에서는 이번 조치로 임원에 대한 철저한 성과 평가가 이뤄지고 보수 격차도 벌어질 것이라는 전망도 나온다.

일부 기업에서의 호칭도 x사장님 대신 이름 ××님으로 하는 기업도 생겨나고 있지만 관계 설정에는 변화가 없이 단지 호칭만의 외관적인 변화일 수도 있다. 다른 기업들도 직급체계를 단순화하는 과정 중에 있다.

매경이코노미 2019.9.18.-9.24.
현대차 인사혁신 … 과장 이상 '책임매니저'

정의선 현대차 수석부회장이 이끄는 현대자동차와 기아자동차가 9월부터 새로운 인사제도를 시행한다. 우선 일반직 직급을 6단계에서 4단계로 축소했고 호칭은 더 단순화해 '매니저'와 '책임 매니저' 2단계로 통합했다. 즉 5급 사원부터 4급 사원 대리는 매니저, 과장 차장 부장 호칭은 모두 책임매니저가 된다. 4년 이상 근무해야 다음 직급으로 승진할 수 있던 기존 '승진 연차' 폐지도 눈에 띈다.

상법에서의 업무집행지시자의 개념도 등기 이사가 아니면서 명예회장, 회장, 부회장, 사장, 부사장, 행정, 전무, 이사 등 업무를 집행할 권한이 있는 것으로 인정될 만한 명칭을 사용하는 경우라고 정의하고 있어서, 법인의 등기 부등본에 등기 여부가 쓰이는 등기이사 여부가 중요한 것이지 직급은 법적으로는 중요하지 않으며 등기부등본에도 대표이사 이외의 직급을 쓰지는 않는다. 어느 특정기업의 등기부등본을 검토한 결과 그 등재상에 다음으로 되어 있었다.

등기부등본에는 사내이사/사외이사만 구별하여 표시하고, 이사 중 "대표이사"만 별도 표시한다. 전무 등의 직급은 사내 직급이므로 별도 표시하지 않는다. 단, 사외이사 중, 감사위원은 주주총회에서 별도로 선임된 직이므로 이는 별도로 표시한다.

과거에도 많은 최대주주들이 등기를 하지 않고서도 회장 등의 직책을 유지하였는데 어떠한 시민단체에서도 직급에 대해서 의문을 제기하지는 않았고 직급은 직급일 뿐이고 법적인 지위는 아니다.

매일경제신문. 2019.8.1.
실적도 미래도 캄캄한데 억지로 배당 늘린 기업들

올해 2분기 중간배당액이 사상 최고치를 경신했다. 국내 기업이 안으로는 인건비 부담, 밖으로는 글로벌 무역 전쟁에 신음하는 등 기업 경영 환경이 악화일로를 걷고 있는 상황에서 나타난 현상이다.

특히 국민연금과 자산운용사 등 기관투자가들의 연중 상시화된 배당 압박에 일부 상장사들은 수익성과 재무안정성 저하에도 배당을 크게 늘리고 있어 기업의 성장 동력 약화로 연결되는 것 아니냐는 우려도 나온다.

31일 금융정보업체 에프앤가이드에 따르면 이날까지 2분기 중간배당액을 확정한 상장사는 총 33곳으로 이들이 공시한 배당금 총액은 3조 5,759억원으로 집계됐다. 기존 사상 최대치였던 지난해 2분기 중간배당 총액 3조 5,336억원을 웃도는 수치다. 2014년 2분기 4,310억원이었던 중간배당금은 최근 5년 새 8배 이상 증가했다.

이미 사상 최고치를 경신한 올해 중간 배당금 규모는 더 커질 예정이다. 지난달 중간 배당을 위해 주주명부 폐쇄를 공시한 상장사가 49개사에 달해 향후 10곳 이상의 상장사가 추가로 중간 배당액을 확정할 것으로 관측된다.

지난해 대비 2분기 중간배당 총액이 100억원 이상 늘어난 곳은 현대모비스와 포스코, 하나금융지주, 롯데지주, 두산밥캣 등 5곳이다. 이 중 현대모비스(947억원)와 롯데지주(215억원)는 사상 첫 분기 배당이다.

일부 기업의 경우 올해 순이익 감소 등 전년 대비 부진한 실적에도 배당을 늘리고 있다. 포스코의 경우 올해 상반기 당기순이익이 1조 4,598억원으로 지난해 1조 6,639억원에 비해 12.3% 줄었다. 지난해 1분기와 2분기 중간배당액 합산액은 2,400억원이었지만 올해는 3,204억원으로 껑충 뛰었다.

하나금융지주도 올해 중간배당액이 전년 대비 300억원 증가했는데, 올해 상반기 순이익은 1조 2,197억원으로 8.06% 줄었다.

반도체 업황 악화와 일본의 소재 수출 규제로 위기에 처한 삼성전자도 올 상반기 순이익이 전년 동기 대비 55% 줄어들었지만 올해 2분기 중간배당 총액은 2조 4,046억원으로 2018년 1분기 이후 배당 기조를 유지했다.

유정주 한국경제연구원 기업혁신팀장은 "미국의 시가총액 상위 상장사는 아예 배당을 하지 않는 곳도 많다"며 "단기적인 수익도 좋지만 지나친 배당 확대는 기업의 장기 성장 동력을 악화시킬 수 있다는 점에서 신중한 접근이 필요하다"고 지적했다.

실제 배당 확대 정책은 기업의 신용등급 평가에도 부정적인 영향을 미치고 있다. 글로벌 신용평가사 S&P는 지난 3월 SK텔레콤의 신용등급(A-) 전망을 안정적에서 부정적으로 하향한 바 있다. SK텔레콤은 올해 2분기 중간배당이 719억원으로 전년 대비 소폭 증가한 기업이다. 박준홍 S&P 이사는 "영업 실적 측면에서 압박을 받고 있고 재무적인 측면에서도 인수 합병이나 투자를 많이 단행하고 있는 SK텔레콤은 주주환원 등을 줄이는 것도 고려해볼 만한 상황"이라고 평가했다.

S&P는 지난 10일 "높아지는 신용 위험에 직면한 한국 기업들"이라는 보고서를 통해 "많은 한국 기업이 영업 흐름 감소세에도 자본 투자와 주주환원 규모를 확대하는 공격적인 정책을 도입해 부담이 되고 있다"고 지적하기도 했다.

실적 부진과 신용등급 하락 압박에도 국내 상장사들이 배당에 나서는 것은 국내 기관투자가의 적극적인 주주권 행사와 무관치 않다. 한국기업지배구조원이 발표한 '기관투자가의 관여 활동을 통한 기업 배당 변화 분석' 보고서에 따르면 스튜어드십 코드에 참여한 기관투자가 7곳이 지난해 배당 관련 이슈로 주주 관여 활동을 벌인 상장사 39곳 중 22곳(56.4%)의 주당 배당금이 전년보다 늘었다. 조사 대상 기업 중 61.5%인

24곳은 배당 성향이 평균 9.9% 포인트 늘어난 것으로 집계됐다.

송민경 한국기업지배구조원 스튜어드십코드센터장은 "그동안 국내 기업들의 배당 성향은 글로벌 평균에 못 미쳤던 게 사실"이라며 "최근 배당 확대는 주주활동 경험이 일천한 기관투자가들이 다양한 주주강화 수단 중 비교적 부담이 덜한 배당 확대에 몰두한 결과"라고 평가했다.

조선일보. 2019.9.6.
5%룰까지 바꿔가며 국민연금의 기업 개입 정부가 길 터줬다.

지금은 국민연금 등 공적 연기금이 '경영 참여 목적'으로 특정 기업 주식 5% 이상을 보유하게 될 경우 5일 이내에 지분율 변동 내역 뿐 아니라 자금을 어떻게 마련했는지. 주식을 얼마에 매입했는지 등을 상세하게 공시해야 한다. 그런데 내년부터는 이런 '5%룰'이 완화돼 배당 확대나 임원 보수 삭감, 위법을 저지른 임원의 해임 요구들은 경영 참여 목적으로 분류되지 않는다. 이렇게 되면 상세 공시할 필요 없이 지분율 변동 내역만 월 1회 공시하면 된다. 또한 10% 이상 지분을 가진 투자자가 배상 확대나 임원 보수 삭감, 임원 해임 요구를 해도 과거와 달리 6개월 동안 얻은 단기 차익을 반환하지 않아도 된다.

정부와 더불어민주당은 5일 국회에서 당정협의를 갖고 '기관투자자의 적극적 주주권 행사 지원 방안'을 발표했다. 당정은 자본시장법 시행령을 개정해 내년 1분기(1~3월) 중 시행하기로 했다. 금융위원회는 "기관투자자들의 주주활동이 활발해지고 있어 이를 제도적으로 뒷받침해 주기 위해 시행령 개정을 추진하게 됐다"고 밝혔다. 그러나 정부가 5% 10%룰을 바꿔가면서까지 국민연금이 기업 경영에 개입할 수 있도록 하는 데 대해 우려가 나오고 있다.

신장섭 싱가포르국립대 경제학과 교수는 "정부가 국회의 동의를 받지 않는 시행령 개정이라는 편법을 동원해 국민연금이 기업을 마음대로 장악할 수 있는 판을 깔아주는 것으로밖에 해석되지 않는다"고 말했다.

조선일보. 2019.9.18.
법으로 안 되니 시행령 바꾸는 정부.. 기업들 공포

내년부터 국민연금은 일정 지분을 갖고 있는 주요 대기업 임원의 해임을 쉽게 요구할 수 있게 된다. 횡령 배임 혐의가 확정된 임원에 대해서는 해임청구소송도 낼 수 있다. 국민연금은 정권 입김에 휘둘리는 '낙하산 인사'가 이뤄지는 기관이라는 비판을 받는다.

금융위원회는 최근 단순 투자 명목으로 지분 5% 이상을 보유한 기관투자가도 임직원의 위법행위에 대해 해임청구권 행사, 지배구조개선 정관 변경 등을 요구할 수 있도록 자본시장법 시행령을 고쳐 내년부터 적용한다고 밝혔다. 기존에는 '지분 변동 5일 내 보고' 등 의무사항이 많은 '경영참여목적 투자자'만 갖던 권한을 대폭 확대하는 것이다.

정부와 더불어민주당은 최근 이런 내용을 담은 '공정경제 성과 조기 창출 방안' 23가지 정책을 내놨다. 모두 국회 통과가 필요 없는 시행령 시행규칙으로 가능한 내용이다. 익명을 요구한 경제단체 고위 임원은 "내년 총선 등을 앞두고 공정경제 분야에서 성과를 냈다고 선전해야 하는 정부 여당을 가능한 하위 법령 개정에 힘쓰고 있는 것으로 보인다"며 "재계에는 '법보다 무서운 시행령 공포'라는 말이 퍼지고 있다"고 말했다.

조선일보. 2019.9.19.
공직자도 아닌데, 임원 전과까지 공개…기업 잡는 시행령

"세금 체납 사실과 배임 횡령 등의 범죄 사실을 공개하라."

고위 공직자에게 요구될 것 같은 이런 규정이 내년부터 상장회사 임원(이사 감사)이 되려는 사람에게 의무적으로 적용될 전망이다. 정부는 임원 선임을 위한 주주총회를 열 경우, 후보자의 체납 사실과 부실기업 경영진 해당 여부, 특정 경제 가중처벌법 위반 등의 정보를 주주에게 제공하도록 했다. 개인의 사생활 정보를 심각하게 침해할 수 있는 이 같은 조치는 법률이 아닌 상법 시행령을 통해 가능하게 된다. 유정주 한국경제연구원 기업혁신팀장은 "주주에게 제공 정보를 확대하는 방향은 옳다고 해도 모든

기업의 임원에게 공직자에 준하는 의무를 부과하는 것은 과하다"며 "이들의 범죄 사실을 공개하는 것은 인권침해 소지도 있다"고 지적했다.

요즘 기업들은 공정거래위원회가 오는 12월에 내놓을 일감 몰아주기 시행규칙에 촉각을 곤두세우고 있다. 한 재계 고위 임원은 "구체적인 내용은 아직 파악이 안 됐지만, 그동안 법에 있었던 일감 몰아주기 예외 조항들을 대부분 무력화하는 방향으로 이뤄진다는 소문이 파다하다"며 "최근에는 법 통과보다는 시행령 통과에 더 신경 써야 한다는 말이 나올 정도"라고 말했다. 법 개정의 경우 국회에서의 공론화 과정을 거치고 야당의 반대를 뛰어 넘어야 하지만, 시행령 개정은 정부 의지만으로 충분히 가능하기 때문이다. 경제단체와 기업에서는 "시행령 개정안의 경우 일일이 내용을 파악하지 못하는 것이 많기 때문에 제때 대응을 못하는 경우가 비일비재하다"고 어려움을 호소했다.

지난 4월 국무회의를 통과한 특정경제범죄가중처벌법 시행령 개정안은 "오는 11월부터 배임죄를 저질러 기업에 손해를 끼친 임직원은 해당 기업에 복귀하지 못한다"는 내용이 담겨 있다. 이렇게 되면 횡령죄로 구속 수감된 뒤 다시 경영에 복귀한 최태원 SK 그룹 회장 같은 경우는 불가능해지는 것이다. 시행령 단서 조항에 '시행된 이후 발생한 범죄에 대해 적용한다'고 돼 있어 현재 횡령 배임 혐의로 재판받고 이는 이재용 삼성전자부회장, 조현준 효성그룹회장 등은 피해갈 여지가 있지만, 적지 않은 논란을 빚게 될 것으로 보인다.

재계에서는 "영국 미국 등에는 없는 배임죄의 경우 우리나라에서는 코에 걸면 코걸이, 귀에 걸면 귀걸이식으로 해석 가능하기 때문에 기업인이 정권에 밉보여 수사받는 경우 큰 타격을 입을 수 있다"고 비판했다. 유환익 한경연 혁신성장실장은 "그동안 몇몇 국회의원이 배임죄로 처벌받은 기업인들이 경영에 복귀하지 못하도록 취업을 제한하는 내용의 특정경제가중처벌법 개정안을 발의했는데, 국회 논의 과정이 지지부진하니 정부에서 시행령 개정안이라고 하는 우회로를 택한 것"이라며 "특히 직업 선택의 자유 등 기본권을 국민 대표기관인 국회 동의를 받아야 하는 법 개정이 아니라 시행령으로 제한하는 것은 심각한 문제"라고 지적했다.

'지주회사 계열사들로부터 받는 경영 컨설팅 수수료, 부동산 임대료를 공시해야 한다'는 내용 역시 시행령으로 의무화된다. 지주사들의 경영을 투명하게 한다는 취지다. 하지만 기업들은 "컨설팅 수수료 금액이나 임대 수입 등은 사적인 계약인데, 이를 공개하라는 것은 과도한 규제"라며 "지주회사 제도가 지배구조를 개선하는 좋은 제도라고 정부에서 등 떠밀어 추진해 놓고선 이제 와서 적은 지분으로 총수 일가의 지배력을 확대하는 제도라며 갖가지 규제책을 내 놓는다"고 말했다.

사외이사의 독립성을 높이기 위해 한 회사에 6년 이상, 계열사에 합산 9년 이상 재직하는 것도 금지될 전망이다. 대한상의 이경상 상무는 "일정 기간을 정해 놓고 무조건 하지 못하도록 금지하는 것은 개인 직업선택의 자유를 침해할 소지가 농후하다"며 법무부의 상법 시행령 개정안에 대한 문제를 지적했다.

김민호 성균관대 법학전문대학원 교수는 "개인정보를 공개하거나 직업 수행의 자유 등 기본권을 침해하는 행위는 적어도 법률에 근거를 두거나 위임을 받아 이뤄져야 한다"며 "손쉬운 시행령 개정안을 통해 기본권을 제한하는 것은 행정권의 과도한 남용으로 위헌 위법적인 조치라는 비판을 피하기 힘들다"고 말했다.

어떠한 경우는 법 개정에 포함해야 할 내용을 법 개정이 어려우므로 시행령에 포함하게 되는데 이는 입법 정신을 훼손한다는 비판도 있다.

조선일보. 2019.10.12.
국민연금은 '단타족'

국민연금이 한진칼에 사상 처음으로 '경영 참여 주주권'을 행사했지만, 주가가 급등하자 3개월도 안 돼 보유 지분의 절반 이상을 처분한 것으로 나타났다. 장기 투자로 기업 가치를 높인다는 스튜어드십 코드(기관투자자의 의결권 행사 지침) 도입 취지에 어긋나는 것이 아니냐는 지적이 제기됐다.

11일 국회 보건복지위원회 김명연 의원(자유한국당)이 공개한 자료에 따르면, 국민연금은 지난 3월 29일 사상 첫 적극적 주주권(경영 참여 주주권)을 행사한 이후 주식을 계속 처분해 지분율이 연초 7.34%에서 6월말 3.45%로 3.89% 포인트 줄어들었다. 3월말 2만 5,000원 선에서 거래됐던 한진칼 주식은 조양호 한진그룹 회장의 갑작스런 사망으로 경영권 분쟁 가능성이 고조되자 5월말 4만 6,000원대까지 치솟았다. 국민연금은 "이번에 운용을 맡긴 금융회사의 보유 지분으로 국민연금은 지분 변화에 직접 개입할 수 없었다"고 해명했다.

이에 대해 김 의원은 "장기 투자로 기업 가치를 높이겠다며 적극적 주주권을 행사해

놓고, 주가가 단기간에 오르자 팔아치우는 것은 모순"이라며 "결국 스튜어드십 코드의
취지를 무색하게 하는 것으로 특정 기업 길들이기에 그친 것 아니냐"고 지적했다.

한국기업지배구조원, 대신지배구조연구원, 서스틴베스트, 좋은기업지배구
조연구소, ISS, 글래스루이스 등으로 구성된 기업의결권자문사 구도에 변화가
보이고 있다.

매일경제신문. 2019.10.11.
NH증, 'ESG 리포트' 국내 증권사 최초 발간

NH투자증권이 국내 증권사 최초로 환경, 사회, 지배구조를 토대로 기업을 분석하
는 'ESG 리포트'를 발간한다. 이 증권사는 올해 6월부터 분석 작업을 해왔는데 첫 분
석 대상 기업으로 업종별 대표주가 선정됐다. NH투자증권은 리서치센터 애널리스트의
전문성을 활용해 분석 대상 기업과 분석의 깊이를 더해 갈 예정이다.

10일 NH투자증권은 ESG 리포트를 발간했다. 분석 대상 기업은 SK, 포스코, LG화
학, 한국전력, 삼성중공업, 대한항공, 현대차, 삼성전자, 삼성SDI, 삼성전기, SK텔레콤,
강원랜드, 유한양행, 신세계, 한국콜마 등 각 업종을 대표하는 15개다. 이번 리포트는
국문과 영문으로 동시 발간됐는데 분량만 357쪽에 달한다.

이창목 NH투자증권 리서치센터장 지휘 아래 각 섹터 담당 애널리스트들이 분석을
맡았다. 투자자들은 NH투자증권 홈페이지에서 분석 내용을 확인해 볼 수 있다.

이 센터장은 "사회책임투자 시대에는 기업 분석과 자산 운용에서 재무적 요인뿐만
아니라 비재무적 요인도 함께 고려해야 한다"며 "기업에 대한 투자자들의 이해 증진
과 기업들의 지배구조 질적 개선 촉진을 통해 사회책임 투자 확산이 가속화할 것으로
기대한다"고 말했다.

그는 "매년 각 기업이 공시하는 기업지배구조보고서와 지속가능경영보고서 공시 시
점에 맞춰 리포트를 발간할 예정"이라고 덧붙였다. 해외에서는 기관투자가의 의사결정
을 돕는 의결권 자문사뿐만 아니라 법무법인, 회계법인 등에서도 ESG 리포트를 만들
정도다. 하지만 국내에서는 '재무적 정보'가 투자에 우선지표로 활용된 탓에 상대적으
로 비재무 정보인 ESG 분석은 등한시돼 왔다.

다만 올해부터는 시장 전반에 사회책임투자 분위기가 무르익고 있다. 올해부터 자산 총액 2조원 이상 기업을 대상으로 기업지배구조보고서 공시가 단계적으로 의무화됐고, 스튜어드십코드를 도입한 국민연금 역시 투자 집행에 앞서 기업들의 비재무적 요인을 적극적으로 들여야 보고 있다.

송민경 기업지배구조원 스튜어드십코드 센터장은 "실제로 펀드 자금을 운용하는 매니저나 주주활동을 담당하는 관계자들은 이런 ESG 분석 자료를 적극 활용할 것으로 예상된다'고 말했다.

매일경제신문. 2019.10.11.
경영참여 해 놓고 … 한진칼 단타친 국민연금

국민연금이 스튜어드십 코드 도입 이후 한진칼에 적극적 주주권을 행사했지만 주가가 급등하자 보유 지분을 절반 이상 처분한 것으로 나타났다. 지분 매각은 한진칼 주가가 급등한 3개월 내에 이뤄졌으며, 장기 투자자를 자처한 국민연금이 단기투자로 차익을 챙겼다는 비판이 나오고 있다. 반면 적자를 기록한 한국전력 지분은 되레 늘려 평가손실이 1조원 가까이 되는 것으로 전해졌다.

10일 국회 보건복지위원회 김명연 자유한국당 의원이 국민연금에서 받은 자료에 따르면 국민연금이 보유한 한진칼 지분은 1월17일 7.34%에서 2월말 6.56%, 3월말 6.19%, 4월 말 4.12%, 5월말 3.78%, 6월말 현재 3.45%로 떨어졌다. 이 기간은 국민연금이 한진칼을 상대로 스튜어드십 코드를 행사한 시기였으며, 올해 1월 적극적 주주권 행사를 예고하고 지난 3월 29일 한진칼에 정관 변경을 요구했다. 스튜어드십 코드는 기관투자가가 집안일을 책임지는 집사처럼 고객이 맡긴 돈을 자기 것처럼 관리해야 한다는 지침이다. 국민연금은 지난해 7월 도입했다. 이와 관련해 국민연금은 지난 1월 한진칼에 주주권 행사를 예고하면서 "국민연금은 '장기투자자'로서 단기보다 장기 수익률을 높이는 데 중점을 두겠다"고 밝힌 바 있다. 장기적으로 한진칼 기업 가치를 높여 수익률을 제고하겠다는 것이었다.

하지만 이후 국민연금은 지분을 줄이기 시작했다. 특히 정관 변경 요구 이후 한진칼 주가가 급등한 4~6월 주식을 집중적으로 팔아치웠다. 3월 29일 기준 2만 5,700원이었던 한진칼 주가는 4월 12일에는 4만 4,100원, 5월말에는 4만 6,000원까지 치솟았다.

반면 국민연금이 보유한 한진칼 지분은 3월말 6.19%에서 6월말 3.45%까지 2.74% 포인트(약 160만주) 줄었다. 2만 5,000원이던 주식을 4만원에 팔았고 단순 계산할 때 시세차익이 250억원에 달했다.

이와 함께 한진칼 주가도 떨어졌다. 6월말 기준 주가는 3만원으로 5월 고점 대비 35% 급락했다. 국민연금 지분 매각이 주가 하락을 부추겼을 것으로 주정된다. 4~6월 개인투자가가 한진칼 주식 1,430억원어치를 순매수했는데, 주가 급락으로 막대한 손해를 보고 있을 것으로 예상된다. 한진칼 지분 매도에 국민연금은 "한진칼 지분은 전량 위탁주관사 지분으로, 지분 변화에 직접 개입할 수 없었다"고 주장한다.

김의원은 "장기수익률 제고를 위해 적극적 주주권을 행사했다면 지분을 지속해서 보유하는 것이 당연한데 이 같은 국민연금 행태는 '먹튀'에 해당한다"며 "스튜어드십 코드가 정부 마음에 들지 않는 기업에 대한 줄세우기를 시도하는 행위라는 것을 증명하는 사례"라고 주장했다.

특히 국민연금이 한국전력과 그 계열사 지분을 늘리면서 '이중 잣대'를 들이 대고 있다는 지적도 제기된다. 정부 방침을 따르는 공기업에는 투자하고 그러지 않은 민간기업에는 엄격한 칼날을 들이 댄다는 것이다. 한국전력은 정부의 탈원전 정책으로 원전 가동률이 줄어들면서 올해 상반기에만 9,000억원 적자를 기록했다.

이날 국회 보사복지위원회 김승희 자유한국당 의원이 공개한 자료에 따르면 국민연금이 한전과 자회사 지분을 늘리고 있지만 1조원 가까운 평가손실을 기록했다. 2015년 말 국민연금이 보유한 한전 지분율은 7.13%로 자산 가치는 2조 2,873억원이었다. 국민연금은 문재인 정부 들어선 이후 2018년 말 기준 한전 지분율을 7.26%까지 확대했는데, 이때 자산 가치가 1조 5,427억원으로 줄어 약 8,000억원 평가 손실이 발생했다. 한전계열사까지 더하면 평가손실이 1조원까지 불어난다. 한전 KPS에 대한 국민연금 지분율은 2015년 말 6.78%에서 2018년 말 10.47%로 늘었다. 반면 주식 평가 가치는 2,714억원에서 1,564억원으로 1,150억원 감소했다.

의결권 행사도 민간기업에 엄격히 행사하고 있는 것으로 나타났다. 김승희 의원실이 최근 3년간 국민연금 의결권 행사 내용을 분석한 결과 국민연금이 의결권을 보유한 총 316개 공기업에 대한 의결 사안 중 반대표를 던진 사안은 16개(5.1%)에 불과했다. 이는 국민연금이 민간 기업 전체 1만 1,410개 의결 사안에 던진 반대표 1,988개(17.4%) 대비 3분의 1 수준이다.

대신증권/경제연구소가 이러한 업무를 수행해 오고 있는데 증권사는 기업과 관련되어 매수/매도 등 보고서를 내야 하는 입장에서 기업지배구조를 평가함에 있어서 중립성과 독립성을 유지할 수 있는지가 문제로 대두되었다. 증권회사/경제연구소의 의견이 과도하게 기업에 우호적이라는 것이 항상 비판의 대상이었다. 기업과의 좋은 관계를 유지하려고 하는 증권사/경제연구소가 기업이 부담스럽게 생각하는 매도의견을 낸다는 것이 무척이나 껄끄러운 일이다.

매일경제신문. 2019.11.13.
국민연금 경영 개입 이사해임까지 추진

법령 위반 우려가 있거나 주주제안을 지속적으로 거부하는 중점관리대상 상장기업에 대해 국민연금이 이사 해임까지 요구하는 주주제안을 할 수 있게 된다.

12일 매일경제가 입수한 국민연금공단 '경영참여 목적의 주주권 행사 가이드라인(안)'에 따르면 보건복지부의 수탁자 책임전문위원회가 임원의 선임 및 해임, 이사회 등 회사의 기관과 관련된 정관의 변경 등 경영참여 여부에 대한 사실상의 결정 권한을 가지게 된다. 이를 위해 수탁자책임전문위원회는 공개중점관리 기업과 비공개 대화 기업의 개선 여부를 판단해 개선이 없는 기업의 개선 여부를 판단해 개선이 없는 기업을 결정하고 경영참여 주주제안의 추진 여부, 주주제안의 내용 등을 검토해 기금운용위원회에 보고하기로 했다.

국민연금공단은 이 같은 내용을 골자로 한 가이드라인을 13일 열리는 공청회를 통해 공개하고 각계 의견을 청취할 계획이다.

이후 실무평가위원회 심의를 개최한 뒤 이달 말 기금운용위원회에서 경영참여 목적 주주권 행사 가이드라인을 심의 의결할 예정이다.

전문위원회가 경영참여 주주제안을 결정하면 국민연금은 자본시장법령에 따라 주식 보유 목적을 경영참여로 변경하게 된다. 그리고 보유지분이 10% 이상인 경우 단기 매매차익 반환이 발생하지 않도록 직접 위탁 모두 매매 정지를 추진한다. 지난해 7월 스튜어드십 코드 도입 초기에는 자본시장법상 '경영참여에 해당하지 않는' 주주권부터 우선 도입하기로 했다. 경영참여 주주제안은 제반 여건이 구비된 이후 이행 방안을 마련하되 그 전이라도 기금운용위원회가 의결한 경우라면 경영참여 주주권을 시행할 수 있게 했다. 이에 따라 국민연금공단은 올해 2월 기금운용위원회를 열고 한진칼에 대해 경영참여를 전제로 적극적 행사를 하기로 결정했다.

고 조양호 전 한진그룹회장이 횡령 및 배임 등으로 금고 이상의 형이 확정될 경우 이사 자격이 상실되는 안을 추진하겠다고 밝혀 국민연금으로서는 첫 번째 경영참여 주주권 행사를 한 것이다. 다만 '금고 이상의 형 확정'이란 전제조건이 붙어 지난 3월 한진칼 정기 주총에서는 해당 안건이 상정됐지만 부결됐다. 대한항공 주총에서만 조 전 회장의 재선임 안건을 부결시키는 데 영향력을 발휘했다.

매일경제신문. 2019.11.13.
정부, 연구용역 반대에도 이사해임 강행… 재계, 연금사회주의 우려

국민연금이 13일 공청회를 통해 경영 참여 목적의 주주권 행사 가이드라인을 공개하는 것은 국민연금의 스튜어드십 코드 도입 이후 계속된 국민연금의 주주권 행사 논란을 피하기 위해서다. 국민연금 기금의 장기적 수익 제고와 주주권 행사에 있어 독립성과 투명성을 확보하기 위해 도입된 스튜어드십 코드가 '기금운용위원회가 필요하다고 의결하는 경우' 경영참여 목적의 주주권 행사가 가능하도록 돼 있어 시장의 불확실성이 있다는 문제가 제기됐다. 이에 따라 주주 제안의 판단 기준과 내용, 후속 조치 계획 등을 명확히 밝힐 필요성이 계속 제기됐다.

국민연금 측은 "기금의 장기 수익을 제고하고 지속 가능한 투자를 추구하기 위해 기업과 생산적 대화를 추진하는 것을 원칙으로 한다"며 "충분한 소통을 했음에도 개선이 없으면 주주제안의 실효성을 고려해 제한적으로 경영 참여 목적의 주주권 행사를 추진하고자 한다"고 밝혔다.

먼저 기업의 배당 정책, 보수 한도 적정성, 법령상 위반 우려로 기업 가치가 훼손됐거나 국민연금이 이사 선임 건에 대해 반대 의결권을 지속적으로 행사한 기업은 중점 관리사안으로 보고 스튜어드십 코드 대상에 넣기로 했다. 이때 비공개 대화와 비공개 중점관리, 공개 중점 관리 절차를 거쳐도 개선되지 않으면 주주 제안을 진행한다. 각 절차는 1년 단위로 추진한 후 필요시 다음 단계로 이동하는데, 대화 자체를 거부하는 기업은 주주제안을 시기가 더 앞당겨질 수 있다. 특히 법령상 위반 우려로 기업 가치 훼손이 심한 판단 기준으로는 '국가기관의 1차 조사 결과 혐의가 있는 것을 판단되는

경우'를 들었다.

이에 따라 기업의 배당 정책 수립이나 임원 보수 한도 적정성에 대해서는 이사회 내 위원회 설치를 정관에 반영하는 등 정관 변경이나 사외이사 선임 등의 경영 참여를 할 수 있게 했다. 법령상 위반 우려나 국민연금의 지속적 반대 의결권 행사가 있었던 기업은 임시 주주총회 소집 청구 이후 이사 해임 주주 제안까지 가능하게 했다. 이달 초 자본시장연구원은 '국민연금 기금 경영 참여 주주권 행사 등을 위한 가이드라인 연구 용역'을 발표하며 연금사회주의 논란을 줄이기 위해 주주제안 단계에서 '이사 해임'을 삭제하라고 권고했는데, 국민연금은 적극적 주주권 행사를 통해 이를 정면돌파한 것이다.

다만 기업 측에서는 보건복지부의 가이드라인 초안 공개에도 불구하고 기금운용위 구조 때문에 정부가 국민연금의 경영 참여 결정에 영향력을 미칠 수 있을 것으로 우려하고 있다.

한 상장회사 관계자는 "경영 참여 목적의 주주권 행사 가이드라인과 책임 투자 방안에서 모범 사례로 언급된 해외 연기금은 자체 의사 결정의 독립성과 전문성을 갖춘 후 책임 투자에 대한 규정을 도입한 것"이라며 "국민연금은 적절한 투자대상을 고르는 혜안이 우선"이라고 말했다. 그는 이어 "국민연금은 기금운용위에 현직 장관이 위원장으로 참여하는 등 독립성 없는 구조"라며 "국민연금은 국민 자산으로 투자한 다수의 상장사 지분으로 막강한 영향력을 행사함으로써 연금 사회주의에 대한 우려가 나오고 있다"고 전했다.

한편 이날 공청회에서 함께 논의되는 책임 투자 활성화 가이드라인을 통해 환경 지속가능성 거버넌스(ESG)의 중요성이 대폭 강조됐다. 국내 주식 직접 액티브 운용에서는 ESG평가에서 C등급을 받으면 벤치마크 초과 편입 시 조사보고서를 의무화해 사실상 D등급 기업에 이어 C등급까지도 투자를 제한했다. 신규 종목 편입 시에도 ESG 평가 결과를 확인하게 해 C등급을 신규 편입할 경우 보고서를 작성하게 했다.

또 ESG 요소를 재무분석 과정에 융합시키는 ESG 통합 전략은 국내외 주식 채권(회사채 등) 등에 확대 적용하도록 했고, 국내 주식 중심의 기업과의 대화 전략을 해외 주식에도 확대 적용하도록 추진하려고 했다. ESG 평가를 종합적으로 고려한 중점 관리 사안 선정 모니터링을 위한 가이드라인 등 세부 이행 방안 마련을 내년까지 완료해 2022년부터 추진한다는 계획이다. 이 밖에 지배구조 이슈 외에도 기업 가치에 영향을 미칠 수 있는 ESG 관련 문제 발생 시 단계별로 기업과 대화할 수 있는 기반 마련을 추진하기로 했다.

국민연금은 네거티브 스크리닝 전략도입도 추진할 계획이다. 중장기적으로 기업 가치 하락 위험에 노출돼 개선이 어렵다고 판단하거나, 지속적인 주주 활동에도 불구하고 개선되지 않으면 투자 제한을 제한적으로 실시하는 방안이다.

조선일보. 2019.12.28.

국민연금 뜻대로 기업 손본다

국민연금이 투자 기업에 대해 이사 해임 요구 같은 주주권을 행사할 수 있도록 명시한 가이드라인이 27일 통과됐다. '국민연금 발 경영권 침해'라는 재계 반발로 지난달 29일 의결이 무산된 지 약 한 달 만이다. 정부는 기업 의견을 반영해 수정한 내용이라고 설명했지만, 재계에선 "정부가 기업들의 우려를 해소하기보다는 국민연금의 경영개입을 명문화하기 위해 가이드라인을 밀어 붙였다"고 반발하고 있어 논란이 지속될 전망이다.

국민연금 기금운용위원회(기금위)는 이날 오전 제9차 기금위 회의를 열고 '국민연금 기금 적극적 주주활동 가이드라인'을 심의 의결했다고 밝혔다. 기업 잘못으로 기업 가치가 하락해 주주가 손해를 볼 우려가 있으면 국민연금이 주주로서 정관 변경이나 이사 해임을 권고하는 등 경영에 적극 참여한다는 것이 주요 내용이다. 박능후 보건복지부 장관은 이날 "경영계의 의견을 반영해 기업의 개별적인 사정과 산업 내 위치, 산업계 특성을 반영해 주주 제안을 철회할 수 있는 단서 조항을 넣었다"고 밝혔다.

그러나 재계에선 지난달 회의 이후 "예상하지 못한 사안과 같은 무모한 주주권 행사 기준을 마련해달라"고 요구했지만, 이번 최종 가이드라인에 반영되지 않았다.

조선일보. 2019.12.28.

1심 판결도 전에… 국민연금, 배임으로 이사해임 요구 가능

정부가 재계 반대에도 결국 국민연금의 경영 개입을 명시한 '적극적 주주 활동 가이드라인'을 의결했다. 재계는 경영 간섭으로 흐를 수 있다며 즉각 반발했다. 한국경제연구원에 따르면 국민연금은 작년 말 기준으로 국내 상장 19사의 최대 주주이며, 2대 주주로 있는 상장사도 150사에 달한다.

기금운용위 위원장인 박능후 보건복지부 장관은 27일 기금위 직후 "지난달 가이드라인 재논의가 결정된 이후 두 차례 간담회를 갖고 의견을 반영해 가이드라인을 수정 보완했다"며 "가이드라인의 목표는 기업에 대한 불필요한 경영 간섭이 아니다"라고 선을 그었다. 하지만 기금위의 사용자 대표 위원인 이상철 한국경영자총연합회 본부장은 "기금위 구조상 기업을 대표하는 위원 숫자가 전체 20명 중 3명에 불과해 애초에 목소리를 반영할 수 없었다"며 "기업들의 불안이 큰데도, 복지부가 연말에 서둘러 가이드라인 의결을 강행한 것이 유감스럽다"고 했다.

이 본부장은 이날 이태희 중소기업중앙회 본부장과 함께 기금위 회의에 불참했다. 기업 대표 위원 3명 중 2명이 없는 상태에서 가이드라인이 의결된 것이다.

• 위법 행위 판단에 재판 절차는 의미 없다는 정부

사용자 측이 문제점으로 꼽는 것은 국민연금이 주주권 행사 조건이 모호해 기업 불안을 키운다는 점이다. 가이드라인에는 기업의 배당 정책 및 임원 보수의 적정성, 경영진의 횡령 배임 등 법률 위반, 그밖에 환경, 사회책임, 기업지배구조 (ESG)와 관련한 '예상하지 못한 우려 사안'으로 기업 가치가 훼손된 경우 기업과 대화를 하고, 그래도 개선되지 않으면 정관 변경 이사 해임 등 주주 제안을 한다고 돼 있다. 예상하지 못한 우려 사안이 무엇인지, 적정한 배당 정책은 무엇인지 조건이 구체적이지 않다는 것이다.

특히 경영진의 법률 위반을 결정할 때 법정 최종심이 아닌 국가기관의 1차 판단을 기준으로 삼는다는 내용도 우려되는 부분이다. 검찰 기소만으로도 이사 해임 같은 주주 제안 대상이 될 수 있기 때문이다. 복지부는 향후 논의 결과에 따라 검찰이나 법원 판단 외에도 행정부 금융위원회 등 다른 국가기관의 판단도 포함될 여지가 있다고 설명했다.

박 장관은 "재판 1심만으로도 기업의 가치가 크게 결정된다면 기업에 대응 방안을 요구해야 한다"며 "투자자(주주)에게는 1심이든 3심이든 확정심이든 별로 의미가 없다"고 했다. 이에 대해 유정주 한국경제연구원 기업혁신팀장은 "지금도 수사기관이 배임죄를 너무 폭넓게 적용하고 있고, 최종심에서 무죄가 되기도 한다"면서 "대표이사는 자기는 모르는 사이에 벌어진 일 때문에 기소당하기도 하는데 배임죄로 기소되기만 해도 국민연금이 개입하겠다는 게 말이 되느냐"라고 말했다.

• 대화 절차도 생략하고 주주권 행사 근거도 추가

기업에 불리하게 조정된 부분도 있다. 초안에는 주주 제안 전에 거쳐야 하는 단계 (비공개 대화 중점관리기업 지정 등) 별로 기간이 각각 1년으로 정해져 있었다. 반면 최종 가이드라인에는 기업이 대화를 거부하는 등 개선 여지가 없으면 수탁자책임전문위원회나 기금운용위원회 결정으로 기간을 단축하거나, 다음 단계의 조치로 바로 넘어갈 수 있다는 조항이 추가됐다. 복지부는 "신속한 의사결정이 어려울 수 있다는 노동계 시민단체 의견을 반영했다"고 설명했다. 대화 절차도 거치지 않고 이사 해임 등의 주주권을 행사할 근거를 집어넣은 것이다.

박장관은 이날 "(재계 요구를 받아들여) 해당 기업만의 특별한 사정이 있거나, 그 기업이 산업 내에서 차지하는 위치가 특별해 주주 제안이 산업에 피해를 줄 우려가 있다면 주주 제안을 하지 않거나 철회할 수 있도록 했다"고 설명했다. 그러나 철회를 결정하는 위원회에 사용자 측 인사의 비중이 작아 주주 제안이 철회될 가능성은 크지 않다고 재계는 보고 있다.

• 재계 "정부의 눈 밖에 나지 말라는 시그널"

이날 가이드라인이 확정되자 한국경영자총협회는 "독립성이 취약한 현행 기금위 구조를 감안하면 앞으로 정부는 물론 노동계와 시민단체까지 국민연금에 영향력을 행사해 민간 기업의 경영에 개입할 수 있게 됐다"고 지적했다. 한 4대 그룹 임원은 "국민연금이 일방적으로 가이드라인을 의결해 뒤통수를 쳤다"면서 "결국 새해부터 정부 눈 밖에 날 짓하지 말라는 시그널을 보낸 게 아니겠느냐"라고 말했다. 학계에서도 우려의 목소리가 나왔다. 양준모 연세대 교수는 "헌법 126조에 사기업을 국유화하거나 경영 간섭할 수 없다고 돼 있는데 이에 정면으로 배치되는 행위"라며 "뚜렷한 근거 조항도 없이 이번 가이드라인 의결을 강행한 관련들은 나중에 법적 처벌을 받아야 할 것"이라고 말했다.

국가 기관의 1차 판단을 가지고 국민연금이 행동을 개시할 수 있다는 점은 상당한 논란의 대상이다. 국가 기관의 최종적인 판단에 대해서도 행정소송이 제기될 수 있다는 점을 고려하면 좀 더 심도 깊은 논의가 진행되어야 한다.

매일경제신문. 2019.12.28.
국민연금의 경영개입 노동계 요구만 수용

국민 연금이 적극적 주주활동 가이드라인을 의결하면서 내년 주주총회부터 정관 변경, 이사 해임, 사외이사 선임 등의 주주제안이 가능해졌다. 특히 기존 가이드라인에는 적극적 주주활동 절차를 비공개 대화부터 경영 참여 주주제안까지 적어도 3년의 기간이 걸리도록 명시했지만 이번에 의결된 수정안은 수탁자책임전문위원회나 기금운용위원회가 필요하다고 판단하는 경우 바로 주주제안으로 갈 수 있도록 했다. 기업들이 지나친 경영 간섭에 대한 우려를 제기했지만 노동계 요구만 반영해 되레 더 강화했다.

27일 국민연금은 최고의결기구인 기금운용위원회를 열고 '주주권 행사 가이드 라인'을 의결했다. 지난달 29일 한차례 기금위에서 논의됐지만 재계에서는 과도한 경영 개입이라는 이유로, 노동계에서는 시간만 끄는 소극적 주주권행사라는 비판을 받아 부결된 안이다. 이번에 의결된 안은 주주제안까지 거치는 단계를 필요시 단축할 수 있도록 해 노동계의 목소리를 반영했다.

국민연금이 지난달 공청회에서 발표한 원안은 중점관리 사안에 속하는 배당 정책, 임원보수 한도, 법률상 위반, 국민연금이 지속적으로 반대의결권을 행사한 사안에 대해서는 수탁자 책임 활동 추진 절차가 4단계로 규정돼 있다. 비공개 대화 기업 선정, 비공개 중점 관리 기업 선정, 공개 중점 관리 기업 선정, 주주제안의 순서대로 가는데 각 절차는 1년 단위로 추진한 후 필요시 다음 단계로 이동하도록 했다.

그러나 이번 기금위에서는 '수탁자 책임 전문위원회 또는 기금운용위원회가 필요하다고 의결하는 경우에만'이란 단서를 달아 수탁자 책임 활동 기간을 단축하거나 바로 다음 단계로 이행할 수 있다는 내용을 담았다. 국민연금이 중점관리 사안으로 선정한 기업의 문제는 비공개 대화를 거쳐 바로 주주제안으로 갈 수 있도록 한 것이다.

주주제안 방법으로서는 정관 변경이나 사외이사 및 감사 선임, 이사 해임 제안까지 가능해 재계는 국민연금의 경영 참여 정도가 더욱 거세질 것으로 우려하고 있다. 이 경우 이사의 횡령, 배임, 경영진의 사익 편취, 부당 지원이 있을 때는 검찰 조사 같은 국가 기관만의 1차 조사만으로도 국민연금이 임시 주총 소집 청구 후 상정할 수 있다.

한국경제신문. 2019.12.28.
주주권 행사지침 강행 처리

　정부가 국민연금이 투자기업에 이사 해임, 정관변경 등을 요구할 수 있도록 길을 열어주는 '적극적 주주활동 가이드라인(지침)'을 강행 처리했다. 자의적 해석이 가능한 모호한 규정을 담아 국민연금이 기업 경영에 무소불위 식으로 간섭할 빌미를 줄 것이란 경영계 우려에 의결을 연기한 지 한 달 만이다.

　보건복지부는 27일 국민연금기금 최고 의사결정기구인 기금운용위원회를 열어 국민연금의 주주권 행사 대상 기업과 범위, 절차 등을 규정한 지침을 의결했다. 국민연금의 경영 참여를 본격화하는 신호탄이라는 해석이 나온다.

　이날 기금위는 경영계를 대변하는 기금 위원 3명 중 한국경영자총협회와 중소기업중앙회 소속 위원이 항의 표시로 불참하는 등 20명의 구성원 중 13명만 참석한 채 열렸다. 또 다른 경영계인 대한상공회의소 추천 위원도 지침 의결을 앞두고 회의장을 나갔다. 의결은 남은 12명의 만장일치로 이뤄졌다.

　이번 지침은 국민연금이 부실한 배당정책, 배임 횡령 등으로 기업가치가 하락했거나 '예상하지 못한 우려 사안'이 발생해 투자기업의 주주가치가 훼손됐다고 판단할 경우 이사 해임이나 정관 변경까지 요구할 수 있도록 권한을 대폭 강화하는 내용을 담았다.

　경영계는 정부와 노동 시민단체가 기업 경영에 개입할 길이 열리게 됐다며 반발했다. 경총은 "기업 경영을 압박하는 수단으로 활용될 개연성이 높다"고 비판했다. 전국경제인연합회 역시 "국민의 노후소득 보장이라는 국민연금 본연의 업무에 충실할 수 있도록 가이드라인을 전면 개편해야 한다"고 주장했다.

05 감리

한국경제신문. 2018.4.9.
"회계법인 강제 교체 안 당하려면 금감원 감리 받아라"

  기업이 외부감사인을 6년간 자유 선임하면 정부로부터 3년간 강제지정 받는 '주기적 감사인 지정제'가 2020년부터 시행된다. 감사인 지정을 받지 않으려면 금융감독원에 회계 감리를 신청한 뒤 자발적으로 감사인을 바꿔야 한다. 비자발적이냐 자발적이냐의 차이만 있을 뿐 어떤 경우에도 감사인 교체는 의무화된다. 기업들은 "강제 지정보다 더 혹독한 예외 규정"이라며 "외부감사 시장을 규제박스에 가둬버리는 조치"라고 반발했다.

  • 예외 없는 '6+3 원칙'

  금융위원회는 8일 '회계개혁을 위한 외부감사법(신외부감사법) 시행령 전부 개정안'을 발표했다. 개정안은 규제개혁위원회와 사전협의 후 입법예고를 거쳐 오는 11월 시행될 예정이다.

  개정안에 따르면 2020년부터 전체 상장사와 소유 경영이 분리되지 않은 대형 비상장사(자산 1,000억원 이상, 대표이사 지분 50% 이상)를 대상으로 주기적 감사인 지정제가 도입된다. '외부감사인을 6년 자유선임하면 3년간은 지정받는다'는 '6+3 원칙'에 따라 2014년부터 감사인을 자유선임해 오고 있는 기업은 2020년부터 금융위 산하 증권선물위원회로부터 새로운 외부감사인을 지정받는다.

  예외를 인정받으려면 -지정 기준일이 되기 1년 전 회계감리를 신청해야 하고 - 내부회계관리제도에서 3년 연속 '적정'감사의견을 받아야 하며 - 감사인을 스스로 교체할 것을 약속하는 등 세가지 조건을 지켜야 한다. 기업들은 6년간 감사인을 자유선임한 뒤에는 감리를 받고 자율적으로 교체하든지, 감리를 받지 않고 감사인을 강제 교체당하든지 선택해야 한다.

금융위는 시행 첫해 혼란을 막기 위해 기존 감사 계약(통상 3년 주기)은 인정하기로 했다. 이에 따라 상장사 중 2020년 639곳, 2021년 311곳, 2022년 365곳 등이 순차적으로 감사인을 교체하게 된다.

• 원칙상 모든 회사가 외감 대상

외부감사 대상 기준은 영국 등 선진국 방식으로 전환된다. 현행 외감대상은 '자산 120억원 이상' 또는 '자산 70억원 이상이고 부채 70억원 이상이거나 종업원 수 300인 이상'인 기업이다. 앞으로는 원칙상 모든 회사가 외감대상이 된다. 소규모 회사만 빠진다.

소규모 회사란 '자산 규모 100억 미만, 부채 70억원 미만, 매출 100억원 미만, 종업원 수 100인 미만' 등 4개 기준 중 3개를 충족하는 업체다. 외감 대상 수는 현행 2만 900개에서 3만 3,000개로 증가한다.

구글코리아 루이비통 등 유한회사도 주식회사처럼 외부감사를 받고 결과를 공시해야 한다. 자율 규정이던 내부회계 관리제도에 감독 규정이 신설된다. 부실하게 운영하면 임직원 해임 권고나 직무 정지 등 중징계 처분을 받을 수 있다.

3월말 몰린 주주총회를 4월로 분산시키는 '벚꽃 주총' 대책도 함께 발표했다. 사업보고서 제출 기한(3월 31일) 이후 주총을 여는 기업에 한해 재무제표 제출 기한을 현행 '주총 6주 전'이 아니라 '사업보고서 제출 기한 6주 전'으로, 감사보고서 제출 기한을 현행 '주총 1주 전'이 아니라 '사업보고서 제출 기한 1주 전'으로 변경할 수 있다. 4월에 주총을 열어도 감사보고서 작성에 문제가 없도록 하려는 조치다.

• 세계에서 가장 혹독한 회계 규제

기업들은 이번 개정안이 "세계에서 유례없는 강한 규제"라며 반발했다. 감사인지정제는 한국에서만 생기는 제도인데다 예외 규정이 까다로워 사실상 지정제를 강제화한 조치라는 주장이다. 재계 관계자는 "미국과 한국 감독당국의 관리를 동시에 받고 있는 SK텔레콤, 포스코, 신한금융지주 등 뉴욕 상장법인 조차 지정 대상에 들어가 기업의 부담이 크다"고 말했다.

과거에 감사인 강제 교체 제도가 시행되던 기간에는 해외 증권시장에 동시 상장된 기업에 대해서는 강제교체 적용에 예외를 두었다. 이번에 신외감법 적용에 있어서도 도입 계획 초반에는 해외 주식시장에 상장된 기업에 대해서 예외를 두는 것에 대한 논의가 있었지만 예외를 인정하지 않는 것으로 정리되었다.

물론, 위의 기사에는 감리를 요청해서 받았던 경우를 기술하고 있지만 주기적지정제가 처음으로 시작하는 2020년 기준으로 이미 요청으로 인한 감리가 아니라 감독원의 직권으로 인한 감리를 받았던 포스코와 LG 전자의 경우에도 2020년에 주기적 지정제의 도입으로 인한 지정 대상이 아니다.

1,000억원 이상이 되는 비상장사로, 대표이사 지분이 50% 이상일 경우에는 주기적 감사인 지정제가 적용되는데 기업 지배구조의 차원에서 대표이사 지분이 50% 이상일 경우는 소유와 경영이 분리되지 않은 대주주가 있는 기업의 분식이 위험이 높으므로 적용되는 제도일 것이라서 정책 의지는 충분히 이해할 수 있다. 그러나 이 제도는 이사회에서의 대표이사의 위치를 너무 과대평가한 것이 아닌가라는 판단이 든다. 최대주주가 등기를 하면서 경영에 참여한다면 최대주주가 대표이사를 맡거나 아니면 대표이사를 맡지 않거나 이사회에서의 거의 모든 힘이 최대주주에게 실리게 됨은 자명하다. 따라서 이사를 맡으면서 경영에 참여하는 것이 중요한 것이지 대표이사를 맡는지는 그다지 중요하지 않다고 판단되는데, 이 제도는 대표이사로 국한하고 있다. 물론, 이사회 내에서 대표이사의 위치를 중시하지 않는 것은 아니지만 동시에 대표이사의 지위를 너무 과대평가한 것은 아닌가라는 생각을 해본다. 특히나 대표이사와 이사회 의장의 역할이 겸직되지 않는 경우는 대표이사의 권한도 제약되므로 더더욱 그러하다. 대표이사가 이사회 의장을 겸직하고 있는 경우는 이 대표이사가 50% 이상의 지분을 가진다고 하면 이사회 내에서 통제받지 않는 권한을 행사할 수도 있다.

특히나 대표이사의 선임은 주주총회에서 이사들이 선임된 이후에 이사회에서 호선되므로 최대주주가 대표이사를 맡을지에 대한 의사결정은 최대주주의 입장에서는 본인의 의지에 따라 결정될 것이다. 주주총회가 3% rule 등의 제도 때문에 최대주주의 의지대로 움직이지 않을 수는 있어도 이사회가 최대주주의 의지대로 움직이지 않는 경우는 매우 소수일 것이다. 따라서 최대주주가 대표이사를 맡지 않았다면 최대주주가 의지적으로 맡지 않았을 뿐이므로 크게 중요한 것이 아니라는 것이다.

기업이 자발적으로 감리를 받고 그 결과에 따라서 강제 배정을 받지 않는다고 하면 뭔가 감리가 본래 취지대로가 아니게 사용된다는 생각을 하게 한다. 감리라는 단어 자체가 감독기관의 감독 수단으로서의 임의적인 감사보고서 감리로 이해되는데 이제까지의 운영 방식과는 많이 다른 방식이다.

위의 외감대상 기준은 주식회사에 해당되는 기준이고 유한회사인 경우는 다른 기준은 주식회사와 거의 유사한데 자산총액 120억원 미만, 부채총액 70억원 미만, 매출액 100억원 미만, 종업원 수 100명 미만은 동일하고 유한회사에는 사원(파트너) 수 50인 미만 중, 3가지 이상에 해당하는 소규모 회사인 경우는 외부감사가 면제된다.[1]

---

1) 상세한 외감대상 기업 선정 기준은 손성규(2019) chapter 40을 참조한다.

06 감사위원 분리 선임[1)]

우리의 상법은 감사에게 특별한 권한을 부여하며 이 중에 하나는 다음과 같은 경우에 회사를 대표할 수 있는 권한도 부여한다.

> 회사 대표권:
> 회사는 이사에 대하여 또는 이사가 회사에 대하여 소를 제기하는 경우나 회사가 이사의 책임을 추구하는 대표소송의 청구를 받은 경우에는 감사가 그 소에 관하여 회사를 대표함(제394조)

이는 원래 회사의 대표권이 있다고 하면 대표이사에게 있으나 회사가 이사를 상대로 한 소송에서는 대표이사 본인도 소송의 대상이기 때문에 공정한 소송 수행을 기대하는 것이 어려우므로 중립적인 지위에 있는 감사로 하여금 회사를 대표하게 하는 것이다. 따라서 상법은 회사와 관련하여 감사에게 상당한 정도의 신분적 위치를 보장하는 것이다.

외부감사법 제6조 제1항에서 '회사의 대표이사'라는 표현을 쓰고 있는 반면에 제8조 제3항에서의 '회사의 대표자'로 표현하고 있는데, 이(대표자)는 상법상 기관이 아니어서 상법등기를 통해 대외적으로 공시될 수 없다. 즉, 감사가 회사를 대표할 수 있는 권한이라 함은 위의 특별한 경우에서 이를 인정하는 것이지 일반적인 '회사의 대표자'라는 개념은 상법에서는 존재하지 않는다. 따라서 법적으로 대표이사라는 표현을 사용할 수는 있지만 회사의 대표자라는 표현은 법에서 정의한 표현은 아니다. 즉, 회사라고 하는 법인격을 대표하는

---

1) 이러한 내용들은 저자가 여러 세미나 등에서 학습한 상법 전문가들의 발제 내용에 근거한 것이다. 정확히 어떠한 세미나인지를 기록해 두지 못하여서 원천을 명확하게 밝히기는 어렵다.

대표자는 정의할 수 없고, 다만 대표이사라 함은 이사를 대표하는 공식적인 직이므로 이 목적으로 사용이 가능하다.

회사의 회계처리 기준 위반사실을 통보받은 감사 또는 감사위원회는 회사의 비용으로 외부 전문가를 선임하여 위반 사실 등을 조사하도록 하고 그 결과에 따라 회사의 대표자에게 시정 등을 요구하여야 한다(외감법 제22조 제2항).

외감법상 내부 감사의 지위는 여러 가지가 있는데, 다음과 같이 최근의 외감법의 개정으로 인하여 회계 적정성 확보의 매개자로서의 책무도 갖는다고 할 수 있다.

즉, 감사 또는 감사위원회가 위에 따른 조사결과 및 회사의 시정 조치 결과 등을 즉시 증선위와 감사인에게 제출해야 한다(외감법 제22조 제4항).

따라서 감사/감사위원회는 내부적인 업무/역할만 수행하는 것이 아니라 대외적인 업무도 수행하여야 한다.

감사인이 내부 감사의 보조자라는 차원에서는 감사가 감사의 보조자인 감사인에게 조사 결과를 제출한다는 것은 조금 어색하게 보일 수도 있다. 그러나 외부 감사인이 내부 감사의 counter part이므로 정보를 공유한다는 차원에서 내부 감사가 감사인에게 조사 결과를 제출할 수 있다. 내부 감사 기능과 외부 감사는 그 소속만 안과 밖으로 나눠져 있는 것이지 그 기능에는 차이가 없으므로 양자간에 정보가 공유된다는 차원에서는 communication이 원활하게 진행되는 것이 바람직하다.

감사위원의 선임은 상법에 의해서 의결권이 3%로 제한된다. 단, 주주총회에서 사외이사를 우선적으로 선임한 이후에 이러한 사외이사 후보에 대해서 이 3% rule을 적용하니 이 rule 자체가 유명무실하다. 그렇기 때문에 금융기관에서는 금융기관의 지배구조법에 의해서 2017년부터 감사위원 1인에 대해서만은 분리하여 감사위원을 선임하도록 하였다. 감사위원 중에서 적어도 1인만큼은 최대주주의 영향력을 벗어나서 후보자를 선임하겠다는 의미이다. 금융기관이 아닌 기업에 대해서도 이와 같이 감사위원 중, 1인에 대해서 분리 선임하는 상법의 개정안이 빈번하게 제안되기는 하지만 과도하게 기업의 경영권에 대한 제한이라는 차원에서 지속적으로 폐기되었다.

다음과 같이 상법에서도 이사와 감사는 신분적으로 차이를 두고 있다.

1. 주주총회에서 감사의 해임결의를 함에 있어서 감사는 본인의 의견을 진술할 수 있는 권리가 (상법 제409조의 2) 있는 데 반해서, 이사는 이러한 권리가 없다. 이러한 차이에서도 감사가 이사에 비해서도 신분적으로 더 보호되고 있다고 할 수 있다. 이렇게 상법에서 감사의 신분을 더 보호하는 이유는 감사가 이사를 포함하여 회사의 전체적인 업무에 대한 감시역할에 특화된 직이기 때문이다.

2. 감사는 주주총회의 일반 결의로 선임되는 반면, 해임 시에는 특별결의로 해임될 수 있다. 반면, 아래의 상법과 같이 이사의 해임일 경우는 일반 결의로 의결될 수 있어 이사와 감사의 상법상의 책임과 권한에는 어느 정도 상법상 차이가 있다.

> 제385조(해임) ①이사는 언제든지 제434조의 규정에 의한 주주총회의 결의로 이를 해임할 수 있다.

일반적으로 선임의 조건과 해임의 조건은 동일한데 감사일 경우는 선임의 조건과 해임의 조건 간에 차이를 두면서 해임을 더 어렵게 하였다. 물론, 신분 보장을 위한 제도이다.

외국의 제도가 국내에 도입되면서 감사위원회 제도가 도입되었지만 그 이전에는 감사 개인이었으므로 어떻게 보면 감사 개인이 이사회보다도 더 명확한 권한을 가지고 있었다고 하면 감사는 권한을 행사하지 않아서 그렇지 행사하려고 하면 엄청난 권한이 있는 지위이다.

상법에서 이 이외에도 감사를 이사보다 신분적으로 더 명확하게 보호하는 내용은 다음에도 나타난다.

우리나라에서는 모든 상행위의 기본이 개별 법인, 즉 개별 회사이다. 따라서 개별 회사의 법인격이 보호되며 각 회사는 개별적으로 존재가치를 가지며 당연히 개별회사 차원에서 의사결정을 수행한다. 단, 이러한 개별 회사의 존재를 뛰어 넘는 경우는 모회사 감사의 자회사에 대한 조사권한이다. 즉, 모회사의 어떤 직책자도 별개회사인 자회사에 대한 어떠한 권한도 가질 수 없지만 모회사의 감사만큼은 자회사에 대한 감사권을 인정하고 있다(상법 제412조의 5).

제412조의5(자회사의 조사권) ① 모회사의 감사는 그 직무를 수행하기 위하여 필요한 때에는 자회사에 대하여 영업의 보고를 요구할 수 있다.
② 모회사의 감사는 제1항의 경우에 자회사가 지체 없이 보고를 하지 아니할 때 또는 그 보고의 내용을 확인할 필요가 있는 때에는 자회사의 업무와 재산 상태를 조사할 수 있다.
③ 자회사는 정당한 이유가 없는 한 제1항의 규정에 의한 보고 또는 제2항의 규정에 의한 조사를 거부하지 못한다.

상법에서 거의 유일하게 개별 법인의 범주를 넘어서 모회사의 감사가 이러한 권리를 행사하는 것이다. 모회사가 자회사에 대한 100%의 지분이 있다고 해도 모회사의 대표이사도 자회사에 대해서 경영에 개입할 수 없다. 이는 지분관계가 그렇게 되더라도 모회사와 자회사는 법적으로 별개의 회사이기 때문이다.

다음이 좋은 사례일 듯하다. 국제회계기준이 도입되면서 연결재무제표가 주 재무제표가 되었고 많은 기업 집단에서 모회사와 자회사의 감사인을 일치화시켰다. 물론, 반드시 그래야 하는 것은 아니었지만 그럼에도 모회사의 감사인인 연결대상이 되는 자회사의 재무제표에 대한 적정성을 가정하고 연결을 해야 하므로 감사인이 다를 경우에는 이러한 적정성을 담보하기가 어려웠다. 모회사라고는 표현하였지만 지주회사의 형태일 경우는 지주회사이다.

연결 대상 회사의 감사인선임위원회가 또는 감사위원회가 구성되어 있는 기업일 경우는 감사위원회가 감사인을 선임하게 되는데, 지주회사는 계열사의 감사위원회에 대해서 지주사와 동일한 감사인을 선임하도록 강하게 권할 수 있는 권한이 없다. 계열사라고 해도 감사인의 선임은 계열사의 고유권한이다. 물론 지주사가 희망사항을 전달할 수는 있지만 계열사의 감사인선임위원회나 감사위원회가 거부하면 그만이다.

오히려 상장회사는 3년 감사계약을 하게 되므로 자회사가 우선적으로 모회사 감사인이 아닌 감사인을 선임하는 경우, 모회사와 자회사의 감사인을 일치시키려 한다면 모회사가 자회사가 선임한 감사인을 동일하게 사후적으로 선임할 수 있다.

이러한 모/자회사의 관계에 있어서 상법에서 모회사의 감사에게 자회사의 감사권을 인정하였다는 것은 매우 강한 권한을 부여한 것이다. 감사권한이 있기는 하지만 각자의 감사 기능은 별도로 작동하게 된다.

2020년 감사인 선정일 경우, 각 개별 회사에 주기적 지정제가 적용되면서 그룹사의 감사인을 동일시하는 추세가 조금은 완화되는 듯하다. 즉, 주기적 지정제로 인하여 모회사와 자회사의 감사인 일치화를 포기하는 기업들이 나타나게 된다.

한국경제신문. 2018.11.25.
세계 유례없는 감사위원 분리 선출

정부와 여당이 추진하고 있는 상법 개정안에 담긴 감사위원 분리선출제를 도입한 나라는 세계에 한 곳도 없는 것으로 조사됐다. 집중투표제를 의무화한 나라는 칠레와 멕시코, 러시아 3개국뿐이다. 여권이 추진하는 상법 개정안이 세계 흐름과 동떨어질 뿐만 아니라 글로벌 무대에서 경쟁하는 국내 기업에 족쇄가 될 것이라는 지적이 나오는 이유다.

27일 한국경제연구원에 따르면 감사위원을 일반 이사와 별도로 뽑고, 이때 대주주 의결권을 3%로 제한하는 감사위원 분리선출제를 법률로 도입한 국가는 한 곳도 없는 것으로 나타났다. 재계 관계자는 "세계 어느 나라도 주주의 의결권을 강제로 제한하려는 발상을 하지는 않는다"며 "주식회사의 기본 원칙을 무시하고 자유로운 경영활동을 방해하는 제도"라고 지적했다.

매일경제신문. 2018.11.19.
감사위원 분리 선임 입법 땐 세계 최초의 사례

재계는 감사위원 분리 선임과 집중투표제, 다중대표소송제 등을 골자로 한 상법 개정안에 대해 "벼룩 잡으려다 초가삼간 태우는 격"이라고 주장한다. 사실 올해 상법 개정안 이슈들은 재계에 전혀 새로운 내용이 아니다. 2011년, 2013년 등 역대 정부에서 상법 개정안 논의가 불거질 때 마다 단골 메뉴처럼 등장했기 때문이다.

감사위원 분리 선임은 실제 개정이 완성되면 전 세계 국가 중 한국이 최초로 입법화하는 사례가 된다.

재산권에 기반한 대주주의 고유한 의사결정권을 국가가 무리하게 침해할 소지가 있어 어느 나라에서도 분리 선임을 입법화하지 않고 있다. 재계단체 관계자는 "지금도 감사위원 선임 시 대주주 의결권이 3%로 제한되는 마당에 분리 선임이 의무화되면 대주주 의사결정권은 심각하게 훼손될 수밖에 없다"고 말했다. 대주주가 3% 의결권 제한을 받는 사이 투기적 외국 자본이 이른바 '지분 쪼개기' 수법으로 경영권 흔들기를 시도한 실제 사례도 존재한다. 2004년 헤지펀드 소버린과 SK 경영권 분쟁 당시 SK 대주주가 의결권 행사를 3%밖에 할 수 없었던 데 반해 소버린펀드는 SK주식 14.99%를 총 5개 펀드로 나눠 모든 의결권을 행사했다.

아래의 상법 규정에 의해서 상법은 분리선임을 요구하지 않고 있다.

상법 제542조의 12(감사위원회의 구성 등)
② 제542조의11제1항의 상장회사는 주주총회에서 이사를 선임한 후 선임된 이사 중에서 감사위원회위원을 선임하여야 한다

감사인을 선임하는데 의결권을 3%로 제한하는 제도는 상법이 1962년에 제정될 때부터 우리의 상법에 채택되었다. 최대주주가 본인을 감시해야 하는 감사의 선임에 영향력을 행사한다는 것이 옳지 않다는 철학에 근거한 제도이다.

그러나 이 상법 조항에 대해서 법조계에서도 논란이 있다. 자본주의에서 의결권이라는 것은 1주＝1의결권이 원칙인데 이 원칙에 예외를 둔 것이다. 일부에서는 1人＝1의결권으로 하자는 것인가에 대한 비판이 있다.

물론, 제도권에서는 감사위원 전원에 대해서 분리 선임하는 대안에 비해서는 절충하는 안일 수 있는 1인에 대해서만 분리 선임하는 안을 제시한 것으로 이해된다. 금융회사지배법에서는 이와 같이 되어 있고 이렇게 운영되고 있다.

07 감독회계

한국경제신문. 2018.9.14.

카드사 순익 32% 줄었는데 51% 늘었다고?

금융감독원이 신용카드회사가 발표한 순이익과 전혀 다른 순이익 수치를 공개해 논란을 빚고 있다. 카드사는 회계장부 기준으로 순이익이 크게 줄었다고 하는데 감독원은 내부에서 쓰는 감독규정 기준으로 카드사 순이익이 오히려 크게 늘었다는 자료를 내놨다. 카드업계는 금감원이 다른 의도를 갖고 이 같은 수치를 공개한 것으로 보고 있다.

금감원은 13일 '신용카드사 영업실적'이라는 보도자료를 통해 올 상반기 8개 카드사의 순이익이 8,101억원으로 지난해 상반기에 비해 50.9% 늘었다고 발표했다. 이에 앞서 8개 카드사가 반기보고서를 통해 내놓은 순이익 합계치는 전년 동기 대비 31.9% 감소한 9,669억원이었다.

같은 순이익인데 수치가 크게 다른 것은 금감원 발표가 국제회계기준 기반이 아니라 대손충당금 적립 기준을 부여한 여신전문금융업 감독규정을 토대로 해서다. 그동안 이 두 가지 방식이 구체적인 숫자는 달라도 전반적인 흐름은 비슷해 큰 잡음이 없었다.

하지만 올 상반기엔 사정이 다르다. 금융당국은 지난해 6월부터 2개 이상 카드사의 카드론 잔액이 있는 차주에 대해서는 대손충당금 30% 추가 적립하도록 규정을 강화했다. 이에 따라 대손충당금이 일시 급증하는 기저효과가 있어 금감원 감독규정상으로는 올 상반기 실적이 지난해보다 크게 증가한 것으로 보일 수밖에 없다.

이를 두고 카드업계는 금감원이 실상을 반영하지 않고 단순 회계 상 착시효과를 앞세워 '카드사가 어렵다고 하지만 수익은 잘 냈다'는 식의 여론을 조성한 것이라고 지적했다. 금감원이 제 입맛에 맞는, 감독 방침에 유리한 수치를 앞세워 발표했다는 얘기다. 한 카드사 대표는 "IFRS를 기준으로 상반기 순이익이 1조원 밑으로 떨어진 것은

2013년 이후 5년 만"이라며 "금감원이 업계 현실과 동떨어진 실적을 발표한 것은 목적이 있을 것"이라고 말했다.

　금감원이 은행, 보험사 실적은 IFRS를 기준으로 발표하면서 "카드사에만 유리한 감독규정을 기준으로 하는 이유가 뭔지 모르겠다"며 "혼선을 빚은 투자자들이 어떤 것이 맞느냐고 문의하고 있다"고 전했다. 이에 대해 금감원 관계자는 "카드사는 고위험 대출이 많기 때문에 대손충당금 적립 기준을 감안해 볼 필요가 있다"며 "일관성을 유지하는 차원에서 기존처럼 감독규정 기준대로 발표했을 뿐"이라고 말했다.

　카드업계는 올해 말 가맹점 수수료율 개편을 앞두고 카드사가 수수료율을 인하할 여지가 많다는 분위기를 조성하기 위해 투자자들이 쓰지 않는 '감독규정 기준 순이익'을 공개한 것으로 해석하고 있다.

　기업회계와 감독회계가 차이가 있는 경우가 존재한다. 대손준비금이 그러한 경우이다. 대손충당금은 기업회계기준에 적합하게 충당하면 되는데 감독회계에 의해서 대손충당금보다도 더 많은 금액이 대손준비금으로 충당될 수 있다.[1] 이는 국제회계기준이 도입되면서 과거에 적용되던 우리의 기업회계기준(K-GAAP)하에서의 expected loss model(추정손실모형)에서 국제기준하에서의 incurred loss model(발생손실모형)으로 충당금을 설정하는 방식이 변경되었다. 즉, 발생한 손실을 대손으로 회계처리하는 방식으로 회계기준이 변경되면서 기업회계기준에서는 이전보다, 또는, 감독회계보다 충당금을 더 적게 설정하게 되었다. 따라서 감독회계와 기업회계기준 간에 간극이 발생하게 되었고, 이를 조정하려고 대손준비금이라는 계정을 만들게 된 것이다. 현재 국제회계기준위원회에서는 다시 incurred loss 모형에서 expected loss 모형으로 회귀하려는 움직임이 있다.

---

1) 대손준비금과 관련된 손성규(2012) chapter 31를 참고한다.

08 상호출자제한 회사 지정 근거

한국경제신문. 2018.7.7.
대기업 지정 기준, GDP의 0.5%로 연동

상호출자제한 기업집단 지정 기준이 현행 자산 총액 10조원 이상에서 국내 총생산 연동 방식으로 바뀔 전망이다.

공정거래법 전면 개편 특별위원회는 6일 내놓은 대기업집단 법제개편방안에서 상호출자제한 기업 집단 지정 기준을 GDP의 0.5% 이상으로 변경하는 방안에 의견을 모았다. 다만 시행 시기는 GDP 0.5%가 10조원 이상이 되는 시점에서 시행하도록 해 현재의 지정기준과 연속성을 갖도록 했다. 작년 GDP 잠정치는 1730조 4,000억원으로, 0.5%는 8조 6,520억원이다. 연 3% 성장률을 감안하면 10조원이 되는 시점은 대략 2022년이 된다.

특위는 대기업집단 지정 기준이 그동안 경제여건의 변화에 따라 반복적으로 변경되면서 사회적 합의 비용이 발생하고 변경 주기 및 변경 기준에 대한 예측 가능성이 떨어졌다고 지적했다. 특히 고정된 자산 총액 기준은 대기업집단 지정 기업 수를 계속적으로 증가시켜 과잉규제 논란을 일으켰다는 것이다.

대기업 집단 지정 기준은 1987년 자산 총액 4,000억원 이상에서 1993년 자산순위 30위 이내로 바뀌었다가 2002년 다시 자산총액 기준 2조원 이상으로 변경된 이후로도 수차례 바뀌었다. 지난해에는 자산 총액 10조원 이상은 상호출자제한 기업 집단, 5조원 이상은 공시대상 기업집단으로 이원화했다.

공정위도 문제점을 인식하고 대기업 집단 기준을 마련하기 위해 연세대 산학협력단에 연구 용역을 맡겨 올해 초 결과를 제출받았다. 연세대학 협력단은 상호출자제한기업 집단 지정 기준을 GDP 대비 자산총액 일정 비율(0.5%, 1%)로 정하는 방안, 기존 자산 총액 기준에 명목 GDP 증가율을 반영하는 방안, 기존 자산 총액 기준에 대기업

자산증가율을 연동하는 방안 등을 제시했다.

지난 30년 동안 공정거래위원회가 정의한 상호지급보증제한 기업 집단을 규정하는 기준은 아래와 같이 변경되었다.

1987년	자산총액 4,000억원 이상
1993년	자산 순위 30위 이내
2002년	자산 총액 2조원 이상
2008년	자산 총액 5조원 이상
2016년	자산 총액 10조원 이상

2017년부터는 자산 총액 10조원 이상 상호출자 제한 집단 및 5조원 이상 공시대상 집단으로 이원화하였다. 위의 신문기사에서 사회적 비용이 발생한다고 기술한 이유는 기업들의 규모가 커지면서 자산총액 기준을 높여야 한다는 주장을 기업들은 하게 되고 공정위는 기존의 기준을 준수하려고 하면서 상당한 정도의 논란이 진행된다.

어떤 기업들이 상호출자제한기업으로 규제되어야 하는지에 대해서는 많은 논란이 있었다. 기업 규모가 지속적으로 늘어 가는 상황에서 수년에 한번씩은 반드시 이 기준을 상향조정하게 되었다. 동일하게 외부감사대상기업의 기준도 수년에 한번 씩은 지속적으로 상향 조정하게 되었으며 어느 시점에 어느 기준 이상의 기업이 외감대상이 되어야 하는지 또는 상호출자제한으로 규제의 대상이 되어야 하는지를 지속적으로 follow up하는 것도 어려운 일이다. 위의 기사에서 기술되었듯이 사회적인 합의가 있어야 하는데 기업 측은, 대기업도 아닌데 규제의 대상이 된다는 것에 대해서 불편하게 생각할 수 있으며 경제계 일부에서는 어느 정도의 규모가 되면 당연히 규제의 대상이 되어야 한다는 주장도 대두되게 된다.

공시대상 집단이 별도로 지정된 것도 2017년이 처음이다. 상호지급보증 기업 집단을 축소하면서 동시에 공시 대상 집단이 별도로 지정된 것에 대해서 기업들은 규제의 폭이 넓어진 부분에 불만이 있을 것이다.

매일경제신문. 2016.3.29.

카카오는 재벌… 네이버는 중견기업? 시대 뒤떨어진 대기업집단 지정 요건

'네이버는 중견기업에 불과한데 카카오는 재벌이다?'

공정거래위원회는 매년 4월 초에 해외를 제외한 국내 계열사들 중에서 '자산총액 5조원'을 기준으로 대기업 집단을 선정한다. 이른바 '재벌'로 불리는 대기업 집단에 선정되면 상호 신규 출자가 금지되고 지주회사 설립이 제한되는 등 지배구조상에 제약이 가해진다. 또한 채무보증제한, 내부거래 공시 등 영업활동과 관련해서도 상시 감시를 받게 된다. 문제는 '국내 계열사 자산 총액 5조원=대기업'이란 시대에 맞지 않은 단일 잣대를 기업들에 일률적으로 적용하면서 상식적으로 이해가 되지 않는 모순이 발생한다는 점이다. 대표적인 예가 정보기술(IT) 업계에서 각각 1, 2위인 네이버와 카카오다. 카카오는 2014년 10월 다음커뮤니케이션과 합병하면서 자산이 2,172억원에서 2조 7,680억원으로 10배 가량 늘었다. 이후 카카오택시 출범 등 사업을 계속 확장하면서 지난해 말 기준 자산총액이 3조 2,000억원으로 늘어난 상황이다.

카카오 관계자는 "지난 3월에 인수한 로엔엔터테인먼트와 국내에서 영업하는 45개 법인과 자산까지 모두 합치면 자산 총액이 5조원을 넘을 것으로 보인다"고 말했다. 자산 총액 5조원을 넘기 때문에 카카오는 공정거래법상 대기업집단으로 신규 지정되는 셈이다.

반면 IT 업계 1위인 네이버는 현행 공정거래법상 국내 계열사 자산 총액이 5조원에 못 미치는 3조원 후반~4조원 초반대에 머무는 것으로 알려져 있다. 하지만 라인 등 네이버가 주력하고 있는 해외 법인을 포함시키면 이야기가 달라진다. 실제로 회계 감사보고서를 보면 지난해 말 기준 라인의 자산총액은 1조 3,000억원. 이에 더해 라인플러스 등 기타 자회사까지 합치면 네이버의 총 자산총액은 5조 6,000억원까지 늘어난다. 해외 법인을 포함시키면 네이버가 카카오보다 자산 규모가 훨씬 더 큰 회사인데 네이버는 중견기업, 카카오는 대기업이 되는 모순이 발생하는 셈이다.

전문가들은 다양한 개선안을 내 놓고 있다. 우선 현행 대기업 집단 지정 기준인 자산 5조원을 상향 조정하는 안이 거론된다. 이철행 전경련 기업정책팀장은 "지난 9년간 우리나라 국내 총생산(GDP)이 400조원 가량 늘었는데도 여전히 대기업 집단규제 기준은 그대로"라며 "자산총액 기준을 5조원에서 10조원으로 늘릴 경우 5~6조 언저리에

있는 기업들이 부담 없이 사업을 확장할 수 있다"고 밝혔다.

일각에서는 현행법 체계를 유지할 경우 '연결재무제표'를 기준으로 대기업 집단지정을 심사하는 쪽으로 개편할 필요가 있다는 지적도 내놓고 있다. 현행 공정거래법에 따르면 공정위는 해당 기업집단의 모회사와 종속회사의 개별 재무제표를 일일이 살펴본 다음 이를 합산한 총액이 5조원을 넘느냐를 기준으로 대기업집단을 선정한다.

하지만 이렇게 되면 네이버가 자회사인 라인과 거래한 내역이 중복돼 자산으로 잡히는 문제가 발생한다. 이러한 '내부거래'로 인한 회계 부풀리기를 막기 위해 도입된 것이 2011년 IFRS. 실제로 이 기준을 적용하면 네이버와 카카오 모두 자산 총액이 5조원 미만이 된다.

황세훈 자본시장연구원 연구위원은 "IFRS는 내부거래로 중복되는 부분을 제외한 '연결재무제표'를 중시하는 회계기준으로 기업의 실질을 보다 잘 반영한다"며 "기준을 새로 보완할 필요가 있다"고 밝혔다.

신문기사에도 기술되었듯이 개별재무제표의 자산 금액이 총액으로 더해지면서 내부거래가 double counting 되는 문제가 발생한다. 이러한 문제를 해결하려는 취지에서 연결재무제표가 주재무제표로 채택되었는데 이러한 연결재무제표를 사용하지 않는 이유를 이해하기 어렵다.

별도 재무제표는 연결하는 기업간의 내부거래가 제거되지 않는 재무제표이므로 내부거래의 제거가 불가능하다.

출자제한기업의 잣대가 되는 재벌기업의 자산 규모를 5조가 아니고 10조로 상향 조정하면서 2016년의 65개에서 2017년 5월 1일 자산 총액 10조원 이상인 31개 기업집단을 대기업집단으로 지정했다. 2019년에는 32개 기업이 지정되었다.

또한 공정위는 2017년 9월 준대기업집단 26곳을 지정하였는데 공정위가 '준대기업집단'을 지정한 것은 처음이다. 공시대상 기업집단이라는 표현이 사용되기도 한다. 2017년 상반기까지는 '대기업집단(상호출자제한기업집단)'만 지정해 관리해왔다.

2017년 문재인정부가 들어선 이후 관리 대상에서 빠진 '자산 5~10조원' 기업에 대해서도 감시가 필요하다는 목소리가 커졌다. 그래서 공정위가 '준대

기업집단'이란 기준을 새로 내놓게 된 것이다.[1]

매경이코노미 2014.3.5.-11
의미 없는 재계 순위 발표 중단하자.

공정거래위원회는 매년 자산 규모 기준으로 재계 순위를 발표한다. 글로벌 경영을 하며 뛰어난 제품 경쟁력을 바탕으로 해외에서 승부하는 삼성과 현대차 그룹은 재계 순위 1, 2위를 다투지만 정부 통계에 의미를 부여하지는 않는다. 그만큼 기업문화가 성숙해졌고 경영활동에 자신감이 있기 때문이다. 더 나아가 이들이 공정위 재계순위에 개의치 않는 근본 이유는 자산 규모 기준의 통계 방식이 시대에 맞지 않기 때문이다.

한국이 낳은 대표적 신 경제 기업 네이버가 상위 50위에 명함도 못 내미는 자산 기준 재계 순위는 경제적 부가가치 창출의 중요성을 도외시한 1960~1970년대 양적 성장 시대 산물이다. 아시아 여성 사이에 한국 화장품 열풍을 일으키며 매출 3조원, 영업이익률 10% 대의 알짜 기업으로 성장한 아모레퍼시픽도 순위에 못 들기는 마찬가지이다. 네이버, 아모레퍼시픽의 공통점은 빚이 없고 한 우물을 파면서 내실 경영을 해 불필요한 자산과 부채가 없다는 것이다.

반면 재계 순위 10~20위의 공통점은 거의 예외 없이 과도한 차입금을 갖고 있는 데다 미래 성장에 적신호가 켜졌다는 사실이다. 2012년 웅진, 2013년 STX와 동양, 그리고 다음은 어디일지 시장의 의심을 받을 만큼 수많은 중견 재벌의 재무상황이 악화된 형편이다. 재기 불능의 경우도 있을 것이다. 10년 전만 해도 세계에서 가장 우량한 철강회사로 촉망받던 포스코도 과도한 다각화 전략 실패로, 재계 순위 6위로 부상할 만큼 덩치는 켜졌지만 엄청난 빚도 함께 떠안게 됐다.

• 자산 기준은 양적 성장 시대 산물 '덩치'보다 부가가치 창출력이 중요

이들 못난이 5개 중견 재벌이나 최근 유동성 위기를 겪고 있는 일부 한계기업은 경영의 기본을 따르지 않았다. 해운, 건설, 제철 등 경기에 민감한 산업의 경영 원칙은 고정비가 워낙 크기 때문에 차입에 의존한 확장이나 기업 인수 합병을 피하는 것이 보통이다. 생존도 어렵다는 이들 업종에서 수십년의 업력을 자랑하는 미국, 일본의 경기 관련 업체들은 예외 없이 빚이 없다. 부채가 있어도 1~2년 사이 상환이 가능할 정도로

---

1) 조선일보. 2017.9.4. "이해진은 총수"지정에 … 네이버, 행정소송 검토

감당할 수 있는 수준이다.

기업 경영이 요지경이 된 이유 중 하나가 자산, 즉 '덩치' 기준으로 순위를 평가하는 잘못된 관습이 정부와 재계에 남아 있기 때문이다. 2세, 3세가 무리한 차입에 의존해 외형 키우기에 몰입한 결과이기도 하다. 수세기 동안 각국 자본 시장의 역사를 보면 부채가 매출, 현금흐름, 이익보다 빨리 증가하는 회사는 결코 성공하는 법이 없었다.

부채가 없는 네이버나 아모레퍼시픽 같은 기업이 부채로 자산을 증가시켰다고 하면 공정거래위원회의 잣대에 의해서는 금방 대기업의 반열에 올라갈 것이다.

물론 기업가들이 더 크게 기업을 성장시키고 싶은 마음은 충분히 이해할 수 있다. 과거 제과업을 하는 기업주가 주변에서 당신은 언제까지나 과자 파는 사업만을 할 것인지라는 얘기를 듣고 전자산업에 진출했다가 부도를 맞은 경우가 있고 금호아시아나도 결과적으로 대우건설, 대한통운 등을 인수하면서 승자의 저주에 이르게 되었다. 그럼에도 enterpreneurship을 부정해서는 안 된다. 사업가들은 기본적으로 재무적 투자가가 아니므로 주도적으로 사업을 하고픈 것이다. 삼성이 삼성전자에 투자하는 모험을 하지 않았다고 하면 오늘의 삼성이 있을 수 없다.

성장 신화 위주의 1970년대와 1980년대 경제상황 하에서는 기업들이 자산 규모로 경쟁하던 시절이 있었다. 한국 경제를 떠받치는 삼성과 현대가 어느 기업이 자산이 더 많아서 재계 순위에 앞서 있는지를 경쟁하던 시절도 있었다. 우리 모두는 순위에 매우 익숙해져 있다. 이러한 삼성과 현대도 그 다음 세대로 경영권이 이어지고 왕자의 난을 겪으면서 2000년대 초부터, 현대자동차, 현대중공업, 현대화재해상보험, 현대그룹, 현대산업개발, KCC, 현대백화점으로 분화되기 시작하였고 삼성도 제일제당, 신세계, 한솔, 새한으로 분화되어 나갔다. 새한은 부도 발생으로 지금은 존재하지 않는 회사이다. 기업의 규모로 재계 순위를 정하는 것은 매우 전근대적이다. 대학 평가도 그러하다. 그렇기 때문에 우리사회가 quality보다는 quantity가 중요한 사회일 수 있다.

매년 공정거래위원회는 4월초 또는 최근에는 5월초에 상호출자제한되는 기업집단을 발표하게 되는데 이 경우에 사용되는 변수가 자산규모이다. 이 발표는 기업을 ranking하겠다는 의도는 아니지만 언론에서는 이를 재계 순위로 발표하는 경우가 많다.

어떻게 보면 자산 규모보다 더 중요한 것을 기업의 수익성일 수 있는데 이보다는 우리에게는 기업의 덩치가 더 중요할 수 있다. 물론, 자산규모가 중요한 정보이다. 가끔 경제 잡지 등에서 어느 기업이 최고의 기업인지를 상호 평가하면서 순위를 정하기도 하는데 이러한 목적으로 사용되는 변수들은 매출, 이익, 자산, 시가총액 등이다.

이렇게 접근하는 것이 일리도 있는 것이 매출이나 이익으로 이러한 작업을 한다고 하면 자산 규모를 기반으로 이러한 작업을 하는 것에 비해서 매출이나 이익의 수준은 연도별로 변화가 훨씬 심할 수 있다.

기업이 경제에서 차지하는 가장 중요한 역할이 고용 창출이므로 종업원 수 또한 매우 중요한 변수가 될 수 있다.

또 하나 기업들이 자산 규모에 매달리는 이유는 자산 규모가 큰 기업일 경우는 경제에 미치는 파장이 크고 고용을 많이 창출하기 때문에 정부가 어떻게 해서든지 그 기업을 살리려 할 것이다. 소위 大馬不死라는 표현이다. 따라서 기업들은 가능하면 몸집을 키우려 한다. 또 규모가 큰 기업은 당연히 광고 매출도 크기 때문에 언론도 해당 기업을 무시할 수 없다. 정부의 입장에서도 대기업의 부도는 협력업체의 부도로 연결되므로 엄청난 파장을 불러오며 그렇기 때문에 대기업의 부도를 가능한 막아 주려고 한다.

위의 이남우의 column에서 보듯이 기업의 가장 큰 역할은 고용창출에 있으므로 고용을 더 많이 하는 기업이 국가 경제에 더 큰 공헌을 하는 기업이며 정부 지원의 대상이 되어야 한다고도 할 수 있다.

기업의 가치라는 것이 최근에 와서는 유형자산보다도 무형자산에 의해서 크게 영향을 받는다. 그래서 다음의 신문 기사와 같이 현재의 회계정보가 기업의 가치를 나타내기는 부족함이 있다는 비판이 있기도 하다.

이러한 무형자산의 가치에 대해서는 지속적으로 다음과 같이 문제가 제기되고 있다. 즉, 기업이 사업을 하는 형태가 인적 자산에 기초하여 사업을 수행하기 때문에 과거의 전통적인 굴뚝 산업과는 달리 많은 투자가 필요한 것이 아니다. 예를 들어 구글이라는 기업을 보면 우리나라에서 대기업이라고 하는 삼성, 현대차, SK, LG, 롯데, 포스코 등의 6대 재벌기업과 비교해서는 비교가 되지 않을 정도로 기업 가치에서 자산이 차지하는 규모는 작다. 하물며 전통적인 산업인 자동차 산업도 자율운행차량을 도입하면서 AI가 자동차 산업에도 차지하는 부분이 적지 않다고 한다. 전혀 다른 사업 영역인 삼성전자와 현대자동차가 협업을 할 것이라는 뉴스 기사도 보인다.

한국경제신문. 2018.9.12.
"2018년을 1900년대 틀로 들여다보는 꼴"

증권가 안팎에서 '재무제표의 한계'를 지적하는 목소리가 커지고 있다. 무형자산이 기업의 가치 창출에 핵심적인 역할을 하고 있지만 재무제표에 제대로 반영되지 않고 있기 때문이다. 전문가들은 무형자산 가치를 객관적으로 측정하기 힘들다면, 우선 재무제표 주석이나 공시를 통해서라도 상세한 정보를 투자자에게 전달할 필요가 있다고 말했다.

•"재무제표 활용도 떨어져"

11일 이베스트증권은 '재무제표의 한계를 넘어'란 보고서에서 "현행 재무제표는 2018년 기업을 1900년대 틀로 들여다보는 것과 비슷하다"고 지적했다. 기술과 사업모델, 브랜드, 네트워크, 지식재산권, 가입자 수 등 눈에 보이지 않는 무형자산이 기업 가치의 상당 부분을 차지하지만 아직도 재무상태표는 토지나 설비, 기계장치 등 유형자산 위주로 기록되는 탓이다. 이 증권사의 염동찬연구원은 "재무제표가 기업의 변화 속도를 따라가지 못하면서 투자자에게 도움이 되는 정보를 주지 못하고 있다"고 말했다.

인터넷 게임 엔터테인먼트 바이오 등 신산업 담당 애널리스트 사이에선 '재무제표 무용론'이란 말까지 나올 정도로 불만이 크다. 한 증권사 게임 애널리스트는 "재무제표에 반영되는 무형자산은 주로 영업권(장부가보다 높은 가격에 기업을 인수할 때 기록하는 무형자산)인데, 기업가치를 평가할 때 별로 중요하지 않은 항목"이라며 "미래 수익을 가늠할 수 있는 라이선스, 지식재산권, 이용자 수 등은 빠져 있어 재무제표 활용도가 떨어진다"고 했다.

이 같은 문제를 인식해 한국회계기준원은 오는 14일 '재무제표 유용성 제고 방안, 무형자산을 중심으로'란 주제로 세미나를 연다. 김의형 한국회계기준원 원장은 "전통적 재무제표의 유용성이 저하되고 있다는 비판이 지속적으로 제기되고 있다"며 "현행 재무보고의 문제점을 살펴보고 개선 방향을 논의하기 위한 자리"라고 설명했다.

- 무형자산 정보 비대칭 해소해야

기업가치는 크게 '자산 가치'와 '수익 가치'로 구성된다. 자산 가치는 총자산에서 총 부채를 뺀 자본총계(순자산), 수익 가치는 기업이 앞으로 얻을 이익을 현재가치로 할 인한 것을 말한다. 기업의 핵심 가치로 할인한 것을 말한다. 기업의 핵심 자산이면서 수익 창출 수단인 무형자산 관련 정보가 부족해 투자자들이 기업 가치를 평가하는 데 걸림돌이 되고 있다는 지적이다. 서영미 한국회계기준원 책임 연구원은 "애플, 구글, 아 마존, 텐센트 등 세계 10대 기업을 보면 시가총액 6,400조원에 순자산(장부가)이 1,350조원으로 시총 대비 21%에 불과하고, 버셔해서웨이와 JP모간을 제외하면 13% 로 더 낮다"며 "투자자가 장부에 표시된 21%만을 기초로 기업의 수익 창출 능력과 경 쟁력을 판단하는 것은 매우 어렵다"고 말했다.

국내 증시에서도 삼성전자(81%) SK하이닉스(73%) LG화학(71%) SK텔레콤(95%) 등 제조업은 시가총액 대비 장부가 비중이 높지만, 셀트리온(8%) 네이버(24%) 신라 젠(4%) 메디톡스(6%) 퍼어비스(11%) 스튜디오드래곤(13%) 등은 장부가가 시가총액 을 크게 밑돌고 있다. 이는 미래 수익 가치만으로 설명하기 힘들고, 무형자산 등 핵심 자산이 재무제표에 빠져있기 때문이란 분석이다.

전문가들은 무형자산에 대한 정보 비대칭을 해소해야 한다고 강조했다. 현재 재무 제표로는 투자자들이 연구개발투자나 새로운 제품, 게임, 의약품, 계약관계 등의 잠재 적 성과를 가늠하기 어렵기 때문이다. 서 연구원은 "항공사의 경우 어떤 비행 시간대나 노선을 확보하느냐도 기업 매출과 직결된다"고 했다.

무형자산 가치를 객관적으로 평가해 재무제표에 숫자로 반영하는 것이 가장 좋지만 측정의 어려움으로 상당한 시간이 걸릴 것으로 보인다. 현실적인 대안으로는 재무제표 주석과 공시를 통해 관련 정보를 더 상세하게 전달하는 방안 등이 거론된다.

회계에서는 기업 내부에서 생성된 무형의 가치가 공정하게 시장에서 평 가받아 영업권으로 자산화되기 이전에는 자산가치를 인정하기 어렵다. 영업권 으로 인정받기 위해서는 거래가 발생하여야 한다. 이렇게 회계처리하지 않는다면 기업의 입장에서 매우 자의적인 회계를 수행할 수 있기 때문에 무형자산의 비중이 높은 기업은 자산가치로 인정받기 어려운 회계상의 한계가 드러난다. 그럼에도 valuation에 있어서는 시장도 회계수치로 나타난 자산가치만이 valuation의 대상이 아니므로 시장은 무형자산이 있는 기업의 가치를 효율적으로 평가하여 가치평가하게 된다. 따라서 기업간 PBR의 차이가 이러한 기업 간의 횡단면적인 차이의 설명변수이기도 하다.

위에서 시가 대비 무형자산의 가치가 높은 기업은 모두가 바이오/제약업이며 연구비와 개발비의 회계 구분에 이슈가 있는 회사들이다. 따라서 기업들이 신약개발이라고 하는 무형자산을 자산화하지 못하더라도 시장은 회사의 잠재력이나 성장가능성에 대해서 가치평가를 하고 있다는 반증이다. 따라서 어떻게 보면 시장이 평가를 잘못하고 있는 것이 아니라면 시장은 회계가 측정하지 못하는 것을 이미 반영하게 된다.

항공사의 사례가 위에 기술되었으니 회계에서 측정하기 어려운 무형자산 가치의 다음의 사례를 든다. 2019년 초에 우리나라는 몽골과 협의 하에 인천-울란바트로에 추가 운수권을 항공사에 배분하려고 하였고 심사 과정을 통해서 아시아나항공이 배분을 받았다. 4시간 정도 되는 노선으로 수년 동안 대한항공이 독점하고 있었는데 통상적인 비행기표 가격이 100만원이었다. 독점이기 때문에 가능한 것인데, 다른 노선일 경우 4시간 정도의 구간이면 비수기에 저렴한 가격을 찾을 경우는 비행기표 가격이 30만원까지도 내려갈 수 있다. 대한항공이 가지고 있는 이 운수권은 회계수치로는 측정할 수 없는 무형의 가치이다. 물론, 이 내용이 측정되어 재무제표에 계상되지 않는 것은 당연하다. 이러한 무형의 가치로 인해서 이익이 발생하여 재무제표에 이 내용이 수익가치로 반영될 수는 있어도 운수권 자체를 측정하는 회계기준은 존재하지 않는다. 이 운수권을 가지고 대한항공이 영업을 수행하고 이러한 영업의 결과가 수익가치로 실현되는 것이므로 어떻게 보면 자산가치와 수익가치가 반드시 별도로 측정되지 않아도 무방하다는 주장을 할 수도 있다.

위에서도 기술하였듯이 운수권이 수익으로 실현화되면서 이익의 발생으로 기업 가치를 제고하게 되는 것이다. 그러나 자산 가치와 수익가치가 연관된다는 차원에서 이러한 운수권은 자산가치로는 계상되지 않지만 수익가치로 실현되게 된다.

무형자산에 운수권이라는 계정은 존재하지 않지만 속한 산업의 경영의 행태나 상황에 근거하여 무형자산을 상호 비교할 수 있다. 따라서 무형자산의 가치를 회계가 모두 객관적으로 측정하는 것은 불가능하며 어떻게 보면 이러한 것이 이 신문기사가 의미하는 바이다. 회계정보는 수치화되어야 계정으로 계상되는데 운수권은 내용으로만 설명이 가능하며 태생적으로 수치화될 수 없는 항목이다.

경기가 침체기에 들면서 최근(코로나 19 사태 이전)에 우리나라 산업에서 유일하게 호황을 누리던 산업이 저가항공이었다. 특히나 항공업은 비행기 한 대가 추가될 때마다 승무원들의 고용효과를 생각하면 국민경제에 큰 보탬이 되는 산업이었으니 국가 경제 차원에서는 매우 매력 있는 사업 영역이었다.

이러한 저가항공의 호황 국면이 국민들이 해외 여행을 많이 가면서 가능하였는데 2019년 여름에 일본과의 관계가 정치적으로 얽히고 환율이 급등하면서 해외 여행에 타격이 있었고 특히나 저가항공이 강점이 있던 일본 항로가 치명타를 입게 되었다. 또한 이러한 상황에 국토부가 추가로 3개의 저가항공을 인가하고 외국의 저가 항공도 무한 경쟁을 하면서 그렇지 않아도 치열하게 과열/출혈 경쟁을 하던 산업에 적자생존의 원칙을 강제하게 된 모습이 되었다. 특히나 항공업은 고정비 비율이 80%에 이르는 산업으로 탑승률이 받쳐주지 않는다면 그 영향을 고스란히 받게 된다.

이러한 경쟁 환경은 기업의 경영의 성과에 또한 이 성과를 측정하는 회계정보에 부정적인 영향을 당연히 미치게 되지만 이러한 경쟁의 강도라는 것은 회계 수치가 측정할 수 없는 변수이다.

2019년 저가항공의 반기 재무제표가 공시되면서 많은 기업의 영업이익이 영업손실로 반전되게 된다.

또한 위의 기사에서 인용된 이용자수도 기업의 가치에 영향을 미치는 변수이지만 이를 자산 가치 평가에 반영할 수는 없다. 물론, 이러한 이용자 수가 근거가 되어 자산이 매각된다면 이러한 무형의 가치가 영업권에 반영될 수는 있다.

국제회계기준이 도입될 때부터 논란이 되었던 영업권의 손상테스트 (impairment test)도 위의 신문기사와 밀접하게 연관되어 있으며 도입시점에도 이슈가 있었듯이 손상검사가 객관적으로 문제없이 진행되고 있는지가 계속 이슈이다.

카카오가 2019년 처음으로 자산규모 10조원 이상의 32개 상호출자제한 기업군으로 선정되면서 많은 관심의 대상이 되었다.

09 재무제표 심사제

한국경제신문. 2018.12.11.

기업 스스로 회계오류 정정 기회 준다.

내년부터 기업들이 자진해서 회계오류를 정정할 수 있는 기회를 갖는다. 금융감독원이 기업 재무제표에서 회계처리기준 위반을 발견하더라도 회계감리에 곧장 들어가는 것이 아니라 수정공시를 권고하는 절차를 마련했기 때문이다. 금감원의 회계감리 대상이 크게 줄어들 전망이다.

금감원은 10일 '2019년 재무제표 중점점검 분야 사전예고'를 통해 내년부터 '재무제표 심사제도'를 시행한다고 밝혔다. 재무제표 심사제도는 감리 전에 재무제표를 심사해 경미한 위반은 지도 또는 수정공시 권고로 종결하는 제도를 말한다.

현행 회계감독은 연초에 중점점검 분야에 대한 사전예고를 한 뒤 대상을 선정하고 감리에 들어갔다. 내년부터는 사전 예고 후 대상을 선정한 뒤 재무제표 심사 단계에 새로 들어간다. 경미한 회계처리 위반은 기업이 자진 정정하면 감리에 들어가지 않으며, 고의 중과실의 중대한 위반인 경우에만 감리를 한다.

이에 따라 그동안 증가해 온 금감원의 회계감리 대상수는 줄어들 것이란 예상이 나온다. 재무제표 회계감리 대상은 2014년 89곳에서 지난해 140곳, 올해 190 곳(추정)으로 급증했다.

정규성 금감원 회계기획감리실장은 "제약 바이오 기업의 연구개발(R&D)비 사례와 같이 기업이 자발적으로 회계오류를 정정하면 무거운 제재를 가하지 않겠다는 의미"라며 "기준 해석 등 쟁점은 금융위원회 등 관계기관과 협의해 제재보다는 지도를 확대하는 방향으로 감독이 이뤄질 것"이라고 설명했다.

금감원은 내년 기업들의 재무제표에서 ─신수익 적용의 적정성 ─ 신금융상품기준 공정가치 측정의 적정성 ─비시장성 자산평가의 적정성 ─ 무형자산 인식 평가의 적정성 등 네 가지를 중점 점검키로 했다.

특히 비상장주식, 영업권 등 비시장성 자산에 대한 외부 평가기관의 부실 평가로 자산이 과다하게 부풀려지는 사례가 빈번하게 발생한다는 지적에 따라 내년 중점 점검 대상에 이를 포함키로 했다.

심사제도란 감독원이 실질적으로 매우 오래 전부터 새로운 감독 방향이라고 주장해 오던 사후 적발보다는 사전 예방이라는 정책방향이 실질적으로 실현되는 과정이라고 이해하면 된다.

심사제도는 최종 재무제표가 공시되기 이전에 잘못된 내용이 수정되는 것이지만 감리는 재무제표가 잘못 공시된 이후에 수정되는 것이므로 사전 예방이 완벽할 수 있다면 사후 조치보다 더 바람직할 수 있다.

그럼에도 불구하고 계속 회계사기 사건이 발생하는데, 사후조치보다는 사전예방이 더 중요하다는 주장만을 할 수는 없다.

물론, 사전 예방은 어느 정도 선진적인 회계 수준에서만 가능하다고도 판단된다. 사전적인 정책방향으로는 품질관리감리, 감사인 등록제 등과도 맥을 같이 하는 정책이다. 품질관리감리는 회계법인이 system만 잘 갖추어져 있다고 하여도 이들이 생산하는 회계정보는 어느 정도는 문제가 없다는 접근이고 감사인 등록제는 자격이 되는 감사인을 등록하게 하여 등록한 회계법인만이 상장회사를 감사하게 하는 제도이다. 물론, 감사인 등록제가 시행되기 위해서는 어느 회계법인이 등록할 수 있는 자격이 되는지에 대해서 사전적인 평가가 모두 선행되어야 한다.

다만 사전 예방이라는 것이 생각만큼 쉽지는 않은 것이 지속적으로 대우조선해양 등의 대형 분식 건이 발생하고 있는데도 불구하고 사후 조치보다는 사전 예방만을 강조하기도 어려우며 또한 대형 분식 건이 발생하면 감독기관의 인력이 이 대형사건의 조사에 집중적으로 투입되게 되므로 사전 예방을 포함한 다른 회사의 감리건에 대한 조사는 소홀해질 수밖에 없다.

개정된 "외부감사 및 회계 등에 관한 규정" 제23조에 따라 회사가 자진하여 수정한 금액이 중요성 금액의 4배 이상인 경우에는 재무제표 심사대상으로 선정하게 된다.

중요성 기준금액은 조치양정기준에 따라 당기손익 또는 자기자본에 영향을 미치는 경우에는 자산과 매출의 평균 금액의 1%이다.

개정된 규정에서는 일단 중요성 금액의 4배 이상인 경우에는 특별히 다른 사유가 없으면 과실 보다는 중과실로 판단하고 있다.

제23조(감리등의 착수) ① 감리집행기관은 회사가 다음 각 호의 어느 하나에 해당하는 경우에는 재무제표 감리를 실시할 수 있다.

3. 공시된 재무제표를 회사가 자진하여 수정하는 경우로서, 수정된 금액이 중요성 금액의 4배 이상이거나 최근 5년 이내에 3회 이상 수정한 경우 양정규정 원문은 아래와 같다.

2. 고의적인 위법행위가 아닌 경우에는 과실에 따른 위법행위로 본다. 다만, 위법행위가 다음 요건을 모두 충족하는 경우에는 중과실(重過失)에 의한 위법행위로 판단할 수 있으나, 피조사자가 합리적으로 소명하는 경우에는 그러하지 아니하다.

따라서 예외적인 경우가 아니라면 default는 과실이다. 매우 오랜 기간 동안 중과실 과실을 증선위에서 구분하는 것은 매우 어려운 판단이었다. 위의 양정 규정은 고의적인 위법행위만을 고의 또는 중과실로 구분하라는 명확한 가이드라인을 주고 있다.

나. 회계정보이용자의 판단에 미치는 영향력이 큰 회계정보로서 다음의 어느 하나에 해당하는 경우

1) 회계처리기준 위반 관련금액이 중요성 금액을 4배 이상 초과한 경우

– 중요성 기준금액

위법행위의 중요도를 결정하기 위해 중요성 기준금액을 결정하여야 하며, 중요성 기준금액은 감사인이 회계감사기준에 따라 합리적으로 판단하여 「외부감사규정」제19조에 따라 감사보고서 첨부한 문서에 기재하거나 감사보고서에 기재하는 방법으로 금융감독원장에게 제출한 중요성 금액(원칙적으로 재무제표 전체 중요성 금액)을 적용한다. 다만, 감사인이 중요

성 금액을 정하는 과정에서의 판단 내용이 합리성을 현저히 결한 경우 또는 감사인이 중요성 금액을 정하지 않은 경우에는 '나. 표준 중요성 기준'에 따라 판단한다.

감사인이 중요성 금액을 정하는 과정에서의 판단 내용이 합리성을 현저히 결한 경우는 1) 회계법인이 회사별 규모, 상장여부, 감사위험 등을 고려한 구체적이고 체계적인 중요성 금액 결정기준을 마련하지 않은 경우, 2) 회사별 중요성 금액을 정함에 있어 담당이사의 재량에 크게 의존하는 경우 3) 합리적 근거 없이 표준 중요성 기준 방식의 중요성 금액과 현저하게 차이가 나는 경우 등을 말한다.
이 경우 당해 위법행위의 수정으로 인한 법인세효과는 고려하지 아니한다. 한편, 위법행위의 중요도를 회계처리기준 위반금액으로 판단하기 어려운 경우에는 해당 위법행위가 회계정보이용자의 판단에 미치는 영향력을 판단할 수 있는 기준을 별도로 정하여 판단할 수 있다.

가. 감사인의 중요성 기준 적용

1) 감사인의 재무제표 전체 중요성 금액을 감사인의 중요성 기준금액으로 본다.

2) 위법행위 유형별 중요성 기준금액

① A유형 : 감사인의 중요성 기준금액의 1배
② B유형 : 감사인의 중요성 기준금액의 4배
③ C유형 : 감사인의 중요성 기준금액의 5배
④ D유형 : 감사인의 중요성 기준금액의 15배

나. 표준 중요성 기준 적용

1) 회사의 자산 및 매출 규모 등을 고려하여 표준 중요성 기준금액을 산

정한다.

2) 위법행위 유형별 중요성 기준금액

① A유형 : 규모금액의 1%
② B유형 : 규모금액의 4%
③ C유형 : 규모금액의 5%
④ D유형 : 규모금액의 15%

따라서 회사가 자진해서 금액을 수정할 경우에는 많은 부담감을 안을 수밖에 없는 구도이다. 이렇게 자진해서 수정을 하는 경우에 과도하게 규제가 개입된다면 회계를 수정하려는 의혹을 반감시키게 된다.

기업회계기준에서 중요성을 계량적으로 정의한다면 득보다는 실이 많을 수 있다. 예를 들어 어떠한 자산 항목이 자산 대비 어느 정도 이상 되는 것이 중요하다고 기업회계기준에서 정의한다면 이 정도의 중요성 기준만 밑돈다고 할 때, 이 금액에 대해서 기업은 중요하지 않다고 주장할 수 있다. 그러나 중요성은 금액의 크기만이 아니고 그 내용과 성격에 따라서 중요성이 판단될 수 있다.

미국 SEC chairman이었던 Arthur Levitt은 중요성의 적용에 있어서의 문제점을 다음과 같이 경영자의 회계이익 조정과 관련되어 매우 비판적으로 지적하였다.

"Some companies recorded errors in their financial statements and justified not correcting such errors because the effect on the bottom line was below a specified percentage ceiling, such as five percent. The concept of materiality cannot be used to excuse deliberate misstatements."

따라서 기업회계기준에서는 중요성의 판단 기준을 객관적으로 측정하지 않으며 따라서 기업들은 중요성 관련되어 어떠한 잣대가 필요할 때, 기업회계기준에서는 이러한 내용이 수치화하지 않으므로 양정기준이 대신 사용될 수도 있다. 왜냐하면 기업의 재무제표가 감리의 대상이 되는 경우, 감독기관이 조치를 취하는 잣대가 양정기준이므로 이 기준이 재무제표의 중요성 판단기준의 대용치로 기업이 사용한다 함은 기업의 입장에서는 합리적이다.

매일경제신문. 2019.7.9.
내년부터 '기업회계 감시' 2배 촘촘하게

금융감독원이 내년부터 상장사 200곳에 대한 재무제표 심사감리를 실시하기로 했다. 이달부터 심사감리가 진행되는 회사가 113곳인 점을 감안하면 당장 2배로 늘리는 셈이다. 금융당국은 이를 통해 상장사 감리 주기를 기존 20년에서 단번에 10년으로 끌어내린다는 복안이다. 다만 시장에서는 연간 상장사 10%가 항상 감리를 받는다는 의미인 만큼 자칫 고강도 사정으로 치달을까 우려하고 있다.

8일 금융당국에 따르면 금감원은 최근 열린 증권선물위원회에서 올해 상장사 113곳에 대한 재무제표 심사감리 착수 안을 논의한 뒤 내년부터는 연간 200곳을 심사감리하기로 결정했다. 금감원은 상장사 감리 주기 축소를 위해 올해 150곳 안팎에 대한 심사감리를 추진했지만 인력 문제로 감리 회사 수를 113곳으로 줄인 것으로 전해졌다.

앞서 금감원은 올해 감리를 진행 중이거나 진행할 기업을 총 169개로 발표한 바 있다. 이 중 50여 곳을 정밀감리 수준의 고강도 감리, 113곳은 이보다 수준이 낮은 심사감리인 셈이다.

핵심은 내년부터다. 내년 재무제표 심사가 200곳으로 늘어나면 당해 전 감리 과정에서 문제가 발생한 정밀 감리 기업 등을 합해 총 250여 개 기업에 대한 감리가 실시된다. 피 심사감리 업체 수는 2배, 전체 피감리 업체 수는 올해 대비 50%가량 증가하는 것이다.

금감원은 심사감리가 대폭 확대됨에 따라 연말 조직 개편도 단행할 계획이다. 회계관리국을 제외한 일선 감리부서인 회계심사국 회계조사국 회계기획감리실에서 중첩된 부분을 통합하는 등 감리인력을 재조정할 전망이다.

금융당국 관계자는 "현행 국내 상장사 감리 주기는 약 20년으로 선진국 대비 긴 편"이라며 "미국 등 선진국 감리 주기가 7~8년 수준인 점을 감안해 우리도 10년으로 축소시키기 위한 방편"이라고 설명했다. 그는 이어 "올해는 기존에 진행 중인 정밀감리를 마무리하고 내년에 심사감리를 중심으로 조직을 개편할 계획'이라고 덧붙였다. 금감원은 전체 그물을 넓게 펼쳐 많은 기업을 감리하겠다는 취지다. 실제 금감원은 올해 113곳에 대한 심사감리를 예고하면서 감리기간을 3개월로 못 박았다. 이달 감리를 시작하는 만큼 10월말이면 심사감리를 통한 대상 기업들의 감리 결과가 나온다.

특히 신외감법에 따라 도입된 재무제표 심사감리 과정에서는 기업 회계가 문제가 발견되더라도 이를 기업 스스로 수정 공시하면 금융감독원장 선에서 주의 경고 등 경조치로 사건을 마무리하게 된다. 기존 외감법상 정밀감리로 넘어간 뒤 감리위원회나 증선위 등을 거쳐 최종 징계안이 도출되고 이를 재무제표에 반영하는 수순보다 훨씬 더 효율적으로 사건을 종결할 수 있다. 당국 관계자는 "일부 기업은 큰 문제가 지적돼 정밀감리로 넘어갈 수도 있으나 경미한 사안만 있고 3개월 내 큰 이슈가 지적되지 않는 곳은 재무제표 수정을 유도하는 방식으로 사건을 종결할 것"이라고 설명했다.

다만 피감리 기업 입장에서는 이상적으로 제도가 실현됐을 때만 가능한 기대일 뿐이다. 심사 조사를 받는 기업에서는 자칫 고강도 감리로 번질까 우려할 수밖에 없기 때문이다. 또 연간 200곳씩 심사하게 되면 수년 내 순번이 돌아와 사전에 외부감사에 많은 투자를 해야 해 감사비용은 증가할 수밖에 없다.

일부 기업에서는 삼바 사태 재연도 우려하고 있다. 삼바는 2016년 상장 전 회계감리를 통과했지만 2년도 되지 않아 정밀감리를 받고 분식회계 기업으로 낙인 찍혀 현재 검찰 조사를 받고 있다. 금감원 역시 정밀감리보다 다소 느슨한 심사감리를 받은 기업이 이듬해 분식회계로 적발되면 '부실 감리'라는 지적을 받을 수 있어 심사 강도를 마냥 낮출 수만도 없다. 한 상장사 관계자는 "1~2년간 감리가 지속되면서 불확실성이 가중되는 것보다 낮지만 심사감리 등 정밀감리든 조사를 받기는 마찬가지"라며 "특히 중소기업은 몰라서 발생하는 회계 오류가 많은 만큼 신속한 조사와 정정으로 회계 부담이 줄어들기 바란다"고 지적했다.

10 최대주주의 등기

일부 기업의 최대주주가 지분은 얼마 되지 않음에도 경영의사결정을 좌지우지 한다는 비판이 있는 동시에 또 어떤 최대주주는 사내이사로 등기하고 이사회 member로서 활동하면서 경영활동을 하면 될 것인데, 등기를 하지 않고도 뒤에서 이사회를 조정한다는 비판을 받기도 한다. 또한 최대주주가 너무 여러 기업에 동시에 등기하는 경우도 동시에 경영활동에 참여하는 데 있어서도 한계가 있을 수밖에 없으므로 시민단체에서는 이를 부정적으로 해석하여 비판하기도 한다. 과거에 고 신격호 롯데 명예회장도 그러하였고 현재 신동빈 회장도 그러한 비판의 대상이 된다. 사외이사도 등기할 수 있는 기업의 수를 2개로 제한하는 것과 동일한 맥락이다. 사람의 능력이나 투입할 수 있는 시간이라는 것이 한계가 있는데 사내이사가 되었건, 사외이사가 되었건 무한정적으로 등기를 할 수는 없는 것이다. 그러나 사외이사는 달리 사내이사는 법에서 등기할 수 있는 기업의 수에 한계를 두고 있지는 않다.

책임 경영을 하겠다고 등기를 하는데 이것을 지적하는 것이 옳은지에 대해서 논란의 대상이 될 수 있다.

어떻게 보면 최대주주가 사내이사로 등기하지 않아도 책임 경영의 모습이 아니라고 비판의 대상이 되며 그렇다고 많은 계열사를 모두 챙기려고 등기를 하여도 이 또한 비판의 대상이 되니 몇 기업에 등기를 해야 하는 것 인지라는 비판도 있을 수 있다. 미국의 경우는 사외이사가 등기할 수 있는 기업의 수에는 제한이 없지만 단, 세 기업 이상에서 등기를 하는 경우 공시하도록 제도가 되어 있다고 한다.

등기라고 하는 제도가 있음에도 공정거래위원회에서는 개인 총수라는 자연인을 인정하여 상호출자제한 기업 집단에 대해서는 '동일인'이라는 개념을 도입하여 사용하고 있어서 이에 대한 비판도 있다.[1]

....

1) chapter 40을 참조한다.

매경이코노미. 2018.12.12.-12.18.

총수 일가, 등기이사 아닌데 경영좌지우지

대기업 총수 일가 이사 등재 비율

2018년	총수일가 21.8%, 총수본인 8.7%
2014, 2015, 2018년	자산총액 5조원 이상,
2016 2017년	10조원 이상 대기업집단 기준

대기업 총수 일가의 이사 등재 비율이 증가했지만 여전히 과거보다 낮은 수준인 것으로 나타났다. 실질적으로 경영에 참여하면서도 책임을 피하기 위해 이사 등재를 꺼린 것 아니냐는 지적이 나온다.

공정거래위원회가 최근 발표한 '2018년 공시 대상 기업집단 지배구조 현황'에 따르면 총수가 있는 49개 기업집단의 전체 소속회사(1,774곳) 중 총수 일가가 이사로 등재된 회사는 386곳으로 21.8% 비중을 차지했다. 이는 지난해 17.3%보다 4.5% 포인트 늘어난 수치로 4년 만에 증가세로 돌아섰다. 다만 2014년(22.8%)과 비교하면 여전히 낮은 수치다. 총수 일가가 책임경영을 회피한다는 지적이 나오는 이유다.

• '예스맨 사외이사 여전, 이사회 감사 느슨

한화, 신세계, CJ, 미래에셋, 이랜드, DB, 동국제강 등 14개 대기업은 총수가 이사로 등재된 계열사가 없었다. 이 중 8곳은 오너 2, 3세도 이사로 등재되지 않았다. 총수나 2, 3세가 등기임원을 맡지 않으면 경영권을 행사하더라도 법적 책임을 묻기 어렵다. "기업 집단을 실질적으로 지배하면서 경영책임을 지고 있지 않다"는 것이 공정위 분석이다.

그나마 대기업 총수 일가가 이사로 재직한 곳은 주로 주력 계열사나 지주사였다. 주력 회사(자산 규모 2조원 이상 회사) 중 오너 일가가 이사로 등재된 회사는 총 107곳 중 50곳으로 비율이 46.7%에 달했다. 자산 규모가 2조원에 못 미치는 회사에서 오너 일가의 이사 등재 비율은 20.2%에 불과했다. 지주사 중에서는 무려 63.6%가 오너 본인이 이사로 등재돼 있었다.

특히 오너 2, 3세가 이사로 등재된 회사(97개) 중 73개 업체가 사익편취 규제 대상이거나 규제에서 아슬아슬하게 비껴간 사각지대 회사로 나타났다.

소유와 경영이 분리되는 것이 바람직한지 아니면 최대주주가 경영에 참여하는 것이 더 바람직한지라는 부분은 해답이 없다.

소유와 경영이 분리되는 경우는 agency problem이 발생한다. 즉, 경영자는 본인의 이해가 최대화되는 방향으로 의사결정을 하게 되는데 이러한 방향이 반드시 소유주나 최대주주가 희망하는 방향이 아닐 수도 있다. 최대주주가 경영에 참여한다면 agency problem은 발생할 수 없다. principal이 바로 agent이기 때문이다. 그러나 능력이 되지 않는 최대주주가 경영활동까지 참여한다고 하면 문제가 발생하게 된다.

문제는 소유와 경영이 일치하는데 그 나타나는 현상은 소유와 경영이 일치하지 않는 듯하게 기업지배구조를 가져간다는데 있다. 즉, 최대주주가 경영활동을 수행하지만 외관적으로 또한 제도적으로는 경영에 참여하는 방식을 취하지 않는 것이다. 즉, 위의 기사에도 나와 있듯이 등기하지 않는 것이다.

최대주주가 등기하지 않는 여러 가지 이유가 있을 수 있다. 일단, 등기 임원이 떠안을 수 있는 법적인 책임을 피해갈 수 있는 장점이 있다. 등기를 하지 않아도 이사회 의사 결정에 영향을 미칠 수 있다고 하면 굳이 등기하여서 번거롭고 고통스러운 일을 겪을 필요가 없다고도 판단할 수 있다.

10대 재벌기업 중, 최대주주가 전혀 경영에 참여하지 않는 기업은 현대중공업이다. 정몽준 최대주주는 아산 관련 재단 (아산복지재단) 이외에는 현대중공업 계열의 어떤 기업에도 등기하거나 임원으로 등재되어 있지 않아서 가장 대표적인 소유와 경영이 분리된 기업이다.[2] 물론, 전문경영인들과 그룹의 매우 중요한 안건에 대해서 어느 정도 의견을 교환하는지에 대해서는 알 수 없지만 외관적으로는 완전하게 소유와 경영이 분리된 기업의 형태이다.

바람직하지 않은 경우는 등기하지만 이사회에 참여하지 않는 것이다. 후자는 외관적으로 보기에는 이사회 중심 경영을 하고 있는 듯한 인상을 외부에 주고 있지만 실질적으로는 이사회에 참여하지 않고 이사회 의사결정에 영향을 미치는 것이다.

....

2) 그럼에도 불구하고 공정거래위원회는 현대중공업 상호출자제한기업집단에 있어서 정몽준이 사장을 동일인으로 지정하고 있어서 경영에는 참여하고 있지 않지만 '사실적으로 그룹을 지배하고 있다'고 판단하고 있다. 따라서 공정위는 최대주주가 경영에 직접 참여하고 있는 것과, 사실적으로 그룹을 지배하고 있다는 사실을 분리하여 판단하고 있다.

얼마 전까지만 해도 사외이사의 이사회 참석 정보는 공시되는 정보였지만 사내이사의 이사회 참석 정보가 공시되지 않아서 최대주주의 이사회 참여 여부도 주주정보공개 청구를 하지 않고는 접근 가능하지 않았지만 아래 인용된 신문기사에서도 기술되듯이 2019년부터 이 정보도 공시의 대상이 되면서 등기한 최대주주가 이사회를 무시하고 기업 경영을 주도하는지는 이제부터는 확인이 가능해졌다.

최대주주가 추가적으로 등기하지 않는 이유는 최근에 시행된 급여 공개 제도가 있다. 5억원이 넘는 등기 임원의 급여를 공개하는 제도하에서 등기하지 않는 최대주주들의 급여를 공개하게 할 수 없는 문제가 제기되자 등기여부에 무관하게 급여를 5억원 이상 받는 5인의 급여를 공개하게 제도가 확정되었다. 따라서 더 이상 최대주주들이 급여 공개가 두려워서 등기를 하지 않는 경우는 발행하지 않게 되었다.

애시당초 이 제도가 도입된 취지는 최대주주가 엄청난 급여를 회사로부터 받아 가는 것에 대한 대응책으로 채택되었는데, 이 제도를 피하기 위해서 등기를 하지 않는 방식으로 대응하자 다시 등기 여부와 무관하게 급여를 공개하는 방식을 취하게 되었다.

최대주주가 경영과 관련된 전문성이 있다고 하면 소유와 경영이 분리되지 않는 것이 해답일 수도 있다. 이러한 경우에 소유와 경영이 분리된다면 오히려 기업의 자원이 비생산적으로 낭비될 수도 있다.

이탈리아는 대표적으로 family business 행태의 강한 기업들이 많다. 물론 기업 공개도 하지 않고 소유와 경영이 합치된다.

일부의 기업에 대해서는 최대주주의 지분이 얼마 되지도 않는데 경영의 사결정에 지배적인 영향을 미치는 것도 옳지 않다는 주장을 하기도 한다. 최대주주가 경영 능력이 있다면 굳이 전문 경영인을 선임하면서 복잡한 agency 문제를 초래할 필요가 없다.

능력이 되는 최대주주의 2세들이 경영을 맡게 되는 경우는 아무런 문제가 되지 않으며 오히려 강한 리더십 하에서 일관적인 경영활동을 수행할 수 있다는 것은 장점이 될 수 있다. 다만 능력이 되지 않는 2세들이 경영에 관여한다고 할 때 최악의 지배구조의 위기를 겪게 된다. 일본 기업들도 우리 재벌 기업에 대해서 최대주주의 주도하에 환경 변화에 신속하게 대응할 수 있고 일

사분란하게 경영활동이 수행될 수 있다는 점을 장점으로 꼽는다.

외국의 최대주주의 family들은 경영에 관여하는 경우도 있지만 많은 경우는 지분을 가지고 윤택하게 생활하는 것으로 만족하는 데 비해서 우리의 최대주주들은 거의 모든 경우 경영에 관여하고 싶어 한다.

조선일보. 2019.1.23.
미등기임원 연봉 공개, 사내이사 출석 체크

올해부터 상장 기업은 미등기 임원에게 지급하는 전체 연봉 규모와 1인당 평균 연봉을 공시해야 한다. 기업이 총수 일가 등을 미등기임원으로 올린 뒤 지나치게 월급을 많이 주는 것은 아닌지 좀 더 촘촘하게 감시하기 위한 조치다.

금융감독원은 22일 "기업 지배 구조와 관련된 정보를 투자자들에게 더 명확하게 제공하라는 취지로 기업 공시 작성 기준을 개정해 지난 15일부터 시행하기 시작했다"고 밝혔다. 미등기 임원 전체 연봉 규모와 1인당 평균 연봉은 올해 처음으로 공개될 예정이다. 자본시장법 개정으로 상장 기업은 작년 상반기부터 등기 임원이 아니더라도 연봉이 5억원을 넘는 임직원 상위 5인과 그들의 연봉을 공시하기 시작했다. 이에 따라 작년 SK 최태원 회장, CJ그룹 이재현 회장, 신세계그룹 이명희 회장 등이 상반기에 얼마를 받았는지 처음으로 공개되기도 했다. 금감원 관계자는 "개별 미등기 임원 연봉은 개인 정보 문제도 있고 법 개정 사항이라 폭 넓은 논의가 필요하다"며 "미등기 임원 1인당 평균 연봉 공개만으로도 투자자들에게 정보가 되고 견제 효과가 생길 것"이라고 말했다.

상장 기업은 또 앞으로 사내이사가 이사회에 몇 번이나 출석했고, 개별 안건에 어떤 의견을 냈는지도 공시해야 한다. 작년까지는 사외이사만 공개 대상이었다. 대기업 중에는 총수나 총수 일가가 계열사 여러 곳의 사내이사를 맡으면서 급여를 받는 경우가 적지 않다. 금감원은 "이들이 계열사 이사회에 제대로 참석해 안건을 충실히 심의하는지에 대해 감시해야 한다는 지적이 많아 공시하도록 한 것"이라고 설명했다.

과거에는 이러한 정보가 주주의 정보공개청구에 의해서만 제공될 수 있는 정보였다. 최대주주가 너무 여러 회사에 등기하는 것의 단점이 등기한 회사의 의사결정에 소홀할 수 있다는 점인데 이와 같이 사업보고서에 사내이사의 참석 여부가 공개된다며 계열사 여러 곳에 최대주주가 동시 등기하는 문제점이 해결될 수 있다.

현대자동차가 한국전력 부지를 10조원에 매입하는 과정에서도 현대자동차의 정몽구, 정의선 최대주주가 모두 현대자동차, 기아자동차, 현대모비스의 이사회에 불참한 가운데 의사결정이 수행되었고 경제개혁연대에서 이를 비판하기는 하였지만 이러한 내용이 언론에 크게 보도되지는 못하였다.[3]

주주가 정보공개를 요청하기도 번거롭고 쉽지 않은 일이기 때문에 이를 제도에 의해서 공시하도록 의무화하는 것은 기업지배구조를 투명하게 하는데 도움이 될 듯하다.[4]

---

3) 손성규(2017) chapter 13을 참조한다.

4) 직전 공정거래위원장인 김상조 교수가 위원장으로 선임되기 이전인 교수 시절, 한국회계학회의 회계선진화포럼에서 출강한 적이 있었다. 저자가 이러한 한전의 case를 언급하며 김상조 교수에게 만약 김교수가 이 3개 회사 중 한 개 회사의 이사회 member였다고 하면 어떻게 대응하였겠는지를 질문하였다. 김교수는 이사회 다수결로 의결을 하는 것을 개인 이사가 막을 수는 없지만 그럼에도 이 정도로 중요한 의사결정만큼은 최대주주가 참석한 이사회에서 의결해야 한다는 뜻은 관철을 시도했을 것 같다고 답하였다. 그러나 민주주의 회의체 의사결정과정에서 개인의 의견은 소수 의견일 수밖에 없는 한계가 있고 회의체 내에서 어느 정도 우호세력이 있어야만 소수의견이라도 관철할 수 있다.

한국경제신문. 2018.3.27.

공무원 연금 부채 급증 탓 작년 국가 빚 1,500조 넘었다

　　국가부채가 지난해 사상 처음으로 1,500조원을 돌파했다. 공무원 군인 연금 충당부채가 지난 해 93조원 넘게 급증하면서 845조원으로 불어난 게 가장 큰 영향을 줬다. 문재인 정부가 공약대로 임기 중 공무원 17만 4,000명을 증원하면 연금충당부채가 더 빠르게 불어나면서 국민 부담을 키울 우려가 있다. 정부는 26일 국무회의를 열고 이런 내용을 담은 '2017 회계연도 국가 결산'보고서를 심의 의결했다. 보고서는 감사원의 결산 심사를 거쳐 5월말 국회에 제출된다.

　• 연금충당부채 93조원 급증

　　기업회계와 같은 '발생주의'의 원칙에 따라 작성된 정부 재무제표를 보면 국가의 자산은 작년 말 2,063조 2,000억원, 부채는 1,555조 8,000억원, 순자산(자산-부채)은 507조 4,000억원이었다.

　　부채는 2016년 1,433조 1,000억원보다 122조 7,000억원(8.6%) 늘었다. 공무원과 군인에게 줘야 할 연금을 현재가치로 할인한 연금충당부채가 2016년 752조 6,000억원에서 지난해 845조 8,000억원으로 93조 2,000억원(12.4%) 급증한 게 큰 영향을 미쳤다. 전체 부채에서 연금 충당부채가 차지하는 비중도 2016년 52.5%에서 작년 54.4%로 2% 높아졌다.

　　재정적자를 보전하기 위한 국채발행 잔액은 지난해 626조 8,000억원으로 전년보다 31조 8,000억원 늘었다.

　• 커지는 국민부담

　　기획재정부 관계자는 "연금충당부채 증가액(93조 2,000억원) 중 82조 6,000억원은

현재가치 할인율이 낮아진 데 따른 회계적 효과로, 실질적인 증가분은 10조 6,000억원 수준"이라며 "실제 재직자들이 납부하는 기여금 등으로 우선 충당하기 때문에 충당부채 전액을 국민이 부담하는 것은 아니다"고 설명했다.

하지만 공무원과 군인연금은 모두 내는 돈보다 받는 돈이 많은 구조인 만큼 연금충당부채의 상당 부분은 결국 국민 세금으로 메울 수밖에 없다는 게 전문가들의 지적이다. 김이배교수는 "정부가 임기 중 공무원 17만 4,000명을 증원하면 연금충당부채와 국민부담은 훨씬 더 커질 것"이라며 "수요를 치밀하게 다시 따져보고 꼭 필요한 공무원만 충원해야 한다"고 말했다.

국가부채로 표시되는 연금은 공무원연금과 군인연금이며 국민연금과 사학연금은 국가부채로 표시되지 않는다. 어떠한 연금이 국가부채로 표시되어야 하는 연금인지에 대해서는 당연히 해당 연금이 지급 능력이 되지 못할 경우, 국가가 이를 대지급해야 하므로 부채로 계상하는 것이 당연하다.

일부에서는 국가 부채가 많게 보이는 것이 좋지 않으므로 충당부채/우발채무로 계상하여야 한다는 주장을 하기도 한다.

국가재무제표는 우리국민 모두가 관심을 가져야 하지만 현실적으로 그렇게 되지 못하므로 적어도 국회는 우리 국민을 대신하여 이를 꼼꼼히 점검하여야 하는데 이 또한 그렇지 못한 듯하다.

2011년부터 국가통합재무제표가 공시되므로 국가회계 측면에서는 국민, 공무원, 군인, 사학연금 등 4대 연금을 어떻게 국가통합재무제표에 부채로 표시할지가 이슈가 되었고 공무원연금과 군인연금이 부채로 표시되는 것으로 정리되었다. 공무원과 군인은 국가에 직접 고용된 성격이 있어 부채로 계상된다. 사학연금 및 국민연금에 대한 국가의 의무는 사회보장 성격의 상황에 따라 정치적으로 향후 급여율 등을 조정할 수 있으므로 이는 재무제표에 부채로 인식하지 않는다. 참고로 미국이나 영국, 호주 등 다른 국가들의 경우에도 사회보장 성격의 연금에 대해서는 국가통합재무제표 상 부채로 인식되지 않고 있다.

다음과 같은 논란거리도 있다.

한국경제신문. 2011.1.11.
공적연금 충당금, 정부 부채 제외 논란. 재정부 2011 회계부터 적용

정부가 공적연금 충당부채를 재정 통계에서 제외하기로 잠정 결정해 논란이 예상된다. 10일 기획재정부에 따르면 정부는 2011 회계연도 결산부터 국가회계기준과 재정통계를 발생주의 방식으로 바꾸면서 공무원 연금과 군인연금의 충당부채를 재정상태표에는 부채로 기록하고 일반 정부부채통계에서는 제외하기로 했다.

연금 충당부채는 지급 시기나 금액은 불확실하지만 지출 가능성이 높아 '국가회계기준에 관한 규칙'은 장기 충당부채에 연금 충당부채를 포함하도록 규정하고 있다.

정부 관계자는 '공무원 연금과 군인 연금은 급여에 드는 비용을 5년마다 재계산해야 하고 그때마다 충당부채 규모가 달라지기 때문에 중장기적 관리대상인 재정건전성 지표에서는 제외하는 것이 일반적'이라고 말했다.

통계청의 통계수치에 대해서도 정치적인 판단의 대상이 되어서는 안 된다는 비판이 많은데, 국가 부채도 국가가 부담해야 할 부채가 국가재무제표에 정확하게 표시되어야 하며 국가의 재정 정책 등에도 명확하게 반영되어야 한다.

12 내부회계관리제도에 대한 인증

내부회계관리제도에 대한 감사라고 하는 인증이 미국에서 처음 도입된 것이 미국에서의 2002년 Sarbanes Oxly act(SOX) 때이므로 우리나라에서도 내부회계관리제도에 대한 인증을 일부에서는 K-SOX 인증이라는 명칭을 사용한다.

2018년 외감법이 개정되면서 가장 많은 변화를 겪었던 내용 중의 하나가 내부회계관리제도에 대한 인증이 검토에서 감사로 격상된다는 것이다.

내부회계관리제도는 내부회계관리제도에 대한 검토가 2001년에 구조조정 촉진법(구촉법)으로 도입된 이후, 외감법에 이 내용이 2003년에 편입되었으며 또한 이에 대한 인증이 진행되었다.

개정된 외감법에 의하면 내부회계관리제도에 대한 운영실태 보고를 대표이사가 감사위원회에 직접 수행하게 되었다.

1. 대표이사는 개정된 외부감사법 제8조 4항에 따라 주총, 이사회 및 감사위원회에 내부회계관리제도 운영실태를 직접 보고해야 한다.

단, 단서조항으로 이사회 및 감사위원회 보고는 특별한 사유가 있는 경우 내부회계관리자가 위임 받아 할 수 있지만, 주총 보고는 반드시 대표이사가 해야 한다.

개정 전 외감법에서는 내부회계관리자가 이사회 및 감사위원회에 보고하도록 되어 있었고, 주총보고는 없었다.

관련 외부감사법

제8조(내부회계관리제도의 운영 등)

④ 회사의 대표자는 사업연도마다 주주총회, 이사회 및 감사(감사위원회가 설치된 경우에는 감사위원회를 말한다. 이하 이 조에서 같다)에게 해당 회사

의 내부회계관리제도의 운영실태를 보고하여야 한다. 다만, 회사의 대표자가 필요하다고 판단하는 경우 이사회 및 감사에 대한 보고는 내부회계관리자가 하도록 할 수 있다.

내부회계관리제도에 대한 내용이 강화된다는 것은 기업의 system적인 접근이 강화되는 것으로 이해할 수 있다. 내부회계관리제도가 기업에 충실히 장착되어 있다고 하면 이로부터 산출되는 회계정보는 큰 문제 없을 것이라는 믿음에서 출발한다.

이는 어떻게 보면 감독기관이 수행하는 감사보고서 감리보다도 회계법인에 대한 품질관리감리가 더 중요할 수 있다는 내용과 일맥상통한다고 할 수 있다.

아래의 정책 방향은 내부회계관리제도가 공정하고 투명한 회계정보의 공시 관련되어 어느 정도로 중요시되고 있는지를 가늠하게 한다. 즉, 회계정보가 잘못되는 경우, 회계 담당 임원이 책임을 지게 되며 해임 권고를 회사가(더 정확하게 법적으로는 주주총회가) 수용하지 않을 수도 있으므로 외감법 개정안에서는 감사위원에 대해서는 6개월 직무 정지까지 조치를 확대하게 된다.

회계담당 임원이 등기 임원이 아닐 경우 등기가 아닌 임원에 대해서 (등기가 아닌 임원은 법적으로는 임원이 아니므로) 주총에 해임권고를 할 수 없으니, CEO에게까지 이 책임을 묻게 된다. 또한 개정된 외감법에 의하면 상근감사위원이나 감사위원들에게까지도 개인 과징금을 부과할 수 있게 되고 해임권고나 직무정지도 부과할 수 있게 되었다.

잘못된 회계정보에 대해서 이러한 수준의 책임을 묻게 되는데 내부회계관리제도에 대해서도 이에 버금가는 책임을 묻게 된다.

매일경제신문, 2018.3.22.
기업 내부회계관리제도 부실 운영 땐 임직원 해임 권고 직무 정지 등 강력 제재

앞으로 기업이 내부회계관리제도를 제대로 운영하지 않으면 임직원 해임 권고와 직무 정지 등 강력한 제재를 받게 될 전망이다. 금융당국이 내부회계관리제도를 직접 감독하고 징계하는 방안이 추진되고 있어서다. 내부회계관리제도는 그동안 자율적으로

운영돼 실효성이 낮다는 지적을 받아왔다. 내부회계관리제도 적용회사는 전체 상장사와 자산 총액 1000억원 이상 비상장사 등 총 5,120곳이다.

금융위원회는 내부회계관리제도 감독규정을 포함한 '회계개혁 선진화 3법(개정된 외부감사법 공인회계사법 자본시장법)'의 구체적인 실행 방안을 마련해 오는 11월 시행할 예정이다.

◆ 내부회계관리제도 부실하면 임직원 제재

21일 금융당국에 따르면 금융위를 주축으로 하는 '회계개혁 TF'는 내부회계관리제도 감독규정을 신설하는 방안을 논의하고 있다. 2003년 도입된 내부회계관리제도는 상장회사협의회에서 제정한 '내부회계관리제도 모범규준'에 따라 자율규범으로 운영돼 왔다.

금융당국 관계자는 "제도가 도입된 지 15년이 지났지만 경영진과 이사회의 무관심으로 실효성이 낮다는 지적이 많았다"며 "상장협 모범규준 일부 내용을 포함해 내부회계관리제도의 평가 및 보고와 관련된 중요 사항을 감독규정에 담는 방안을 논의 중"이라고 밝혔다.

관련 규정이 신설되면 금융당국에서는 기업의 내부회계관리제도에 대한 감독 권한이 생긴다. 기업이 내부회계관리제도 운영에 소홀하거나 외부감사인이 부실감사를 하면 임직원 해임 권고나 직무 정지 등 외감법상 제재 조치를 내릴 수 있다. 지금도 제도를 위반하면 3,000만원 이하의 과태료를 부과할 수 있지만 감독 권한이 없다 보니 제대로 된 제재가 이뤄지지 않고 있다.

금융당국은 감독 규정 신설이 회계개혁안의 실효성을 대폭 높일 것으로 기대하고 있다. 회계개혁안에서 오는 11월부터 대표이사가 매년 내부회계관리제도의 운영 실태를 이사회와 주주총회에 직접 보고하도록 했다. 또는 2019년 감사보고서부터는 내부회계관리에 대해서도 외부감사인의 감사의견을 받게 된다. 자산 총액 2조원 이상 기업에 우선 적용하고 단계적으로 대상을 확대해 나갈 계획이다.

◆ 기업이 달라져야 회계 개혁 성공

회계 개혁은 크게 -금융당국(감리제도 개선, 제재 강화, 감사인지정제, 감사인등록제) - 회계법인(핵심감사제, 표준감사시간), - 기업(내부회계관리제도, 내부감사강화) 등 3대 축으로 진행된다. 전문가들은 이 중 가장 중요한 축은 기업이라고 입을 모은다. 선진국과 한국의 기업 지배구조 차이는 소유와 경영의 분리가 아니라 내부통제시스템 수준에서 오는 것이라는 설명이다.

김일섭 한국 FPSB 회장(전 포스코 감사위원장)은 "삼성전자, 포스코 등 몇몇 한국과 미국 동시 상장사를 제외하고는 내부회계관리제도를 제대로 운영하고 있는 곳이 거의 없다"며 "내부통제시스템을 선진화해 개인 부정을 차단하고 투명 경영을 도입하지 않으면 진정한 회계개혁은 요원하다"고 말했다.

회계개혁안은 회계투명성을 끌어올리기 위한 제도를 총망라해 '한국판 SOX'법으로 불린다. 에너지 기업 엔론의 대규모 회계조작 사건을 계기로 2002년 제정된 SOX법은 기업 내부통제 강화가 핵심이었다. 최고경영자가 재무보고서에 직접 서명해 책임을 지고, 외부감사인이 기업의 내부회계관리에 대해 감사하도록 하는 등의 내용이 담겼다.

박기태 삼일회계 내부회계자문센터장은 "SOX법은 미국 기업의 재무보고 신뢰성과 감사 품질을 높여 최종적으로 투자자에게 그 혜택이 돌아갔다"며 "재무제표를 작성하는 주체인 회사 경영진의 인식 변화가 무엇보다 중요하다"고 강조했다.

신외감법에 의해서 새로이 채택된 제도를 위의 경우와 같이 기업, 금융당국, 회계법인에 대해서 구분할 수도 있지만 감사인의 전문성과 관련되어서는 감사인등록제, 표준감사시간, 회계법인 품질관리(품질관리감리)로, 감사인의 독립성과 관련되어서는 지정감사인제도로 분류할 수도 있다.

내부회계관리제도가 감사가 된다면 이는 외감법에 의해서 규제가 되는 것이므로 외감법에 의한 형벌 제재가 가능해진다. 내부회계관리제도가 검토 수준의 인정이었을 때는 이는 감사가 아니므로 외감법의 규제 대상이 아니었다. 이는 분반기 재무제표에 대한 검토도 감독기관의 입장에서는 동일한 조치상의 한계가 있었다. 다만 검토일 경우는 자본시장법에 의한 규제는 가능하다.

내부회계관리제도에 대한 모범규준을 상장회사 협의회가 작성하고 이에 근거하여 인증을 수행하는 것과 감독기관이 이를 감독규정에 넣고 규제를 하는 것에는 엄청난 차이가 있다. 일부에서는 상장협의 내부위원회를 운영중인 내부회계관리제도 위원회를 정부기관의 산하위원회로 편입해야 한다는 의견도 있다.

가이드라인은 연성법(soft law)인 반면 감독기관이 이를 실행할 경우, 강제규정(hard law)이 되므로 큰 차이가 있다.

법과 규정의 차이를 몇 가지만 정리해 보아도 다음이 있다.

1. 상법에 의하면 자산규모 2조원을 넘는 기업에 감사위원회가 강제되는데 감사위원회 모범규준에서는 자산규모 1조원을 넘는 기업에 감사위원회 설치를 권한다.
2. 상법에서는 자산규모 2조원이 넘는 기업에 1인 이상의 회계 및 재무 전문가를 사외이사로 선임할 것을 강제하고 있는데 감사위원회 모범규준에서는 2인을 선임할 것을 권한다.
3. 회계감사기준에서는 감사위원회가 감사인과 대면하여 회의를 할 것을 강제하고 있지만 회수에 대해서는 규정하고 있지 않는 반면 모범 규준에서는 1분기에 한번 대면 회의를 가질 것을 권한다.

회계담당 임원에 대한 직무 정지가 외감법에 도입되게 된 경위는 외감법에는 임원에 대한 임원해임 권고 규정만이 존재하였는데, 임원해임 권고는 증권선물위원회가 주주총회에 권하는 것으로 효성의 조석래 회장의 경우, 이러한 권고를 수용하지 않는 일이 발생하였으며 실효성이 없는 규제가 될 수도 있어서 강제 직무 정지가 추가되었다. 또 과거에 어떤 기업은 감독기관의 해임권고에 의해서 임원을 해임하고 어느 정도 기간이 경과한 이후 재선임하는 꼼수를 부린 적도 있다. 제도를 어겼다고는 할 수 없지만 정부의 규제를 벗어나기 위해서 줄타기를 했다고 밖에 해석할 수 없다.

한국경제신문. 2003.2.28.
[2003 주총소식] LG산전

LG산전은 또 김정만 전 사장을 대표이사로 선임했다.
김 전사장은 작년 9월 영업권상각 회계처리 문제와 관련해 금융감독원으로부터 재무책임자(CFO) 해임권고를 받고 사퇴한 뒤 6개월여 만에 복귀하게 됐다.

언제든지 감독/규제기관의 조치를 피해갈 수 있는 길은 열려 있는 듯하며 이러한 기업의 대응은 감독기관의 조치를 무력화한다.

내부회계관리자로는 원칙적으로 상근이사가 임명되도록 되어 있으나 아래와 같이 담당하는 상근이사가 없는 경우에는 해당 이사가 담당하는 업무를 다른 비상근이사가 맡는 것도 가능하도록 하였다. 법에서 이사라 함은 등기임원을 의미한다.

> 외감법 제8조3항
> ③ 회사의 대표자는 내부회계관리제도의 관리·운영을 책임지며, 이를 담당하는 상근이사(담당하는 이사가 없는 경우에는 해당 이사의 업무를 집행하는 자를 말한다) 1명을 내부회계관리자(이하 "내부회계관리자"라 한다)로 지정하여야 한다.

일부 기업에서는 내부회계관리를 담당하는 임원이 등기를 한 재무담당 임원인데 이 임원의 업무가 외부 감사인의 입장에서는 피감의 입장이 되면서 업무 연관성은 적지만 인사를 담당하고 있는 등기한 임원이 내부회계관리를 담당하게 되는 경우도 있다.

기업에서 등기한 상근 이사의 수는 매우 제한된다. 예를 들어, 하나금융지주나 S-oil의 경우는 상근이사는 대표이사 단 1인이다. 하나금융지주는 과거에 회장만이 등기이사이며 S-oil일 경우는 사장 이외에는 기타 비상무이사와 사외이사로 이사회를 양분한다.[1]

이 두 회사는 매우 극단적인 경우이므로 가동할 수 있는 상근이사가 매우 제한되는 것이다. 그럼에도 상근이사에 업무를 맡겨야 할 기업 내의 중요한 업무가 적지 않아서 사내 등기 이사의 숫자가 여유가 없는 기업일 경우에는 사내이사가 과중한 업무 부담을 떠안을 수 있다. 회계 관련된 업무만 하여도, 내부

---

1) 이러한 경우는 금융지주에 따라 상황이 다른데 2019년 5월 현재 KB금융지주의 경우는 금융지주회장과 KB은행의 은행장이 등기하고 있다. 지주사의 임원이 계열사에 등기하는 경우도 있고(이 경우가 지주가 계열사의 경영을 통제하기 위한 목적으로 다수에 해당) 아니면 KB의 경우와 같이 계열사(은행)의 기관장이 지주사에 등기하는 경우도 있다. 어떠한 지배구조를 가져가거나 지주사와 계열사가 communication할 수 있는 소통의 수단이 열려 있어야 하고 지주사는 계열사를 통제하려고 한다. LG 지주의 권영수부회장은 다수 계열사에 등기하고 있고 2019사업연도 주총을 계기로 LG전자, LG화학, LG디스플레이 및 LG유플러스의 이사회 의장도 동시에 맡게 되었다.

회계관리자가 있고, 재무제표를 담당하는 CFO가 있다. CFO가 등기임원이라고 하여도 내부회계관리자는 CFO를 감시하는 역할도 수행하여야 하므로 어떤 기업에서는 CFO를 내부회계관리자로 임명하는 것을 회피하는 경우도 있다.

대표이사만이 등기이사일 경우, 등기이사에게 업무를 맡겨야 하는 경우는 대표이사가 이 업무를 수행해야 하는데 대표이사가 수행할 수 있는 업무는 제한될 수밖에 없다.

소수의 등기 임원이 기업 내에서 multi function을 수행한다고 해도 할 수 있는 업무에는 한계가 있을 수밖에 없다.

기업은 (수시)공시 책임자를 지정하도록 되어 있는데 정부는 한 때, 코스닥기업에만은 등기임원이 이러한 공시 책임자를 맡도록 하였다. 이는 유가증권상장기업일 경우는 등기임원들이 맡아야 하는 업무가 더 광범위하여 등기임원이 공시 책임자를 맡도록 강제하지는 않아서 두 시장에 차등적으로 이 정책을 적용하였다. 최근에는 이러한 규제를 폐지하여 공시책임자가 등기임원이 아닐 수도 있는 제도로 변경하였다.

많은 기업에서는 CFO가 등기하는 경우가 있다. 이는 COO의 업무는 경영을 총체적으로 책임지는 CEO의 업무와 어느 정도 중복될 수 있는 데 반하여 CFO 업무는 재무/회계로 특화되어 있어서 이사회에 상정되는 안건을 제안 설명하고 추진하며 기업 지배구조 관련된 제도에 순응하도록 기업을 운영하는 데 CFO의 임무가 막중하기 때문이다. 예를 들어, 주주총회에 상정할 재무제표를 이사회에서 의결하는데 이사회에서 CFO의 도움이 필요하다.

따라서 어떠한 경우는 상위 직급의 임원들이 등기하지 않음에도 하위 직급의 CFO가 등기하기도 한다. 삼성전자 등의 대기업에는 여러 명의 사장이 있어서 누가 등기를 하는지는 직급보다는 맡은 업무 중심으로 정해질 가능성이 높다.

재무제표를 책임지는 CFO가 등기를 하지 않았을 경우는 그 책임을 CEO에게까지 묻게 된다. CEO가 재무제표의 작성에 깊게 관여되었다고 하면 잘못된 회계에 대한 책임을 CEO가 지는 것은 당연한 것이지만 그렇지 않은 경우에 CEO에 대한 해임 권고로까지 조치가 이어진다면 이는 해당 기업에 치명적인 충격을 줄 수 있다. 따라서 재무제표를 책임지는 CFO가 CEO와는 별도로 등기를 해서 CEO를 어느 정도 보호해 주고 부담을 경감해 주는 것이 대안일 수 있지만 이는 각 회사들이 의사결정할 부분이다.

사내 이사의 경우, 등기 여부가 신분의 보장이라고 하기는 어렵다. 최대주주가 있는 기업의 사내이사는 등기를 한지 얼마 되지 않는다고 해도 최대주주의 결정에 의해서 언제든지 사임을 해야 하는 것이 우리의 현실이다.

따라서 등기한 사내이사가 신분적으로는 보장되어 있지만 그럼에도 임기가 보장된다고 하기는 어렵다. 따라서 사내이사의 보장은 신분상의 보상이지 임기의 보장은 아니다.

2019년 2월 11일에 표준감사시간과 관련된 공청회에서도 내부회계관리제도에 대한 표준시간이 감사에 대한 표준시간의 40%의 표준으로 제시되었다. 보고서에는 미국의 경우 150%의 시간이 투입되는 것이 일반적이라는 논의도 있었지만 한공회의 입장은 표준감사 시간을 처음으로 도입하는 차원에서 가능하면 낮은 표준시간을 제시하려 하였다는 주장이다.

이러한 40%의 표준은 최종적인 표준감사시간 수정 과정에서 30%로 하향 조정되었다.

내부회계관리제에 대한 인증이 처음 도입되었을 때부터도 이 인증이 검토가 되어야 하는지 감사가 되어야 하는지에 대한 논쟁이 있었다. 미국은 2002년 SOX에 의해서 내부회계관리제도에 대한 감사가 시행되게 되었는데 우리의 경우는 도입되는 시점에 검토로 tone down되었다. 아마도 너무 강한 제도를 처음부터 시행하는 데 대한 자신감도 부족하였고 부담도 되었을 수 있다. 아마도 내부회계관리제도를 강화하는 것이 적절한 회계처리에 대한 필요충분 조건인지에 대한 확신도 없었을 수 있다.

인증의 수준뿐만 아니라 수임료에 있어서도 논란이 있었다. 기업의 입장은 내부회계관리제도에 대한 인증이 재무제표에 대한 인증을 위해서는 필수적인 내용이므로 별도의 인증이 아니라고 하면 별도의 수임료가 책정되지 않아도 된다는 입장이었고, 감사인의 입장은 내부회계관리제도에 대한 인증이 재무제표에 대한 인증 이외의 별도의 인증이므로 추가적인 수임료가 책정되어야 한다는 의견으로 양측의 의견이 충돌되었지만, 그럼에도 내부회계관리제도에 대한 인증이 도입되었던 시점에 감사수임료가 많이 올라갔다는 통계치는 접하지 못하였다.

내부회계관리제도를 대표이사가 주주총회에 보고하도록 하고, 내부회계관리제도에 대한 보고도 대표이사가 감사위원회에 하도록 하는 것이 과연 내부회계관리제도를 철저히 수행하겠다는 의지의 표현인 동시에 실질적으로 내부회계관리제도가 개선되는 효과가 있을지는 의문이 있다.

상장기업의 대표이사라 함은 본인이 챙겨야 하는 업무가 한두 가지가 아니다. 이러한 대표이사의 업무 시간을 효율적으로 사용하기 위해서는 대표이사의 권한은 분권화 또는 위임 전결에 의해서 업무를 적절히 위임하여야 하는 것이 중요하다. 물론, 그러한 여러 업무 중에서도 대표이사 본인이 직접 챙겨야 하는 업무일 경우는 대표이사가 책임지도록 해야 한다.

이는 부실감사에 대해서 회계법인에서는 어느 선까지 책임을 져야 하는지의 이슈와 동일하다. 새로운 제도에서는 담당 파트너가 누구라고 감사보고서에 실명을 밝히는 제도가 시행되는 반면, 부실감사에 대해서는 감사보고서에 서명을 한 대표이사에게 책임을 묻겠다고 하는데 과연 대형 회계법인의 경우 수행되는 감사가 수천 건인데, 이 모든 감사의 적정성에 대한 책임을 대표이사가 모두 부담할 수 있는지는 의문이다.

규제당국에서는 내부회계관리제도가 이러한 업무 중 하나라고 즉, 매우 중요한 업무로 판단하였다. 그럼에도 회사의 대표이사가 내부회계관리제도에 어느 정도까지 신경을 쓰고 꼼꼼하게 점검할 수 있을지에 대해서는 의문이다.

감사위원회도 내부회계관리 절차에 대해서 실질적으로 점검을 수행하고 수행한 결과를 이사회에 보고하여야 한다. 어떤 기업은 실질적인 점검 없이 감사위원회가 이사회에 보고하는 기업이 있다. 이는 감사위원회는 정책적인 판단을 수행하는 위원회이지 실무를 수행하는 위원회가 아니기 때문이기도 하다. 일부의 기업은 이러한 점검을 실질적으로 감사위원회가 수행하도록 되어 있으니 형식적일 수는 있지만 내부회계관리제도의 일부 process에 대해서 표본으로 감사위원회가 test를 점검하기도 한다. 상장회사협의회의 내부회계관리제도운영위원회의 입장은 감사위원회가 이의 점검을 생략할 수 있거나 위임할 수 있다는 것이다.

다음과 같은 것이 내부회계관리제도에 의해서 확인되어야 하는 한 업무의 사례이다. 해외에 지점 또는 사업소가 있고 큰 지점/사업소가 아니므로 현지에서 근무하는 본사의 직원은 1인이다. 이 직원이 현금을 수령하는 경우가 있는데 현지의 규정에 의해서 현금의 입출금일 경우는 반드시 해당 국가의 국적자만이 은행 업무를 수행할 수 있다고 하면, 현금을 입출금할 수 있는 경우는 본사 직원과 현지 채용 직원이 같이 은행에 가서 입금을 해야 하는데, 1인이 근무하는 지점/출장소인 경우는 업무 현장을 오래 비우기도 쉽지 않다.

　　내부회계관리제도/내부통제의 약점이 노출되는 것이다. 또한 현금이 소액이 아니라면 이에 대한 관리가 문제가 된다.

한국경제신문. 2019.5.3.
내부회계 '비적정' 의견 받은 상장사 56곳…"투자 조심"

　　지난해 외부감사인으로부터 내부회계관리제도가 적정하지 않다는 의견을 받은 상장사가 급증한 것으로 나타났다. 내부회계관리제도에 대해 2년 연속 비적정의견을 받는 코스닥 기업은 상장폐지 후보에 오르는 만큼 투자에 유의할 필요가 있다는 지적이다.

　　삼정은 상장사의 2018년 내부회계관리제도에 대한 검토의견을 분석한 결과 비적정의견을 받은 기업이 총 56곳으로 집계됐다고 2일 발표했다. 전년(38곳)에 비해 18곳(47%)이 증가했다.

　　내부회계관리제도란 재무제표 오류와 부정 등을 막기 위해 재무와 관련된 회사 업무를 관리 통제하는 내부 통제 시스템을 말한다. 한국거래소는 코스닥에 한해 내부회계관리 비적정 기업을 '투자주의 환기' 종목으로 지정하고 2년 연속 비적정을 받으면 상장적격성 실질심사에 올린다.

　　작년에 비적정을 받은 기업은 유가증권시장 상장사 10곳, 코스닥 상장사 46곳이다. 코스닥 기업들이 상대적으로 내부통제시스템과 재무 관련 조직의 전문성이 취약한 것으로 나타났다. 원재료 구매계약서를 제3의 부서에서 검증하지 않고 구매부서에서만 결재하는 식으로 기본적인 내부통제 시스템도 갖춰지지 않은 코스닥 상장사가 많은 실정이다.

　　내부회계관리제도 비적정 상장사 수는 지난해 재무제표 비적정 상장사(33곳)보다 많았다. 코스닥 상장사인 엘앤케이바이오도 재무제표에 대해서 적정의견을 받았지만 내부회계관리제도는 2년 연속 비적정의견을 받았다.

　　이 회사는 상장적격성 실질심사 대상으로 결정됐다. 김유경 삼정KPMG 감사위원회 지원센터 리더는 "내부회계관리는 미래 재무 신뢰성을 가늠하는 신호로 볼 수 있는 만큼 투자자들이 주의 깊게 살펴야 한다"며 "기업들도 강화된 관련 법규를 준수해 내부

회계관리제도를 구축해야 한다"고 설명했다.

2018년 재무제표 중, 내부회계관리제도에 의해서 비적정의견을 받은 기업의 수가 56곳(2017년에 비해서 18사 증가)이며, 재무제표에 대해서 비적정의견을 받은 회사가 44개(2017년에 비해 19사 증가)이다. 이는 신외감법에 의해서 내부회계관리제도에 대한 인증이 감사로 격상되기 이전에 이미 회계업계가 변화의 분위기를 읽고 이에 대처하는 것이다.

한국경제신문. 2019.10.29.
새 내부회계관리 도입 앞두고

내년 1월부터 내부회계관리제도 감사의견을 받아야 하는 기업의 90%가 아직도 준비를 하지 못한 것으로 나타났다. 내부회계관리는 재무정보의 신뢰성을 확보하기 위해 회사가 갖추고 지켜야 할 내부통제 시스템으로, 자산이 5,000억원 이상에 2조원 미만인 기업은 내년 초부터 내부회계관리제 대한 감사의견을 의무적으로 받아야 한다. 당장 3개월 뒤부터 적용 대상이 되는 기업들의 준비 미비로 혼란이 올지도 모른다는 우려가 일고 있다.

28일 EY한영에 따르면 최근 자산 5,000억원 이상 2조원 미만인 중견기업 144곳의 회계 담당자를 대상으로 설문한 결과, 내부회계관리제도 도입 준비를 마친 기업은 10%(14곳)에 불과했다. 응답 기업의 반 가까이가 개선 작업을 진행 중(47%)이고, 12%는 내부회계관리제도 도입 영향을 분석 중인 것으로 나타났다. 아직 내부회계관리제도와 관련한 시스템 구축을 시작하지 않은 기업도 16%나 됐다. 내부회계관리제도 감사의견을 반드시 받아야 하는 기업 수가 내년에 급증하고 적용도 임박하지만, 막상 준비 속도는 더디다는 지적이 나오고 있다.

지난해 11월 신외부감사에 관한 법률(외감법)이 도입되면서 기업 내부회계관리제도의 검증 수준이 '검토'에서 '감사'로 강화됐다. 올 1월부터 자산 2조원 이상인 상장기업 160곳이 내부회계관리제도의 감사를 받게 됐다. 내년부터는 내부회계관리제도 감사 대상 기업이 자산 5,000억원 이상 2조원 미만인 상장기업 246곳(지난해 재무제표 기준 추정치)으로 확대 적용된다. 2022년부터는 자산 1,000억원 이상 5,000억원 미만,

2023년부터는 1,000억원 미만 상장기업이 추가된다. 코스닥시장 상장기업의 경우 내부회계관리제도에 대한 감사의견이 '비적정'이면 한국거래소에 투자주의환기 종목으로 지정하고 있다. 2년 연속 비적정의견을 받으면 상장적격성 실질 심사 대상이 된다.

중견기업들은 내부회계관리제도 감사와 관련한 조직을 두는데 소극적인 것으로 나타났다. 이번 설문에서 감사 혹은 감사위원회가 내부회계관리제도 지원 조직에 대한 인사권 및 성과 평가권을 갖고 있지 않다는 응답도 55%에 달했다.

실무자들은 당장 일손 부족을 가장 큰 문제로 꼽았다. 설문 응답자 중 60%(복수 응답 가능)가 새 내부회계관리제도를 운영할 때 예상되는 어려움으로 인력 부족을 꼽았다. 경영진의 인식 부족(45%), 현업 부서와의 의사소통(44%) 등이 그 뒤를 이었다. 설문 응답자의 49%가 감사를 받을 때 가장 우려되는 요인이 경영진의 검토 통제라고 봤다. 정보기술 (IT) 통제(43%)를 꼽은 실무자도 적지 않았다.

박용근 EY한영 감사본부장은 "올해부터 새로운 내부회계관리제도를 적용 중인 자산 2조원 이상 기업들도 여러 가지 어려움을 겪고 있다"며 "이제는 최고재무책임자뿐만 아니라 경영진과 이사회, 주주들도 관심을 쏟아야 한다"고 말했다.

한국경제신문. 2019.12.16.
"자산 1,000억 미만 상장사 내부회계관리 감사 면제해야"

중소 상장사들이 회계개혁의 일환으로 도입된 '내부회계관리 감사제도'를 감당하기 어려울 것이란 우려가 커지고 있다. 자산 1,000억원 미만 중소기업은 적용 대상에서 제외할 필요가 있다는 의견이 제기됐다.

한국회계학회 재무보고내부통제 연구위원회는 지난 14일 고려대 LG-포스코 경영관에서 열린 한국회계학회 동계 학술대회에서 '중소기업 내부회계관리제도 적용방안에 대한 정책연구' 결과를 내놨다.

발표자로 나선 정남철 홍익대 경영학과 교수는 "자산 총액 1,000억원을 기준으로 회사 외형에 따른 내부회계관리 인력의 양과 질이 큰 차이를 보였다"고 말했다. "회사 규모가 작을수록 관련 업무를 하는 임직원의 수와 경력, 근무 연수가 낮아진 것으로 나타났다"는 설명이다.

내부회계관리제도는 재무와 관련된 회사 업무를 관리 통제하는 내부통제시스템을 말한다. 2019년 감사보고서부터 외부 감사인의 '검토의견'이 아니라 '감사의견'을 받는다. 자산총액 2조원 이상 기업에 우선 적용한다. 매년 대상을 확대해 2023년부터 전체 상장사에 적용된다.

상장사 임직원과 공인회계사, 교수 등 673명을 대상으로 한 설문조사 결과 중소 상장사는 경영진의 낮은 관심, 인력 부족 등의 이유로 내부회계관리 시스템을 구축하기 취약한 환경인 것으로 나타났다.

정 교수는 "자산 총액 1,000억원 미만 상장사에 한해 내부회계관리제도를 '감사'가 아니라 '검토'로 완화하거나 적용 대상에서 제외해야 한다는 의견이 전체의 34%에 달한 것으로 나왔다"고 했다. 코스닥 기업의 내부회계관리 감사에서 '비적정' 의견을 받으면 상장 폐지 대상에 올리는 현 시장 조치를 완화해야 한다는 의견도 73%에 달했다.

한국거래소는 내부회계관리 비적정을 받은 코스닥시장 상장기업을 '투자주의환기' 종목으로 지정한다. 2년 연속 비적정을 받으면 상장적격성 실질심사에 올린다.

미국은 소규모 기업에는 내부회계관리제도 감사를 면제하는 예외 규정이 있다. 일본은 중소기업의 회계 규제비용이 높다는 업계 의견에 따라 부담을 줄여 주는 방안을 고려하고 있다.

신용평가업은 항상 회계감사업계와 비교의 대상이 된다. 수임료를 받고 감사의견을 주는 것이나 수임료를 받고 평가를 하는 것이니 독립성이 위배될 가능성이 높다. 그나마 감사의견이라는 것은 감사기준이라는 매뉴얼에 기초하여 정형화된 용역을 수행하는 것이지만 신용평가라는 것은 정해진 매뉴얼이 없기 때문에 회계감사라는 용역보다도 더 주관적일 수밖에 없다. 또한 매뉴얼이 없다는 것은 신용평가가 적절하게 수행되었는지 아니면 적절하지 않게 수행되었는지를 가늠할 수 있는 잣대도 명확하지 않다는 것을 의미한다. 그렇기 때문에 신용평가가 적절히 수행하지 않는데 대해서 감독기관이 조치를 하기도 쉽지 않고 조치를 하는 경우도 매우 소수이다.

결국 잣대가 명확하지 않다면 신용평가에 대한 평가의 근거로 남는 것은 결과를 놓고 사후적인 평가를 하게 될 수 있는데 이는 바람직하지는 않지만 그럼에도 가장 쉬운 접근 방법이다.

때로는, 경영의사결정이 정부나 사법부의 판단의 대상이 되기도 한다. 손성규(2019) chapter 31에서의 논의와 같이 삼성바이오로직스 건이 회계의사결정인지 기업의 경영의사결정인지가 매우 혼란스럽다. 기업이 회계기준을 해석하고 적법하게 적용하는 것이라면 이는 순수하게 회계의사결정이지 주관적인 경영의사결정은 아니다. 배임이라는 범죄는 우리나라에서만 있는 범죄라는 배임죄에 대한 비판이 법조계에 존재한다. 배임으로 경영자에 대해 소송을 제기하면 거의 모든 경영자가 버티기 어려울 것이라는 얘기도 있다.

이러한 결정이 경영의사결정이라고 하면 미국에서도 경영의사결정이 사법부의 판단의 대상이 된다는 것 자체에 대해서도 많은 논란이 있다. 왜냐하면 이사회와 경영진이 경영의사결정을 수행함에 있어서 그 의사결정시점에 있어서의 여러 가지 상황을 판단해서 의사결정을 한 것인데, 실제 business 경험을 하지도 않았던 사법부가 이를 모두 무시하고 온전히 결과에 근거하여 판단을 수행한다는 것은 매우 위험한 것일 수도 있고 옳지 않은 것일 수도 있다.

경영의사결정은 과정이지 결과론이 아닌데 사법부의 판단은 과정은 무시하고 결과론에 대한 판단이기가 쉽다.

회계감사용역도 그러하고 신용평가의견도 소위 opinion shopping에 의해서 영향을 받을 수 있다. 뭐가 옳고 뭐가 옳지 않다에 대한 판단이 명확하게 나타나지 않을 때, 확실하게 남는 것은 가격이다.

신용평가업계나 회계업계가 수임료만을 추구하면서 quality를 포기하지 않도록 적절한 규제가 필수적이다.

매일경제신문. 2018.5.9.
기업들, 신용등급 취사 선택 못한다

기업이 복수의 신용평가사에 신용등급평가를 의뢰한 후 높은 등급을 준 신평사 등급만을 취사선택하는 이른바 '신용등급쇼핑' 사례가 적발돼 금감원이 제도 개선에 나섰다. 금감원은 8일 일부 증권 발행회사가 여러 신평사와 신용평가계약을 체결한 후 낮은 등급을 준 신평사와의 신용평가 계약만을 해지하는 등 등급쇼핑 사례가 적발돼 제도 개선에 나선다고 밝혔다. 금감원에 따르면 일부 회사는 여러 신평사와 평가 계약을 체결한 후 불리한 평가를 내린 신평사와의 계약만을 해지하거나 신용등급을 공시하지 않도록 요청하는 방식으로 신용등급을 조작한 것으로 확인됐다. 유효한 등급이 있는 상태에서 추가로 다른 회사에 신용평가를 요청하고 기존 등급보다 유리한 등급이 나올 경우 기존 등급을 철회하도록 한 기업도 있었다. 평가 계약 체결 후에는 계약 해지, 미공시 전환, 신용등급 철회 등을 할 수 있는 제도 허점을 이용한 사기인 셈이다.

금감원 관계자는 "기존 구조에서는 신평사가 계약 해지 등을 우려해 발행회사로부터 독립된 정확한 평가 의견을 부여하지 못할 개연성이 큰 상황"이라고 말했다.

금감원은 증권 발행회사가 평가등급을 통보받은 후에 계약 철회, 신용등급 미공개 전환 등을 할 수 없도록 신평사 계약서 기본 양식을 최대한 빨리 바꿀 예정이다. 증권신고서 작성 기준도 변경된다. 금감원은 하반기부터 증권신고서에 평가계약 체결, 철회 내용 등을 상세하게 기재하도록 기준을 바꿀 예정이다. 올해 하반기부터는 또 평가계약의 취소, 철회, 평가 등급 공시, 미공시 전환 내용을 일괄 제출받아 정기적으로 새로운 유형의 등급쇼핑도 점검한다.

한국경제신문. 2018.5.9.
기업들 '신용등급 쇼핑' 못한다
미리 통보 받은 등급 나빠도 반드시 외부 공개해야

앞으로 회사채를 발행하는 기업은 신용 평가사로부터 미리 통보받은 신용등급이 만족스럽지 못하더라도 이를 반드시 외부에 공시해야 한다.

금융감독원은 잘 나온 신용등급만 고르는 이른바 '신용등급쇼핑'을 막기 위한 제도 개선에 나설 것이라고 8일 발표했다.

신용평가사들이 '평가대상 기업의 이의제기 권리'를 보장하기 위해 등급을 사전에 통보하는 제도를 악용하는 기업이 적지 않다는 판단에서다. 금감원은 기업들이 앞으로 평가계약을 철회하거나 사전에 통보받은 등급을 공시하지 않는 경우 관련 내용을 증권신고서에 상세히 기재하도록 하고 이를 정기적으로 점검할 방침이다. 올 하반기 기업 공시 서식 작성 기준을 변경할 때 본격적인 관련 내용 기재를 시행할 계획이다.

나이스신용평가, 한국기업평가, 한국신용평가 등 국내 주요 신용평가사와 협의해 평가 계약서를 바꾸는 것도 추진한다. 신용등급을 미리 전달받은 기업이 임의로 기존 계약 내용을 변경할 수 없도록 하는 조항도 신설할 예정이다.

금감원 조사에 따르면 그동안 일부 기업은 여러 신용평가사와 복수의 평가계약을 맺은 뒤 낮은 등급을 제시한 특정 신용평가사와 계약을 해지하는 방식으로 유리한 등급을 채택해왔다. 계약은 유지하되 등급을 공시하지 않도록 요청해 나쁜 등급을 감춰온 사례도 적발됐다. 금감원 관계자는 "기업이 의도적으로 낮은 신용등급을 배제할 경우 회사채 발행금리 산정을 왜곡할 여지가 존재한다"고 말했다.

14 지방자치단체

매일경제신문. 2018.7.26.
"공공부문 감사공영제 도입을"

공동주택, 학교, 기부금 단체 등 비영리조직에 대한 감사공영제 도입이 필요하다는 주장에 힘이 실리고 있다. 그동안 지방자치단체 등 공적 기관이 직접 외부 감사인을 지정하는 등 이른바 '감사인 셀프 선임'으로 야기됐던 폐해들이 끊이지 않으면서 감사의 객관성을 높여야 한다는 목소리가 커지고 있다.

25일 서울 여의도 국회도서관 대강당에서 '공공부문 감사품질에 대한 학술대토론회'가 열렸다. 이날 '공공부문 외부 감사에 관한 실증적 분석'을 주제로 발표를 맡은 아주대학교 박청규 교수는 "공공부문 회계감사는 공공재 성격을 띠기 때문에 공영제 도입을 고려해야 한다"고 주장했다. 이는 회계사를 감사 대상자가 아닌 외부에서 지정해 감사의 객관성과 투명성을 높여야 한다는 얘기다.

그동안 관련 업계에선 주식회사 등 영리 부문의 회계감사 품질 대비 비영리 부문은 오히려 후퇴하고 있다는 지적이 끊이지 않았다. 일례로 아파트 회계감사는 그동안 자율적으로 이뤄지다가 2014년 '아파트 난방 비리' 사건 등이 터지면서 당시 국토교통부가 주택법 개정을 통해 300가구 이상 아파트에 대한 의무 감사를 지정했다. 그럼에도 여전히 공공부문 감사 품질이 크게 개선되지 않고 있다는 우려의 목소리가 나오면서 공동주택은 물론, 사립대나 병원, 공익법인 등 비영리법인 전반에 감사공영제를 도입해야 한다는 학계 의견이 나온다.

정재욱 대전대 교수도 이날 '공공부문 회계감사 품질에 대한 이론적 고찰과 대안'이라는 주제 발표를 통해 "다양한 목적과 형태로 비영리 조직 회계감사가 확대될 필요가 있다"고 전했다. 또한 정교수는 "준공영감사제(거래품질통합관리제)는 중립적이고 전문성 있는 기관이 감사 계약 거래를 중계하고, 이 기관에는 사전적 사후적 품질 관리

체계 운영에 대한 권한과 책임이 부여되는 형태"라고 설명했다. 정교수는 "전문성과 독립성이 확보된 민영 비영리 기관도 필요하다"고 덧붙였다.

    감사공영제라는 표현이 사용되기 위해서는 공공기관에 대한 공공성이 우선적으로 인정되어야 한다. 즉, 감사가 공적인 영역에 가 있어야 한다.

    회계의 적용 영역은 무궁무진하다. 최근 많은 이슈가 되었던 아파트는 그 한 사례에 불과하며 지방자치단체에도 엄청나게 많은 지방 공기업이 있다. 모두 회계가 그 역할을 해 주어야 한다. 모든 회계의 문제는 측정, 평가와 기록의 문제이다.

    하물며 대학교 학생회에서도 또한 노동조합에서 조차도 학생회비, 노조회비 횡령 등의 문제가 발생한다. 모두 회계가 제대로 되어 있지 않기 때문에 발생하는 문제이다.

> **한국경제신문. 2016.10.12.**
>
> 줄줄 새는 노조비 … 회계 비리 막는다
>
>   기업 노동조합의 '회계 비리'를 막기 위한 법안이 발의된다. 이 법안이 국회를 통과하면 노조의 감사 선임 또는 감사위원회 설치가 법적으로 의무화된다.
>
>   11일 정치권과 재계에 따르면 국회 환경노동위원회 간사인 하태경 새누리당 의원이 이르면 14일 노조의 감사 선임 또는 감사위원회 설치, 회계감사 의무화 등을 핵심으로 한 '노동조합 및 노동관계 조정법 일부 개정 법률안'을 국회에 제출한다. 조합원 총회를 통한 노조 감사 선임을 의무화하고 전국 단위 노조나 조합원 1,000명 이상 노조에는 감사위원회를 설치하도록 하는 내용을 담고 있다. 지금까지는 노조가 입맛에 맞는 조합원을 감사에 임의로 앉히거나 아예 감사를 두지 않는 경우가 많았다.
>
>   법안은 전문성 있는 독립적인 인사로 감사(위원)의 자격 요건을 규정했다. 선출된 감사(위원)은 노조의 다른 임원을 겸직할 수 없도록 했다. 최근 5년간 노조에서 임원으로 활동한 사람도 감사(위원)가 될 수 없다. 노조 감사나 감사위원회는 매년 6월 회계감사를 하고 그 결과를 조합원 총회에 보고해야 한다는 내용도 법안에 담겼다.

최근 5년간 노조에서 임원으로 활동한 사람도 감사가 될 수 없다는 규정은 전직 임원이 수년간 사외이사나 감사위원이 되지 못하도록 한 독립성을 확보하기 위한 제도와 맥을 같이 한다.

선출된 감사가 다른 임원을 겸직하는 것도 자기 감사의 위험과 관련될 수 있다.

노조조차도 지배구조를 투명하게 하여야 한다는 주장이며 과거에 대학교 학생회 등에서도 학생회비와 관련된 비리가 발생하였다. 지배구조나 감사(monitoring)의 이슈는 어느 단체나 조직, 모임에서도 피해갈 수 없는 중요한 기능이다.

또한 어느 기관/조직이거나 자금이 있는 곳에서는 언제나 부정이 개입될 수 있기 때문에 이를 시스템으로 예방하여야 한다. 이 시스템의 가장 기본적인 요건이 감사제도이다.

15 사전 예방, 사후 감독

사전 예방과 사후 감독은 항상 감독기관이 선택에 있어서 고민하는 내용이다. chpter 9의 심사제도는 사전 예방에 방점을 둔 제도이며 감리는 가장 대표적인 사후감독이다.

한국경제신문. 2019.1.18.
"상장절차 시한 쫓겨 실효성 없다" 지적에 … 금융당국, IPO 사전 감리 폐지 검토

금융감독원이 기업공개 전에 실시하는 회계감리를 전면 폐지하자는 의견을 금융위원회에 전달했다. 지난해 삼바의 분식회계 논란 이후 IPO 감리 강화로 '상장 대어'들이 연거푸 상장을 철회해 원성이 높아지자, 사전 회계감리 폐지라는 '초강수'를 둔 것이다. 금융위는 규제 완화와 투자자 보호 등 여러 측면을 종합 고려해 결론을 내리기로 했다.

17일 금융당국에 따르면 금융위는 최근 IPO 감리 개선 방안에 대한 내부 검토에 착수했다. 금융감독관계자는 "IPO 사전 감리와 관련해 금감원이 '폐지하자'는 의견을 금융위에 전해왔다"며 "금융위가 금감원과 기업 등 이해관계자들의 의견을 듣고 상반기 중 개선안을 확정할 예정"이라고 말했다.

회계감리는 기업의 재무제표와 감사보고서가 회계처리기준에 맞게 작성됐는지 금감원과 한국공인회계사회가 검사하는 것이다. 상장사이거나 주주 수 500인 이상 사업보고서 제출 기업은 금감원이 감리를 하고, 비상장사와 나머지 외부감사를 받는 기업은 한공회가 위탁 감리를 맡는다. 일상적인 기업 재무제표를 점검하기 위해 일부 기업을 무작위로 뽑아 감리하거나 제보가 들어 왔거나 특정 이슈가 있을 때 관련 기업을 골라 들여 다 보기도 한다.

새로운 주주가 크게 늘어나 투자자 보호의 필요성이 큰 IPO의 경우에도 한공회 또

는 금감원이 감리를 해야 한다. 금감원은 이같은 IPO 사전 감리의 실효성이 떨어지고 있다고 판단했다. 기업의 상장 일정에 맞추다 보니 깊이 있는 감리가 쉽지 않고, 논란이 있는 부분에 대해 정밀감리를 하게 되면 상장 일정을 지연시키는 부작용이 있기 때문이다.

특히 지난해 삼바 분식 회계 논란 이후 IPO 사전 감리가 대폭 강화됐다. 지난해 유가증권시장 상장 최대어로 꼽혔던 현대오일뱅크는 자회사 회계처리 문제로 금감원 감리를 받으면서 상장 일정을 올해로 미뤘다.

금감원은 IPO 이후 신규 상장 기업들을 사후적으로 집중 감리해 사전 감리 폐지를 보완할 수 있다고 설명한다. 금융당국이 지정한 외부감사인이 IPO 기업을 감사하는 만큼 재무제표에 대한 1차적인 검증이 가능하다는 점도 폐지 근거 중 하나다.

금융위 내부에선 IPO 사전 감리 폐지에 대해 의견이 엇갈리고 있다. 금융당국 관계자는 "IPO야말로 투자자 보호를 위한 회계감독이 가장 필요한 시기이기 때문에 폐지해선 곤란하다는 의견과 시장 활성화를 위해 사전 규제를 완화해야 한다는 의견으로 갈리고 있다"고 말했다.

사전 감리를 폐지하는 대신 사후적으로 집중 감리한다는 것은 어떻게 보면 사후 적발보다는 사전 예방에 치중하겠다는 감독기관의 일반적인 감독원칙의 방향과는 차이가 있다. chapter 9에서 기술한 심사제도도 사후조치보다는 사전 예방에 방점을 둔 제도이다.

IPO에 대한 사전 감독을 폐지한다는 것은 잘못하면 상장이 쉽게 될 수 있다는 것을 의미하는 것이니 매우 신중하게 접근하여야 한다.

사후 규제가 해답인지 사전 예방이 해답인지는 감독기관이 풀어야 하는 puzzle과 같은 것이다. 선진 감독 기구일 경우 사전 예방이 해답이지만 사건이 계속 발생하는 경우는 사전 예방만을 강조할 수는 없다.

비상장기업을 IPO를 통해서 상장하는 것은 자본주의에 있어서는 매우 중요한 의사결정이다. 위의 신문기사에서 기술된 현대오일뱅크는 IPO 과정이 복잡해지면서 지분의 약 20%를 중동의 아람코 그룹에 매각하였고 일단은 IPO 계획을 중단하고 있다.

기업의 재무제표에 문제가 있을 경우, 감독당국이 취할 수 있는 조치로는 감리와 감사인 지정이 있다. 공정한 회계정보를 달성하기 위해서 두 가지 정책적인 도구가 있는 것이다. 이와 같이 복수의 대안이 있는 경우는 다음도 있다.

예를 들어 상장기업에 대해서는 파트너가 3년까지만 유지될 수 있고 4년째 되는 연도에는 파트너를 교체해야 한다. 또한 이와 동시에 감사팀 일부를 교체하여야 하는 제도도 병행하여 수행하고 있다. 일부 회계 법인에서는 후자의 제도는 회계법인 내의 공인회계사 인력이 지속적으로 회사를 떠나기 때문에 이러한 제도가 없어도 자연스럽게 지켜지는 제도일 것이라는 주장도 있지만 그럼에도 이 두 제도는 어느 정도 공인회계사의 독립성 확보를 위해서 유사한 제도가 병존하는 것이다. 감사인 교체제도가 적용되던 기간에는 감사인 교체, 파트너 교체, 감사팀 교체 등 동일한 취지를 달성하기 위한 제도가 동시에 법인과 개인 공인회계사에 대해서 중복해서 진행되기도 하였다.

IPO는 상폐의사결정과 같이 거래소가 가장 신중하게 결정하여야 할 사안이다. 기업이 IPO의 조건을 만족하기 위해서 IPO 전에 이익을 조정하는 등의 의사결정을 수행한다면 회계정보는 발생액의 본질 때문에 역전(reverse) 현상이 나타날 수 있으므로 IPO한 이후에도 감독기관에서 신경 써서 관리를 철저히 수행해야 한다는 것이다.

제도와 규제가 너무 강한 것이 항상 best인가에 대해서는 고민을 해야 한다. IPO 사전 감리 때문에 IPO 시장이 위축된다면 이러한 것이 우리나라 주식 시장에 최선인지, 그렇다고 회계가 투명하지 않은 기업을 시장에 지속적으로 상장시켜야 하는지도 어느 균형점에서 정책이 결정되어야 한다.

오히려 IPO를 허용하는 것은 어느 기업이 상장 이후 문제가 될지 알 수 없으므로 더 쉽게 결정할 수 있지만 상장폐지는 더 어려운 의사결정이다. 주식이 휴지 조각이 되면서 기존의 주주에게 치명적인 상처를 입히게 된다. 따라서 상장폐지 의사결정은 미래의 잠재적인 투자자를 보호하기 위해서 현재의 주주가 심각한 피해를 볼 수 있는 제도이다. 이렇게 상장폐지라는 어려운 결정 이전에 상폐를 시킬 기업이라면 애시 당초 상장을 시키지 않았어야 함은 자명하다.

위의 신문기사에 사용된 표현대로 사후적으로 집중 관리해 사전 감리 폐지를 보완할 수 있다고 설명한다고 기술되어 있는데 사후적으로 집중 관리한다고 사전 감리를 폐지하는 옳은 것인지에 대한 의문이 있다. 이 양자가 상호 보완인지 아니면 대체제인지의 이슈이다. 대체제라고 하면 사후 규제가 사전 조치를 대체할 수 있다.

한국경제신문. 2017.4.18.
신규상장사, 첫해 감사인 금융당국이 지정

　이르면 2019년부터 주식시장에 신규 상장하는 법인의 상장 첫해 감사인(회계법인)은 회사가 아니라 금융당국이 지정한다.

　금융위원회와 금융감독원은 이 같은 내용을 담은 회계투명성 및 신뢰성 제고를 위한 종합대책을 17일 발표했다. 금융당국은 신규 상장회사의 회계 투명성을 끌어올리기 위해 상장 첫해에 한해 '선택지정 감사'를 받도록 했다.

　선택지정 감사는 상장사가 감사인(회계법인) 세 곳을 선택해 제시하면 금융위 산하 증권선물위원회가 이 중 한 곳을 선정해 해당 상장사가 회계감사를 받도록 하는 것을 말한다.

　이원하 금감원 회계심사 총괄팀장은 "그동안 신규 상장 법인은 자율적으로 감사인을 지정했지만 앞으로 상장 첫해에 한해 선택지정 감사를 받아야 한다"며 "지정 감사인은 회계감사 일감을 주는 회사의 눈치를 볼 필요가 없는 만큼 좀 더 투명하게 감사를 할 수 있을 것"이라고 말했다.

　결국 IPO 직후로 감사인을 지정한다고 하면 사전 예방과 사후 조치를 모두 강화하게 된다. 과거에도 지정제에 대한 여러 가지 변형된 형태가 시도되었다.

　한때는 지정제의 대상이 된 이후에 기업이 한번 거부할 수 있는 권한이 주어졌던 경우도 있고, 아니면 두 개 회계법인을 감독기관이 지정하고 피감기업에게 한 회계법인을 선택할 수 있는 권한을 부여했던 적도 있다.

　회계선진화TF에서는 주기적 지정제라는 표현보다는 선택지정제라는 표현을 사용하였는데 그 원안에는 위의 신문 기사와 같이 피감기업이 두 세 개의 회계법인을 제안하고 감독기관이 낙점하는 대안이 제시되기도 하였다. 어떻게 보면 피감기업이 회계법인을 1차적으로 추천하는 것이니 이 부분은 자유수임의 성격이며 이 중에서 감독기관이 한 감사인을 낙점하게 되므로 이 부분은 지정제의 적용이다. 따라서 이러한 형태의 선택지정제는 자유수임과 지정제가 혼합된 모습이다.

TF에서는 피감기업이 제안하는 회계법인이 감독기관이 판단하기에 모두 만족스럽지 않은 대안일 수 있으므로 오히려 감독기관이 세 회계법인을 제안하고 기업이 한 회계법인을 선택하도록 하자는 대안도 제시되었다. 다만, 그러한 변형된 대안은 감독기관의 입장에서는 기업의 선택을 기다리는 모습일 수도 있어서 채택되지 않았다.

따라서 동일한 지정제라고 해도 이를 어떻게 운용할지에 대해서는 여러 가지의 변형된 형태가 있다. 물론 이러한 대안적인 지정제의 운용 방안은 직권 지정에 비해서 피감기업이 받는 부담을 경감하여 주기 위한 대안으로 제시된 것이다.

매일경제신문. 2019.8.2.

반기보고서 마감 임박, 상장폐지 주의보

14일 반기보고서 제출 마감을 앞두고 코스닥 한계기업에 상장폐지 관리종목 주의보가 떴다. 2회 연속 정기보고서를 제출하지 않았거나 관리종목 지정 상태인 회사가 반기보고서에서 그 지정 사유를 해소하지 못하면 형식적 상장폐지 절차에 들어가기 때문이다. 투자자들이 반기보고서를 꼼꼼히 살펴봐야 하는 이유이기도 하다. 자본시장법 시행령 제170조에 따르면 분기보고서에는 회계감사인의 분기 감사보고서나 분기 검토보고서를 첨부해야 한다.

1일 한국거래소에 따르면 오는 14일 반기보고서 마감일을 앞두고, 투자자들의 주의가 요구되는 회사는 썬텍이다. 썬텍은 올해 1분기 분기보고서를 거래소에 제출하지 않았다. 코스닥 상장규정에 따르면 정기보고서 2회 연속 미제출은 이의신청 없이 형식적 상장폐지 절차 대상이다.

썬텍은 2017년 10월 '투자주의 환기종목의 경영권 변동'을 이유로 상장적격성 실질심사 대상으로 결정됐다. 이후 2018년 11월 코스닥시장위원회 심의 의결로 오는 11월까지 개선기간을 부여받았다.

기업심사위원회 결정 단계에서는 형식적 상장폐지가 실질심사보다 우선한다. 따라서 썬텍이 이달 14일까지 반기보고서를 제출하지 않으면 16일 정리매매 예고 공시가 나올 예정이다. 이어 19일부터 7거래일간 정리매매 절차가 진행된다. 다만 회사가 법원에 가처분신청을 하면 그 결과가 나올 때까지 정리매매가 보류된다. 아이엠텍은 2018년도 결산 기준 자본 잠식률 50% 이상 등의 사유로 지난 3월 관리종목에 지정됐다. 퓨전데이타도 자본 잠식률 50% 이상과 자기자본 10억원 미만 등으로 인해 4월 관리종목에 지정됐다. 두 회사는 8월 반기보고서에서 관리종목 지정 사유 미 해소 시 형식적 상장폐지 절차에 들어가게 된다. 다만 이때 거래소에 이의신청이 가능하다.

일부 회사는 반기보고서 결과에 따라 관리종목으로 지정될 가능성도 있다. 코스닥 공시규정에 따르면 관리종목 지정 사유는 – 자본 잠식률 50% 이상 –자기 자본 10억원 미만 – 반기 감사[1] 보고서 비적정 의견 – 반기 보고서 법정제출 기한 내 미제출 등이다.

코스닥시장에서 주의 깊게 봐야 하는 또 하나의 회사는 코오롱생명과학이다. 코오롱생명과학은 반기 감사보고서에서 비적정의견이 나올 가능성이 있다. 재감사가 반기보고서에 영향을 미칠 수 있어서다. 현재 코오롱생명과학은 한영회계법인을 통해 2018년도 재무제표에 대한 재감사를 받고 있다. 골관절염 치료제 인보사케이주 판매중지와 소송 등에 따른 외부감사인 판단 결과다.

홍정우 효림회계법인 파트너회계사는 "2018 사업연도에 대한 재감사는 해당 회계연도 재무제표에 불확실성이 존재한다는 의미"라며 "이에 따라 전년도에서 넘어온 2019년 반기 재무제표 기초 자료에도 불확실성이 존재할 수밖에 없고, 따라서 감사인은 반기 감사보고서에[2] 적정의견을 주기 힘들다"고 전했다.

거래소에 따르면 반기 재무제표에 대한 감사의견이[3] 부적정, 의견 거절, 감사 범위 제한으로 인한 한정 중 하나에 해당한 때, 관리종목에 들어가면서 하루 매매거래가 정지된다. 아울러 코오롱생명과학은 재감사보고서에서 비적정 의견이 나오면 상장폐지 대상에 해당된다. 다만 회사가 이의신청을 하면 내년 4월 9일까지 개선기간 부여가 가능하다.

한영회계법인은 코오롱생명과학 1분기 검토보고서에서 "2018년 말 재고자산 개발비가 올해 1분기 매출원가와 무형자산 손상차손에 미치는 영향에 대해 검토 절차를

---

1) 이제까지 반기는 검토의 인증의 받으므로 감사가 아니라 검토의 오기인 듯하다.
2) 검토보고서여야 하는데 감사보고서는 오기이다.
3) 검토의견이어야 하는데 감사의견은 오기이다.

충분히 수행할 수 없었다"며 한정의견을 표명하기도 했다.

　　코오롱생명과학은 공시 번복 사유로 불성실공시법인 지정도 예고됐다. 170억원 규모 제품 공급 계약 해지에 따른 조치다. 불성실공시법인 지정 여부 결정시한은 오는 19일이다. 벌점 5점 이상이 부과되면 하루 매매거래가 정지된다. 또한 최근 1년간 누계 벌점이 15점 이상에 이르면 상장적격성 실질심사 대상이 될 수 있다.

　　코오롱티슈진은 상장적격성 실질심사 중이며 이달 26일까지 기업심사위원회(기심위) 심의 의결을 거쳐 상장폐지나 개선기간 부여 여부를 결정할 예정이다.

반기보고서 관련 형식적 상장폐지

이의신청 없이 즉시 상장폐지:
-정기보고서(반기 포함) 2회 연속 미제출
-분기 월평균 거래량 유동 주식 수 1% 미만 관리 종목

이의신청 가능:
-자본 잠식 50% 이상 관리종목 지정 사유 미 해소
-자기 자본 10억원 미만 관리 종목 지정 사유 미 해소

반기보고서상 관리종목 지정 사유:
-자본잠식률 50% 이상
-자기자본 10억원 미만
-반기 감사보고서[4] 비적정 의견
-반기보고서 법정 제출 기한 내 미제출

한국경제신문. 2019.8.15.
'감사의견 거절' 속출, 회계 대란 재연되나

　　12월 결산 상장법인의 반기보고서 제출 기한 마감을 맞아 외부감사인으로부터 '감사의견거절'을 받은 종목이 속출하면서 투자자들 불안이 커졌다. 바른전자 등 일부 종목은 관리종목이었다가 다시 감사의견 비적정을 받으면서 상장폐지 사유가 발생했다.

　　14일 한국거래소에 따르면 12월 결산 상장사들은 사업종료일(6월말)부터 45영업일 이내인 이날까지 반기보고서를 제출해야 한다. 제출하지 않으면 관리종목에 지정된다.

....

4) 반기 감사보고서가 아니고 검토보고서이다.

관리종목에 지정된 상장사가 다시 기한 내 제출하지 않거나, 2년간 3회 이상 정기보고서를 내지 않으면 상장 폐지 절차를 밟는다. 시장에서 가장 우려하는 부분은 반기보고서에 첨부되는 회계감사인의 감사보고서[5] 의견이다. 감사보고서에서[6] 의견거절 등 비적정의견이 나오면 상장폐지 사유로 이어질 수 있기 때문이다. 반기보고서를 낸 회사 중 코스닥 상장사 22개사 이상이 올 상반기 감사보고서에서[7] '감사의견[8] 거절'을 받았다. 한정의견을 받은 상장사도 속출했다. 유가증권시장에서는 웅진에너지, 세화아이엠씨, 컨버즈, 지코가 감사의견[9] 거절을 받았다.

이들 중 상당수는 이미 거래소로부터 상장 적격성 실질심사를 받고 있거나 개선 기간을 부여 받은 회사들이다. 2018년 사업보고서 제출 때도 비적정 감사의견을 받아 거래정지 상태이거나, 상장폐지 관련 절차를 밟고 있는 종목도 많았다.

투자자들의 관심을 받았던 코오롱생명과학의 경우 비적정 감사의견을 받아 관리종목으로 새로 지정받게 됐다. 감사인인 한영회계법인은 "자산 손상을 시사하는 사건이 관련 손익에 미치는 영향에 대한 충분한 검토 절차를 수행할 수 없었다"며 '한정'의견을 냈다. 코오롱생명과학은 지난 3월 신약 '인보사케이주(인보사)'의 성분이 뒤바뀐 사실이 드러나 파문을 일으켰고, 1분기 검토보고서에서도 '한정'의견을 받았다. 거래소 관계자는 "반기보고서의 감사의견[10] 비적정이 즉시 상장폐지 심사까지 가지는 않는다"며 "코오롱생명과학도 관리종목 지정에 그칠 것"이라고 말했다.

이미 관리종목으로 지정돼 있는 상장사들은 상장폐지로 갈 가능성이 커 투자자들이 주의해야 한다는 지적이다. 지난 7월말 현재 유가증권 코스닥시장 상장사 가운데 관리종목 지정 회사는 모두 80곳에 달한다. 바른전자 모다 파티게임즈는 감사의견 비적정이나 자본잠식 등 회계 문제로 관리종목에 지정된 후 이날 다시 감사의견 '거절'을 받아 상장폐지 사유가 발생했다. 코스닥 상장사는 사업연도 말 혹은 반기 말 자본잠식률이 50% 이상이거나 자기자본이 10억원 미만일 때도 관리종목으로 지정된다. 테라셈은 이번 반기보고서에서 자본잠식률 50%를 넘어 관리종목 지정 사유가 추가됐다.

---

5) 검토보고서이다.
6) 검토보고서이다.
7) 검토보고서이다.
8) 검토의견이다.
9) 검토의견이다.
10) 검토의견이다.

이날 셀바스AI는 상반기 반기보고서를 제출하지 못했다고 밝혔다. 자회사인 셀바스 헬스케어의 2018년 사업연도 재무제표가 재감사에 들어간 영향이다. 이매진아시아, 에스마크 등도 반기보고서를 제출하지 못했다고 밝혔다.

16 삼성바이오로직스

삼성바이오로직스(삼바)의 분식회계 이슈가 2018년 11월 14일 증권선물위원회의 제재를 받았다. 물론, 최종적인 조치는 금융위원회에서 확정되었지만 실질적인 조치의 주체는 증권선물위원회이다. 삼바는 이에 반발하여 행정소송을 제기하면서 가처분신청을 요청했고 가처분 신청이 1, 2심에서 모두 인용되었다. 손성규(2019) chapter 36에서 삼바와 관련되어 많은 내용들이 기술되어 있으며 본 저술에서는 증선위의 조치 이후에 진행된 삼바의 분식 건에 대해서 기술한다. 단, 저자가 삼성바이오로직스 회사에 대해 용역보고서를 작성하여 준 입장에서 이 건에 대한 저자의 견해가 편의가 있을 수도 있음을 밝힌다.

행정재판이 현재 진행 중이고, 재판에 영향을 미칠 수 있는 사건들도 계속적으로 진행될 것이다.

한국경제신문. 2019.1.21.
'2012년 삼바 연결회계'가 정당하다

삼바는 2012년 미국바이오젠과 합작 계약으로 삼성바이오에피스를 설립했다. 지분은 85%(삼바) 대 15%(바이오젠), 대신 바이오젠은 삼바에 방어권과 콜옵션을 추가로 요구했다.

정부는 바이오젠이 설립 직후부터 에피스를 삼바와 공동 지배하고 있기 때문에 지분법회계로 처리해야 했는데, 삼바는 연결회계로 처리했다며 삼바를 검찰에 고발했다. 따라서 이번 회계이슈의 정점은 현금 출자 시 받은 주식(바이오젠 15%) 외에 방어권 콜옵션(주식 매수권)도 합작회사 에피스에 대해 동등한 지배력을 갖고 있는지에 대한 해석이다.

먼저 정부는 바이오젠이 갖고 있는 신제품 추가, 판권 매각 등과 관련한 동의권은 계약 조건이기 때문에 삼바와 지배력을 공유하고 있다고 해석했다. 하지만 K-IFRS는 삼바로부터 바이오젠 이익을 보호하기 위해 부여된 동의권과 계약서에 명시된 인수합병 등 예외적인 상황에 적용되는 동의권은 단순 방어권이기 때문에 지배력 요건으로 인정하지 않는다. 또 바이오젠은 50% 지분을 투자해 '지배력을 공유하는 당사자 간 전체 동의'로 할 수 있는 규정을 활용해 공동 지배할 수 있었음에도 15%만 투자한 후 특정 동의권만 추가로 부여받았다. 즉, 공동 지배가 아니라 자신의 이익 보호를 목적으로 예외조항을 선택한 것이다. 이런 조항은 소수주주 보호를 위한 전형적인 단순 방어권으로 지배력이 인정되지 않는다.

둘째, 정부는 바이오젠이 가진 콜옵션은 경제적 실질이 있으므로 잠재적 의결권으로서 실질적인 권리에 해당하기 때문에 삼바와 지배력을 공유하고 있다고 해석했다. 하지만 K-IFRS는 '연결회계는 투자자가 피투자자에 대한 지배력을 획득하는 날부터 시작한다'고 규정하고 있어 콜옵션의 경제적 실질이 언제부터 발생했는지는 에피스 설립일을 기준으로 따져봐야 한다. 경제적 실질은 에피스 설립 당시 주식 가치가 콜옵션 행사가격보다 커야 인정된다. 이를 회계용어로는 내가격 상태라고 한다. 2012년 설립일 기준으로 볼 때, 아무것도 없는 에피스의 주식가치가 행사가격보다 높다는 것은 상식적으로 이해하기 힘들다. 또 당시 콜옵션상의 이론상 내가격은 없거나 마이너스가 돼 경제적 실질이 결여된다. 이 때문에 2012년 에피스 설립일의 개시 연결재무제표에 콜옵션을 실질적 권리로 인정해 지분법으로 회계처리할 수 없다는 것이 필자 생각이다.

또 에피스의 주총 의결 최저 지분은 52%였고, 바이오젠의 이사 동수 추천권 역시 바이오젠의 콜옵션 행사 이후에나 비로소 생긴다. 이것은 바이오젠이 에피스 설립일에 에피스에 대한 지배력이 없음을 방증하는 것이다.

결론적으로 2012년 삼바의 연결회계는 상당한 정당성이 있어 보인다. 삼바가 에피스에 85%의 주식 지분을 투자했음에도, 바이오젠이 15%의 주식 지분 외에 투자자 유인책으로 부여된 방어권과 콜옵션을 보유하고 있다고 해서 실질적인 권리를 충분히 따지지 않고 에피스 설립일부터 동등하게 지배력으로 인정하는 것은 확대해석이다. 당사자인 바이오젠은 2012년 삼바가 에피스에 대한 실질적인 지배력이 있다고 공시까지 했다.

정부가 에피스의 회계처리가 연결회계인지 지분법회계인지 오락가락하면서 번복결정을 해왔다는 점은 이번 회계 이슈가 매우 복잡한 사안임을 보여주는 것이다. 향후 집행정지와 행정소송에 이런 부분이 반영되길 기대한다. K-IFRS는 원칙중심의 규정이고, 경영진 판단을 존중해야 할 특성이 있다는 점을 주목할 필요가 있다.

YTN. 2019.1.22.

법원, 삼성바이오로직스 '증선위 처분 집행정지' 신청 인용

삼성바이오로직스가 증권선물위원회를 상대로 제기한 시정요구 등 취소 청구사건에서 서울행정법원은 삼성바이오로직스의 집행정지 신청을 인용하였습니다.

재판부는 증권선물위원회의 처분으로 인해 삼성바이오로직스에 회복하기 어려운 손해가 발생할 수 있다고 판단했습니다. 또, 본안 소송에서 판단을 받기도 전에 부패기업이라는 낙인이 찍혀 기업 이미지와 신용이 심각하게 훼손될 것으로 보인다고 설명했습니다.

재판부는 집행정지에 대한 가처분 결정인 만큼, 고의 분식회계 여부는 구체적으로 판단하지 않았습니다.

증선위는 지난해 11월, 삼성바이오로직스가 2015년 말 자회사의 회계처리 기준을 변경하는 과정에서 4조 5천억 원의 가치를 고의로 부풀린 것으로 보고 대표이사 해임 권고와 재무제표 시정, 과징금 80억 원 등의 처분을 내렸습니다.

조선일보. 2019.1.23.

법원 "다수의 전문가, 삼바 회계처리 문제없다 판단"

서울행정법원 행정3부(재판장 박성규)가 22일 삼바 분식회계 사건에 대해 "삼성 회계 처리가 위법하다고 단정할 수 없다"며 증선위가 내린 중징계의 효력을 본 재판 결과가 나올 때까지 정지해야 한다는 결정을 내렸다.

법원은 결정을 내리는 과정에서 삼바의 회계처리가 적법한지 직접적으로 따져보지는 않았다. 하지만 법원이 공개한 결정문에는 애초에 삼성바이오가 분식회계를 저질렀다고 주장한 금융감독원 논리에 대한 재판부의 의구심이 곳곳에 드러나 있다. "회계기준을 자의적으로 해석하고 고의로 위반했다"는 증선위/감독원과 삼성이 본 재판에

서도 치열하게 논리 대결을 벌일 것으로 보인다.

• 금감원 '말 바꾸기' 또 거론돼

이날 법원 결정에서 주목할 부분은 이 사건 핵심 쟁점인 삼바의 자회사 에피스에 대한 회계 처리와 관련해 금감원의 '말 바꾸기'를 법원도 지적했다는 점이다.

이 사건이 불거진 것은 2015년 회계장부를 작성할 때 삼바가 자회사 에피스를 '종속회사'에서 '관계회사'로 회계 처리 기준을 바꾼 게 계기가 됐다. 자회사 지위를 '관계회사'로 바꾸면 그 가치를 '장부 가격'에서 '시장 가치'로 바꿔야 하는데, 당시 에피스의 시장 가치는 장부가치보다 훨씬 높았다. 그 결과, 4년간 적자였던 삼바가 1조 9,000억원 흑자로 돌아서자, 참여연대 등의 가치 부풀리기에 따른 분식회계라고 지적한 것이다.

재판부는 그러나 이날 결정문에서 금감원이 2차례나 삼성의 과거 회계처리를 문제 없다고 했다는 점을 지적했다. 우선 재판부는 "2016년 11월 참여연대가 삼바의 회계 처리가 적법한지 질의했을 때 금감원조차 '적법하다'는 취지로 답변했다'는 것을 사례로 들었다.

둘째는 작년 5월 금감원이 삼성에 "분식회계를 저질렀다"고 통보했을 때다. 재판부는 "당시 금감원은 삼바가 2015년에 에피스를 종속회사에서 관계회사로 변경해 회계 처리한 것이 위법하다고 했는데, 이건 2012~2014년은 에피스를 종속회사로 처리하는 게 맞는다는 걸 전제로 한다"고 밝혔다. 그러나 작년 10월 금감원은 증선위 명령에 따라 재감리를 벌인 뒤 "2012~2014년 회계 처리 때 에피스를 관계회사로 처리해야 했기 때문에 삼성 회계가 틀렸다"고 다시 입장을 바꿨다.

재판부는 이밖에도 "서울대 회계학연구센터 교수들과 고려대학교 경영대학 교수 등 다수의 회계전문가는 2012~2014년 삼성 회계 처리가 회계기준에 부합한다는 의견을 냈다"면서 "삼성의 2012~2014년 회계 처리가 위법하다고 단정할 수 없고 다른 쟁점에 대한 삼성 주장도 그 나름의 근거가 있으므로 본안에서 심도 있게 판단할 필요가 있다"고 명시했다. 법조계 관계자는 "분식 회계 여부에 대해 논쟁할 여지가 있다는 점을 법원이 인정한 것"이라고 말했다.

• 소액주주 경제적 손해도 우려

또 징계를 지금 따를 경우 "본안 재판에서 판정을 받기도 전에 특정 주주나 삼성의 이익을 위해 4조원이 넘는 규모의 분식회계를 한 부패기업이라는 낙인이 찍혀 기업 이미지와 신용 및 명예가 심각히 훼손될 것으로 보인다"며 "소액주주와 이해관계자들도 경제적 손해를 입을 수 있다"고도 했다. 대표이사를 해임하는 것에 대해서도 "심각한 경영 공백이 발생할 것으로 예상된다"고 했다.

즉, 애시 당초 에피스에 대한 회계가 종속회사가 아니고 관계회사였었다고 하면 2015년에 관계회사로 전환하면서 회계가 잘못되었다는 지적은 원천적으로 잘못된 회계가 아니어야 한다.

한국경제신문. 2019.1.23.
법원 "학계도 회계처리 적법 판단"… 1심 앞둔 삼바, 일단 한숨 돌려

재판부는 증선위의 제재안이 본안 행정소송에서 삼바 측이 승소하더라도 회복할 수 없는 피해를 야기할 수 있다고 판단했다. 제재를 하지 않으면 오히려 공익을 해친다는 증선위 주장도 거꾸로 뒤집어, 제재를 하지 않는 게 오히려 공익에 부합한다고 판단했다.

• 행정소송 1심에 달린 삼바 운명

삼바에 대한 검찰의 수사 강도도 수위가 높아지고 있다. 검찰은 참여 연대와 증선위가 고발한 삼바 의혹 사건을 서울중앙지검 특수 2부에 배당했다.

법조계에서도 검찰 수사 또는 행정소송 1심에 영향을 받을 것이라는 전망이 나온다. 한 대형로펌 변호사는 "회계 위법성에 대한 다툼의 여지가 큰 사건인 만큼 검찰이 행정소송 1심 결과가 나오기 전에 무리하게 기소 카드를 꺼내긴 어려울 것"이라고 설명했다.

대법원 확정 판결 때까지 회계장부와 재무제표를 수정하지 않아도 된다는 점도 이번 가처분 소송의 수확이다.

행정소송이 진행 중인 건에 대해서 대표이사에 대한 징계를 집행한다면 이는 되돌릴 수 없게 된다는 판단은 다음과 같은 건에도 동일하게 적용된다.

검찰이 수사를 진행하는 경우에는 감독기관의 해당 기업에 대한 조사는 일단 중단한다. 유사한 건일 경우, 두 건이 무관하지 않으므로 이렇게 하는 것이 옳다.

매일경제신문. 2019.1.23.
삼성바이오 '증선위 제재' 당분간 올스톱

이에 따라 증선위 제재를 삼바가 제기한 행정 소송 결과가 나온 이후 30일이 되는 날까지 효력이 중단된다.

조선일보. 2019.1.25.
"삼바의 가처분 신청 인용, 증선위 결정 무리수였다는 의미"

삼바가 제기한 증선위 제재에 대한 집행정지 신청이 법원에서 받아들여지면서 앞으로 전개될 행정소송에서 유리한 입장에 서게 됐다는 법학계의 분석이 나왔다.

24일 바른사회시민회의 주최로 서울 태평로 한국프레스센터에서 열린 '삼성바이오-증선위 행정 소송 쟁점과 전망' 정책토론회에서 최승재 대한변호사협회 법제연구원장은 "그동안 전통적인 분식회계 사건은 고의나 과실이 명백해 집행정지가 받아들여지지 않았다"며 "삼바의 가처분신청 인용은 본안 소송에서 다툴 만한 논점이 있다고 법원이 판단한 것으로 보인다"고 말했다.

삼바는 지난해 11월 증선위의 분식 회계 판정을 받고 이에 불복하는 행정소송과 행정처분 집행정지 소송을 제기했다. 최원장은 "이번 결정이 삼바가 회계 처리를 정당하게 했다는 뜻은 아니다"면서도 "다만 구속이 형사처벌 가능성이 높다는 시그널을 주는 것처럼 집행정지 인용도 본안 소송에서 패소할 확률이 명백하지 않다는 의미로 해석될 수 있다"고 평가했다. 그러면서 "법원이 통상적인 심문 기일인 2주를 넘겨 한 달 동안 신중하게 판단했고 삼바에 회복하기 어려운 피해가 있을 수 있다는 점을 인정한 것"이라며…

단, 삼바가 분식을 행했는지에 대한 본격적인 행정소송은 이제 시작되는 것이니 결과를 예단하기는 어렵다.

조선일보. 2019.2.7.
삼바 내부 제보자 진술 '신빙성 논란'

금융위원회 산하 증권선물위원회가 작년 11월 삼성바이오로직스의 과거 회계를 고의적인 분식회계로 결론 내렸을 때 중요 증거가 된 '내부 문건' 제보자가 당시 금융감독원에 별도 진술까지 한 것이 확인됐다. 삼성과 증선위가 향후 법원 재판과 검찰 수사 과정에서 내부 문건뿐 아니라 제보자 진술 신빙성 문제를 두고도 다툴 가능성이 제기된다.

이 사건의 핵심 쟁점은 2012년 이후 삼바 자회사 에피스에 대한 회계 처리문제다. 작년 5월 증선위 첫 심의 때 금감원은 삼성바이오가 2015년 에피스에 대해 회계처리를 할 때 고의로 회계기준을 위반했고, 2012~2014년 회계 처리와 관련해서는 어떤 것이 맞는지 단정적으로 지적하기 어렵다는 입장이다. 그러나 금감원은 작년 10월 증선위 2차 심의 때는 "삼성의 2012~2014년 회계 처리가 잘못됐다"고 입장을 바꿨다.

최근 공개된 작년 11월 14일 자 증선위 회의록에 따르면, 금감원은 논리가 바뀐 이유에 대해 "내부 문건과 제보자 진술로 인해서 (논리를) 더 많이 보강했다"고 했다. 그러면서 "진술 자체는 (제보자) 본인이 담당한 업무 부분 외에는 신빙성이 더 떨어지는 건 맞는다"고도 했다. 제보자가 내부 문건을 금감원에 전달하고 당시 상황도 진술했는데 '다른 사람에게 들었다'고 말한 부분도 있다는 뜻이다. 법조계 관계자는 "증선위원도 의문을 제기한 것처럼 향후 삼성 측이 재판이나 검찰 수사에서 제보자 진술의 신빙성을 문제 삼는 전략을 펼칠 것"이라고 예상했다.

증선위 회의록에는 또 증선위원 전원이 삼성이 2015년 자산평가회사에 영향력을 행사한 정황을 고의적 분식회계의 핵심 증거로 삼은 부분도 나타나 있다. 삼성바이오는 2012년 미국 제약회사 바이오젠과 공동으로 삼성에피스를 만들었을 때, 향후 삼성에피스 주식 49%를 정해진 가격에 살 수 있는 권리를 바이오젠에 줬다. 회의록에 증선위원들은 금감원이 입수한 내부 문건과 이메일 등을 통해 "삼성이 콜옵션 가치를 평가하기 어렵다는 결론을 내야 장부를 고치지 않아도 된다고 판단했고, 평가를 맡은 자산

평가회사에 자료를 충분히 주지 않거나 가치평가가 불가능한 이유를 삼성 측에 유리
한 문구로 바꾼 정황이 확인된다"고 의견을 모았다.

매일경제신문. 2019.2.7.
합작기업의 지배구조와 삼성바이오 이슈

　최근 서울행정법원이 삼바의 합작법인 회계처리 문제도 증권선물위원회가 내린 제
재의 효력을 정지하는 결정을 내렸다. 필자는 대학에서 글로벌 기업의 다양한 합작 기
업 사례를 학생들과 토론한다. 삼바 합작 사례도 합작 기업의 지배구조와 관련해 토
론하는 사례 중 하나로 삼바가 2012년에 미국 바이오젠과 바이오시밀러 개발을 목적
으로 설립한 합작법인 에피스를 분석한다. 에피스 지배구조에 이슈에 대한 합리적 논
의가 필요하다는 생각에서 지난 학기 수업 토론의 핵심 내용을 정리해 소개한다.

　합작기업은 둘 이상의 기업들이 지분투자를 통해 협력 관계를 구축하는 것을 의미
한다. 합작기업의 지배구조에는 한 파트너가 경영을 지배하는 단독지배구조와 파트너
들이 대등한 공동경영을 하는 공동지배구조가 있다. 합작기업의 지배구조가 어떤 유형
에 속하는지는 지분율과 실질적 의사결정구조를 종합적으로 고려해 판단한다. 통상
다수지분율(50%+1주)을 가지면 지배력을 가지는 것으로 볼 수 있지만, 주주총회 의
결정족수, 이사회 구성, 기타 의사결정 관련 계약 조항에 따라 다수지분율을 가지고도
실질적으로는 공동지배를 하는 구조인 경우도 있다.

　삼바는 합작법인 에피스 설립 당시 지분율 85%, 이사 5명 중 4명 임명권, 대표이사
임명권 등을 확보해 실질적 지배력을 가진 것으로 판단된다. 합작 파트너인 바이오젠
이 개발 제품 신규 추가와 판권 매각에 관한 동의권을 확보했으나 이는 다수 지분 파
트너가 경영권을 독식하는 것을 막는 소수 지분 파트너 보호 장치로 파악해야 한다.
소수 지분이기는 하지만 지분 투자가 이루어지는 만큼 최소한의 경영참여 장치가 있어
야 한다는 의미이다. 이를 공동지배구조의 근거로 해석하는 것은 적절하지 않다. 한국
GM의 지분 17%를 보유한 산업은행이 일부 의사결정 이슈에 거부권을 가지고 있다고
공동 지배구조로 볼 수는 없다. 또한 바이오젠 입장에서 볼 때 초기 단계에서는 에피
스와 기술이전 계약을 통한 협력 관계 구축이 가능하기 때문에 공동지배구조를 통한
포괄적 협력에는 관심이 약할 수 있다.

본질적으로 합작 기업의 지배구조는 상황에 따라 변화해간다. 지배적 파트너에서 공동 지배 파트너 또는 종속적 파트너로 변화할 수 있고, 상대 파트너의 지분을 전부 인수해 완전한 단독지배구조가 될 수도 있다. 특히 한 파트너가 다른 파트너 지분을 인수할 수 있는 콜옵션 조항이 합작계약에 포함된 경우 콜옵션 행사 여부에 따라 합작기업 지배구조는 크게 변할 수 있다. 에피스 설립 당시 바이오젠은 삼바로부터 50%-1주까지 지분을 인수 할 수 있는 콜옵션을 확보했다.

콜옵션은 불확실성과 리스크가 큰 사업 분야에서 단계적 투자전략이다. 초기투자 이후 일정 기간이 경과되어 불확실성이 낮아졌을 때 추가 투자여부를 결정하겠다는 것이 합작투자 옵션 계약의 본질이다. 벤처기업 성격이 강한 에피스의 경우 일정 기간이 경과하기 전까지는 지분가치를 판단하기 매우 어렵다. 따라서 처음부터 콜옵션 행사 가능성이 높았다고 보기는 어렵고, 바이오시밀러 승인 등 실질적 성과가 나타나기 시작한 시점부터 지분가치가 올라가고 콜옵션 행사 가능성이 높아졌다고 판단된다. 결과적으로 에피스의 지배구조는 단독지배구조에서 공동지배구조로 변하게 된다. 주총 의결 정족수가 52%로 되어 있어 어느 파트너도 절대적 지배력을 가지기 어렵기 때문이다.

작년 11월 증선위는 에피스 지배구조를 처음부터 공동지배구조로 판단했어야 한다는 결정을 내렸다. 합작기업의 지배구조를 오랫동안 연구해온 필자로서는 솔직히 납득이 잘 되지 않았다. 앞으로 보다 치밀한 논리적 검증을 거친 합리적 결론이 내려지기를 기대한다.

중앙일보. 2019.2.16.

삼바사건과 무시된 회계 전문가의 견해

수백명의 과학자들이 성명서를 발표하는 등 집단으로 저항함에 따라 전 정권에서 임명된 신성철 KAIST 총장을 쫓아내려던 정부의 계획이 좌절된 듯하다. 이와 유사하고 정부에 대해 학자들이 반발하는 일은 다른 학문 분야에서도 발생 중이다. 일부에서 '삼바 분식회계'라고 부르는 사건이다. 이 사건은 2018년 동안 회계학계를 뜨겁게 달아 오르게 했다. 필자를 비롯한 여러 저명한 학자들이 "삼바의 회계처리가 잘못되지 않았다"는 의견서를 발표했으며, 사석에서도 이와 관련해 견해를 쏟아냈다. 평상시는 금융당국의 눈치를 보던 회계법인 업계에도 이 사건에 대해서는 크게 반발하고 있다.

최초에 이 사건을 문제 삼은 참여연대나 몇몇 정치인은, 삼성물산과 제일모직의 합병 시 이재용 삼성전자 부회장의 지분비율이 높은 제일모직에 유리하도록 합병비율을 조정하려고 제일모직의 자회사 삼바의 가치를 부풀리는 분식회계를 했다고 주장했다. 이 말이 사실이라면 합병 발표 전 문제가 된 회계처리가 이루어져야 할 텐데, 실제로는 발표 6개월 뒤에 벌어진 일이다. 기업의 본질가치와도 상관이 없어, 증가한 기업가치를 언제 어떻게 기록할 것인지에 대한 의견차이만 있는 사건이다. 이 회계처리가 왜 잘못인지에 관한 금융당국의 주장이 사건이 진행되던 1년 동안 수차례 변했다는 점을 봐도 뭔가 이상하다는 생각이 든다. 최종적으로 발표된 분식회계의 이유도 참여연대의 주장과 관련이 없는 내용이다.

이 사건의 핵심은 전문용어로 표현하면 '지배력의 존재 여부 판단'과 관련된다. 다수의 학자나 회계업계에서는 개별 회계처리 방법의 적정성을 떠나 국제회계기준의 접근방법에 비추어 봐도 현 금융당국의 주장은 문제가 있다고 본다. IFRS는 '원칙중심 회계기준'이라고 불리며, IFRS는 도입 이전 우리나라에서 사용하던 회계기준이자 현재 미국과 일본에서 사용 중인 '규정중심 회계기준'과 대립되는 개념이다. 모든 상황에 대한 세부적인 규정을 사전에 마련할 수 없으므로, 이 사건처럼 세부적인 규정이 없는 경우라면 의사결정의 준거점이 되는 큰 틀만 제공하는 것이 IFRS다. 전문가가 그 틀에 따라 적정한 회계처리 방법이 무엇인지 판단하므로, IFRS상에서는 동일한 사안에 대해서도 판단이 다르므로 서로 다른 결과가 나올 수 있다. 따라서 전문가가 왜 그런 판단을 했는지를 주석을 통해 설명해서 이해관계자들이 그 이유를 알 수 있도록 하자는 것이다. 즉 전문가의 판단을 존중하자는 것인데, 전문가가 아닌 사람들이 나서서 전문가의 판단이 틀렸다고 하는 기묘한 일이 벌어지고 있다.

삼바의 회계처리가 논란을 불러일으킨 건 사실이다. 그런데 삼바는 이를 숨긴 것이 아니라, 회계법인들과 수차례 논의를 거쳐 이 방법이 적정하다고 판단을 했고 공시도 했다. 삼바의 공시 내용이 충분한가에는 이론이 있을 수 있다. 그렇지만 다수의 회계법인 전문가들이 당시 그 회계 처리 방법이 옳다고 판단했었고, 사후적이지만 삼바의 상장 당시 재무제표에 대한 감리를 수행한 공인회계사회나 전 정권의 금융당국, 그리고 현재 다수의 학자들 역시 그 회계처리 방법이 옳다고 판단했다. 이것을 보면 그 방법이 터무니 없다고 보이지 않는다.

대다수의 학자들이나 회계법인들은 오히려 현재 금융당국이 주장하는 회계처리 방법이 더 문제가 많다고 생각한다. 현 금융당국의 주장이 맞다면 삼바뿐 아니라 많은 국내 기업들도 이제까지 분식회계를 해 온 것이며, 삼바의 합작 파트너인 미국 바이오젠은 '경영권은 삼바가 보유한다'는 허위 공시를 했던 것이다. 일부 학자들은 "국제회계기준위원회에 이 회계처리 방법이 옳은지 문의하기만 해도 정답은 쉽게 알 수 있을 것"이라고 이야기할 정도다.

이 사건과 관련해서 공인회계사회와 한국회계학회가 공동으로 학회를 개최하였으며, 앞으로도 계속 관련 학회를 개최할 계획이다. 얼마 전 열렸던 학회에서 참석자들은 "감독당국이 회계기준을 객관적이 아니라 정치적으로 해석한다"고 비판했다. 학회에서 발표된 설문조사 결과를 보면 회계사들이 감독당국을 얼마나 불신하고 있는지 잘 알 수 있다. 최중경공인회계사회 회장은 감독당국이 이렇게 특정 의도를 가지고 회계기준을 이용하는 것을 막기 위해서 'IFRS와 이혼하는 것'도 고려해야 한다고 말했다. 필자도 이 견해에 일부 공감한다. 극단적인 대안이지만 '미국회계기준을 쓸 수도 있을 것이다. 미국회계기준은 훨씬 복잡하지만 법조문처럼 자세한 회계처리 절차를 규정하고 있다. 따라서 해석을 둘러싼 이견이 발생할 가능성이 작아 정치권이 삼바 사태와 같은 일을 벌이기 어려울 것이다.

이 사건이 종료되면, 삼바 사건과 비슷한 의도로 시작된 듯한 다른 기업을 타깃으로 한 사건들이 금융당국에 의해 대기 중이라는 소식은 우리를 더욱 우울하게 한다. 전문적인 일이라면 정치인이 아니라 전문가의 의견이 존중받는 사회가 그립다.

한국경제신문. 2019.2.20.
삼성바이오, 증선위 1차 제재도 효력 정지

증권선물위원회가 지난해 '공시 누락'을 이유로 삼바에 내린 1차 제재의 효력이 정지됐다. 앞서 2차 제재도 효력 정지된 상태여서 행정소송 결과가 나오기 전까지 삼바에 대한 증선위 제재는 모두 정지됐다.

19일 서울행정법원 행정 13부(부장판사 유진현)는 삼바가 증선위를 상대로 낸 집행정지 요청을 인용했다. 증선위 제재를 그대로 이행할 경우 삼바가 회복하기 어려운 손해를 입을 수 있다는 게 법원의 판단이다.

지난해 7월 증선위는 삼바가 자회사 에피스의 주식매수청구권을 합작 투자사인 바이오젠에 부여하고도 이를 공시하지 않았다고 발표했다. 당시 증선위는 삼바에 재무

담당 임원의 해임을 권고하고 3년간 지정감사인이 감사를 받도록 했다.

증선위는 지난해 11월엔 삼바가 2015년말 에피스를 종속회사에서 관계회사로 회계 처리를 변경하는 과정에서 고의로 분식회계를 했다는 내용의 2차 결과를 발표했다. 삼 바는 2차 결과에 대해서도 불복해 지난달 법원에서 효력 정지 결정을 받아냈다.

한국경제신문. 2019.3.11.
"분식회계 최종 판결 안 나왔는데…"

금융당국이 삼바가 분식회계를 했다는 판단을 내리는 데 결정적 근거를 제공한 내 부 고발자에게 대규모 포상금을 지급하는 방안을 조만간 확정한다.

10일 관련 업계에 따르면 금융위원회 산하 증권선물위원회는 오는 13일 열리는 정 례회의에서 삼바 내부고발자에 대한 포상금 지급 안건을 올릴 계획이다. 회계 부정신 고 제도에 따라 증선위는 제재 조치를 내린 뒤 4개월 안에 신고자 포상 여부를 결정 해야 한다. 증선위는 삼바에 대표이사 및 담당임원 해임 권고, 과징금 80억원 부과, 재무제표 시정 등의 제재를 지난해 11월 내렸다.

증선위는 이때 고발자가 제공한 삼바 내부 문건을 참고해 삼바가 2015년 말 자회 사 에피스를 종속회사에게 관계회사로 변경해 고의로 분식회계를 저질렀다고 판단했 다. 문건에는 삼바가 회계처리 변경을 하기 앞서 통합 삼성물산(삼성물산+제일모직)이 옛 제일모직 주가의 적정성을 확보하기 위해 바이오사업 가치를 6조 9,000억원으로 평가했다는 등의 내용이 담겨 있다.

회계업계는 이 문건이 금융당국의 고강도 제재를 이끌어낸 결정적 근거로 작용했다 는 점에서 삼바 내부 고발자가 사상 최대 규모의 포상금을 받을 가능성이 높을 것으 로 보고 있다. 금감원은 내부고발 활성화를 위해 회계 부정 포상금 한도를 1억원에서 10억원으로 2017년 11월 늘렸다. 포상금 규모는 회계부정 행위의 중요도와 제보자 기 여도를 감안해 10등급으로 나눠 산정한다. 지금까지 지급된 포상금 중 최대 금액은 2,000만원 수준이다.

이에 대해 법원이 삼바가 분식회계를 했다는 최종 판결을 내리지 않은 시점에서 포 상금 지급을 확정하는 것은 적절치 않다는 지적도 나온다. 서울행정법원은 회계처리가 위법하다고 단정할 수 없다며 삼바가 증선위를 상대로 낸 행정처분 집행정지 가처분신청을 지난달 22일 인용했다.

포상금 제도가 있고 또한 제재 조치 이후 4개월 이내에 포상여부를 결정하여야 한다니 감독기관이 갖는 고민도 충분히 이해할 수 있다. 그럼에도 불구하고 행정소송에서 증권선물위원회가 패소할 경우, 이 포상금을 다시 회수할 수 있는 방법은 요원하다.

아마도 감독기관의 포상과 관련된 제도 (규정 및 시행세칙) 등이 이러한 복잡한 경우의 수를 생각하지 못하고 작성되었을 것 같다. 그도 그럴 수 있는 것이 증선위의 분식회계 관련된 제재 의사결정에 대해서 기업이나 감사인이 행정소송을 한다는 것 그 자체는 피감독기관의 입장에서는 상당한 부담스러운 일이고 흔히 있는 일이 아니다. 특히나 기업은 몰라도 감사인은 지속적으로 감독기관과의 관계에 있어서는 피감의 입장이고 을의 입장이기 때문에 행정소송 자체가 부담이다.

일단, 대우조선해양의 분식회계 건에 대해서도 행정소송에 의해서 안진회계법인이 조직적으로 개입하지 않았다는 것으로 결론이 내려졌음에도 불구하고 안진은 회계법인에 대한 조치 때문에 1년 동안 상장기업에 대한 신규 감사계약 체결이 어려워지면서 1년 거의 300억원의 매출 손실을 입었다. 안진은 회계법인 차원에서 이러한 매출 손실에 대해서는 문제를 삼지 않는 것으로 결론을 내렸고 삼바의 경우는 행정소송에서 어떻게 결론이 내려질지는 아직 알 수 없으며 행정소송도 3심으로 운영되므로 대법원까지 간다고 하면 3, 4년이 경과된 이후에나 행정소송이 매듭지어지게 되며 법원의 판단이 정권에 의해서 영향을 받아서도 안 되지만 현 정권의 임기 이후의 판단일 수 있다.

포상금의 경우, 행정기관의 제재에 관련된 포상금이지 행정소송의 결과에 대한 포상금이 아니며 이를 집행하는 데 있어서의 기한도 있기 때문에 이번 건일 경우는 집행하는 것으로 결론지어졌지만 증선위 차원에서 제재 조치를 결정하였다고 하여도 행정소송이 제기된 경우는 그 최종적인 결과가 사법부의 판단에 의해서 번복될 수도 있으므로 그 집행을 연기하는 옵션도 생각해야 한다. 물론, 이러한 상세한 case가 규정화되어야 한다.

사법부가 최종적으로 분식이 아니라고 하면 내부고발자에게 국민의 세금으로 잘못된 포상금을 지급하는 결과가 초래되는 것이다.

　　미국은 2002년의 엔론사태에 의해서 Arthur Anderson이라는 회계법인이 청산되게 되었다. 그러나 나중에 Arthur Anderson이 청산될 정도의 문제가 있던 것은 아니었다는 결론이었지만 그럼에도 Arthur Anderson의 청산은 돌이킬 수 없게 되었다.[1] 어떻게 보면 대우조선해양과 관련된 안진에 대한 조치

---

1) 대법원에서 조치가 번복된 매우 흥미로운 case이므로 wikipedia의 내용을 자세히 인용한다.
　 https://en.m.wikipedia.org/wiki/Arthur_Andersen_LLP_v._United_States
　 미국 연방대법원의 판정 결과였다.　wikidepia에서의 가장 주된 내용만 아래에 인용한다.
　 Arthur Andersen LLP vs. United States, 544 U.S. 696 (2005), was a United States Supreme Court case in which the Court unanimously overturned accounting firm Arthur Andersen's conviction of obstruction of justice in the fraudulent activities and subsequent collapse of Enron, on the basis that the jury instructions did not properly portray the law Arthur Andersen was charged with breaking.[1] As the Arthur Andersen name had become infamous and the firm had been obligated to cease audit activities, the business was unable to recover even after the conviction was overturned in its favor.
　 Background는 다음과 같다.
　 During the fall of Enron, Arthur Andersen, Enron's accounting firm, instructed its employees to destroy documents relating to Enron after Andersen officials learned they would soon be investigated by the Securities and Exchange Commission. On March 6, 2002, a charge of obstructing an official proceeding of the Securities and Exchange Commission was filed against Arthur Andersen LLP in the United States District Court for the Southern District of Texas. The indictment was served by Michael Chertoff, who was subsequently appointed Secretary of Homeland Security by President George W. Bush. The jury found Arthur Andersen guilty on June 15. Since federal regulations do not allow convicted felons to audit public companies, Andersen surrendered its CPA license on August 31, effectively putting the firm out of business in the United States.
　 Andersen appealed to the United States Court of Appeals for the Fifth Circuit. The Fifth Circuit affirmed the district court's decision.[2] Andersen petitioned for a writ of certiorari to the Supreme Court, which was granted.[3]
　 The issue was whether the jury had been properly communicated the law which Andersen was charged with violating. They were charged under 18 U.S.C. § 1512(b)(2)(A) and (B), which made it a crime to "knowingly ... corruptly persuad[e] another person ... with intent to ... cause" that person to "withhold" documents from, or "alter" documents for use in, an "official proceeding". Arthur Andersen believed the instructions given to the jury were not proper. The jury was reportedly told "even if petitioner honestly and sincerely believed its conduct was lawful, the jury could convict." This is not true, held the Supreme Court. The statute they were being charged under used the language "knowingly … corruptly persuade." Arthur Andersen managers did instruct their employees to delete Enron—related files, but those actions were within their document retention policy. If the document retention policy was constructed to keep certain information private, even from the government, Arthur Andersen was still not corruptly persuading their employees to keep said information private.

도 이와 유사하다.

이러한 사건으로 인한 우리의 교훈은 감독기관이 일벌백계의 생각으로 징계를 하지만 징계가 초래할 수 있는 결과에 대해서는 매우 신중하게 접근해야 한다.

한국경제신문. 2019.3.14.
'삼바' 분식회계 내부고발자에 억대 포상금

삼바가 분식회계를 했다고 판단하는 데 결정적 근거를 제공한 내부 고발자가 억대 포상금을 받는다.

금융위원회 산하 증선위는 13일 정례회의에서 삼바 내부고발자에 대한 포상금 지급안건을 통과시켰다. 금융위는 1개월 안에 포상금 지급을 마무리할 계획이다.

포상금은 1억원 수준으로 알려졌다. 지금까지의 회계부정 관련 최대 포상금액인 2,400만원을 훌쩍 넘는 규모다. 금융당국은 회계부정행위의 중요도와 제보자의 기여도를 바탕으로 포상금 규모를 산정하고 있다. 1억원은 10등급으로 나뉜 포상금 체계 중 5등급에 해당하는 금액이다.

증선위는 지난해 11월 고발자가 제공한 내부 문건을 참고해 삼바가 2015년 말 자회사 에피스를 종속회사에게 관계회사로 변경해 고의로 분식회계를 저질렀다고 판단했다. 삼바에는 과징금 80억원 부과, 대표이사 및 담당 임원 해임 권고 – 3년간 감사

....

Opinion of the court는 다음과 같다.

In a unanimous decision by the Supreme Court, Arthur Andersen's conviction was overturned. Chief Justice William Rehnquist wrote the opinion for the court, and was joined by all associate justices.

In the court's view, the instructions allowed the jury to convict Andersen without proving that the firm knew it had broken the law or that there had been a link to any official proceeding that prohibited the destruction of documents. The instructions were so vague that they "simply failed to convey the requisite consciousness of wrongdoing", Rehnquist wrote. "Indeed, it is striking how little culpability the instructions required." Rehnquist's opinion also expressed grave skepticism at the government's definition of "corrupt persuasion" — persuasion with an improper purpose even without knowing an act is unlawful. "Only persons conscious of wrongdoing can be said to 'knowingly corruptly persuade,'" he wrote.

또한 미국법은 이와 관련된 검사 등에 대한 손해배상소송이 불가능하여 Arthur Anderson의 파산으로 인한 손해는 온전히 아서앤더슨 임직원들과 그 가족들의 아픔으로 남게 된다.

인 지정 등의 고강도 제재를 내렸다. 제보 문건에는 삼바가 에피스의 회계처리 방식을 바꾸기 전 통합 삼성물산이 옛 제일모직 주가의 적정성을 확보하기 위해 바이오사업 가치를 6조 9,000억원으로 평가했다는 내용 등이 담겨 있다.

법원이 아직 최종판결을 내리지 않은 시점에 포상금 지급이 결정되면서 관련 제도를 개선해야 한다는 지적이 나온다. 회계 부정신고 제도상 법원의 위법 판결 확정 여부와 관계없이 증선위는 제재조치를 내린 뒤 4개월 안에 신고자 포상 여부를 결정해야 한다. 서울행정법원은 지난달 22일 "회계처리가 위법하다고 단정할 수 없다"며 삼바가 증선위를 상대로 낸 행정처분 집행정지 가처분신청을 인용했다.

조선일보. 2019.4.30.
'삼바' 분식회계 증거인멸 혐의

삼성바이오로직스 분식 회계 의혹과 관련해 자회사인 삼성바이로에피스 임직원 두 명이 증거 인멸 혐의로 29일 구속됐다. 검찰이 작년 11월 이 사건 수사에 착수한 이후 처음으로 관련자를 구속한 것이다.

서울중앙지법 신종열 영장전담부장판사는 이날 삼성바이오에피스 양모 실장 등에 대해 "범죄 혐의가 소명되고 증거 인멸 염려 등 구속 사유가 인정된다"며 검찰이 청구한 구속영장을 발부했다. 양씨 등은 2015년 삼바가 자회사인 삼성바이오에피스 등의 회계처리 기준을 변경해 거액의 분식회계를 저질렀다는 의혹과 관련해 증거를 인멸하거나 위조한 혐의를 받고 있다. 2017년 분식회계 의혹과 관련한 금융 당국 조사와 검찰 수사에 대비해 모회사인 삼바 관련 내부 회계 자료와 보고서 등을 삭제했다는 것이다. 검찰은 이들이 회사 직원들 노트북에서 JY 합병 등의 단어를 검색해 문건을 삭제한 단서를 잡은 것으로 알려졌다.

검찰은 삼바 분식회계 의혹과 관련한 증거 인멸 과정에서 삼성그룹 옛 미래전략실 소속 임원 등이 관여됐다는 진술도 확보한 것으로 알려졌다. 검찰은 앞으로 구속된 양씨 등을 상대로 삼성그룹 윗선의 개입 여부를 조사할 방침이다. 또 삼바의 분식회계가 이재용 부회장의 경영권 승계와 관련돼 있는지도 조사할 계획이다.

한국경제신문. 2019.5.3.
삼성바이오로직스 수사 진실게임 회계사들 콜옵션 존재 정말 몰랐나?

삼바 측이 "회계사들은 바이오젠의 콜옵션 조항을 모르고 있었다"는 검찰의 주장을 정면으로 반박하는 자료를 내놨다. 검찰은 콜옵션 조항이 삼바 분식회계의 단초가 되는 것으로 간주해 사실 여부에 따라 소송 결과에 큰 영향을 미칠 전망이다.

2일 법조계에 따르면 지난 1일 서울고등법원에서 열린 행정소송 항고심에서 삼바소송 대리인은 "삼바가 삼정회계법인에 2012년부터 콜옵션 존재 내역을 통보했다"며 2018년 제13차 증선위에 낸 삼바 경영수첩과 콜옵션 관련 국문 요약본을 증거로 제출했다. 경영수첩은 2012년 1월 삼바 재경팀에서 작성한 보고 문건으로 콜옵션을 상세히 기술하고 있다. 대리인은 회계법인이 설사 계약서를 보지 못했다 하더라고 경영 수첩을 통해 콜옵션 내용을 알 수 있었다고 주장했다. 또 삼정회계법인은 당시 삼성바이오 자회사인 에피스 외부 감사인이었기 때문에 이 내용을 알 수 있었다고 밝혔다. 대리인은 "나스닥 상장 기업인 바이오젠이 이미 2012년 콜옵션 공시를 했다"며 "글로벌 회계법인이 이를 모르고 있었다는 건 말이 안 된다"고 지적했다.

검찰에 따르면 삼바 관련 회계사들은 검찰 수사 과정에서 "콜옵션 조항을 모르고 있었지만 삼성 측 압박에 거짓말을 했다"고 진술한 것으로 알려졌다. 이에 대해 삼바 측이 이를 정면으로 반박하는 자료를 제시한 것이다.

삼바는 2012년 자회사 에피스를 세우면서 합작사인 미국 바이오젠에 에피스 지분을 '50%-1주'까지 살 수 있는 콜옵션을 부여했다. 검찰은 삼바가 2012~2013년 고의적으로 콜옵션을 공시하지 않았다고 보고 있다. 부채로 계상되는 콜옵션을 장부에 반영하지 않아 '자본잠식'을 피하게 되면서 막대한 이익을 가져가 삼성가의 경영권 승계에 유리한 구도를 형성했다는 것이다.

삼바가 새로운 증거로 제출한 것에 대해 중앙지검 관계자는 2일 "검찰 수사는 증선위와 자료를 공유하는 상태에서 이뤄지고 있지 않다"며 구체적인 답변을 하지 않았다. 검찰은 삼성이 조직적으로 증거를 인멸한 정황에 수사력을 모으고 있다. 검찰 관계자는 "분명한 것은 수사 과정에서 회계사들이 기존 진술을 바꿨다는 것"이라며 "최근 법원이 이번 수사 관련 2명에 대한 구속영장을 발부한 것도 증거 인멸이 상당 부분 사실로 드러났음을 의미한다"고 말했다.

매일경제신문. 2019.5.14.
'증선위 제재 효력 정지' 삼성바이오 2심도 인용

　　금융위원회 산하 증권선물위원회가 2015년 분식회계 혐의로 삼바에 내린 제재 효력을 정지하는게 정당하다는 항고심 판단이 나왔다.

　　13일 서울고법 행정 11부(부장판사 김동오)는 증선위가 '본안 소송에 대한 판단이 나올 때까지 제재 효력을 중단하라'는 1심 결정에 불복해 제기한 항소심에서 이같이 결정했다고 밝혔다. 재판부는 "증선위가 내린 처분으로 발생할 회복하기 어려운 손해를 예방하기 위해(효력을 정지할) 긴급한 필요가 있다"고 판단했다. 이어 "(증선위) 처분의 효력 정지로 공공복리에 중대한 영향을 미칠 우려가 있다고 보기 어렵다"고 덧붙였다. 또 "처분에 대한 효력 정지는 그 적법성을 판단하는 게 아니라 처분 효력을 일지 정지시키는 것에 불과하다"고 했다.

한국경제신문. 2019.6.11.
삼성바이오, 회계분식 여부로 문제 좁혀야

　　삼성바이오로직스 사태를 복기해 보자. 증권선물위원회는 작년 11월 삼성바이오에 대해 '고의분식회계' 판정을 내렸다. 삼성바이오는 증선위 판정에 불복해 행정소송을 제기하고 효력정지 가처분 신청을 냈다. 서울행정법원은 고의 분식 회계 등에 대한 다툼의 여지가 있는 상황에서 삼성바이오에 제재를 가하면 회복 불가능한 손해가 생길 수 있다고 판단하고 삼성바이오의 가처분신청을 인용했다.

　　시장은 '본안 소송'에서 증선위와 삼바 간 첨예한 논리 다툼을 기대했지만 사태는 엉뚱한 방향으로 전개됐다. '1년 전 증거 인멸'에 대한 수사가 그것이다. 작년 5월에 삼성이 증거인멸을 시도했고 또 은닉했다는 것이다. 작년 5월은 분식회계 재감리를 둘러싸고 1차 위원회가 열린 시점이다. 증선위는 7월 5차 감리위원회를 열어 징계의 가닥을 잡고 그해 11월에 공식적으로 회계분식 판정을 내렸다. 따라서 무엇을 인멸했는지는 모르지만 그와 관계없이 분식 판정이 내려졌다.

　　증거인멸 시도와 회계분식은 층위가 다른 문제이다. 삼바 문제의 본질은 '회계분식' 여부이다. 작년 11월 증선위가 재감리를 통해 회계분식 판정을 내린 논거는 '삼성바이오가 2012~2014년 자회사인 에피스를 지분법으로 회계처리하지 않고 연결대상으로 처리한 것이 잘못됐다는 것이다. 하지만 에피스를 설립한 2012년에 삼바 지분은 85% 이고 이사회 구성도 삼성 4명, 바이오젠 1명이었다. 더욱이 바이오젠은 에피스 설립 시부터 '지배력은 삼바가 행사하고 있다'고 매년 공시했다. 따라서 2012년 설립 당시 자회사로 인식하고 연결회계 처리한 것은 문제가 없다. 바이오젠의 콜옵션을 '실질적 권리'로 봐야 한다는 증선위의 주장도 설득력이 있지는 않다. 이제 막 출발한 '실적을 내지 못한 회사'에서 콜옵션이 갖는 의미는 제한된다.

문제의 핵심은 삼바가 2015년에 실현한 이익 1조 9,000억원이 분식이냐는 것이다. 삼바는 1조 9,000억원 이익 실현의 산출 근거를 '회계처리 변경 전 손실 −1,600억원 + 에피스 지분 평가액 4조 5,400억원-콜옵션 부채 손실 1조 8,200억원 −법인세 6,600억원'으로 제시했다. 지분평가액은 에피스를 자회사에서 관계회사로 지위를 바꾸면서 생긴 일회성 평가익이며 바이오젠의 콜옵션 행사도 부채손실로 적법 처리됐다. 따라서 자본잠식을 피하기 위해, 즉 상장폐지를 면하기 위해 관계회사로 변경했다는 주장은 설득력이 없다. 삼바는 이익을 못 냈지만 미래가치로 주가는 고공행진을 이어갔다. '회계 평가 기준 변경'에 따른 일회성 이윤 반영을 분식회계로 몰고 간 증선위가 무리수를 둔 것이다.

삼성물산과 제일모직의 합병으로 이재용 부회장이 부당이득을 챙겼다는 일부 시민단체의 주장도 설득력이 없다. 2015년 합병비율은 자본시장법대로 두 기업의 주가에 의해 결정됐다. 이 부회장에게 유리한 합병이 되려면 2015년 7월보다 훨씬 이전에 삼바의 분식회계로 제일모직 주가가 고평가됐어야 하지만 삼바는 2016년 11월에야 상장됐다. 따라서 2012년~2014년 에피스 회계자료를 다시 작성하라는 증선위 주문은 '2015년 합병 이전으로까지 물레방아 물을 거꾸로 돌리겠다'는 의도로도 읽힌다.

증선위는 처음부터 회계분식을 했다는 객관적 증거를 찾기 어려운 게임에 뛰어든 것일 수 있다. '증거은닉을 하는 것을 보니 회계분식이 틀림없어'라는 우회로가 논리의 전부일 수 있다. 증거은닉이라는 정황증거 제시로 분식회계를 증명할 수 없다. 층위가 다르기 때문이다. 관료의 판단으로 이해중립적인 시장 판단을 가려서는 안 된다.

매일경제신문. 2019.7.18.
"삼바 분식회계 근거 없는데… 과잉수사로 적법절차 위반"

 이헌 변호사는 "삼성 임직원 8명을 구속하고, 19회에 걸친 압수수색 등 검찰의 일방적 과잉 수사는 사기업 통제 관리를 원칙적으로 금지한 헌법 제126조를 위헌할 소지가 있다"고 주장했다. 이 변호사는 삼성 측이 제일모직 자회사인 삼성바이오 가치를 부풀려 삼성물산과의 합병비율을 유리하게 만들었다는 의혹에 대해 "양사 간 합병은 2015년 7월 시작해 9월에 끝났고, 삼성바이오 회계처리 변경은 합병이 종료된 그해 12월부터 이뤄졌다"며 "시점이 다르다"고 잘라 말했다.

 이재용 삼성전자 부회장은 자신이 대주주로 있던 제일모직과 삼성물산의 합병이 성사되면서 그룹 지배력을 확보한 바 있다.

 이 변호사는 "검찰의 '삼성 때리기'는 헌법에 규정된 시장의 지배와 경제력 남용을 방지하기 위한 것이 아니다"며 "향후 '재벌 해체'로 폭주할 가능성도 배제할 수 없다"고 주장했다.

매일경제신문. 2019.7.22.
법원 "범죄 성립 다툴 여지"… 삼바 분식회계 수사 제동

 '삼성 바이오로직스의 4조 5,000억원대 분식회계 의혹'에 대한 검찰 수상에 제동이 걸렸다. 검찰이 김태한 바이오로직스 대표에 대해 지난 5월 22일엔 증거인멸 혐의로, 지난 16일에는 분식회계(외감법)와 횡령 혐의까지 더해 구속영장을 청구했지만 모두 기각됐다. 특히 법원은 지난 20일 영장 기각 사유에 대해 "범죄 성립에 다툴 여지가 있다"며 혐의 성립 여부 자체에 대한 근본적인 의문을 제기했다. 구속영장 재청구 여부에도 관심이 모아지고 있다.

 21일 서울중앙지검 특수2부(부장검사 송경호)는 김 대표에 대한 영장 재청구 여부를 검토하고 있는 것으로 알려졌다. 앞서 서울중앙지법 명재권 영장전담 부장판사는 지난 20일 "주요 범죄 성 여부에 다툴 여지가 있고 증거수집이 돼 있는 점을 비춰 현 단계에선 구속 사유와 필요성 상당성을 인정하기 어렵다"며 김 대표 등의 구속영장을 기각했다. 이는 이번 수사의 핵심으로 알려진 분식회계 혐의가 명확히 소명되지 않았

다는 취지로 해석되고 있다.

특히 명 부장판사는 검찰 출신으로 비교적 검찰 수사에 대한 이해도가 높은 것으로 알려져 있었기 때문에 그가 기각 결정을 내렸다는 점도 눈길을 끈다. 그는 '사법행정권 남용 의혹' 사건 당시 양승태 전 대법원장의 구속영장을 발부한 바 있다.

검찰은 영장 기각 결정에 대해 "이해하기 어렵다"며 즉각 반발했다. 이미 증거 인멸 혐의로 임직원 8명이 구속됐는데, 증거인멸이 이뤄진 목적인 분식회계 혐의에 대해 다툴 여지가 있다는 점은 논리적으로 맞지 않는다는 주장이다. 그러나 김대표의 영장이 잇따라 기각되면서 분식회계 의혹 입증 부담은 더 커지게 됐다. 검찰은 바이오로직스의 분식회계가 이재용 삼성전자 부회장 승계 기회의 일환이라는 의심을 품고 있었다.

검찰은 김대표의 신병을 확보한 뒤 삼성그룹 전 현직 수뇌부들을 소환할 것이라는 관측이 많았지만 '윗선'으로 가는 길목인 김 대표 영장 발부가 또다시 가로 막히면서 수사 진행에 변화가 불가피할 것으로 보인다. 또한 이달 말로 예정된 검찰 고위 간부 인사와 다음 달 진행될 검찰 후속 인사가 이뤄질 경우 현재 수사팀의 상당수가 교체될 것으로 예상돼 이번 수사의 또 다른 변수로 작용할지 주목된다. 검찰 측은 삼바 수사의 흐름에 변화는 없을 것이라는 입장이다.

삼성 측은 구속영장 기각에 대해 "할 말이 없다"는 반응을 보였다. 그러나 재계 관계자들은 검찰의 무리한 수사가 경영불확실성을 가중시키면서 회사 경영에 차질을 주고, 미래 성장 동력도 훼손되고 있다고 토로했다. 한 재계 관계자는 "삼성바이오 분식회계 수사건과 관련해 주요 경영진의 소환조사가 수개월째 계속되고 있는데 이런 상황에서는 신수종 사업으로 성장시켜온 삼성바이오의 경영이 제대로 이뤄지기 어렵다"고 지적했다. 압수수색과 소환조사, 구속 등이 이어지면서 회사의 미래 먹거리를 챙기고 위기 상황의 컨트롤타워 역할을 하는 삼성전자 사업지원 TF는 사실상 업무 마비 상태다.

삼성전자는 D램값 하락세 등 메모리 불황에 따른 실적 부진, 미 중 무역 마찰에 따른 대외 불확실성 증대, 삼성바이오 수사 등으로 인한 컨트롤타워 기능 저하와 조직 동요 등으로 복합적인 어려움을 겪고 있다. 여기에 대형 악재인 일본의 수출규제까지 터지면서 사상 초유의 '퍼펙트 스톰'에 직면하고 있다.

회계학계와 업계에서는 삼성바이오로직스가 분식회계를 했다고 단정 짓기엔 논란의 여지가 많다는 시각이 강하다. 회계학을 전공한 한 대학교수는 '삼성바이오로직스의 분식회계 사건은 일반적으로 분식회계라고 일컫는, 없는 매출이나 이익을 가짜로 만들어 기업의 실적을 부풀리는 범죄와는 다른 성격"이라며 "자회사의 가치를 언제 어떻게 판단했느냐가 핵심으로 그 과정에서 일부 공시누락 등의 문제를 가지고 범죄로 단정 짓기는 어려운 측면이 있다"고 지적했다. 그는 "금융감독원에 이어 감리위 증선위 등의 논의를 거친 결과에 대해 행정법원에서 집행정지 가처분이 인용된 점만 보더라도 여전히 공방의 여지가 있다는 걸 보여준다"고 덧붙였다.

한 대형 회계법인 파트너는 "최근 검찰이 회계 문제가 아닌 증거인멸 여부에 천착하는 것만 봐도 검찰의 고민을 알 수 있다"며 "행정법원의 판단을 참고할 때 형사사건 부분도 대법원까지 가야 확실한 판단을 받을 수 있을 것"이라고 내다봤다. 업계 일각에선 감독당국의 무리한 판단이 이후 법적 논란의 단초를 제공한 것 아니냐는 지적까지 내놓고 있다.

금융당국 관계자는 "고의 공시 누락 고발 이후 증선위는 삼성 측의 분식회계 정황 등 비정상적인 회계를 지적한 바 있다"며 "삼바에 대한 형사처벌 부분은 행정 처분과는 다른 영역이지만 향후 적절한 사법 판단이 나올 것으로 기대한다"고 전했다.

한국경제신문. 2019.7.25.
검 "삼바 분식회계 혐의 외에 아직 수사해야 할 부분 많다"

검찰이 삼바 수사에서 사건의 '본류'인 분식회계 혐의뿐 아니라 다른 혐의로 비중 있게 다루겠다는 뜻을 밝혔다. 애초 문무일 검찰총장 체제에서 일단락될 것으로 예측됐던 삼성바이오 수사가 장기화할 것이란 분석이 나온다.

서울중앙지방검찰청 관계자는 24일 "삼성바이오수사는 분식회계만으로 끝나는 게아니다"며 "이와 관련한 다른 불법 행위도 밝혀내야 하기 때문에 아직 수사해야 할 부분이 많다"고 말했다. 최근 검찰이 김태한 삼성바이오 사장의 횡령 혐의 등을 포착하면서, 이 같은 혐의 입증에도 수사력을 집중할 것으로 보인다.

검찰에 따르면 김 사장은 2016년 상장된 삼성바이오 주식을 개인적으로 사들이면서 회사돈 28억여 원을 빼돌린 혐의를 받고 있다. 검찰은 당시 삼성그룹 미래전략실이 이 과정을 알고도 묵인했다고 의심하고 있다. 이를 근거로 미래전략실 등 윗선으로 수사 전선이 확대될 가능성이 있다.

이 관계자는 삼성물산과 제일모직의 합병을 둘러싸고 그동안 시민단체의 고발이 많았다고 설명했다. 참여연대가 지난해 11월 두 회사 합병과 관련해 이재용 삼성전자 부회장 등 총수일가를 배임 및 주가조작 혐의로 고발한 것이 대표적이다. 검찰이 이 같은 혐의를 수사할 수 있다는 얘기다.

검찰은 지난 20일 분식회계 혐의와 관련해 김 사장 등에 대해 청구한 구속영장을 법원이 기각한 것과 관련해 "여전히 동의하기 어렵다"는 입장인 것으로 알려졌다. 검찰은 당시 보완수사 등을 통해 김사장 구속영장을 재청구하겠다고 밝혔으나, 기각 이후 김사장을 소환하지 않았다.

매일경제신문. 2019.10.17.
'삼바' 증선위 1 2차 제재

증권선물위원회의 삼성바이오로직스 제재안에 대한 집행정지가 16일 대법원에서 확정됐다. 이날 확정된 집행정지는 2018년 7월 부과된 1차 제재가 대상이다. 지난 6일 대법원은 2차 제재에 대한 집행정지 결정도 확정했다.

대법원 3부(주심 이동원 대법관)는 이날 증선위가 삼바 제재 처분에 대해 법원의 집행정지 결정을 취소해 달라며 낸 재항고를 기각했다고 밝혔다.

증선위는 지난해 7월 삼바 대표이사와 담당 임원 해임 권고, 감사인 지정 등 1차 제재 처분을 내렸다. 또 11월에는 과징금 80억원 부과와 대표이사 해임 권고, 재무제표 재작성 등 2차 제재를 내렸다. 삼바는 1차 제재 이후 서울행정법원에 제재안 집행정지를 신청했다.

Chapter
17 의혹만 있어도…

손성규(2019) chapter 5에서는 다음과 같은 불법행위의 timing에 대해서 매매거래정지, 상장폐지실질심사, 공시, 등급조정 등의 사건여부가 결정되어야 하며 각각의 경우에 대해서 논의를 하였다.

1. 불법행위의 '가능성'을 기업이 인지할 때
2. 행정기관에 의해서 행정조치를 받을 때(공정거래위원회의 과징금, 금융위원회의 과징금이나 유가증권발행제한 등, 분식회계의 검찰통보, 검찰고발 등)
3. 검찰에 의해서 기소될 때(또는 구형될 때)
4. 사법부에 의해서 유죄로 확정될 때(1심, 2심 또는 3심)

chapter 4에서도 국가기관의 1차 조사결과만으로 국민연금이 의사결정을 수행할 수 있다는 내용이 기술되어 있다. 최종 조사결과가 아니고 1차 조사결과이다.

위법이 확정되지 않은 상태에서 조치가 취해진다면 이는 '무죄추정의 원칙'의 사례가 될 수 있다. 단, 의혹만이 있다고 할 때, 이를 시장에 알리지 않는 것이 더 좋은 것인지 아니면 미확정된 정보라고 하여도 일단 시장에 알려야 하는 것인지를 의사결정하기는 간단한 이슈는 아니다. 일단, 시장에 알려야 한다는 주장은 의혹이 아직은 사실로 밝혀진 것은 아니지만 그럼에도 어느 정도의 가능성이 있다고 해도 투자자에게 피해가 없기 위해서 우선적으로 공론화해야 한다는 주장이며, 결과가 확정되지 않는 상태에서도 시장이 자체적으로 위험을 판단할 수 있도록 미완의 정보라고 하여도 적어도 정보는 전달되어야 한다는 의미이다. 이렇게 완벽하지 않은 정보를 어떻게 해석할지는 정보 이용자의 몫이다. 그러나 어떻게 보면 이와 같이 확정되지 않고 명확하지 않은 정보를 공개한다는 것은 시장의 불확실성을 높이게 되어서 매우 무책임하다고도 할 수 있어서 쉽지 않은 의사결정이다. 단, 정보가 어떻게 해석될 지까지도 정보를 제공하는 측에서 고민할 건은 아니라고도 생각되며 해석의 여지는 정보 이용자의 몫으로 남겨 두어도 된다고도 판단된다. 그러나 이는 정보 이용자가 어느 정도까지는 sophisticated하고 성숙하여 정보를 해석할 수 있는 능력이 있음을 가정하는데 이러한 능력이 되지 않는 정보 이용자에게 덜 익은 정보를 무분별하게 공개하는 것이 최선인지는 계속 제도권에서 고민해야 한다.

이러한 신호의 전달이 전혀 신빙성이 없는 찌라시거나 확정되지 않은 언론보도라고 하면 선의의 피해가 발생할 소지가 상당하다. 그러나 반면에 제도권이 찌라시 정보를 과신하여 투자하는 투자자까지도 보호해 주어야 하는 것은 아니다.

매일경제신문. 2019.1.22.
검경조사 등 의혹만 있어도…

국민연금이 퇴근 '수탁자책임 활동 가이드라인'을 발표하면서 국내 상장사에 대해 광범위한 경영 참여 가능성을 열어 둬 논란이 가중되고 있다. 국민연금은 향후 주주 활동을 어떻게 할지에 대한 내부 지침을 마련하면서 법원 판결이 아닌 검찰과 경찰의 수사 착수 등 국가기관의 조사만으로도 경영 참여를 검토할 수 있는 길을 열었다. 피해 규모와 처벌 가능성 등을 고려해 평가하겠다고 단서를 달았지만 범죄 사실에 대한 확정 없이 여론 재판에 몰두할 수 있다는 우려가 제기되고 있다.

21일 금융투자업계에 따르면 국민연금은 지난 16일 수탁자책임 활동 가이드라인을 기금운용위원회에 보고했다. 해당 가이드라인은 지난해 7월말 보건복지부가 발표한 스튜어드십 코드 도입 방안의 후속 조치로 향후 국민연금의 주주 활동을 어떻게 할지에 대한 내부 지침이다.

국민연금은 중점관리사안과 예상치 못한 우려 등 두 갈래로 수탁자 책임 활동을 나누고 경영권 참여 주주 활동이 가능하도록 길을 텄다. 중점관리사안은 당초 알려진 대로 저배당과 임원 보수 한도 과다, 경영진의 횡령 배임 등 법령 위반 사례다. 예상치 못한 우려 등으로는 컨트로버셜 이슈, 환경사회적 책임지배구조(ESG) 평가하락을 적시했다. 아울러 가이드라인에는 손해배상소송과 주주대표소송 등 주주활동과 관련한 소송 절차 등이 담겼다.

 지난해 7월 발표된 내용을 구체화한 셈인데 일부 규정은 법적 근거가 부족한데도 과도하게 활동 범위를 넓혔다는 평가가 나온다. 국민연금은 예상치 못한 우려 중 하나로 컨트로버셜 이슈를 꼽았는데 이는 기업가치에 영향을 주는 사건이다. 쟁점이 되는 이슈를 총칭한다. 국민연금은 기금이 보유하고 있는 국내 상장주식에 대한 검경의 수사 착수 등 국가 기관의 조사만으로도 비공개 대화 진행, 의결권 행사 연계, 공개 서한 발송, 경영 참여 주주권 행사가 가능하도록 했다.

 법률 전문가들은 수탁자책임 활동 가이드라인이 위헌적 요소가 다분하다는 지적을 내놓고 있다. 전삼현 숭실대 법학과 교수는 "현재는 의혹만 제기하면 경영에 개입하겠다는 건데 판례를 보면 경영진이 형사 책임을 진다고 해서 이사 선임 배제 등 경영권을 제약할 수는 없다"며 "'국방상 또는 국민경제상 긴절한 필요로 인해 법률이 정하는 경우를 제외하고는 사기업을 국유 또는 공유로 이전하거나 그 경영을 통제 또는 관리할 수 없다'고 규정한 헌법(제126조) 가치를 침해한다"고 평가했다.

 민간 자문기구인 국민연금 수탁자 책임위원회가 지닌 막강한 권한도 문제점으로 꼽힌다. 국민연금이 문제 있는 기업에 대한 주주 활동은 '비공개 대화 → 비공개 중점관리 기업 선정 → 공개 중점 관리 기업 선정 → 경영참여형 주주권 행사' 검토 등 4단계로 나뉘는데, 수탁자 책임위원회 의결만 거치면 단계를 건너뛰고 경영참여형 주주권 행사가 가능한 구조다.

 사실상 '불량 기업 잡는 호랑이' 역할을 맡긴 셈이지만 정작 수탁자책임위원회를 견제할 장치가 마땅치 않다는 평가다. 금융거래정보 제공 동의서와 이해 상충 여부 확인서 제출, 회의록 작성 보관 등이 전부다. 그나마 이마저도 이번에 논란의 중심이 된 수탁자 책임 활동 가이드라인에서는 빠졌다. 국민연금 의결권 관련 자문위원으로 활동했던 A교수는 "민간 전문가들에게 결정을 맡기겠다고는 하지만 얼마나 책임 있는 결정을 내릴 수 있을지는 의문"이라고 지적했다.

 controvertial issue를 예상치 못한 우려에 포함했다는 것 자체가 controvertial하다. 의혹만으로도 경영개입이 가능하다면 이는 무소불위의 권한을 수탁자 책임위원회에 부과한 것이며 이 또한 매우 위험한 발상일 수 있다. controvertial issue 때문에 기업에 미치는 영향이 부정적인지도 명확하지 않을 것이다. 지나치게 극단적인 성격의 위원이 활동을 한다면 얼마든지 감정에 치우쳐서 의사결정이 수행될 위험도 존재한다. ESG 평가 하락도 어느 정도의 평가가 하락했을 때, 조치를 취한다는 것이 불명확하다.

주관적인 판단을 피하기 위해서는 언제 조치를 할지가 조금 더 정형화되어 있어야지 형평성이 있는 조치가 가능하다. 의혹이라는 것이 매우 애매한 판단의 잣대이다.

그렇기 때문에 위에 나열된 내용에서도 매우 구체적으로 event를 적시하고 있다. 예를 들어 기소가 되었다거나 공정거래위원회의 과징금, 금융위원회의 과징금이나 유가증권발행제한 등, 분식회계의 검찰통보, 검찰고발 등은 매우 구체적인 행정 조치들이다. 검찰에 의해서 기소될 때 (또는 구형될 때) 또는 사법부에 의해서 유죄로 확정될 때(1심, 2심 또는 3심)는 더욱 구체적으로 의혹이 확인되어 가는 과정이다.

대부분의 경우에는 행정조치가 마감되면서 매듭이 지어지지만 삼성바이오로직스의 경우와 같이 조치를 받은 주체가 행정소송을 제기할 경우나 조치에 불복을 하여 가처분신청을 하는 경우에는 법원이 개입하게 된다.

기업의 입장에서는 어느 시점에서 이러한 문제가 있을 때, 공시를 해야 하는지도 매우 중요하다. 숙성되지 않는 설익은 정보가 노출되었을 때, 오히려 시장이 더 혼란스러워질 소지도 충분하다. 정보의 신속한 전달이 더 중요한지 아니면 정확성이 더 중요한지의 tradeoff 이슈이다.

기소가 되어 공소장을 받은 시점이 아마도 이러한 일들이 공론화되는 시점일 것이다. 2011년4월1일 이전에는 횡령 배임 혐의가 있을 경우 공시만 하면 됐다. 2011년 4월 1일 이후에는 횡령 배임 혐의가 있는 기업은 당장 매매거래정지를 시키고 상장폐지심사를 하는 방식으로 시스템이 바뀌었다. 즉, 제도/규제가 투자자들을 보호하는 방향으로 점점 강화되고 있으며 기업에게는 부담이 가중되고 있다.

공시, 매매거래 정지, 상장폐지 등의 사건에 이제는 수탁자책임위원회의 경영의사결정도 항목에 포함되어야 한다. 국민연금이 의결권 관련되어 의사결정하는 방향에 대해 주총 이전에 사전적으로 공지하는 것으로 결정되면서 수탁자책임위원회의 의사결정은 시장에 상당한 정도의 영향을 미치게 된다.

예상치 못한 우려에 포함되는 controvertial issue에 공소장을 받아서 기소가 되는 정도의 확정된 사건이어야지 그 정도도 아니고 언론에 보도되는 내용을 가지고 수탁자책임위원회가 기업 내부의 문제로 조치를 취한다면 이는 너무 민감하게 문제에 반응하는 것이다. 언론에 보도되는 내용으로 수탁자책임위원회가 조치를 하고 이 내용이 사실이 아닌 것으로 판명될 경우는 누가 그 책임을 져야 하는지도 명확하지 않다. '아니면 말고' 식의 접근 방식은 得보다도 失이 많을 수 있다.

　언론은 언론일 뿐이다. 언론이 제도권의 거래소 공시나 보고서를 대체하는 것은 아니다. 그렇기 때문에 제도권인 조회공시에서 소문이나 풍문을 조회하는 제도를 둔 것이다. 물론, 언론이나 풍문으로 떠돌던 내용이 조회공시의 조회의 대상이 된다면 이는 제도권으로 정보가 들어오는 것이다.

　수많은 정보가 소문이나 풍문 수준이었지만 사실로 밝혀지는 경우도 다수이며 아니면 전혀 사실이 아닌 경우도 다수라서 사전적으로 판단을 하기는 매우 어렵다.

헤럴드경제. 2018.1.18.

[국민연금 주주권 행사] 칼자루 쥔 수탁자책임委…'감시기능' 제대로 할까

수탁자행사 전문위원회 소속 주주권 행사 분과 위원

박상수 경희대학교 교수	정부추천
이시연 한국금융연구원 연구위원	정부추천
김우진 서울대학교 교수	연구기관 추천
김경율 참여연대 경제금융센터소장	지역 가입자 대표 추천
조승호 대주회계법인 본부장	지역 가입자 대표 추천
이상훈 서울시 복지재단 센터장	근로자 대표 추천
김우창 카이스트교수	근로자 대표 추천
권종호 건국대학교 법학전문대학원 교수	사용자 대표 추천
최준선 성균관대학교 법학전문대학원 교수	사용자 대표 추천

　국민연금 주주권 행사와 관련, 공을 넘겨받은 수탁자책임전문위원회는 늦어도 2주 내 결론을 내야 한다. 일정상이나 구조상으로 미뤄 밀도 있고, 전문성 있는 논의가 이뤄지기 어려울 것으로 전망된다.

　18일 수탁자 책임위 소속 주주권행사 분과 위원들의 설명을 종합하면, 이르면 다음주 열릴 회의에서 다뤄질 의제는 '대한항공·한진칼에 대한 주주권 행사 여부 및 범위'

이다. 국민연금 기금운용위원회가 지난 16일 검토를 요청한 내용 그대로다. 사전에 구체적인 안건을 따로 조율하지 않는다. 위원회 구성 후 처음 맞는 정기 주주총회이다 보니 '경영참여' 강도에 대한 세부 기준도 없는 것으로 알려졌다. 의사결정 방식은 만장일치를 원칙으로 하지만 사용자, 근로자 등 위원들을 추천한 가입자단체가 다르다 보니 의견을 모으기 쉽지 않다. 결국 다수결을 통한 투표로 결정 내려질 전망이다. A위원은 "표결 안건을 미리 정하고 만나는 것을 싫어하는 위원들도 있어서 회의 당일 표결에 부칠 주주권 행사 방식을 정하고, 표결까지 해야 한다. 또 보건복지부와 국민연금도 처음 시도하는 일이어서 말이 매번 다르고, 규정이나 매뉴얼과 배치되는 면도 있어 위원들 사이 많은 혼선이 있다"고 설명했다.

일정조율도 아직 시작되지 않았다. 위원들에게 회의 날짜가 통보되지 않았고, 스케줄을 따로 확인하지 않았다. 이들에게 주어진 시간은 단 2주다. 비정기적으로 회의를 갖기 때문에 회의 날짜, 시간을 정하는데 위원 9명의 스케줄을 맞춰야 하는 어려움이 있다. 지난해 10월 초 위원회가 구성된 이후 회의는 3차례 열린 것으로 알려졌다. B위원은 "구성된 지 얼마 되지 않았고, 서로 시간 조율이 어렵다보니 자주 모이지 못했다. 매 회의는 3시간 정도 진행됐다"고 전했다.

상황이 이렇다 보니 회의 당일 논의가 제한적일 수밖에 없다는 지적이 나온다. 조양호 회장의 이사 재선임에 대한 찬반 의사에 그치지 않고 사외이사 또는 감사 후보 추천, 주주대표소송 등 적극적인 경영 참여 수단까지 다루는 데 한계가 있다. 이 같은 문제는 매년 반복될 가능성이 있다. 3월 둘째, 셋째주 몰려 있는 주총일 6주 전에 주주제안을 해야 한다. '1월 초 기금운용위 요청 - 1월 말 수탁자책임위 검토- 2월 초 기금운용위 결정' 패턴이 고착화될 우려가 있다. 사회책임투자 전문가그룹인 서스틴베스트의 류영재 대표는 "적절한 인물을 사외이사에 앉히는 게 중요하다. 여유있게 시간을 두고 논의했어야 했다. 기금운용위가 열리기 전에 수탁자책임위로부터 의견을 취합했다고 생각했다. 이제서야 의견을 구하는 등 책임을 핑퐁질하는 데 시간을 낭비하고 있다"고 지적했다.

또 독립성 문제는 여전히 해결되지 않았다. 복지부는 지난 7월 수탁자책임위 설치 계획을 밝히며 독립성 강화 차원에서 기존의 의결권 전문위원회를 확대 개편한다고 밝혔다. 하지만 기금운용위원장인 복지부 장관의 일성이 일종의 가이드라인 역할을 하고 있다. 박능후 장관은 지난 16일 한진칼을 언급하며 "스튜어드십 코드를 이행하는 첫 번째 사례가 될 것"이라고 했다. 수탁자책임위가 의견을 내기도 전에 미리 결론을 내린 듯한 발언이었다.

　전 기금운용위 위원이었던 송원근 한국경제연구원 부원장은 "장관 발언 때문에 수탁자책임위가 조 회장의 재선임 반대 의견만 낼 수 있겠나. 다른 주주권 행사 방안을 내라는 지시다. 일종의 정치가 됐다. 한진칼의 기업가치가 얼마나 떨어졌는지, 기업 평판에 악영향을 얼마나 미쳤는지 전문적인 판단이 필요한 영역이다. 아직 조 회장 일가에 대한 형사처벌이 이뤄지지 않았고, 회사 실적과 주가도 나쁘지 않다"고 말했다.

　수탁자행사전문위원회의 상위 기구인 기금위원회의 구성 또한 다음과 같은 이슈가 있다.

한국경제신문. 2019.9.26.
국민연금 기금위 정부인사 줄이고

　정부가 700조원에 달하는 국민연금기금의 최고의사결정기구인 기금운용위원회(기금위)를 상설조직화하는 방안을 본격 추진한다. 이 과정에서 정부와 정부 입김을 상대적으로 많이 받는 지역 가입자 추천 위원은 줄이고 사용자단체(재계)와 노동조합(노동계) 추천 위원은 늘리기로 했다. 회계사, 자산운용전문가 등 전문성을 갖춘 위원도 일부 확충하기로 했다.

　25일 금융투자업계에 따르면 보건복지부는 지난 3~4일 서울 시내 모처에서 기금위 위원들과 비공개 간담회를 하고 이런 내용을 담은 '기금운용위원회 운영 개선 방안'을 공개해 위원들의 의견을 수렴했다. 정부가 작년 10월 기금위 회의에서 공개한 기금위 운영 개선 방안 초안에 대해 각계의 의견을 수렴해 약 1년 만에 수정안을 내놓은 것이다.

　기금위는 위원장인 복지부 장관, 당연직위원인 기획재정부 등 관계부처 차관 5인, 연금 가입자를 대표하는 위촉위원 14인을 합쳐 총 20인으로 구성돼 있다. 위촉 위원은 사용자 단체 추천인 3인, 노조 추천 3인, 지역가입자 단체(자영업, 농어업, 시민단체) 추천 6인, 전문기관 2인으로 구성된다. 상설 조직은 아니며 현안이 있을 때마다 통상 1~2개월에 한 번씩 개최된다.

　이번 비공식 간담회에서 복지부는 작년 10월 초안과 마찬가지로 기금위를 상설조직으로 개편하되 정부 당연직 위원을 6명에서 3명, 지역 가입자 대표를 6명에서 4명으로 줄이는 안을 제시했다. 반면 사용자와 근로자 측 위원은 현재 3명에서 4명으로 1명씩 늘리기로 했다.

그동안 '기금운용의 독립성을 해친다"는 비판을 받아온 정부 관련 위원 수를 줄이는 대신 재계와 노동계에 힘을 실어 주는 조치라는 평가가 나온다.

기금위의 전문성을 일부 확충하는 안도 내놨다. 기금운용 관련 경력이나 학력 등 일정 자격 요건을 갖춘 전문가를 사용자, 근로자, 지역가입자 단체별로 1명씩 총 3명을 추천받아 상설화되는 기금위의 '상근위원'으로 임명하겠다는 것이다.

하지만 이는 위촉위원 모두 전문성 자격 요건을 갖추도록 했던 작년 10월 초안에 비해 상당히 후퇴한 조치로 평가된다. 이번 수정안에 대해 "국민연금 고갈을 막기 위해 기금위 전문성을 대폭 높이기 위한 개혁이 없는 반쪽짜리 조치"라는 비판이 나오는 이유다.

이준행 서울여대 경제학과 교수는 "기금위는 궁극적으로 수익률을 높여야 한다"며 "기금위 위원은 물론이고 이들의 의사결정을 도와줄 하부 위원회의 전문성을 더욱 강화해야 한다"고 말했다. 한 연기금 전문가는 "국민연금이 스튜어드십코드(수탁자책임원칙) 도입 등을 통해 기업에 대한 영향력은 확대했지만 그에 걸맞은 자기 혁신 노력은 부족했다"며 "수익률과 전문성을 높이기 위해 기금운용 부문의 독립까지 포함해 폭넓은 사회적 논의가 필요하다"고 말했다.

국민연금이 사외이사를 추천한다는 것은 매우 어려운 이슈이다. 많은 기업이 최대주주가 영향력을 미치지 않는 사외이사를 추천한다고 할 때, 여러 단계를 거치게 된다. 독립성이 있는 오피니언 리더 전문가들 중에서 사외이사 풀을 만들어 지속적으로 관리를 해 오다가 누구를 추천할 수도 있고 아니면 이러한 업무를 헤드헌터에 위탁할 수도 있다. 전자로 접근한다면 사외이사 후보 풀을 항시적으로 유지할 수 있어야 한다. 언제 사외이사 결원이 발생할지 모르기 때문이다. 대기업들은 여러 가지 정보의 원천으로부터 이러한 정보를 받아서 오랜 기간 작업을 수행한 사외이사 pool을 보유하고 있는 경우도 있고 이를 지속적으로 update하고 있지만 이를 한 순간에 즉흥적으로 구성하기도 생각만큼 쉬운 것은 아니다. 또한 국민연금에서 이러한 pool을 자체적으로 작성할 때, 정치권과 가까운 인사들이나 정권 창출에 공헌을 한 camp 측 인사들이 포함될 우려도 없지 않다. 사외이사에게 6년이라는 cap을 부과하는 상법 시행령이 2020년 2월에 시행되면서 언론에서는 정권과 가까운 인사들을 선임하는 기회가 될 것이라는 우려도 보도하고 있다.

사외이사가 경제적인 보상이 적지 않은 기회이므로 공정하게 진행되지 않는다고 하면 공익적인 차원에서 업무를 수행할 후보를 찾는 것이 아니라 잘못하면 정권 창출의 공로에 따라서 논공행상 식으로 이러한 기회가 주어진다면 이는 오히려 국민연금이 사외이사를 추천하지 않는 것보다도 못한 결과를 초래할 수 있다. 정치권 인사 중에는 고정적인 급여를 받는 직에 임명되지 못한다면 생활이 어려운 인사들도 있는데 이들에게 상근직을 구해 줄 수 없으면 사외이사 직이라도 구해 줘야 할 수 있다.

수탁자행사전문위원회에서 누군가 사외이사 후보를 추천한다고 할 때, 낙하산이 아닌 독립성이 있는 후보를 추천한다는 것이 얼마나 가능한지의 이슈이고 낙하산 성격의 인사를 추천할 수밖에 없다고 하면 아예 이러한 시도 자체가 무의미하다.

민간기업에 있어서도 독립적인 사외이사의 조건은 최대주주와 사적인 네트워크가 없는 그러한 사외이사가 선임되어야 독립적이라는 평가를 받을 수 있다.

공공기관의 사장 또는 특히나 무슨 업무를 수행하는지가 눈에 잘 보이지 않는 감사직을 선임하는데 정치적인 선임이 되는 것을 흔히 접하게 되는데 이러한 현상이 독립적인 사외이사의 선임에 발생하지 말라는 법이 없다. 감사는 특별하게 업무를 열심히 하지 않아도 눈에 띄지 않는 직이라는 사고방식이 매우 위험한 생각이다. 농담 삼아 감사는 "감사합니다"라는 표현만 빈번하게 말하면 된다는 얘기를 하기도 한다.

분식회계가 발생했던 대우조선해양의 사외이사를 청와대 대변인, 전직 국회의원들이 맡았던 점도 간과해서는 안 된다. 대우조선해양이 산업은행의 자회사이며 산업은행이 정치권으로부터 자유롭지 못하므로 당연히 이들이 사외이사 직을 맡게 된다.

국민연금의 보건복지부 산하로 '좋은' 자리에 누구를 추천할 때, 정권으로부터 자유롭게 독립적인 인사를 추천한다는 것이 가능한가라는 의문을 갖게 된다. 그렇기 때문에 금융지주에서는 독립적인 인사를 선임하는 과정에서 CEO, 회사 실무 부서를 완전히 배제하게 된다.

일부 금융기관이 상근 감사 대신에 감사위원회로 대체하는 이유 중에 하나는 상근 감사직을 유지할 때, 외부로부터의 인사 청탁 압력에 견디어 내기 어렵기 때문에 오히려 이러한 직이 없는 것이 편하다는 의견도 있다.

어떻게 위원회를 구성하든지 위원의 성향이라는 것이 있다. 근로자 대표는 노조의 입장에서 의견을 표명할 것이고, 사용자 대표는 기업의 입장에서의 친 기업 의견을 표명할 것이다. 정부 추천 인사가 보건복지부나 국민연금의 의견을 반영할지 아니면 개인의 독립적인 의견을 표명할지는 명확하지 않다. 연구 기관이나 공인회계사회(지역 가입자 대표)에서 추천된 인사일 경우 기업 측의 입장에서의 의견을 표명할 듯하며 참여연대 (지역 가입자 대표) 추천일 경우는 진보적인 성향의 의견을 표명할 듯하다.

그렇기 때문에 방송통신위원회나 공적자금관리위원회 위원의 추천을 받는 과정에서는 이 위원회가 다루는 안건이 정치적인 이슈와 무관하지 않기 때문에 해당 상임위원회의 여당과 야당 추천 몫의 위원으로 구성되기도 한다.

위원회에서 정무적인 판단을 수행하게 될 경우, 위원회의 위원 선임이 정치적인 선임이라는 것을 오히려 드러내 놓고 진행하는 것이 오히려 떳떳하다. 위원의 정치적인 성향을 있는 그대로 인정하는 것이다.

국민연금뿐만 아니라 의결권자문기구에서도 중립적이고 독립적인 의견을 내는 과정은 투명하여야 한다. 의결권자문기구에서 가장 가시적인 활동을 수행하고 있는 기업지배구조원의 경우, 주총 안건에 대한 의견을 표명하게 된다. 최근의 경우는 현대중공업의 물적 분할에 대한 의견을 공식적으로 표명하였는데 이 의견은 기업지배구조원의 조직도에 있는 기업지배구조위원회의 의결을 통과한 의사결정이 아니었다. 과거에도 삼성물산과 제일모직의 합병과 관련되어서 기업지배구조원이 기관으로서의 의견을 표명하였는데 이러한 의견들이 위원회로서의 회의체 의사결정이 아니라고 하면 이러한 의사결정의 방향은 기업지배구조원의 내부 의사결정과정의 결과거나 아니면 원장의 의견이 강하게 반영되어서 나온 결과일 것이다. 물론, 위원회의 회의체 의사결정이 행정라인에서의 의사결정보다 항상 우월할 것이라는 보장도 없지만 그럼에도 회의체의 의사결정은 위원들의 다양한 의견과 민주적인 논의 끝에 다수결에 의해서 도출된 수렴된 의견이라는 장점이 분명히 있을 것이다. 이러한 차원에서 기업지배구조원이나 다른 의결권 자문기구들도 의결권의 방향성을 결정하는데 어떠한 의사결정과정을 거치는지에 대해서 투명하게 공개하여야 한다. 이들 기관들 자체가 의사결정과정을 투명하게 해야 이들이 제안하는 의사결정의 방향성에 설득력이 있다.

기업지배구조원은 과거에는 의결권자문위원회의 명단을 원의 홈페이지에서 공개했으나 의결권자문이 스튜어드십 코드의 도입으로 상대적으로 더더욱 중요해지면서 의결권자문위원회의 명단을 비공개로 전환하게 된다.

의결권자문업무를 수행하는 대신경제연구소의 지배구조연구소의 경우도 자문위원회가 구성되어 있지만 과거에는 별도의 위원회의 의사결정은 아니었다. 서스틴베스트의 2019사업연도 한진칼의 이사선임에 대한 안건은 위원회에서 결정한 것으로 언론에 보도되었다.

기관투자자들도 앞으로 주총 안건에 대해서 의사표명을 할 경우가 다수 있을 것인데 기업지배구조원과 같은 공적인 domain에 가 있는 기관이 아니라고 하면 어떠한 투명한 과정을 거쳐서 의사결정을 할 것인지 아니면 기관장의 의견이 해당 회사의 의견으로 표명될 것인지 등의 여러 가지 해결해야 할 이슈가 많다. 또한 기관투자자의 입장에서는 의결권 행사가 굳이 해당 기관의 영리에 영향을 미치는 경영활동이 아니라고 하고 이 기관투자자가 공적인 업무를 수행하고 있지 않다고 하면 의결권 행사의 중립성에 큰 관심이 없을 수도 있다.

기관투자자들이 어떠한 과정을 거쳐서 의사결정을 수행하는지도 의결권 대행기관의 경우와 같이 이슈가 된다.

이러한 형태의 완전한 회의체는 아니지만 기업에서 대표이사의 경우도 공동 대표이사를 세울 때가 있다. 어느 정도의 2, 3인의 공동체를 세움으로서 의견이 수렴될 수 있는 기회가 될 수 있다. 물론, 의사결정의 신속성을 상실하게 될 수도 있다.

18 평가보고서

감사과정에서의 평가보고서는 필요 불가결한 요소이다.

매경이코노미. 2019.1.23.-1.29
삼정, '중소회계법인 못 믿어'

최근 삼정회계법인이 감사본부로 중소회계법인에 대한 자체 평가 리스트를 내려보냈는데 이를 두고 회계법인 사이에서 뒷말이 무성.

회계법인 업계에 따르면 삼정은 '평가방법론 오류' '수식 중 다수의 오류 존재' '불성실한 대응' '별도 검토 없이 사업계획 반영' 등 크게 4개 항목별로 중소회계법인을 자체 평가한 리스트를 감사본부로 보내, 통상 '빅4'가 특정 기업을 감사할 때 자회사 평가 가치 등에 대해서는 외부 회계법인에 의뢰를 할 때가 많다고. 즉, 삼정이 특정 기업을 감사할 때는 자체적으로 콕 잡은 블랙리스트에 오른 중소회계법인에는 아예 이런 리뷰를 맡기지 말라는 것. 이를 두고 중소회계법인 업계에서는 '빅4가 감사 시장의 일감을 독차지하려는 것 아니냐'며 수군수군. 빅4가 그간 분식회계 등 자성하기는커녕 밥그릇 챙기기에만 골몰하고 있다는 성토가 터져 나와.

중견회계법인 관계자는 "방법론도 공개하지 않는 자의적 잣대에 누가 동의할 수 있겠나. 문서는 '권고' 형식을 담았지만 사실상 감사 시장을 쥐락펴락하는 대형 회계법인의 권위를 앞세워 중소회계법인의 리뷰 거절을 강제한 것으로 봐야 한다"고 목소리를 높여…

한국경제신문. 2018.5.16.
'삼바 감리위'의 뜨거운 감자 '안진보고서'

17일 삼바 회계감리위원회 개최를 앞두고 회계법인 딜로이트안진이 작성한 '삼바 기업가치 평가 보고서'가 뜨거운 감자로 떠올랐다. 금융감독원이 삼바의 분식회계혐의를 입증할 근거 중 하나로 이 보고서를 제시하면서다.

이 보고서는 2015년 삼바와 당시 자회사였던 에피스의 가치를 평가한 숫자를 담고 있다. 일부 시민단체에선 이 수치가 부풀려져 있다고 주장하는 반면 삼바는 오히려 미래 성장 가치를 충분히 담지 못한 보수적인 숫자라고 맞서고 있다.

• 안진의 평가보고서 '논란'

15일 한국경제신문이 입수한 안진의 보고서는 2015년 10월 삼성물산에 제출된 것으로 그해 9월 물산과 제일모직이 합병한 뒤 통합 법인의 재무제표 작성을 지원하기 위해 작성됐다. 보고서에선 2015년 8월 기준으로 현금흐름할인법을 적용해 삼바 가치(에피스 지분 포함)를 6조 9,502억원으로 추산했다.

삼바의 에피스에 대한 보유 지분(91.%) 가치는 '4조 8,027억원'이란 숫자가 처음으로 등장했다. 삼바는 이 수치를 근거로 그해 1조 9,000억원대 흑자 전환했다.

금감원이 금융위에 보고한 삼바 감리결과에는 안진의 보고서가 여러 차례 등장하는 것으로 전해졌다. 금감원은 삼성물산이 발주한 안진의 보고서가 결과적으로 삼성물산-제일모직 합병 당시 제일모직의 지분 가치를 높게 평가할 수 있는 사후적 근거 중 하나로 쓰였다고 판단했다.

삼성물산 용역으로 작성된 보고서가 삼바 재무제표에도 사용되면서 용도 변경에 대한 논란이 제기되고 있다. 일부 시민단체는 이 보고서가 에피스 가치 산정과 관련해 "자료 입수 제약 등으로 세부적인 분석을 수행하지 않고 회사가 제시한 사업계획을 적용했다"고 밝힌 점을 들어 삼바가 신뢰성이 떨어지는 숫자를 재무제표에 적용해 회사 가치를 과대평가했다고 주장하고 있다.

• 과대평가 아니고 오히려 보수적 수치

삼바는 딜로이트 안진 보고서를 재무제표에 사용한 이유로 "당시 지분가치 평가를 해줄 회계법인을 적극적으로 찾아 나섰지만 이해상충 등의 이유로 맡아 줄 곳이 없었다"고 해명했다. 2015년 말 삼바는 에피스를 종속회사에서 관계회사로 변경하기 위해

가치평가가 필요했다.

국내 4대 회계법인 중 삼일회계법인은 삼바 모회사인 삼성물산의 감사인이었고 삼정은 삼바의 감사인을 맡아 용역을 받을 수 없는 상황이었다. 한영은 물산과 분쟁을 벌였던 헤지펀드 엘리엇과의 관계 때문에 난색을 보였다. 삼바 관계자는 "유일하게 평가를 수행할 수 있는 곳은 안진뿐이었다"며 "안진으로부터 몇 개월 만에 기존 보고서와 큰 수치적 변화가 있을 여지가 없는 만큼 그대로 수치를 써도 된다는 답을 받았다"고 말했다.

삼바는 당시 재평가를 받을 수 있었다면 오히려 에피스 가치가 더 높게 나왔을 것이라고 설명하고 있다. 안진의 평가시점인 2015년 8월에는 에피스 주요 제품의 임상만 끝난 시기였고, 그 뒤 한국과 유럽의 판매 승인이 나와 시장성까지 인정받았기 때문이다. 삼바 관계자는 "안진 평가를 그대로 재무제표에 활용한 것은 과대평가가 아니라 오히려 보수적인 접근이었다"고 강조했다. 안진은 가치 산정의 적정성 등에 대한 질의에 "감리 중인 사안에 대해 답할 수 없다"고 했다.

대부분의 대기업이 감사인이 되었거나 용역을 빅4 회계법인에게 맡기기 때문에 과점 체제가 될 수밖에 없고 어떠한 업무가 되었건 이해상충의 소지가 있는 회계법인을 제외하면 업무를 맡길 수 있는 빅4 회계법인은 매우 제한된다. 이러한 차원에서 빅3 중심의 신용평가업도 그렇고 빅4 회계법인에 대해서도 too big to fail이라고 과점의 문제를 자주 언급하게 된다.

즉, 더 이상으로 과점이 3, 또는 4개 회사에서 축소될 수 없다는 정책적인 난제이다. 그렇다고 정부가 나서서 대형 회계법인을 육성하는 데 개입할 수도 없고 시장 기능에 의해서 대형회계법인이 더 형성되도록 기다릴 수밖에 없다. 이러한 대형 회계법인은 국제적인 대형 법인의 형태를 띠므로 어느 한 국가만의 이슈도 아니다.

매일경제신문. 2018.11.22.
"삼바 가치보고서 내부 용 금융당국 감리대상 아냐"

금융위원회가 삼성그룹의 2015년 5월 삼바 가치평가보고서에 대해 "회사 내부 참고용으로 감리 대상이 아니다"고 밝혔다. 일부 정치권과 시민단체에서는 해당 보고서가 의도적으로 부풀린 이른바 '가치 뻥튀기 보고서'로 당시, 삼성물산 합병 찬반 여부에 영향을 미쳤다면서 사실상 특별 감리를 해야 한다고 주장하고 있다.

금융위원회는 21일 보도 참고자료를 통해 "2015년 5월 안진회계법인이 작성한 삼성물산, 삼바와 관련된 가치산정보고서는 회사 내부 참고 목적으로 자율적으로 작성돼 증권선물위원회나 금융감독당국의 감리대상이 아니다"고 선을 그었다. 그는 특히 "해당보고서는 이번 삼바와 관련해 증선위 심의 대상이 아니었으며, 보고서 자체가 조사감독 대상이 아닌 만큼 별도로 당국이 확보할 수 있는 권한도 없을 뿐더러 당국이 알고도 묵인하거나 방조했다는 지적은 사실과 다른 무리한 억측"이라고 일갈했다. 금융위는 해당 보고서 작성방법이나 국민연금의 당시 옛 제일모직과 옛 삼성물산의 합병 찬반 여부도 당국이 관여하지도 않았고 관여할 사항도 아니라고 밝혔다.

금융당국 관계자는 "민간 기업에서 단순 내부 참고용 자료를 어떤 식으로 작성하거나 참조하는 것은 그 회사 자율로, 공시되는 내용 등에 관련이 없다면 당국 보고나 제재 대상이 아니다"며 "해당 자료가 국민연금으로 넘어가 어떤 결정이 있었는지는 국민연금이 자체적으로 판단하는 영역으로 당국이 관여할 부분도 아니다"고 밝혔다.

앞서 정치권과 시민단체에서는 삼성이 마련한 해당 보고서가 국민연금으로 전달돼 국민연금이 옛 제일모직과 옛 삼성물산이 지금의 삼성물산으로 합병하는 데 결정적인 기여를 했다고 주장한 바 있다. 이날 박용진 더불어민주당 의원은 국회 정론관에서 기자회견을 열어 "금융위가 이미 엉터리 평가 방법을 알고 있었고, 즉시 조사에 착수했어야 했는데 수수방관한 것은 있을 수 없는 일"이라고 말했다.

최종구 금융위원장은 삼바의 감리와 관련해 향후 법원에서 절차를 지켜보자는 견해를 피력했다. 최위원장은 먼저 "(금융위가 삼바의 엉터리 평가를 알고도 묵인했다는) 일부 보도는 굉장히 악의적이며 명백하게 왜곡됐다"며 "사실과 다른 주장을 하는 것은 유감"이라고 강조했다.

한편 삼바는 21일 증선위로부터 지난 14일 부정 회계조치 결정과 관련해 공식 조치 통지서를 받았다고 밝혔다. 삼바는 통지서 내용을 검토한 뒤 이르면 이번 주 행정소송 및 집행정지 신청을 법원에 제출할 예정이다.

매일경제신문. 2018.5.8.
"행정소송가면 삼성 승소할 수도"

"회계를 아는 사람이라면 삼성바이오의 회계 처리가 국제회계기준을 따랐다는 데 동의할 겁니다. 삼바의 지분가치를 4조 8,000억원대로 '뻥튀기'한 게 문제라면, 이 같은 평가의 근거를 제공한 회계법인 보고서부터 문제 삼아야 할 것입니다."

IFRS 전문가인 신현걸 교수는 "삼성을 옹호하려는 게 아니라 회계사기를 입증할 객관적 근거가 부족함을 지적하는 것"이라며 "행정소송까지 갈 경우 삼성이 승소할 수도 있다"고 말했다.

신교수는 삼바가 '종속회사'에서 '관계회사'로 전환한 건 회계의무 위반으로 보기 어렵다고 밝혔다. 그는 "일반적인 상식으로는 에피스는 지분을 91.2%나 들고 있던 삼바가 '실질적 지배력이 없다'고 주장하는 게 이해가 안 될지 모른다"며 "그러나 기준서 1110호는 지배력을 판단할 때 눈에 보이는 지분율뿐만 아니라 잠재적 의결권까지 보도록 하고 있다"고 말했다. 그는 이어 "바이오젠이 실제 콜옵션을 행사하기 전이라도 콜옵션을 행사할 것으로 예상되는 충분한 사정 변경이 있다면 회계처리에 반드시 반영해야 한다는 뜻"이라고 해석했다. 삼바와 바이오젠의 2012년 합작 계약서에 기재된 주총 보통결의 요건이 과반수가 아닌 '52%'라는 점도 강조했다.

신교수는 "만약 바이오젠이 에피스 지분은 50%-1주를 가진 삼성이 여전히 경영권을 쥐는 게 아니냐는 주장이 있다"며 "그러나 주총 보통결의 요건을 52%로 삼은 건 어느 한 쪽이 독주할 수 없도록 삼바와 바이오젠이 서로 손발을 묶어 놓은 것"이라고 말했다. 이어 "이사회를 구성하는 이사 수도 삼바와 바이오젠이 동수로 지명하도록 했기 때문에 한쪽이 단독으로 의사결정을 못하는 '공동 지배'구조가 된다"고 설명했다.

만약 이 같은 공동 지배가 예상되는데도 에피스를 관계회사로 전환하지 않는다면 오히려 회계의무 위반이 될 수 있다고 지적했다. 관건은 과연 2015년 바이오젠이 콜옵션을 행사할 것으로 기대할 만한 사정이 있었는지다.

그는 "2015년 회계법인의 에피스 지분평가 보고서에 따르면 바이오젠이 가진 콜옵션은 행사가격보다 지분가치가 높은 내가격(in the money) 상태로 바뀐다"며 "바이오젠이 콜옵션을 행사하면 경제적 이득이 발생하기에 행사 가능성은 충분히 높다고 볼 수 있다"고 말했다.

또한 바이오젠이 -2015년 2월 그동안 단 한 번도 참여한 적 없었던 에피스의 유상

증자에 참여하고 –2015년말 미국 증권거래소에 제출한 재무보고서(10K)에서 에피스를 처음 언급하며 긍정적 리포트를 냈다는 것도 근거로 들었다. 안진이 삼바 상장을 앞두고 2015년 말 기준 에피스의 기업가치를 5조 2,726억원으로 평가한 것이 중요한 계기가 됐다. 이 기준에 따라 91.2%의 지분가치가 단숨에 4조 8,800억원에 이르게 됐기 때문이다. 그전까지는 에피스 지분에 값을 매길 마땅한 기준이 없었다.

남은 의문은 과연 이 같은 5조원대 평가가 '기업가치 부풀리기'에 해당하는지다. 이에 내해 신교수는 "제약 바이오 기업 평가에 주로 도입하는 DCF 방식은 확정되지 않은 여러 가정과 추정한 미래 현금흐름을 반영하기 때문에 10개 기관에 의뢰하면 10개의 평가가 모두 다를 수밖에 없다"면서 "그러나 안진이 5조 2,000억원대, 이듬해 한영이 5조 4,000억원대로 평가하고, 담당 외부감사인인 삼정까지 문제 없다고 봤던 이 기업가치를 이제 와서 '뻥튀기'라고 모두 부인할 수 있는가"라고 반문했다. 5조원대가 과하다는 의심만으로 섣불리 회계법인까지 사기에 공모했다고 보기에는 무리가 있다는 설명이다.

평가보고서는 미래의 현금흐름의 추정에 근거한다. 추정은 추정에 불과한 것이므로 추정이 실제와 차이가 있다고 해서 추정에 주관이 개입되었다고 속단할 수 없다. 추정은 많은 가정을 전제로 한다. 물론, 추정과정에서 의도된 정보의 왜곡이 있다고 하면 이는 옳지 않다.

이와 같이 주관적인 평가가 개입되기 때문에 감정평가법인에 의해서 감정을 받는 경우에도 대부분 복수로 업체를 선정하고 이를 평균하게 된다. 따라서 평가보고서의 결과가 모두 상이하다는 것은 전문가들의 입장에서는 전혀 이상할 것이 없다. 예를 들어, 과학적인 분석 방법에 기초한 연구 논문에서도 동일한 질문에 대해서 어떤 기간의 표본을 사용하였는지, 어떠한 가정하에 연구가 수행되었는지, 어떠한 할인율(discounting rate)을 사용하였는지 등등에 의해서 연구 결과는 크게 차이가 발생하기도 하며, 상반된 결과가 도출된다는 것도 이상할 것이 없다.

어떻게 보면 평가보고서라는 것은 적정성을 객관적으로 입증하기 매우 어렵다. 그러한 차원에서는 chapter 13에 기술된 신용평가업에서의 평가의 결과와도 일맥상통한다.

19 재무제표 재작성[1]

초도감사의 경우 재무제표 재작성비율이 3.24%로, 계속감사의 경우 0.72%에 비해 훨씬 높게 나타난다. 신외감법이 적용되면서 '6+3' 주기적 지정제가 적용되고 그러면 6년이나 3년에 한 번씩 감사인이 교체되게 되며 전임 감사인과 후임 감사인간에 감사과정에 이견이 빈번하게 발생할 가능성이 매우 높아졌다. 이견은 과거의 재무제표가 적절하지 않게 작성되었고 따라서 초기 재무제표를 후임 감사인이 인정하기 어렵다는 이견일 것이다. 초기 재무제표를 인정하고 이에 기초하여 이후의 재무제표에 대한 인증이 수행된다면 누적되는 문제에 대한 책임을 공동으로 부담하게 된다.

아시아나 항공이 2019년 재무제표에 감사 범위 제한 비적정의견을 받은 것도 감사를 수행하던 삼일회계법인이 그 다음 연도에 주기적 지정제에 의해서 감사인이 변경될 것이므로 감사를 느슨히 하는 경우, 후임 감사인이 직전 연도 재무제표을 초기 재무제표로 수용하는 것을 반대하는 경우도 나타날 수 있으므로 이를 미리 대비하여 감사를 매우 철저하게 수행하게 되었고 이 과정에서 한정의견을 받게 된 것으로 알려졌다.

감사인 교체 방향에 따른 재무제표 재작성은 다음과 같은 통계치를 보여 non big 4에서 big 4로 교체될 때, 확연한 차이를 보인다. 따라서 외관적으로 보더라도 big 4 회계법인이 철저하게 인수인계를 하면서 전임 감사인의 업무에 대해서 이견을 제시하는 듯하다. 적법하게 대처하는 경우도 있을 수 있지만 과도하게 대처하는 경우도 있을 수 있다.

---

1) 박종성, 감사인교체와 재무제표 재작성. 2019.1.25. 원칙중심 회계와 회계감사. 한국회계학회. 원칙중심회계 구현 방안 제2차 세미나의 내용에 근거한다.

감사인교체 방향에 따른 재무제표 재작성:

non big 4 → big 4	9.51%
big 4 → big 4	1.34%
non big 4 → non big 4	1.61%
big 4 → big 4	3.24%

당기 감사인의 재작정 요구

당기 감사인이 재작성 사유로 제시한 사항이 명백한 회계오류에 해당된다면 감리에서 감경 등을 적용받기 위해 전임 감사인 역시 재작성에 동의할 가능성이 높다.

이는 감리 착수 전에 회사로 하여금 재무제표를 수정하도록 적극 조력한 경우 2단계, 감리 착수 후 자료 제출 요구를 받을 날로부터 1개월 이내에 회사로 하여금 재무제표를 수정하도록 적극 조력한 경우 1단계 감경한다.

당기와 전기 감사인 간의 이견 노출:
감사보고서 미수정 기업
사업보고서 정정 기업 중 감사보고서 미수정 기업(2015−2017.5)

	정정대상	정정공시
대우조선해양	2014~2015 안진	2017 삼일

재무제표 재작성 시 대두되는 이슈

당기 감인의 재작성 요구에 따라 회사가 전기 재무제표를 재작성하는 경우 다음과 같은 두 가지 이슈가 대두됨

1. 재작성된 재무제표에 대한 감사
   주체:
   전임감사인
   당기감사인
   제3의 감사인

2. 재작성된 재무제표의 공시

　　－전기 재무제표 재발행(사업보고서 정정 공시)

　　－당기 재무제표에 비교 표시되는 전기 재무제표 재작성

1. 재작성된 재무제표에 대한 감사

현행 외감법에 따를 경우 외부감사법에 따라 선임 또는 지정된 감사인만 이 법정감사인이기 때문에 당기 감사인은 재작성된 재무제표에 대해 감사절차 를 취하는 것을 꺼려한다.

물론 감사기준서 710에 전임감사인이 전기 재무제표에 대한 감사보고서 를 재발행할 수 없거나 또는 재발행을 원하지 않는 경우 당기 감사인이 취해 야 할 절차가 규정되어 있기는 하나 강제규정은 아니다.

이런 상황에서 전임 감사인 역시 독립성의 결여 등으로 재감사를 수행할 수 없거나 수정 내용에 동의하지 않아 재감사를 거부하게 되면 재작성된 재무 제표는 검증절차 없이 정보 이용자들에게 전달되는 문제점이 발생된다.

이러한 문제점을 해결하기 위해 한공회는 2017년 8월 3일 회계감사 실 무지침 2017－1. 전기오류수정에 관한 회계감사실무지침을 제정하여 공표하 였다.

동 실무지침은 감사인이 변경된 상황에서 전기 재무제표를 수정해야 하 는 상황이 발생된 경우 당기 감사인, 회사(경영진 및 지배기구[1]), 전임감사인 간 에 필요한 커뮤니케이션을 충분하게 실시할 것을 요구한다.

또한, 동 실무지침은 재작성된 재무제표에 대하여 회사가 전임 감사인뿐 만 아니라 당기 감사인 그리고 필요한 경우 제3의 감사인에게도 감사를 요청 할 수 있도록 하고 있다.

전기 재무제표 재발행 없이 당기 재무제표에 비교 표시되는 전기 재무제 표만 수정한 상황에서 당기 감사인이 수정 사항에 대해 감사절차를 수행하지 않은 경우 다음 사항을 강조사항 문단에 기재한다.

　　－전기오류수정의 성격과 내용

---

1) 지배기구는 정의되지는 않지만 감사 또는 감사위원회로 일반적으로 이해된다.

- 전기오류수정이 존재한다는 결론을 내리기 위해 당기 감사인이 수행한 감사 절차
- 전임 감사인이 전기오류수정에 동의하지 않는 경우 전임 감사인과 커뮤니케이션한 내용

재작성된 재무제표의 공시

A. 전기 재무제표 재발행(사업보고서 정정공시)

장점: 정보이용자들이 전기 재무제표 재작성 사실을 명확히 인지할 수 있음

단점: 시간과 비용이 많이 소요

B. 당기 재무제표에 비교 표시되는 전기 재무제표 재작성

장점: 시간과 비용이 적게 소요

단점: 정보이용자들이 전기 재무제표 재작성 사실을 명확히 인지하지 못할 수 있음

미국은 오류의 유형을 big R과 little r로 구분하고, big R의 경우에는 10-K를 재발행하며, little r의 경우에는 당기 재무제표에 비교 표시되는 전기 재무제표만 수정하도록 요구하고 있으나, 우리나라는 이에 대한 명확한 규정이 없는 상황이다. 즉, 위의 A의 경우가 big R에 해당하며 B의 경우가 little r에 해당된다.

재무제표 재작성의 방법 - 미국

	Big R	Little r
오류의 유형	발견된 오류가 과거 재무제표에서도 중요한 경우	발견된 오류가 과거 재무제표에서는 중요하지 않으나 당기 재무제표에 미치는 영향은 중요한 경우
오류의 수정방법	전기 재무제표 재작성	당기 재무제표에 비교표시되는 전기재무제표 수정
전기 재무제표 이용 금지 통보		
8-K	○	×
10-K	○	×

당기감사인, 재감사 요구 - 회사, 표시되는 전기 재무제표 수정 - 전임감사인, 감사보고서 재발행하지 않음 - 공시상의 문제점, 당기에 비교 표시되는 전기 재무제표 수치와 과거에 발행된 재무제표 수치가 다름

당기감사인, 전기 재무제표 재작성 요구 - 회사, 전기 재무제표 재발행(사업보고서 정정공시) - 전임 감사인, 감사보고서 재발행하지 않음 - 공시상의 문제점, 사업보고서 상 재무제표 수치와 감사보고서 상 재무제표 수치 다름

재무제표 재작성에 따른 문제 개선(사후적 조치)

종전에는 전기 재무제표를 수정하는 경우 감리가 진행되기도 하였지만 이는 재무제표를 재작성하려는 기업과 감사인의 의지를 감소시키는 역할을 할 수 있다.

K-IFRS 1008호는 전기오류가 발견된 경우 재무제표를 소급하여 재작성할 것을 요구하며, 재무제표를 재작성할 경우 오류수정으로 인하여 당기손익에 영향을 미치는 부분이 없고, 또한 정보이용자들이 오류수정 여부를 확인하기 쉽지 않기 때문에 회사는 의도적으로 오류를 발생시키고 이후 연도에 비교 표시되는 전기 재무제표를 소급 재작성하고자 한다는 것인데, 감독당국도 이러한 점을 고려하여 전기 재무제표를 재작성하는 경우 해당 기업에 대해 감리를 진행하기도 한다.

그러나 최근 외부감사 규정이 개정되어 재무제표를 수정하더라도 다음 요건에 해당되는 경우에 한해 감리를 진행한다.

공시된 재무제표를 회사가 자진하여 수정하는 경우로서, 수정된 금액이 중요성 금액의 4배 이상이거나 최근 5년 이내에 3회 이상 수정한 경우(외부감사 규정 제23조 제1항 제3호)

사후적 조치 방안 공시

전기 재무제표 재발행 없이 당기 재무제표에 비교 표시되는 전기 재무제표만 재작성하는 경우 과거 사업보고서에 재무제표가 수정되었음을 명시하도록 하여 정보이용자들이 재무제표 수정 사실을 명확하게 인지할 수 있도록 조

치한다.

현재는 과거 사업보고서도 수정 없이 시장에 그대로 유통되고 있어 정보이용자들이 재무제표 수정 사실을 인지하지 못할 가능성이 있다.

전기 재무제표 재발행 없이 당기 재무제표에 비교 표시되는 전기재무제표만 재작성하는 경우 과거 사업보고서에 재무제표가 수정되었음을 명시하도록 하여 정보이용자들이 재무제표 수정 사실을 명확하게 인지할 수 있도록 조치하는 것이 필요하다.

다음은 박종성(2019b)에 근거한다.

재무제표 재작성 요구 증가

- 감사인 교체 시 당기 감사인이 전기 재무제표의 재작성을 요구하는 사례 증가
- 당기 감사인이 전기 재무제표의 재작성을 요구하는 경우 회사 입장에서는 이러한 요구를 수용할 수 없음→ 당기감사인의 요구를 수용하지 않을 경우 비적정의견을 받을 가능성이 높기 때문
- 이때, 당기 감사인이 재작성 사유로 제시한 사항이 명백한 회계오류에 해당된다면 감리에서 감경 등을 적용받기 위해[2] 전임 감사인 역시 재작성에 동의할 가능성이 높음
- 그러나 재작성 이유로 제시된 내용이 명백한 회계오류라기 보다는 회계기준의 해석 및 적용에 있어서의 견해 차이에 해당되는 경우 전임 감사인이 재작성에 동의하지 않을 수 있음

다음의 내용은 전홍준(2019)의 내용에 근거한다.

---

2) 감리 착수 전에 회사로 하여금 재무제표를 수정하도록 적극 조력한 경우 2단계, 감리 착수 후 자료제출요구를 받은 날로부터 1개월 이내에 회사로 하여금 재무제표를 수정하도록 적극 조력한 경우 1단계 감경함

감사인 변경시 정정공시 증가

	2016	2017	2018
정정합계	969	1230	1533
상장회사 정정건수	15.5%	26.6%	24.8%

감사인 변경

	상장	비상장	합계
최근 3년간 정정회사	857	2,875	3,732
감사인 변경	394	395	789
감사인 변경시 정정비율	46%	13.7%	21.1%

전기 감사인이 동의하지 않은 보고서 사례

강조사항

검토의견에는 영향을 미치지 않는 사항으로서, 이 검토보고서의 이용자는 다음의 사항에 대하여 주의를 기울여야 할 필요가 있습니다. 주석 ○○에서 기술하고 있는 바와 같이, 2019년 3월 ○○일자 감사보고서에 첨부된 2018년 12월 31일 현재의 재무제표는 ○○○오류로 인하여 ○○자산 및 ○○부채가 각각 ○○○백만원 만큼 과대계상되어 있습니다. 따라서, 비교 표시된 전기의 재무제표는 이러한 수정사항을 반영하여 재작성된 것입니다.

한편, 우리는 회사 및 전임 감사인과 3자간 커뮤니케이션을 실시하였으며, 전임감사인 ○○회계법인은 전기오류수정에 동의하지 않습니다. 그 이유로 전임 감사인은 재작성 하기 전의 전기재무제표가 회사의 ○○와 관련한 회계처리가 거래의 실질을 충실하게 표현하고 재무제표 이용자에게 충분한 정보를 제공했다고 판단한다는 의견을 제시하였습니다.

다음의 미국에서의 재작성 관련된 내용은 엄재용(2019)의 발표 내용에 근거한다.

SEC는 경영진과 감사인들의 실무적 편의를 위해 전기재무제표 재작성에 관련된 materiality를 판단할 때 세전 이익의 5~10%를 소위 "rule of thumb"

으로 이용하는 것을 예시로 제시하고 있지만 그 또한 중요성 판단을 위한 유일한 양적 기준은 아니다. EPS로 따지면 penny per share 정도의 금액으로 환산된다.

미국의 상장사 약 5,000개 중, 2017년에 505개 상장사와 553개 비상장사가 재무제표를 재작성하며, 재작성 60~70%는 회계처리의 명확한 잘못이 아니면 전진적으로만 처리하지 재작성하지는 않는다.

재작성 기간 또한 크게 감소하여 2005년 기록되었던 평균 737일의 수준에 비해 크게 낮아진 수준이다. SEC의 enforcement action팀은 고의성에 대한 판단만을 수행하게 된다.

다음의 미국에서의 재작성과 관련된 특성이다.

- 90% 이상이 자발적 재작성
- 오류의 내용을 시장에 communication하는 것은 매우 중요
- 재작성이 무조건적인 감리 대상은 아님
- 미국은 감사인 간의 의견 불일치가 빈번하게 존재하지 않는데, 왜냐하면 기업회계기준이 규정 중심이기 때문.
- 미국은 이견이 있는 경우, 전임 감사인과 후임 감사인 간에 의견을 맞춰 오라고 요구함. 누구 하나는 맞고 누구 하나는 잘못된 것임.
- 미국은 잘못된 재무제표를 내 책임 하에 수정한다는 개념인 반면 우리나라는 이에 대한 penalty가 있음

빅R restatement

전기에 발생한 오류가 material하다고 판단되는 경우 이전에 발행된 전기 재무제표를 재작성하는데 이는 SEC form 10KA(amendment) 또는 다음 10K에 반영한다. 이러한 경우에는 감사의견서에 중요수정사항이 기술되며 해당 수정사항을 담고 있는 주석을 기재하도록 한다.

big R은 전기 재무제표와 관련된 중요한 수정을 의미하며 이는 회사의 내부통제에 치명적인 미비점이 존재한다는 의심을 가지게 하는 강력한 증거 가운데 하나이기도 하며 종종 ICFR(내부회계관리제도에 대한 감사) 의견 변형 사유로 등장한다.

Little r statement

발견된 수정 사항이 전기에는 immaterial하다고 판단되는 경우, 대부분의 경우에는 전기에 미치는 영향은 중요하지 않으나 누적효과가 중요한 경우 전기 재무제표를 수정하는 것보다 당기 재무제표의 비교 표시된 전기 숫자를 수정 또는 'restate'하며 당기 재무제표에 반영한다.

litte r restatement의 경우에도 수정사항에 대한 내용은 주석에 충실히 기재되어야 하지만 중요한 차이는 이전에 발행된 10K를 수정하지 않아도 되며 전기의 감사의견서를 반영해야 하는 번거로움 또한 피할 수 있다. litte r 또한 회사의 내부통제가 부실하다는 증거로 이에 대한 추가적인 고려를 요하기도 한다.

송창영(2019)은 손해배상 계산 시점은 다음의 경우가 가능한데,

1. 재무제표 재발행
2. 검찰고발
3. 증선위 조치

분식을 판단하면서 즉시 매매거래를 정지하므로 이로 인한 주가하락을 측정하기 어렵다는 주장을 하였다.

송창영(2019)에 의하면 감사보고서 등 정정공시 기간 현황은 다음과 같다.

1개월 미만	44%
1~6개월	21.8%
6개월~1년	15.2%
1~2년	8.2%
2년 이상	10.7%

2019년 12월 2일 박종성이 토론한 내용은 다음과 같다.

비교 표시되는 재무제표를 수정 하면 과거 사업보고서(재무제표)가 수정 없이 유통되므로 사업 보고서가 수정되었다는 사실을 알려야 한다. 수정하기로 결정한 이후에도 아무런 조치를 취하지 않는다.

- 미국은 재발행하기로 한 순간 8K(수시공시)로 알려서 과거 재무제표를 사용하지 않도록 조치를 한다.
- 감사보고서 재발행 내역은 2020년 4월1일부터 수시공시 사항에 해당되어 관리될 예정이다.
- 회계법인이 감사보고서 철회 또는 재발행이 발생한 경우 수시공시를 한다.

1. 2019년 5월 14일자 금융감독원 보도자료 6페이지 상단 → 감사품질에 대한 회계법인의 책임성을 확대하기 위하여 수시공시를 확대한다.

(중점 추진사항) 수시보고, 사업보고서 공시 확대 및 품질관리수준평가3) 등 새로운 제도의 원활한 시행을 위한 세부 시행방안을 마련

2. 외부감사 및 회계 등에 관한 규정 시행세칙 89페이지 상단 → 감사보고서 재발행의 경우 수시보고 사항으로 88페이지의 양식으로 수시공시하도록 하고 있다.

재무제표재작성에 따른 공시상의 문제점4)

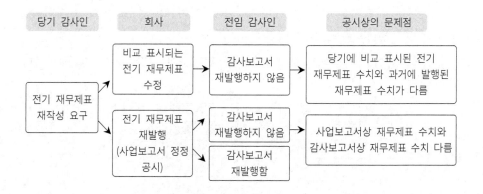

....
3) 평가결과에 대한 회계법인의 수용도 제고 등을 위해 금년 중 시범평가 실시 및 문제점 보완 후 내년부터 본격 시행
4) 박종성(2019)

재무제표 재작성 요구 증가

– 감독당국은 재무제표가 재작성된 경우라 하더라도 당기감사인과 전기 감사인의 의견을 청취한 후 명백한 회계기준 위배라고 판단되는 경우에만 감리를 수행하는 방향으로 감리제도를 개선

– 전기 재무제표 재작성방법(전기 재무제표 재발행 vs. 당기 재무제표에 비교 표시되는전기 재무제표 재작성)을 명확히 규정하여 시장에 혼란이 없도록 조치

– 전기 재무제표 재발행 없이 당기 재무제표에 비교 표시되는 전기 재무제표만 재작성하는 경우 과거 사업보고서에 재무제표가 수정되었음을 명시하도록 하여 정보이용자들이 재무제표 수정 사실을 명확하게 인지할 수 있도록 조치

과거에는 감사위원회가 감사인을 승인하는 승인 권한을 가지고 있었지만 개정된 외감법하에서는 감사위원회가 선임권한을 가지고 있다. 이뿐만 아니라 대면에 의해서 심사를 해야 하며 또한 documentation도 잘 남겨 두어야 한다.

많은 회사가 감사위원회에서 감사인을 평가할 때 사용하는 평가 양식은 한국상장회사협의회에서 작성하여 회사에 제공하는데 이 평가 문건의 한 항목이 회계법인의 지난 3년간의 재무제표 재작성 빈도수이다.

이 평가 항목이 어떠한 사유에서 평가항목으로 포함되었는지는 충분히 추정해 볼 수 있다. 재무제표를 잘못 공시하였으므로 재무제표를 재작성하게 된 것이고 이러한 통계는 감사인의 감사품질의 반증이므로 재무제표 재작성 건수가 높은 경우는 이를 부정적으로 평가하라는 의미였을 것이다.

그러나 이는 재무제표 오류에 의해서 재무제표가 잘못 작성되었을 경우의 평가항목일 듯한데, 의도적으로 재무제표를 잘못 공시하였다면 기업은 이를 재작성에 의해서 전기오류를 수정하려는 것이 아니라 이를 숨기려 할 것이다. 재무제표를 재작성한다는 것이 감독기관의 분식회계 및 회계 오류 관련된 조치로 연결될 수 있다.

또한 의도적인 오류인지 아닌지를 구분하는 것도 용이하지는 않다.

더더욱, 재무제표를 재작성했다는 사실 자체가 감사를 수임하는 데 불리하게 작용한다고 하면 진행되었던 감사 건뿐만 아니고 미래 시점에도 회계법

인의 영업에 부정적인 영향을 미칠 수 있으므로 재무제표를 재작성한다는 것
은 기업이나 감사인의 입장에서는 간단한 이슈가 아니다.

　　당연하지만 재무제표 재작성으로부터 발생하는 이익/불이익, 또한 재작성
하지 않음으로부터 발생하는 이익/불이익을 상호 평가하여 의사결정을 수행할
것이다.

한국경제신문. 2020.1.10.
　금융당국, 회계분쟁 중징계 안 한다

　아울러 전 감사인이 현 감사인 의견에 동의하지 않아서 당기 비교 표시 재무제표만
수정된 경우엔 내년부터 수정에 대한 투자자 안내를 별도로 공시하도록 할 계획이다.

　　이러한 정책 방향의 수정은 위에 지적된 많은 문제에 대한 해결책이다.

20 감사 전 재무제표

사전 재무제표 또는 감사전 재무제표라고도 지칭되며 가결산 재무제표라고도 통칭되는데, 어느 단계에서 재무제표가 증선위에 제출되었는지가 명확하지 않으므로 가결산보다는 사전에 제출하는 재무제표라는 의미에서의 사전 재무제표라는 표현을 사용한다.

사전 재무제표는 주총 이전 6주 전까지는,[1] 또는 재무제표를 감사인에게 전달하기 이전에 증선위에 보고하여야 한다.

재무제표 본문과 주석은 한 묶음이므로 이들이 동시에 제출되는 것이 원칙이지만 현실은 그렇지 못하다. 연결제표를 제출하는 기업일 경우, 별도재무제표의 본문을 맨 먼저, 그 다음에는 별도재무제표의 주석을, 그 다음에는 연결재무제표의 본문과 연결재무제표의 주석 순으로 순차적으로 제출하는 것이 실무에서 일반화되어 었다. 주석에는 본문에 사용되는 여러 가지 회계원칙에 대한 자세한 설명이 추가되므로 기업이 이러한 주석의 작성에 시간이 더 필요하다는 점은 이해하지만 그럼에도 재무제표의 본문과 주석이 일체인데 분리되어 보고되는 것은 바람직하지 않다. 단, 기업이 연말 재무제표 작성에 있어 시간이 부족하므로 상황을 이해할 수는 있다.

영업잠정실적 공시(가결산) 재무제표를 모든 상장기업과 자산규모 1,000억 원을 초과하는 비상장기업이[2] 한국거래소에 공시하도록 강제되고 있는데 이를 공시하도록 의무화된 사유는 가결산된 재무제표와 감사 후 재무제표가 비

----

1) 사전 연결재무제표는 4주 전까지 제출하여야 한다.
2) 자산규모 1,000억 원 이상의 비상장사는 정부가 비상장사로서 대기업을 구분하는데 빈번하게 사용하는 기준이다. 내부회계관리제도도 상장기업과 자산규모 1,000억 원 넘는 기업에 강제된다. 또한 외감법 개정안에 따르면 2020년부터 전체 상장사와 소유 경영이 분리되지 않은 대형 비상장사(자산 1,000억 원 이상, 대표이사 지분 50% 이상)를 대상으로 주기적 감사인 지정제가 도입된다. 따라서 제도권에서는 대규모 비상장사의 기준은 자산 규모 1,000억 원이다.

교 가능하게 되면서 감사인들이 피감기업과 어떠한 조정의 과정을 거쳤는지가 드러나게 된다. 구체적으로 감독원의 KIND에서는 매출, 당기순이익, 영업이익, EBITA가 보고된다. 감사 전 재무제표와 감사 후 재무제표의 비교는 감사인이 감사 전 재무제표에서 어떠한 역할을 수행하여 최종적인 재무제표가 작성되었는지를 판단하게 한다. 통상적으로는 감사 과정에서 감사인이 역할을 수행하여 영업의 결과를 하향 조정한다고 생각할 수 있는데, 이 과정에서 영업의 결과가 많이 높아진 경우도 있다. 물론, 가결산과 최종적인 재무제표의 차이에 감사인이 전적으로 역할을 수행하였다고 할 수도 없고 가결산은 가결산일 뿐이므로 더 시간을 가지고 결산을 하는 과정에서 기업 차원에서 금액이 조정되었다고도 할 수 있으므로 이러한 차이를 모두 감사인의 역할로 돌릴 수는 없지만 그럼에도 감사인이 개입된 이후의 수치이므로 많은 역할은 감사인의 몫이라고 생각할 수 있다. 이는 기업과 감사인간의 조정 과정이 외부에서 접근 가능하지 않으므로 추정하여 논의할 수밖에 없는 것이다.

다음의 통계치를 이용하여 위의 논리가 정당화될 수 있다.

미국에서 2004년 처음으로 SOX에 의해서 내부회계관리제도에 의한 감사가 수행되고 전체 대상 기업 중, 15.7%가 비적정의견을 받게 되는데 그중에 가장 빈번한 사유 335(54%)의 기업이 외부감사인에 의한 중요한 재무제표 수정이었다.

이 정책의 도입 취지는 감사인이 재무제표 작성에 도움이 주는 것을 예방하기 위한 것으로 가결산재무제표는 기업이 스스로 작성한 재무제표의 최종적인 산출물이다.

가결산재무제표를 감사인에게 넘기기 이전에 기업 내부에서의 어느 정도의 결산 과정은 모두 마쳤다고 할 수 있으므로 가결산과 최종 재무제표의 차이는 감사인의 역할이라고 추정함에 큰 무리가 있는 것은 아니다.

2018년 신외감법이 적용되면서 많은 기업의 감사보고서가 지연되었다. 감사보고서는 늦어도 주총 1주일 이전에는 완성되어야 하지만 이러한 기한을 못 지킨 경우가 2016년 16사, 2017년 24사, 2018년에는 60건으로 증가하면서 회사와 감사인 간의 이견이 감사보고서 지연의 원인인 것으로 추정된다.

대부분 기업의 절차는 다음으로 진행될 듯하다. 감사 전 재무제표를 제출한 이후 결산 이사회를 갖고 재무제표를 확정한다. 이 이후에 감사가 진행되고 최종 재무제표를 확정하여 주주총회에 상정하게 되는데 상법에 의하면 이사회에서 의결된 재무제표와 감사를 마친 이후 최종적으로 확정된 재무제표 간에 중요한 차이가 존재한다면 이 재무제표를 주총에 상정하기 이전에 이를 이사회에서 재의결하는 과정이 있어야 하지만 얼마나 많은 기업에서 이러한 과정과 절차를 거치는지는 알 수 없다. 물론, 중요한 차이라는 것은 임의적이므로 기업이 판단할 부분이다. 공시된 가결산 재무제표와 최종 재무제표가 차이가 있을 경우, 가결산을 보고한 이후에 이사회의 의결 안건에 재무제표 확정 안건이 포함되어 있는지를 확인하면 이러한 정보에 대해서 접근할 수 있다.

감사전 재무제표를 상장사가 금융당국에 제출하도록[3] 2013년 말 외감법을 개정하고 자산 규모 1,000억원 이상의 비상장사는 시행령 개정으로 2014년부터 같은 의무를 부과하고 있다. 단, 주석의 신문 기사에도 기술되어 있듯이 이 제도를 기업들이 준수하지 않는 듯하며 이에 대해서는 체계적인 조치가 필요하다. 손성규(2017) chapter 14에서도 이러한 내용들이 기술되어 있다.

> 외감법 제8조(감사보고서의 제출 등) ① 감사인은 감사보고서를 대통령령으로 정하는 기간 내에 회사(감사 또는 감사위원회를 포함한다)·증권선물위원회 및 한국공인회계사회에 제출하여야 한다. 다만, 「자본시장과 금융투자업에 관한 법률」 제159조 제1항에 따라 사업보고서 제출대상법인인 회사가 사업보고서에 감사보고서를 첨부하여 금융위원회와 같은 법에 따라 거래소 허가를 받은 거래소로서 금융위원회가 지정하는 거래소(이하 이 조 및 제16조의2에서 "거래소"라 한다)에 제출하는 경우에는 감사인이 증권선물위원회 및 한국공인회계사회에 감사보고서를 제출한 것으로 본다. <개정 2013.5.28.>

위의 제8조에도 감사인이 감사보고서를 거래소에 제출하지만 그 안에 포함된 감사인이 작성한 내용은 감사보고서에 불과하며 첨부된 재무제표는 모두 회사가 작성한 것이다. 그럼에도 이 제출의 의무가 감사인에게 있는 것이다.

---

3) 한국경제신문. 2016.6.2. '감사전 재무제표' 안 낸 상장사 금융당국, 100여 곳 무더기 적발

- 감사보고서는 기업의 재무제표에 대한 감사인의 용역보고서이다. 따라서 인증의 주체는 감사인인 것은 명확하지만 이 감사보고서에 누구에 대한 '귀중'인지를 보면 '주주 및 이사회' 귀중으로 되어 있다. 따라서 이 용역보고서는 공식적으로 잠재적인 투자자 혹은 시장 전체를 상대로 하는 용역보고서는 아니다. 물론, 감사라는 용역이 '불특정다수를 위한 공공재'적인 성격이므로 잠재적인 투자자들이 재무제표에 대해 접근하는 것을 막을 수는 없다. 그럼에도 불구하고 이 보고서를 감사인으로 하여금 감사보고서를 제출하면서 기업이 작성한 재무제표를 첨부하도록 하여서 지속적으로 문제가 제기되었다. 이러한 실무 관행은 재무제표가 감사인이 작성한 듯한 오해를 초래할 수도 있다.

- 이 개정안은 사업보고서에 감사보고서를 첨부하여 어디에 제출하는지가 상당한 논란이 있었던 내용이다. 애시 당초는 증선위에 제출하는 안이 제시되었는데 회계업계가 확정된 재무제표도 아닌데 가결산−사전 재무제표를 정부기관에 제출하는 데 대해서 상당한 부담을 느꼈고, 그래서 거래소에 제출하는 것으로 조정되었다. 단, 거래소에 제출된 재무제표가 감독기관에 제공되어서 감독 목적으로 사용되지 않는다는 조건이었다.

기업지배구조 및 감사위원회 모범 규준 등[4]

기업지배기구 모범 규준 1.3

−감사(위원회)는 경영진과 외부 감사인 간에 중대한 의견 불일치가 있는 경우, 그 해결책을 건의하고 사후에 이행 여부와 업무 집행에 반영여부를 점검

감사위원회 모범규준 v. 외부 감사인과의 관계

3.2 외부 감사 결과 주요 사항에 대한 검토

−감사위원회는 외부감사인으로부터 감사결과를 보고 받고, 외부감사인의 권고사항과 이에 대한 경영진의 입장에 대해 평가 수행

---

4) 2019.10.17. 양준권, 감사위원회포럼 발표 내용.

감사기준서

450 감사 중 식별된 왜곡 표시의 평가 문단 12~13, A23

- 감사인은 법규상 금지되지 않는 한 미수정 왜곡 표시 및 이것이 개별적으로 또는 집합적으로 감사의견에 미칠 영향에 대하여 지배기구와 커뮤니케이션 해야 함
- 과거 보고기간에 관련된 미수정 왜곡 표시가 관련 거래유형, 계정 잔액 혹은 공시 그리고 재무제표 전체에 미치는 영향에 대해 지배기구와 커뮤니케이션
- 감사인은 왜곡표시의 크기와 성격을 고려, 왜곡 표시를 수정하지 아니한 이유와 시사점, 그리고 미래 재무제표와 관련된 잠재적 시사점을 지배구조와 논의

21 사외이사 search process

기업의 지배구조에 있어서 사외이사들이 상당히 중요한 역할을 수행한다. 상법에 의하면 이사의 1/4 이상이 사외이사여야 하며 자산규모 2조원이 넘는 기업은 사외이사가 과반이어야 하고 동시에 사외이사가 3인 이상이어야 한다. 비상근이기는 하지만 사내이사와 동일하게 선량한 관리자의 의무를 갖기 때문에 상근/비상근에 무관하게 이들이 부담하여야 하는 책임에는 차이가 없다. 물론, 법정에서는 비상근의 한계가 인정되어 책임이 제한될 수는 있지만 그럼에도 법규상으로는 차이를 두지 않는다.

사외이사들이 거수기라고 하는데 사전 보고 단계에서 안건에 대한 조정이 이루어지기 때문에 외부에서 보는 것과 같이 사외이사들이 아무런 역할을 하지 못하는 것은 아니다. 이사회에서의 상정된 의결 안건이 찬성하는 비율이 매우 높은 이유가 사전 보고/협의 단계에서 사외이사에 의해서 반대가 제기된 안건이 상정조차 안 되는 경우가 있기 때문이다. 물론, 외관적으로 반대하는 안건을 올리려면 의도적으로 반대할 안건을 올려서 이사회가 민주적으로 운영되는 모습을 회의록과 기록에 남길 수는 있지만 굳이 그런데 신경 쓸 필요가 없다. 거부되는 안건의 비율을 조정하기 위해서 의도로적으로 부결되는 안건을 상정한 것도 정상이 아니다.

기업은 사외이사를 찾을 때, 여러 가지 경로로 후보자를 구하는 듯하다. 금융지주와 같은 기업일 경우, 과정을 과도하게 투명하게 진행하다 보니 search 과정에 너무 오랜 시간이 경과되고 모든 기업이 사외이사 후보를 찾는 기간에 후보를 확정하고 통보하고 승낙을 받고 이를 이사회에 올려 확인을 받고 주주총회에 상정하는 과정을 거치게 된다. 이 과정이 늦어지면 제한된 사외이사 후보 pool에 있는 후보자들이 다른 기업에서 사외이사를 승낙하게 되는 경우가 흔히 발생한다. 제한된 후보자 pool과 한정된 기간에서 기업들이 매우 바삐 움직인다. 특히나 search process가 너무 신중하고 투명하게 진행하게 되면 신속성이 떨어지게 된다. 특히나 임기 중에 있는 사외이사가 현재 일하는 회사를 사임하고 다른 회사에 등기하게 되는 경우는 현재 등기하고 있는 회사로 하여금 다른 후보자를 search하고 섭외할 수 있는 시간적 여유를 주어야 한다. 특히나 은행이나 금융지주의 사외이사의 경우, 다른 기업의 사외이사와의 겸직이 불가하므로 다른 기업의 사외이사를 사퇴하고 금융지주나 은행의 사외이사를 맡게 되는 경우가 있을 수 있는데 그렇게 되는 경우는 다른 회사를 사퇴하고 금융이나 다른 은행에 선임되어야 하므로 선임과정이 길게 필요하기도 하다.[1]

상장기업에 등기하는 경우, 상장, 비상장 무관하게 사외이사를 맡을 수 있는 기업의 수가 2개로 제한되므로 빠르면 1월 초 중순 정도에 사외이사 시장이 clear되는 듯하다.[2]

특히나 금융지주나 은행의 사외이사의 경우 다른 회사의 사외이사를 맡지 못하도록 했기 때문에 두 회사 정도에서 사외이사를 맡을 수 있는 역량이 있는 사외이사 후보는 금전적인 이유 때문에 은행이나 금융지주의 사외이사를 반기지 않을 수도 있으며 지금 등기한 회사를 모두 사퇴하고 은행이나 금융지주 사외이사를 맡아야 가능하게 된다. 그래서 일부 은행에서는 자격이 되는 사외이사를 섭외하기 위해서는 은행이나 금융지주는 급여 수준을 높여야 한다는 의견도 제시된다.

재벌 그룹의 계열사에서 사외이사를 선임하는 과정은 여러 가지 형태가 있다. 2019년 초에 LG의 경우, 지주사에 새로운 CEO 회장이 선임되면서 과거에는 계열사로부터 사외이사 후보를 추천받음과 동시에 지주에서 사외이사 후

---

1) 은행지주회사와 은행의 사외이사 겸직 제한의 범위 <모범규준 관련 규정>
   제16조(사외이사의 자격요건) ② 은행지주회사 및 은행의 사외이사는 그 재임기간 동안 다른 회사 또는 금융회사의 사외이사로 선임될 수 없다. 다만, 금융지주회사와 소속 자회사 등 간 사외이사 겸직의 경우에는 적용하지 아니한다.
   아마도 이러한 제도가 적용된 이유는 과거에 은행이나 금융지주의 사외이사들이 은행이나 금융지주에 영향력을 행사하여 본인들이 사외이사로 활동하는 다른 기관의 대출 등에 있어서 혜택을 주도록 영향력을 행사하였기 때문인 듯하다. 대학 교수인 경우도 소속된 대학에 장학금이나 기부금 등의 혜택이 가도록 영향력을 행사한 적이 있다.
2) 상법 및 금융회사지배구조법상 상장회사의 사외이사는 해당 회사 외에 둘 이상 다른 회사의 이사, 집행임원 감사로 재직하는 것이 허용되지 않는다.

보를 추천하면서 지주와 계열사가 협의하였던 관행에 비해서 2019년의 경우는 지주의 권한이 대폭 강화되어 계열사의 사외이사 선임을 거의 지주 중심으로 진행하였다고 한다.

　2018년 삼바 등의 사태를 겪으면서 특히나 2018년 주총에서는 회계 전공자들에 대한 수요가 특히 많아졌다고 판단된다. 이는 바람직한 방향으로 가는 것이 사외이사의 중요한 두 가지 덕목이 전문성과 독립성인데 독립성은 개인의 소신과 성품의 이슈이므로 독립성 있고 중립적인 사외이사가 선임되는지는 확인이 불가하다. 또한 독립성은 기업의 처해진 상황에 따라 가변적일 수 있다. 반면, 전문성이 있는 사외이사를 선임했는지는 그 후보자의 경력을 보면 확인이 가능하여서, 적어도 전문성 만큼은 외부에서 관찰이 가능하다.

매일경제신문. 2019.6.4.
기업지배구조 지표 15개

　대형 상장사들이 지배구조 관련 권장 사항 중 절반 정도만 준수하는 것으로 나타났다. 3일 금융감독원에 따르면 이날 오후 4시까지 기업 지배구조 보고서를 공시한 30개 사는 기업 지배구조 핵심지표 15개 항목 중 평균 7.7개를 준수하는 것으로 집계됐다.

　기업 지배구조 15개 핵심지표는 투명한 기업 지배구조를 확립하기 위해 금융당국이 장려하는 사항이다. 의무공시 대상인 코스피 상장사 200개사는 이날까지 기업 지배구조 보고서를 공시하면서 15개 핵심지표에 대한 준수 여부를 'O ×'로 표기해야 한다.

　공시 기업별로 보면 영풍은 15개 항목 중 '내부 감사기구에 회계 전문가 존재' 1개 항목을 제외한 나머지 14개 항목을 모두 준수하지 않는다고 공시했다. 주요 대기업 중 세아제강지주와 현대모비스는 5개 항목만 준수하는 것으로 공시했다. 이에 비해 포스코는 15개 항목을 모두 준수한다고 보고했으며, 삼성전자는 '집중투표제 채택' '전자투표 실시' 등 4개 항목을 제외한 11개 항목을 준수한다고 공시했다.

　이 밖에 지역난방공사(12개 준수), 풍산(12개 준수) 등도 핵심지표 준수 항목이 비교적 많은 편에 속했다.

22 회사에서의 재무제표 작성의 책임-법적인 접근[1]

재무제표의 작성의 주체가 누구인가는 회계원리 수준의 학부 수업의 첫 부분에 가르치는 내용이다. 물론 해답은 회사이다. 가끔 공인회계사나 감사인 이라는 답을 하기도 하는데 오답이다. 그런데 법적으로 회사는 법인격이며 생물이 아니기 때문에 자연인인 사람이 행동의 주체가 될 수밖에 없다.

따라서 실질적인 재무제표 작성의 주체는 자연인인 사람일 수밖에 없는데 그렇다면 누가 회사에서 재무제표 작성의 주체여야 하는지의 이슈가 남게 된다.

회사의 경영활동은 등기한 이사들 중심의 이사회가 수행하며 이사를 대표하는 직은 대표이사가 수행하므로 회사의 대표자가 대표이사라고는 상법에서 표시되지는 않지만 실질적으로 회사를 대표하는 것은 대표이사일 수 있다.

그러나 대표이사가 모든 업무를 다 책임지고 수행할 수 없으므로 당연히 회사에서는 위임(segregation of duty)전결이 발생할 수밖에 없으며 따라서 기능별로 대표이사는 업무를 위임하게 된다.

외감법 제6조 제1항은 "회사의 대표이사와 회계담당 임원(회계담당 임원이 없는 경우에는 회계업무를 집행하는 직원을 말함)은 해당 회사의 재무제표를 작성할 책임이 있다"고 적고 있다.

외감법 본문(제2조의 제6호)은 임원이란 이사 감사 [상법 제415조의 2 및 542조의 11에 따른 감사위원회의 위원을 포함한다] 상법 제408조의 2에 따른 집행임원 및 같은 법의 401조의 2 제1항의 각 호의 어느 하나에 해당하는 자를 말한다.

상법에서 경영의사결정이 이사회에 위임되어 있고, 이사의 대표는 대표이

---

1) 본 장의 많은 부분은 권재열(2019)의 발표 내용에 근거한다.

사로 재무제표의 공시의 주체가 회사이고 회사의 경영의사결정에서의 대표는 대표이사이므로 대표이사가 재무제표의 공시의 주체이고 위에서도 기술하였듯이 재무제표에 관련된 업무가 어느 정도 재무담당 임원에게 위임되었다고 하면 재무제표 담당임원(대부분의 경우는 CFO)까지가 회계 정보 공시의 책임을 진다는 것이 옳을 것이다.

감사가 재무제표 작성의 주체라는 내용은 최근 감사 및 감사위원에게도 재무제표의 분식에 대한 책임을 물어서 (해당 재무제표를 작성할 책임) 개인 차원에서의 과징금이나 해임권고, 6개월의 직무 정지를 할 수 있는 것으로 법이 개정된 점도 감사위원에게 재무제표와 관련된 책임을 더 지우는 것이다.

그러나 어떻게 보면 감사와 감사위원은 재무제표를 인증할 책임이 있는 것인데 인증할 책임을 이를 작성할 책임과 구분하는 것이 적법한지에 대한 의문이 있다. 업무 집행권과 감사권은 구분되어야 하는 것이 옳듯이 재무제표를 작성하는 책임과 이를 인증하는 책임은 구분되어야 한다. 물론, 재무제표 작성이 잘못되었다고 하면 이에 대한 감사과정에서 이 내용이 지적되고 수정되어야 한다고 하면 작성의 책임과 감사의 책임이 반드시 구분해야 하고 또한 구분될 수 있는 것인지에 대한 의문은 있다.

다음의 신문 기사도 집행하는 부서와 감독하는 부서의 이해가 충동되는 경우를 보인다. 즉, 경영의 권한과 감사의 권한을 구분해 두기는 하였지만 경영활동을 수행한 내용을 감사한다고 하면 결국 이 둘을 구분하는 것이 가능한지의 의문이 있다.

한국경제신문. 2014.3.5.
위기의 국민은… 경영권·감사권 '정면 충돌'

국민은행 감사위원회가 이건호 은행장에게 올라가는 모든 결재서류를 정병기 상임감사위원을 반드시 거치도록 상임감사위원 직무 규정을 개정한 것에 대해 경영권과 감사권의 충돌로 보는 시각이 많다. 아무리 경영진을 견제하고 감시해야 할 감사라지만 은행장의 결정에 사사건건 간섭하는 것은 경영권 침해에 해당한다는 얘기가 나온다. 반면 사건 사고가 잇따르고 있는 국민은행으로선 감사권을 강화할 필요가 있다는 '옹호론'도 있다. 일부에서는 정감사가 지난 1월 정기인사 과정을 들여다본 것에 이어 마음먹고 이 행장 견제에 들어갔다는 해석도 있다.

• "경영권 행사 침해받을 수도"

은행 감사는 사후 감사 외에 사전 감사권을 갖고 있다. 국민은행도 업무계획 수립 및 예산의 편성, 직원의 상벌, 예산의 전용 등에 대해 감사가 최종 결정권자에 앞서 의사 결정이 타당한지 검토할 수 있도록 사전감사 대상 업무를 규정해 놓고 있다. 이 규정에 따라 사전 감사권을 행사하면 웬만한 중요 경영사항에 대해 감사가 미리 들여다볼 수 있다는 것이 금융권의 대체적인 시각이다. 문제는 국민은행 감사위원회가 은행장의 모든 결재사항을 미리 보겠다고 감사위원 직무 규정을 개정한 데 있다. 중요 경영사항 외에 모든 걸 보겠다는 것은 이 행장에 대해 시시콜콜 간섭하겠다는 의도가 배어 있다는 지적이다.

상법이 제정되어 도입되었던 1962년부터 감사라는 직을 두어서 경영자를 감시하도록 하는 법적인 규제를 만들고 경영자가 독단적으로 경영활동을 하지 못하도록 하고 있다.

삼정회계법인 2019.5.14.
감사위원회지원센터 세미나
외감규정 시행세칙: 회계감독 책임 명확화
내부통제 부실 감독 시 감사위원회가 '중과실' 판단

감사 및 감사위원의 책임 및 제재
원칙적으로 회사의 위법행위 중요도보다 1단계 낮은 수준으로 판단
다만 다음의 경우 회사의 위법행위와 동일한 수준으로 판단
예, 위법행위 적극 개입 묵인 방조 등 고의적 위반 또는 내부통제의 중대한 결함 방치 등

위의 외감규정 시행 세칙에서 위법행위를 실행했던 실행 부서와 이를 감독하였던 감독부서의 책임이 동일하지 않다고 해서 회사보다는 1단계 낮은 수준으로 판단하였다고 사료된다. 그럼에도 불구하고, 예외적으로 회사와 동일한 수준의 위법행위로 판단한 경우는 적극 개입, 묵인 방조 등 그 위법행위가 악의적인 경우라고 판단되는 경우이다. 즉, 감사/감사위원은 회계정보를 작성하고 공시하는 업무를 주관하는 것은 아니기 때문에 그 책임에 있어서도 경감되는 것을 알 수 있다.

누가 어느 정도 책임을 져야 하는지는 회계 환경에서는 다음의 경우가 있다.

즉, 오류에 대한 책임 규명을 할 때, 관련된 경제주체 간에 책임을 나눌 경우이다.

1. 비례책임(회사와 감사인), 외감법 17조
2. 담당이사/보조자(회계법인의 책임 배분)
3. 양벌규정(기관과 자연인인 임직원)
4. 회계법인 대표이사나 심리이사의 책임
5. 신외감법에서의 대표이사의 내부회계관리제도에 대한 책임

1. 외감법상의 비례책임에서는 회사가 감사인간에 책임의 배분 문제인데, 외감법 내용은 다음과 같다. 과거에 비례책임이 도입되기 이전의 연대 책임 때의 개정전 외감법 때와의 내용을 비교 대비할 수 있다.

개정 전

연대책임:

① 감사인이 그 임무를 게을리하여 회사에 손해를 발생하게 한 경우에는 그 감사인은 회사에 대하여 손해를 배상할 책임이 있다. 이 경우 감사반인 감사인의 경우에는 해당 회사에 대한 감사에 참여한 공인회계사가 연대하여 손해를 배상할 책임을 진다.

② 감사인이 중요한 사항에 관하여 감사보고서에 기재하지 아니하거나 거짓으로 기재를 함으로써 이를 믿고 이용한 제3자에게 손해를 발생하게 한

경우에는 그 감사인은 제3자에게 손해를 배상할 책임이 있다. 다만, 연결재무제표에 대한 감사보고서에 중요한 사항을 기재하지 아니하거나 거짓으로 기재를 한 책임이 종속회사 또는 관계회사의 감사인에게 있는 경우에는 해당 감사인은 이를 믿고 이용한 제3자에게 손해를 배상할 책임이 있다.

2013년 개정 이후

비례책임:

외감법 17조(손해배상책임)

④ 감사인이 회사 또는 제3자에게 손해를 배상할 책임이 있는 경우에 해당 회사의 이사 또는 감사(감사위원회가 설치된 경우에는 감사위원회 위원을 말한다. 이하 이 항에서 같다)도 그 책임이 있으면 그 감사인과 해당 회사의 이사 및 감사는 연대하여 손해를 배상할 책임이 있다. 다만, 손해를 배상할 책임이 있는 자가 고의가 없는 경우에 그 자는 법원이 귀책사유에 따라 정하는 책임비율에 따라 손해를 배상할 책임이 있다. <개정 2013.12.30>

즉, 과거에는 회사와 감사인이 연대책임을 지게 되어 있었고 회사 측이 배상을 할 수 있는 여유가 없을 경우는 감사인이 deep pocket으로 모든 책임을 떠안는 것이 바람직하지 않다는 논의가 오랫동안 지속되다가 비례책임으로 법이 개정되었다. 즉, 감사인도 과도한 책임을 떠안지 않고 본인들이 책임이 있는 정도까지만 책임을 지라는 정책의지가 반영된 법 개정이다.

2. 회계법인 내의 담당이사와 보조자의 책임의 구분은 오래전에는 오류가 있을 경우, 보조자 즉, 실무자에게 더 많은 책임을 물었지만 수년 전부터는 이 정책이 역전되어 담당 이사 즉, 파트너에게 더 많은 책임을 묻고 있다. 이는 외감법에서 감사는 담당 이사의 책임 하에 진행되게 되며 그 이외의 회계법인 내 공인회계사는 모두 감사의 보조자로 분류하기 때문에 법적인 책임도 이에 따른다고 할 수 있다.

3. 양벌규정은 예를 들어 회계감사는 외감법에서 회계법인과 감사반이라

는 법인격이 수행하는 것으로 정의하고는 있지만 그럼에도 자연인인 공인회계사가 실제로 감사를 수행하여야 하는 것이므로 법인격과 개인 공인회계사가 분식이 수행될 경우는 형법상의 책임을 같이 져야 한다는 의미이다. 법인격은 법인격으로서의 책임이며 개인 자연인은 자연인으로서의 책임이다.

양벌책임이 분식을 수행한 기업에도 동일하게 적용된다고 할 수도 있는데 기업에 대한 조치(예를 들어 유가증권발행제한이나 과징금)나 임원에 대한 해임 권고를 동시에 부과할 수 있다. 이는 물론, 기업과 이를 실행한 책임자에 모두 과실이 있는 경우이다.

4. 외감법에서 감사는 개인 공인회계사가 하는 것이 아니고 감사인 즉, 회계법인이나 감사반이 수행하는 것이므로 회계법인의 경우 법인을 대표하는 대표이사가 책임이 없다고 할 수 없다. 즉 외감법에서 감사는 개인이 수행하는 것이 아니고 조직이 수행하는 것이다. 동시에 감사는 담당 이사가 전적으로 맡아서 수행하므로 법인 차원에서 대표이사가 어느 정도 책임이 있는지에 대해서는 논란이 있을 수밖에 없다. 특히나 최근에는 이러한 담당이사의 책임을 강화하는 과정에서 담당이사의 실명을 감사보고서에서 공개하는 정책도 수행되는 것이다.

대표이사라함은 개별 감사건에 대해서는 어느 정도 상징적인 의미밖에 없는데 실질적인 책임을 져야 하는지의 이슈가 있다. 즉, 대형 회계법인일수록 대표이사라 함은 법인을 관리하는 관리 책임자의 업무를 수행하는 책임을 부과한 것일 수 있다.

이는 어떻게 보면 기업의 대표이사도 동일하다. 대부분의 업무가 등기이사와 집행이사에게 위임되어 있는데 회계를 포함한 모든 업무에 대한 책임을 지라고 하면 이러한 책임이 과연 감당할 수 있는 책임인지의 이슈이다.

심리이사의 책임도 동일하다. 모든 감사 건에 대해서 담당 파트너가 책임을 지고 감사를 수행하지만 이를 법인 내에서 점검한다는 차원에서 심리이사가 배정되는 것이다. 기업으로 치면 회계 업무를 수행하는 CFO에 대해서 감사 또는 감사위원회가 점검하는 역할을 수행하는 것이나 동일하다.

이 경우도 회계에 오류가 포함되어 있다면 이 오류가 CFO만의 책임인지 아니면 감사/감사위원회도 책임을 져야 하는지의 이슈가 있는데, 회계법인의 경우에도 담당 이사가 부실감사에 대한 책임을 지지만 이를 점검해야 하는 심리이사는 어느 정도 책임을 져야 하는지가 이슈이다.

단, 그럼에도 재무제표를 '작성'하는 책임과 이를 '감사하고 점검'하는 책임은 구분되어야 한다. 회사의 재무파트는 재무제표를 작성하는 책임이 있고 감사는 이를 monitoring하고 점검하는 업무를 맡겨 둔 것이며 명확하게 segregation of duty를 한 것인데, 법에서 이를 구분하지 않고 감사에게도 재무제표 작성의 의무가 있는 듯이 되어 있다. 동일한 논리를 회계법인에 적용하면 담당파트너의 책임인지 이를 점검하는 심리이사의 책임인지의 이슈이다.

상법에서 이사회와 감사/감사위원회를 대립 구도로 두고 있다. 그렇기 때문에 회사에서 예산을 세우는 부서와 이를 집행하는 부서는 당연히 구분하게 된다. 예산을 세우는 부서와 집행하는 부서가 구분되어 있지 않다면 예산을 세우는 부서는 본인이 희망하는 방향으로 예산을 세우고 또 이를 집행하려 할 것이다.

본 저술이 상법 저술은 아니지만 이는 우리나라의 상법이 처음에는 대륙법에서의 감사제도를 도입하였다가 1999년 IMF 구제 금융 하에서 영미법 계통의 감사위원회 제도를 도입하면서 감사와 감사위원회 제도가 혼합되는 과정에서 여러 가지 혼란이 발생한다.

예를 들어 일부의 기업에는 감사위원회제도를 운영하면서 상근감사위원이 감사위원회에서 활동하게 되는데 이는 어떻게 보면 상법상의 감사와 감사위원회제도의 혼합된 형태이다.

가장 이상적이기는 이사회와 감사가 완전히 분리되는 대륙법적인 접근인데, 현재 우리의 상법 체계를 그러한 식으로 완전히 개정하는 것은 어려울 듯하다. 근본적으로 상법 체계를 개정하는 것이 불가하다면 현재의 구도를 크게 흔들지 않으면서 개정해 나가는 것이다. 이미 대륙법과 영미법이 얽혀 있어서 이를 완전히 한쪽으로 정리하는 것은 매우 어렵다.

우리의 경우는 자산규모 2조원이 넘는 대기업의 경우에 감사위원회가 의무화되고 감사위원회의 구성이 3분의 2 이상이 사외이사이어서 이사회 member와 감사위원회 member가 중복된다. 그렇기 때문에 감사위원회가 이사회로부터 분리된 별도의 기구라는 의미가 많이 퇴색되어 있다. 그럼에도 불구하도 상법에서는 감사는 이사회로부터의 독립된 기관으로 구분하고 있고 주총에서 감사는 별도로 선임하는 의결과정을 거치므로 감사/감사위원으로 신분적으로 보장되어 있다.

또한 감사는 대표이사 포함 이사회도 감시하도록 상법에 감사의 기능을 신분적으로 보장해 주고 있지만 감사위원이 선임되는 과정을 보면 감사위원도 사외이사이므로 대부분의 기업에서 사외이사추천위원회를 거쳐서 사외이사가 추천되므로 감사위원의 추천을 기존의 사외이사들이 수행하게 되며 따라서 본인들을 감시하야 할 임무를 띠고 있는 경제 객체를 피감의 대상이 되는 현직 사내/사외이사들이 추천하는 모습니다. 이는 이사회와 감사위원회가 명확히 구분이 되지 않는 현재의 법체계에서는 피할 수 없는 구도이다. 감사와 감사위원회를 대표이사/이사회와 완전한 대립 구도로 가져 가기 위해서는 위원이 중복되어서는 안 된다고 할 수 있지만 위원이 중복되는 것은 屬人적인 이슈이며 업무 구분을 확실하게만 하면 되는 것이기는 하지만, 인원이 중복되는데 기구/조직상으로 이를 구분하는 것도 쉽지만은 않다.

아마도 이러한 이유에서 유럽에서는 이사회의 구성이 자문을 하는 이사회와 감독을 하는 이사회로 two tier로 차별화되어 존재할 수도 있다.

우리는 이사회는 자문과 감독, 감사위원회에는 감독의 책임을 묻고 있어서 업무가 명확히 구분되지 않는다.

감사위원의 신분적인 독립성을 확보하기 위해서 감사/감사위원을 주주총회에서 별도 선임하는 것으로 상법에 되어 있고 또한 대주주의 의결권이 3%로 상법에서 제한되기는 하지만 일단 사외이사를 선임한 이후, 이들 사외이사 중에서 감사위원을 선임하게 되므로 이러한 제도 또한 거의 유명무실하다고 할 수 있으며 그렇기 때문에 감사위원 중 1인 만큼은 분리 선임하도록 금융기관에는 강제되지만 감사위원 1인 분리 선임 상법개정안은 아직 진행이 되지 않고 있다.

미국의 경우는 감사위원을 주총에서 선임하는 것이 아니기 때문에 주총이 이사회를 선임하고 이사회에서 감사위원을 선임하게 되어 있으므로 대륙법 국가와는 달리 이사회와 감사회를 대립구도로 명확히 두고 있다고 하기도 어렵다.

우리나라는 위에서도 기술하였듯이 이사회 member와 감사위원회 member가 중복되므로 영미법 국가의 성격도 띠지만 동시에 이사회와 감사회를 대립적인 구도에 두기도 해서 대륙법과 영미법 국가의 감사/감사위원회 제도가 혼합된 모습이다. 그렇기 때문에 이 두 위원회 간에 여러 가지 혼란스러운 점이 있다.

감사의 업무감사권의 범위에 관하여는 이사회의 이사의 업무집행에 대한 감독권(제393조 제2항)과 관련하여 학설이 대립된다.

우리의 법 체계에서 이사회는 이사의 직무 집행의 적법성 및 타당성 합목적성 등 업무집행 전반을 감사하고, 감사는 업무 집행의 적법성을 감사한다는 점에서는 이론이 없으나, 감사가 이사의 직무집행의 타당성까지 감사할 수 있는가에 관하여는 의견이 일치되지 않는다고 한다.[2]

타당성을 감사한다는 것은 매우 주관적인 판단의 영역으로 분류될 수 있고 그 정당성도 명확하지 않다. 이는 사법부가 경영의사 결정에 대해서 사법적인 잣대를 적용하여 재단하려는 것과 동일하게 위험한 발상이기도 하다.

법에서 추구하는 것은 위에서도 기술하였듯이 이사회와 감사회를 대립구도로 가져가는 것인데 과연 감사회가 이사회를 감독할 수 있는 구도가 되어 있는지를 검토한다. 누구를 monitoring함에 있어서는 신분적인 독립성이 가장 중요한데, 독립성의 원천은 선임의 권한이다. 즉, 누가 인사권을 갖는지에 따라서 독립성이 확보될 수도 있고 안 될 수도 있다.

감사회가 이사회를 가장 독립적으로 감독하기 위해서는 선임과정부터 이사회로부터 독립적이어야 한다. 그러나 감사위원은 감사위원이면서 사외이사이기 때문에 자산규모 2조원 이상인 기업은 사외이사추천위원회가 구성이 되어 있고 이 사외이사추천위원회의 추천을 받아야 사외이사 겸 감사위원으로 추천될 수 있다. 자산규모 2조원이 넘지 않는 기업도 사외이사추천위원회를 임의적으로 구성할 수 있다. 법에서 사외이사추천위원회는 사외이사가 과반으로 위원회를 구성하여야 한다. 독립성을 확보하기 위해서 사외이사 구성을 과반으로 의무화하기는 하였지만 그럼에도 이사회의 사외이사들이 감사위원을 추천하는 경우이다. 또한 CEO가 본인이 희망하는 사외이사가 선임되는데 영향을 미치지 못하게 하기 위해서 최근에는 CEO나 사내이사가 사추위에서 빠지는 추세이다.

....

2) 권재열(2019)의 강연 내용.

이렇게 추천된 감사위원들이 이사회를 적절하게 통제할 있을지의 이해상충의 문제가 발생한다. 감사회가 이사회를 적절하게 통제하기 위해서는 추천 권한도 이사회가 가져서는 안 된다고도 할 수 있다. 이 모든 혼란은 이사회와 감사위원회의 위원이 거의 중복된다는데 있다. 즉, 이사회가 본인들을 감사할 감사를 추천하게 되며, 또 이사회 member인 사외이사들이 동시에 감사위원회 member로서 이사회를 감시한다? 뭔가 과정이 맴돈다는 판단을 하게 된다.

이사회가 같이 활동할 이사회 member나 후임 이사회 member를 추천한다는 것은 자연스러운 것이지만 본인들을 감시해야 할 감사위원들을 추천한다는 것이 이해상충의 소지가 있는 것이다.

이는 마치 금융지주에서 회장이 사외이사 선임에 영향을 미치고 이렇게 선임된 사외이사가 회장을 연임하도록 하는 자기들만의 league를 형성하는데 대한 비판과 무관하지 않다.

5. 다른 chapter에서도 설명했듯이 신외감법에서는 내부회계관리제도에 대한 대표이사의 책임을 강화하였다. 주주총회에서도 대표이사가 내부회계관리제도에 대한 운영실태평가를 보고하도록 의무화하였고 이사회에서도 가능하다면 대표이사가 내부회계관리제도와 관련된 내용을 직접 보고하도록 강제하였다.

물론, 대표이사에게 이러한 책임까지 지우는 것이 바람직한 것인가에 대한 반론이 제기될 수 있다. 동시에 이러한 제도를 강화하려는 입장에서는 책임지는 직책자를 상급자로 올리는 방법 이외에는 딱하니 달리 제도를 강화할 수 있는 방법이 없다고도 할 수 있다. CEO가 수행하여야 할 일이 매우 많은데 그럼에도 CEO에게 책임을 중과한다 함은 요식적이고 외관적으로는 업무를 책임지게 할 수도 있지만 실질적인 업무는 수행할 수 없는 일이 다반사로 발생할 수 있다.

이 chapter에서 법적인 이슈를 모아서 정리하고 있으므로 회계법인의 법적인 책임과 관련된 아래의 신문기사도 같이 포함한다.

매일경제신문. 2019.9.17.
회계법인 손배한도 늘렸다

빅4 회계법인들이 일제히 손해배상 한도를 대폭 늘린 것으로 조사됐다. 정부의 회계 개혁에 따라 감사 실패 사건 발행 시 과징금과 손해배상 책임이 더욱 무거워지면서 보험료와 배상 한도를 크게 올린 것으로 풀이된다. 16일 삼일 삼정 안진 한영 등 빅4 회계법인 사업보고서에 따르면, 올해 대형 회계법인 4곳의 손해배상 한도를 지난해 대비 50% 가까이 높인 것으로 나타났다. 빅4 회계법인의 손해배상 한도 총합은 지난해 9,646억원에서 올해 1조 4,223억원으로 늘어났다. 같은 기간 보험 가입료도 101억원에서 120억원으로 상향 조정됐다.

업계 1위인 삼일회계법인은 손해배상준비금만 523억원이 있으면서도 보험료는 지난해 37억원에서 올해 47억 2,000만원으로 30% 가까이 늘렸다. 특히 손해배상 한도는 1346억원(건당 최대 673억원)에서 3166억원(건당 1,583억원)으로 2.5배가량 확대했다. 안진회계법인은 손해배상 한도를 기존 4,035억원(건당 1,614억원)에서 업계 최고 수준인 5,938억원(건당 2,375억원)으로 크게 올렸다.

업계에서는 정부의 회계 개혁에 따라 감사 업무를 제대로 수행하지 못한 회계법인에 벌칙 조항이 강해지면서 손해배상금이 대폭 증가된 것으로 보고 있다. 개정 외감법에 따르면 고의 중과실 위반 회사에 위반 금액 20% 한도의 과징금이 부과되고, 대표이사를 포함한 회사 임원에게 6개월 이내 직무정지, 공인회계사에게 1년 이내 직무 일부 정지 등 조치가 신설됐다.

회계업계 관계자는 "당국의 감리가 강화되면 감사 실패 건수가 늘어날 수 있어 회계법인들이 사전에 대응하고 있다"고 설명했다.

23 외부감사인은 내부 감사의 보조자인가?

이상돈(2007)의 저술에 보면 다음과 같은 표현이 사용된다.

외부감사인은 이론상 상법상 회사 내의 '감사의 보조기관'으로 이해되어야 하기 때문에 감사의 임무사항에 대해 감사와 함께 공동책임을 져야 한다는 것이다(p. 126).

손성규(2019) chapter 23에서는 다음과 같이 기술하고 있다. 외부감사인이 상법상 회사 내의 '감사의 보조기관'이라는 주장은 일리가 있지만 논란의 대상일 수도 있다. 일단, 외부감사인과 회사의 관계는 계약 관계이지 고용관계가 아니지만 외부감사인을 회사 내의 감사의 보조기관으로 분류하는 것은 너무 과도하게 외부감사인의 위상을 낮춘다고도 할 수 있다. 물론, 감사의 보조자라고 분류하는 것이 외부 감사인의 '책임'을 더 낮출 수는 있지만 동시에 감사의 보조자라는 분류는 감사인의 '위상'을 낮출 위험도 동반한다. 내부 감사와 외부 감사는 대등한 관계에서 감사활동을 기업 내와 기업 외에서 협업하면서 수행하고 있다고 생각하면 보조자라는 표현은 적절한 표현이 아닐 수도 있지만 기업 내의 주된 감사 활동의 주체는 상법에서 감사 또는 감사위원회라고 정의하고 있으므로 감사 또는 감사위원회가 감사의 주된 활동을 수행해야 한다는 것은 부정할 수 없다.

외부감사인은 감사와는 counter part이다. 외부감사인은 외부에서 감사를 수행하고 내부 감사인은 내부에서 감사를 수행하고 있을 뿐이다.

감사와 함께 공동 책임을 져야 한다는 것이 내부감사는 안에서, 외부감사는 밖에서 감사를 수행하므로 공동 책임이라는 표현이 사용되기는 하지만 내부가 책임질 것이 있고 외부가 책임질 것이 있다. 외부 감사인은 기업에 고용되고 계약되어서 한시적으로 감사의 역할을 수행하는 것으로 그 역할이 제한되므로 '감사의 보조자'라는 표현이 사용된 것이다.

감사위원회가 감사과정에서 발견한 문제를 외부감사인에게도 알려야 하고, 외부 감사인 또한 감사과정에서 발견한 문제점을 감사위원회에 알려야 한다. 후자의 경우, 기업의 실무자가 자료 제공 등에 협조적이지 않을 경우, 감사위원회는 외부 감사인들의 자료에 대한 접근 제약 없이 감사 활동을 수행할 수 있도록 협조해 주어야 한다.

단, 감사의 주도적인 역할은 내부에서 맡아야 하며 종적인 역할만을 외부 감사인이 맡는다고 하면 이는 외부감사인에 대해서 감사보조자라는 표현이 과하게 잘못된 표현은 아니다.

외감법에서 보조자라는 표현은 다음의 경우에도 사용된다. 회계법인에서 감사의 주체는 담당이사이며 나머지는 모두 보조자일 뿐이다. 즉, director, 매니저 등등은 직급이 어떻게 되거나 이사가 아니라고 하면 보조자일 뿐이다.

다음과 같은 경우를 생각해 볼 수 있다.

내부감사도 감사보고서를 작성하며 외부감사인도 감사보고서를 작성한다. 내부 감사인의 감사보고서는 주주총회에서 감사 또는 감사위원장이 주주들에게 보고하게 된다. 외부감사인의 감사보고서는 비적정의견이 표명되었는데 내부 감사의 감사보고서에는 특이 사항이 없었다고 인증되었다고 가정한다.

이러한 경우는 빈번하게 발생할 수 있는 것이 외부감사인이 비적정감사의견을 표명하는 경우는 전체 상장기업에서 1~2% 정도의 빈도수가 있을 것인데 (2018년 사업연도의 경우는 다수) 이러한 기업에서의 내부 감사의 감사보고서에는 특이 사항이 기술되어 있지 않을 가능성이 매우 높다. 이는 외부 감사인의 감사는 주총 1주일 전까지는 마쳐야 하지만 내부 감사의 감사보고서는 거의 결산 이사회 시점에 서명을 하게 되어서 외부 감사인의 감사보고서를 선행하게 된다.

물론 내부 감사의 감사보고서가 외부 감사인의 감사보고서와 같이 거의 전적으로 회계정보에 대한 감사만을 수행하는 것은 아니지만 그럼에도 내부 감사와 외부 감사가 무관하다고 할 수도 없다.

이러한 경우, 내/외부 감사의 감사 의견이 상이한 것이 문제가 되는지가 이슈가 될 수 있다. 물론, 이러한 내용은 법적인 이슈이지만 내부 감사의 보고서가 외부 감사보고서보다 더 회사에 호의적일 것이다. 내부 감사보고는 주총에서 보고 안건이지만 외부감사인의 감사보고서는 주총에서 배포되는 영업보고서에 첨부된다.

24 회계와 세무

한국경제신문. 2019.2.20.
국세청, 공인회계사회와 '회계부정 정보 공유'

공인회계사들이 기업 감사 과정에서 알게 된 회계 부정 정보를 국세청과 공유하는 방안이 추진된다. 국세청은 19일 서울 종로 서울지방국세청에서 한국공인회계사회와 '공정하고 깨끗한 세정 및 세무 환경 조성을 위한 업무협약(MOU)'을 맺었다. 두 기관은 부정청탁금지법 등 관련 규정을 철저히 지키는 한편 부조리 발생을 막기 위해 정보를 적극 공유하기로 했다. 특히 회계사들이 외부감사를 통해 인지하게 된 부실 회계의 유형과 회계 부정 관련 정보를 국세청에 통보하기로 했다. 한승희 국세청장은 "청렴 문화가 국세 행정 전반에 확고하게 정착되는 계기가 될 것"이라고 말했다.

국세청은 작년 2월엔 한국세무사회와 '청렴 협약'을 맺었다.

재무회계와 세무회계 간에 차이가 존재하기는 하지만 이 두 회계가 밀접하게 관련이 될 수 있으니 탈세를 한 기업이 회계분식도 수행할 수 있다. 다만, 재무회계와 세무회계가 완전히 무관하지 않으므로 법인세차감 전 순이익이 높으면 과세 소득도 높아질 가능성이 높다. 따라서 이익이 높아지면서 세금 부담액도 높아져서 어떻게 보면 두 마리의 토끼를 모두 잡을 수는 없다.

아래의 신문기사에서도 국세청의 세무조사 과정에서 분식회계가 드러난 경우이니 회계와 세무 간에는 협조할 부분이 많다.

한국경제신문. 2014.10.14.
한국 경제 신문, 구멍난 금감원 '감리 그물망'

금융감독원이 한 차례 감리를 실시하고 분식회계를 찾아내지 못한 사례가 8건에 이르는 것으로 나타났다. 금감원이 연간 시행한 감리 건수도 최근 5년간 73% 줄어들어 금융당국의 회계감독 기능에 큰 구멍이 뚫렸다는 지적이 나온다.

13일 김기식 새정치연합 의원에게 제출된 국정감사 자료에 따르면 금감원이 최근 10년간 실시한 감리에서 '문제가 없다'고 판명한 회사 중 사후 분식회계가 발견된 경우가 8개로 나타났다.

금감원은 2005년 말부터 작년까지 1조 3,350억원대 분식회계를 한 효성에 대해 2007년 감리를 실시했지만 아무런 문제점을 발견하지 못했다.

올해 초 국세청 세무조사 과정에서 회계의혹이 불거지면서 진행한 2차 감리에서 비로소 회계분식 사실을 적발했다. 한솔제지가 2003년부터 8년간 2,350억원 상당의 매도 가능 채권을 과도하게 부풀린 것도 찾아내지 못하다가 검찰 통보에 의해 실시한 2차 감리에서 발견했다. 이 밖에 삼우이엠씨 희훈이앤지 엑사이엔씨 인성정보 파캔오피씨 신텍 등도 1차 감리는 무사히 통과했으나 국세청 통보와 외부 제보 등을 계기로 수년간의 분식회계가 드러났다.

금감원이 최근 5년간 상장사 감사보고서 감리에서 분식회계 등 위반 사항을 적발한 비율은 17% 정도다. 657개사 감리에서 117개 위반사항을 지적했다. 그러나 '위반 사항 없다'고 처리한 회사 중 8곳에서 검찰이나 국세청 조사 등에 의해 분식회계가 드러나면서 나머지 무혐의 처리된 회사의 감리 결과도 신뢰를 잃게 됐다.

김의원은 "기업의 회계투명성 제고는 자본시장 발전의 전제조건이고 이를 관리 감독하는 것이 금감원"이라며 "금감원이 감리하고도 분식회계를 발견하지 못한 것은 당국의 무능함을 여실히 드러낸 것"이라고 비판했다. 금감원 관계자는 "감사보고서와 공시자료를 위주로 하는 심사감리는 검찰 수사처럼 한 회사만 집중적으로 들여다보는 게 아니기 때문에 분식회계를 적발하기 쉽지 않다"고 어려움을 호소했다.

감리 그물망도 갈수록 허술해 지고 있다. 금감원이 지난해 시행한 상장사 감리는 61건으로 2009년의 229건보다 73% 감소했다. 1,700여 개 상장사가 한번 감리를 받은 다음 또 다시 감리받을 때까지 주기를 따지면 기존 7년에서 27년으로 급증한 셈이다. 같은 기간 한국공인회계사회가 위탁받아 실시하는 비상장법인 감리 건수도 219건에서

56건으로 줄면서 감리 주기가 8년에서 30년으로 늘어났다.

금감원 회계감독국 관계자는 "최근 동양그룹 대우건설 등 대형 혐의감리에 인력이 집중되면서 일반 감리는 상대적으로 덜 진행됐다"며 "50명의 검사 인력으로 1,700여개 상장사를 촘촘히 감리하는 것이 무리한 측면이 있다"고 말했다.

전문가들은 분식회계 근절을 위해선 회계법인이 감사보고서 생산 단계부터 품질관리를 엄격히 하고, 금감원은 회계법인의 품질관리 감리를 강화해야 한다. 현재는 회계법인의 조직 운영상 문제가 드러나도 금감원은 제재할 수 있는 법적 근거가 없다.

이에 금융위원회는 금융당국이 회계법인의 감사 품질을 평가하고, 분식회계 규모에 따라 과징금을 부과할 수 있도록 하는 내용의 관련법 개정안을 지난 7일 입법 예고했다.

25 주기적 지정제

2019년의 주기적 지정제의 일정은 아래와 같다.

2019.9.1 지정대상 선정 기준일

2019.9.16 지정 기초 자료 제출(회사 → 금감원)

2019.10.16 지정 감사인 사전 통지(금감원 → 회사)

2019.10.29 사전 통지 의견 제출(회사 → 금감원)

2019.11.12 지정 감사인 본 통지(금감원 → 회사)

2019.11.19 재지정 요청(회사 → 금감원)

재지정 요청이 의미하는 바는 회사는 금감원이 지정한 회계법인에 대해서 한번은 거부할 수 있는 거부 권한이 있다.

한국경제신문. 2019.2.19.
현대차, 30년 만에 감사인 '교체'

현대자동차가 외부감사인을 30년 만에 교체했다. 기존에 회계감사를 맡아온 안진과 계약을 해지하고 삼정과 새 감사계약을 맺었다. 상장회사가 감사인을 6년간 자유선임하면 이후 3년간은 증권선물위원회가 강제 지정하는 '주기적 감사인 지정제' 시행을 앞두고 선제 대응에 나섰다는 분석이다.

18일 관련 업계에 따르면 현대차는 삼정과 2019~2021년 재무제표의 외부감사인계약을 체결했다. 현대차는 1986년 안진을 외부감사인으로 선임한 이후 지난해까지 줄곧 계약을 유지해왔다. 회계업계에선 현대차의 감사인 교체를 파격 행보로 받아들이고 있다. 기업의 회계장부를 들여다보는 외부감사인을 바꾸는 게 기업에 큰 부담이 될 가능성이 있기 때문이다.

내년부터 시행되는 주기적 감사인 지정제가 감사시장에 벌써 큰 변화를 몰고 오고 있다는 해석이 나온다. 한 회계법인 대표는 "현대차가 감사인 지정제에 대비하기 위해 새 회계법인으로부터 미리 재무제표 검증을 받아보겠다는 취지로 보인다"고 말했다.

금융당국은 내년부터 매년 상장사 220개가량을 주기적 감사인 지정 대상에 올릴 계획이다. 30년 넘게 삼일회계법인과 감사인 계약을 유지해온 삼성전자도 내년 대상에 포함될 예정이다.

한국경제신문. 2019.2.19.
내년 '감사인 지정제' 앞두고 폭풍 전야

정부로부터 9년마다 3년씩 감사인을 강제 지정받는 '주기적 감사인 지정제'의 내년 시행을 앞두고 회계감사 시장에 적지 않은 변화가 감지되고 있다. 현대자동차가 30여 년 만에 외부 감사인을 전격 교체했고, 그동안 '감사보수 덤핑' 논란이 있었던 일부 기업은 보수를 대폭 높여 계약을 하고 있다. 주기적 감사인 지정제가 도입되면 기업들에 대한 회계감사가 전에 없이 깐깐해지고, 재무제표 '비적정' 의견도 크게 늘어날 것이라는 전망이 나온다.

현대차는 올해 외부감사인을 삼정으로 교체하면서 최소 2021년까지는 주기적 감사인 지정제 대상에서 벗어나게 됐다. 통상 감사계약은 3년 단위로 이뤄지는데, 금융당국이 내년부터 주기적 지정제가 시행되더라도 기존에 맺은 감사계약은 인정해주기로 했기 때문이다.

신 외감법의 핵심내용인 주기적 지정제는 2020년 이전 6년 동안 감사인을 자유선임한 기업을 우선 대상으로 한다. 즉 2014년부터 감사인을 자유선임한 기업들이 지정 대상에 오르는 것이다.

현대차는 1986년 안진을 외부감사인으로 선임한 이후 30년 넘게 한 번도 교체한 적이 없었다. 하지만 정부로부터 감사인을 지정받게 되면 회계처리 절차 판단에 대한 불확실성이 높아지기 때문에 미리 감사인을 교체한 것으로 분석된다. 미국 알라바마, 터키, 인도 등 현대차의 주요 해외 법인이 이미 KPMG 감사를 받고 있다는 점도 영향을 미친 것으로 전해졌다.

금융위원회와 금융감독원에 따르면 내년부터 매년 220여 개 회사가 주기적 감사인 지정 대상이 될 전망이다. 당초 630개사가 검토됐지만 제도의 안정적 운영을 위해 자산 규모가 큰 곳부터 우선 적용하기로 했다.

삼성전자도 이 대상에 포함될 것으로 예상된다. 삼성전자는 30년 넘게 삼일회계법인과 감사인 계약을 유지해왔으며 3년 단위의 자유선임계약이 공교롭게도 올해 말 종료되기 때문이다. 회계업계 관계자는 "전 세계 전무후무한 제도인 주기적 감사인 지정제 시행 때문에 '현대차-안진' '삼성전자-삼일' 간 장기 계약이 끝나게 됐다"며 "그동안 적지 않았던 대기업과 회계법인 간 유착 우려도 점차 사라질 것"이라고 말했다.

회계 규제 강화에 대비해 다음 달 공시되는 2018년 감사보고서부터 '비적정'의견이 쏟아질 것이란 전망도 나온다. 금융감독원에 따르면 2017년 감사보고서 기준 상장사 2,155곳 중 적정의견을 받은 곳은 2,123개사(98.5%)다. '한정' '부적정' '의견 거절' 등 비적정의견은 1.5%에 그쳤다.

올해 신규 감사를 체결한 기업들의 감사보수는 종전보다 크게 인상되고 있다. 현대차는 표준감사시간을 반영하지 않더라도 시간당 감사보수가 20~30% 높아진 것으로 알려졌다. 삼정에서 한영으로 감사인을 교체한 한국전력은 종전부터 두배 가까이 인상된 50억원 이상의 감사보수가 책정됐다. 안진과 감사인 계약을 맺은 농협금융지주를 비롯해 삼일회계법인을 선임한 한화, 현대오일뱅크 등도 일제히 감사보수를 높인 것으로 알려졌다.

현대차, 삼성전자가 제조기업을 대표하는 기업이라면 금융업을 대표하는 KB금융지주는 KB은행을 포함하여 17년째 삼일이 감사를 수행하고 있고, 신한금융지주는 삼정회계법인이 역시 17년째 감사를 수행하고 있고 이들 금융지주 또한 2020년 초가 되면 감사인을 변경하게 된다.

주기적 지정제의 시행을 앞두고 감사인으로 선임되기를 희망하는 빅4 회계법인은 피감기업에 대해 거의 모든 비감사용역을 수행하지 않으면서 감사인으로 지정되기를 희망하고 있다.

위의 신문기사에서는 기업과 회계법인과의 오랜 관계를 유착이라는 표현을 사용하면서 이를 부정적으로 표현하였다. 피감기업과 감사인이 오랜 기간의 관계를 가져가는 것이 반드시 부정적인지에 대해서는 회계업계에서도 일관된 결론을 도출하기 어렵다. 미국에서는 이러한 관계가 더 오래 지속되는데도 투명한 회계정보의 전달에 문제가 전혀 없는 경우도 다수 존재한다. 즉, 관계가 지속되면서 전문성이 제고된다는 점은 부정하기 힘들다. 문제는 독립성이다.

그러나 우리와 같은 network 사회에서는 기업과 감사인과의 유착 관계가 감사과정에서 피감기업을 비판적으로 볼 수 있는 능력과 상황에 영향을 받을 수 있다는 것을 부정하기 어렵다.

기업/감사인의 관계와 기업/사외이사의 장기적인 관계 설정도 동일한 논리로 비판의 대상이다.

기업에서의 장기로 사외이사의 역할을 수행하는 인사에 대한 시각도 곱지 않다. 현대약품의 사외이사는 21년째 사외이사를 맡고 있고, 광동, 경동, 삼진제약의 사외이사들이 14년 이상 사외이사를 맡고 있다. 물론, 사외이사가 임기를 길게 가져가면서 해당 기업에 대한 이해도가 높아지고 따라서 기업에 대해서 더 전문적인 자문을 수행할 수 있는 반면 기업과 사외이사들 간의 유착관계가 형성된다면 이는 기업을 중립적으로 점검하는 능력이 뒤지게 된다. 1990년대 후반에 이 제도가 처음 도입되었으니 제도 채택 이후 한 번도 사외이사가 교체되지 않은 회사도 있다.

사외이사의 임기를 제한하는 상법 시행령에 대한 내용은 추후에 기술된다.

임기라는 것이 이사회나 감사위 활동을 수행함에 있어서 매우 중요하다. 필자가 아는 분이 대기업의 사외이사/감사위원을 맡고 계신데 일단 한번 연임이 되었고 더 연임될 것 같지 않으니 이제는 이사회에서 하고픈 얘기를 마음 놓고 하게 된다는 얘기를 하는 것을 보게 되어도 임기가 중요하다는 생각을 하게 된다.

상장회사 사외이사 결격사유 중 '해당 상장회사의 계열회사에서 최근 2년 이내에 이사·집행임원·감사 및 피용자였던 자'의 2년을 3년으로 확대하고(안 제34조 제5항 제1호)

이 상법 시행령의 방향 또한 소위 grace period를 확대하여 사외이사의 독립성을 확보하겠다는 방향을 가진다.

대표이사의 임기가 거의 대부분 2년이거나 3년인데 사외이사들이 20년 이상 사외이사를 맡고 있음은 어느 잣대를 적용해도 과하다는 판단을 할 수 있다.

삼성전자의 감사를 삼일회계법인이 30여 년을 지속해 오자 일부에서는 삼성은 워낙 대기업이라서 삼일회계법인 이외에는 마땅히 감사를 맡을 회계법인이 없다는 얘기까지도 나온다.

반면에 미국에서는 많은 기업들이 장기적으로 수십년 동안 외부감사인을 변경하지 않고 계약을 하고 있는데 이들 기업에 회계적인 이슈가 제기되지 않는 것을 보아서는 반드시 장기간의 감사계약이 독립적인 감사에 부정적인 영향만을 미치는 것은 아니라고 판단된다.

민간에서 6+3과 같이 자유수임제와 지정제를 혼합하는 형태의 수임제도가 정착하자 사학재단의 감사에 있어서도 사립학교법 개정안(2019.3.22.)에 의해서 '3+2' 형태의 주기적 지정제의 개정안에 제안되었다.
연속하는 3개 회계연도에 대하여 외부 감사인을 직접 선임한 경우 그 다음 연속하는 2개 회계연도에 대하여 교육부장관이 외부감사인을 지정하는 것이다.

문제는 사학재단에 대한 감사의 경우, 빅4 회계법인이 수익성 때문에 감사를 거의 진행하고 있지 않은 입장에서 지정이 된다고 해도 민간기업에 대한 지정과는 달리 회계법인들이 이를 반기면서 감사를 맡게 되는 것은 아닐 듯하다.

일반 기업의 경우, 지정을 받게 되면 계열사들의 감사도 같이 수행할 수 있지만 사학재단 감사의 경우 이러한 경우도 아니다.

매일경제신문. 2019.6.20.
아파트 학교도 회계투명성 높인다

최중경 한국 공인회계사회 회장이 비영리 법인의 회계 투명성을 높이는 감사공영제 확대를 추진한다.

한공회는 19일 서울 여의도 63 컨벤션센터 2층 그랜드볼룸에서 제65회 정기총회를 개최했다. 이날 개회사에서 최 회장은 "회계 투명성에 대한 국민의 열망 속에서 시작한 회계 개혁의 대장정이 마무리되고 있다"며 "올해는 비영리 부문에서 감사공영제를 추진해 회계 개혁의 제2막을 열고, 회계 투명성과 감사인의 독립성을 확립하겠다는 초심을 굳건히 지켜 나가자"고 말했다. 감사공영제는 감사받는 대상이 감사인을 선정하는 방식에서 벗어나 공공기관이 감사인 풀을 구성해 감사인을 지정해주는 제도다. 감사독립성을 강화해 외부 감사 사각지대로 거론되는 아파트 유치원을 비롯한 학교 법인, 기부금단체 등 비영리 공익법인에 대한 외부 회계감사 제도를 개선하는 방안으로 떠오르고 있다.

최회장은 "국민권익위원회 청렴사회 민간협의회에서는 공익법인, 사립학교, 공동주택(아파트)에 대한 감사공영제 도입을 각 부처에 권고하고 있다"며 "국회에서도 감사공영제를 담은 법률안을 발의했고 비영리 공익법인에 대한 감사인 주기적 지정제도 도입에도 합의하면서 정부에서도 정책 추진 과제로 확정 발표했다"고 설명했다.

최회장은 일부 회계법인에 기회 박탈을 우려하는 상장법인 감사인 등록요건은 중소형 회계법인과 상생하는 방안으로 해결책을 마련하겠다고 밝혔다. 그는 "대형 중소형 감사반이 참여하는 상생 TF를 운영하고 있다"고 밝혔다.

chapter 3에서도 기술되었듯이 최중경회장이 비영리 공익법인에 대한 감사인 주기적 지정제도는 '3+2'를 의미한다.

미국의 감사원인 GAO(Government Accounting Office)는 그 기관장의 임기에 대해서 다음과 같이 적고 있다.

The Comptroller General's term of office is set statutorily at 15 years.

따라서 임기에 관해서는 해답이 없다.

한국경제신문. 2019.6.13.
거래은행 감사 못 맡아 … 회계사 "월급통장도 바꿔야 하나" 혼란

감사인 지정제 시행을 앞두고 회계법인 내부도 혼란에 빠졌다. 감사인의 독립성을 지키기 위해 소속 회계사들의 금융거래에도 여러 제약이 따르기 때문이다. 회계법인이 주거래은행 감사를 맡으면 소속 회계사 수백명이 한꺼번에 해당 은행과 거래를 끊게

될 전망이다.

공인회계사법에 따르면 국내 회계법인은 소속 파트너 회계사 또는 그 회계사의 배우자가 3,000만원 이상 거래 관계가 있는 은행의 감사업무를 맡지 못하도록 돼 있다. 파트너가 아닌 회계사도 본인 및 배우자가 같은 상황이면 해당 은행 감사업무에 참여할 수 없다. 단 거래 관계가 –5,000만원 이하 예금 또는 적금 –퇴직연금 – 주택담보대출, 예금담보대출 등 담보대출이면 거래금액 산정에서 제외된다. 파트너회계사는 1년 전까지 근무했던 은행의 감사를 맡을 수 없다.

회계법인들은 감사인 지정제 시행으로 갑자기 주거래은행 감사를 떠맡을 가능성에 촉각을 세우고 있다. 급여 수준 등을 고려하면 주거래은행과의 거래 규모가 3,000만원이 넘는 회계사가 적지 않아서다. 주거래은행 감사를 맡는 순간 수많은 회계사가 줄줄이 해당 은행과의 거래를 해지해야 하는 상황을 맞는다. 국내 1위 회계법인인 삼일회계법인의 경우 파트너 회계사만 300명이 넘는다.

한 대형 회계법인 임원은 "회계법인들은 감사인 독립성 문제로 오랫동안 주거래은행이 아닌 은행 감사만 맡아왔다"며 "주거래은행 감사를 맡게 된다면 최소한 1년 전에는 해당 사실을 알려줘야 대비할 수 있다"고 말했다.

감사인 독립성 유지를 위해 회계법인이 한 기업의 감사와 다른 업무를 동시에 맡을 수 없도록 한 것도 부담 요인으로 꼽는다. 비감사 업무를 통해 얻은 수익이 더 큰 기업의 감사를 수임하면 오히려 손해가 되기 때문이다.

삼일회계법인, 삼정KPMG, 딜로이트안진, EY한영 등 '빅4' 회계법인이 산업은행 감사를 맡지 않는 것도 이런 이유가 작용하고 있다는 평가다. 산업은행은 대우건설, 대우조선해양, 아시아나항공, KDB생명 등 국내 인수합병 시장에 나온 대형 매물을 거느리고 있어 M&A 자문으로 거두는 수익이 감사료보다 쏠쏠하다. 회계법인들의 감사인 재지정 신청이 쏟아질지 모른다는 우려도 나온다.

매일경제신문. 2019.7.26.
감사인 지정제 앞두고… 회계법인 25곳 합병열풍

오는 9월 감사인지정제 실시를 앞두고 최근 1년여간 회계법인 25곳이 합병을 통해 몸집 키우기에 나선 것으로 나타났다. 회계개혁에 따라 서울은 40명, 지방은 20명 이상 회계사를 보유하지 못한 회계법인은 상장사 감사를 할 수 없는 탓에 중소회계법인 간 이합집산이 늘었다는 분석이다. 다만 업계에서는 회계사 수만으로 회계 품질을 담보할 수 없기 때문에 상장사 감사 품질과 회계법인 회계사 수를 두고 논란이 거듭될 전망이다. 25일 회계업계에 따르면 지난해 말부터 최근까지 회계법인 25곳이 합병을 완료했거나 법인분할을 통해 합병을 추진하고 있는 것으로 조사됐다. 세부적으로 지난해 11월부터 이달까지 회계법인 12곳이 합병을 완료했고, 총 6건의 합병이 추가로 진행 중인 것으로 나타났다. 아울러 회계법인 내 회계사들이 회사 분할을 통해 다른 회계법인과 분할 합병되는 일도 7건이 진행 중인 것으로 집계됐다.

회계업계에서는 2016년 법인 합병이 단 한 건도 없었으며, 2017년에도 합병 사례가 1건 있었다. 본격적인 합병은 지난해 11월 한길회계법인과 회계법인두레가 합병하고, 합병 법인인 한길이 다시 성신회계법인과 합병하는 등 사실상 3곳이 뭉쳐 '한길'이라는 하나의 회계법인이 탄생한 뒤 합병 사례 11건이 연달아 이어졌다.

올해는 성도회계법인이 이현회계법인과 합병해 130명의 중견회계법인으로 재탄생하는 등 대체로 20~30명을 보유한 중소형 회계법인이 힘을 합쳐 50명 이상인 회계법인으로 몸집을 불리고 있다. 특히 법인 간 합병이 불가능한 상황에서는 기존 회계법인에서 회계사 10명, 20명이 법인 분할을 요청한 뒤 다른 회계법인과 합병하는 식으로 분할 및 분할 합병 사례가 이어지고 있다.

회계업계 관계자는 "감사인 등록제 영향으로 서울 기준 40명 이상 (지방 20명)" 등 요건을 갖춰 당국에 등록 절차를 마친 회계법인만 수행할 수 있는 내용이다.

시장에서는 중소형 회계법인 합병에도 불구하고 감사 품질 향상과 함께 시장을 사실상 장악하고 있는 빅4 회계법인과의 지나친 편차 때문에 합병에 따른 효과가 제대로 나타날 수 있을지에 의문을 제기하고 있다. 또 회계법인 관계자는 "당국에서도 품질 향상에 대한 기준을 사실상 40명으로 설정한 셈인데 회계사 숫자가 많아진다고 해서 감사품질 향상으로 직결되지 않는 만큼 회계 개혁을 위해서는 아직 할 일이 많이 남아 있다고 봐야 한다"고 전했다.

회계법인은 공인회계사 숫자도 중요하지만 회계법인으로서의 조직과 체계를 갖추는 것이 중요하다. 단순히 감사반의 연합이 아닌 one firm으로의 품질 관리 등을 완비하는 조직화된 법인의 형태여야 한다.

한국경제신문. 2019.9.18.
'주기적 감사인 지정제' 시행 초읽기

 '주기적 감사인 지정제' 시행으로 220개 대기업의 외부 감사 업무를 지정받을 회계법인이 20여개로 추려졌다 40년만에 감사인이 교체되는 삼성전자를 비롯해 KB금융지주, 신한금융지주, SK하이닉스 등 '감사 대어'가 어느 회계법인에 배정되느냐에 따라 감사시장에 지각 변동이 일어날 전망이다. 업종별 분배나 독립성 이슈 등으로 감사지정 초기에 혼란이 불가피 할 것이란 예상도 나온다.

 17일 금융감독당국과 회계업계에 따르면 올해 주기적 감사인 지정제로 기업 감사업무를 배정받는 회계법인이 20~25개로 압축됐다. 상장사의 외부 감사 가격이 주어지는 '감사인 등록' 신청을 한 40개 회계법인 중 품질관리 수준 등을 감안해 절반가량이 지정 감사 업무를 맡게 된 것으로 전해졌다.

 금융위원회 산하 증권선물위원회로부터 업무 위탁을 받은 금융감독원은 이들 회계법인을 대상으로 공인회계사 수, 징계에 따른 벌점 등 여러 가지 요인을 고려해 큰 기업부터 차례대로 배치한다. 예비통지는 다음달 14일이며, 확정통지는 12월 12일이다.

 220개 대기업 중 가장 관심이 높은 곳은 삼성전자다. 1970년대부터 삼일회계법인에 외부감사를 맡겨 온 삼성전자는 40년 만에 감사인이 교체된다. 회계업계에선 삼성전자의 새 감사인에 딜로이트 안진이 지정될 가능성이 높은 것으로 점치고 있다.

 회계업계 관계자는 "현재까지 상황만으로 시뮬레이션해 보면 딜로이트안진이 삼성전자 지정 감사인이 될 가능성이 높고 그 다음 EY한영, 삼정KPMG 순"이라며 "징계벌점과 가처분 소송 등의 막판 변수가 있어 금감원 예비통지에 촉각을 곤두세우고 있다"고 설명했다.

 이번 지정 대상 중 자산 규모가 가장 큰 삼성생명은 삼정KPMG 배정이 유력하다. 미래대우에셋증권과 신한금융지주는 삼일회계법인이, KB금융지주는 EY한영이 각각 가져갈 것이란 전망이 나온다.

 '주기적 감사인 지정제'는 그동안 굳건하던 삼일회계법인의 감사시장 1위 지위를 흔들 것으로 예상된다. 삼일회계법인은 삼성전자, KB금융지주 등 '장기 우량 고객'을 포함해 내년에만 47개 기업의 감사 업무가 빠져나간다. 반면 딜로이트안진은 주기적 감사인지정제로 인해 빠져 나가는 고객이 한 곳도 없다. 2017년 대우조선해양 사태로 감사 영업 금지 조치를 받으면서 일정 기간 신규 수주를 하지 못했던 덕이다.

금감원이 다음 달 기업과 회계법인에 예비통지를 하면 재지정 신청이 잇따를 것이란 예상도 나온다. 업종별 분배를 고려하지 않고 지정하기 때문에 경쟁 기업들이 동일 회계법인에 배정될 수 있는 점도 기업들엔 부담 요인이다. 지정받는 기업에 인수 합병 자문 등 비감사 업무를 맡고 있거나 파트너 중 배우자가 해당 기업의 임직원일 경우 회계법인 입장에서 독립성 문제가 발생하는 것도 변수다.

회계법인 관계자는 "주기적 감사인 지정제의 파장을 가늠하기 어려울 정도로 여러 가지 변수가 발생할 것으로 보인다"며 "시행 초기 혼란이 불가피할 것"이라고 내다봤다.

매일경제신문. 2019.10.1.
감사인 비용 부담되면… 재지정 요청 가능해진다

금융위원회가 주기적 감사인 지정제의 보완책으로 감사인 지정 이후 피감회사가 감사인 재지정을 요청할 수 있는 범위를 확대하기로 했다.

금융위는 30일 금융감독원, 한국거래소, 회계기준원, 한국공인회계사회, 금융투자협회 등과 함께 제3차 '회계개혁 정착지원단' 회의를 열어 회계 개혁 보완책을 논의했다. 먼저 금융위원회 감사인 지정에 따른 감사보수 상승 등 기업 측 부담을 고려해 피감회사인 기업이 하위 그룹으로 감사인 재지정요청을 할 수 있도록 하겠다고 밝혔다.

또 금융위는 감사계약 체결 기한도 탄력적으로 운영할 계획이다.

하위 그룹이라는 개념은 이 chapter의 후반에 설명을 참조하면 이해가 가능하다.

매일경제신문. 2019.10.4.
회계사 배우자가 다니는 기업도 감사업무 가능하도록 규제

당정이 회계업무의 해묵은 논란으로 자리잡은 '배우자 근무회사 감사금지법(직무제한규정'을 완화하기로 결정했다. 당장 주기적 감사인 지정제로 감사인 220곳이 강제

변경되는 과정에서 회계사와 배우자의 직장 문제로 발생할 수 있는 우려가 제거될 것으로 기대된다. 현행 법령은 회계감사인의 배우자가 감사대상 기업에 근무할 경우 해당 회계감사인이 기업 감사를 금지하고 있다.

3일 회계업계와 국회 등에 따르면 최운열 더불어민주당 의원은 최근 '회계사의 직무제한 범위 완화'를 골자로 한 공인회계사법 일부 개정법률안 공동 발의 요청안을 국회의원들에게 보냈다. 최운열 의원실 관계자는 "공감하는 의원들과 함께 공동 발의를 추진하고 있으며 이달 중 발의가 가능할 것"이라며 "배우자가 재무 관련 업무를 맡지 않으면 감사를 해도 된다는 수준으로 미국과 같은 스탠다드를 기준으로 개정을 추진할 예정"이라고 설명했다.

최의원의 개정안에 따르면 배우자가 근무하는 회사의 감사를 금지한 현행 공인회계사법 직무제한 범위 중 '배우자 및 사원의 배우자가 재무에 관한 사무를 수행하는 경우'로 축소한다. 국제윤리기준이나 미국 증권거래위원회(SEC) 등은 직계가족이나 배우자가 회계 관련 업무를 수행하지 않는 경우 감사업무를 수행할 수 있도록 하고 있다.

개정안은 금융위원회와 금융감독원 등 금융당국 측을 비롯해 한국공인회계사회(한공회) 등 회계업계에서도 모두 찬성하고 있는 것으로 전해졌다. 이달부터 사상 처음으로 220곳의 상장사 감사인을 금융당국이 교체하는 주기적 감사인 지정제를 앞두고 일부 혼란이 예상됐기 때문이다. 예컨대 삼성전자 같은 대형 상장사는 감사를 맡을 수 있는 감사인이 사실상 빅4 회계법인으로 한정돼 있다. 이 때문에 배우자 문제가 여러 회계법인에서 걸린다면 당국이나 회계법인 내부의 감사인 지정에 혼란이 발생할 수 있다. 한공회 관계자는 "그간 배우자의 보직에 상관 없이 감사를 제한하는 것은 세계적인 추세를 봐서도 과도하다는 지적이 많았다"며 "지정제 시행을 앞둔 만큼 과도한 규제를 해결하고 가는 것이 보다 합리적으로 보인다"고 전했다.

금융당국은 개정안에 찬성하면서도 개정안 통과와는 별개로 지정제에 큰 혼란은 없을 것이라고 선을 그었다. 금융위 관계자는 "지난해 증권선물위원회를 통해 크고 작은 문제가 발생한 기업 700곳의 감사인을 지정했고 그중 240여 곳이 상장사였다"며 "이 중 배우자 근무회사 즉, 직무제한을 문제로 감사인이 재지정된 경우는 없었고, 사전 조사 결과 대형사 파트너회계사들의 배우자 근무자 문제로 지정제가 영향을 받을 가능성은 매우 작아 걱정할 수준은 아니다"고 밝혔다.

매경이코노미. 2019.10.9.-10.15.
삼성전자 감사인 누구? 빅4 판도 '흔들'

회계법인 업계가 폭풍 전야 분위기다. 신 외부감사법 도입에 따라 2020년부터는 외부감사인을 6년 자유선임하면 3년은 새로운 외부감사인을 지정받도록 회계제도가 바뀐다. 2014년부터 감사인을 자유선임해 왔던 상당수 기업은 2020년부터 정부가 정해주는 새로운 회계법인에 재무제표 감사를 맡겨야 한다. 삼성전자와 주요 금융지주 등 '대어' 향방에 따라 회계법인 업계 판도가 요동칠 것으로 보인다.

20개 회계법인 1차 등록
중소형 대거 탈락 논란

금융위원회에 따르면 지난 6월까지 등록을 신청한 회계법인 중 20대 회계법인이 상장회사 감사인으로 등록했다. 신외감법 도입에 따라 금융당국은 감사 품질 제고를 위해 금융위에 사전 등록한 회계법인만 상장사의 감사인이 될 수 있게 했다.

업계 예상대로 20개 법인에는 중대형 회계법인이 이름을 올렸다. '빅4' 삼일 삼정 안진 한영회계법인이 이름을 올렸고 삼덕 대주 등 중견 회계법인 5개와 중소회계법인 11개(신한, 한울, 우리 등 120명 이상, 중형: 이촌 성도이현, 태성, 인덕, 신우, 대성삼경, 서현, 도원, 다산 등 60명 이상)가 등록했다. 이번에 등록된 회계법인은 내년 주기적 지정제 감사인으로 선정될 수 있다. 이들 회계법인 가운데 주기적 감사인 선정 여부는 10월 14일 사전 통지된다. 금융위은 지난 9월말까지 등록을 신청한 나머지 23개 회계법인에 대해서는 2차(올 12월), 3차(내년 1월에) 거쳐 순차적으로 등록 심사 결과를 발표한다.

이번 결과와 관련, 회계법인 업계에서는 희비가 명확히 갈렸다. 신외감법 시행으로 서울은 40명, 지방은 20명 이상 회계사를 보유하지 못한 회계법인은 상장사 감사를 할 수 없는 탓에 이에 대비하려는 중소 회계법인 간 이합집산이 늘었다. 한국공인회계사회에 따르면 지난해 말부터 9월까지 회계법인 28곳이 합병이나 분할합병을 통해 합병사 15곳으로 몸집을 키웠다. 업계에서는 중소 회계법인을 중심으로 '회계사 수와 감사 품질을 연결 짓은 것은 대형 회계법인에 유리한 조치'라는 반발이 지속적으로 터져나왔다. 이 때문에 회계법인 업계에서는 지정감사인 선정 기준과 관련한 논란이 거듭

될 전망이다.

지정감사인 시행과 관련해 무엇보다 회계법인 업계가 촉각을 곤두세우는 이슈는 초대형 상장사의 외부감사인 교체다. 주기적 지정제 시행으로 2014년부터 감사인을 자유 선임해 왔던 대부분의 상장기업은 2020년부터 정부가 정해주는 새로운 외부감사인에게 회계감사를 받아야 한다. 정부는 등록 회계법인의 회계사 수나 벌점, 피감사법인의 자산 규모 등을 고려해 주기적 감사인과 지정 대상 상장사를 매칭한다. 사실상 금융당국이 강제 지정하는 형식이기 때문에 상장사 감사인 교체 여부는 개별 회계법인의 영향력과는 무관하다. 그럼에도 회계법인 업계에서는 벌써부터 대어급 상장사를 중심으로 특정 회계법인이 맡게 될 것이라는 식의 소문이 무성하다.

삼성, 40년 만에 감사인 교체
금융지주 알짜 자회사 눈독

금융감독원에 따르면 감사인 주기적 지정제 본격 시행으로 당장 내년 감사인을 바꿔야 하는 상장사만 220곳에 달한다. 220개 사 중 코스피 상장사는 134개 사, 코스닥 상장사는 86개 사였고 평균 자산 규모는 약 4조 6,000억원으로 나타났다.

이 가운데 삼성전자와 SK하이닉스, 현대중공업, 에스오일, 롯데케미칼, CJ제일제당, CJ ENM, 카카오, 엔씨소프트 등 시가총액 상위 23개 사도 포함될 것으로 알려졌다. 4대 금융사 중에서는 KB금융지주와 신한금융지주, 보험사 중에서는 삼성생명, 현대해상 등의 감사인 지정이 전망된다. 현대자동차와 포스코, LG전자, SK텔레콤, 우리금융지주 등은 기존 감사계약 기간이 남아 있거나 감리에서 위반사항이 적발되지 않아 감사인 지정이 연기될 가능성이 높다는 것이 중론이다.

특히 삼성전자의 감사인 교체는 무려 40년 만이다. 삼성전자는 1970년대부터 삼일회계법인이 외부감사를 독식해왔다. 제도 변화로 업계 1위 삼일은 최소 3년간 삼성전자 감사를 맡지 못한다.

삼성전자의 감사보수 자체는 그리 대단한 편이 못 된다. 금융감독원 전자공시에 따르면 삼성전자는 삼일회계법인에 2018 회계연도 감사용역수임료로 44억원을 지급했다. 세무 자문 등 비 감사용역 보수를 포함할 때 삼일이 한 해 삼성전자로부터 받은 수수료는 50억원대로 파악된다.

그러나 회계법인 업계에서 '삼성전자 감사인'이 갖는 의미는 간단치 않다. 글로벌 초

일류 기업의 감사인이 된다는 것은 '전 세계 어떤 기업의 감사도 믿고 맡길 수 있다'는 보증수표를 얻는 것고 같다. 지난해 연결 재무제표 기준 삼성전자는 252개의 종속기업과 45개의 관계기업이 얽히고 섥혀 있다. 그만큼 재무제표가 복잡하고 감사 범위 또한 방대하다. 대형 회계법인 소속 회계사는 "삼성전자에 관심이 많은 것은 결국 수백 개에 달하는 자회사 때문"이라며 "감사인 교체로 해외 사업장의 회계시장에도 영향을 줄 수 있을 것"이라고 내다봤다.

회계법인 업계에서는 3, 4위 딜로이트 안진과 EY한영의 각축전을 예상한다. 2018년 사업연도 기준 자산총액 1위는 삼성생명, 2위가 삼성전자, 현재 모두 삼일이 감사인이다. 주기적 지정제는 자산총액이 높은 회사부터 순서대로 감사인 지정 점수가 높은 회계법인을 지정하는 방식이다. 이에 따라 업계 2위 삼정회계법인이 자산 규모 1위 삼성생명을 수임하면, 나머지 2곳이 삼성전자의 새 감사인 후보가 될 것이라는 관측이다. 회계업계에서는 삼성전자의 새 감사인으로 안진회계법인을 조심스레 점치는 가운데 한영회계법인도 후보로 이름이 오르내린다.

삼일, 해외법인 감사는 굳건
예비통지 시 재지정 신청 잇따를 듯

이에 따라 그동안 확고부동하던 삼일회계법인의 감사 시장 1위 지위가 흔들릴지가 관심사다. 삼일의 경우 삼성전자, KB금융지주 등 장기 우량 고객사를 포함해 내년에만 47개 기업이 새로운 감사인을 찾아야 한다. 반면, 안진은 최대 수혜를 볼 전망이다. 공교롭게도 주기적 감사인 지정제로 인해 빠져나가는 고객이 거의 없다. 2017년 대우조선해양 분식회계 사태로 영업금지 조치를 받았던 탓에 일정 기간 신규 수주를 하지 못한 때문이다.

단, 삼일 측은 주요 고객사의 감사인 교체에 개의치 않는 분위기다. 주기적 감사인 지정제는 국내법 조항으로 한국법인에만 적용된다. 삼성전자 해외 법인 수백곳은 자유수임이 가능하다는 데 기대를 건다. 삼일회계법인 소속 회계사는 "한영이나 안진이 삼성전자를 제대로 감사할 역량이 되는지 의문을 품는 시각도 적지 않다. 삼일 핵심 파트너 또는 디렉터급을 중심으로 스카우트에 나설 가능성이 높지만 3년만 지나면 다시 자유수임으로 바뀌는데 리스크를 감수할 유인은 별로 없어 보인다는 것이 내부 중론"이라고 귀뜸했다.

　　회계법인들이 또 하나 주목하는 시장은 바로 금융지주다. 삼성전자 못잖게 돈 되는 자회사가 워낙 많아서다. 한 예로 KB금융지주가 지난해 감사보수로 삼일회계법인에 9억 4,900만원을 냈지만 자회사인 KB국민은행은 24억 3,900만원을 지불했다. 이 외 KB자산운용, KB손해보험, KB생명보험, KB국민카드, KB증권, KB인베스트먼트 등이 KB지주의 자회사로 삼일의 감사를 받았다. 금융지주사는 자회사를 모두 합칠 경우 50억원대에 달하는 감사보수를 지급하는 것으로 알려졌다. 이는 삼성전자 한 곳이 삼일에 지급했던 감사보수를 훌쩍 뛰어넘는다. 물론 금융지주사의 감사인으로 지정된다고 자회사 감사를 저절로 얻는 것은 아니다. 그러나 통상 금융지주사는 보수적인 조직문화 특성상 지주사와 자회사 간 회계법인을 일치시켜왔다.

　　당장 관심을 받는 금융지주사는 자산총액 6위인 신한금융지주와 7위인 KB금융지주다. 이들은 각각 삼성과 삼일이 감사해왔다. 회계업계에서는 신한금융지주를 삼일이, KB금융지주를 한영이 가져갈 가능성을 점친다. 삼정은 한영보다 지정감사인 점수는 높을 것으로 보이지만 자산 규모 1위 삼성생명을 가져갈 가능성이 높아 금융지주 매칭에서는 제외될 것이란 예측이다.

　　한편, 금감원이 10월 중 기업과 회계법인에 지정 감사인 예비통지를 하면 재지정 신청이 잇따를 것이란 예상도 나온다. 업종별 분배를 고려하지 않고 지정하기 때문에 경쟁 기업들이 동일 회계법인에 배정될 수 있는 점도 기업들에는 부담 요인이다. 지정받은 기업에 인수합병 자문 등 비감사업무를 맡고 있다거나 파트너 중 배우자가 해당 기업의 임직원일 경우 회계법인 입장에서 독립성 이슈에 휘말리는 것도 변수다.

　　이 기사의 마지막에 기술된 배우자 건은 위의 2019년 10월 4일의 매일경제신문 기사에서도 언급되듯이 큰 문제가 없는 것으로 정리된 부분이다.

매일경제신문. 2019.10.16.
삼성전자 회계감사 '삼일 → 안진'

　　다음 달부터 본격 시행되는 회계개혁에 따라 삼성전자 감사인이 40년 만에 삼일회계법인에서 안진회계법인으로 변경 지정됐다. 금융당국은 앞으로 매년 상장사 220여 곳의 감사인을 지정하는 등 전체 상장사가 9년을 단위로 6년은 감사인을 자유수임하고 3년은 지정을 받아 계약하는 '주기적 감사인 지정제'를 시행할 계획이다.

15일 금융감독원은 주기적 감사인 지정제에 따른 첫 외부감사인 지정회사 220곳을 선정해 해당 기업과 외부감사인에게 각각 사전통지를 실시했다. 이번에 지정된 감사인은 내년부터 해당 기업의 외부감사를 맡아 활동하게 된다.

첫 대상 기업은 자산 규모(개별 재무제표 기준) 1,826억원 이상인 상장사 220곳으로 시가총액 상위 100대 상장사 중에는 삼성전자, SK하이닉스, 신한지주, KB금융, 삼성생명, 에스오일, 엔씨소프트, 카카오, 삼성전기, 롯데케미칼 등 20여 곳이 감사인 지정을 받았다. 금감원은 첫 주기적 지정제 대상 기업 459곳 중 자산 규모가 큰 220곳을 추려 감사인등록을 완료한 회계법인 20곳과 분산지정방식에 따라 선정했다. 나머지 상장사는 내년 감사인 지정을 받는다. 감사인이 지정된 상장사는 해당 감사인과 2주 내에 감사계약을 해야 하며 이견이 있을 경우 한 차례에 한해 재지정 요청을 할 수 있다. 금감원은 기업 의견을 반영해 다음 달 지정안을 확정할 예정이다.

매일경제신문. 2019.10.16.
본사는 안진, 해외법인은 PWC…감사혼란 예고

회계개혁의 핵심 과제인 '주기적 감사인 지정제'가 본격 시행되면서 상장사들의 비용 부담과 함께 일시적인 회계감사 혼란이 불가피할 전망이다. 내년 감사인 지정을 통보받은 기업들은 당장 올해 대비 2배가량 높아진 감사비용을 지불할 가능성이 높고, 해외 계열사가 많은 대기업들은 해외 법인의 감사인도 동반 교체할지에 대해 고심에 빠진 상태다. 금융당국은 개혁을 위한 강공책을 쓰는 만큼 초기 혼란은 최소화하겠다는 취지다. 이를 토대로 국내 상장사들의 회계 투명성이 높아지고, 회계법인의 경쟁력도 향상되는 두 마리 토끼를 잡겠다는 복안이다.

15일 금융감독원은 내년도 회계감사 계약을 앞두고, 삼성전자, SK하이닉스, KB금융지주 등 대형 상장사를 중심으로 주기적 지정 대상 220개사를 선정했다. 감사인 주기적 지정제는 2015년 대우조선해양의 수 조원대 분식회계 사건 이후 회계 개혁을 추진하면서 마련된 제도로 2020년 회계감사부터 적용될 예정이다.

금감원이 220개사를 지정한 이유는 국내 상장사들의 회계감리 주기가 20년에 육박하는 상황에서 선진국과 같이 10년 이하로 줄이기 위해 9년을 기준으로 설정한 결과다. 현행 2,000곳에 달하는 코스피, 코스닥 상장사들이 9년에 한 번은 금융당국이 지정한 감사인으로부터 회계감사를 받게 하겠다는 취지에서다. 이를 통한 상장사들은 9년 중 3년은 지정된 감사인에게 회계감사를 받고 6년은 자유선임을 통해 결정할 수 있도록 했다. 금감원 관계자는 "주기적 지정 대상이 된 상장사들은 특별한 문제가 있어서 당국이 지정한 곳이 아니며 회계개혁에 따라 제도를 도입하는 과정에서 자산 순위별로 지정된 경우"라며 "올해 계약이 끝나는 대상일 뿐 별도의 문제가 있는 곳은 아니다"고 배경을 설명했다. 이들 회사는 한 차례에 한해 재지정을 요청할 수 있다.

다만 기업들은 강제로 감사인이 교체되는 과정에서 일시적인 혼란에 빠질 수 있다. 첫 번째 문제는 감사비용 증가다. 금감원에 따르면 지난해 재무, 상장 심사 등의 기준에 따라 감사인이 지정됐던 699개사 가운데 497개사의 감사 보수가 자유선임했던 2017년 대비 평균 250% 증가한 것으로 나타났다. 2016년(166%), 2017년(137%)에 비해 훨씬 높은 수준이다. 자산 1조원 이상 대형 회사(169%)에 비해 협상력이 상대적으로 낮은 중소형 회사(253%)의 보수 증가율이 더 높아 중소형 회사의 부담이 더 큰 것으로 조사됐다. 금융당국 관계자는 "과도한 지정감사 보수 지급에 따른 기업 부담을 최소화하기 위해 '지정 감사 보수 신고 센터'를 운영하고 재지정 요청을 적극적으로 수용해 기업의 협상력을 높여줄 방침"이라고 밝혔다.

시장에서는 주기적 지정제에 따라 기업별로 1.5배에서 2배가량 감사비용이 증가할 것으로 내다보고 있다.

대형 상장사들은 해외 법인의 감사인 교체를 두고도 혼란에 빠졌다. 일반적으로 PWC, KPMG, 딜로이트, EY 등 글로벌 빅4 회계법인들은 모회사의 감사의견을 내기 위해서는 해당 감사인이 연결재무제표상 60% 수준의 계열사를 감사해야 한다는 자체 규정을 두고 있다. 권고사항이지만 감사를 받는 회사 입장에서는 부담스러울 수밖에 없다. 예컨대 해외 계열사만 200곳이 넘는 삼성전자는 지난 40년간 국내외에서 삼일과 제휴사인 PwC의 회계기준에 따라 감사의견을 내왔다. 그런데 앞으로 국내에서는 안진과 제휴사인 딜로이트 기준으로 감사를 진행하고 해외에서는 PwC 기준을 적용하면서 향후 전체 연결재무제표 작성시 감사인별로 의견이 엇갈릴 가능성이 있다. 의견 조율기간이 길어질수록 수검 부담과 함께 실적공시 지연에 따른 시장 혼란도 초래할 수 있다.

국내에서도 IFRS가 도입된 2011년부터 그룹사의 감사인과 계열사의 감사인을 일치하는 것은 어느 정도 추세로 굳어지고 있었다. 하물며, 지주사와 주된 계열사의 감사인이 통일되지 않을 경우 어느 쪽으로 감사인이 통일될지가 주된 관심사가 되기도 하였다.

매일경제신문. 2010.7.19.
IFRS로 모자 회사 감사인 다를 땐 혼선

내년 국제회계기준(IFRS) 전면 도입을 앞두고 새로운 환경에서 시장을 선점하려는 회계법인 간에 물밑 경쟁이 치열하다. 특히 대형 회계법인들은 '자회사-모회사 간 감사인 통일' 필요성을 역설하며 큰손 고객인 대기업을 유치하기 위해 발 벗고 나서고 있다.

한 대형 회계법인 관계자는 18일 "IFRS가 본격 도입되면 연결기준으로 회계감사 보고서를 작성해야 하므로 자회사와 모회사 회계법인을 통일할 필요가 있다"고 전했다.

현재 LG그룹 지주회사 격인 주식회사 LG는 딜로이트-안진에 외부 회계감사를 맡기고 있다. 그런데 주력 자회사인 LG전자 담당은 PwC-삼일이다. 그러나 내년부터 IFRS가 본격 도입되면 지분관계로 얽힌 모회사와 자회사 간 '연결 기준'을 토대로 상세한 재무제표를 작성해야 한다. LG그룹은 (주)LG를 맡고 있는 딜로이트-안진으로 통일해야 할지, LG전자를 맡은 PwC-삼일로 통일해야 할지 고심할 수밖에 없다.

특히 IFRS와 함께 내년부터 국제감사기준(GAAS)이 새로 도입된다. 이전까진 다른 회계법인이 감사했던 부분에 대해선 '타회계법인이 감사했다'는 사실을 감사 보고서에 표기할 수 있어 책임 구분이 명확했다. 그러나 GAAS가 도입되면 계열사 부분만 다른 회계법인이 감사를 맡았다고 표기할 수 없다. LG전자를 잘못 감사해서 (주)LG 감사 보고서까지 오류가 발생하면 LG전자와 관계없는 안진도 책임에서 자유로울 수 없다. 한 회계법인 관계자는 "특히 지주회사로 묶인 그룹은 통일 필요성을 많이 느낄 것"이라고 말했다.

현재 금융지주회사 중 KB금융지주와 한국금융지주는 PwC-삼일, 신한금융지주는 삼정KPMG, 우리금융지주는 딜로이트-안진, 하나금융지주는 언스트앤영-한영이 각각 맡고 있다.

제조업체 중엔 모회사 격인 (주)두산은 딜로이트-안진이, 주력 자회사인 두산중공업은 삼정KPMG가 담당한다. 규모가 큰 모회사 감사를 어떤 회계법인이 맡느냐에 따라 업계에 판도 변화가 일 수도 있다.

　현재 2,000명 이상 공인회계사를 보유한 PwC-삼일과 딜로이트-안진(1,200명), 삼
정KPMG(800명), 언스트앤영-한영(600명)이 '빅4'를 형성 중이다.

　　위의 주간 매경 기사에 의하면 삼성전자는 252개의 종속기업과 45개의
관계기업이 얽혀 있다. 이들 기업들을 한꺼번에 안진딜로이트의 외국 제휴 회
계법인인 Deloitte로 일거에 변경하는 것도 물론 쉬운 일이 아니다.

　　종속기업이 되었건 관계기업이 되었건 그들 기업의 감사인 선임권한은
그들 기업의 기업지배구조에서 진행되므로 지배기업이라고 하여도 종속기업
이나 관계기업에 특정 감사인 선임을 강제하거나 강요할 수 없다. 물론, 종속/
관계기업이 필요에 의해서 지배회사의 감사법인과 일치하는 것은 가능하다.

　　종속기업이나 관계기업의 감사인 선임은 우리의 제도 하에서는 그들 기
업의 감사위원회나 감사인선임위원회의 결정으로 진행된다. 지배회사의 감사
기구가 종속회사에 대해서 감사를 수행할 수 있는 권한은 가지고 있지만 그럼
에도 감사인을 선임하는 권한은 각 개별 회사에게 있다. 물론 지배회사가 종
속회사에 특정 감사인 선임을 권면할 수는 있겠으나 그 이상의 영향력을 행사
해서는 안 되며 각자 기업의 지배구조 하에서 의사결정이 수행된다.

매일경제신문. 2019.10.16.
대우조선 망치고 삼성전자 꿰찼다...안진 적정성 논란

　딜로이트 안진회계법인이 국내 시총 1위인 삼성전자의 외부감사인으로 지정되면서
'주기적 감사인 지정제'의 최대 수혜자가 됐다. 이에 대해 일각에서 감사인 지정제를
촉발한 안진이 오히려 이득을 보는 상황에 문제가 있다는 지적이 제기된다.

　15일 금융감독원은 감사인 지정제에 따른 첫 외부감사인 지정회사 220곳을 선정해
해당 기업과 외부감사인에게 사전 통지를 실시했다. 회계 업계에 따르면 이 시장 최대
어였던 삼성전자의 외부감사인 자리는 빅4 회계법인 중 하나인 딜로이트 안진에 돌아
갔다.

　이에 대해 업계 안팎에서는 납득하기 어렵다는 비판이 나왔다. 2017년 '외감법'이

개정되면서 감사인 지정제가 마련된 단초를 제공한 것이 바로 안진이기 때문이다. 대법원은 2017년 12월 5조원대 회계 사기를 묵인 방조한 혐의로 기소된 안진 소속 회계사들에게 징역 1~2년의 실형을 선고했다. 안진 역시 영업 정지 1년이라는 무거운 징계를 받았다. 안진 측은 "글로벌 기업의 명성에 맞는 회계투명성 제고를 위해 지정감사인으로서 책임감을 가지고 글로벌 기업 삼성전자의 기업가치를 제고하는 데 일조하겠다"는 원론적인 답변을 내왔다.

현재 지정제의 시스템 때문이라는 지적도 나온다. 금감원은 등록된 24개 회계법인을 '가~라' 군으로 나누고 가군에는 빅4 회계법인만 배치했다. 삼성전자 역시 규모상 가군에 속해 결국 빅4 중 삼일을 뺀 나머지 3개 회계법인의 감사를 받을 수밖에 없는 상황이다. 중소 회계법인들은 감사인 지정제 시행이 결국 회전문식으로 빅4 회계법인에만 기회를 주고 있다고 비판한다. 한 중소 회계법인 대표는 "대형사를 빅4 회계법인에만 몰아주는 것은 개혁이 아니라 개악"이라고 주장했다.

금융위원회 관계자는 "감사인 등록제를 통해 향후 대형 상장사에 대해 중견 회계법인에 기회를 늘려갈 것"이라고 설명했다.

위의 신문기사에서 우리가 해석에 조심할 부분은 대법원에서 안진 소속 회계사들이 1~2년의 징역 실형을 선고받은 것은 맞지만 그럼에도 안진회계법인의 조직적인 개입에 대해서 증선위와 금융위는 개입한 것으로 결론을 내렸지만 법원은 이러한 증선위의 판단이 옳지 않다는 결론을 도출하였다. 증선위의 이러한 판단 때문에 안진은 1년 동안 신규 피감기업 선임이 제한되었다.

부실감사가 있을 경우, 이러한 부실감사의 책임이 개인의 이슈인지 법인에 있는지가 문제가 된다. 양벌규정은 기관과 개인이 모두 책임이 있다는 식의 접근이지만, 법인의 책임 여부는 법인이 조직적으로 개입하였는지에 의해서 판단되어야 하는 사안이다. 법인의 조직적인 개입이 없더라도 법인에 소속된 개인 공인회계사가 범법을 했다면 그 개인이 속한 법인은 책임이 없다고 할 수 있는지는 법적으로 풀기 매우 어려운 이슈이다. 위에도 기술하였듯이 양벌규정은 양쪽이 모두 책임이 있다는 식의 접근이다.

외감법 21조의 단서조항에 양벌규정의 정신이 2009년 2월 3일에 신설되었으며 다음과 같이 개정되었다.

제46조(양벌규정) 법인의 대표자나 법인 또는 개인의 대리인, 사용인, 그 밖의 종업원이 그 법인 또는 개인의 업무에 관하여 제39조부터 제44조까지의 위반행위를 하면 그 행위자를 벌하는 외에 그 법인 또는 개인에게도 해당 조문의 벌금형을 과(科)한다. 다만, 법인 또는 개인이 그 위반행위를 방지하기 위하여 해당 업무에 관하여 상당한 주의와 감독을 게을리하지 아니한 경우에는 그러하지 아니하다.

즉, 외감법에서는 관리감독의 책임에 대해서 명확하게 규정하고 있으며, 법인과 행위자에 대해 양벌로 처벌함을 의미한다. 단, 양벌규정을 기술하고 있지만 동시에 상당한 주의(due care)와 감독이 있었다면 양벌규정에서 예외가 될 수 있다. 상당한 주의와 감독의 이슈는 주관적인 판단의 영역이다.

자본시장법에서의 양벌규정은 다음과 같다.

제448조(양벌규정) 법인(단체를 포함한다. 이하 이 조에서 같다)의 대표자나 법인 또는 개인의 대리인, 사용인, 그 밖의 종업원이 그 법인 또는 개인의 업무에 관하여 제443조부터 제446조까지의 어느 하나에 해당하는 위반행위를 하면 그 행위자를 벌하는 외에 그 법인 또는 개인에게도 해당 조문의 벌금형을 과(科)한다. 다만, 법인 또는 개인이 그 위반행위를 방지하기 위하여 해당 업무에 관하여 상당한 주의와 감독을 게을리하지 아니한 경우에는 그러하지 아니하다.
[전문개정 2009. 2. 3.]

따라서 양벌규정에서의 핵심은 안진에서의 경우에서와 같이 법인의 조직적인 개입 여부에 관련된 법적인 다툼이거나 상당한 주의와 감독을 법인에서 수행하였는지의 여부이다.

제448조(양벌규정) 법인(단체를 포함한다. 이하 이 조에서 같다)의 대표자나 법인 또는 개인의 대리인, 사용인, 그 밖의 종업원이 그 법인 또는 개인의 업

무에 관하여 제443조부터 제446조까지의 어느 하나에 해당하는 위반행위를 하면 그 행위자를 벌하는 외에 그 법인 또는 개인에게도 해당 조문의 벌금형을 과(科)한다. 다만, 법인 또는 개인이 그 위반행위를 방지하기 위하여 해당 업무에 관하여 상당한 주의와 감독을 게을리하지 아니한 경우에는 그러하지 아니하다.
[전문개정 2009. 2. 3.]

즉, 자본시장법에서의 양벌규정은 외감법에서의 양벌규정과 거의 유사한 내용을 담고 있다.

수년 전 조직적 관여에 의해서 영업정지를 받았다가 결국 법인에 해체되는 과정을 거친 화인회계법인의 금감원 내에서의 논의 사안은 다음과 같다.

- 모 회계법인건 처리 때는 증선위와 금융위는 상기한 법요건에 따라 '사안의 중대성'을 판단하여 '업무정지'조치를 할 수 있지만, 업계의 예측가능성을 고려하고 신중하게 조치한다는 의미에서 금감원의 내부 '감리양정기준'도 충족하는가를 심의하였다.
- 어떤 '의사결정과정'이 있어 조직관여로 볼 것인가에 관한 질문으로 이해된다.
- 개념상으로는 명칭여하에 불구하고 회계법인의 의사결정으로 설치한 조직기구, 예를 들면 심리실이 담당이사의 감사업무를 심리하면서 감사절차 소홀이 있음을 알고도 보고서 발행을 허용했다면 이는 '조직적으로' 관여한 것으로 보아야 할 것이다.
- 모 회계법인의 경우 정관상 '이사회'가 법인의 업무에 관한 중요사항을 수행하도록 되어 있으며, 이사는 사원인자 중에서 사원총회의 결의에 의하여 선임하도록 되어 있다. 또한 심리실의 상위기구로 '품질관리위원회'가 구성되어 있으며, 중요한 감사업무에 대해서는 감사조서, 감사보고서를 검토하고 있다. 모 회계법인의 경우 사원총회, 이사회, 품질관리위원회의 구성원이 거의 동일한 것으로 파악되고 있다.
- 이건 감사실패의 경우 담당 감사팀이 회사의 '회계처리기준 위반사실'을 묵인 방조하였을 뿐 아니라 품질관리위원회는 담당 감사팀의 '회계감사기

> 준 위반'사실을 충분히 알 수 있었던 정황이 있어 '조직적 관여'의 책임이
> 인정된 것이며, 이 과정에서 '이사회'도 '재감사 결정, 업무배정과 내부의
> 감사책임배분'에 있어서 상당한 책임이 있는 것으로 밝혀졌다.
> – 이런 상황을 종합적으로 고려하여 '조직적 관여'가 인정된 것이다.

즉, 위의 경우는 업무정지라는 회계법인에는 치명적인 조치를 받게 되었는데 그 이면에는 법인차원에서의 system의 미비가 가장 큰 문제였다. 위의 문건에서도 업무정지의 가장 명확한 판단 근거는 법인 차원에서의 조직적 관여였다. 개인 공인회계사가 판단하였다기 보다 법인에 책임을 물은 것이다. 회계법인이 업무 정지의 조치를 받으면 더 이상 법인으로 존속하기 어렵고 화인 회계법인도 청산의 과정을 밟게 되었다.

위 신문 기사는 빅4 회계법인이 회전문으로 본인들만의 리그를 형성하고 있다고 비판하고 있는데 이는 전 세계적인 major 회계법인의 구도상 어쩔 수 없는 모습이며, 이는 회계법인에 국한된 것은 아니다.

신용평가업의 경우도 Standard & Poors, 무디스, 피치가 회계법인보다도 더 심각한 완전한 과점의 형태를 가지고 있고, too big to fail이라는 문제점이 지속적으로 언급되었다. 즉, 과점의 형태에서 한 축이 무너진다면 대안으로 갈 수 있는 신용평가회사나 회계법인이 존재하지 않기 때문에 감독/규제기관이 해당되는 신평사나 major 회계법인에 강한 규제를 할 수 없다는 한계가 존재한다.

회계법인의 경우는 수년 전의 빅8의 형태에서 지속적인 합병 인수의 과정을 가져 오면서 빅4로 굳어지게 되었다.

삼바의 용역 보고서의 경우는 삼일은 삼바의 대주주인 삼성물산의 감사인, 삼정은 외부감사인, 한영은 삼바와 관련된 소송에 관여되어 있었으므로 안진 이외에는 용역을 할 수 있는 빅4 회계법인이 남지 않게 되어 자연스럽게 선택의 여지가 없어지게 된다.

이러한 문제의 제기는 우리나라에 국한된 이슈가 아니라 전 세계적인 문제이지만 이를 해결할 수 있는 뾰족한 해답도 존재하지 않는다.

한국경제신문. 2019.10.16.
초유의 기업 감사인 '강제 교체' 실험…"회계 분쟁 등 혼란 예고"

　　신외부감사법의 핵심인 주기적 감사인 지정제 시행으로 초유의 '기업 감사인 강제 교체 실험'이 시작됐다. 회계기준 판단에 대한 분쟁이 늘고, 재무제표 정정이 속출하는 등 감사 현장에 혼란이 일어날 것이란 우려가 나온다.

　• 예고된 혼란

　　15일 관련 업계에 따르면 금융위원회 산하 증권선물위원회의 위탁을 받은 금융감독원은 KB금융지주의 새 외부감사인에 EY한영을 지정했다. 하지만 독립성 문제로 재지정을 받을 가능성이 높은 것으로 알려졌다. EY한영이 이미 KB금융지주의 장기 컨설팅 용역을 맡고 있어 감사 업무를 함께 할 수 없는 상황이기 때문이다. EY한영이 KB금융지주를 포기하면 딜로이트안진이나 삼정KPMG를 다시 배정해야 하지만, 딜로이트안진은 4대 금융지주 중에서 우리금융지주를 맡고 있어 인력 배치 등에 어려움이 따를 가능성이 있다는 게 회계업계의 분석이다.

　　금감원은 일정 요건을 갖춘 20대 회계법인을 대상으로 공인회계사 수, 징계에 따른 벌점 등의 요인을 고려해 회계법인 별 순서를 정하고 자산이 큰 기업부터 차례대로 감사인을 배치했다. 금융, 비금융 또는 업종별 배분이나 독립성 문제를 고려하지 않고 기계적으로 배치한 만큼 재지정 신청이 잇따를 것이란 관측이 나온다.

　　주기적 감사인 지정제 첫 대상인 220개 기업 중 신한금융지주나 SK하이닉스 삼성전기 롯데케미칼 등은 삼일회계법인이 감사인으로 지정됐다. 삼정 KPMG는 삼성생명 에스오일 카카오 등의 감사인으로 지정받았다. CJ제일제당은 EY한영이, 엔씨소프트는 국내 5대 회계법인인 삼덕회계법인이 맡게 된다.

　　사전 통지를 받은 상장사와 외부감사인은 재지정 요청 등이 있으면 통지받은 날부터 2주 안에 금감원에 의견을 제출해야 한다. 금감원은 의견을 반영해 다음달 둘째 주 본 통지를 할 계획이다. 상장사는 본 통지를 받은 이후 2주 안에 지정감사인과 감사계약을 체결해야 한다.

　• "내년 이후가 더 문제"

　　기업들은 불안감을 감추지 않고 있다. 새로운 감사인이 오랫동안 관행처럼 해 오던 기존의 회계처리를 문제 삼거나 재무제표 정정을 요구할 수 있기 때문이다.

주기적 감사인 지정제와 함께 내년부터 내부회계관리제도 검증 수위를 '검토'에서 '감사'로 강화하는 것도 기업엔 부담이다. 미국은 내부회계관리제도 감사가 시행된 첫 해에 적용 대상 기업의 15.7%가 비적정의견을 받았다. 한 상장사 재무담당 임원은 "주기적 감사인 지정제와 내부회계관리제도 감사가 본격적으로 적용되면 회계감사가 기업 경영의 큰 리스크 중 하나가 될 것"이라고 했다.

매일경제신문. 2019.10.28.
아시아나 "매각주간사 EY한영, 감사인 부적절"

아시아나 항공과 EY한영회계법인이 금융당국에 감사인 재지정을 위한 의견서를 제출한다. 시장에서는 29일까지 많게는 상장사 수십곳이 재지정 요청서를 제출할 것으로 보고 있다.

27일 회계업계와 금융당국에 따르면 지난 16일 주기적 감사인지정체 시행에 따라 기존 삼일회계법인에서 한영회계법인으로 감사인이 지정된 아시아나항공은 한영 측과 논의 끝에 감사인 재지정 요청 의견을 금융감독원에 제출하기로 한 것으로 알려졌다.

업계 관계자는 "현재 크레디트스위스와 아시아나 항공의 공동 매각주간사 지위에 있는 한영이 감사인으로 선임되자 양측 모두 당황했다"며 "두 회사는 감사인의 독립성 위반 소지가 있다는 데 공감하고 한영이 재지정을 요청하는 방식으로 감사인을 변경하기로 정리했다"고 설명했다.

매각이 진행 중인 아시아나는 다음달 7일 본입찰을 거쳐 이르면 연내에 인수 합병 작업이 마무리될 전망이다. 이 경우 2020년 회계부문부터 감사를 맡는 한영은 하자가 없을 수도 있다. 하지만 매각 건이 어떻게 진행될지 알 수 없는 상태이기 때문에 불확실성을 제거하는 방향으로 재지정을 요청했다는 분석이다.

대형 상장사 중에는 아시아나뿐만 아니라 KB금융지주, 메리츠금융그룹 등이 조만간 감사인 재지정 요청서를 낼 전망이다. 한영으로 지정된 KB금융지주는 이미 한영 측과 다년간의 비감사용역컨설팅 계약을 한 상태로 감사를 수용할 경우 용역 계약을 해지해야 한다. 이미 사업이 진행되고 있는 컨설팅 계약을 유지할 가능성이 높아 재지정 요청이 불가피한 형국이다.

시장에서는 아시아나와 KB금융지주가 감사인을 새롭게 지정받을 경우 새 감사인에는 삼정KPMG가 유력한 것으로 보고 있다. 대형 상장사인 두 곳은 소위 빅4 회계법인에서 결정될 수밖에 없는 환경에서 기존 감사인이었던 삼일과 한영이 제외되면 삼정과 안진밖에 대안이 없다. 이 상황에서 대한항공의 감사를 맡게 된 안진, 주기적 지정제 여파로 신한금융지주 감사인에서 물러난 삼정이라는 배경을 감안할 때 아시아나항공, KB금융지주 모두 삼정이 가져갈 공산이 큰 셈이다.

이 밖에 메리츠금융그룹은 계열사 별로 흩어진 감사인을 통일시키기 위해 재지정 요청에 나설 전망이다. 업계에 따르면 메리츠종합증권은 삼정이, 메리츠화재보험은 삼일이 지정된 상태다. 계열사별로 다른 감사인을 두는 것을 감사를 받는 업체나 감사인 모두 불편해지는 상황이 연출될 수 있다. 이에 따라 삼정이나 삼일 중 한 곳을 메리츠증권이 택하는 형태의 재지정이 진행될 가능성이 높다.

회계업계 관계자는 "대형 상장사는 독립성 문제나 국내외 계열사의 감사인의 일치 문제로, 중소형사는 새로운 감사인과의 비용 문제로 재지정 요청이 쇄도할 가능성이 있다"고 전했다.

금융당국 관계자는 "제도가 처음 시행되다 보니 상장사와 감사인의 문의가 많은 편"이라며 "재지정 요청 기일과 계약 기간 등을 다소 탄력적으로 운영해 혼란을 최소화하고 제도 정착에 힘쓰겠다"고 밝혔다.

금감원은 29일까지 사전 감사인 지정에 대한 재지정 요청 및 의견서 제출을 마감하고, 상장사와 감사법인의 의견을 분석해 다음달 12일 회사 측에 감사인 지정 확정 통보(본통지)를 보낼 계획이다. 본통지를 받은 감사인은 2주 이내에 지정 감사인과 감사 계약을 체결해야 하며, 본통지 대상 감사인에 대해서도 다시 한번 감사인 재지정 요청을 할 수 있다. 금감원은 올해는 시행 첫 해인 점을 고려해 계약 체결 기한을 탄력 운영할 예정이다.

주기적 감사인지정제 시행 주요 일정

10월 14일	10월 29일	11월 12일	11월 19일	11월 26일
금감원, 회사에 사전 통지 대상 선정 및 통지	회사, 금감원에 사전 통지 의견제출	금감원, 회사에 본 통지 대상 선정 및 통보	회사, 금감원에 재지정 요청	회사, 지정 감사인과 감사계약체결

박종성(2019b)의 주기적 지정제의 내용을 체계적으로 정리해 본다.

주기적 지정제란 연속하는 6개 사업연도의 감사인을 자유선임한 주권상장법인(코넥스제외) 및 소유 경영 미분리 비상장법인의[1] 다음 3개 연도 사업연도 감사인을 증선위에서 지정하는 제도를 말함

주기적 지정 면제

지정 대상 선정일로부터 과거 6년 이내에 증선위의 감리결과 회계처리 기준 위반이 발견되지 아니한 회사는 주기적 지정을 면제

다음 요건을 모두 갖춘 경우로서 증선위에 감리를 신청하면 감리 결과 회계처리 기준 위반이 발견되지 아니한 회사 또한 주기적 지정을 면제

- 과거 6년 이내에 감리를 받지 않았을 것
- 감리를 신청한 날이 속하는 사업연도 및 그 직전 2개 사업연도의 감사의견(내부회계관리제도에 대한 검토의견을 포함)에 회사의 내부회계관리제도에 중요한 취약점이 발견되었다는 내용이 표명되지 아니하였을 것
- 상기 감사의견을 작성한 감사인을 지정기준일 이후 도래하는 다음 3개 사업 연도의 감사인으로 선임하지 아니하기로 하는 확약서를 증선위에 제출할 것

주기적 지정제(2019.11.1.) 시행 전에 회사가 자유선임한 감사인과 체결한 계약기간이 남아 있는 경우, 잔여 계약 기간 동안에는 지정을 연기

- 예를 들면 2018년에 자유 선임한 경우 2020년까지, 2019년에 자유선임한 경우 2021년까지 각각 주기적 지정이 연기됨

특정 연도에 주기적 지정 대상 회사가 쏠리게 될 경우, 지정하는 회사 수

---

1) 직전 사업연도 말 자산 규모가 1천억원 이상인 비상장사로서 지배주주 및 특수관계자의 지분율이 50% 이상이고, 지배주주 및 특수관계인 주주가 대표이사인 회사

가 일정하게 되도록 분산하여 다음 연도로 지정을 연기

- 다음연도에는 지정이 연기된 회사부터 우선 지정하며, 나머지는 해당
연도 지정대상 회사 중 자산규모가 큰 순서로 지정
- 주기적 지정제 시행 첫해인 2020년에는 자산 1,900억원 이상인 상장
사 220여 사가 지정 대상으로 추정

감사인 지정

감사인(회계법인)별 지정 점수에 의해 감사인 지정순서를 정한 후 자산규
모가 큰 지정대상회사를 순차적으로 대응하여 지정

$$감사인\ 지정\ 점수\ =\ \frac{감사인\ 점수^{1)}}{1\ +\ 감사인으로\ 지정받은\ 회사\ 수^{2)}}$$

1) 산정기준일(매년 8월 31일) 현재 소속 공인회계사의 수와 경력기간을 고려하여
산출
2) 지정받은 회사의 자산 총액 가중치: 5조원 이상인 경우 3배, 4천억~5조원 2배

회사가 감사인을 5개 군으로 구분하여 회사가 속한 군보다 감사인의 군이
낮아지지 않도록 배정(이 내용은 2019.10.1.의 매일경제신문의 기사에도 포함되어 있
듯이 하위그룹의 회계법인도 감사 계약을 할 수 있는 것으로 정책 방향이 조율되었다)

회사 구분

가군	직전 사업연도 말 자산총액이 5조원 이상인 경우
나군	직전 사업연도 말 자산총액이 1조원 이상이고 5조원 미만인 경우
다군	직전 사업연도 말 자산총액이 4천억원 이상이고 1조원 미만인 경우
라군	직전 사업연도 말 자산총액이 1천억원 이상이고 4천억원 미만인 경우
마군	직전 사업연도 말 자산총액이 1천억원 미만인 경우

회계법인 구분

구분	구분 기준					해당 회계 법인
	공인회계사 수	직전 사업연도 감사업무 매출액	품질관리 업무 담당이사 및 담당자의 비중	손해배상 능력	직전 사업연도 감사대상 상장사 수	
가군	600인 이상	500억원 이상	품질관리 업무담당자 (품질관리 업무 담당 이사 포함) 수의 120% 이상	200억원 이상	100사 이상	4개 충족
나군	120인 이상	120억원 이상		60억원 이상	30사 이상	4개 충족
다군	60인 이상	40억원 이상		20억원 이상	10사 이상	4개 충족
라군	30인 이상	15억원 이상	2명 이상	10억원 이상	5사 이상	3개 충족
마군	감사인 지정이 가능한 그 밖의 회계법인					

감사인 재지정 요청

- 회사 또는 감사인으로 지정받은 자는 일정한 사유가 있는 경우 증권선물위원회에 감사인을 다시 지정하여 줄 것을 요청할 수 있음
- 회사가 증권선물위원회에 감사인을 다시 지정하여 줄 것을 요청할 경우 사전에 감사 또는 감사위원회의 승인을 받아야 함
- 재지정을 요청하고자 하는 회사나 감사위원회는 사전 통지 후 2주 이내, 본통지 후 1주 이내에 증권선물위원회에 요청 가능

감사인 재지정 사유

- 외국투자가가 출자한 회사로서 그 출자조건에서 감사인을 한정하고 있는 경우
- 감사인의 사업보고서(수시보고서 포함) 거짓기재, 지정통지 후 2주 이내에 특별한 사유 없이 지정계약을 체결하지 않는 경우, 부당한 비용분담을 요구하여 징계 받는 경우
- 공인회계사법상 직무제한 또는 윤리규정상 독립성 훼손사유에 해당하는 경우
- 최초 회사가 지정받은 회계법인이 속한 지정군보다 상위 지정군으로 지정받고자 하는 경우[2]

- 지배 종속관계에 있는 회사 모두 지정감사이고, 지정감사인을 일치시키고자 하는 경우
- 회생절차가 진행 중인 회사가 법원이 선임허가한 감사인으로 요청하는 경우
- 그 밖에 감사인으로 지정받은 회계법인이 법령 등에 따라 감사인이 될 수 없는 경우

위의 내용 중에서 지배 종속관계에 있는 회사의 지정 감사 관련하여 모/자회사 감사인 일치와 관련된 예외 조항으로 모회사는 자회사의 감사인 변경을 결산연월일 이후 3개월 전까지 요구할 수 있고 이러한 경우 자회사는 3개월이 경과된 이후 2개월 이내에 감사인을 선임할 수 있다. 그러나 이러한 경우 감사인 선임이 5월까지 갈 수도 있는 경우이고 회계기간 중에 감사인을 변경하게 되는 경우라서 이 일정보다 감사인 선임이 많이 당겨질 수 있다.

감사인 지정 방식 개선

- 주기적 지정제는 감사품질을 높이기 위해 도입된 제도. 따라서 고품질 감사인에게 더 많은 회사가 배정될 수 있도록 하는 지정 시스템 구축 필요
- 물론 현재 회계법인을 5개 군으로 구분할 때 품질관리인력의 비율을 고려하고, 감리 지적 시 벌점을 지정점수에서 차감하는 등 감사인 지정 시 감사품질이 일부 고려하고 있긴 하나 미흡한 실정

개선안

- 상장법인 감사인 등록법인에 대해 정기적으로 품질평가를 실시하고 그 결과를 감사인 지정 점수에 반영
- 김이배(2019)는 감사인 지정 점수 산정 시 품질관리감리 결과를 반영하는 다음과 같은 모델을 제시

---

2) 2019년 10월 2일의 정책변경에 의해서 하방 지정도 가능하도록 2019년 10월에 변경되었으므로 하위 지정군으로 지정받고자 하는 경우도 추가되어야 함.

$$감사인\ 지정\ 점수 = \frac{감사인\ 점수 \times 품질관리가중치}{1 + 감사인으로\ 지정받은\ 회사\ 수}$$

한국경제신문. 2019.10.31.
회계 빅4 외부감사 싫다, 바꿔 달라

정부로부터 외부감사인을 배정받은 기업들이 "다른 회계법인으로 바꿔달라"고 무더기 재지정 신청에 나섰다. 삼일 삼정 안진 한영 등 '빅4'를 기피하는 현상에다 각종 예외 규정을 활용한 기업들의 재지정 신청이 맞물린 결과다. 감사인 지정제도 확대에 따라 혼란이 벌어지고 있다.

• 빅4 감사 기피하는 중소기업들

30일 회계업계에 따르면 금융감독원에 접수된 감사인 재지정 신청 건수가 지난 29일까지 300건을 넘어선 것으로 전해졌다. 감사인 지정 사전 통지에 대한 의견제출 기한인 이날까지 신청을 더 하면 재지정을 받는 기업들은 더욱 늘어날 전망이다.

지난 14일 금감원은 2020년 감사인 지정을 위해 '주기적 감사인 지정' 대상 회사 220곳과 '직권 지정' 회사 635곳 등 총 855곳을 선정해 감사인을 사전통지했다.

주기적 감사인 지정제는 기업이 6년간 감사인을 자유 선임하면 이후 3년은 정부가 감사인을 지정하는 제도로 내년 처음 시행된다. '직권지정'은 부채비율이 과도하게 높거나 상장 예정인 기업 또는 관리 종목, 횡령 배임 발생 기업 등에 대해 지정된 감사인을 배치하는 것이다. 직권지정 사유는 내년부터 확대돼 3년 연속 영업 손실이거나 최대주주 또는 대표이사가 자주 바뀌는 기업 등도 포함된다.

이번 신청의 대다수는 빅4에 배치된 직권 지정 기업들이 차지한 것으로 전해졌다. 대형 회계법인의 감사가 깐깐한 데다 감사보수가 상대적으로 높을 것을 우려해서다.

금융위원회가 이달 초 기업들의 회계감사 부담을 덜어주기 위해 규제를 완화한 것도 무더기 요청을 할 수 있도록 '외부감사규정'을 개정했다.

회계법인 관계자는 "이번 재지정 신청은 대부분 빅4를 피하기 위해 등급 하향으로 신청한 중소기업"이라며 "예비 지정 단계에서 재지정을 신청하지 않은 기업들도 본지정 이후 추가로 신청할 가능성이 높아 수백 개 기업이 다시 지정하는 혼란이 일어날 것"이라고 설명했다.

- KB금융 에스오일 등 대기업도 신청

주기적 감사인 지정제 대상 중에선 KB금융지주, 에스오일, 아시아나항공, 메리츠종금증권 들이 감사인을 재지정해 달라고 신청했다.

KB금융지주와 아시아나항공은 예비 지정된 EY한영이 비감사 용역 컨설팅을 맡고 있어 감사업무를 다른 회계법인으로 배치할 것을 요청했다. 감사인의 독립성 유지를 위해 회계법인이 한 기업에 대해 감사와 컨설팅 등 다른 업무를 동시에 맡을 수 없기 때문이다. 삼정KPMG가 지정됐던 코리안리도 재지정 신청에 들어갔다. 삼정KPMG는 코리안리의 새 보험 회계기준(IFRS17) 자문을 맡고 있다.

삼정KPMG로 지정받은 에쓰오일은 대주주인 아람코(지분 64.3%)와 감사인을 일치시켜야 한다며 재지정을 요청했다. 현행 규정에 따르면 외국인투자회사 중 외국인과의 출자 조건상 감사인을 한정하는 경우엔 재지정을 요청할 수 있다. 이에 따라 에쓰오일은 PwC와 파트너십을 맺고 있는 삼일회계법인이 지금과 같이 그대로 감사인을 맡게 될 가능성이 크다.

2020년 회계 감사 예비 지정 현황

주기적 지정 220개	유가증권 134	코스닥 86
직권 지정 635개	상장 513	비상장 122

지정 감사인을 회피하는 감사인의 입장에서는 지정을 받게 되더라도 3년간의 감사만을 수행하게 되고 그 이후에는 지정된 감사인을 자유수임에 의해서 선임하는 것이 금지되기 때문에 지정 감사를 선호하지 않을 수도 있다. 이는 자유수임에 의한 감사는 '6＋3'의 정책이 지속된다고 하면 6년의 감사를 지속할 수 있지만 지정 감사인은 3년으로 제한된다는 점도 감사인 지정을 거부한다는 것에 대해서 큰 부담을 느끼지 않을 수 있다.

또한 감사라는 것이 회계법인의 고유의 업무이기는 하지만 수익성만을 생각하면 비감사용역으로 인한 수입이 적지 않은 상황에서 지속되는 감사인의 입장에서는 비감사용역을 포기하면서까지 감사용역을 고집할 경제적인 유인이 없다고도 할 수 있다. 또한 감사용역에는 부실감사에 대한 법적인 책임이 따르는 반면 비감사 용역에 대해서는 이러한 부담을 느끼지 않으므로 감사에 대비하여 비감사용역을 선호할 수도 있다.

따라서 여러 가지 복잡한 요인들이 얽히고 있다.

한국경제신문. 2019.11.12.
도입 한 달 만에 … 금융당국, 감사인 재지정제 손질 검토

금융당국이 '외부감시인 등급 하향 신청제'를 도입한 지 한달만에 제도 손질을 검토하게 됐다. 기업들이 무더기로 외부감사인을 바꿔 달라고 요청하면서 감사인 지정의 취지 자체가 무색해질 거란 우려 때문이다.

11일 금융당국에 따르면 금융위원회는 외부감사인 등급하향 신청제의 적용 대상을 축소하는 방안을 검토하고 있다. 횡령 배임, 감사인 선임절차 위반 또는 감리 조치를 받는 등 제재의 일환으로 감사인을 지정받게 된 기업은 이 제도를 활용하지 못하도록 하는 방안이다.

외부 감사인 등급 하향 신청제는 기업이 지정 받은 회계법인을 변경해 달라고 요청할 수 있는 범위를 넓혀준 제도로, 금융위가 지난달 초 '외부감사규정'을 개정해 도입했다. 기업과 지정감사인이 각각 가~마로 등급이 나뉘는데, 과거엔 기업보다 높은 회계법인에만 재지정 요청을 할 수 있었지만 규정 개정 이후엔 등급이 낮은 회계법인으로도 다시 지정해 달라고 신청할 수 있게 됐다.

하지만 제도가 시행되자마자 감사인 지정 대상 기업들이 일제히 '중소회계법인으로 바꿔달라(하향 조정)'고 나섰다. 지난달 말까지 금융감독원에 접수된 감사인 재지정 신청 건수는 300건을 넘어섰다. 내년 감사인 지정 대상의 40%에 달하는 수치다. 재지정 신청 대다수는 삼일 삼정 안진 한영 등 이른바 '빅4' 회계법인에 배치된 직권 지정 기업들이 중소 회계법인으로 바꿔 달라고 하향 신청을 한 것이다. 대형 회계법인의 감사가 깐깐한 데다 감사보수가 상대적으로 높을 것을 우려해서다.

중견기업인 오뚜기 역시 회계법인 등급 하향을 신청했다. 오뚜기는 그동안 중형급 회계법인으로 등록된 성도 이현 회계법인에서 감사를 받아오다 내년에 대형 회계법인인 삼정KPMG로 지정받자, 다시 중소형 회계법인에 감사를 받겠다고 재지정을 신청을 했다.

회계업계 관계자는 "2017년 청와대에 초청될 정도로 모범기업으로 손꼽힌 오뚜기까지 등급 하향을 신청했다는 건 중소기업의 감사보수 상승 부담을 덜어주기 위한 규제 완화의 취지가 퇴색됐다는 의미"라고 말했다.

금감원은 지난달 '주기적 감사인 지정' 대상 회사 220곳과 '직권 지정' 회사 637곳 등 총 855곳을 선정해 사전통지했다.

한국경제신문. 2019.11.13.

KB금융지주 새 외부감사인 삼정KPMG로 최종 '낙점'

KB금융지주의 새로운 외부 감사인이 삼정KPMG로 결정됐다. 기업이 6년간 감사인을 자유 선임하면 이후 3년은 정부가 감사인을 지정하는 '주기적 감사인 지정제'에 따라 새롭게 배정받은 결과다. 이로써 '빅4 회계법인이 4대 금융지주 감사인을 한 곳씩 맡는 것으로 정리됐다.

12일 관련 업계에 따르면 금융감독원은 이날 KB금융지주에 삼정KPMG를 감사인으로 지정한다는 통지서를 발송했다. 당초 KB금융지주는 EY한영을 새 감사인으로 지정받았지만 비감사 용역 컨설팅 계약이 맺어져 있어 다른 회계법인으로 감사인을 지정해 달라고 신청했다.

그동안 회계업계에선 KB금융지주 새 감사인이 어디가 될지 관심이 높았다. 한 회계법인에 금융지주사 두 곳의 감사 업무가 쏠릴 수 있기 때문이다. 그렇게 되면 연쇄적으로 감사인력 이동이 일어날 수 있는 데다 감사 부문 이외의 일감 경쟁 구조에까지 영향을 미칠 것으로 예상됐다. 회계업계 관계자는 "KB금융지주 감사인으로 삼정 또는 안진이 거론됐지만 막판까지 결과를 알 수 없어 다른 회계법인에서도 업무 배분을 확정하지 못했다"며 "4대 회계법인이 금융지주사를 한 곳씩 맡게 되면 감사인 교체의 후폭풍을 줄일 수 있을 것"이라고 말했다.

내년 KB금융지주 감사인으로 삼정 KPMG가 확정됨에 따라 KB금융지주는 2008년 지주사 출범 이후 12년 만에 감사인이 교체된다. 그동안은 삼일회계법인이 외부감사를 맡아왔다.

신한금융지주도 2002년 후 18년 만에 감사인이 바뀐다. 삼정KMPG에서 삼일회계법인으로 교체된다. 우리금융지주와 하나금융지주는 내년 주기적 감사인 지정제 대상이 아니어서 딜로이트안진, EY한영이 각각 외부 감사인 자리를 유지한다.

　　최근 상장사들에 큰 파장을 불러일으키고 있는 회계제도 변화와 관련, 금융위원회는 손병두 부위원장 주재로 관계기관과 민간 전문가들이 참석한 가운데 '회계 개혁 간담회'를 이날 열었다. 금융위는 회계개혁에 따른 부담을 완화하기 위해 감사인 지정 시기를 현행 11월에서 8월로 앞당기기로 했다.

　　자산 총액 2조원 이하 기업에 설치하는 감사인선임위원회를 매년 개최할 필요 없이 3년에 한번 열 수 있도록 유권해석을 내렸다. 전임 감사인과 후임 감사인 간 의사 소통을 반드시 감사보고서에 기재하도록 실무지침을 개정하는 것도 추진하기로 했다. 손 부위원장은 "회계 현장에서는 감사인 간 갈등 해소가 가장 뜨거운 숙제인 만큼 한국공인회계사회 등 관계기관이 협의의 장을 마련한 하는 등 보완 대책을 마련해 달라"고 당부했다.

![금융위원회]	보 도 자 료				• 혁신금융
금융위원회	보도	배포 시	배포	2019.10.2.(수)	• 포용금융 • 신뢰금융

책 임 자	금융위 기업회계팀장 김 선 문(02-2100-2690)	담 당 자	장 원 석 사무관 (02-2100-2693)

제 목: 회사의 감사인 재지정 요청 범위가 확대됩니다.

　– 「외부감사 및 회계 등에 관한 규정」 개정안 금융위 의결

1. 주요 내용

① 회사의 감사인 재지정 요청 범위 확대(上→上·下)

• (현행) 증선위가 감사인을 지정*(직권 지정+주기적 지정)할 경우 회사는 상위등급 감사인군(群)으로만 재지정 요청 가능

* 감사인 선임의 독립성 제고를 위해 정부가 회사의 감사인을 지정하는 제도

－ 회사의 동일군 이상 회계법인을 지정(예: [다]군 회사는 [가~다]군 감사인 지정 가능)

• (개선) 회사군(群)보다 상위군의 감사인을 지정받은 경우, 하위군 감사인으로의 재지정
  요청도 허용
－ 단, 회사군 이상의 등록* 회계법인으로 재지정 감사인을 한정하여 감사품질 확보
* 상장회사 감사품질 제고를 위해 금융위원회에 사전에 등록한 회계법인만 상장회사를 감사할 수
  있도록 하는 제도

회사의 감사인 재지정 요청권 확대(예시)

* 예) [다군] 회사가 [나군] 법인으로 지정될 경우, (기존) [가군] 법인으로만(上) 재지정 요청 가능하
    나, (신설) [다군] 법인으로도(上·下) 재지정 요청 가능

• (기대효과) 회사의 감사인에 대한 감사계약 관련 협상력 제고로 감사보수 경감 등 기업
  부담 완화

───

　　금융위원회의 문건에서는 감사보수 경감/기업부담 완화 등의 사유를 정
책의 변화의 근거로 들고 있지만 정부의 개혁의지가 퇴색된 것으로 이해된다.
아니면 빅4 회계법인이 아닌 중소형 회계법인들이 정부 당국에 의견을 강하게
표명하면서 정부가 회계감사 품질의 제고에 어느 정도 타협을 한 것은 아닌지
라고 판단된다.

매일경제신문. 2019.11.23.
250개 법인 중 60% 우선 교체

　　삼성전자가 국내 감사인 변경에 이어 해외 계열사 감사법인도 기존 PwC에서 딜로이트로 변경한다. 삼성전자는 정부의 주기적 감사인 지정제에 따라 40년간 유지해온 삼일 회계법인을 떠나 딜로이트안진과 2020년부터 3년간 감사계약을 체결할 예정이다. 22일 관련 업계에 따르면 삼성전자는 국내 본사가 지정받은 딜로이트안진 회계법인에 대해 별도의 재지정 요청 없이 3년 계약을 맺기로 결정하고, 250개에 달하는 종속회사 중 해외 법인도 최소 60% 이상을 기존 PwC 계열에서 딜로이트 파트너 회계법인으로 변경하기로 했다.

　　이번에 딜로이트로 변경하지 못하는 해외 법인은 감사 법인과의 계약이 남아 있거나 국가별 사정이 있는 경우로 이들 법인도 추후 순차적으로 딜로이트가 감사를 맡게 될 가능성이 높다. 주기적 감사인 지정제는 상장회사나 대형 비상장 주식회사가 6년 연속 감사인을 자유 선임하면 이후 3년은 증권선물위원회가 지정하는 감사인을 선임하는 제도다. 기업 회계 투명성을 높이기 위한 회계 개혁의 핵심정책이다.

　　회계 업계에서는 세계 최초로 감사인 지정제가 시행되면서 지정 대상 회사가 해외 법인도 감사인을 변경할지가 초미의 관심사였다. 법적인 강제는 없지만 본사와 해외 법인이 다른 회계 법인을 둘 경우 자칫 의견 충돌이 벌어지면서 감사가 지연되는 혼란도 벌어질 수 있기 때문이다. 국내 최대 기업인 삼성전자가 회계 불확실성을 제거하기 위해 감사인 교체를 진행하면서 향후 감사인을 지정받게 될 현대자동차, LG전자 등 국내 대기업들도 해외 법인 감사인 교체에 동참할 가능성이 높아졌다.

　　삼성전자가 해외 법인 감사도 딜로이트로 변경하는 것은 향후 발생할 수 있는 회계 불확실성을 제거하겠다는 의지로 풀이된다. 또한 국내법은 국내 본사의 회계법인 교체만 강제하지만, 해외법인도 스스로 교체하면서 회계 투명성 강화에 동참하겠다는 의사로 볼 수 있다.

　　주기적 감사인 지정제 시행 첫해에 삼성전자가 해외법인도 정부가 지정하는 회계법인으로 교체하면서 현대자동차, LG전자 등 해외법인이 많은 대기업도 이 같은 흐름에 동참할 것으로 전망된다.

　　22일 금융위원회 관계자는 "회계개혁은 내년부터 제대로 처음 시행되는 것으로 연착륙을 위한 여러 불확실성이 상존할 수밖에 없다"며 "삼성전자 같은 대기업이 보다

긴장감 있는 회계감사를 위해 국내외 회계법인을 모두 바꿔서 투명성을 강화하는 방안이 성공으로 이어져 벤치마킹 사례가 될 수 있을 것"이라고 전했다.

삼성전자 관계자는 "안진회계법인과 파트너사인 딜로이트의 내부 규정, 회계감사의 효율성 등을 감안해 해외 법인 변경을 검토하고 있다"며 "다만 200개가 넘는 해외법인 중 모두를 딜로이트로 바꿀지, 주요 거점만 바꿀지 등은 최종 확정 되지는 않았다"고 전했다. 업계에 따르면 빅4 회계법인은 본사의 감사의견을 확정하기 위해서는 연결 감사법인의 60~70% 이상을 파트너 회계법인이 감사해야 한다는 내부 규정을 두고 있다. 딜로이트도 이 같은 의견을 피력해 삼성전자를 설득한 것으로 전해졌다.

증권업계에서도 본사와 계열사가 감사법인 의견이 다르면 삼성전자의 수검 부담 문제를 비롯해 실적 공시 지연 등이 발생할 경우 시장에 큰 혼란이 올 수 있다는 우려가 많았다. 결국 삼성전자가 미국 유럽 등 60% 이상의 주요 해외 법인을 글로벌 딜로이트 계열사로 변경하면서 우려를 사전에 차단한 셈이다.

삼성전자는 감사 계약 과정에서 40년 만에 변경되는 회계감사인을 맞아 감사보수도 기존 정액제에서 정률제로 변경하기로 했다. 정액제는 실제 감사시간과 상관없이 특정 금액으로 지급하는 방식이다. 예컨대 삼일회계법인은 앞서 2016년에 36억 9,000만원, 2017년에는 40억 3,000만원, 2018년에는 44억원의 감사보수를 받았다. 같은 기간 감사 시간은 4만 3,999시간에서 5만 401시간으로 늘어났지만 시간과 관계없이 확정 보수 계약을 맺었다. 딜로이트안진과의 새로운 계약에서는 감사 시간에 따라 지급되는 새로운 방식을 적용할 방침이다. 업계에서는 삼성전자를 처음 보는 회계사가 맡게 되는 만큼 지난해 5만여 시간에 내년에는 크게 늘어날 수 있다는 전망도 나온다. 회계업계 관계자는 "감사인이 지정되면 감사가 보다 강화되면서 시간과 보수가 2배 가량 늘어나는 게 일반적"이라며 "국내 최대 회사인 삼성전자라는 특이성을 감안하면 안진이 연간 100억원대 감사보수를 받을 가능성이 높다"고 전했다.

딜로이트안진은 이번 삼성전자 외부 감사인 선임을 계기로 신뢰를 회복하고 회계업계에서의 본연의 위상을 회복하겠다는 의지를 다지고 있다. 삼성전자에만 최대 100명 이상의 회계사를 투입하는 전담팀도 구성할 방침이다 안진은 2015년만 해도 이른바 '빅4'로 불리는 대형 회계법인 4곳 가운데 삼일회계법인에 이어 매출 2위를 차지했다. 그러나 2017년 대우조선해양 회계분식 사태로 영업정지 1년이란 중징계 처분을 받았고, 지난해(2018년 6월~2019년 5월)에는 매출액 기준 EY한영에도 추월을 허용해 빅4 중 4위로 추락했다. 절치부심 끝에 삼성전자 외부감사를 맡은 안진은 대우조선해양

사태를 겪으며 유출했던 인력도 다시 채용하고 있다. 빅4회계법인 관계자는 "안진이 최근 약 60명의 경력 공인회계사를 채용했다고 들었다"며 "안진 입장에선 삼성전자 감사를 한 번도 해본 적이 없어 똑같은 감사 업무라도 삼일보다 많은 인력이 필요한 것은 당연한 일"이라고 말했다. 이 때문에 업계에선 딜로이트안진이 삼성전자를 충실하게 진행하기 위해 삼일회계법인 인력을 스카우트할 것이란 예상도 나온다.

한국경제신문. 2019.1.8.
우리금융, 새 감사인 '삼일' 낙점

우리금융지주의 새로운 외부 감사인으로 삼일회계법인이 낙점됐다. 우리금융지주가 자회사인 우리은행 등과 회계감사를 연결하기 위해 정부에 "감사인을 지정해 달라"고 요청한 결과다. KB금융지주와 신한금융지주에 이어 우리금융지주까지 3개 금융지주의 감사인이 모두 물갈이 되면서, 장기간 고착화했던 금융권의 회계감사시장이 올해부터 대대적으로 재편될 전망이다.

7일 업계에 따르면 우리금융지주는 이달 중순 삼일회계법인과 '2020년 외부감사 계약'을 체결할 예정이다. 금융당국관계자는 "우리금융지주는 '주기적 감사인 지정제' 대상이 아닌데도 자발적으로 감사인 지정을 신청해 삼일회계법인으로 지정 받은 것"이라며 "지주사 전환"과 '신외감법' 시행이 맞물리며 발생한 특이한 사례"라고 설명했다.

지난해 1월 지주사 체제를 출범시킨 우리금융지주는 신규상장으로 감사인을 지정받았다. 기존 우리은행과 동일한 딜로이트안진이 지정 감사인이었다. 그런데 신외감법에 따라 감사인을 6년 자유선임하면 3년간 정부로부터 지정받는 '주기적 감사인 지정제'가 시행되면서 앞으로 우리금융지주와 우리은행 등 자회사의 감사인 교체 주기가 엇갈리는 상황이 발생할 처지가 됐다. 자회사와 연결 재무제표를 작성해야 하는 우리금융지주는 차라리 정부에 감사인 지정을 요청해 한꺼번에 감사인을 교체해 일치시키는 것이 유리하다는 판단을 내린 것으로 전해졌다.

우리금융지주와 함께 우리은행과 우리카드 등 지주 내 다른 자회사들도 조만간 삼일회계법인으로 감사인을 교체할 계획이다. 우리은행이 올해 삼일회계법인과 계약을 맺으면 17년 만에 감사인이 교체되는 것이다. 우리은행은 2004년부터 딜로이트안진으로부터 감사를 받아왔다.

이로써 올해 3개 금융그룹의 감사인이 모두 물갈이됐다. 주기적 감사인 지정제 적용으로 KB금융지주는 2008년 지주사 출범 이후 12년만에 감사인을 삼일에서 삼정으로 교체했다. 신한금융지주는 2002년 후 18년 만에 삼정에서 삼일회계법인으로 감사인이 바뀌었다. 하나금융지주와 NH농협지주는 각각 한영, 안진으로 감사인이 유지되지만 내년 이후 순차적으로 교체 대상이 될 것으로 예상된다.

회계업계는 금융그룹의 감사인 교체에 따라 주거래은행 변경, 자회사 용역 변경 등 파장이 만만치 않은 상황이다. 대형 회계법인 관계자는 "감사 직업이 까다로운 금융업의 특성상 연말 감사시즌에 혼란이 빚어질 수 있다"고 말했다.

매일경제신문. 2020.1.23.
감사인 지정 받은 기업 '급증'

금융당국에서 감사인을 지정받은 회사가 75%나 급증했다. 금융감독원은 22일 외부감사 대상 회사는 3만 2,431곳으로 지난해 대비 3% 증가했다고 밝혔다. 특히 공정 감사를 위해 증권선물위원회가 감사인을 지정하는 회사는 전년 대비 75.1% 증가했다.

신외감법에 따라 감사인 지정 사유가 확대되는 점과 기업들의 자본시장 진출, 영업손실 확대 등이 중첩된 결과로 풀이된다. 실제 감사인 지정 기업은 2016년 514곳에서 2017년 548곳, 2018년 699곳을 거쳐 2019년 1,224곳으로 크게 증가했다.

지정 사유별로는 주기적 지정제 신설이 220곳, 3년 연속 영업손실 지정 사유 신설이 197곳으로 가장 많았다. 지난해부터 감사 강화 여파로 상장사들의 관리종목이 크게 늘어나 이 부분 지정 사유도 22곳에서 112곳으로 늘어났다. 지난해부터는 최대주주 및 대표이사 변경을 이유로도 55곳이나 지정감사를 받게 됐다.

한편 외부감사 대상 기업 수도 증가 추세다. 2015년 2만 4,951곳에서 2017년 2만 9,263곳을 거쳐 2018년 3만 곳을 돌파했으며, 지난해 3만 2431곳으로 증가했다. 자산 총액별로는 100억원 이상~500억원 미만이 2만 893곳으로 전제 중 64.4%를 차지했다. 이어 500억원 이상~1,000억원 미만은 3,958곳(12.2%), 1,000억 이상~5,000억원 미만 3,372곳(10.4%)이었으며 5,000억원 이상 기업은 980곳으로 전체의 3% 수준으로 조사됐다.

26 금융지주

　은행이나 금융지주에서 이익과 관련된 조정 건이 언론에서 보도되면 대부분의 경우는 회계기간 중에 선임된 CEO가 첫해의 영업의 결과를 big bath를 통해 나쁘게 만들어서 이를 전임자의 탓으로 돌리면 그 다음 회계연도의 영업의 결과는 회계 순환과정에 의해서 당연히 역전되면서 그 결과는 본인의 몫으로 돌린다는 story이다.

　물론 이익의 조정은 매년 수행할 수 없으므로 특정 연도에 특별한 이유 때문에 이익을 조정할 유인이 존재하여야 하다. 또한 수익/비용 인식의 시점을 조정하여 이익을 상향 조정하였다면 미래 시점의 영업의 결과는 역전되게 된다.

　이러한 특정한 시점이란 기업이 IPO를 한다거나 임원의 임기가 변경되는 시점 등일 수 있다.

조선일보. 2019.2.14.
KB, 신한에 일부러 1위 내줬나

　어느 분야든 1등 경쟁은 치열하다지만 숫자로 먹고사는 금융회사들만 할까요. 우리나라 '리딩뱅크' 자리를 놓고 KB와 신한이 벌이는 싸움은 그중에서도 가장 치열합니다.

　지난 12일 신한금융이 사상 최대 실적을 발표하면서 금융권 왕좌의 주인이 1년 만에 바뀌었습니다. KB금융은 지난해 당기순이익 3조 689억원, 신한금융은 이보다 많은 3조 1,567억원을 낸 것이죠. 차이는 878억원에 불과했습니다.

　금융지주회사 경쟁 체제가 시작된 2008년 이후 2016년까지 신한은 9년 연속 1위로 군림했습니다. 그러다 KB가 차근차근 비은행 계열사를 늘리면서 2017년 순위가 뒤집힙니다. 그러나 이 기세는 지난해 신한의 공격 경영에 1년 만에 꺾였고, 새로 인수한 오렌지라이프 실적까지 더해지면 신한은 올해 1위를 굳힐지도 모르겠습니다.

그런데 시장에서는 "KB가 일부러 1등 자리를 내준 것 아니냐"는 말이 나옵니다. 왜 일까요? 분명 작년 3분기까지는 KB실적이 신한보다 2,000억원 넘게 앞섰는데 4분기에 예상을 깬 저조한 실적을 기록한 게 석연치 않다는 것입니다.

작년 4분기 KB는 희망퇴직금(2,860억원), 특별상여금(1,850억원), 신용손실충당금(2,458억원) 등 일회성 비용을 많이 지출했습니다. 신한보다 희망퇴직금 상여금이 많았던 건 희망퇴직자가 훨씬 많았기 때문이긴 한데, 충당금도 750억원이나 더 많았습니다. 작년 전체로 놓고 보면 신한의 충당금 규모가 더 크지만, 이건 자회사인 신한카드 회계 기준이 바뀌면서 3,700억원이 한꺼번에 잡힌 게 이유이고요. 이걸 빼면 KB가 이상하리만치 보수적으로 충당금을 많이 쌓았다는 게 금융계의 시각입니다.

주변에선 "윤종규 KB금융지주 회장의 임기 만료(2020년 말)를 앞두고 작년에 비용을 많이 발생시켜 올해 실적을 좋게 만들려는 것 아니냐"는 얘기가 나도는데, KB는 펄쩍 뜁니다. 이익 3조원 내는 큰 회사에서 고작 1,000억원 남짓 갖고 장난칠 일 있느냐, 올해 경기가 수상하니 리스크 관리 차원에서 충당금을 두둑이 쌓았다는 KB금융의 설명도 일리가 있습니다.

매년 누가 1등이냐고 자존심 싸움을 하기보다 은행들이 '진짜 리딩 뱅크는 핀테크 빅데이타 등 미래 먹거리를 선점하는 자'라는 생각으로 좀 길게 내다봤으면 합니다.

이사회 의장/대표이사 분리

이미 S&P 500 회사에서는 55%에서 CEO와 이사회 의장을 분리하고 있다고 한다. 우리나라 기업의 경우는 거의 90%의 기업들이 대표이사가 이사회 의장을 맡고 있다.

물론 이 두 대안 간에 장단점이 있다.

이사회 의장과 대표이사를 분리하는 것이 권력의 집중화를 피하면서 이사회가 경영진에 대해 적절하게 견제 역할을 수행할 수 있다는 점은 순기능이다. 그러나 이러한 순기능만이 존재하는 것이 아니다.

생각할 수 있는 역기능으로는 사외이사가 이사회를 원활하게 이끌어 갈 수 있을 정도의 회사의 경영에 대한 지식과 현재 진행되고 있는 사안에 대한 깊은 이해가 있는지에 대한 의문이 있다. 따라서 어떻게 보면 이사회 의장과 CEO를 분리하는 것은 독립성을 제고하기 위해 전문성을 포기하는 것일 수도 있다. 또한 이사회가 견제 역할을 하는 것은 바람직하지만 그럼에도 회사라는 조직이 대표이사 중심으로 일사분란하게 의사결정을 수행하는 것도 매우 중요한데, 대표이사의 기업 경영과 관련한 방향성에 사사건건 이사회가 견제를 한다면 이 또한 바람직스럽지 않을 수도 있다.

이는 어떻게 보면 복수의 대표이사를 회사가 선임할 때, 이 복수의 대표이사의 형태가 공동대표일 수도 있고, 각자대표일 수도 있다. 공동 대표일 경우는 대표이사가 수행하는 모든 업무에 대해서 복수의 대표이사가 공동 책임을 지라는 의미이므로 위험하고 모험적인 의사결정을 수행할 위험은 감소된다 (risk averse). 대신 대표이사가 수행하여야 하는 모든 업무에 대해서 복수의 대표이사가 안건을 상의하고 의사결정하여야 하니 보수적인 의사결정이 수행되는 장점이 있으나 신속한 의사결정이 수행되기는 어렵다.

다음과 같은 한화그룹의 사례를 들면서 이사회의 의사결정에 대해서 생각해 본다.

한화가 가장 크게 사업상 도전을 한 것이 대한생명(현재의 한화생명)의 인수이다. 외부로 알려지기는 대한생명의 인수는 김승연 회장이 주변의 반대에도 불구하고 밀어 붙이면서 인수할 수 있었고 지금의 한화에 있어서 핵심 계열사 중의 하나가 되었다. 최대주주가 책임을 지고 밀어 붙이니 가능한 일이지 임기가 있는 전문 경영인이 의사결정하기는 무척이나 부담되는 일이다. SK 최태원 회장의 하이닉스 인수 등의 경우도 SK의 기존의 사업 영역인 통신, 정유 등과는 전혀 무관한 사업 영역에 대한 도전으로 최대주주의 결단이 없으면 결코 이루어낼 수 없는 일이다.

현재 진행중인, 이재용 삼성 부회장의 최순실 사태 재판에 대해서 삼성이 오너부재 사태를 걱정하는 것도 이러한 현상과 무관하지 않다.

한화가 대우조선해양을 인수하는 과정에서 3,000억원의 계약금을 지불하고 인수를 추진하는 과정중에, 김승연 회장은 이 인수가 잘못된 의사결정이라는 판단을 하고 계약금 3,000억원을 손해 보더라도 이 인수를 포기해야 한다고 판단해서 이를 관철하였다. 이 의사결정이 진행되던 시점에도 김승연 회장 주변의 참모들은 이왕 진행된 건이니 계속 추진하여야 한다는 조언을 하였다고 한다.

이 3,000억원이 대우조선해양의 분식 건으로 인해 한화가 3,000억원 총액을 손해보지 않을 수 있는 방향으로 현재 법적 다툼이 진행중이다.

이 다툼과 무관하게, 이러한 최대주주의 사업에 대한 사업가적인 (enterpreneurship) 판단이 사외이사가 이사회 의장을 맡게 되고 이사회가 견제를 한다면 어떻게 될지를 한번 생각해 본다. 이러한 판단은 사업가들의 승부사적인 감각에 의해서 진행된다고도 할 수 있으며 소위 주판알을 튕기는 분석적이고 전문가적인 분석과 계산에 의한 것이 아닐 수도 있다. 또한 최대주주만이 내릴 수 있는 결단일 수 있다.

물론, 전문 경영인이나 사외이사들에게 이렇게 중요한 의사결정이 위임된다면 주어진 정보를 가지고 의사결정을 수행할 수는 있겠지만 매우 부담스러운 의사결정 내용이며 사후적으로 잘못된 판단이라면 배임에 해당하는 의사결정으로 귀착될 수도 있다. 또한 사외이사가 되었건, 전문경영인 사내이사가 되었건 의사결정 당시에는 재직중이기는 하지만 최대주주만큼 얼마나 오래 해당 회사와 언제까지 고용 관계에 있을지는 아무도 알 수 없다.

　최근의 가장 큰 투자라고 할 수 있는 현대차의 한전 부지에 대한 10조원 투자가 과연 전문경영인들이 수행할 수 있는 의사결정인가를 묻게 되면 전문경영인들과 사외이사들은 보수적인 성향이 될 가능성이 더 높은 듯하다.

　금호아시아나의 대우건설 인수로부터 금호그룹의 위상이 많이 낮아지면서 결국은 그룹의 핵심 사업인 금호타이어 또한 중국자본에 넘어가게 되었고 아시아나항공도 2019년 현재 매물로 나와 있다. 흔히 사업가들 사이에 '대박이거나 쪽박'이라는 표현을 하기도 하는데, 견제가 너무 강하면 신속하고 강력한 의사결정은 수행하기 어렵게 된다.

　그런데 이러한 추세에 2018년 주총에서 큰 변화가 읽히고 있다.

조선일보. 2019.2.21.
최태원, SK(주) 이사회 의장에서 물러난다

　최태원 SK 회장이 그룹 지주회사인 SK(주) 이사회 의장에서 물러난다. 이사회 중심의 책임 경영을 강화하기 위해 그동안 대표이사가 맡던 이사회 의장직을 사외이사를 포함한 이사 중에 선임할 수 있도록 한 것이다.

　재계 고위 관계자는 20일 "최 회장은 다음 달 정기 주총에서 이사회 의장직에서 물러나고 대표이사 직책은 그대로 유지한다"면서 "후임으로는 염재호 고려대 총장이 새 사외이사로 선임돼 이사회를 거쳐 의장을 맡는 방안이 유력한 것으로 알려졌다"고 전했다. 이 관계자는 또 "SK그룹이 지배구조 개선 차원에서 오랫동안 연구해 온 방안 중 하나"라고 했다. 통상 경영진을 감사하는 역할을 하는 이사회의 독립적인 의사결정이 어려워진다는 비판이 있었다. 실제 잭 웰치 전 제너럴 일렉트릭 회장 등 일부 사례를 제외하고는 글로벌 기업들은 대부분 대표이사와 이사회를 분리 운영한다.

　그동안 SK(주)는 국내 대기업 지주사들 중 최초로 지난해 정기 주주총회 분산 개최와 전자투표제를 실시했다. 전자투표제는 기업이 전자 투표 시스템에 주주 명부와 의안을 올려놓으면 주주들은 주총장에 가지 않아도 의결권을 행사할 수 있는 소액 주주권 강화제도이다. SK(주)는 또 기업 지배구조헌장을 제정해 내부 견제 강화와 주주 소통 확대를 명문화하는 등 주주 친화 경영을 강화해 왔다.

　재계 관계자는 "기업의 지배 구조 투명성에 대한 사회적 정치적 요구가 높아지고 있는 만큼 이번 최회장의 이사회 의장 사퇴를 계기로 국내 대기업들이 점차 이사회의 독립성을 강화하는 방향으로 가게 될 것"이라고 말했다.

최회장이 지주회사인 SK(주)의 이사회 의장에서 물러남에 따라 사내이사가 이사회 의장을 겸직하고 있는 SK이노베이션 SK하이닉스 SK텔레콤 등 주요 계열사도 사외이사에게 의장직을 넘기는 방안을 추진하고 있는 것으로 알려졌다.

SK는 여러 가지 차원에서 기업지배구조에 있어서 선도적인 역할을 수행하고 있고 특히나 지속가능경영이나 기업의 사회적 책임에 대한 관심이 어느 기업보다도 높은 편이다.

사외이사가 이사회 의장을 맡게 되면 실무자들이 작성해 준 회의 진행 각본을 읽을 수는 있지만 심도 있는 논의가 진행될 때, 이러한 논의를 주도할 수 있을 지라는 의문을 갖게 된다. 내부 실무자들에 의존하는 행태를 보이지 않을까라는 우려를 하게 된다. 그럼에도 미국의 경우도 사외이사들의 회사 내부 사정에 대한 이해에는 한계가 있을 수밖에 없지만 그럼에도 오랜 기간 동안 이렇게 이사회를 진행하고 있으니 무엇이 우리의 상황에서 해답인지에 대해서는 고민해 보아야 한다.

한국경제신문. 2019.8.1.
SK, 사회적 가치 '국제표준' 만든다

SK그룹이 중국 국유자산감독관리위원회, 독일 화학기업 바스프 등과 손잡고 기업의 사회적 가치 측정에 대한 국제 표준을 제정한다. 기업 기부나 친환경 활동 등의 사회적 가치를 계량화해 측정하는 모델을 개발한다는 구성이다.

SK그룹 산하 비영리연구재단인 사회적가치연구원(CSES)은 지난 30일 사무실을 서울 역삼동 한국고등교육재단 빌딩에서 한남동으로 이전하고 사회적 가치 측정의 국제 표준 마련 작업을 본격화한다고 발표했다. 이 연구원은 SK그룹이 150억원을 출연해 지난해 4월 설립했다. 400여 명의 내외부 연구진을 보유하고 있다.

사회적 가치연구원은 SK그룹을 비롯해 독일 바스프, 노바티스, 보쉬 등 글로벌 기업 8개사와 함께 '사회적 가치측정 체계 개발 협의체'를 구성했다고 설명했다. 프라이스

워터하우스쿠퍼스와 KPMG, 딜로이트, 언스트영 등 글로벌 4개 회계법인 및 경제협력 개발기구(OECD) 등과도 협업하고 있다.

최태원 SK그룹 회장은 "기업이 경제적 가치만 추구해서는 지속 가능할 수 없다"며 "다양한 주제들을 논의하고 협의하면 사회적 가치 측정의 학문적 정립은 물론 글로벌 표준화를 위한 플랫폼이 되기를 바란다"고 덧붙였다.

매일경제신문. 2019.8.16.
SK, 독 바스프 등과 손잡고 사회적 가치 국제표준 만든다

SK그룹이 독일 바스프, 도이체뱅크 등 글로벌 기업들과 3년 내에 기업의 사회적 가치를 측정하는 국제 표준을 만든다.

15일 재계에 따르면 SK그룹이 주요 글로벌 기업과 설립한 'VBA(밸류밸런싱얼라이언스)'가 오는 19일 독일 프랑크푸르트에서 개소식을 열 예정이다.

VBA는 기업 활동의 사회적 가치를 계량적으로 연구하기 위해 설립된 비영리법인이다. 독일의 바스프, 보쉬, SAP, 도이체뱅크, 미국의 필립모리스, 스위스 노바티스 등이 참여하고 있다.

이들 글로벌 기업은 사회적 가치 공동 연구를 위한 방안을 모색하던 중 최태원 SK그룹 회장이 사회적 가치에 대한 다양한 활동과 실험을 하고 있다는 사실을 전해 듣고, 공동 연구를 제안했다는 후문이다.

사회적 가치를 정교하게 측정하기 위해 PWC를 비롯한 글로벌 회계법인들과 협력하고 있는 것으로 전해졌다. 아울러 영국 옥스퍼드대, 미국 하버드대 교수들이 참여해 이론적인 토대를 마련하기로 했다.

SK를 비롯한 글로벌 기업들이 기업이 창출하는 사회적 가치를 표준화하기로 힘을 모으면서 최회장의 사회적 가치 경영은 더욱 힘을 받을 것으로 보인다.

SK그룹은 이미 주요 계열사가 창출하는 사회적 가치를 평가해 외부에 공식적으로 발표하고, 내부 평가에 활용할 정도로 재계에서 가장 깊이 있는 연구화 실행을 해 나가고 있다.

올 상반기에는 SK이노베이션, SK텔레콤, SK하이닉스 등 세 계열사의 사회적 가치 창출 규모를 12조원으로 평가한 결과를 내 놓기도 했다.

아울러 최 회장은 서울 워커힐호텔에서 비영리단체 회원, 대학생, 기업인 등 4,000여 명이 참석한 가운데 'SOVAC 2019'라는 사회적 가치 교류의 장을 마련하기도 했다.

최 회장은 사회적 가치에 이어 최근에는 행복 경영 전략을 구체화하며, 구성원 행복에 얼마나 기여했는지를 평가하겠다고 선언했다.

매일경제신문. 2019.10.3

마음 통한 최최, SK 사회적 가치-포스코 기업 시민 손잡아

'사회적 가치' 창출을 경영지표로 삼고 있는 SK그룹과 '기업 시민' 실천을 위해 노력 중인 포스코가 손을 맞잡고 사회 문제 해결에 나설 전망이다. 최태원 SK그룹 회장과 최정우 포스코 회장은 지난 8월 회동에서 이 같은 협력 방안을 모색한 것으로 알려졌다. 두 회사 최고 경영진은 양사 경영 이념에 유사점이 있다는 데 공감하고, 향후 사회적 가치와 기업 시민 실천 활동 등을 산술적으로 측정할 수 있는 방식에 대해 공동 논의 중이라고 밝혔다.

SK그룹이 추구하는 사회적 가치는 기업이 경제적 가치뿐만 아니라 사회 문제 해결을 통한 가치를 창출해야 한다는 개념으로, 지역 사회에서 기업 권리와 책임을 강조하는 포스코의 기업 시민과 공통점이 많다.

2일 종로구 서린동 SK본사에서 진행된 미디어포럼에서 SK수펙스추구협의회 SV위원회 담당은 "포스코 경영이념인 기업 시민과 SK 사회적 가치 개념은 비슷하다"며 "양사 회장단 회동 이후 비즈니스를 통해 사회적 가치를 창출한다는 큰 방향에 공감하며 협력해 나가기로 했다"고 전했다. 포스코도 기업 시민 실천 활동에 대한 측정 기준을 마련하는 작업을 진행 중인데, SK그룹이 사회적 가치 측정 기준을 1년 먼저 도입했기 때문에 이 부분에서 도움을 줄 수 있다는 얘기다.

특히 그동안에는 일부 국내외 기업이 각자 방식으로 사회적 가치를 측정 공표해 왔으나 최근에는 글로벌 화학 기업 바스프 등을 중심으로 측정 기준을 표준화하는 작업을 진행하고 있으며 국내 기업으로는 SK그룹이 먼저 참여했다. 강 담당은 "광양, 포항, 울산 등 지역사회에서도 서로 협력할 수 있는 부분을 준비하고 있다"며 "구체적인 방안은 협의 중"이라고 덧붙였다.

장형천 SK수펙스추구협의회 SV위원회 팀장은 "앞으로도 국내외 많은 기업과 손잡

고 사회문제를 해결할 수 있도록 노력해 나갈 예정"이라고 밝혔다.

매일경제신문. 2019.5.22.
SK '사회적 가치' 첫 측정 … 매년 실적처럼 외부 공시

"지난해 SK하이닉스는 9조 5,000억원, SK텔레콤은 1조 6,000억원, SK이노베이션은 1조 1,000억원의 성과를 거뒀습니다." SK이노베이션, SK텔레콤, SK하이닉스 등 SK그룹 주력 3개사가 지난해 거둔 사회적 가치 창출 성과가 12조원을 웃돈 것으로 나타났다.

이들 회사가 한 해 벌어들인 돈, 즉 경제적 가치를 말하는 게 아니다. 회사가 한해 동안 환경 일자리 등 사회적 문제를 해결해 낸 결과를 돈으로 환산했더니 그 정도 값어치를 해냈다는 의미다. SK그룹이 이른바 '사회적 가치' 계량화에 성공했다는 것이다. SK그룹은 올해부터 재무제표 공시하듯 사회적 가치 측정 결과도 매년 공개할 예정이다.

SK그룹은 21일 SK하이닉스 등 16개 주요 관계사가 2018년 한 해 동안 창출한 사회적 가치 결과를 이날부터 순차적으로 일반에 공개한다고 밝혔다. 최태원 SK그룹 회장이 경영철학에 '사회적 가치'를 포함한 지 3년 만에 성과지표를 만들어 낸 것이다.

최회장은 2016년 SK그룹이 앞으로는 경제적 가치와 사회적 가치를 동시에 추구해야 한다며 소위 '더블 보텀 라인' 경영을 시작했다. 주요 계열사의 정관을 변경해 사회적 가치를 경영원칙으로 설정하고, 지난해부터는 성과 평가의 절반을 사회적 가치로 반영하겠다고 밝혔다. 가령, SK그룹 직원이라면 일을 잘해서 회사가 수익을 남겨야 하는 것은 물론이고 사회적 문제를 해결한 성과도 좋아야 연말에 성과급을 기대할 수 있다는 얘기다.

하지만 이런 경영철학을 도입하기에 가장 큰 걸림돌은 계량화였다. 지역사회 공동체에 대한 사회공헌 활동이나 환경 오염을 개선하기 위한 노력 등은 계산이 어려운 정성적 가치다. 그러나 SK그룹은 2017년부터 외부 전문가들과 공동연구, 관계사 협의 등을 통해 측정 체계 개발에 들어간다. 객관성과 투명성을 높이기 위해 경제학 회계학 전문가들뿐만 아니라 사회학 교수, 사회적 기업 전문가들까지 자문역으로 됐다.

이렇게 해서 나온 결과물이 이날 공개된 '사회적 가치 성과'다. SK에 따르면 이 수치

는 크게 경제 간접 가치 성과, 비즈니스 사회 성과, 사회공헌 사회 성과 등 3대 분야로 나뉜다. 경제 간접 기여 성과는 기업 활동을 통해 경제에 간접적으로 기여하는 가치로 고용, 배당, 납세 등으로 측정된다. 비교적 계량화하기 쉬운 분야다. 비즈니스 사회 성과는 제품 서비스 개발과 생산 판매를 통해 발생한 사회적 가치로, 환경과 사회 가버넌스(ESG) 평가가 여기에 해당한다. 사회공헌 사회 성과는 지역사회 공동체에 대한 사회공헌활동으로 창출한 가치를 말하는 것으로 전통적인 사회공헌 사업 실적에 가깝다.

SK하이닉스를 예로 들면 이 회사는 지난해 고용 배당 납세를 더한 경제 간접 기여 성과가 9조 8,874억원에 달했다. 하지만 환경 부문에서 −6,424억원을 기록하면서 비즈니스 사회 성과는 4,563억원 손실을 끼친 것으로 기록됐다. 마지막으로 사회공헌 사회 성과 부문에서 760억원을 기록하면서 SK하이닉스는 한 해 동안 사회적 가치를 총 9조 5,197억원 달성했다고 공시한 것이다. SK하이닉스가 지난해 달성한 경제적 가치 (당기순이익 기준)가 15조 5,401억원임을 감안하면 사회적 가치 분야도 분발이 필요한 것이다.

SK 내부에서는 이날 수치 공개에 앞서 우려도 컸던 것으로 알려졌다. 가령, SK하이닉스는 공장 탄소 배출 때문에 환경 분야 사회적 성과에서 마이너스가 난 것인데 마치 환경 오염의 주범처럼 보일 수도 있다는 걱정 때문이다. 특히 정성적 가치가 계량화되면서 계열사 간에 비교가 이뤄진다든지, 거버넌스처럼 가치 평가가 어려운 분야에서 계량화의 오류가 나타날 수도 있다는 우려가 컸다. 또 경제적 가치를 희생하면서까지 사회적 가치를 추구할 경우 자칫 주주가치를 침해할 수 있다는 우려의 목소리도 있다.

최 회장은 이 지표를 보고받고 마이너스가 난 부분이 있더라도 공개하라는 지시를 내렸다. 최회장은 "사회적 가치를 측정하는 것은 목표를 정해 모자란 부분을 개선할 의지가 있다는 것"이라며 "시스템이 완벽하지 않더라도 일단 시작하는 게 중요하다"고 밝혔다.

위의 신문 기사에서 '주주총회에서 이사회 의장 직에서 물러난다'는 내용은 기업지배구조에 대한 몰이해에서 나온 표현이다. 주주총회는 이사를 선임하는 역할을 맡고 대표이사나 이사회 의장의 선임은 이사회에서 호선한다. 물론, 한전과 같이 정관에 의해서 대표이사를 주총에서 별도로 선임하는 기업도 있다.

매일경제신문. 2019.2.21.
SK, 투명한 지배구조로 '사회적 가치' 실현 드라이브

앞서 삼성전자도 지난해 3월 주총 이후 대표이사와 이사회 의장을 분리해 운영하고 있다.

경제협력개발기구(OECD)에서 채택하고 있는 기업지배구조원칙(CGP) 등에서도 대표이사와 이사회 의장의 역할을 분리하는 것을 모범사례로 규정하고 있다. 기업지배구조의 선진국으로 알려진 노르웨이, 스웨덴 등에서는 대표이사와 이사회 의장을 분리하는 것을 의무사항으로 정해 놓았을 정도다.

외국에서도 마찬가지다. 미국 증시 시간 총액 1위인 정보 기술 기업 구글의 지주회사 알파벳도 지난해 이사회의 독립성을 강화하기 위해 에릭 슈밋 회장이 이사회 의장에서 물러난 바 있다. 알파벳은 이후 스탠퍼드대 총장 출신의 컴퓨터공학자 존 헤네시를 이사회 의장으로 앉혔다.

다만 이사회 의장이 회사 업무 관련 전문성을 갖춰야 하는지는 경영학자들 사이에서도 여전히 논란의 대상이다. 이사회 의장이 전문성을 갖추는 게 좋다는 쪽과 이사회는 전문성보다 경영진을 견제하는 독립적인 기능성을 더 강화해야 한다는 쪽이 상충하기 때문이다. 소유와 경영이 분리되지 않은 국내 대기업들은 이사회 의장의 전문성보다는 독립성을 더 강조하는 쪽이다.

삼성전자가 대표이사와 이사회 의장을 분리한 것은 맞는데 대신 삼성전자는 사외이사가 이사회 의장을 맡은 것이 아니고 사내이사 이상훈 사장이 이사회 의장을 맡고 있다. 물론, 대표이사가 이사회 의장을 맡는 형태는 아니지만 사외이사가 의장을 맡은 경우도 아니니 SK(주)와는 다른 형태이다. 이상훈 사장인 2019년에 구속되면서 삼성전자는 2020년 초에 다른 대안을 찾고 있고 사외이사에게 이사회 의장을 맡기게 된다.

삼성의 또 하나의 축인 삼성물산도 작년부터 최치훈 사장이 이사회 의장을 맡고 있어서 대표이사와 이사회 의장을 분리하고 있다. 따라서 삼성전자나 삼성물산이 사내이사로서 이사회 의장을 맡도록 하는 제도는 다른 기업에 있어서 사외이사가 이사회 의장을 맡도록 하는 제도에 비해서는 중간 과정의 변

화라고 할 수 있다. 대표이사와 이사회 의장을 겸직하지 않도록 한 것이다. 그럼에도 사내이사가 이사회 의장을 맡으면서 대표이사와 이사회 의장의 겸직은 피하지만 그럼에도 전문성이 부족할 수 있는 사외이사가 이사회 의장을 맡는 것을 회피할 수 있는 절충안 대안을 선택한 듯하다.

저자는 2018년과 2019년 기업지배구조원에서 수행한 기업의 지배구조에 대한 심층인터뷰에 동행한 경험이 있는데 대표이사가 이사회 의장을 맡고 있는 기업의 CEO에게 일부 기업은 사외이사가 이사회 의장을 맡으면서 힘의 집중을 막는 경우도 있는 듯 한데 해당 기업은 그러한 고민을 해 보았는지를 질문하였다. 인터뷰에 참석했던 CEO는 본인이 생각하기에 사외이사는 비상근인데 이사회 의장을 맡을 정도로 회사에 대한 전문성을 갖기 위해서는 거의 상근 수준의 근무를 해야 하는데 이는 사외이사 제도의 도입 취지에는 부합하지 않는다는 주장이다.

(주)SK도 대표이사는 최태원 장동현이지만 이사회 의장은 염재호 사외이사가, SK하이닉스는 대표이사는 이석희지만 이사회 의장은 박정호가 맡는 형태이다. 하이닉스는 사내이사 간에 대표이사와 이사회의장을 구분하여 맡고 있어서 삼성전자나 삼성물산과 같은 지배구조이다. LG전자, LG디스플레이, LG화학과 LG유플러스는 2020년 초부터 지주의 권영수부회장이 이사회 의장을 맡는 지배구조를 가져가고 있다.

따라서 지주에서 임원이 계열사에 등기하거나 이사회 의장을 맡으면서 지주사의 지배력을 강화하는 모습이다. 아니면 KB금융지주의 경우는 KB은행장이 KB금융지주의 이사회에 등기하면서 지주 차원에서 계열사의 경영에 개입하는 모습이다.

삼성으로서는 미래전략실이 해체된 입장에서 삼성전자, 삼성물산, 삼성생명의 세 소그룹의 축으로 그룹을 이끌고 있다.

공식적인 내용은 아니지만, 삼성전자소그룹은 삼성전자, 삼성SDI, 삼성SDS, 삼성디스플레이, 삼성전기로 구성되며, 삼성물산 소그룹은 삼성바이오로직스, 삼성중공업, 삼성엔지니어링, 삼성바이오로직스의 자회사인 삼성바이오에피스로 구성된다. 삼성생명 소그룹은 화재, 증권, 카드, 자산운용, 선물, 벤처투자로 구성된다. 삼성전자 사업지원TF에서 삼성전자소그룹의, 삼성물산의 EPC 경쟁력강화TF가, 금융은 금융경쟁력제고 TF가 control tower 역할을 수행하는 듯하다.

　　대표이사가 아닌 사외이사가 이사회 의장을 맡는 것은 사내 대표이사가 기업 경영에 대한 지식의 부족을 보충하는 역할을 수행할 수 있다. 반면에 사내이사가 이사회 의장을 맡게 된다면 독립성에 있어서는 사외이사만큼 독립적이라고 할 수는 없지만 기업 내 사정에는 사외이사보다는 당연히 더 밝을 것이므로 사외이사가 이사회 의장을 맡는 것에 대한 전문성 부족에 대한 문제 해결은 될 수 있을 것이다.

한국경제신문. 2019.2.21.
최태원 회장, SK(주) 이사회 의장서 물러난다

　　SK그룹 관계자는 "사외이사 후보자를 최종 확정하는 것은 사외이사후보추천위원회와 이사회의 권한"이라는 입장만 밝혔다.

　　SK의 이러한 사회적 가치를 측정하려는 움직임은 미국에서의 다음과 같은 움직임과 궤를 같이 한다.

매일경제신문. 2019.8.21.
"주주이익, 기업 최우선 목표 아니다" 미 CEO 181명 성명

　　CEO 181명이 서명한 성명서 주요 내용
　　1. 기업 결정은 더 이상 주주 이익을 극대화하는 데 그쳐서는 안 돼
　　2. 기업은 고객, 직원, 납품업체, 사회 등 모든 이해당사자를 고려해야
　　3. 기업은 이해당사자를 위한 근본적 책무를 공유하고 가치를 창출해야
　　4. 고객에게 가치를 전달하고, 보상 교육 등 직원 투자를 강화해야
　　5. 공정하게 납품업체를 대하고, 주주를 위한 장기적 가치를 창출해야

　　미국 주요 기업 최고 경영자 181명이 기업 목적을 기존 주주 이익 극대화에서 고객, 직원, 커뮤니티 등 모든 이해당사자의 번영 극대화로 바꾸는 성명을 발표했다.

WSJ 등은 미국 기업 CEO들을 대변하는 비즈니스라운드테이블(BRT)이 19일 '포용적 번영(inclusive prosperity)'을 강조하는 '기업의 목적에 대한 성명'을 발표했다고 보도하며 "BRT가 기업의 목적을 변경했다고 해석했다. BRT는 성명서에서 눈앞의 이윤 추구, 주주 이익 극대화 등을 뛰어넘어 고객, 근로자, 납품업체, 커뮤니티 등 모든 이해 관계자에 대한 사회적 책임을 강화하겠다고 밝혔다.

JP모건체이스의 제이미 다이먼, 아마존의 제프 베이조스, 애플의 팀쿡, BOA의 브라이언 모히니핸, 보잉의 데니스 뮬런버그, GM의 메리 배라 등 CEO 181명이 성명서에 서명했다. 1972년에 설립된 BRT는 워싱턴 정계에서 기업 이익을 대변하는 강력한 이익 단체다. 이들이 성명을 통해 자본주의 기업의 목적을 변경한 것은 설립 이후 처음 있는 일이어서 각별한 주목을 받고 있다.

이들은 성명에서 "우리는 이해 당사자 모두를 위한 근본적인 책무(commitment)를 공유한다"면서 "고객에게 가치를 전달하고 보상 교육 등 직원에 대한 투자를 강화하며 납품업체를 공정하게 대하고 커뮤니티를 지원하며 주주들을 위한 장기적 가치를 창출한다"고 밝혔다.

BRT는 기존 성명서에서 전통적인 밀턴 프리드만의 '주주 우선 자본주의 모델'에 따라 주주 이익 극대화를 기업 목적으로 명시했으나, 지난 1년 동안 준비한 새 성명서에서는 기업이 모든 이해 당사자를 위한 가치를 창출해야 한다고 입장을 바꿨다. BRT는 수정된 성명서에서 "기업의 결정은 더 이상 주주 이익을 극대화하는 데 그쳐서는 안 되며, 직원, 고객, 사회 전체 등 모든 이해당사자를 고려해야 한다"고 강조했다. BRT 회장인 다이먼 CEO는 별도의 보도자료를 통해 "아메리칸 드림은 살아 있지만 시들해지고 있다"며 이번 성명을 낸 이유를 설명했다.

WSJ은 이번 성명서가 기존 '주주 가치 극대화'라는 자유주의 경제학자 프리드먼의 오래된 이론을 신봉한 기존 성명으로부터의 '주요한 철학적 전환'이라고 분석했다. 이어 "기업이 어떤 결정을 할 때 단지 주주들을 위한 고이윤 창출에만 기초하지 않고 종업원, 고객, 사회 등 모든 이해 당사자를 고려하기로 했다"고 평가했다.

뉴욕타임즈는 기후변화 임금불평등, 근로조건 등 접증하는 글로벌 불만에 직면한 주요 기업 CEO들이 오래된 기업 거버넌스 원칙을 변경하기로 약속했다고 평가했다. BRT가 새 성명서를 발표한 후 미국 기업들의 근로자 임금 결정, 환경문제 대처 등에 대한 입장에 큰 변화가 있을 수 있다는 전망도 나왔다. WSJ은 "(새 성명서가) 근로자 임금과 환경적 영향 등 다양한 이슈에 영향을 미칠 수 있다"면서 "기업들이 자사주 매입이나 지출 수익 확대를 선동하는 행동주의 투자자들에 대해 어떻게 대응할지 등 문제에서 중심 역할을 할 것"이라고 분석했다.

하지만 BRT의 새 성명은 보여주기식 제스처라는 지적도 나왔다. NYT는 구체적인 행동 계획이 없다고 꼬집었다. WSJ는 기업들이 점점 강화되고 있는 사회적 감시망에 대해 '무언의 인정'을 한 것이라고 해석했다.

내년 미국 대선이 BRT 성명 발표에 적지 않은 영향을 끼친 것으로 언론들은 보도했다. 일부 민주당 후보들은 불평등이 심해지고 있다는 이유로 사회주의적 정책의 필요성을 제기하고 있다. 이 같은 사회주의 바람을 막고 '자유 시장'을 지키기 위해 시장경제 체제에서 나타난 불평등 문제에 적극 대응한다는 취지로 '포용적 번영'이라는 화두를 제시했다는 분석이다.

미국 민주당의 대선주자로서 기업의 사회적 책무를 강조해온 엘리자베스 워런 상원의원은 이번 성명에 대해 "환영할 만한 변화"라고 밝혔다. 하지만 "실질적인 '액션'이 없으면 무의미하다"고 경고했다. 또 다른 민주당 대선주자인 버니 샌더스 상원의원도 "기업 탐욕의 위험을 인정한 것에 기쁘다"면서도 "구체적 계획이 필요하다"고 말했다.

한편 WSJ는 이날 ''이해당사자'인 CEO'들이라는 사설에서 주주 가치를 내던진 CEO들이 사회주의자들을 달랠 수 없을 것이라며 BRT의 새 성명을 비판했다. WSJ는 CEO들이 민주당의 거센 비판에 직면해 주주보다 이해당사자를 더 중시하는 성명을 발표했지만 이는 옳지 않다고 지적했다. 이어 이 같은 성명 발표에도 불구하고 미국 기업은 워런 의원 등 사회주의자들의 마음을 살 수는 없을 것이며 오히려 그들이 기업 통제권을 강화하는 빌미만 내줄 것이라고 비난했다.

조선일보. 2019.8.21.
미국식 주주 자본주의 시대의 종언?

미국식 '주주 자본주의'의 종언을 알리는 신호일까? 이름만 대면 세계 어디에서도 알 법한 미국의 쟁쟁한 대기업 CEO들이 기업의 목적은 더 이상 주주 이윤 극대화가 아니라고 선언했다. 자유주의 경제 이론의 태두 밀턴 프리드먼이 1970년 "기업의 사회적 책임을 이익을 올리는 것"이라고 주장한 이후 지난 50년 동안 영미식 기업 경영의 철칙으로 여겨져 온 가치를, 그 첨병인 CEO들이 앞장서 부인한 것이다.

미국 주요 기업 CEO들의 모임인 '비즈니스라운드테이블(BRT)'은 19일 "고객에 대한 가치 제공, 종업원에 대한 투자, 협력 업체와 공정하고 윤리적인 거래, 지역사회에 대한 지원, 장기적인 주주 가치 창출 모두가 기업의 필수적인 주주 가치 창출 모두가 기업의 필수적인 목적"이라고 선언했다. 1997년 이후 22년 동안 '기업은 주주에게 봉사하기 위해 존재한다'고 밝혀온 BRT가 종업원 등 다른 이해관계자들을 주주와 나란히 언급한 것이다.

이날 성명에는 제이미 다이먼 JP모건 CEO를 비롯해 아마존의 제프 베이조스, GM의 메리 바라, 애플의 팀 쿡 등 회원 188명 중 181명이 서명했다.

이들은 성명에서 "오늘날 많은 미국인은 고된 노동에 제대로 보상받지 못하고 있으며, 급속한 경제 변화에 적응할 충분한 대책 없이 놓여 있다"며 "이런 현실에서 기업의 역할을 감안해 원칙을 현대화하기로 했다"고 밝혔다.

BRT회장인 다이먼 CEO는 이날 "아메리칸 드림은 살아있지만, 닳아 없어지고 있다"며 "새로운 원칙은 모든 미국인에게 혜택을 주는 경제를 계속 추진하겠다는 재계의 변함없는 의지"라고 말했다.

고액 연봉을 챙겨오며 미국식 주주 자본주의의 수혜자로 꼽혀온 CEO들이 주주 이익을 넘어 사회적 책임을 기업의 목적으로 들고 나온 것이다. 주주 자본주의란 기업의 주인은 주주이고, 대리인인 CEO는 주주를 위해 일해야 한다는 이론이다. 오로지 실적에 근거해 주주가 이익을 얻으면, CEO는 주주총회에서 고액 연봉으로 보상받는 구조다. 하지만 이런 성과 지상주의 속에 과로에 시달리는 저임금 근로자, 황폐화되는 자연 등이 외면 받는 건 문제로 꼽혀왔다.

WSJ은 "주요한 철학적 전환"이라며 "근로자 임금과 환경에 대한 영향 등 다양한 이슈에 영향을 미칠 수 있을 것"이라고 진단했다. 최근의 사회주의 인기 등 변화하는 시대상을 반영했다는 분석도 나온다. 파이낸셜타임즈는 "포퓰리즘, 기후 변화에 대한 우려가 커지는 상황에서 자본주의를 개혁해야 한다는 요구가 이 같은 변화를 이끌어냈다"고 평가했다. 낸시 코언 하버드대 교수는 NYT 인터뷰에서 "대기업들이 시대 정신에 반응하는 것 같다"며 "예전과 같은 경영 방식이 더는 용납되지 않는다는 것을 감지한 것"이라고 말했다.

이 선언이 구체적인 내용은 없어 알맹이가 빠졌다는 비판도 나온다. 래리 서머스 전 미 재무장관은 FT와의 인터뷰에서 "이런 수사적인 표현은 기업들이 세금과 규제 개혁을 저지하려는 전략일 수 있다"라고 지적했다. NYT도 "정작 과도한 CEO 연봉에 대해서는 아무런 언급이 없었다"고 지적했다.

매일경제신문. 2019.9.19.
"자본주의 리셋"… 개혁 깃발 든 FT

세계적인 경제신문인 파이낸셜타임즈가 자본주의 개혁 캠페인을 들고 나와 주목된다. 기업이 자신들의 이윤 극대화에만 몰두할 것이 아니라 고객, 근로자와 함께 나누는 사회적 책임도 강조했다. 아울러 불로소득자가 많은 소득을 누리는 '불로소득 자본주의'에서 열심히 일하는 사람이 많은 보상을 받는 자본주의로 바꿔야 한다고 주장했다.

FT는 18일 신문 첫 장을 비롯해 7쪽을 할애해 새 캠페인을 소개했다. FT는 이를 통해 기존 주주 이익 극대화를 추구하던 자본주의에서 벗어나 고객 직원 등에 대한 사회적 책임까지 다하는 자본주의로 거듭나야 한다는 내용의 '뉴어젠다' 캠페인을 내놨다.

FT의 뉴어젠다는 지난달 19일 미국 기업 최고경영자들을 대변하는 비즈니스라운드테이블이 새롭게 발표한 성명 내용과 유사하다. 아마존의 제프 제이조스, 애플의 팀 쿡 등 주요 기업 CEO 181명이 서명한 이 성명은 BRT가 기존에 기업 목적으로 명시한 전통적인 밀턴 프리드먼의 '주주 우선 자본주의 모델'이 한계에 도달했으며 앞으로 기업 목적은 모든 이해당사자를 위한 가치 창출이 돼야 한다고 천명했다.

FT는 이날 신문 첫 장을 노란색 바탕으로 채운 뒤 한가운데에 "자본주의 리셋을 위한 시간"이라는 검은 문구를 커다랗게 새겨 넣었다. 이어 "비즈니스는 이익을 창출해야 하지만, 목적(purpose)을 위해서도 봉사를 해야 한다"고 전했다. 새로운 어젠다 관련 기사를 제공하기 위한 웹사이트도 공개했다.

신문 2면에서는 라이어널 바버 FT편집장이 뉴어젠다에 대해 소개했다. 바버 편집장은 "FT는 자유기업자본주의를 믿는다. 이는 더 많은 일자리, 돈, 세금을 제공하는 부를 창출하는 기반"이라며 "자유자본주의 모델은 지난 50년간 평화, 번영, 기술 진보를 가져왔다. 전 세계적으로 빈곤을 줄이고 생활수준을 극적으로 높였다"고 밝혔다.

하지만 글로벌 금융위기 이후 10년이 지난 지금 자유기업자본주의모델이 이익 주주 가치 극대화에만 집중하는 것을 필요조건이나 충분조건이 아니게 됐다고 지적했다. 이어 변화 없이는 현재 자유기업자본주의 모델의 위험이 가져올 고통은 더 클 것이라며

"자유기업자본주의는 놀라울 정도로 스스로를 재창출하는 포용성을 보여왔다"며 "계속 존재하기 위해서는 개혁할 필요가 있다"고 말했다.

마틴 울프 FT 수석경제논설위원은 '자본주의를 불로소득자들로부터 구출하기'라는 제목의 한 페이지 분석 기사에서 "자본주의자들은 이익을 모두가 공유할 수 있다고 믿음을 주고 있지만 현실에선 약화된 경쟁, 미약한 생산성 증대, 높은 수준의 불평등, 타락한 자본주의가 시민들에게 실망감을 주고 있다"며 자본주의의 개혁을 촉구했다.

이러한 논의는 이미 상법 학자들이 다음과 같이 고민해 오던 내용이다.

주주소유주모델: 주주는 잔여청구권자(residual claim holder)로 다른 이해 관계자와 달리 회사의 흥망성쇠에 이해관계가 크기 때문에 기업 관련된 어느 경제주체보다도 주주의 이해가 우선되어야 한다는 접근이다. 즉, 주주는 자신의 부를 투자하여 기업을 운영하는 주체이며 따라서 대부분의 기업 경영의 위험을 주주가 안게 된다. 이러한 risk taking에 대해서 당연히 return이 존재하며 그러한 이유에서 기업의 경영활동에는 주주가 중심에 있어야 한다는 주장이다.

이해관계자모델: 주주를 다양한 회사의 이해 관계자들 중 하나로 보는 모델. 즉, 채권자, 종업원도 동일한 정도의 이해가 개입되어 있다. 채권자의 경우는 정해진 시점에 이자와 원금을 지급받아야 하고 직원도 정해진 시점에 급여를 지급받아야 하며 이러한 부분은 기업의 현금흐름과도 밀접하게 연관되므로 회사의 존속 가능성 등의 이슈가 이들의 이해관계와 무관하지 않다. 즉, 기업과 관련된 이해관계자들이 동일한 정도의 이해가 개입되어 있다는 것이다.

특히나 단기 투자 중심의 투자가 pattern에서는 투자가는 경영권보다는 경제적 이익만을 우선시 한다고 할 때, 재무적 투자가들과 같은 의사결정 pattern을 보인다고도 할 수 있다.

이러한 내용은 어떻게 보면 수년전 미국의 Occupy Wall Street 운동과 일맥상통한다고도 할 수 있다. 2011년 이러한 움직임이 미국 자본주의에서 발생할 때, 가장 성숙하게 자본주의가 발전한 국가인 미국에서도 이러한 움직임이 있을 수 있다는 생각을 하게 된다.

28 근로자 참관제

한국경제신문, 2019.2.26.
수자원공, 오늘 이사회

한국수자원공사가 26일 노동조합이 이사회에 참여하는 근로자 참관제를 시행한다. 공기업으로선 처음이다. 수자원공사 노조는 이사회 안건에 대해 미리 서면의견을 제출할 수 있고, 의장 재량에 따라 현장에서 발언도 할 수 있다. 공공기관 노조의 경영 참여가 본격화할 것이라는 전망이 나온다.

25일 수자원공사 등에 따르면 수공 노조는 26일 대전 본사에서 열리는 정기 이사회에 근로자 대표로 참석할 계획이다. 수공은 지난달 근로자 참관제를 시범 도입하기로 한 뒤 한 달간 노조와의 이견 조율을 거쳐 세부 규정을 마련했다.

근로자 참관제는 근로자 대표가 의결권 없이 이사회에 참석해 참관하도록 보장한 제도다. 근로자 대표에게 의결권까지 주는 노동이사제보다 노조의 권한은 작다. 하지만 모든 이사회 안건 자료를 사전에 받아 볼 수 있고, 필요시 발언권까지 주는 만큼 노조의 입김이 훨씬 세진다.

문재인 대통령의 대선 공약인 '공공기관 노동이사제 도입'을 위한 사전 단계라는 해석이 나온다. 정부는 노동이사제 도입을 담은 법 개정안이 국회 문턱을 넘지 못하자 법 개정 없이 근로자 참관제를 대안으로 내놨다.

한국경제신문. 2019.2.26.
노조가 이사회서 의견 발언 … "기득권 세력에 칼자루 쥐어주나"

수자원공사는 직원수 5,000여 명, 1년 예산이 4조 5,000억원에 이르는 물 관리 전문 공기업이다. 근로자 참관자 시행에 따라 앞으로 회사 측은 이사회 안건을 늦어도 이사회 개최 1주일 전까지 수공 노조에 통보해야 한다. 노조 측은 근로 조건뿐 아니라 경영과 관련된 모든 자료를 여과 없이 들여다 볼 수 있게 된다.

26일 열리는 수자원공사 정기 이사회에선 작년 결산보고서와 감사결과보고서 등의 안건이 상정된다. 회사 측은 연봉 등 노사 의견이 엇갈리는 민감한 안건은 없는 만큼 노사 대립 없이 이사회가 순조롭게 진행될 것으로 내다보고 있다. 하지만 향후 인사규정 등 민감한 사항이 포함된 안건이 상정되면 상황이 달라질 수 있다.

근로자 참관제는 말 그대로 근로자 대표가 이사회에 배석해 참관하도록 보장한 제도지만 수공은 노조가 의견을 개진할 수 있는 장치를 추가로 마련했다.

수공 관계자는 "노조가 사전에 서면 의견서를 내고 부족한 부분이 있으면 의장의 재량에 따라 발언할 수 있다"고 말했다.

근로자 참관제는 공공 노조가 지속적으로 요구해왔던 노동이사제로 가기 위한 수순이라는 게 전문가들 분석이다. 근로자 대표에게 의결권까지 주는 노동이사제가 도입되면 공기업 노조가 더 큰 칼자루를 쥐면서 막강한 권한을 휘두를 것이라는 우려가 나온다.

김태기 단국대 경제학교 교수는 "기득권 노조가 개입하면서 대규모 채용 비리를 일으킨 서울교통공사의 사례를 반면교사로 삼아야 한다"고 말했다. 서울시는 2016년부터 서울교통공사 등 산하 투자 출연 기관을 대상으로 노동 이사제를 도입해 운영 중이다.

회의체라는 것은 너무도 당연한 것이지만 회의록을 작성하고 회의 진행에 도움을 주는 실무자들 이외에는 회의체 member들만이 회의를 하는 것이 옳은 것이다. 이러한 내용은 너무도 당연한 것이라서 상법 같은 곳에서 정의할 나위도 없다. 이사회도 이사들만의 회의여야 한다. 물론, 중요한 안건이 있을 경우는 배석자들을 퇴장시키고 회의를 진행할 수 있다. 국가 정상들간의 회담에서 통역만이 배석하는 것이나 동일한 논리이다.

조선일보. 2019.12.27.
수출입은행, 노조에 사외이사 자리 준다

국책은행인 수출입은행이 노조가 추천하는 사람을 사외이사로 앉히는 '노조 추천 이사제'를 추진하는 것으로 확인됐다.

노조 추천 이사제는 노동자를 직접 이사회 이사로 선임해 기업 의사결정 과정에 참여시키자는 문재인 대통령의 대선 공약 '노동 이사제'의 연장선상에 있다. 금융권은 물론 재계에서도 노조의 과도한 경영 개입을 우려해 도입하지 않는 제도를 국책은행이 앞장서서 추진한다는 점에서 파장이 예상된다.

26일 수출입은행 고위 관계자는 "현재 노조에서 이사 후보를 복수로 추천받아 평판 조회를 하고 있다"며 "노조 추천자가 적임자이면 이사를 맡겨보자는 방향으로 추진 중"이라고 말했다. 수은의 사외이사는 총 3명인데, 비는 두 자리 중 한 자리를 노조 추천 인사로 채우겠다는 것이다.

수은 사외이사는 상급 기관인 기획재정부 장관의 승인을 거쳐야 하는데, 대통령 공약인 만큼 정부가 반대하지 않을 가능성이 크다. 기재부는 "공공기관 노동이사제 도입은 국정과제이며 절차상 문제도 없다"는 입장이다. 금융노조는 그동안 노조 추천 이사제를 도입해야 한다며 목소리를 높여왔다.

금융계에선 지난 10월 깜짝 발탁된 방문규 수은 행장이 문재인 정부 실세인 김경수 경남도지사 직속 경제혁신추진위원장을 지낸 점에 주목하고 있다. 금융이 아닌 예산 분야 관료 출신인 그가 갑자기 수은 행장에 오른 데 있어 취임 두 달 만에 현 정권 코드 맞추기에 나선 것 아니냐는 지적이다. 금융 관료 출신으로 수출입은행장을 지낸 최종구 전 금융위원장과 은성수 현 금융위원장은 행장 시절 노조 추천 이사제를 거론조차하지 않았다.

유럽에선 독일 등 19국에서 이 제도를 시행 중이지만, 독일은 노동계가 임금 삭감과 감원 등 노동 개혁을 자발적으로 수용했다는 점에서 '귀족 노조'로 굳어진 우리나라와 큰 차이가 있다.

노사 관련 특별한 쟁점이 없는 수은에서 노조 추천 이사제가 추진되는 것에 대해 "정부가 손쉽게 통제할 수 있는 국책은행을 선택한 것"이라는 분석도 나오고 있다. 특히 노조 추천 이사제는 노동이사제와는 달리 법제화 과정을 거칠 필요가 없어 노조의 기업 경영권 개입을 위한 포석으로 해석돼 왔다. 한 민간은행 관계자는 "노조 추천

이사제가 수은 문턱을 넘으면 민간 은행권도 도입이라는 압력이 거세질 것"이라고 말했다.

이미 은행권의 강성 노조들은 노조 추천 이사제 도입을 지속적으로 요구해왔다. 지난 3월 IBK기업은행에서 노조 추천 이사제가 추진됐다가 상급 기관장인 최종구 당시 위원장의 반대로 무산됐고, KB금융은행도 2017년부터 노조가 추천 인사를 이사회에 밀어 넣으려 했지만 매번 주주총회를 통과하지 못했다.

현재 서울시 산하 서울 메트로 시설관리공단 등 지방 공기업 17곳만 도입됐을 뿐, 지나친 경영 개입에 대한 부담으로 재계와 금융권에선 이 제도를 도입하지 않고 있다.

수출입은행도 선임과정에서 노조가 추천한 인사는 선임이 불발되었다. 단, IBK기업은행의 윤종원 행장이 27일 동안 낙하산이라는 이유 때문에 노조의 반대로 출근이 저지되다가 노조 추천 이사제를 수용하며 출근하게 되어 나쁜 선례를 남기게 된다.

저자는 다음과 같은 어느 회사 이사회에서의 경험이 있다.

등기한 전무가 1인, 등기하지 않은 전무가 1인인 회사였는데 신임 대표이사/이사회의장이 첫 이사회에서 등기하지 않은 전무도 이사회에 배석하여 이사회를 진행하면 어떻겠는지를 이사회에 제안하게 되었다. 물론 이사회 member는 아니며 배석이므로 혹시 발언을 할 일이 있을 경우는 이사회 의장의 승낙을 얻어서 발언하는 조건으로 제안을 하였다. 대표이사가 구체적인 설명은 하지 않았지만 전무가 2인인데 한 전무는 등기를 하였고, 한 전무는 등기를 하지 않아서 아마도 미등기 전무에 대한 배려 차원에서 대표이사가 제안한 것으로 이해하였다. 한 사외이사가 이사회라 함은 이사들만의 회의인데 미등기 이사가 이사회에 정기적으로 참석하는 것은 이해가 어렵다고 거부하면서 이사회 의장의 제안이 무효화되었다.

아마도 유사한 성격의 setting이라고 이해가 되는데 수공에서 어떠한 규정으로 참관인 제도를 운영하는지는 알 수 없지만 우리가 이해하는 회의체에서는 이해하기 어려운 관행을 시작하려는 듯하다.

29 사외이사 추천위원회

사외이사 추천위는 단순히 추천위가 아니고 사추위가 사외이사를 추천하는 동시에 감사위원도 추천하게 되므로 사추위는 최대주주 또는 CEO를 monitoring하는 이사를 추천하는 위원회라는 차원에서 기업지배구조에 있어서 매우 중요한 역할을 수행한다. 따라서 사추위의 이슈는 단순히 사추위의 이슈에서 그치는 것이 아니다. 자산규모 2조원을 초과하는 기업에서는 사추위가 의무화되며 사추위에서 사외이사 비율을 과반이 되어야 한다. 과반이라고 되어 있으므로 반이 되는 것은 법 위반이다.

일부기업에서는 임원추천위원회를 운영하기도 하지만 사내 임원의 인사는 최대주주나 대표이사 책임하에 이루어지게 되므로 임추위의 역할도 대부분 사외이사의 선임이 중요한 의사결정 사안이다.

최근에 이슈가 되기는 CEO가 사추위에 포함될지 여부였으나 삼성전자와 KB금융지주는 CEO포함 사내이사를 사추위에서 배제하면서 원천적으로 사내의 개입을 불허하였다.

매일경제신문. 2019.2.26.
삼성전자 이사회 독립성 강화

삼성전자는 지난해 초까지 사외이사 3명과 사내이사 1명으로 '사외이사추천위원회'를 운영해 왔는데 작년 4월 이 위원회에서 사내이사를 배제했다. 사외이사 독립성을 강화해 경영 감시 기능을 강화하고 주주가치를 제고하기 위한 조치라는 게 회사 측 설명이다.

위에서 기술된 내용은 CEO 또는 사내이사가 사추위에 개입하는지의 이슈였으나 우리의 지배구조를 면밀하게 검토하면 실질적인 CEO나 사내이사 뒤에는 최대주주가 있으므로 더욱 중요하게는 최대주주가 사외이사의 선임에 개입하는지 여부이다. 물론, 최대주주가 사추위에 참여하지 않아도 얼마든지 CEO나 사내이사를 통해서 영향력을 행사할 수 있다고 하면 최대주주의 사추위 참여는 중요하지 않을 수도 있으나 그럼에도 적법하게 최대주주가 사추위 위원으로 참석하는지는 중요하며, 상징성을 갖는다.

문화일보. 2019.2.27.
사외이사 독립성 확보 '미흡' 사추위내 오너 일가 기업 24곳

대기업 사외이사의 독립성을 확보하기 위해 설치된 사외이사후보추천위원회 자체의 독립성이 떨어지고 있다는 분석이 나왔다. 오너일가가 사추위에 들어간 기업이 24곳인 것으로 집계됐다.

27일 기업 경영 성과 평가사이트 CEO스코어가 사추위 의무 설치 대상인 대기업 147곳의 사추위 인원 538명을 전수 조사한 결과, 오너 일가가 사추위원장이나 위원을 맡고 있는 곳이 24곳인 것으로 나타났다.

농심과 KCC는 각 2명씩, 고려아연, 기아차, 넥센타이어, 대신증권, 대한항공, 동국제강, 셀트리온헬스케어, 카카오, 한국금융지주, 한국타이어, 한국타이어월드와이드, 한일홀딩스, 현대모비스, 현대차, 효성, E1, GS, GS건설, LG화학, LS, LS산전, OCI 등은 한 명씩 포함되어 있다.

상법에 따라 사추위 위원의 과반수를 사외이사로 구성해야 한다.

반면 기업 우호 위원이 전무한 기업은 총 15곳으로, 전체의 10.2%에 그쳤다.

삼성물산, 금호석유, 넷마블, 엔씨소프트, 두산인프라코어, 미래에셋생명, 유진투자증권, 태광산업, 흥국화재 등은 사추위에 모두 우호 관계가 없는 사외이사를 앉혔다.

우호 관계가 없는 사외이사라는 표현은 어느 정도 어폐가 있다. 사외이사가 독립적이라는 표현을 할 수는 있어도 사외이사와 기업간의 관계가 우호관계가 어느 정도 있다는 것은 너무도 당연하다.

이는 공식적인 위원회 활동에 대한 사외이사 선임과정을 기술한 것이고, 저자가 아는 한 재벌기업은 이러한 공식적인 위원회 활동 이외에 최대주주 family에 의한 부회장단 회의에서 실질적인 사외이사 선임이 이루어진다. 이와 같이 우리나라 기업에 있어서 최대주주의 영향력은 절대적이라고 할 수 있고 부정하기 어렵다.

최대주주가 사추위원장이나 사추위원이고 위원회가 운영된다고 하면 실질적으로 최대주주의 의사대로 사외이사가 추천된다고 해석하면 된다.

그런데 오히려 최대주주가 사추위에 참여하지 않고 뒤에서 CEO나 사내이사에 영향력을 행사하여 본인이 희망하는 인사를 선임하는 것에 비해서 사추위에 참여하는 것이 떳떳할 수 있다. 이는 최대주주가 이사로 등재하지 않고 이사회를 뒤에서 움직이는 것과 동일하다.

KB금융지주의 경우는 2018년말, 2019년 초의 공석이 된 사외이사 후보자의 선임과정에서 지주회장이 사추위에서 배제되면서 사추위가 100% 사외이사로 구성되었다.

더벨. 2019.3.20.

신한지주, 확 바뀐 사외이사 후보 추천 경로

신한금융지주가 사외이사 후보 추천 경로를 외부 자문기관 중심으로 재편했다. 이사회 사무국에서 사외이사 후보 상당수를 추천했던 과거와 달리 사외이사후보추천위원회(사추위)와 외부 자문기관 추천 비중이 크게 확대하면서 사외이사 후보군을 새롭게 구축했다.

신한금융지주의 '2018년 지배구조 및 보수체계 연차보고서'에 따르면 지난해 말 확정된 사외이사 후보군은 131명이다. 작년 1월 사외이사 선임원칙 및 절차 방안을 개선한 신한지주는 3차례에 걸쳐 신규 사외이사 검증을 마친 뒤 최종 상시적 사외이사 후보군(long list)을 확정했다. 눈에 띄는 점은 이사회 사무국의 사외이사 후보 추천을 폐지했다. 신한지주는 사외이사후보추천위원회규정 및 내부규범을 개정해 사외이사 추천경로를 사추위, 사외이사, 주주, 외부자문기관 등으로 한정했다.

이사회 사무국 추천이 폐지되면서 외부자문기관 추천 비중이 크게 증가했다. 신한지주는 총 131명 사외이사 후보군 중 100명을 외부자문기관(사외이사인력뱅크) 2곳을 통해 선정했다. 외부자문기관 추천 비중은 종전 10%에서 76%로 늘었다. 신한지주 관계자는 "추천 과정에서 독립성 논란이 불거질 수 있어 지원부서 추천을 배제하기로 했다"며 "또한 정례적으로 주주추천공모제를 실시해 주주가 추천하는 사외이사 후보 롱리스트에 반영하도록 했다"고 말했다.

최종 사외이사 추천 방식에도 변화를 줬다. 후보를 압축하는 과정(롱 리스트 → 숏리스트 → 예비후보 → 최종후보)에서 사추위 사외이사들의 무기명 투표를 통해 다 득표 순으로 최종 후보를 선정하기로 했다. 특정 사외이사가 영향력을 발휘하지 못하도록 제도적 장치를 마련했다.

이사회 다양성과 전문성을 강화하기 위해 상세 기준을 마련했다. 다양성 기준으로 양성 기회 평등의 원칙을 반영해 롱리스트 후보군 중 20% 이상을 여성 후보군으로 선정하기로 했다. 또한 대표이사 연령을 기준으로 ±15세 수준의 다양한 연령대의 후보를 선정하도록 내부규범을 개정했다. 경영환경 변화에 대한 유연한 대응과 경륜에 기반한 전문가를 사외이사로 영입하기 위한 목적 때문이다.

신한지주 관계자는 "이사회의 경영 견제기능과 자문의 실효성을 높이기 위해 적극적 자격요건도 강화했다"며 "또한 주주 대표성을 띤 사외이사를 늘려 소위원회의 전문성과 주주가치 제고를 위한 의사결정체제를 다졌다"고 설명했다.

±15세의 연령대 range를 두었다는 점도 흥미롭다. 정부나 기업에서 외부 인사를 찾을 때도 어느 정도는 기존의 위원들과의 연배 대를 맞추려 하는 것이 관례이다. 이 사실에 비추어 보아도 ±15세의 연령대는 매우 유연한 나이 제한이다. 이 신문기사에서 특이한 점은 CEO나 상근이사가 사외이사후보 추천위원회에서 빠질 뿐만 아니고 사무국도 사외이사 추천에 전혀 개입하지 않는 모습을 보여서 사외이사의 접촉이 완전히 독립적으로 진행되고 있다는 것을 알 수 있다. 포스코의 경우는 주주인 기관투자자로부터 사외이사 후보의 추천을 받기도 한다.[1]

---

1) 손성규(2019) chapter 24의 네덜란드연기금과 Robeco의 사외이사 추천 건을 참고한다. 현대글로비스도 2018년 처음으로 기관투자자에 의해서 사외이사가 선임되었고, 현대차그룹은 이를 2019년부터 다른 계열사에도 확대하여 적용할 계획이었으나 글로비스 이외에는 어느 사외이사가 주주 추천으로 선임되었는지를 별도로 알리지 않았다. 2020년 현대모비스 주총에서 선임될 주주추천 사외이사는 2020년 1월13일까지 추천을 받아 진행한다.

매일경제신문. 2019.3.5.
"사업보고서 점검 때 사회적 책임 살필 것"

금융감독원이 4일 2018년 사업보고서 점검에서 기업 지배구조, 사회적 책임과 관련된 사항을 중점적으로 살펴보겠다고 밝혔다. 금감원은 이날 기업들이 사업보고서 관련 내용을 충실하게 작성할 수 있도록 이 같은 중점 점검 사항을 사전 예고했다. 12월 결산법인의 2018년도 사업보고서 제출 대상 기업은 상장사 2,202곳을 포함해 모두 2,648곳이다.

이날 금감원이 공개한 중점 점검 사항은 재무사항 40개 항목과 비재무사항 7개 항목으로 구성됐다. 재무사항 40개 항목은 재무 공시사항의 기업 공시 서식 작성 기준 준수 여부 22개 항목, 외부 감사 제도 관련 공시 내역 적정성 여부와 관련된 11개 항목, 연결 실체 관련 공시 정보 수집 7개 항목으로 구성됐다.

비재무사항 7개 항목 가운데 지배구조와 사회적 책임 관련 사항은 4개 항목이다. 4개 항목은 – 최대주주 변동 현황 – 이사회 구성 및 활동 현황 – 개인별 보수 공시 – 임직원 제재 현황 등으로 이뤄졌다. 이사회 관련 사항은 올해부터 이사회 출석 여부와 안건 찬반 현황을 작성한 대상이 사외이사에서 전체 이사로 확대되면서 중점 점검 시 대상이 됐다.

특례상장 기업의 공시 현황도 비재무사항 7개 항목에 포함됐다. 특례상장 기업의 기업공개(IPO) 신고서상 영업 실적 예측치가 상장 후 실현되는지에 대한 정보를 투자자에게 제공할 필요가 있다는 판단이 반영됐다.

금감원이 지난해 공시 작성 기준에 대한 모범 사례를 제시한 두 가지 사항도 이행 실태 점검 차원에서 이번에 중점 점검 대상이 됐다. 두 가지 사항은 제약 바이오 공시 모범 사례와 이사의 경영진단 분석 의견 기재 적정성이다.

금감원은 제약 바이오 공시 모범 사례와 관련해 기술 도입 이전 계약 등 세부 내용, 연구개발 활동 핵심 인력 현황, 상세 연구 현황 등이 제대로 기재됐는지 살펴본다는 방침이다.

IPO 영업실적 예측치에 대한 follow up은 가장 흥미롭다. 기업들이 전혀 현실 가능하지 않은 예측치를 무책임하게 표명하는 것을 미연에 방지하자는 의도일 것이다. 자본시장법상 예측치에 대해서는 면책(safe habor rule)의 대상일 경우, 여러 가정에 근거하며 실제치가 예측치가 다를 수 있다는 점 등을 공시했다고 하면 면책에 해당된다. 그럼에도 불구하고 예측치가 실현되는지를 보인다는 것 자체는 예측치와 실제치의 괴리 여부를 떠나 경영진에게 상당한 부담으로 작용할 것이다. 이렇게 IPO시 예측치를 공시하게 하지 않는다면 IPO시 회사가 어느 정도의 경영활동을 예측하면서 IPO했는지를 투자자가 기억하여 이를 valuation에 고려한다는 것은 불가능하다. 따라서 이러한 내용을 기록으로 남기는 것은 중요하다.

감사위원회 모범 규준에는 감사위원회가 회사의 회계정보 예측도 점검하기를 기대하고 있지만 이러한 기업이 많지 않을 듯하다.

이사회 참석여부를 사외이사에게서 전체 이사에게도 확대하는 것은 전체 이사가 이사회 출석에 성실하게 임하게 하는 좋은 정책 방향인데, 안건 찬반에 대한 부분도 공개하도록 한다면 우리나라와 같이 국민 정서에 의해서 여론 재판이 과도하게 진행되는 사회적인 현상이 있는데 상정된 안건에 대한 동의 반대 여부의 공개에 대해서 이사들이 편하게 생각할지는 의문이며 이러한 안건에 대한 공개 여부가 안건에 대한 찬반에 영향을 미친다면 이는 바람직하지 않은 정책 방향일 수 있다. 즉, 기업의 판단이 국민 정서나 여론에 의해서 과도하게 영향을 받음은 옳지 않다.

물론, 이사회 활동에 있어서 참석 이외에도 어느 정도 성실하게 이사회 활동을 수행하였는지가 더 중요하기는 하지만 이는 수치화하거나 측정하기 어려운 변수라서 참석 여부가 완전하지는 않지만 대용치일 수는 있다.

한국경제신문. 2019.3.5.
금감원, 특례상장기업 '실적 전망치 뻥튀기' 여부 점검

금감원 관계자는 "기업공개 당시 터무니 없는 실적 예측치로 공모가를 산정한 곳이 있는지 살펴보기로 했다"며 "중점 점검 결과를 투자자들에게 공개할 것"이라고 설명했다. 아울러 금감원은 연간 5억원 이상 임직원 보수에 대한 공시를 집중 점검키로 했다. 지난해 반기보고서부터 보수 상위 임직원 5명에 대한 공시 의무화가 시행됨에 따라 개인별 보수 기재 여부와 보수 지급 기준 및 산출방법, 보수 구분 적정성 등을 들여다본다.

매일경제신문. 2019.12.31.
상장사 '감사보고서 정정' 3년새 3배 증가

금융감독원은 상장사들의 감사보고서 정정이 크게 늘어남에 따라 내년 초 비적정의견 주의보를 발령했다. 상장사들이 주요 회계 이슈를 조기 검토하고 감사법인과 의사소통을 하며 회계 불확실성을 줄여야 한다는 취지다.

금감원은 30일 2019년 결산을 앞두고 '회계결산 및 외부감사 관련 7대 중점 유의사항'을 안내했다. 금감원은 – 비적정의견 방지 위한 협조 – 회사 재무제표 직접 작성 – 회계 오류 최소화 위해 발견 즉시 정정 –내부 회계관리제도 점검 – 핵심감사 사항 충실 기재 – 2020년 중점 점검 사항(신리스기준, 충당 우발채무, 장기공사계약, 유동 비유동 분류) 등을 7대 유의사항으로 내놓았다.

금감원은 특히 회계오류 정정 회수와 비적정의견 증가에 따라 감사법인과 소통할 것을 강조했다. 실제 유가증권시장에서 감사보고서 정정 회수는 2016년 결산에서 49회였지만 2018년 결산에서는 151회로 증가했다. 상장법인 전체로도 같은 기간 150회에서 380회로 증가 추세다. 상장법인의 비적정의견도 2016년 21개사에서 지난해 43개사로 2배 가량 증가한 바 있다. 회계위반에 대한 조치 강화도 유의할 필요가 있다. 새로운 외감법규에 따르면 회계기준 위반에 대해서는 위반 금액의 20%를 한도로 부과될 수 있으며 회계 부과 과징금의 10%를, 감사인은 감사보수의 5배를 부과받을 수 있다.

매일경제신문. 2019.3.13.
공공기관 감사, 매년 평가해 물갈이한다

정부가 올해부터 57개 공공기관 감사에 대한 강도 높은 '감사 평가'에 나선다. 평가 대상은 정치권 출신의 이른바 '낙하산 감사'에 무게를 둘 예정이다. 전문성이나 윤리성, 기관평가 결과가 나쁘면 성과급을 깎거나 해임을 건의한다.

12일 관계 부처에 따르면 기획재정부는 지난 9일 서울지방 조달청에서 '2019년 공공기관 경영평가단 워크숍'을 개최하고 공기업(35곳)과 준정부기관(93곳) 등 128개 공공기관(기타 공공기관 제외)에 대한 경영평가에 착수했다.

올해 평가에서는 낙하산 감사 업무 성과에 대한 유례없는 현미경 검증에 나서기로 했다. 통상 3년(2년 임기에 1년 연장 가능)인 감사 임기 중 1회만 실시해온 감사평가를 매년 실시하는 방식을 통해서다. 공공기관 감사 임기는 통상 3년인데, 전년 말 기준 재임기간 6개월 이상인 상임감사나 상임감사위원이 모두 평가대상이다.

사실 우수 보통 미흡 등 3등급으로 나뉘는 감사평가에서 미흡 평가를 2년 연속 받으면 정부는 해당 감사에 대한 해임 건의에 나설 수 있지만 두 차례의 경영평가 결과가 나오는 시점이 임기 막바지라 감사평가에 대해 실효성이 없다는 지적이 많았다. 이 때문에 올해부터는 감사평가를 매년 실시하고 평가 등급도 S등급에서 E등급까지 6단계로 세분화하기로 했다.

이처럼 매서운 감사평가가 이뤄지는 이유는 낙하산 감사에 대한 사후적 성과 평가를 통해 제 역할을 해내지 못하는 감사를 걸러내기 위한 목적이라고 평가위원들은 전했다.

기재부는 지난 9일 워크숍 직후 보도자료에서 올해 경영평가가 "공공기관의 공공성을 강조하는 국정 철학을 반영해 시행된 첫 번째 평가"라고 강조하고, 실상 이번 경영

평가의 핵심은 낙하산 검증이라는 얘기다. 한 경영평가 위원은 "낙하산 감사들은 주로 기관장보다 힘이 센 사람들"이라며 "청와대가 정치권 입김으로 임명된 감사를 정부 공무원들이 통제하기 어려우니 전문가 집단으로 구성된 경영평가단이 최후의 보루인 셈"이라고 설명했다.

평가 대상 공공기관 128곳 중 상임감사나 상임감사위원을 두고 있는 공공기관은 모두 57곳이다. 해당 공공기관의 감사 현황을 매일경제신문이 전수 조사한 결과, 33곳의 감사가 해당 분야 전문성보다 정치권 이력이나 지역 입지에 따라 감사에 내정해 온 것으로 확인됐다.

특히 내년 총선을 앞둔 상황에서 지역 정치인 출신이 해당 지역의 지방 이전 공공기관 감사 자리를 얻는 경향이 두드러졌다.

KB금융지주는 한 때 2000년대 후반 사외이사들에게도 성과급을 지급했었고 이 과정에서 사외이사들의 급여가 과도하게 높아지면서 사회적으로 이슈가 되자 이 제도를 폐지하였다. KT도 사외이사들에게 까지도 최근에 성과급을 지급했다고 해서 이슈가 되었는데 오해가 있었다는 해명도 있다. 상근이 아닌 이사들이 경영성과에 대한 과실을 가져 간다는 것은 이해하기 어렵다.

위의 기사에서 상근감사나 상근감사위원을 평가하겠다는 것은 이해가 되지만 동시에 감사의 업무는 경영활동이나 영업활동을 직접 수행하는 직분이 아니므로 이들의 업무를 어떻게 객관적으로 평가할지가 의문이다.

감사의 업무를 업무감사나 회계감사로 구분하는데 어느 업무가 되었건 감사가 제 역할을 적절하게 수행하고 있는지에 대한 공정한 평가가 용이하지 않다. 회계감사를 제대로 하였다는 것이 재무제표에 적정을 받았다는 것을 의미하는지 의문이다.

이는 간단한 이슈가 아닌 것이 회사의 회계처리에 대한 입장과 감사인의 회계처리에 대한 판단이 상이할 수 있다. 회사가 본인들이 주장하는 처리의 방향이 옳다고 생각할 때, 감사인이 회계 전문가이므로 항상 기업은 본인들의 주장을 굽히고 감사인이 제시하는 방향을 따라야 하는지의 이슈이다. 감사인의 의견을 수용하여 재무제표를 수정하면 적정의견을 받을 수 있는데 이것이 항상 옳은 것이고 바람직한 것인가는 경우에 따라서 답이 달리 나올 수 있다.

이는 감사인의 회계적인 판단은 회사에 비해서 절대적으로 우월하다는 가정하에서는 맞지만 항상 그런 것이 아니라고 하면 때로는 회사는 한정의견을 받더라도 회사가 옳다고 생각하는 회계처리를 하는 것이 더 적절할 수도 있다고 판단되는데 이러한 판단 자체가 매우 위험한 판단일 수도 있다. 다만, 대부분의 경우는 감사인의 판단이 옳다는 것을 가정하지 않으면 회계와 관련된 판단은 매우 복잡한 경우의 수를 생각해야 한다.

국민연금의 의결권행사지침에 의하면 비적정의견을 받은 감사/감사위원의 선임에는 반대하도록 되어 있는데 이는 감사인의 판단은 항상 옳고 회사와 이견이 있을 경우, 회사의 판단은 항상 잘못된 것을 가정한다.

우리가 감독기관이나 규제기관도 잘못된 판단을 수행할 수 있기 때문에 행정소송이라는 것이 존재한다. 물론, 행정소송이 제기되는 경우는 매우 소수이기 때문에 대부분은 감독기관의 의견이 맞거나 아니면 회계 관련된 행정소송은 회계법인의 경우에는 감독기관과 지속적으로 관계를 유지하기 때문에 행정소송 자체를 제기하는 것에 대한 부담을 가질 수 있다.

감사인이 감독기관 정도의 권위를 가지는 기관이 아니고 至高의 정당성을 가지지 않는다고 하면 국민연금의 의결권행사지침이 옳은 것인지에 대한 의문이 있다. 감사인의 감사의견이 옳지 않다고 감독기관이 개입하는 경우도 있지만 회계인프라가 갖춰져 있고 회계 전문가가 사내에서 근무하는 경우, 해당 산업/기업과 관련된 전문성이 반드시 회계법인에만 있다고 하기도 어렵다. 해당 기업에서 상근으로 근무하는 전문가가 해당 산업/기업에 대한 전문성이 더 높을 수도 있다.

물론, 감독기관이 개입하는 경우에도 행정소송으로 까지 가는 경우도 있어서 결국 감사에 대한 최종적인 판단의 주체도 법원이다.

회사 본인의 주장이 맞다고 할 때, 회계처리에 있어서 반드시 감사인의 제안에 따라야 하는지는 매우 복잡한 이슈이다. 감사인은 본인들의 뜻에 부합하지 않는다면 비적정의견을 표명할 수 있는 권한을 가지고 있다. 이들간의 의견이 극단적으로 상충된다면 회사는 감사인이 원하는 의견을 표명하려면 마음대로 하라고 버틸 수도 있지만 아시아나항공의 경우에서 보듯이 의견이 일치하지 않을 때, 비적정의견이 나가면 매매거래정지, 상폐 등으로 연결될 수 있으므로 이러한 단계에까지 간다고 하면 회사가 감사인의 의견에 따를 가능성이 높다. 피감기업과 감사인 간에 이견이 있다면 감독기관이 개입할 수도 있지만 이는 매우 예외적인 경우일 것이지 매번 감독기관이 개입하는 것이 바람직하지 않다. 결국은 감사의견이 확정되는 시점에는 감사인이 갑의 위치에 설 수밖에 없다.

물론 상장기업이 아닐 경우, 비적정의견을 받는다고 해도 상장폐지나 매매거래정지 등의 penalty는 존재하지 않으므로 대출의사결정 등에서만 불이익을 받을 수 있고, 이러한 불이익을 감수할 수 있다면 감사인이 어떤 의견을 표명하건 회사는 회사가 맞다는 회계처리를 고집할 수도 있다.

즉, 회사도 비적정의견을 받으면서도 회사의 회계처리가 맞다고 주장할 수 있는 기회를 가질 수도 있지만 상당한 논란의 대상이 될 수 있는 내용이다.

감마누의 경우는 삼일회계법인과 감사의견에 대한 논쟁이 진행되었으며 거래소/법원도 개입되어 있다. 삼일로부터 2017년 사업보고서에 대해서 의견 거절을 받았다가 적정의견으로 변경되었다. 반드시 감사인의 의견만이 절대적인 것은 아니다.

업무감사를 적절히 수행하였다는 것은 지적을 많이 하였다는 것인데 임직원들에 대해서 부정을 발견하고 이에 대한 인사조치를 많이 했다는 것이 업무에 충실했다는 것을 의미하지도 않는다. 그렇다면 지적할 일이 많이 발생하지 않는 기업에 있어서는 감사는 좋은 평가를 받기 어렵다는 이상하고 애매한 해석이 가능하다. 이와 같이 감사 업무의 충실성이나 적정성을 판단한다는 것은 매우 어렵다.

감사의 업무가 통상적인 경영활동이 아니므로 감사에 대한 평가도 통상적인 경영활동에 대한 평가와는 차이가 있다.

가끔 언론에 나오던 다음과 같은 경우와 동일하다. 교통경찰관들에게 교통 위반 적발과 관련 할당량을 강제하면 경찰관들은 당연히 매우 경미한 교통 위반에 대해서도 적발을 할 가능성이 높아진다. 특히나 적발 건수가 본인들의 업적 평가에 인용된다면 무리한 적발을 수행할 소지가 높다.

감독기관도 동일하다. 감독의 대상이 된 기업에 대해서 어느 정도의 오류를 발견하고 지적했는지에 따라서 업적평가를 받게 된다면 이들 또한 경미한 잘못에 대해서 무리하게 조치를 진행할 가능성이 높아진다.

따라서 이사에 대한 평가와 감사에 대한 평가는 그 판단 기준이나 잣대가 차이가 있으며 감사에 대한 평가가 더 어려울 수 있다.

감사에게도 이연성과급제도를 적용하는 금융기관이 있는데 감사는 경영 활동을 활발히 수행해서 예를 들어 영업의 결과가 좋은 때, 성과급을 받는 이사와는 업무의 성격이 다르므로 성과급을 받는 것이 옳은 것인지에 대해서도 논란이 있다. 모든 임원에 대해서 동일한 잣대로 성과평가를 하다 보니 이러한 평가시스템이 작동하는 것이다.

감사인연합회. 국회. 2019.5.28.

공공기관은 대기업과 소기업을 구분하여 기관장과 감사의 제청권과 임명권이 다음으로 구분되어 있다.

공공기관 대기업 기관장	제청	주무장관	임명권자 대통령
감사	제청	재정부장관	임명권자 대통령
소기업 기관장	제청	주무장관	임명권자 주무장관
감사	제청	재정부장관	임명권자 재정부장관

대기업: (공기업/위탁형) 500인 이상, 총수입 1천억원 이상
(기금형) 정원 500인 이상, 자산 1조원 이상

공기업의 분류도 위탁형과 기금형으로 분류하는 것도 매우 흥미롭다.

대규모 공공기관의 임원에 대한 임명은 많은 경우 정치적 임명, 소위 낙하산 인사인데, 일부에서는 기관장도 대통령이 임명하고 감사도 임명하면서 두 사람 모두 낙하산이며 또한 전문성이 없는 임명일 경우 더 위험한 것 아닌지라는 의견을 내기도 한다.

단, 임명권자가 누구인지는 매우 중요하므로 대기업 공공기관의 임명권자가 대통령이라는 것은 대기업 감사에게 신분이 이 만큼 보장되어 있으니 눈치를 보지 말고 감사 업무를 독립적으로 업무를 잘 수행하라는 의미도 있다. 따라서 이러한 임명 절차가 크게 잘못되었다고 판단되지는 않는다.

공공기관의 감사는 기관장보다는 지위가 낮다는 것을 명확하게 하기 위해서 기재부 차원에서는 급여를 기관장의 80%를 넘지 않도록 한도를 두기는

하였지만 그럼에도 여러 수당 등이 가산되면 받는 총 급여는 이 금액을 넘을 수도 있다.

감사가 대표이사에게 보고하는 것이 아니므로 이 두 직책자 간에 위계질서를 설정함은 어렵지만 그럼에도 그 기관에서 누가 높은 지위인지를 정함에 있어서는 급여 수준으로 정하는 대안밖에는 없다.

공공기관에 대해서 과거에는 대표이사에 대한 평가가 별도로 진행되었는데 대표이사의 경우 기관 전체의 운영에 대한 총체적인 책임이 있으므로 평가의 잣대를 쉽게 정할 수 있다. 물론, 대표이사가 통제할 수 있는 부분인가에 대해서 논란이 될 수 있지만 그럼에도 회사를 대표하는 대표이사의 경우 회사의 모든 결과에 대해서 책임을 져야 한다.

기획재정부의 평가 항목을 검토하니 감사의 전문성 확보 (비계량) 항목에, 지표의 정의에 보면 감사의 전문성 확보 노력과 성과에 대해 평가한다고 되어 있고 한 세부평가항목은 감사는 감사전문가를 확보하고 비상임감사위원을 효과적으로 활용하기 위해 어떠한 노력을 하였는가라고 되어 있다. 후자는 정확히 무슨 평가를 수행하라는 것인지 이해가 어렵다. 비상임감사위원이 선임되어 있다면 감사위원장일 수도 있는데 상근감사위원이 위원회 위원장인 감사위원장을 효과적으로 활용한다, 정확히 이해하기 어려운 평가 항목 내용이다.

감사위원회가 구성이 되어 있는 경우 법에 의해서 감사위원장은 사외이사가 맡도록 되어 있으므로 이러한 경우 상근감사위원은 위원으로 감사위원회에 참석하게 되는데 이 평가항목을 보면 마치 상근감사위원이 위원장으로서 비상임감사위원을 통제하는 듯이 평가 항목이 되어 있어서 평가 항목이 정치하게 작성된 것은 아니라는 판단이다.

사외이사의 평가를 외부에서 진행한다는 의견도 있지만 이는 이사회 출석률 등에 기초한 외관적이고 형식적인 평가에 그칠 수밖에 없다. 이들에 대한 평가가 진행된다면 이는 사외이사들 간의 상호 평가거나 이사회에 배석하는 실무자들에 대한 평가가 공정한 평가가 될 수 있다. 외관적으로 접근 가능한 정보는 이사회 출석률, 제도가 개정되어 사업보고서에 포함될 내용이라는 이사회 안건에 대한 찬반 여부 등이 포함될 것인데, 이러한 정도의 내용만을 가지고 사외이사의 업무 충실도를 파악하는 것은 결코 유의미한 분석이라고 할 수 없다. 찬반 여부도 결과에 대한 판단일 수 있으며 또한 우리나라의 이사회 행태에서는 거의 대부분이 찬성일 가능성이 높아서 평가가 차별화되기 어렵다.

공정한 평가가 수행될 수 있다면 아마도 이사회가 되었건 감사위원회가 되었건 회의에 배석하는 사내이사거나 실무자에 의한 평가가 그 기초가 될 수 있다고 사료된다. 금융기관일 경우, 지배구조보고서에 평가를 포함하게 되어 있고, 평가양식에는 본인 평가도 있어서 어떻게 본인을 평가할지 난감하기도 하다.

영국: CMA(Competition and Markets Authority)의 'Audit market study' 권고 사항은 매우 흥미롭다.[1]

1. 감독기관이 감사위원회에 정보를 요구하고, 감사인(observer)를 배치할 수 있게 하는 권한 부여
2. 역할이 충실하지 못한 감사위원회에 감독기관이 시정 조치를 부과할 권한 부여(예, 공개적 질책 또는 주주들에게 직접 통보)
3. 제도 시행 5년 경과 후 효과를 거두지 못했다고 판단되면 감독기관이 독립적 외부기관에 의한 감사인 선임을 의무화할지 고려

위의 권고 사항은 매우 파격적이며 개혁적이라 얼마나 현실 가능한 내용인지는 확인이 어렵지만 이러한 내용을 실행에 옮기려 한다면 업계에서는 상당한 정도의 폭발력을 가진다. 자본주의라기보다는 유럽식 사회주의적 자본주의에서 가능한 대안들이다.

네덜란드에서 회계법인에 공익적 성격의 사외이사를 선임하는 제도가 있기는 하지만 이는 어디까지나 회계법인이 공익적인 업무를 수행한다는 차원에서 가능한 것이고 민간기업의 감사위원회에 감독기관이 정보를 요구하고, observer를 배치한다는 것은 이제까지 어느 국가에서의 감독의 차원보다도 매우 강력하다.

더더욱 감독기관이 주주에 대한 communication의 수단으로 직접 통보의

---

[1] 2019.6.18. 한영회계법인 세미나에서 Julia Tay(EY APAC public policy leader)가 발제한 내용.

형식을 취한다는 것도 매우 개혁적이다.

감독기관이 독립적 외부 기관에 감사인 선임을 의무화한다는 내용은 우리나라에서의 지정제도와 궤를 같이 한다고 할 수 있지만 차이점은 우리는 감독기관이 감사인을 지정하지만 영국은 독립적인 외부기관에 이러한 업무를 위탁하는 것이 권고사안이다.

32 금호 아시아나 회계

금호아시아나의 회계는 회계가 경제에 미치는 영향의 파괴력을 느끼게 했던 사건이다. 궁극적으로는 회계적인 이슈가 금호아시아나그룹에게는 국적 항공기인 아시아나 항공을 매각하게 만드는 촉매제가 되었다.

한국경제신문. 2019.3.22.
'감사의견 비적정설'에 휘말린 아시아나

시가총액 8,292억원인 유가증권시장 상장사 아시아나항공이 외부감사인으로부터 '감사의견 비적정'을 받았다는 설이 나돌면서 주식거래 정지 조치가 내려졌다. 사실로 확인될 경우 주주들은 물론 재무구조 개선작업에 올인하고 있는 아시아나항공도 적지 않은 타격을 받을 것이란 분석이다.

한국거래소 유가증권시장 본부는 21일 아시아나항공에 '회계감사인의 감사의견 비적정설'에 대한 조회공시를 요구했다. 답변 기한은 22일 오후 6시다. 이날 하루 아시아나항공의 주식거래는 정지된다. 한국거래소 관계자는 "아시아나항공이 감사보고서 제출기한인 21일까지 보고서를 제출하지 않아 회사 측에 문의했으나 회계법인과 조율 중이라는 것 외에 명확한 해명을 듣지 못해 조회 공시를 요구했다"고 설명했다.

한정의견으로 감사보고서를 제출하면 다음 거래일인 25일에 관리종목으로 지정되고 26일부터 거래가 재개된다. 한정의견을 받을 경우 기존 주주들이 주식을 사고 파는 데는 문제가 없지만, 기관투자자들의 투자 대상에서 제외되기 때문에 수급 측면에서 타격을 입게 된다. 더 큰 문제는 회사 측의 재무구조 개선 노력이 어려움을 겪을 가능성이 높아진다는 점이다. 아시아나항공은 올해 9,578억원 규모의 차입금을 상환해야 한다. 한 증권사 항공 업종 담당 애널리스트는 "아시아나항공이 감사의견 비적정을 받게 되면 이미 발행한 영구채의 조기 상환 문제가 발생할 수 있다"고 설명했다.

감사 과정이 적법하게 진행되는 중에, 한국거래소가 조회공시의 형태로 감사의견을 조회하는 것이 적법한 것인지에 대한 의문이 있다. 감사의견을 주주총회 1주일 이전까지만 확정되면 된다. 물론, 거래소의 입장은 아시아나항공의 감사의견과 관련되어 시장에서 소문이 있으므로 이를 확인하는 과정이라고 주장할 수 있으나 그럼에도 조회공시를 받게 되는 회사의 입장에서는 감사 과정을 서두르도록 감사인에게 요구할 위험도 있는데 이를 법에서 정한 결산 과정을 재촉하는 것이 되어서 바람직하지 않다.

다음의 경우에도 동일하게 감사의견을 거래소가 조회하는 데 대한 문제가 있다.

한국경제신문. 2018.3.28.
거래소, 한솔피엔에스, 한솔인티큐브에 '감사의견 비적정설' 조회요구

한솔그룹 계열 상장사인 한솔피엔에스와 한솔인티큐브가 각각 감사의견 비적정설에 대한 조회공시를 요구받았다. 감사의견 비적정설이 사실로 확인되면 증시에서 퇴출될 가능성이 있다.

한국거래소는 27일 유가증권시장 상장사인 한솔피엔에스와 코스닥시장 상장사인 한솔인티큐브에 감사의견 비적정설 풍문에 대한 조회공시를 요구하고 거래를 정지했다. 회계법인 검토의견은 회계처리 기준 위반이나 계속기업 불확실성 정도에 따라 적정, 한정, 부적정, 의견거절 등 네 가지 의견을 기업에 낼 수 있다.

한정과 부적정, 의견거절 의견은 회계 기준을 위반했거나 감사인이 감사를 제대로 하지 못한 경우다. 코스닥 상장사는 감사의견으로 부적정 의견거절 범위 제한 한정을, 유가증권시장 상장사는 부적정 의견거절을 받으면 즉시 상장폐지 사유에 해당한다.

매일경제신문. 2019.3.22.
아시아나 주식 거래정지

아시아나항공은 최근 유동성과 자본 확충을 위해 1,500억원 규모 영구채를 발행하는 재무 개선에 총력을 기울이고 있다. 외부 조달 자금을 활용해 차입금을 감축하고,

운용리스 회계변경에 따른 부채비율 상승에도 대응하기 위해서다.

YTN, 2019.3.22.

아시아나항공, 감사의견 '한정'… 25일까지 주식 거래 정지

아시아나항공이 감사인에게 감사의견 '한정'을 받으면서 오늘부터 25일까지 주식거래가 정지됩니다.

아시아나항공은 오늘 지난해 재무제표에 대한 감사에서 '한정' 의견을 받았다는 보고서를 금융감독원 전자공시시스템을 통해 공시했습니다.

감사인인 삼일회계법인은 리스 운용 항공기 정비 의무와 관련한 충당부채, 마일리지 수익 인식과 측정, 손상징후 발생, 유무형 자산의 회수가능액과 관련한 충분한 감사증거를 입수하지 못했다고 밝혔습니다.

이에 따라 한국거래소 유가증권시장본부는 어제 아시아나항공 주식 매매거래를 정지시켰습니다.

중앙일보. 2019.3.23.

"충당금 문제로 적자 946억 불었다"… 아시아나항공 주식 거래정지

아시아나의 회계감사를 맡은 삼일회계법인이 '한정' 의견을 담은 감사보고서를 제출함에 따라 주식 거래가 이틀간 중지됐다.

아시아나 항공은 22일 연결재무제표 기준 지난해 순손실을 1,050억원으로 수정했다. 지난달 14일 발표보다 적자 규모가 946억원 불어났다. 매출액은 당초 발표보다 613억원 줄어든 6조 7,893억원, 영업이익은 897억원이 줄어든 887억원으로 정정했다. 삼일회계법인은 감사보고서를 통해 "운용리스 항공기의 정비의무와 관련한 충당부채, 마일리지 이연수익의 인식 및 측정과 당기 중 취득한 관계기업 주식의 공정가치 평가 등과 관련해 충분하고 적합한 감사증거를 입수하지 못했다"며 한정의견을 냈다. 아시아나항공의 모기업인 금호산업도 감사인으로부터 한정의견을 받았다. 금호산업은 "연결재무제표 지분법 대상 회사인 아시아나항공이 회계기준에 대한 이견으로 한정의견

을 받았기 때문"이라며 "아시아나항공이 적정의견을 받게 되면 재감사 후 '적정'의견으로 전환된다"고 설명했다.

한국거래소는 21일 오후7시쯤 아시아나항공에 조회공시를 요구하며 22일부터 주식 거래를 정지시켰다. 거래정지는 25일까지 이어진다. 거래소 관계자는 "25일 두 회사를 관리종목으로 지정한 뒤 26일부터 거래를 재개할 방침"이라며 "재감사를 통해 적정의견을 받으면 향후 관리종목에서 해제될 수 있을 것"이라고 말했다. 한정의견은 상장 폐지 사유에 해당하지 않지만 관리종목으로 지정되면 기관투자자들이 매도에 나설 가능성이 있다.

이례적으로 한정 의견을 받은 아시아나 측은 당혹감을 감추지 못하면서 "이른 시일 내 재감사를 신청해 적정 의견으로 변경할 수 있도록 하겠다"는 입장을 발표했다. 아시아나 관계자는 "주로 충당금 추가 설정의 문제"라며 "회사의 영업 능력이나 현금흐름과 무관한 회계 처리상의 차이일 뿐"이라고 강조했다. 또 회계 감사법인의 의견을 받아 들여 당기에 충당금을 추가 설정할 경우 2019년 이후에는 회계적 부담과 재무적 변동성이 줄어들 것이라고 덧붙였다.

한국경제신문. 2019.3.23.
아시아나–삼일 '회계처리' 놓고 이견 … 재무구조 개선에도 '빨간불'

외부 감사인인 삼일회계법인으로부터 '감사범위 제한 한정'의견을 받은 아시아나항공에 비상이 걸렸다. 회사가 사활을 걸고 추진하는 재무구조 개선작업에 차질이 빚어질 가능성이 커졌기 때문이다.

아시아나항공은 올해 만기가 돌아오는 약 1조원 규모의 차입금을 갚기 위해 영구채 발행 등을 추진하고 있다. 회사 측은 "이른 시일 내에 재감사를 신청해 삼일회계법인이 제시한 한정의견 사유를 신속히 해소하고 적정의견으로 변경될 수 있도록 하겠다"고 밝혔다.

• 삼일과 이견 … 결국 감사의견 한정

삼일회계법인은 22일 감사의견을 제시하면서 −운용리스항공기의 정비의무와 관련한 충당부채 −마일리지 이연수익의 인식 및 측정 − 손상징후가 발생한 유·무형 자산의 회수 가능성 및 2018년 중 취득한 관계기업주식의 공정가치평가 -에어부산의 연결 대상 포함여부 및 연결재무 정보 등과 관련해 아시아나항공이 충분하고 적합한 감사 증거를 제시하지 못했다고 설명했다. 삼일 측이 제시한 이 네가지 사유는 2018년 재무 제표에 대한 감사 과정에서 아시아나 측과 회계처리를 놓고 의견차를 좁히지 못한 것 들이다.

삼일회계법인 내부적으로는 '2020년 지정감사인제 도입으로 다른 회계법인이 아시 아나항공 외부감사인이 됐을 때 책잡힐 일을 해선 안 된다'는 기류가 형성된 것도 엄격 한 잣대를 적용한 이유가 된 것으로 전해졌다. 아시아나항공이 외부감사인의 이 같은 변화에 대응하지 못하면서 감사의견 한정 '쇼크'로 이어졌다는 분석이다. 아시아나항 공은 이날 "삼일회계법인이 감사의견 한정을 제시한 것을 엄격한 회계기준을 반영한 결과"라며 "이는 회사의 영업능력 및 현금흐름과 무관한 회계처리상의 차이"라는 입장 문을 발표했다.

• 불똥 떨어진 재무구조 개선작업

아시아나항공은 지난달 14일 공시했던 2018년 잠정실적도 이날 수정했다. 아시아나 항공의 지난해 영업이익은 종전 1,783억원에서 887억원으로 축소됐다.

올해 만기가 돌아오는 9,578억원의 차입금을 상환하기 위한 재무구조 개선 노력도 어려움을 겪을 가능성이 높아졌다. 아시아나항공은 정보기술 자회사인 아시아나IDT 기업공개 등을 통해 지난해 4분기에만 4,170억원의 차입금 상환 재원을 확보했다. 올 해는 영구채 발행과 금호고속 IPO 등을 통해 추가 재원 마련에 박차를 가한다는 계 획을 세웠다. 그러나 당장 다음 주로 예정돼 있던 650억원 규모의 영구채 발행 일정이 불투명해졌다. 주요 투자자로 참여할 계획이었던 대신금융그룹은 회계문제에 불안을 느껴 손을 떼기로 했다.

신용등급이 하락하면서 이미 발행된 자산유동화증권이 상환압박을 받을 가능성이 있다는 관측도 나온다. 아시아나항공은 그동안 항공권 매출채권을 기초자산으로 한 ABS를 발행하면서 '국내 신용평가사 중 한 곳이라도 BBB-'인 기업 신용등급을 한 단 계 떨어뜨리면 투자자들에게 원리금을 모두 지급할 때까지 항공권 판매로 벌어들인 잉여현금을 아시아나항공이 가져가지 못 한다'는 특약을 걸었다. 나이스신용평가와 한 국신용평가는 이날 아시아나항공을 신용등급하향 검토 대상에 올렸다.

이 특약이 발동되면 아시아나항공은 항공권 판매수익을 고스란히 ABS 상환에 써 야 한다. 아시아나항공이 이른 시간 내에 재감사를 받겠다는 뜻을 밝힌 것은 이처럼 꼬인 실타래를 풀기 위해서란 게 증권업계의 설명이다.

매일경제신문. 2019.3.23.
아시아나의 항변

이에 따라 아시아나항공의 지난해 영업이익은 앞서 발표한 잠정치(1,783억원)의 절반 수준인 886억원으로 감소했고, 당기순손실은 1,050억원로 잠정치(104억원) 대비 손실폭이 커졌다. 연결 기준 부채 비율은 기존 504.9%에서 625%로 높아져…

한국경제신문. 2019.3.25.
아시아나, 재감사 협의 착수…"주총 전 '적정' 보고서 제출할 것"

아시아나 항공이 재감사를 받기 위해 외부감사인인 삼일회계과 본격적인 협의에 들어간다. 아시아나항공이 지난 22일 감사보고서를 통해 삼일회계법인으로부터 '감사범위 제한으로 인한 한정'이라는 감사의견을 받았다고 공시한 데 따른 것이다. 감사의견 '한정' 소식이 알려진 뒤 파장이 커지자 서둘러 문제 해결에 나섰다는 분석이다.

24일 재계에 따르면 아시아나항공은 지난 주말 내내 삼일 회계법인과 재감사를 받기 위한 협의를 했다. 금호아시아나그룹 최고층도 적극 나선 것으로 알려졌다,

아시아나항공은 오는 29일에 예정된 정기 주주총회 전까지 재감사를 마치고 '적정' 감사의견을 받은 재무제표를 제출한다는 목표를 세운 것으로 전해졌다. 한정의견을 받으면서 그동안 추진해온 재무구조 개선 작업이 심각한 차질을 빚을 가능성이 높아졌기 때문이다. 22일 한국신용평가와 나이스신용평가는 아시아나항공을 신용등급 하향 검토 대상에 올렸다.

29일에 예정됐던 650억원 규모의 영구채 발행 계획은 주요 투자자로 참여하기로 했던 대신금융그룹이 손을 떼기로 하면서 무산 위기에 처했다. 아시아나항공이 올해 갚아야 할 차입금은 1조원에 달한다.

회계전문가들은 아시아나항공이 삼일회계법인의 한정 제시 사유를 적극 수용할 것으로 보고 있다. 한 회계법인 파트너는 "회계법인이 한정의견과 근거를 공시한 뒤에 지

적사항을 번복할 수는 없기 때문에, 기업이 적정을 받으려면 지적사항을 수정해야 한다"고 말했다.

항공 및 회계업계는 아시아나항공이 항공기 운용리스 및 마일리지 이연수익(이미 수익으로 인정된 금액 가운데 해당 기간의 수익으로 인정될 수 없는 초과부분) 관련 충당금을 대폭 늘릴 것으로 관측하고 있다.

항공기 운용리스는 항공사가 항공기를 빌려서 사용하는 것을 말한다. 지난해 6월말 기준 아시아나항공의 전체 항공기 82기 가운데 빌려 쓰는 항공기는 50기다. 리스 항공기 비율이 전체의 61%로 대한항공의 17%(164기 중 28기)보다 세 배 가까이 높다.

리스 기간이 끝난 뒤 항공기를 반납할 때 항공사는 정비를 해야 한다. 이때 발생하는 비용을 항공사들은 충당금으로 쌓는다. 지금까지 아시아나항공은 여객기를 반납하는 해에 한 번에 몰아 충당금을 쌓았다. 하지만 삼일회계법인은 운용리스 항공기 정비비용을 매년 나눠 반영해야 한다고 봤다.

마일리지 충당금 추가반영 문제가 결려있다. 항공사들은 마일리지를 회계상 부채(이연수익)로 계상한다. 지난해 3분기에 아시아나항공은 이연수익을 5,838억원으로 반영했다. 대한항공(2조 2,307억원)의 4분의 1에 불과한 수준이다. 대한항공과 아시아나항공은 올해부터 2008년 이후 적립된 항공사 마일리지를 단계적으로 소멸하기로 했다.

항공업계 관계자는 "마일리지 소멸을 앞두고 아시아나항공이 쌓아둔 마일리지가 해소돼 부채가 줄어드는 것을 전제로 회계처리했을 가능성이 있다"고 설명했다.

아시아나항공이 감사의견을 적정으로 바꾸기 위해 삼일회계법인 의견을 모두 수용할 경우 순손실 규모가 추가로 대폭 늘어날 것이란 분석이 나온다.

위의 신문기사에서 아시아나의 경우 여객기를 반납하는 연도에만 비용을 인식하고 충당금을 쌓는 것이 관행이었다고 하면 삼일회계법인은 정비와 관련된 비용은 매년 발생하는 것이니 수익비용대응의 원칙 또는 기간인식의 원칙에 근거하여 매년 인식하기를 요구하였던 것으로 추정된다.

삼일회계법인이 한정의견을 표명한 과정을 추정해 보면 다음과 같을 것이다. 추정에 불과하지만 팩트와 크게 다르지는 않을 것이다.

금호아시아나그룹은 아시아나항공을 매각하게 되면서 그룹의 위세가 매우 위축될 것이기는 하지만 그럼에도 아시아나항공을 보유하고 있는 상황에서 재계 순위 20위권의 대기업이었다. 피감기업과 감사인 간에 힘겨루기가 있을 경우, 재벌그룹에 비해서 감사인이 대등하게 대하기에는 재벌그룹의 힘이 너무 크다. 재벌그룹은 여러 개의 피감기업으로 구성되기 때문에 감사인은 client를 무시하기 어렵다. 그래서 피감기업과 감사인과의 관계에 있어서 피감기업은 특히나 기업집단은 항상 '갑'이었다. 지난 수년간의 회계처리 관행대로 피감기업은 회계처리를 하면서 과거에도 그렇게 해서 문제가 없다고 감사의견을 표명했는데 왜 갑자기 이러한 관행을 변경하려고 하느냐는 반론을 제기하였을 것이며 우리는 재무제표를 수정할 의사가 없으니 마음대로 해 보라고 큰소리를 쳤을 듯하다. 그러면서도 우리가 금호아시아나그룹의 아시아나항공인데 감히 한정의견을 표명하지는 못할 것이라는 잘못된 확신이 있었을 듯하다. 이렇듯 피감기업과 감사인 간에는 회계처리의 이견이 있을 경우에 기준의 해석 이외에도 양자 간의 파워 게임이 존재할 것이라는 것은 쉽게 미루어 짐작할 수 있다. 이는 어떻게 보면 회계 외적인 요소이다.

이에 삼일은 위의 신문기사에 기술되었듯이 신외감법의 도입으로 감사인의 위상이 과거와 동일하지 않으며 또한 피감기업의 입장을 반영해서 자의적인 회계처리를 눈감고 승인할 경우, 2020년에 주기적지정제에 의해서 감사를 맡게 되는 후임 감사인이 감사를 철저하게 수행하면서 재무제표 재작성 등을 요구하게 되는 경우, 전임 감사인으로서의 삼일의 입지가 매우 좁아질 것이라는 우려가 작동하였을 것이다.

아시아나항공의 이러한 case는 많은 대기업에게도 경종을 울리는 효과가 있었을 것이고, 어느 대기업이거나 회계처리 과정에 불투명한 경우가 있을 경우 언제든지 비적정의견을 받을 수 있다는 경고가 충분히 되었을 것이다. 이제 더 이상 감사인들이 피감기업의 규모나 사세에 주눅이 들어서 하고 싶은 얘기를 못하거나 표명할 의견을 표명하지 못하는 일은 없어져야 한다. 이러한 최근의 세태를 일컫는 표현으로 빈번히 언론에서 사용되는 표현인 '비정상이 정상화'되어 가는 과정인데 비정상에 익숙해져 있는 기업들에게는 매우 고통스러운 과정이라고 인식될 수 있다.

한국경제신문. 2019.3.26.
'회계쇼크' 벗은 아시아나

아시아나 항공이 2018년 재무제표에 대한 감사의견이 '한정'에서 '적정'으로 바뀐다. 외부감사인인 삼일회계법인의 회계처리 지적사항을 수용해 재무제표를 수정하기로 했기 때문이다. 이로써 아시아나항공은 우려하던 신용등급 강등과 채권 상환 압박에서 벗어날 수 있게 됐다.

25일 관련업계에 따르면 아시아나항공은 감사의견 '적정'을 받은 정정 감사보고서를 26일 공시할 예정이다. 지난 22일 '감사범위 제한으로 인한 한정'의견이 담긴 감사보고서를 한국거래소에 제출한지 나흘만이다.

아시아나항공에 정통한 관계자는 "재감사를 통해 삼일회계법인에서 '적정'의견의 감사보고서를 다시 받게 됐다"며 "이번 사태를 신속하게 해결하기 위해 금호그룹 최고 위층까지 노력한 결과"라고 말했다.

아시아나항공은 감사의견을 '적정'으로 돌리기 위해 삼일회계법인이 지적한 리스 항공기 정비와 마일리지 관련 충당부채를 더 쌓고 관계기업 주식의 공정가치 평가 부분을 수정하는 등 재무제표를 정정하기로 했다. 이로 인해 회계상 재무수치는 더 나빠질 것으로 예상되지만, 신용등급 하락 우려와 회사채 및 자산담보부증권(ABS) 같은 시장성 차입금 상환 압력은 잦아들 전망이다. 관리종목에서도 벗어날 것으로 예상된다.

한국경제신문. 2019.3.26.
아시아나, 신용 하락 채권 상환 압박 해소될 듯

아시아나항공이 유례없이 신속한 재감사 절차를 밟아 감사의견을 '한정'에서 '적정'으로 돌린 것은 회계리스크에 따른 파장이 만만치 않았기 때문이다. 단지 회계처리의 문제가 아닌, 자금조달에 차질을 빚고 자칫 유동성 위기로 번지는 것까지 아시아나항공은 회계상 재무수치가 더 악화되는 데다 재무제표에 대한 신뢰가 떨어진 상황이어서 추가 자구안이 필요하다는 분석이 나온다.

감사의견은 적정으로 돌렸지만 넘어야 할 산이 많다. 회계상 재무수치가 크게 악화될 수 있어서다. 아시아나항공은 22일 정정 재무제표를 발표하면서 지난해 순이익 규모를 잠정실적 발표 때(104억원)의 10배가 넘는 1,050억원으로 정정했다. 이번에 삼일의 지적사항을 받아들여 충당금을 추가로 쌓으면 손실 폭이 더 커질 전망이다.

다만 부채비율은 1,000%를 넘지 않을 것으로 전해졌다. 아시아나항공의 부채비율이 1,000%를 넘으면 일부 회사채에 대한 기한이익상실 조건이 발동해 유동성 위기에 빠질 가능성이 있었다.

아시아나항공은 감사의견 한정 사태로 재무구조 개선작업에 타격을 입었다. 29일로 예정됐던 650억원 규모 영구채 발행이 무산됐고 채권 상환 압박과 신용등급 강등 위기에 몰렸다.

지난해 말 기준 아시아나항공의 자산 유동화증권 발행 잔액은 1조 1,328억원에 달한다. 항공권 판매수익을 기초 자산으로 한 이 ABS에는 '국내 신용평가사 중 한곳이라도 아시아나항공의 신용 등급을 한 단계 떨어드리면 즉시 상환 조건이 발동된다'는 특약이 걸려있다. 22일 나이스신용평가와 한국신용평가가 아시아나항공의 신용등급을 '하향 검토 대상'으로 등록한 상황이다.

조선일보. 2019.3.27.
'회계 파문' 아시아나, 29일 유동성 위기 1차 고비

그러나 금융 당국은 "감사 결과, 800억원이 넘는 부실이 새로 드러났다"며 "시장 신뢰를 회복한 자구책을 내야 한다"고 압박하고 있다. 신용평가업계에서는 "영업이 부진한 것이 아니라 부실이 새로 드러난 것이라 질이 좋지 않다"는 말이 나오고 있다.

아시아나 항공이 이날 공개한 최종 감사보고서에 따르면 부채(연결기준)는 회계법인 측 요구로 고치기 전에 비해 1,400억원(6조 9,576억원 → 7조 979억원) 정도 늘었고, 자본은 200억원(1조 1,132억원 → 1조 931억원) 줄었다. 부채비율은 625%에서 649%로 뛰었다. 회사는 282억원의 영업이익을 냈지만, 추가 부실을 반영하다 보니 당기순손실은 1,959억원에 달했다. 100% 반영하지 않았던 운용리스 항공기 정비 비용, 에어부산 같은 자회사 부채, 마일리지 부채 등이 새로 반영된 결과다.

신용평가업계 관계자는 "아시아나의 경우 자회사 부채를 숨긴 사실과 마일리지 우발채무를 일부만 반영한 부분이 위험 요인으로 인식될 개연성이 있다.

한국경제신문. 2019.3.27.
'급한 불' 끈 아시아나 … 부채비율 600%대로 막아

회사 측은 회계법인이 요구한 운용리스 항공기 정비 및 마일리지 충당금의 추가 반영, 관계기업 주식의 공정가치 평가 등을 수용했다고 설명했다. 이에 따라 아시아나항공의 지난해 연간 영업이익은 작년(2,456억원) 대비 88.5% 줄어든 282억원으로 정정됐다. 감사의견 한정 당시 발표된 영업이익(887억원)의 3분의 1 수준이다. 한정의견 당시 1,050억원이던 지난해 순손실은 1,959억원으로 두 배 가량으로 늘어났다.

아시아나의 부채 수준은 계속 부담이 될 것이란 관측이다. 지금까지는 회사가 해당 회계연도에 지급한 운용리스료만 부채로 인식됐지만 올해 새로운 리스회계기준(IFRS16)이 도입되면 회사의 운용리스가 모두 부채로 잡히기 때문이다. 아시아나항공의 운용리스료는 지난해 9월 말 기준 약 2조 9,000억원이다. 한국기업평가는 이 수준을 적용하면 아시아나 항공의 부채비율이 649.3%에서 852% 수준으로 오를 것으로 추산했다. 아시아나항공은 부채비율이 1,000%를 넘으면 일부 회사채를 즉시 상환해야 하는 의무가 발생한다.

한국경제신문. 2019.3.30.
아시아나 2대주주 금호석유 '감사쇼크' 불똥 튈라

아시아나항공 2대 주주인 금호석유화학이 이번 '아시아나항공 감사 쇼크' 때문에 부정적 영향을 받을 수 있다는 분석이 나오고 있다. 금호석유화학은 올 들어 200억원대 아시아나 주식 평가손실을 봤다. 아시아나항공에 대한 채권단 중심의 재무 구조 개선 작업이 본격화돼 차등감자 등의 방안이 논의될 경우 손실이 커질 가능성이 있다는 관측이다.

29일 유가증권시장에서 아시아나항공은 10원 내린 3,510원으로 장을 마쳤다. 외부 감사인인 삼일회계법인으로부터 감사의견 '한정'을 받은 지난 22일부터 큰 폭의 조정을 받았다. 연초 이후로는 15.55% 떨어졌다. 이에 따라 아시아나항공 주식 2,459만 3,400주(지분율 11.98%)를 보유한 금호석유화학은 올 들어 246억원의 평가손실을 입고 있다.

금호석유화학을 담당하는 한 증권사 애널리스트는 "금호석유화학이 2017년부터 수천억원대 영업이익을 꾸준히 내고 있는 데다 작년 말 기준 현금 및 현금성 자산도 1,028억원에 달해 아시아나항공 주식 평가손으로 당장 타격을 받지는 않을 것"이라면서도 "채권단이 아시아나항공 재무구조 개선 작업을 벌이는 과정에서 감자가 결정될 경우 부정적 영향을 받을 수 있다"고 말했다.

조선일보. 2019.4.23.
삼바 아시아나 사태로…기업 회계법인 갑을관계 바뀌었다

삼일회계법인은 작년 가을 반기 보고서 제출 시점쯤부터 5년마다 한 번씩 일괄 비용 처리하던 리스 항공기의 정비 비용을 매년 5분의 1씩 나눠 부채로 잡아야 한다는 의견을 냈다. 하지만 아시아나 항공은 "종전대로 정비 비용이 발생하는 시점에 한꺼번에 처리하면 된다"며 반대했다. 양측이 팽팽하게 맞서자 삼일 측은 "운용리스 항공기의 정비 비용과 관련한 적합한 자료를 받지 못했다"며 한정의견을 냈다.

회계감사 강화는 수치로도 확인된다. 거래소에 따르면, 전년 12월 결산법인 가운데 올해 비적정 의견을 받은 기업은 36곳으로 2017년 17곳, 2018년 27곳에 비해 부쩍 늘어났다.

5조원대 대우조선 분식회계를 묵인 방조한 혐의로 2017년 안진회계법인 회계사 4명이 실형 선고를 받은 것을 계기로 회계 업계가 엄격해졌다는 것이다.

"비정상의 정상화"

회계업계에서는 이제까지의 회계 관행이 조금더 철저한 due care가 수행되어야 하는데 비정상적으로 그렇게 하지 못하였을 뿐이고 2018년 사업연도 재무제표에 대한 감사가 정상화되는 과정이라는 입장이다.

운용리스 항공기 정비 비용을 기간에 배분한다면 2018년도에도 비용이 계상될 것인데, 아시아나항공은 2018년에 이러한 비용을 계상하는 데 대해서 부담스럽게 생각한 듯하다. 아마도 나중에 5년 동안의 금액을 한 번에 계상하더라도 2018년에 이를 1/5씩 계상하기를 희망하지 않았던 듯하다. 기업이 일단은 나중에 재무제표가 나쁘게 보이더라도 급한 불을 끄자는 생각을 했을 수 있다.

이 모든 이슈는 주기적 지정제로 인한 강제 교체에 기인하였을 수 있다.

한국경제신문. 2019.6.13.
삼성전자 하이닉스 회계법인 '강제 교체'

삼성전자 SK하이닉스 등 시가총액 상위 100대 상장사 중 23곳의 외부감사인이 강제 교체된다. 신외부감사법의 핵심인 '주기적 감사인 지정제'가 내년부터 단계적으로 시행되는 데 따른다. 외부감사인이 대거 바뀌면 회계기준 판단에 대한 분쟁이 급증하고 재무제표 정정이 속출할 것이란 우려가 나온다.

12일 회계업계에 따르면 금융감독당국이 2020년 주기적 감사인 지정 대상을 잠정적 추려본 결과 삼성전자 SK하이닉스 현대중공업 등이 해당하는 것으로 나왔다. 금융사 중에선 삼성생명 KB금융지주 신한금융지주 등의 포함됐다 카카오와 엔씨소프트도 명단에 올랐다.

현대자동차 포스코 LG전자 SK텔레콤 하나금융지주 우리금융지주는 기존 감사계약 기간이 남아 있거나 감리에서 위반 사항이 적발되지 않는 등의 사유로 제외됐다.

주기적 감사인 지정제는 기업이 외부 감사인을 6년간 자율 선임하면 이후 3년간은 금융위원회 산하 증권선물위원회가 강제 지정하는 제도다. 내년부터 매년 220개 기업에 단계적으로 지정된다. 금융감독당국 관계자는 "자산총액, 감사 계약 기간, 예외 사유 등을 고려해 지정 대상을 선별한 뒤 10월 사전 통지하고 11월에 확정할 계획"이라고 말했다.

이에 따라 내년에는 올해보다 더 큰 회계감사 대란이 올 것이란 전망이 나온다. 자산총액 상위 기업이 줄줄이 감사인을 교체한 뒤 재무제표 정정이 잇따르거나, '비적정' 감사의견을 받아 제2의 아시아나항공 사태가 재연될 수 있다는 우려다.

삼성 외부감사 40년 만에 교체, 기업 "회계 잣대 달라지나" 전전긍긍
'주기적 감사인 지정제' 내년 시행… 11월 대상 확정

내년 기업 회계감사 현장에 대혼란이 예고됐다. 주기적 감사인 지정제 시행 첫해를

맞아 대기업을 중심으로 회계법인이 대거 교체되기 때문이다. 원칙 중심의 국제회계기준 환경에선 회계처리 기준에 대한 판단이 서로 다를 가능성이 있어 기업과 회계법인, 기존 감사인과 새 감사인 간 파열음이 속출할 전망이다. 해외 사업장이 많은 기업이거나 고도의 전문성이 필요한 금융업, 수주산업 등은 감사인 교체에 따른 회계위험이 더욱 커질 수 있다는 분석이다. 감사인 지정제로 회계 처리를 둘러싼 분쟁과 함께 재무제표 정정 급증, 감사비용 증가 등 부작용이 예상되는데 금융감독당국의 대책이 미흡한 점도 시장 불안을 키우고 있다.

내년부터 상장사 감사인 대거 교체에 따른 회계 위험이 더욱 커질 수 있다는 분석이다. 감사인 지정제로 회계 처리를 둘러싼 분쟁과 함께 재무제표 정정 급증, 감사비용 증가 등 부작용이 예상되는데 금융감독당국의 대책이 미흡한 점도 시장 불안을 키우고 있다.

• 내년부터 상장사 감사인 대거 교체

삼성전자는 2020년 재무제표부터 감독당국이 지정한 새로운 외부감사인에게 감사를 받을 가능성이 높다. 주기적 감사인 지정제의 첫 적용 대상에 포함되기 때문이다. 새 감사인은 회계사 수와 제재 경력 등을 고려한 산식에 따라 금융위원회 산하 증권선물위원회가 지정한다.

삼성전자는 1970년대부터 40년 넘게 삼일회계법인에 외부감사를 맡겨왔다. 40여 년 만에 처음으로 감사인이 교체되지만 삼성전자뿐 아니라 회계업계도 준비조차 어려운 상황이다. 회계업계 관계자는 "주기적 지정제로 순번을 따졌을 때, EY한영이 유력하지만 벌점 등을 감안하면 삼정이나 안진에 기회가 갈 수 있다는 등 삼성전자 지정 감사를 놓고 예측이 난무하고 있다"고 전했다. 그는 "기업들과 회계법인 모두 한 치 앞을 몰라 주기적 지정제에 대한 대비를 제대로 못 하는 실정"이라고 설명했다.

금융감독당국은 내부적으로 대상 기업 선별 작업을 하고 있다. 2014년부터 6년간 외부감사인을 자유선임해 왔고 지정 면제나 예외 사유에 해당하지 않는 업체 중 자산총액이 큰 순서대로 220곳을 후보로 올린 뒤 오는 11월까지 명단을 확정할 예정이다. 한 회계법인 대표는 "세계 73개국에 200개가 넘는 사업장이 있는 삼성전자의 외부감사인을 강제 교체하면서 고작 2, 3개월 앞두고 통지하겠다니 기가 찰 노릇"이라고 했다.

주기적 감사인 지정제의 첫 후보권엔 시가총액 상위 100대 기업 가운데 23곳이 올라 있다. 삼성전자를 비롯해 SK하이닉스, 현대중공업, 에쓰오일, 롯데케미칼, CJ제일제당, CJ ENM, 카카오, 엔씨소프트 등이 포함된다. 4대 금융회사 중에선 KB금융지주가 교체 대상이다 신한금융은 2002년 후 18년 만에, KB금융은 2008년 지주사 출범 후 첫 교체이다. 하나금융지주, 우리금융지주는 제외됐다. 보험사 중에선 삼성생명, 현대해상 등이 주기적 지정제 대상에 들어갔다.

포스코와 LG전자는 과거 6년 이내 감리를 받았지만 회계기준 위반이 발견되지 않아 감사인 지정을 면제받는 첫 사례가 될 것으로 알려졌다.

• 부작용 뻔한데, 금융당국 대책 미흡

기업들은 불안감을 감추지 못하고 있다. 새로운 감사인이 오랫동안 관행처럼 해오던 기존 회계처리를 문제 삼거나 재무제표 정정을 요구할 수 있기 때문이다.

올해 초 '한정'의견을 받아 상장폐지 위기에 몰렸다가 매물 신세가 된 아시아나 항공 사례로 기업들의 공포감은 더욱 커진 상황이다. 아시아나항공의 경우 감사법인은 삼일회계법인 그대로였지만 담당 회계사가 바뀌면서 기존 회계처리를 문제 삼아 회사 측과 분쟁이 촉발됐다는 후문이다. 대형 상장사의 회계담당 임원은 "내년에 정부로부터 다른 회계법인을 지정받을 경우 회사의 특성을 제대로 이해하지 못하거나 감사가 한층 깐깐해질 것 같아 걱정하고 있다"고 했다.

금융당국이 주기적 지정제의 부작용을 완화할 대책을 제대로 마련하지 못하고 있다는 지적도 나온다. 회계 분쟁이 급증할 것에 대비해 한국공인회계사회를 중심으로 한 분쟁조정위원회를 활성화할 계획이지만 구속력이나 강제성이 없어 쏟아지는 분쟁이 해결될지 의문이라는 목소리가 많다.

정도진 중앙대 경영학과 교수는 "회계 분쟁을 조율하는 공적 기능을 대폭 강화하고 기업과 투자자가 감사인 교체 여부를 예측할 수 있도록 지정 절차를 정비해야 한다"고 말했다.

공인회계사 교체에 대해서 위에 기술하고 있는데 개인 차원에서의 독립성을 확보하기 위해서 상장기업은 담당 파트너가 3년까지 감사를 수행하면 4년차 때는 담당자를 교체하게 되어 있고 또한 감사팀도 같은 주기로 부분적으로 교체하게 되어 있다.

KB금융이 KB은행 감사까지 포함하면 18년만이 감사인을 변경하게 된다. 회계 분쟁을 조율하는 공적 기능이라고 위의 기사에 적고 있지만 실질적으로 감사의 고유 권한을 가지고 있는 전기 감사인이나 후임 감사인 간의 분쟁에 감독/규제기관이 개입하기도 쉽지는 않다. 다음 장에서는 감독기관이 이러한 역할을 할 수 있는 것으로 기술되어 있는데 여러 가지 제약이 있을 듯하다.

매일경제신문. 2019.10.22.
아시아나 이번엔 '회계악재' "기준 변경에 이익 1,600억↓"

아시아나항공 인수 비용이 1조원 더 늘어날 가능성이 제기된 데 이어 이번엔 부정적 실적 전망까지 더해졌다. 아시아나항공 매각을 둘러싼 잡음이 쉽게 사그러 들지 않는 모양새다. 21일 신용평가사인 나이스신용평가의 이강서 수석연구원은 최근 내놓은 리포트에서 "아시아나항공은 올해 3월부터 변경 적용된 회계감사 기준에 따라 올해 1,600억원 내외, 내년에도 1,500억원 내외의 영업이익 감소 효과가 발생할 것"이라고 내다봤다.

리포트에 따르면 아시아나항공은 항공기 정비 충당부채, 마일리지 이연 수익 등이 추가 인식되고 항공기 판매 후 리스 관련 계정이 이전 유형 자산처분손실에서 감가상각비로 재분류되는 등의 조정이 이뤄지면서 실적이 더 악화될 것으로 예상된다. 아시아나항공은 지난 3월 한정 감사의견 부여 이후 재차 적정의견으로 전환된 바 있으나 그 과정에서 이전에 비해 엄격한 회계감사 기준을 적용함에 따라 영업수익성과 재무 안전성 지표가 저하된 상태다. 또 작년 이후 항공기 정비 관련 이슈가 표면화하면서 정비비도 증가했다. 반면 신규 부정기 노선 인허가 제한에 따라 고정비 부담이 늘어나는 등 악재가 겹치고 있다. 항공업계 전반에 작용하고 있는 부정적 요인도 아시아나항공으로선 부담이다. 우선 미·중 무역분쟁 등 보호무역주의 확산으로 올해 상반기 화물 운송 실적이 감소했고 미·중 간 힘겨루기에 따른 물동량 감소 리스크도 여전하다. 또 우리나라는 한일 무역분쟁으로 한일 노선 여객 수요 위축이란 문제가 있다. 에어부산, 에어서울 등 저비용항공사를 자회사로 보유하고 있는 아시아나항공으로서는 간과할 수 없는 부분이다.

이날 아시아나항공은 5,230원으로 전 거래일 대비 1.32% 하락한 가격으로 장을 마감했다. 한 애널리스트는 "전반적으로 글로벌 항공업계 실적이 좋지 않고 아시아나항공은 회계 관련 악재까지 겹친 상황"이라며 "매각이 급물살을 타거나 시장 상황이 갑자기 좋아지지 않는 한 주가가 크게 오르길 기대하긴 어렵다"고 분석했다. 아시아나항공 관계자는 "변경된 회계처리 방식에 따른 영향은 이미 사업 계획에 반영돼 있다" 고 말했다.

한국경제신문. 2019.11.4.
아시아나 우발채무 매각 '막판 변수'로

아시아나 항공 인수 후보들의 본 입찰을 앞두고 항공화물 요금 담합, 기내식 업체 변경을 둘러싼 소송 등 우발채무가 인수 제안 가격을 바꿀 '막판 변수'로 떠올랐다.

3일 관련 업계에 따르면 인수 후보들은 매각 주관사에 주식매매 계약서에 반영돼 야 할 주요 사항을 지난달 25일까지 써냈다. 가격을 뺀 나머지 부분에 대해 양측이 미 리 검토를 끝냄으로써 최종 주식매매계약(SPA)까지 걸리는 시간을 단축하고 '연내 매 각'목표를 달성하겠다는 취지다.

오는 7일 본입찰을 준비하고 있는 인수 후보들은 이 과정에서 앞으로 발생 가능한 대형 우발채무를 '특별손해'라는 항목으로 제시하고 매도자 측에 손실을 전액 부담해 달라고 요구했다. 후보들이 거론한 우발채무는 대부분 소송이나 과징금과 관련한 내 용이다.

대표적인 항목은 유럽에서 부과할 수 있는 화물운송요금 담합 과징금 건이다. 아시 아나항공은 KLM 등 22개 항공사와 함께 유류할증료를 담합한 혐의로 네덜란드 정부 의 조사를 받고 있다. 과징금을 받을 경우 관련 손실 규모가 많게는 수백억원에 달할 것이라는 우려가 나오고 있다.

인수 후보들은 이 밖에도 알려지지 않은 잠재 손실을 파악하기 위해 애쓰고 있다. 일단 인수 계약서에 서명하면 예상치 못한 대규모 손실이 발생하더라도 일정 금액(통 상 매각가격의 3~5% 수준) 안에서만 보상받을 수 있기 때문이다. 한 인수 후보 측 관 계자는 "최종적으로 가격을 써내기 전에 특수관계인과 맺은 다양한 거래계약 등 숨은 위험을 파악하려 노력하고 있다"고 전했다.

매일경제신문. 2019.4.10.
회계의견 엇갈릴 땐 증선위가 유권해석

금융위원회 산하 증권선물위원회는 기업과 감사인이 회계 쟁점에 대한 의견이 엇갈릴 때 적극적인 유권해석을 내놓기로 했다. 회계 처리를 둘러싼 기업과 감사인 간 불협화음을 막고 보다 합리적인 회계감사 대안을 돕기 위한 대책으로 풀이된다.

9일 금융위원회에 따르면 신외부감사법 시행 규정에 증선위의 유권해석 규정을 삽입해 회계분쟁 조정자 역할도 수행할 계획인 것으로 전해졌다.

신설된 외감규정 24조 4항에는 "감리집행 기관은 재무제표 심사 수행 과정에서 회계 처리 기준 해석이 쟁점이 되는 경우 그 쟁점 관련 사항을 증권선물위원회 위원장에게 지체 없이 보고해야 한다"는 규칙이 들어간다.

금융당국 관계자는 "증선위에 회계 쟁점을 보고하라는 의미는 증선위가 기업이나 감사인의 논리를 본 뒤 합리적인 유권해석을 내려 주겠다는 취지"라며 "이를 통해 기업과 감사인 간 분쟁을 사전에 방지해 갑작스러운 의견 거절이나 한정 등 비적정의견 사태를 막을 수 있는 것으로 기대한다"고 설명했다. 다만 이 같은 규정이 효과를 발휘하기 위해서는 기업과 감사인이 분반기 때부터 철저한 감사를 수행해야 한다는 전제 조건이 필요하다. 결산법인이 12월 연말 감사보고서를 준비하면서 1월이나 2월에서야 증선위에 유권해석을 요청한다면 감사보고서 제출 시점인 3월 말까지 해답을 받기가 물리적으로 어려울 수 있기 때문이다. 결국 분반기 회계를 집중 점검하면서 문제가 발생하면 즉시 대응 체계를 갖추고 3분기 전에는 증선위에 해석을 요청해야 원활한 감사보고서 작성을 도울 수 있는 셈이다.

회계업계 관계자는 "국제회계기준 체계에서는 다양한 선택지가 있는 만큼 기업이나 감사인 간 회계처리 방법을 놓고 다른 시각이 발생하기 마련"이라며 "증선위가 유권해석을 필요한 시점에 내놓을 수 있다면 감사에 큰 도움이 될 것"이라 전했다. 그는 다만 "회계기준원이나 금감원이 이 같은 역할을 일부 하지만 늘 속도에 있어 안타까운 점이 있었다"며 "수개월이나 1년여간 걸린다면 의미가 없는 만큼 시장과 소통해 단기간 내에 질문과 답이 오갈 수 있으면 좋을 것"이라 덧붙였다.

회계적인 이슈에 대해서 기준원이나 감독원이 의견을 내는 것은 충분히 이해할 수 있으나 정부기관(증권선물위원회)이 감사의견에 개입하는 것이 옳은지에 대해서는 생각을 해 보아야 한다. 위의 신문기사에서는 감독기관이 개입하는 것이 시장의 혼란을 해소해 주는 순기능만을 기술하는 것 같다.

감사의견은 감사인의 고유권한이다. 물론, 표명된 감사의견에 대해서 감독/규제 기관이 의견에 대해서 감사기준에 근거하여서 잘못되었다고 판단을 내릴 수는 있지만 사전적으로 표명되어야 하는 의견에 개입한다는 것에 대해서는 심각한 고민을 해 보아야 한다. 또한 감사기준을 적용하는 것이므로 감독기관이라고 해서 이 기준을 해석하고 적용하는 데 있어서 감사인이 명백하게 잘못하였다고 판단하기 힘든 grey area가 존재한다.

과거에는 저축은행 사태가 있을 때, 감독기관이 감사의견에 개입한 아래와 같은 case도 있다.

조선일보. 2011.9.29.
금융당국, 저축은 구조조정 적당히 하려다 허 찔렸나

삼일회계법인이 2개 저축은행에 대해 '의견거절'을 검토하고 있다는 의사를 전달하자 금융당국은 적잖게 당황하고 있다. 두 곳 모두 금융당국의 경영 진단 결과 합격 판정을 받고 정상 영업 중인 곳이기 때문이다. 금융당국은 '의견거절'이 확정될 경우 예금 인출사태 등이 재발할 가능성이 있다고 우려하면서 '신중한 대응'을 당부하고 있는 것으로 알려졌다. 삼일회계법인이 문제를 삼은 A저축은행은 소형 저축은행이다. 하지만 A저축은행은 대주주의 아들이 몇 년 전부터 고객들의 예금 수백억을 빼돌린 사실이 지난 7~8월 금융당국의 경영진단 과정에서 드러났다. 대주주의 아들은 횡령한 돈을 주식에 투자했다가 손실을 본 것으로 전해졌다.

금융 당국 관계자는 '그동안 금융감독원과 감사를 맡은 회계법인은 물론 아버지인 대주주도 이런 사실을 몰랐다'고 말했다. 금감원은 A저축은행은 대주주가 아들이 횡령한 돈을 채워 넣자 '합격' 판정을 내렸고, 대주주의 아들을 횡령혐의로, A저축은행을 불법대출 혐의로 검찰에 각각 고발하는 것으로 마무리 지었다. 하지만 삼일 회계법인은 묵과할 수 없는 문제라고 봤다. 삼일회계법인 측은 '심각한 도덕적 해이를 보였기 때문에 경영진을 믿을 수 없다'는 입장인 것으로 전해졌다.

삼일회계법인이 '의견거절'을 검토 중인 다른 저축은행인 B사는 재무상태에 대한 논란이 많은 곳이다. 이 저축은행은 경영진단에서 부채가 자산을 초과하는 것으로 나타났지만 금융당국은 '위험하지 않다'는 판정을 내렸다. 반면 삼일회계법인은 '재무구조가 취약하다'는 판정을 내린 것으로 알려졌다. 28일까지 2010년 회계연도 결산 공고를 낸 64개 저축은행 중 영업 정지된 곳을 빼놓고는 모두 '적정'의견이 나왔다. 금감원 관계자는 '의견거절' 움직임과 관련, '삼일회계법인이 뒷감당이 걱정된 나머지 멀쩡한 저축은행에 대해 지나치게 소극적으로 나온 것 아니냐'고 말했다. 반면 대형 회계법인의 한 회계사는 '금융당국이 저축은행 구조조정을 적당히 끝내려다 허를 찔린 것 아니냐'고 지적했다. 삼일회계법인은 금융당국의 의견을 받아들여 최종 결정단계에서 수위를 낮추는 방안도 검토 중인 것으로 전해졌다. 삼일회계법인 측은 '한정의견이나 부적정의견이 나올 수 있다'고 밝혔다.

그런데 문제는 이러한 정책 방향이 확정된다면 기업과 감사인이 감사의견에 합치를 못 보는 경우 이러한 때마다 감독기관에 어떤 의견이 맞는지에 대해서 의사결정을 해 달라고 유권해석을 요청한다면 이는 옳지 않다는 것이다. 감사인과 회사가 가진 회계적인 이슈에 대해서는 회계기준원이나 금융감독원이 연석 회의를 통해서 질의회신(유권해석)을 할 수 있지만 이는 회계처리와 관련된 것이다. 감사의견은 감사인의 고유권한이다. 물론, 감사의견이 잘못 표명되었다고 규제/감독기관에서 사후적인 판단을 수행할 수는 있지만 감사의견의 형성에 감독기관이 사전적으로 개입함은 외국의 감독기관에서 유례를 찾아보기 어렵다.

기준원/감독원의 회계기준에 대한 해석권과 감사인의 의견에 대해서 이견을 조정하는 건은 그 차원이 다르다.

극단적으로 얘기하면 이런 식으로 감독기관이 개입한다면 거의 모든 감사 건에 대해서 감독기관이 직접 감사를 수행하면 된다고도 생각할 수 있다. 물론, 바람직하지도 않고 현실적으로 가능하지 않는 대안이다. 또한 주기적 지정제가 본격화되면 이러한 이견이 한두 건이 발생하는 것도 아니며 또한 이를 시의적절하게 조정해 주어야 하는데 이것이 가능한 것인지도 의문이다.

감독기관은 이러한 감사의견의 이견이 표출될 때, 이를 다음의 방식으로 해결하려 한다.

한국경제신문. 2020.1.10.
금융당국, 회계분쟁 중징계 안 한다

앞으로 기업과 감사인, 전 감사인과 현 감사인 간 회계 분쟁이 있을 때 전문가 협의를 거치면 감리를 받더라도 중징계를 피할 수 있게 된다.

금융위원회와 금융감독원은 증권선물위원회에 이 같은 내용을 담은 '전 당기 감사인 간 의견불일치 문제 완화 방안'을 보고했다고 9일 발표했다. 2018년 11월 시행된 '신외부감사법'에 따라 감사인 교체가 빈번해지고 회계처리를 둘러싼 갈등이 커진데 대한 조치다.

금융당국은 우선 한국공인회계사회와 회계전문가로 구성된 '전기오류 수정 협의회'를 설치해 회계와 관련된 갈등이 있을 경우 의견조율 절차를 거치게 할 예정이다. 단, 전기 감사인 또는 현 감사인이 정부로부터 지정된 경우여야 하고 회사의 요청이 있을 때만 관련 절차를 진행하기로 했다. 최종 조율이 무산되더라도 주요 협의 내용을 사업보고서에 기재해 투자자들에게 알릴 계획이다.

특히 기업과 회계법인들이 가장 민감해하는 감리 조치와 관련해 제재 부담을 줄여주기로 했다. '전기오류 수정 협의회'에서 충실한 협의를 거치면 정상 참작을 적용, 최소 1단계 이상 제재 수위를 감경하는 방안을 통해서다.

김선문 금융위 기업회계팀장은 "전문가협의회에서 회계법인 간 견해가 엇갈릴 수 있는 판단사항으로 인정되면 원칙적으로 '고의'가 아니라 '과실'로 볼 수 있다"며 "여기에 정상 참작이 적용돼 중징계가 아니라 경징계에 그칠 수 있다"고 설명했다.

아울러 전 감사인이 현 감사인 의견에 동의하지 않아서 당기 비교 표시 재무제표만 수정된 경우엔 내년부터 수정에 대한 투자자 안내를 별도로 공시하도록 할 계획이다.

감사보고서를 정정한 상장사는 최근 3년간 총 867곳으로 집계됐다. 2016년 150곳, 2017년 327곳, 2018년 380곳 등으로 꾸준히 증가했다. 이들 중 감사인이 변경된 곳은 394곳으로 46%에 달했다. '주기적 감사인 지정제'가 시행되고 부실감사 및 분식회계에 대한 제재가 강해지는 올해부터 본격적으로 회계분쟁과 재무제표 정정이 급증할 것이란 분석이 나온다.

매일경제신문. 2020.1.10.
감사인 이견 땐 '제3자가 협의회' 조율

감사인주기적 지정제 시행으로 감사인 간 의견 불일치가 증가할 경우에 대비해 금융당국이 이를 조율할 수 있는 제3자 주관 협의체를 마련한다.

9일 금융위원회와 금융감독원은 '전 당기 감사인 간 의견 불일치로 발생하는 문제 완화 방안'을 지난 8일 증권선물위원회에 보고했다고 밝혔다. 그간 회계업계에서는 올해 감사인 주기적 지정제가 시행되면서 감사인 교체가 빈번해지면 회계처리를 두고 전기 감사인과 당기 감사인 간 의견이 달라 전기 오류 수정을 둘러싼 갈등이 늘어날 것이라는 우려가 나왔다. 이에 금융당국은 감사인 간 의견 불일치가 발생하면 제3자가 주관하는 조율 절차를 거치게 하고 이를 회계감리 조치에 고려하기로 했다.

당국은 이를 위해 제3자가 주관하는 '전기 오류 수정협의회'를 운영하게 된다. 협의회엔 한국공인회계사회 감리조사위원장과 회계전문가 2인이 참여한다. 2~3차례 협의회를 열어 회사와 전 당기 감사인이 충분한 조율 절차를 거치게 할 예정이다.

한국신문. 2019.3.21.
금감원 "영구채는 부채로 봐야" 30조 어치 발행한 기업들 '발칵'[1]

 국내 회계정책을 총괄하는 금융감독원이 금융상품의 자본과 부채 개념을 새롭게 정하고 있는 국제회계기준위원회에 '신종자본증권은 회계상 자본이 아니라 부채로 봐야 한다'는 취지의 의견을 냈다. 회계상 자본으로 인정받고 있는 영구채를 부채로 인식하게 되면 부채비율이 급증해 자본잠식에 빠지는 기업이 속출하는 등 파장이 커질 수 있다. 지난해 3분기 말 기준 국내 기업이 발행한 영구채 규모는 30조원에 달한다.

 20일 투자은행과 회계업계에 따르면 금감원은 최근 IASB에 '영구채는 자본이 아니라 부채로 인식해야 한다'는 의견을 전달한 것으로 알려졌다.

 IASB는 금융상품 표시 회계기준(IAS 32) 개정 작업을 하면서 회원국 의견을 취합하고 있다. 이 중 쟁점이 된 영구채는 부채 성격이 있지만 원금상환 의무가 없기 때문에 유권해석을 통해 회계상 자본으로 인정받고 있다. 자본 확충이 필요한 기업들이 이자 부담을 감수하면서도 적극적으로 영구채를 활용해온 이유다.

 IASB는 그러나 지난해 8월 영구채에 관한 토론서를 내고 기업을 청산할 때 금융상품을 발행자가 갚아야 할 경우, 성과나 주가에 상관없이 보유자에게 특정금액의 수익을 약속해야 할 경우 '금융부채'라고 명시했다. 이 원칙을 적용하면 영구채는 부채로 될 여지가 크다. 여기에 금감원도 영구채 분류에 대해 IASB와 같은 의견을 제시하면서 영구채가 부채로 분류될 가능성이 높아졌다는 관측이 나온다.

 한국기업평가에 따르면 작년 3분기 말 기준 영구채를 발행한 국내기업은 모두 73곳

---

[1] 손성규(2014) chapter 61을 참조한다. 회계기준원은 2012년 12월 IASB의 유권해석을 받아서 영구채를 자본으로 분류하도록 유권해석을 내리게 된다. 그럼에도 불구하고 신용평가사들은 영구채를 자본으로 분류하여서 혼란이 있었다.

으로 발행 금액은 총 29조 5,338억원에 달한다. 영구채를 부채로 분류할 경우 이들의 부채비율은 평균 51.9% 포인트 상승할 것으로 추산된다. 대우조선해양과 대한항공은 부채비율이 각각 557.5% 포인트, 230.0%포인트 높아질 전망이다.

보험업계도 충격이 불가피하다. 2022년 부채를 시가 평가하는 것을 주요 내용으로 하는 새 국제회계기준 도입에 앞서 보험회사들의 영구채 발행이 잇따랐기 때문이다. 다만, 금감원은 영구채가 부채로 분류되어도 건전성 감독 규제에선 이를 가용자본으로 인정할 방침이다. 이 경우 지급여력비율(RBC) 급락은 피할 수 있다.

회계기준개정까지는 최소 2~3년이 걸리기 때문에 기업들이 대비할 시간은 있다. 국내에서 발행된 영구채 대부분은 발행 후 일정 시점이 지나면 발행자나 투자자가 콜풋 옵션을 행사할 수 있도록 돼 있다. 금감원이 영구채를 부채로 인식해야 한다는 신호를 주면 영구채 조기상환 행렬이 이어질 전망이다. 이 과정에서 기업들은 새로운 자금조달 방식을 고민해야 한다.

영구채와 이자 지급 방식에 따라 부채와 자본 분류가 달라질 가능성도 열려 있다. 회계업계 관계자는 "발행 조건에 따라 영구채 분류가 달라질 수 있지만 일단 명문화되면 자의적 해석이 어려워질 것"이라며 "영구채를 부채로 분류할 경우에 대비해야 한다"고 말했다.

조선일보. 2019.4.3.

자본인가 빚인가, 30조 영구채 논란

요즘 자본시장에선 30조원 가량 발행된 것으로 보이는 영구채를 기업 회계장부에 어떻게 기록할지를 두고 논란이 한창이다. 2012년 두산인프라코어가 처음 이 채권을 발행해 자본으로 인정받은 이래, 기업들은 자본을 보강하는 수단으로 영구채를 애용해왔다. 그런데 지난달 하순 금융감독원이 "영구채는 자본이 아닌 부채"라는 의견을 내자 증권가와 기업계가 술렁이기 시작했다. 그동안 자본으로 인정됐던 영구채를 부채로 볼 경우 일부 기업의 부채비율이 많게는 수백 %나 뛰어 부실기업으로 판정받을 수 있기 때문이다. 급기야 금융위원회 고위 관계자가 최근 "영구채의 회계처리 방향은 최종 결론이 나려면 최소 수 년 이상 남았다. 금감원은 신중하라"고 '입단속'에 나선 것으로 알려졌다. 영구채란 무엇이고, 왜 논란거리가 되고 있는 걸까.

- 자본 보강 수단으로 애용

영구채는 말 그대로 만기를 정해두지 않고 이자만 '영원히' 내는 채권이다. 이론상으로는 기업이 망하지 않는 한 영원히 존재하는 채무다. 그러나 실제로는 기업이 일정 기간(통상 5년)이 지나면 돈을 갚을 수 있는 권리(옵션)를 채권에 걸어두기 때문에, 대부분 중간에 상환이 이뤄진다. 만기가 없다는 자본의 성격과, 이자를 낸다는 채권의 성격을 고루 갖춘 일종의 변종인 셈이다.

우리나라에선 2012년 10월 두산인프라코어가 재무구조 개선을 위해 해외에서 5억 달러 규모 영구채를 발행하면서 회계처리를 둘러싼 논란이 처음 일었다. 금융당국 관계자는 "당기 기업 재무 개선 작업을 맡은 산업은행은 영구채를 자본으로 인정하는 데 적극적이었지만, 금융 당국에서는 신중하자는 의견이 적지 않았다"고 했다. 논란이 확산되자 금융위는 법적 해석 권한이 있는 회계기준원에 판단을 맡겼고, 회계기준원은 이를 다시 국제회계기준위원회에 넘겨 2013년 5월에야 '자본'이라는 결론을 받았다.

이후 영구채 발행은 급증했다. 한국기업평가에 따르면 작년 3분기 말까지 영구채를 발행한 기업은 모두 73곳, 금액으로는 29조 5,000억원에 달한다. 대우조선해양이 2조 3,328억원, 한화생명이 1조 5,579억원의 영구채를 발행한 것을 비롯, 대한항공(8,837억원), 현대상선(6,199억원), 교보생명(5,514억원) 등 자본 보강이 필요한 기업들은 죄다 영구채에 기대어 온 형편이다. 이런 상황에서 영구채가 부채로 분류될 경우 해당 기업들의 부채비율은 평균 51.9% 포인트 상승할 것으로 예상된다. 대우조선해양과 대한항공의 부채 비율은 무려 557% 포인트, 230% 포인트 높아진다. 금융위가 영구채가 부채라고 얘기한 금감원에 경고한 것은 이런 맥락이다.

- "중장기적으로 문제될 소지 많아, 경각심 가져야"

금융위는 "영구채가 당장 문제 될 사안이 아니다"라는 점을 강조하면서 소동을 가라앉히는 데 주력하고 있다. 지금은 IASB가 영구채에 대한 각국의 의견을 묻는 단계이며, 초기 논의에만 앞으로 1~2년은 걸린다는 것이다. 금융위 고위 관계자는 "금감원 입장은 실무 차원의 것이고 국제기구의 최종 판단까지 3년 이상 시간이 있다"며 "영구채는 이미 기업 신용평가사들도 평가 시 위험 요인을 고려하기 때문에 큰 혼란은 없을 것"이라고 했다. 그러나 시간 여유가 있다고 마냥 안심하고 있을 수만은 없는 상황이다. IASB는 이미 작년에 '기업을 청산할 때 발행자가 갚아야 할 금융 상품은 금융 부채'라는 입장을 밝힌 적이 있다. 향후 논의 과정에서 영구채가 부채로 분류될 가능성이 커진 것이다. 대형 회계법인 관계자는 "투자자들이 영구채로 기업의 건전성을 오인할 소지도 있기 때문에 재무제표 공시는 강화하는 등 투자자 보호 방안을 마련해야 한다"고 말했다.

한국경제신문. 2019.4.23.
'영구채 회계처리' 난기류 만난 대한항공

영구채권의 회계처리 변화 가능성이 대한항공 재무 안정성을 흔들 잠재 변수로 떠오르고 있다. 영구채 발행 잔액을 대차대조표상 자본에서 부채 항목으로 옮기도록 하는 원칙 변경을 국제회계기준위원회가 검토하기 시작해서다.

대한항공은 국내에서 영구채를 가장 활발하게 발행해온 기업 중 하나다. IASB가 회계처리 원칙을 변경하면 영구채의 지속적인 차환(신규 발행을 통한 상환)에 차질을 빚을 수 있다는 우려가 나온다.

• 영구채 회계 변경 '돌발 변수'

대한항공의 지난해 말 기준 영구채 발행 잔액은 약 7,000억원이다. 자기자본 3조 317억원의 23%에 해당한다. 진행 중인 IASB의 자본 분류 변경 논의 결과에 따라서 현재 자본으로 분류한 영구채 발행액이 전부 부채로 옮겨갈 가능성이 있다. 이 경우 대한항공의 연결 부채비율은 지난해 말 기준 744%에서 997%로 상승한다.

아직까지 회원국 의견 수렴 단계이지만 IASB가 회계처리 변경을 검토하고 있다는 사실만으로도 기존 영구채의 차환 또는 추가 발행에 걸림돌이 될 가능성이 있다는 분석이다. 금융감독원도 IASB에 '영구채는 자본이 아니라 부채로 인식해야 한다'는 의견을 전달한 것으로 알려졌다. 업계에서 이를 '영구채 발행을 자제하라'는 신호로 해석하고 있다.

대한항공은 영구채를 발행하면서 이를 자본으로 인정받지 못하면 회사 선택에 따라 즉시 상환 가능하다는 계약을 맺었다. 대한항공은 회사채 증권신고서를 통해 "영구채의 자본 분류 원칙이 바뀌면 재무구조 개선 효과가 사라지고 조기 상환 요건을 충족한다"고 설명했다.

• 자본 확충 압박 요인

영구채를 신규 회사채로 대체(차환)하는 과정에서 부채비율이 높아지면 일부 회사채가 조기 상환 요구에 몰릴 가능성을 배제할 수 없다. 지난해 말 대한항공의 원화 공모 회사채 잔액 1조 6,254억원 가운데 4,200억원어치는 연결 부채비율 1,000% 유지 조건을 달고 있다. 이 조건을 지키지 못하면 빌린 돈을 만기 때까지 자유롭게 쓸 권리인 '기안이익'의 상실 사유가 발생한다. 사채권자들이 집회를 열고 재무의 즉시 반환을 요구할 수 있다는 의미다.

대한항공은 실적 부진으로 과거에도 수차례 기한이익 상실 위기에 몰렸다. 2015년 9월말(부채비율 1,050%) 이후 2016년 6월말(1,082%), 2016년 말(1,178%)까지 세 차례 재무비율 조건을 맞추지 못했다. 그때마다 유상증자와 영구채 발행으로 상실 사유를 해소했다.

대한항공은 오는 30일 올 들어 처음으로 2,000억원 규모 회사채를 공모 발행할 예정이다. 한 증권사 회사채 담당 임원은 "지난해엔 고금리 회사채 인기에 힘입어 대한항공이 유동성 걱정을 크게 덜었다"며 "올해도 개인 수요가 풍부할 것으로 예상하지만 다양한 변수가 등장한 만큼 지켜봐야 할 것"이라고 말했다.

한국경제신문. 2019.2.26.
신외감법 여파 … "무더기 상장폐지 막아라"

　　금융위원회와 한국거래소가 외부감사인으로부터 부적정 의견거절 범위제한 한정 등 감사의견 비적정을 받은 기업의 증시 퇴출을 1년 유예해 주는 방안을 검토하고 있다.

　　신외감법 시행 이후 기업이 무더기로 쏟아져 시장의 불안정성을 키우는 것을 막기 위한 조치다. 지난해 코스닥시장에서 감사의견 거절 사유로 매매가 정지된 뒤 한국거래소와 법적 공방을 진행 중인 감마누 등 일부기업에도 회생 기회가 주어질지 주목된다.

　　25일 관련업계에 따르면 금융위와 거래소는 증시 퇴출과 관련한 외부감사 제도 개선안을 논의하고 있다. 가장 유력하게 검토되고 있는 안은 의견거절 등 비적정 감사의견을 받은 기업의 퇴출 기한을 1년 연장해 주는 것이다. 금융당국 관계자는 "회계법인의 감사의견만으로 즉시 퇴출되는 것이 부당하다는 목소리가 높아짐에 따라 해당 기업에 기회를 한 번 더 주는 방안이 검토되고 있다"고 설명했다.

　　현행 코스닥 시장 규정에 따르면 연간 감사보고서가 감사의견 비적정을 받은 기업은 형식적 상장폐지 요건에 따라 즉시 퇴출 대상이 된다. 관리종목 지정이나 상장적격성 실질 심사 등을 거치지 않고 바로 상장폐지 수순을 밟는다.

　　검토안에 따르면 코스닥 상장 기업이 비적정 의견을 받으면 매매거래는 정지되지만 즉시 퇴출 대상에는 오르지 않는다. 정지 기간에 회사가 재감사를 받거나 다음해까지 회계처리 절차를 개선해 적정의견을 받도록 노력해야 한다. 만약 비적정 의견 사유가 해소되지 않고 다음해에도 의견거절을 받으면 즉시 퇴출 대상이 되는 방안이다.

　　재감사를 받는 기업들에 외부감사인을 지정해주거나 비적정 기업을 거래소의 상장적격성 실질 심사 대상에 올리는 방안 등도 검토 대상이지만, 부작용 등을 감안해 신중히 결정하겠다는 게 금융위와 거래소의 의견인 것으로 전해졌다.

금융위와 거래소가 증시 퇴출 규정 완화를 검토하는 이유는 즉시 퇴출 대상이 되는 감사의견 비적정 기업이 급증할 것으로 예상되기 때문이다. 지난해 11월 시행된 신외감법에 따라 회계부정과 부실감사에 대한 제재가 대폭 강화된다. 이로 인해 회계사들의 감사가 깐깐해지고 있으며 비적정 의견도 늘어날 것이란 전망이 나오고 있다. 지난해 비적정 감사의견에 따른 상장폐지 대상 기업은 13곳으로 2017년 6곳에 비해 두배 이상 늘었다.

거래소가 비적정 감사의견 기업에 3~5개월 가량 유예기간을 부여하는 재감사제도의 부작용도 이번 제도 개선을 검토하는 이유 중 하나다. 지난해 의견거절을 받은 파티게임즈, 김마누 등은 "고비용인 재감사를 받았음에도 퇴출 대상이 됐다"며 상장 폐지 결정에 대한 효력정지 가처분을 법원에 제기하는 등 강력 반발한 바 있다. 감마누는 최근 삼일회계법인으로부터 2017년 재무제표에 대한 적정 의견을 받아내면서 상장폐지 결정을 무효화해야 한다는 본안 소송까지 진행 중이다.

매일경제신문. 2019.3.12.
'비적정감사의견' 받아도 1년간 상장유지 … 이듬해 한 번 더 기회

새로운 외부감사법 시행을 맞아 비적정감사의견이 크게 늘 것으로 예상되는 가운데 비적정 감사의견에 따른 상장폐지는 보다 줄어들 전망이다. 상장폐지 사유가 발생한 기업들에 다시 한 번 기회를 주는 방안이 논의되고 있다.

11일 관련 업계에 따르면 한국거래소와 금융위원회는 비적정 감사의견을 받아 상장폐지 대상이 된 기업들에 새로운 기회를 주는 방안을 준비하고 있다. 기한 내 '적정' 의견을 받은 재감사보고서를 제출하는 현 방안에 더해, 다음해 감사보고서에서 '적정'의견을 받아도 상장이 유지되는 방향이다. 재감사보고서 제출 기한으로는 6개월을 부여하고, 6개월을 연장할 수 있도록 하는 방안 등도 검토 중이나 가능성은 낮은 것으로 알려졌다. 확정안은 이르면 다음 중순께 금융위와 증권선물위원회를 거쳐 나올 예정이다.

감사인의 감사의견은 크게 적정과 비적정으로 나뉜다. 적정의견은 재무제표가 회계기준에 적정하게 작성됐음을 의미한다. 반면 비적정 감사의견은 다시 한정과 부적정, 의견거절로 나뉜다. 한정 의견은 부분적으로 재무제표에 문제가 있다는 의미이며, 부적정의견은 재무제표에 중대한 문제가 있음을, 의견거절은 감사보고서 작성에 필요한 정

보를 충분히 얻지 못했음을 의미한다.

한국거래소 코스닥시장 상장규정 제38조 11항은 최근 사업연도의 재무제표에 대한 감사인의 감사의견이 부적정이나 의견거절, 한정인 경우 기업의 상장을 폐지한다고 규정하고 있다. 지금까지는 기업이 비적정 감사의견을 받을 경우 거래소에서 기업심사위원회를 열고, 통상 3~5개월의 재감사보고서 제출 기한을 정해주는 형태로 상장폐지 절차가 진행돼 왔다. 2017년 4건에 머물렀던 비적정감사의견으로 인한 상장폐지는 지난해 20건으로 늘었다.

현재 유력한 방안으로 결정될 경우 비적정감사의견을 받더라도 다음해 감사보고서가 나올 때까지는 상장폐지를 면할 수 있다. 다만 해당 기간 주식 거래는 불가능하다. 상장폐지 사유가 발생하면 자동으로 주권 매매 거래가 정지되며, 매매 거래 정지를 해제하기 위해서는 상장폐지 사유가 해소돼야 한다. 만약 다음해 감사보고서도 비적정 의견을 받으면 상장폐지로 이어진다.

현행 제도처럼 재감사보고서를 내는 방안도 유지될 전망이다. 즉 비적정 감사의견을 받은 기업이 상장폐지 사유를 없애기 위해서는 다음해 감사보고서에 적정의견을 받거나 당해연도에 적정 의견 재감사보고서를 제출하는 두 가지 옵션이 있다. 기업의 주권 매매 거래를 빨리 재개시키는 게 목적인 기업은 재감사보고서 제출을 택할 가능성이 높다.

코스닥 기업들이 재감사보고서 제출에 어려움을 느낀다는 점 역시 이번 개정안을 만드는 데 영향을 미친 것으로 알려졌다. 재감사보고서 제출을 위해서는 회계법인에서 다시 감사를 받아야 하고, 재감사비용 또한 추가로 들어간다. 재무구조가 좋지 않은 코스닥 기업에는 부담스러운 요인이다. 코스닥시장 관계자는 "재감사 횟수가 늘어날 수록 회계법인만 이득을 본다. 많은 코스닥 기업에는 재감사가 부담스러운 게 사실"이라며 "코스닥 상장사들의 재감사 비용에 대한 불만도 높았다"고 밝혔다.

이번 조치는 새 외감법 시행에 따른 결과다. 새 외부감사법 적용 이후 첫 감사보고서가 곧 나온다. 새 외부감사법 체제에서는 기존에 비해 감사 시간이 크게 늘었을 뿐 아니라 부실감사 시 회계사에 대한 처벌도 강화됐다. 비교적 한계기업이 많은 코스닥 시장의 경우 회계법인의 감사가 강해지며 비적정 감사의견을 받는 기업도 늘어날 것이라는 전망이 우세하다.

법원이 거래소 상장폐지에 제동을 건 점도 영향을 미친 것으로 보인다. 2017년 감사보고서에서 의견거절을 받는 코스닥 상장사 감마누는 이후 기업심사위원회에서 지정한 재감사보고서 제출 기한을 넘겨 상장폐지절차를 밟았다. 그러나 서울 남부지방법원에 상장폐지 효력 정지 가처분신청을 제기해 인용 판결을 받고, 이후 적정의견을 받은 재감사보고서를 제출했다. 거래소는 가처분신청 인용에 이의를 제기했으나 기각됐다. 현재는 상장폐지 효력정지 본안 소송이 진행 중이다.

상장폐지와 관련된 의사결정은 누구에게나 항상 어려운 의사결정이며 누구도 이러한 의사결정의 부담을 안고 싶지 않아 할 것이다. 감독/규제 기관이 개입할 수도 있으며 아니면 거래소가 주도적인 역할을 수행할 수 있다.

이와 같은 정책 방향을 감독기관이 검토하는 이유는 신외감법 시행과 동시에 내부회계관리제도에 대한 검토도 그렇고 재무제표에 대한 감사도 그렇고 예년에 비해서 의견이 매우 강화되는 추세를 보이고 있고 기업이 회계에 대해서 상당히 부담스러워하기 때문이어서 감사의견이 한번 좋지 않게 나왔다고 하여도 기업으로 하여금 이를 회복하고 회생할 수 있는 기회를 부여해야 한다는 실무에서의 제안이 반영되었을 것이다.

감사시즌에는 가끔 회사 관계자들이거나 조폭들이 회계법인 앞에서 시위를 하면서 회계법인의 공인회계사들을 협박하거나 위협하는 일도 발생한다. 상폐만큼은 어떻게라도 막아 보려는 극단적인 행동이다.

이렇게 많은 부담을 갖고 진행되는 업무의 중책을 감사인이 떠맡아 가는 모습이다. 이렇게 엄청난 권한을 감사인이 갖는다는 것은 감사인이 우월적 권한을 가진다는 순기능도 있지만 동시에 상폐를 초래할 수 있는 비적정의견을 확신을 가지고 과연 표명할 수 있을까라는 생각을 하게 된다.

어느 기업이 상당한 정도의 불확실성이 존재하므로 상장폐지가 되어야 하는지는 누구에게도 쉬운 의사결정이 아니며 이는 감사인도 동일하다. 다만, 어느 누군가는 이러한 어려운 의사결정을 수행하여야 한다는 데는 이견이 없다.

오히려 상장폐지에 대한 부담 때문에 이러한 의견의 표명을 주저할 가능성도 높다.

상장폐지는 미래의 잠재적 투자자를 보호하기 위해서 현재의 주주가 엄청난 피해를 보는 것이다. IPO 의사결정도 매우 신중한 의사결정이어야 하지만 상장폐지 의사결정은 더더욱 신중한 의사결정이어야 한다.

370 Chapter35 퇴출 1년 유예

감사의견이 적정이 아닌 경우에, 감사인을 변경하지 못하게 하는 제도가 시행 중이다. 이는 감사인으로 하여금 교체의 위험에도 불구하고 표명하는 감사의견에 부담을 느끼지 않고 감사인을 보호하겠다는 의미이다. 즉, 비적정감사의견을 표명한 데 대한 피감기업의 공격을 피할 수 있도록 보호하겠다는 것인데, 이 제도는 감사의견이 적정/비적정의 애매한 borderline에 있을 경우, 감사인이 오히려 비적정의견을 표명하면서 감사인 교체를 피해갈 수도 있다는 맹점을 드러내기도 한다. 그러나 손성규, 배창현, 임현지(2017)는 이 제도가 실효성이 없는 제도라고 논문에 적고 있다. 해당 논문의 각주8의 내용은 다음과 같다.

외부감사 및 회계 등에 관한 규정 제11조(감사인 부당교체 사유)에는
① 제10조 제1항 제2호의 규정에서 회사가 감사인을 교체한 사유가 부당하다고 인정되는 경우는 다음 각 호의 1과 같다.

4. 직전 사업연도의 재무제표, 연결재무제표 또는 결합 재무제표에 대하여 한정의견 의견거절 또는 부적정의견을 표명한 감사인을 교체한 경우.
그러나 이러한 실정법상의 제한에도 불구하고 실무 관행상으로 전기 비적정 감사의견을 받은 기업들이 보다 자유롭게 외부감사인을 교체하는 경향이 있다. 전기 비적정의견을 받고 감사인을 교체할 경우 후임 감사인이 전임 감사인의 동의를 얻어야 하는 절차가 요구되나, 이러한 절차는 형식적인 서류 절차로 이루어지는 경우가 많고 교체 사유서를 전임 감사인이 제출할 것을 후임 감사인이 대신 제출하여 감사인 지정에서 벗어나는 것이 실무 관행이다(박종일 · 남혜정, 2014).
박종성, 최기호(2001)는 우리나라 경우에는 비적정의견을 받는 기업이 적으며, 직전 사업연도의 재무제표에 대하여 한정의견, 의견거절 또는 부적정의견을 받은 기업이 감사인을 교체하는 경우 감사인 부당교체 사유에 해당되어 감사인을 지정받기 때문에 비적정의견을 받은 기업이 의견구매 목적으로 감사인 교체를 시도하는지에 대한 분석을 하는 것은 의미가 없다고 하였다.
기한 내 '적정' 의견을 받은 재감사보고서를 제출하는 현 방안에 대해서 위의 신문기사에서 기술하고 있으나 최초의 감사보고서가 잘못된 감사보고서

가 아니라고 하면 재감사보고서를 제출받아서 감사의견이 변경되었다는 것도
이해하기는 어렵다. 특히 동일한 감사인이 감사를 다시 하는 경우라면 더더욱
그렇다. 이는 감사가 잘못되지 않았다고 하면 더더욱 그러하다. 물론 재감사과
정에서 피감기업이 감사인의 요구대로 재무제표를 수정하는 경우도 있다.

재감사보고서는 opinion shopping을 피하기 위해서 동일 감사인에게서
재감사를 받도록 하는 것이다.

유가증권시장에서 두해 연속 감사범위제한 한정의견을 받으면 상장폐지
되는 제도는 두해 연속 비적정의견을 받으면 상장폐지로 가는 위의 정책 방향
과 유사한 내용이다.

매일경제신문. 2019.3.12.
관리종목 상폐 사유 벌써 23곳

12월 결산법인 실적 공시가 마무리되고 있는 가운데 재무상태가 악화된 코스닥 상
장사들이 늘어나면서 관리종목지정이나 상장폐지가 속출할 것이라는 우려가 나온다.

금융감독원 전자공시시스템에 따르면 지난 8일까지 올 한 해 '내부결산시점 관리종
목 지정 또는 상장폐지 사유 발생' 사실을 공시한 상장사는 23개사다. 모두 코스닥 상
장사로 지난해 같은 기간 14개사보다 64.3%(9개사) 늘어난 수준이다. 결산과 관련해
올해 새롭게 관리 종목에 지정되거나 상장폐지 사유가 발생할 우려가 있는 회사는 12
개사로 파악된다. 다른 회사들은 다른 사유로 상장 적격성 실질검사를 받고 있거나,
개선 기간이 부여된 회사들이다.

코스닥 상장사는 '4년 연속 영업손실'이 발생하면 관리종목으로 지정된다. 관리종목
지정 후 실질심사를 거쳐 최근 사업연도 영업 손실 발생 여부에 따라 퇴출 여부가 결
정된다. 금융감독원 공시에 따르면 매출 부진으로 영업 손실이 몇 년 이어진 경우가 대
부분이다.

이처럼 기업들이 실적 부진으로 고전을 면치 못하고 있는 가운데 올해부터 적용되는
개정 외부감사법에 따라 감사보고서에 '한정' '부적정' '의견 거절' 의견을 받는 기업이
작년보다 늘어날 것이라는 우려도 나온다. 일각에서는 올해 감사의견 거절로 상장폐지
되는 기업 수가 30여 개에 달할 것이라는 관측도 나온다. 한국거래소 관계자는 "아직
감사보고서가 제출되지 않아 상장폐지 심사 대상이 될 기업이 얼마나 나올지 알 수 없

다"며 "다만 올해는 개정 외부 감사법 시행에 따라 감사가 엄격해져 부적정의견을 받는 기업이 작년보다 늘 가능성이 있다"고 밝혔다.

매일경제신문. 2019.3.13.
"억울한 상장 폐지 막겠다"

'원스트라이크아웃' 폐지

한국경제신문. 2019.3.21.
금융위, '감사의견 비적정 기업' 상장폐지 1년 유예

금융위원회가 외부감사인으로부터 비적정 감사의견을 받은 기업의 증시 퇴출을 1년 유예하는 방안을 확정했다. 이에 따라 케어젠, 라이트론 등 지난해 재무제표에 대해 의견거절을 받은 기업들은 퇴출 공포에서 당분간 벗어나게 됐다.

• 개선 기간 1년 부여

금융위는 20일 정례 회의를 열고 '감사의견 비적정 기업에 대한 상장관리제도 개선을 위한 상장규정 개정' 안건을 승인했다. 이에 따라 올해부터 상장사가 비적정 감사의견을 받으면 다음 연도 감사의견을 기준으로 상장폐지 여부가 결정된다.

다음 연도에도 감사의견이 비적정의견으로 나오면 정리매매 절차를 거쳐 상장폐지되지만, 적정으로 의견이 바뀌면 실질심사를 거쳐 상장유지 또는 폐지가 결정된다. 다만 투자자 보호를 위해 적정의견을 받을 때까지 매매거래는 정지되고, 다음해 감사인은 정부가 지정한다.

그동안 비적정 감사의견을 받은 기업은 형식적 상장폐지 요건에 따라 즉시 퇴출 대상(유가증권 상장사는 범위제한 한정의견을 2년 연속 받으면 퇴출)이 돼 관리종목 지정이나 상장적격성 실질 심사들을 거치지 않고 바로 상장폐지 수순을 밟았다.

상장폐지 대상에서 벗어나기 위해 코스닥시장 기업이 받아야 했던 고비용의 재감사는 더 이상 강제하지 않기로 했다. 기업이 일찍 매매거래정지를 풀고 싶어 자발적으로 신청할 때만 재감사를 받으면 된다.

• 무더기 퇴출 공포 누그러질 듯

금융위가 이 같은 조치를 마련한 것은 '신외감법' 시행 이후 감사의견 비적정에 따른 상장폐지 기업이 무더기로 쏟아져 시장 불안감이 커지고 있기 때문이다.

이번 개정으로 향후 상장폐지를 둘러 싼 법적 공방도 잦아들 전망이다. 지난해 의견 거절을 받은 파티게임즈, 감마누 등은 고비용인 재감사를 받았음에도 결국 퇴출 대상 이 됐다며 상장폐지 결정에 대한 효력 정지 가처분 신청을 법원에 제기했다. 감마누는 최근 삼일회계법인으로부터 2017년 재무제표에 대한 적정의견을 받아 내면서 상장폐 지 결정을 무효화해야 한다는 본안 소송까지 진행하고 있다.

이러한 모든 소송은 재감사가 적절했는지에 대한 판단을 사법부에게 묻 게 되는데 결코 쉽지 않은 소송 건이 될 수밖에 없다.

회계 전문가들이 제도권에서 해결하지 못한 문제를 법원에 의존하여 문 제를 해결하려는 것인데 물론 국가 system은 이렇게 되어 있지만 바람직한 것 인지에 대한 생각을 하게 된다.

이러한 변화된 제도하에서 기업들은 두 가지 대안을 가지게 된다. 즉, 감 사수임료에 대한 부담 또는 동일한 감사과정을 반복하여 받게 된다는 우려 아 래 재감사를 받는 것이다. 물론 이 대안에서 기업이 누릴 수 있는 장점은 매매 거래정지를 조속히 해결할 수 있는 대안이다. 단점은 감사의견이 바뀐다는 보 장이 없고 수임료에 대한 부담이 크다는 것이다.

이러한 부담이 강할 경우 기업은 무리해서 재 감사를 추진하지 않을 듯하 며 대신 그 다음해에 감사를 받으면서 의견이 적정으로 변경될 것을 기대하게 되는데, 자유수임으로 인한 감사인이 아닌, 지정제에 의한 감사인이므로 조금 더 철저한 감사에 대비해야 한다.

그러나 재감사를 통해서 감사의견이 개선되지 않는 한 1년 후에 적정의 견을 받는 것은 매우 어렵다는 주장도 있다.

한국경제신문. 2019.3.31.
'퇴출' 모면 위해 법정관리 신청 속출할 듯

2018 사업연도에 대해 '감사의견 비적정'을 받은 상장사 상당수가 재감사 계약을 맺고 있다. 상장폐지 제도가 바뀌면서 한국거래소가 상장폐지 이의신청서를 받을 때 재감사를 요구하지 않지만 해당 상장폐기업들은 퇴출 위기를 벗어나려면 재감사로 적정 의견을 받는 게 필수라고 말한다. 전년도 비적정을 그대로 둔 채 이듬해 적정의견을 기대하는 건 불가능에 가깝기 때문이다. 유예기간이 6개월에서 1년으로 길어지면서 재감사에서 적정 의견을 받기 위한 기업회생절차(법정관리) 신청이 속출할 것이란 전망이 나온다.

금융위원회는 지난 20일 감사의견 비적정 기업에 대한 상장폐지 제도 개선 방안을 내놨다. 지난해 코스닥 기업 무더기 상장폐지가 현실화되면서 거래소의 형식적 퇴출 요건을 재검토한 결과다. 상장기업이 비적정 감사의견을 받으면 다음 연도 감사의견을 기준으로 상장폐지 여부가 결정되도록 하는 게 핵심이다. 투자자 보호를 위해 적정의 견을 받을 때까지 매매거래는 정지되고, 다음해 감사인은 금융당국이 지정하도록 했다. 비적정 기업이 재감사를 받을 필요가 없도록 제도를 손질했다는 게 금융위 설명이다. 재감사는 외부감사법 적용을 받지 않아 과도한 감사 비용 등이 도마에 올랐었다.

하지만 실질적으로 바뀐 건 거의 없다는 지적이 나온다. 한 회계사는 "현실적으로 재감사를 통해 감사의견을 돌리지 못하면 이듬해 지정감사인에 의해 적정의견을 받을 가능성이 '제로'에 가깝기 때문에 퇴출을 피하기 어렵다는 점은 변함이 없다"고 말했다.

상장폐지 유예기간이 6개월에서 1년으로 길어지면서 재감사 시간이 충분해졌기 때문에 적정 의견을 받기 위해 전략적으로 법정관리를 신청하는 기업이 늘 것이란 예상도 나온다. 법정관리 체제에선 법원이 채권 채무 관계를 새롭게 재조정하기 때문에 우발채무 문제로 비적정 의견을 받은 기업들이 적정으로 돌아설 가능성이 커진다. 작년 재감사에서 적정 의견을 받아낸 감마누도 회생절차를 거쳤다. 감마누는 거래소의 상장폐지 결정을 무효화해야 한다는 본안 소송을 하고 있다. 한 법무법인 변호사는 "감사의견 비적정 기업들이 법정관리 체제에서 채권자와의 이면 계약 등을 통해 퇴출위기를 벗어날 여지가 있다"며 "주주들에게는 좋은 소식일 수 있지만 시장 건전성 측면에선 바람직하지 않다"고 지적했다.

재감사는 외부감사법 적용을 받지 않아 과도한 감사 비용 등이 도마에 올랐다고 적고 있어서 마치 외감법에 적용을 받으면 과도한 감사가 문제가 될 수 없다는 식으로 기술되어 있는데 이는 그렇지 않다. 수임료의 높고 낮음은 법과는 무관하다.

한국경제신문. 2019.8.17.
법원 "감마누 상장폐지 취소" 기업 상폐 취소 소송 첫 승소

통신 장비 제조업체 감마누의 상장을 폐지한 한국거래소의 결정을 취소해야 한다는 법원 1심 판결이 나왔다. 상장폐지 취소 소송에서 기업이 거래소를 이긴 것은 이번이 사상 처음이다. 서울남부지방법원 민사11부(부장판사 이유형)는 감마누가 한국거래소를 상대로 낸 상장폐지결정 무효 확인 소송에서 16일 원고 승소 판결했다.

재판부는 "상장폐지 사유가 발생해도 특별한 사정이 있으면 기간을 연장해야 하지만 한국거래소는 이런 조치를 취하지 않았다"며 "감마누는 지난해 삼일회계법인과 재감사에 들어갔고 한국거래소는 기간을 연장해 주지 않고 상장폐지 결정했다"고 지적했다. 이어 감마누는 상장폐지 결정 뒤 적정의견의 감사보고서를 받았기 때문에 결정 당시 개선 기간을 줬다면 상장폐지가 되지 않았을 것"이라며 "한국거래소는 재량권을 남용했으므로 감마누의 주권 거래를 재개해야 한다"고 설명했다.

앞서 감마누는 2017년 감사보고서에서 외부 감사인으로부터 감사의견 거절을 받았다. 최대주주 에스엠브이홀딩스 등 특수관계자와의 거래에 대한 자료를 충분히 확보하지 못했다는 게 이유였다. 이에 따라 지난해 3월 주식거래가 정지됐고 9월 상장폐지 결정이 나와 주식 정리매매에 들어갔다.

그러나 10월 감마누가 낸 상장폐지 효력정지 가처분을 법원이 받아들이면서 상장폐지 절차가 중단됐다. 정리매매 마지막 날이었다. 이후 감마누는 2017년 감사보고서에 대한 적정의견을 받았고 곧바로 한국거래소를 상대로 상장폐지 무효 소송을 냈다.

증권업계에서는 한국거래소의 당시 결정에 대한 비판의 목소리가 나오고 있다. 증권업계 관계자는 "감마누는 재감사 보고서가 나올 시기를 한국거래소에 알려줬는데도 거래소가 이를 감안하지 않고 상장폐지를 감행했다"며 "성급한 결정을 내려 사상 첫 상장폐지 결정 취소 판결을 받게됐다"고 지적했다. 한국거래소는 이날 즉시 항소 의사를 밝혔다.

매일경제신문. 2019.10.8.
재감사 대신 회생법원 택한 상폐위기 기업들

재감사 대신 법원을 찾는 상장폐지 유예 기업이 부쩍 늘고 있다. 법원 회생절차에서 자산 부채 금액이 확정되면, 다음 연도 감사에서 적정 의견을 받을 가능성이 커지기 때문이다. 아울러 회생절차는 재감사에 비해 비용 측면에서도 유리하다.

7일 한국거래소에 따르면 코스닥 상장사 와이디온라인이 최근 서울회생법원 제11파산부로부터 회생 계획을 인가받았다. 회사 측이 제출한 회생계획안은 지난 2일 관계인집회에서 가결됐다. 아울러 채무자 회생 및 파산에 관한 법률(회생법)에서 정한 요건 역시 구비했다고 인정돼 회생계획 인가를 결정받았다. 회생계획안에 따르면 금융기관 대여채권과 일반 대여채권 원금은 80%가량 출자 전환되며, 특수관계인 등 채권은 원금과 이자가 전액 면제된다. 아울러 회생절차 개시 후 이자도 사라진다.

앞서 와이디온라인은 지난 3월 2018 사업연도 재무제표에 대한 '의견 거절'을 공시했다. 사유는 감사 범위 제한과 계속 기업 존속 능력에 대한 불확실성이다. 이는 즉시 상장폐지 사유에 해당하며, 거래소 기업 감시위원회는 내년 4월까지 개선 기간을 부여하기로 결정했다. 거래소 관계자는 "비적정 감사의견이 나와 상장폐지 절차가 1년 유예된 코스닥 상장사 중에 재감사 대신 법원 회생절차를 선택하는 회사가 나오고 있다"며 "회생절차는 재감에 비해 비용이 적을 뿐 아니라 차기 감사에서 적정의견을 기대할 수도 있다"고 설명했다.

와이이돈라인처럼 2018 사업 연도에 대한 비적정 감사의견을 받은 코스닥 상장사 34곳 중 회생절차를 선택한 회사는 9곳에 달했다. 와이디온라인은 법원으로부터 회생계획 인가를 받았다. 라이트론과 지와이커머스, 바이오빌, 이엘케이, KJ프리텍, 비츠로시스 등 6곳은 회생절차 개시 결정이 났으며, 지투하이소닉과 화진은 회생 개시 신청 단계. 회생절차는 회생 개시 신청 → 회생 개시 결정 → 회생 계획안 제출 → 회생 계획 인가 → 회생 종결 신청 → 회생 종결 순이다.

금융위원회는 올해 초 한번 비적정 감사의견이 나왔다고 상장폐지되는 일을 막기 위해 1년간 유예 조치를 취했다. 다음 회계연도에서 적정 감사 의견을 받거나, 재감사에서 적정의견을 받으면 상장폐지 대상에서 벗어날 수 있다. 회사들이 회생절차를 선택하는 이유는 비용 측면과 적정 의견에 대한 기대 때문이다. 회생은 재감사에 비해 비용이 저렴하다. 금융투자 업계에 따르면 재감사 비용은 5~20억원인데, 회생절차 비용은 사건의 대소 등을 고려해 법원이 정한다.

또 회생절차가 마무리되면 다음 회계연도에서 적정 의견을 받을 가능성이 커진다. 회생을 통해 자산 부채 금액이 확정되기 때문이다. 물론 회사 부실이 심해 법원에 회생을 신청하는 사례도 있다.

홍정후 효림회계법인 파트너회계사는 "회생절차를 통해 채무 최고 상한액 자산 손상률 최대금액 우발채무 등 미확정 자산 부채가 확정되면서 비적정 의견 원인이 사라지게 된다"며 "감사 범위 제한 이슈가 해결되면서 다음 번 감사보고서에서 '적정'을 받을 확률이 높아진다"고 분석했다.

그러나 기업 오너 위치에서는 회생 절차를 신청하면 경영권을 빼앗길 수 있다는 각오가 필요하다. 회생절차에 돌입하면 경영권을 법원이 쥐게 된다. 법원은 회생 관리인을 선정한다. 기존 경영인에게 계속 맡길 수도 있지만, 법원이 선임한 제3의 전문가가 관리인이 될 수도 있다. 법원은 특히 인수 합병을 통해 새로운 주인에게 회사를 넘길 수도 있다. 자금 수혈을 통한 회사 살리기 차원에서다.

매일경제신문. 2019.10.14.
상장폐지 확정 기업들, 마지막 희망은 법원?

상장폐지가 확정된 기업들이 잇달아 법원 문을 두드리고 있다. 한국거래소에서 상폐가 결정되자, 법원에 상폐 판단을 맡기려는 회사가 늘고 있다.

13일 거래소에 따르면 상폐가 확정됐지만 법원 조치로 정리 매매 절차가 보류된 코스닥 상장사는 지금까지 총 5곳으로 집계됐다. 이 가운데 올해 거래소에 의해 상폐가 확정된 회사는 제이테크놀로지, 에이앤티앤 등 2곳이다. 코스닥시장위원회는 지난 2일 제이테크놀로지 주권에 대한 상폐 여부를 심의한 결과, 상폐가 타당한 것으로 의결했다. 이에 따라 오는 22일부터 정리매매가 예정됐다. 하지만 회사 측이 상폐 결정 효력 정지 가처분 신청서를 서울남부지법에 제출하면서 상폐 절차는 법원 결정 확정까지 보류됐다.

코스닥시장위원회는 5월에도 에이엔티앤 주권에 대한 상폐 여부를 심의해 상폐가 타당하다고 결정했다. 이에앤티앤 또한 상폐 결정 효력 정지 가처분 신청서를 법원에 내면서, 정리매매 절차가 보류됐다.

　　지난해 거래소가 상폐를 확정했으나, 법원으로 판단의 공이 넘어간 회사는 모다, 파티게임즈, 감마누 등 3곳이다. 모다에 대한 정리매매 절차는 지난 8월 29일 보류됐다. 모다가 이날 법원 결정에 따라 재개된 상폐 절차에 대해 항고했기 때문이다. 파티게임즈는 지난 7월 거래소와의 상폐 결정 무효 소송에서 패소했으며, 현재 2심이 진행 중이다. 재판기간에 상폐 절차는 보류됐다. 법원이 회사 측 손을 들어준 경우도 있다. 감마누는 지난 8월 거래소와의 상폐 결정 무효 소송 1심에서 승소했다. 이처럼 거래소에서 상폐가 확정된 회사들이 잇달아 법원 행을 택하면서 올해 코스닥에서 퇴출된 회사는 에프티이앤이 1곳에 불과하다.

　　거래소 관계자는 "상폐 확정 기업에 대해 거래소가 신속한 상폐를 못해 부실 기업이 시장에 장기간 체류하는 결과를 낳고, 이는 코스닥 디스카운트 원인 중 하나"라고 말했다. 강명수 부산대 법학전문대학원 교수는 "거래소가 법원의 가처분 인용 사례를 분석해 상폐된 기업들의 가처분 인용을 막을 수 있는 기준 마련을 고민할 필요가 있다"고 설명했다.

36 내부통제리스크

한국경제신문. 2019.3.30.
감사의견 '적정'에도 내부통제 '낙제점' 받는 상장사 늘어
코스닥에 불어닥친 '내부통제 리스크'

코스닥시장에서 '내부통제 리스크'가 고개를 들고 있다. 회계법인들이 감사의견과 별개로 내부회계관리제도도 깐깐하게 검증하기 시작하면서다. 상장기업은 외부감사인으로부터 내부회계관리 검토의견을 의무적으로 받아야 한다.

내부회계관리 '비적정' 기업은 올해 큰 폭으로 늘고 있다. 무엇보다 감사의견 '적정'을 받고서도 내부통제시스템에서 '낙제점'을 받는 사례가 잇따르고 있다. 내부통제 미비로 졸지에 상장폐지 위기에 직면한 기업도 생겨났다.

• 내부회계관리 비적정 기업 급증

28일 한국거래소에 따르면 코스닥시장에서 내부회계관리 검토의견 비적정 기업은 지난해 21개에서 올해 28개로 늘었다. 아직 13개사가 2018 사업연도에 대한 감사보고서를 제출하지 않았다는 점을 감안하면 더 늘어날 전망이다.

내부회계관리 검토의견이 비적정이라는 말은 내부통제시스템이 제대로 작동하지 않고 있다는 뜻이다. 퇴출 위기에 놓인 감사의견 비적정 기업은 거의 예외 없이 내부회계관리 비적정을 받는다.

시장이 걱정하는 건 감사의견이 적정임에도 내부회계관리 검토의견이 비적정으로 평가된 기업들이다. 2018사업연도 감사보고서 기준으로 디젠스 예스24 리켐 유테크 파인테크닉스 마이크로텍엘앤케이바이오 등이 해당한다.

한국거래소는 코스닥시장에 한해 내부회계관리 비적정기업을 투자주의환기종목으로 지정하고 있다. 2017 사업연도부터 2년 연속 내부회계관리 비적정을 받으면 상장적

격성 실질심사가 가동된다.

엘앤케이바이오는 내부통제 미비가 뒤늦게 밝혀지면서 갑작스럽게 퇴출 위기에 놓였다. 외부감사인이 뒤늦게 매출 인식 기준 오류를 발견하면서 2018 사업연도뿐 아니라 2017사업연도에 대해서도 정정 보고서를 통해 내부회계관리 비적정의견을 제시하면서다.

거래소는 엘앤케이바이오의 상장폐지 실질심사 대상 여부를 따지고 있다. 주식 거래는 지난 20일부터 정지시켰다. 감사의견 거절이 아님에도 갑작스럽게 퇴출 위기에 놓이면서 회사는 물론 주주들이 당혹스러워하고 있다. 회사 측은 "계약서 내용에 따라 매출을 인식하는데 계약서 정보공유체제에 문제가 있어 내부통제 절차를 개선했다"고 설명했다. 한 시장 전문가는 "감사보고서가 정정되면서 순식간에 퇴출 위기에 놓인 이례적인 사례"라며 "내부통제 시스템이 제대로 작동하지 않으면 바로잡을 기회를 주는 게 상장 규정의 취지라는 점을 감안하면 과도한 시장조치"라고 말했다.

- 엘앤케이바이오는 상폐 위기

새 외부감사법 시행으로 내부통제 검증이 한층 까다로워질 예정이다. 올해 사업연도부터 자산 2조원 이상 상장기업(164곳)은 내부회계관리제도에 대한 검토의견이 아니라 감사의견을 받아야 한다. 대상 기업은 −2020년 자산 5,000억~2조원 − 2022년 1,000~5,000억원 −2023년 1,000억원 미만 상장기업으로 확대된다. 외부감사인이 앞으로는 매출, 구매, 생산 등 주된 활동과 관련된 회사의 주요 내부통제 자체를 검증하게 된다.

외감법상으로 내부회계관리 비적정기업에 대해선 지정감사인 적용과 같은 직접적 패널티는 없다. 지정감사인을 적용하면 엄격한 잣대를 들이대 온 회계법인이 외부감사에서 배제되는 모순이 발생하기 때문이다. 이 때문에 내부통제미비 기업에 관리종목 지정, 상장폐지 같은 조치가 추가될 가능성이 높다는 게 시장 걱정이다.

한 상장사 관계자는 "재무제표의 신뢰성을 높이는 것도 중요하지만 회사와 주주 부담이 지나치게 커질 우려가 크다"며 "내부통제 시스템에 강화된 검증이 시작되면 자칫 상장폐지 기업이 급증할 가능성도 배제할 수 없다"고 말했다.

2018년 재무제표에 대한 감사의견이 적정인데도, 내부회계관리제도가 비적정인 경우는 그 직전 연도에 회계정보에 대해서 비적정의견이 표명되었던 차바이오텍도 해당된다.

2018년 사업연도에는 내부회계관리제도에 대한 검토 인증에서의 비적정의견 비율이 늘었을 뿐 아니라 재무제표에 대한 감사에서도 비적정의견이 현저하게 높아졌다.

매일경제신문. 2019.4.13.
코스닥 내부회계관리 경고 등 … 36곳 비적정

코스닥에서 내부회계관리 리스크가 커졌다. 회계법인들이 감사의견뿐 아니라 내부회계관리 시스템까지 꼼꼼하게 들여다보기 때문이다. 2년 연속 내부회계관리 비적정의견으로 상장폐지 위기에 몰린 코스닥 상장사도 나왔다.

12일 한국거래소에 따르면 코스닥에서 내부회계관리 검토의견 비적정 기업은 지난해 21개에서 올해 36개로 늘었다. 스킨앤스킨은 이날 내부회계관리제도 비적정 등을 사유로 투자주의환기종목에 지정됐다. 스킨앤스킨이 지난 11일 거래소에 사업보고서를 제출하면서 2018년 12월 결산법인의 사업보고서 제출은 모두 마감됐다. '감사'가 회사 재무제표가 국제회계기준에 따라 제대로 작성됐는가를 외부감사인이 살피는 것이라면, '내부회계관리 검토'는 회계 시스템 등 내부통제 장치를 들여다보는 업무다. 아울러 감사보고서 비적정 의견과 내부회계관리 검토 의견은 별개다. 감사에서 적정 의견을 받았더라도 내부회계관리 검토 비적정 의견을 받을 수 있다.

한국거래소는 내부회계관리제도 비적정의견을 받은 코스닥 상장사를 투자주의 환기 종목으로 지정하고 있다. 투자주의 환기종목으로 지정됐다고 해서 주식 매매에 제약이 있는 것은 아니다.

한국거래소에 따르면 2년 연속 내부회계 관리 비적정의견을 받으면 상장적격성 실질 심사 대상이 된다. 이 제도는 지난해 4월 도입됐는데 코스닥 상장사 엘앤케이바이오메드가 이 규정을 처음 적용받게 됐다. 이 회사는 감사보고서 적정의견을 받았지만 2년 연속 내부회계 비적정을 사유로 11일 한국거래소로부터 상장적격성 실질심사 대상 결정을 받았다. 거래소는 다음달 3일까지 기업심사위원회 심의 의결을 거쳐 상장폐지 여부 또는 개선 기간 부여 여부를 결정할 예정이다.

내부회계관리제도 검토가 회사 회계 시스템을 선진화하는 데 기여한 사례도 있다. 차바이오텍은 지난 9일 투자주의환기 종목으로 지정됐다. 안진회계법인으로부터 내부회계관리제도 비적정의견을 받았기 때문이다. 안진회계법인 관계자는 "이 회사는 전기 오류수정 사항을 포함한 수익인식 기준, 지배력 및 유의적 영향력에 대한 검토, 금융상품 공정가치 평가 등과 관련해 충분한 통제 절차를 설계 운영하지 않았다"며 "이러한 미비점으로 인해 2017년 회계연도에 재무제표를 재작성했다"고 설명했다. 차바이오텍은 회사 회계 시스템에 변화를 줄 예정이다. 최상필 차바이오텍 IR공시팀장은 "회계 관련 인적 시스템을 쇄신하겠다"며 "이를 위해 전사적 자원관리를 개선하고 있으며, 회계 전문가도 채용할 계획"이라고 전했다.

내부회계관리제도는 IFRS에 따라 작성한 재무제표 신뢰성에 대한 합리적인 확신을 줄 수 있도록 제정한 내부회계관리규정과 이를 관리 운영하는 조직을 일컫는다. 2005년 도입되었으며 감사인은 외감법에 따라 회사의 내부회계관리제도를 검토하고 검토 결과에 대한 종합의견을 감사보고서에 첨부해야 한다.

한국거래소 관계자는 "내부회계통제는 선진 회계 시스템의 근간"이라며 "내부통제가 제대로 작동하면 불성실공시와 횡령 배임 등이 줄어들어 회계 투명성도 높아질 것"이라고 설명했다. 홍정우 효림 회계법인 파트너는 "내부통제 시스템은 횡령과 부정 적발이 목적"이라며 "회계 관리시스템이 제대로 작동하지 않으면 기업들이 임의로 재무제표를 조작할 위험이 있다"고 전했다.

앞으로 내부회계관리제도 검증은 보다 까다로워질 전망이다. 외감법 개정에 따라 올해 사업연도부터 자산총액이 2조원 이상인 상장사는 내부회계제도 인증 수준이 '검토'에서 '감사'로 높아진다. 이어 2020년 자산 5,000억~2조원, 2022년 1,000억~5,000억원, 그리고 2023년엔 1,000억원 미만 상장사로 확대될 예정이다.

내부회계관리 감사 시행을 앞두고 한국거래소는 최근 상장관리부 기업지원서비스 TF를 신설했다. 기업지원서비스 TF는 한국공인회계사회와 함께 상장사를 상대로 내부회계 관련 컨설팅을 시작했다. 한국거래소가 회계사와 기업을 연결시켜 주고 컨설팅 비용까지 부담해 주는 방식이다.

내부회계관리제도 검토의견 비적정기업	
2015년	11개
2016년	16개
2017년	21개
2018년	36개

위의 신문기사에서도 기술하였듯이 내부회계관리제도에는 당연히 순기능이 있다. 부족한 부분에 대한 점검 과정에서 시스템을 개선하게 되는 것이며, 그러면서 회계정보의 품질이 개선되는 것이다.

중앙선데이 2017.9.17.-9.18
노조 소송 없어도 회계 장부엔 충당부채 미리 올려야[1]

국내 근로자 임금은 기본급 외에 각종 수당 상여금 성과급 등 다양하고 복잡한 항목으로 이뤄져 있다. 이들 수당이나 상여금 가운데 어떤 것은 이른바 통상임금에 포함되어 있고, 어떤 것들은 빠져 있다.

통상임금이란 회사가 지급하는 근로제공에 대한 보상이다. 근로자에게 정기적 일률적 고정적으로 지급하는 임금을 통 털어 말한다. 통상임금 범위가 중요한 이유는 각종 초과 근무수당(연장 야간 휴일 근무수당)이나 퇴직금을 산정하는 기준이 돼서다. 통상임금 기준으로 시간당 임금이 1만원이라면 야간 근무에 대해서는 시간당 1만 5,000원을 지급해야 한다. 회사가 거의 정기적으로 지급해 오던 보너스(상여금)가 통상임금 범위에 빠져 있었는데, 이를 포함시킨다면 근로자들이 받는 초과 근무수당이 늘어난다.

기아자동차 노동조합이 제기한 통상임금 소송의 내용이 바로 이것이다. 통상임금 산정에서 제외됐던 각종 수당들을 지급해 달라는 게 주장이다. 지난 8월말 1심 결과가 나왔다. 서울중앙지방법원은 원고인 노조 측 일부 승소 판결을 내렸다. 상여금과 중식비가 통상 임금에 해당하기 때문에 회사는 근로자에게 4,223억원을 지급하라는 판결을 했다. 그런데 회사가 상황을 아주 심각하게 받아들이고 즉각 항소할 수밖에 없었던 것은 4,223억원 만으로 끝나는 게 아니기 때문이다.

이번 판결은 '2008년 8월부터 2011년 10월까지' 3년 2개월간 소급분에 대한 것이다. 추가로 '2011년 11월부터 2014년 10월까지'의 3년분에 대한 소송이 이미 제기돼 있다. 또 '2014년 11월부터 2017년 현재'까지 2년 10개월분에 대해서도 노조 측의 소

---

1) 이 신문 기사 관련된 회계적인 이슈는 손성규(2019) chapter 5를 참조한다.

송 제기가 거의 확실하다. 결국 이번 판결 말고도 추가로 5년 10개월치, 추정금액으로는 약 5,800여 억원의 부담을 회사가 추가로 떠안아야 할 가능성이 커진 셈이다. 이번 1심 판결액까지 포함하면 총 1조원에 이른다.

• 기아차 판결 전 충당부채 설정 안 해

업계에서는 기아차가 이번 통상 임금 판결에 관련하여 3분기 회계처리를 어떻게 할지에 관심이 쏠렸다. 소송 결과에 따른 부채(통상임금 충당부채)를 재무상태표에 반영하고, 손익계산서에 비용처리를 해야 하는 것은 당연하다.

충당부채란 이와 달리 지출이 발생할 시간과 금액이 불확실한 부채를 말한다. 회계기준에서는 충당부채로 잡을 수 있는 요건을 세 가지로 정해 놓았다, '과거 사건이나 거래 결과로 현재 의무가 존재하고, 이 의무를 이행하기 위하여 회사가 보유하고 있는 자원이 유출될 가능성이 매우 크며, 의무 이행에 소요되는 금액을 신뢰성 있게 추정할 수 있어야 한다'는 것이다.

기아차 통상 임금 재판은 계속 상급심으로 진행될 것이기 때문에 지출시기와 금액이 불확실하다. 그러나 1심 판결에 따라 수당을 추가적으로 현금 지급해야 할 의무가 생겼고, 그 판결 금액이 4,223억원으로 정해졌으며 이에 근거하여 추가소송에 대해 지급해야 할 금액 5,800억원도 어느 정도 정해진 것으로 볼 수 있다.

다만 충당부채 금액으로, 1심 판결분 4,223억원만 3분기에 반영할 것인지, 추가 소송 예상분 5,800여 억원까지 고려하여 모두 1조원을 반영할 것인지는 다소 불확실하다. 5,800억원에는 이미 제기되어 있는 소송에 대한 예상 금액과 앞으로 제기될 것으로 보이는 소송에 대한 예상 금액이 모두 들어 있기 때문이다.

기업들이 충당부채를 설정하는 사례들을 보면 소송의 1심 결과가 나오기 전에 이미 일정금액을 반영하는 경우가 있다. 또 1심 판결 전에는 전혀 반영하지 않는 경우도 있다. 1심에서 패소하여도 판결금액 중 일부만을 분기마다 나눠 반영하는 사례도 있다. 기아차는 1심 판결 전에는 통상임금과 관련한 충당부채를 전혀 설정하지 않았다. 올 6월말 사업보고서(2017년 반기보고서)의 재무제표 주석을 보면 이를 잘 알 수 있다.

판매한 자동차에 대한 무상수리 보증용(판매보증충당부채)으로 3조 4,796억원, 기타 충당부채로 352억원이 장부에 올라 있다. 기타 충당부채는 통상 임금과 관련한 금액은 아닌 것으로 추정된다. 왜냐하면 재무제표 주석에서 회사는 "통상 임금 관련 소송이 진행 중이며, 소송 결과 및 그 영향은 예측할 수 없다"고 밝혔기 때문이다.

반면 현대위아는 통상임금 소송 1심 판결이 나오기 전인 2015년말 사업보고서에 이미 충당부채를 상당 부분 반영하고 있다는 사실을 밝혔다. 재무제표 주석에서 충당부채와 관련된 표를 보면 2014년 말엔 전혀 없던 기타 충당부채가 2015년 말 새로 생겼다. 회사는 이에 대해 "2015년 말 현재 통상임금 소송과 관련하여 계상한 충당부채는 886억원"이라고 재무제표 주석에 명시했다.

• 회사-회계법인 충돌 가능성

한편, 기아차는 3분기 통상임금 충당부채로 1조원을 모두 반영하겠다는 입장을 공식적으로 밝혔다. 보수적으로 회계처리하겠다는 것인데, 회사 감사인(한영회계법인)과의 협의과정에서 변동이 생길 가능성도 있는 것으로 회계 전문가들은 내다보고 있다.

회계업계에서는 이번 통상 임금 판결과 관련한 이슈들이 몇 개 더 있는 것으로 보고 있다. 아직 소송이 없는 다른 기업들도 유사한 급여 항목에 대해 앞으로 소급 지급할 금액을 추정하여 충당부채로 인식해야 하는가 하는 문제가 있을 수 있다.

소송에서 패소한 회사와 급여 규정이 완전히 동일하지 않다면 실제 소송 패소가 발생하기 전까지는 충당부채를 재무상태표에 표시하지 않아도 될까? 다수의 회계 전문가 입장은 근로자의 추가임금 청구가 제한되지 않는다면, 일반적으로 근로자의 소송 제기 여부와 관계없이 소급 추정액을 충당부채로 표시해야 한다는 쪽이다. 올해는 어느 때보다 충당부채 반영과 관련하여 감사를 맡고 있는 회계법인과 회사 간의 의견충돌 가능성이 매우 커졌다.

또 하나 생각해 볼 수 있는 문제는 근로자의 퇴직금 변동과 관련된 회계처리다. 통상 임금이 변경되면 근로자들이 퇴직 시 받게 될 퇴직금에 변동이 생긴다. 퇴직금이 늘어날 때 이를 과거 근무원가와 관련한 것으로 해석하여 당기 비용으로 처리해야 하는지 여부를 따져 봐야 한다. 여기서 자세히 서술하지는 않겠으나, 기업에 따라 통상 임금 소송과 관련해 비용으로 처리해야 할 금액은 충당부채 전입액과 퇴직급여 변동액이 될 것으로 예상된다.

매일경제신문. 2019.4.8.
소송 이기고 신차는 씽씽 기아차, 달릴 일만 남았네

이 같은 대세는 1분기 실적 호조에 대한 기대감에서 비롯됐다. 기아차는 통상임금 소송 패소에 대비해 9,777억원에 달하는 충당금을 쌓았다. 이를 2017년 3분기 회계장부에 반영한 탓에 당시 4,270억원 가량 영업손실을 기록했다. 설상가상으로 2017년 3분기 1심 소송에서 패소하면서 이를 지급해야 할 처지에 놓였다.

그러나 지난달 노사합의로 통상임금 분쟁이 일부 해소되고, 최근 2심서 부분 승소 결과가 나오면서 절반 가량을 다시 영업이익에 반영할 수 있게 됐다. 시장에서는 올 1분기에는 약 1,000~1,200억원이, 2분기에는 추가로 4,000억원 내외의 충당금이 회사에 환입될 것으로 예상하고 있다. 그만큼 영업이익 폭이 증가할 수 있는 기반이 마련된 것이다.

38 감사인 등록제[1)

어떻게 보면 감사인 등록제가 시행되기 이전에도 모든 감사인(회계법인과 감사반)이 모든 피감기업에 대해서 감사를 수행할 수 있는 것은 아니었고 피감기업에 적격의 감사인을 규제하려는 노력은 과거에도 있어 왔다.

피감기업은 본인의 여러 가지 상황에 부합하는 감사인을 선임하면 된다. 그럼에도 이러한 선택을 시장에 맡겨 둔다는 것만이 최선은 아닐 수 있으므로 어느 정도 감사인을 차등화하여 피감기업에 맞는 감사인이 pair가 되도록 하는 대안이 감사인 등록제이다. 즉, 감사인도 품질에 차이가 있을 수 있으면 피감기업은 본인에 맞는 감사인을 선임하면 되는 것이니, 이러한 pairing을 기업과 감사인간의 자유의지 즉, 시장의 자율적인 기능에 맡겨 둘 수도 있지만 그럼에도 감사인의 품질이 잘 측정되지 않거나, 드러나지 않는 변수이므로 규제기관에도 감사인을 품질로 차별화할 수 있다. 즉, 모든 190여개의 회계법인이 동일할 수는 것이다. 우리나라의 회계법인 중, 상장기업을 감사하는 회계법인은 2019년 현재 118개이다. 2020년 초에 등록한 감사인이 37개이니 상장기업을 감사하는 회계법인이 등록제로 인하여 많이 감소할 수 있다.

그도 그럴 것이 회계법인으로 설립하기 위한 기본적인 조건이 공인회계사 10명, 자본금 5억원이다. 이러한 설립 요건을 맞추기 위해서 현업을 하고 있지 않은 공인회계사의 이름을 빌려서 등재하는 회계법인도 있다고 한다. 법무법인 구성의 최소 인원은 5인이었다가 현재는 3인이라고 하니 회계법인의 설립요건에 비해서 매우 느슨한 것 같다. 자본금 요건의 경우는 법무법인, 법무법인(유한), 법무조합 3가지 형태 중 법무법인(유한)의 경우에만 자본금 5억

---

1) 일부의 내용은 황인태(2019a)를 참조한다.

이상이라는 요건이 있다(변호사법 제58조의7 제1항).

황인태는 DeAngelo(1981)에서의 감사의 품질을 전문성과 독립성의 교집합으로 정리한 내용에 근거하여, 신외감법에서 새로이 도입되는 제도를 전문성과 독립성으로 구분하여 다음과 같이 구분하였다.

전문성: 감사인등록제, 표준감사시간, 회계법인 품질관리(품질관리감리)
독립성: 주기적 지정제(지정감사인)

즉, 자유수임에 해당하는 기간일 경우 자유수임이 허용되지만 그럼에도 상장기업일 경우는 등록된 감사인 안에서 감사인을 선임해야 한다. 이러한 감사인의 등급이 필요하다.

우리나라의 감사인 등록제의 취지는 등록한 감사인만 상장기업에 대한 감사를 수행하는 것으로 정책 방향이 설정되었는데 미국 경우의 PCAOB에 등록한다는 것은 반드시 그러한 의미를 갖는 것은 아니고, 등록된 회계법인 중에서도 일부만 상장법인을 감사할 수 있다. 따라서 PCAOB의 경우, 등록과 상장법인 감사는 별개이다.

2019년 현재 미국의 PCAOB에 등록된 우리나라 회계법인은 삼일, 삼정, 안진, 한영, 대주, 신한, 삼덕, 성도이현, 우리, 세일, 이촌, 한울충정 등 12개이다. 미국 상장법인을 감사하는 회사수는 삼일이 4개, 삼정이 5개, 안진이 각각 1개이다.

등록한 회계법인 수는 각 국가별로 미국 955, 인도 69, 중국 59, 영국 50, 캐나다 38, 호주 37, 프랑스 26, 이스라엘 19, 스페인 18, 이탈리아 16, 일본 13, 한국 12개 순이다. 외부감사법 감사인 등록과 관련된 법 내용은 아래와 같다.

외부감사법: 제9조의 2(주권상장법인 감사인의 등록 및 취소)
① 주권 상장법인 감사인: 다음 요건을 모두 갖추어 금융위에 등록
1. 공인회계사법에 따라 금융위에 등록된 회계법인
2. 감사품질 확보를 위하여 금융위가 정한 충분한 인력, 예산, 물적 설비
3. 감사품질 관리를 위한 사후 심리체계, 보상체계, 업무방법, 그 밖에 금융위가 정하는 요건

외감 규정에 의해서 감사인 등록 요건은 18개 항목이다.

1. 인력: 5항목
2. 물적설비 및 업무방법: 6항목
3. 심리체계: 5항목
4. 보상체계: 2항목

인력 5항목:
−상시 근무 공인회계사수
−대표이사 및 품질관리업무 담당이사 경력
−품질관리업무 담당자 경력기간
−품질관리 담당이사/담당자의 업무 범위
−품질관리업무 담당자수

인력 점검 5항목 중, 네 항목이 품질관리 업무와 관련된다. 이는 감사인 등록제가 어느 정도 품질이 보장된 회계법인을 등록하도록 하자는 취지이기 때문이다.

물적설비 및 업무방법 6항목:
−인사 등 경영통합관리체계
−지배구조 건전성 및 의사결정투명성 확보
−독립성 점검 관리 체계
−'감사' 이사 선정 절차 및 방법의 공정성 투명성 합리성
−감사 업무 수행 투입 시간 신뢰성 및 타당성 확보 체계
−감사조서 등 감사관련 정보 생산 보전 체계

위의 내용 중, 유한회사인 회계법인에서 감사가 상법에 의해서 의무화되지 않고 임의기관임에도 감사와 관련된 내용이 기술된 것이 특이하다. 이러한 식으로 감사에 대한 평가를 수행하면 임의기관이지만 감사를 선임하지 않을 수 없을 수도 있다. 모범인 상법에서는 유한회사가 감사를 임의기관으로 정해

두고 하위 규정에서 감사가 강제인 것과 같이 규정하는 것도 부자연스러운 모습이다.

심리체계 5항목:
- 독립성과 전문성을 갖춘 경력 5년 이상의 공인회계사가 심리를 수행
- 심리 대상 범위 방법 절차 심리 담당자 자격요건, 권한 및 책임 등 규정화
- 이해관계자 보호 필요성이 크거나 감사위험이 높은 회사 사전 심리
- 감사업무 수행이사의 30% 이상이 작성한 감사보고서에 대한 심리 실사
- 중요 지적 사항에 대한 검토 내용 문서 작성

감사업무 수행이사의 30% 내용은 규정만으로는 이해가 부족하여 감독원 실무자에게 해석을 요청하였고 그 답변은 아래와 같다.

해당 문구는 이사의 수를 base로 감사업무 수행이사 총수의 30% 이상이 직전년도에 수행한 감사보고서에 대해 사후 감리를 자체적으로 실시하라는 뜻이다. 즉, 각 이사가 맡은 피감회사 수와는 상관없이 전체 이사 총수의 30% 이상의 업무에 대해서만 사후감리를 실시하면 된다고 한다. 그런데 이렇게 될 경우 담당하는 회사 수가 적은 이사부터 채워 나가 딱 30%만 맞추면 되는 파행이 있을 것으로 사료된다.

보상체계 2항목:
- 감사업무 수행 이사의 성과 평가시 감사업무 품질 평가지표 비중이 70% 이상
- 품질관리 업무 담당이사/담당자에 대해 평균 연봉 이상 지급

심리에 관여하는 이사 또는 공인회계사들이 영업을 수행하는 이사 또는 공인회계사들에 비해서 금전적인 불이익이 없도록 보상을 확보해 주는 것이다.

이는 어떻게 보면 빅4 회계법인 본사에서 파트너 직선에 의해서 선출되는 대표이사의 선임에는 관여하지 않으나 품질을 책임지는 책임자(RRL, Risk and Reputation Leader)의 인선에는 관여하는 것을 보면 빅4 회계법인이 품질관리에 어느 정도 높은 관심을 보이는지를 알 수 있다. 즉, 누가 회계법인 내에

서 대표이사로서 권한을 행사하고 있는가 보다는 품질관리를 어떻게 하는지가 더 관심의 대상이다.

회계법인은 영리법인이므로 품질보다는 수익성에 치우치기 쉽다. 동시에 quality control 관련된 업무는 profit center라기보다는 cost center이지만 법인 차원에서 영리 때문에 quality가 피해를 보지 않도록 보호해 주어야 한다.

즉, 이 내용에 의하면 영리에 치우치기 쉬운 회계 법인의 평가가 품질 중심이 되도록 요구하는 변화를 읽을 수 있다.

과거에도 어떠한 자격을 가진 감사인이 어떠한 감사대상에 대해서 감사를 수행할 수 있는지에 대해서는 다음과 같은 규제가 있었다.

1997년 이후, 공인회계사가 100인 미만인 회계법인은 자산규모 8천억원 (직전 사업연도말 기준) 미만의 피감기업에 대해서만 감사를 수행할 수 있었고 감사반은 자산 규모 300억원 미만의 피감기업에 대해서만 감사를 수행할 수 있었다.

과거에는 다음과 같은 규제도 있었는데 어느 감사인이 어느 피감기업을 감사하여야 하는지에 대해서는 오랫동안 제도가 변경되어 왔다.

한국경제신문. 2006.1.31.

모든 회계법인 금융사 감사 가능, 공정위, 경쟁 막는 규제 손질

지금까지는 자산총액 8,000억원 이상인 은행 종금사 등에 대해 감사를 할 수 있는 회계법인이 '소속회계사 100명 이상으로 외국회계법인과 제휴한 대형 회계법인'으로 한정됐었다.

시장진입을 제한하는 규제 중에서는 '금융회사에 대한 회계감사기관 제한' 규정이 폐지 대상에 올랐다.

공정거래위원회의 입장에는 감사인을 피감기업이 자유선임이라는 대원칙에 의해서 선임하게 되어 있는데 규제기관이 개입한다는 것은 옳지 않다는 판단을 했었다.

규제는 폐지되었지만 구 외감법에는 다음과 같이 규정되어 있다.

외감법 제3조(감사인) 2.
② 금융위원회는 제1항 각 호에 따른 감사인의 형태와 그에 소속된 공인회계사의 수 등을 고려하여 감사인이 감사할 수 있는 회사의 규모 등을 총리령으로 정하는 바에 따라 제한할 수 있다.

금융회사에만 이러한 제도가 강제되었던 것이 금융은 모든 개인 및 기업의 경제활동을 지원하고 있으며 또한 모든 산업의 인프라로 작용하기 때문이었다. 공정거래위원회와 금융위원회는 여러 가지 면에서 이해 상충이 있다. 금융위의 입장은 투자자를 보호하기 위해서는 규제가 불가피하다는 입장이고 공정위의 입장은 공정한 자율적인 경쟁이 경제를 주도하는 힘이 되어야 한다는 정책방향을 갖는다.

때로는 금융위원회가 제안하는 법안이 국무총리실 산하 규제개혁위원회에서 기각되기도 한다. 공정위는 공정거래의 입장에서 규제개혁위는 규제철폐의 이유에서 금융위와 상충이 발생하기도 한다.

아파트 수임료에 대해서 한공회가 최소 수임료를 정한 건도 그렇고, 한공회가 표준감사시간에 대해서 공정위가 개입할 수도 있다는 우려도 동일한 건이다.

위의 규제는 과거에 적격심사낙찰제도를 시행한 것과 동일하다. 즉, 정부에서 판단하건데 자산 규모 8,000억원 이상 되는 기업의 감사를 제한한 것으로 소속 회계사 100명 이상의 경우를 적격 감사인으로 판단한 것이다. 어떠한 이유에서 적격 감사인을 소속 공인회계사수로 판단하는 것이 적절한지 등의 논란이 있을 수 있다. 즉, 공인회계사수가 회계법인의 품질과 연관성 및 인과관계가 있는지가 전제되어야 한다.

회계법인으로 인가 받기 위한 요건을 공인회계사수와 자본금으로 규제한다는 것은 이 두 변수가 가장 기본적인 회계법인 품질의 대용치라고 판단했기 때문이다.

주기적 감사인 지정제에서 공인회계사수가 40명(지방은 20명)이 넘는 회계법인에 감사인을 지정하는 것도 법인에 소속된 공인회계사 수가 어느 정도의 체계적인 법인이 운영될 수 있음을 판단할 수 있는 critical mass의 개념이다.

공정위의 입장은 다음과 같은 논리에서는 정당화될 수 있다. 이러한 규제를 강제하지 않아도 대규모 피감기업이 자발적으로 규모가 작은 감사인을 선임하지는 않을 것이다. 즉, 대형 금융기관이 소규모 회계법인을 감사인으로 선임한다면 이는 시장에 부정적인 신호(signal)를 전달하여 기업의 내재가치에 반영하게 될 것이다. 중소형 회계법인이 삼성전자를 감사할 수 있는 품질을 갖추지 못하였다는 것이 아니라 어느 정도 규모가 되지 않는 회계법인은 초대형 기업이나 초대형 금융기관을 감사하기에는 역부족이라는 의미이다. 예를 들어 삼성전자의 연말 감사에 투입되어야 하는 공인회계사 수가 100명이라고 하면 소속 공인회계사가 100명이 되지 않는 회계법인은 소속 공인회계사의 능력을 떠나 critical mass가 되지 않는 것이다. 중소형 회계법인이 다른 일은 하지 않고 삼성전자 감사만을 할 수는 없기 때문이다.

따라서 시장의 기능에 의해서 자율적으로 대규모 기업일 경우는 그 격에 맞는 감사인이 선임될 것이다. 더더욱 기업의 감사인 선임은 감사인선임위원회 또는 감사위원회의 적절한 절차에 의한 것이므로 어느 정도 부적합한 감사인이 선임되는 것을 방지할 것이다.[2]

단, 이러한 내용은 기업이 중립적이고 합리적인 의사결정을 수행할 것을 기대하는 것이며 기업이 반드시 합리적인 의사결정을 수행하지 않을 수 있으므로 이러한 내용이 규제의 대상일 수 있다.

즉, 매우 오래전에 강제되던 제도를 보면 신 외감법에 의해서 새로이 채택하려는 등록제라는 명칭을 사용하지는 않았지만 어떠한 기업에는 어느 정도의 자격이 되는 감사인이 감사를 수행하여야 한다는 제도가 존재하였다가 이러한 제도가 폐지되면서 감사인 등록제에 의해서 이러한 제도를 다시 채택하려는 것이다.

어떻게 보면 시장기능이 잘 작동한다면 이러한 mechanism이 필요하지 않다고도 할 수 있다. 즉, 이러한 등록제라는 규제에 대한 대안적인 제도는 자유선임이다.

미국의 경우는 PCAOB가 Sarbanes Oxley Act에 의해서 도입된 이후에 심사 이후에 신설된 PCAOB에 감사인을 등록시키고 있고 이렇게 등록된 감사

---

2) 신외감법 이전에는 감사위원회는 감사인에 대한 승인 권한을 가졌고, 신외감법 이후에는 감사인에 대한 선임권한을 가지고 있어서 전적으로 감사위원회가 의사결정 권한을 가지고 있다.

인만이 거래소에 상장된 회사에 대해 차등적으로 감사가 가능하다.

감사인 등록제라는 것은 우리가 회계감독을 위한 PCAOB와 같은 별도의 감독기구를 독립시키지는 않지만 PCAOB가 수행하는 업무를 감독원이 수행하면서 회계법인에 대한 규제인 등록제를 시행하려는 것이다.

추가적인 규제로는 주권상장법인, 대형비상장주식회사(자산 규모 1,000억 이상), 금융회사에 대한 감사는 회계법인만이 수행 가능하며 감사반은 감사가 불가하다.

2019.11.1. 이후 개시하는 사업연도부터 주권상장법인 재무제표에 대한 감사는 '주권상장법인 감사인'으로 등록한 회계법인만 수행 가능하다. 법에서는 회계법인과 감사반의 구분에 대해서 고민하는 경우가 다음과 같이 있다.

2013년 1월 23일, 사립학교법
대학 운영 모든 사학 외부감사 및 감리 실시
교육부 장관은 필요한 경우 감사증명서 및 부속서류에 대하여 감리할 수 있음
감리를 수행하는 감사인의 요건은 외감법에 따름
감사인: 회계법인, 감사반(peer review)

즉, 회계법인과 감사반이 모두 감리의 주체일 수 있어서 미국에서 PCAOB가 도입되기 이전의 peer review와 같이 진행되었는데, 법 개정에 의해서 이 내용이 아래와 같이 수정되었다.

이에 대한 감리와 조치에 관여하는 한공회 한 관계자는 peer review에 의한 감리가 감리의 수준이 아니라 거의 재감사 수준으로 진행되는 경우가 있다고 해서 이 또한 하나의 문제로 제기되었다.

2017년 11월 개정 법 제31조의 2:
교육부장관은 감리 업무의 전부 또는 일부를 외부회계감사 및 감리에 관한 전문성을 갖춘 법인이나 단체에 위탁할 수 있다.

이 개정에 의하면 감리를 수행할 수 있는 기관에서 감사반이 빠지게 된다. 따라서 외감법에서의 감사인 중, 회계법인만이 사학 재단의 감리에 참석할

수 있게 되었다.

사학의 감리와 관련된 내용은 chapter 46에서 종합적으로 기술한다.

등록법인의 경우 일정 규모 이하 회사에 대한 감사참여를 제한하려는 정책 방향도 금융위는 고려하고 있다. 등록회계법인은 거의 대부분 어느 정도 규모 이상이 되는 중소형 회계법인이므로 일정 규모 이하의 피감기업에 대한 감사는 비등록 회계법인의 몫으로 남는 것이 합리적이다.

매일경제신문. 2019.11.25.
중소회계법인 10곳 감사인 추가등록

금융위원회는 중소형 회계법인 10곳을 상장회사 감사인으로 추가 등록했다고 24일 밝혔다.

개정 외부감사법에 따라 내년부터 상장회사를 감사하려는 회계법인은 등록 요건을 갖춘 뒤 금융위에 등록을 거쳐야 한다. 지난 9월, 20곳의 회계법인이 1차로 등록됐으며, 이번에 10곳이 추가되면서 등록 감사인은 총 30곳으로 늘어났다.

추가 등록된 감사법인은 정지세림, 세일원, 동아송아, 대현, 서우, 선일, 정동, 한미, 이정지율, 광교들이다. 정진세림은 회계사 수 기준 60명 이상의 중형 법인이며 나머지 9곳은 59명 이하의 소형법인이다.

금융위 관계자는 "중소형 회계법인이 추가 등록됨에 따라 자산 규모가 작은 중소형 상장사의 선택권이 넓어질 것"이라며 "앞으로 감사인 등록은 일괄에서 수시로 전환해 보다 기회를 확대하겠다"고 전했다.

한국경제신문. 2019.12.30.
상장사 감사 가능한 회계법인 37곳

내년에 상장사 외부감사를 맡을 수 있는 회계법인이 총 37곳으로 늘어난다.

금융위원회와 금융감독원은 상장사 외부감사 자격을 충족한 회계법인 7곳을 감사인으로 추가 등록했다고 29일 발표했다. 등록회계사수가 60~120명인 중형사 중에선 삼화 현대 삼도가, 40~60명으로 구성된 소형사 중에선 예교지성 선진 리안 영엔진이

상장사 외부감사를 맡을 자격을 획득했다.

　상장사 감사인 등록제는 인력과 물적 설비 등 일정 수준의 자격을 갖춰 금융위에 등록한 회계법인만 상장사 외부감사를 맡도록 허용하는 제도로, 올해 도입됐다.

　지난 9월 삼일, 삼정, 한영, 안진 등 '빅4' 회계법인을 포함한 20곳이 1차로 등록했고, 지난달 말엔 정진세림 등 중소형 회계법인 10곳이 추가 등록했다.

　상장사들은 내년부터 금융위에 등록된 37개 회계법인 중 한 곳을 감사인으로 선임해야 한다. 상장사 외부감사 자격을 갖추진 못한 회계법인에 감사를 맡기고 있는 기업은 기존 계약을 해지해야 한다.

39 핵심감사제

2016년에 수주산업에 대해서 핵심감사제가 우선적으로 도입되었고 한공회는 다음 사항을 예시하였지만 그럼에도 아래 항목들이 강제된 것은 아니다.

1. 투입법에 따른 수익인식
2. 총계약원가(또는 공사예정원가) 추정의 불확실성
3. 공사진행률 산정
4. 미청구공사금액 회수가능성
5. 공사변경에 대한 회계처리

핵심감사제의 경우는 2016년부터는 수주산업에 대해서만 우선적으로 적용되었으며, 2018년부터는 자산규모 2조원이 넘는 기업에 강제되었고 2019년부터는 1,000억원이 넘는 기업, 2020년부터는 전체 상장기업에 적용된다. 2018년 핵심감사 사안에 대한 건수는 대부분의 기업에서 2개 정도였다고 하며 3개로 선정한 기업일 경우는 너무 많은 항목을 핵심감사 사안으로 선정했음을 후회했다는 후담이 있다. 핵심사항이 많다는 것은 감사인의 입장에서도 부담스러운 일이다. 또한 핵심감사항목을 선정하는 timing도 대부분의 감사인에 있어서는 3분기 시점이라고 한다. 어떻게 보면 연중 감사의 개념이 강조된다면 연초에 핵심감사항목을 정하고 첫 분기 재무제표에 대한 검토부터(검토대상 기업이라고 하면), 또는 분기 검토 대상 기업이 아니면 늦어도 반기 검토 때부터 이 항목을 집중적으로 점검해야 한다고도 생각되지만 많은 감사인들은 분반기 재무제표 검토보다는 연차 재무제표에 대한 감사에 더 인증의 방점을 두고 있기 때문에 핵심감사 항목을 설정하는 시점이 이렇게 늦어짐에도 감사인들은 별 문제가 아니라고 판단하고 있다.

핵심감사사항의 결정과 관련된 내용은 감사기준서 701. 감사보고서 핵심감사사항 커뮤니케이션의 문단 10에 기술되어 있다.

다만, 감사기준서 260에서는 감사인이 식별한 유의적 위험에 관하여 지배기구와 커뮤니케이션하도록 감사인에게 요구하고 있으므로, 핵심감사항목은 감사위원회와 협의한 사항 중에서 결정되는 것이고 따라서 협의사항으로 판단하는 것이다.

지배기구를 기준서에서는 정의하고 있지 않지만 상근감사나 감사위원회로 이해하면 된다.

핵심감사사항의 결정(감사기준서 701중 문단 9~10)

9. 감사인은 지배기구와 커뮤니케이션한 사항 중에서 감사를 수행하는 데 있어 유의적으로 감사인의 주의를 요구한 사항들을 결정하여야 한다. 이 결정을 할 때, 감사인은 다음 사항을 고려하여야 한다(문단 A9, A18 참조).

(a) 감사기준서 315에 따라 중요왜곡표시위험이 더 높게 평가되거나 유의적 위험으로 식별된 분야(문단 A19, A22 참조)

(b) 추정불확실성이 높은 것으로 식별된 회계추정치를 포함하여, 유의적 경영진 판단이 수반된 재무제표 분야와 관련되는 유의적 감사인 판단(문단 A23, A24 참조)

(c) 보고기간 중 발생한 유의적인 사건이나 거래가 감사에 미치는 영향(문단 A25, A26 참조)

10. 감사인은 문단9에 따라 결정된 사항 중 어떤 사항들이 당기 재무제표감사에서 가장 유의적인 사항들, 즉 핵심감사사항인지를 결정하여야 한다(문단 A9, A11, A27, A30 참조).

물론, 위의 10항의 내용은 감사인들이 결정할 사안이라고 기준서에 명확하게 기술하고 있지만 그럼에도 감사위원회와 당연히 협의를 거쳐야 하는 것으로 이해한다. 어떻게 보면 핵심감사사안은 감사위원회가 감사인으로 하여금 꼼꼼하게 감사 과정에서 챙기도록 요구하여야 하는 내용이라고도 생각될 수 있지만 다음의 금융감독원의 양정 기준을 보면 감사인이 기준으로부터 매우 강한 조치의 대상이 될 수 있으므로 핵심감사 사안의 결정이 매우 민감한 결

정이 될 듯하며 섣불리 핵심감사사항을 결정한다면 그에 따른 결과에 엄청난 책임이 뒤따른다.

심사 감리 결과 조치 양정기준

2. 고의적인 위법행위가 아닌 경우에는 과실에 따른 위법행위로 본다. 다만, 위법행위가 다음 요건을 모두 충족하는 경우에는 중과실(重過失)에 의한 위법행위로 판단할 수 있으나, 피조사자가 합리적으로 소명하는 경우에는 그러하지 아니하다.

가. 직무상 주의의무를 현저히 결(缺)하였다고 판단할 수 있는 상황으로서 다음의 어느 하나에 해당하는 경우

1) 회계처리기준 또는 회계감사기준을 적용하는 과정에서의 판단 내용이 합리성을 현저히 결한 경우

2) 회계처리기준 위반과 관련하여 내부회계관리규정 또는 회계감사기준에서 요구하는 통상적인 절차를 명백하게 거치지 않거나, 형식적으로 실시한 경우

3) 그 밖에 사회의 통념에 비추어 직무상 주의의무를 현저히 결하였다고 인정할 수 있는 경우

나. 회계정보이용자의 판단에 미치는 영향력이 큰 회계정보로서 다음의 어느 하나에 해당하는 경우

1) 회계처리기준 위반 관련금액이 중요성 금액을 4배 이상 초과한 경우

2) 감사인이 회사의 재무제표 또는 경영전반에 대하여 핵심적으로 감사해야 할 항목으로 선정하여 감사보고서에 별도로 작성한 내용인 경우

3) 그 밖에 사회의 통념에 비추어 위법행위가 회계정보이용자의 판단에 미치는 영향력이 크다고 볼 수 있거나 경제·사회에 미치는 영향이 클 것이라고 판단되는 경우

즉, 핵심감사사항이 아니었으면 중과실에 의한 위법행위로 분류될 가능성이 낮아진다. 이러한 사유에서도 매우 높은 수준의 책임이 요구되는 핵심감사에 어떠한 내용이 포함되어야 하는지에 대해서는 감사인이 결정하게 된다. 따라서 감사인은 핵심감사 사항으로 어떤 내용을 포함한다 함은 상당할 정도의

위험 부담을 안겠다는 것을 대외에 공포하는 것이나 마찬가지다.

그럼에도 감사인에게 어떠한 사항을 신중하게 점검해 달라고 요구하는 주체는 감사인이 아니고 감사위원회가 되어야 하는 것은 아닌지에 대해서 지속적으로 고민해 보아야 한다. 이러한 요구를 감사위원회가 하더라도 감사인이 크게 부담을 느끼는 항목이라고 하면 거부할 수 있는 권한이 감사인에게 있다. 왜냐하면 위험 부담을 지게 되는 경제 주체가 더 voice가 커질 수 있기 때문이다.

이코노미스트. 2019.10.7.
두산중공업 부정 적발 감사 필요

두산중공업의 재무 상태와 성장 잠재력에 문제가 있다면 부정 적발 감사가 필요하다는 내용의 보고서가 나왔다. 미국 에너지경제 재무분석 연구소 IEEFA는 '두산중공업=부정적발감사가 필요한 시점'이라는 제목의 보고서를 발표하고 두산중공업의 재무 실적은 회사의 신인도와 관련된 중대한 의구심을 불러일으킨다고 지적했다. 두산중공업이 지난 2013년 이후 이익을 내지 못하면서 지속적으로 자금을 조달할 능력을 보유하고 있는지 의문이 든다는 내용이다. 또 지난 5년간 감사인으로 서로 다른 회계법인 3곳을 선임했다는 점만으로도 부정 적발 감사가 필요하다고 지적했다. 두산중공업이 국내외 성장 잠재력을 상실한 가운데 회계법인을 교체하면서 각종 회계 처리에 의존하고 있다는 이야기다. 특히 두산중공업의 2018년 재무제표를 감사했던 삼정KPMG가 핵심 감사항목에 기술한 표현을 변경했다는 점에 주목했다. 당시 재무제표에서 삼정 KPMG는 매출 인식 방식과 매출채권 회수 가능성을 검증할 목적으로 수행한 절차를 강조했다. 보고서에서는 매출채권 회수 가능성에 관련된 내부 통제에 대해 검토했다는 점을 시사하고 있다고 보고 프로젝트 대금에 관한 분쟁에 영향을 받을 가능성이 있다고 지적했다. 보고서에서는 두산중공업의 2016년 이후 수주실적이 2조원(17억달러)가량으로 순 감소했다는 점을 들어 수주 시장이 구조적인 하락세로 접어들었다고 판단했다. 반면 과도한 레버리지로 두산중공업의 재무상태는 압박을 받고 있다는 점을 위험 요소로 꼽았다. 더구나 향후 2년 6개월 동안 두산중공업이 1조 2,000억원(약 10억 달러)가량의 차환에 나서야 한다.

어떠한 내용인지를 파악하지 않았지만 3년간의 감사인 유지제도가 존재하는데도 불구하고 5년간 감사인으로 3곳이 선임되었다는 데는 뭔가 문제가 분명히 존재한다는 생각을 할 수 있다.

두산중공업은 현 정권의 원전 중단으로 인해서 직접적으로 피해를 입고 있으며, 2020년 3월 말 100% 자외사인 두산건설을 매각 중에 있다.

40 공정거래위원회에서의 동일인

매일경제신문. 2019.5.13.
이사회 주총 있는데 … 총수 따로 지정하라는 한국

해외에서 유례가 없는 동일인이라는 용어의 개념과 배경, 동일인 개념을 토대로 운영되는 대기업집단 지정 제도의 연혁과 의미를 짚어봤다.

삼성과 롯데처럼 자연인인 총수가 있는 대기업집단은 자연인을, 포스코와 KT처럼 자연인인 총수가 없는 대기업집단은 대표이사를 각각 동일인으로 지정한다. 공시대상 기업집단 소속 회사는 대규모 내부거래 이사회 의결사항을 공지해야 하고, 총수 일가가 일정 비율 이상 지분을 가지고 있는 계열사에 대한 일감 몰아주기가 엄격하게 제한된다. 이 중 자산총액 10조 이상(지난해 기준 32곳)은 '상호출자제한기업집단'으로 따로 분류되고 계열사 간 순환출자와 채무보증이 금지된다.

동일인을 누구로 하느냐에 따라 동일인과 친인척(배우자, 6촌 이내 친척, 4촌 이내 인척) 범위가 달라지고 동일인, 친인척, 계열회사가 지분을 들고 있는 회사들로 기업 집단 범위가 결정된다. 대기업집단 지정과 동일인 지정은 떼려야 뗄 수 없는 관계인 셈이다. 하지만 공정거래법과 시행령을 아무리 뒤져 봐도 동일인에 대한 정의는 나오지 않는다.

동일인의 사전적 정의는 '같은 사람'이라는 점에서 동일인은 한 명의 사람 또는 한 곳의 회사라는 사실을 확인할 수 있을 뿐이다. 다만 기업 집단 내 지배회사에 대한 공정거래법상 정의를 통해 동일인 개념을 간접적으로 짐작할 수는 있다. 공정거래법 시행령 제3조에 따르면 특정 계열사의 사업 내용을 지배하는 회사는 동일인과 친인척, 계열회사를 합쳐 다른 계열사 지분 30% 이상을 소유하는 회사 또는 임원 선임이나 조직 변경, 신규 사업 투자 등 주요 의사결정을 할 수 있는 회사다. 가족과 합쳐 보유 지분이 많거나 인사와 대규모 투자를 결단할 수 있는 사람을 동일인이라고 볼 수 있다는 얘기다. 공정위가 동일인 개념을 대외적으로 '사실상 지배하는 자' 정도로 설명하는 이유다.

기준이 불명확하다 보니 매년 5월 이뤄지는 공정위의 동일인 지정을 앞두고 묘한 풍경이 연출된다. 공정위 기업집단국이 매년 2~4월 대기업들에 동일인에 대한 의견을 제출해달라고 요청하면 대기업집단 대표 회사는 '김승연 한화그룹 회장'이나 '이명희 신세계 회장' 식으로 동일인의 의견서를 자필 서명을 받아 공정위로 보낸다.

회사 의견대로 동일인이 지정되는 경우가 대부분이지만 지난해 삼성그룹과 롯데그룹처럼 대기업집단 뜻에 반해 공정위가 동일인을 직권 지정하는 일도 있다. '그룹을 사실상 지배하는 자'를 기준으로 공정위가 판단한 결과다. 하지만 이 기준도 실제 지정되는 사례를 설명하기 어려운 경우가 적지 않다. 가령 한국 GM 최대 주주는 글로벌 GM 계열사들(지분율 약 77%)로 지분 면에서나 의사결정 구조 면에서나 한국GM을 사실상 지배하는 자는 글로벌 GM이라는 데 물음표를 붙이기 어렵다. 하지만 한국지엠과 지엠코리아 등 구성되는 한국 지엠이라는 기업집단의 동일인으로 공정위는 한국지엠을 지정하고 있다. 네이버 최대 주주는 2014년 9월 창업주인 이해진 당시 네이버 이사회 의장(현 GIO 글로벌 투자 책임자)에서 국민연금공단으로 바뀌었는데, 2018년 동일인 지정 직전인 같은 해 2월 이 GIO 지분율은 3.72%에 불과했다. 네이버를 포함한 계열사 45곳의 집단을 KT나 포스코처럼 총수 없는 대기업집단으로 지정하고 동일인을 (주)네이버라는 법인으로 해달라는 네이버 요청에도 공정위는 이 GIO를 동일인으로 지정했다.

한 공정위 실무진은 "동일인과 대기업 집단 지정 제도가 닭이 먼저냐, 달걀이 먼저냐 문제가 된 게 사실"이라고 토로하기도 했다.

일단 몰아주기 관행이 개선되고 이사회와 주주 중심 지배구조가 정착되면 빠르면 한 세대 안에 동일인 지정 제도가 없어질 것이라는 공정위 내부 전망도 나온다. 김상조 공정위위원장도 1월 10일 매경 신문 신년 인터뷰에서 "장기적으로 공정거래법을 통한 규제 대신 상법을 통한 주주의 민사적 조치, 세법상 부당 행위 과세, 형법상 배임으로 해결할 문제"라고 강조한 바 있다.

문제는 공정위가 동일인 제도 폐지의 전제로 생각하는 이사회 주주 중심 지배구조 정착을 동일인과 대기업집단 지정 제도 존재라 가로 막고 있다는 점이다. 기업을 지배하라고 만든 이사회나 주주총회라는 법적 기구가 엄연히 존재하는데 이와 별도로 '기업을 사실상 지배한다'는 동일인 개념을 정의한 공정거래법이 주식회사 제도를 부정하는 것이나 다름없다는 비판이 최근 한진발 공정위의 동일인 지정 연기 이후 SNS 상에서 제기됐다.

일본 대기업 집단 소유 구조는 계열사 상호 소유 방식이며 경영권이 총수보다 내부에서 승진한 월급쟁이 사장 등 임원진에게 있는 편이다.

상호 출자 제한 기준과 기업 수

1987-1992년	자산 총액 4,000억원 이상
1993-2001년	자산순위 기준 30대 기업
2002-2008년	자산 총액 2조원 이상
2009-2016년	자산 총액 5조원 이상
2017-2018년	자산 총액 10조원 이상

어떻게 보면 기업 집단에서 지주사의 형태로 기업 집단의 control tower가 별도로 구분된다면 ×××그룹 회장이라기보다는 공식적인 명칭인 ×××지주 회장이라고 지칭되는 것이 옳은 듯도 하다. 그룹이라는 표현 자체가 매우 권위주의적이다. 단, 기업 집단을 공정위가 인정하며 이를 공식화하므로 지주의 형태가 아닐 경우는 ×××그룹 회장으로 지칭할 수밖에 없다.

저자의 생각에는 공정위는 기업 지배구조의 정점에는 주주총회가 있고 이의 위임을 받아서 이사회가 역할을 수행하기는 하지만 그럼에도 우리나라 기업에서 최대주주, owner의 역할과 지위 및 위상을 과소평가할 수 없는 것이 사실이며 해당 기업의 경영의사결정에 있어서 가장 막강한 영향력을 행사하고 있다. 오히려 이러한 영향력을 무시하고 주주총회와 이사회만이 기업 지배구조에 있어서 중요한 기관으로 구분한다면 뭔가 우리의 현실과 실무 관행을 반영하지 못하고 있다고 판단할 듯하다. 다음의 신 외감법의 내용에도 대표이사의 지위를 다른 이사와는 구분하여 인정하고 있다.

즉, 신외감법에 이러한 내용(대표이사가 50% 이상의 지분을 가지면 주기적 지정제가 적용된다는 제도)이 포함된 배경에는 50% 이상의 지분을 가진 자가 대표이사를 맡고 있다면 어느 정도 경영활동에 있어서 전횡이 가능하다고 판단했기 때문이다. 물론, 등기를 하지 않아 이사를 맡고 있지 않거나 등기를 하였더

라도 대표이사를 맡고 있지 않은 경우가 규제의 대상에서 빠질 수 있는 법조
문이기는 하지만 최대주주가 등기하지 않거나 대표이사를 맡고 있지 않은 경
우, 외관적이기는 하지만 최대주주가 주도적으로 주도권을 행사하는 경우가
아니므로 이러한 영역까지 포함할 수는 없고 최대주주가 경영에 참여하는 경
우만을 규제하고 있다. 물론 최대주주가 등기를 하지 않는 경우라도 본인이
참석하고 있는 이사회를 얼마든지 조정하거나 아니면 이사회에서 대표이사를
맡고 있지 않아도 이사회를 좌지우지할 수는 있지만 그럼에도 대표이사를 맡
고 있다는데 방점을 두고 있다. 이는 형식적으로도 또한 실질적인 권한을 맡
고 있음을 의미한다. 즉, 대표이사라는 직에 대한 상당한 정도의 가치를 인정
하는 것이다.

개정안에 따르면 2020년부터 전체 상장사와 소유 경영이 분리되지 않은 대형
비상장사(자산 1,000억원 이상, 대표이사 지분 50% 이상)를 대상으로 주기적
감사인 지정제가 도입된다.

　　우리나라에 제왕적인 총수가 있다는 점은 부정하기 어려우며 이러한 현
실적인 사실에 기초하여 공정위가 정책을 입안한 것이다.

　　물론, 외관적으로는 금융지주의 경우, 사외이사 추천위에 최대주주나 대
표이사가 참여하지 않는다거나 아니면 사내이사가 참여하지 않으면서 사외이
사들이 주도적으로 사외이사 후보 search를 진행한다고도 할 수 있지만 이는
최대주주가 존재하지 않는 금융지주사의 경우이고, 최대주주가 있는 기업에서
최대주주의 존재가 직 간접적으로 경영활동에 영향을 미친다는 것을 부정하기
는 어렵다.

　　소유와 경영이 분리되지 않는 우리나라에서의 기업 경영의 행태를 우리
가 부정할 수 없으며 이를 인정한다면 공정위의 정책 방향이 잘못되었다는 결
론을 도출할 수 없고, 현실을 있는 그대로 받아들여야 한다.

　　물론, 앞으로는 재벌에서 경영권을 승계하는 경우, 거의 65%의 상속세를
납부하여야 하고, 이러한 방식으로 2대를 거쳐 간다고 하면 35%×35%＝12%
의 재산만을 상속할 수 있게 되어서 앞으로는 적법하게 기업을 대를 이어 상
속한다는 것이 거의 불가능하게 된다. 이 시점이 된다고 하면 창업자 본인 세

대 다음으로 경영권을 승계한다는 것이 불가능하게 될 것이다.[1][2]

공정거래위원회는 때로는 기업의 동의 없이 상황을 파악하여 직권으로 동일인을 지정하기도 한다. 이번의 조원태 한진 회장의 직권 지정도 동일하다. 언론에 보도된 바에 의하면 한진그룹의 경우, 한진칼의 이사회에서 조원태회장이 대표이사 회장으로 선임되기는 하였지만 한진그룹의 '총수'가 누구인지를 명확하게 공정위에 밝히지는 않았다. 공정위가 주관적인 판단을 수행하면서 조원태회장을 한진그룹의 회장으로 지정하게 되었다.

동일인의 지정에 대한 판단은 이사로서의 등기여부와는 무관하다고 할 수 있다. 이명희 신세계 회장이나 정몽준 현대중공업의 최대주주인 경우, 등기를 하지도 않았고 정몽준 최대주주의 경우는 경영활동을 수행하지 않는 입장에서 공정위가 실질적으로 경영활동에 지배적인 영향을 미친다고 해서 '총수'로 지정한 것이다.

매일경제신문. 2019.5.21.
"대기업 총수 지정 제도 개선"

공정위는 매년 5월에 대기업집단을 지정하며 동일인도 정하고 있다. 동일인은 각 대기업그룹에 대해 실질적으로 지배력이 큰 사람(혹은 법인)으로 기업들 신청을 참고해 공정위가 지정한다. 그러나 최근 기업 형태와 지배구조가 다양해지면서 점점 낡은 규제라는 목소리가 커지고 있다. 일례로 글로벌 정보기술 공룡들과 경쟁해야 하는 네이버, 카카오에 대해 국내 경쟁력 집중 억제 차원에서 재벌 기업들에 적용돼 온 잣대를 들이대는 것은 적절하지 않다는 지적이다.

다만 김 위원장은 "공정위가 대기업 총수를 지정한다는 잘못된 인식이 있다"며 "재벌 시책 적용 범위를 정하기 위해 동일인을 정할 뿐, 재벌그룹 최고 의사결정자가 누구인

[1] 1993년 최대주주 할증 제도가 도입된 이후 최고 세율 50%에 10~30%를 추가하도록 규정하고 있다. 한국의 상속 증여세 실질 최고 세율이 65%(50% + 50% × 30%)로 세계 최고 수준이다.
[2] 매일경제신문. 2019.7.16. 최대주주 '상속세 할증률' 낮춘다
상속제 50%에 더 붙는 할증
정부, 30%서 절반 낮추기로
최고세율 65 → 57.5%로 될 듯

지는 그룹이 스스로 결정할 문제"라고 말했다.

한국경제신문. 2019.5.24.
공정위의 총수 지정, 행정편의주의다

   물론 공정위로선 불가피한 점이 있을 수 있다. 그럼에도 아직 총수로 확정되지 않은 자를 행정편의를 위해 총수로 서둘러 지정하는 것은 헌법이 규정하는 명확성의 원칙에 위배될 소지가 매우 크다고 할 수 있다.
   조 사장(저자: 조원태회장)의 총수 지정은 또 헌법 제37조 제2항이 규정하는 '과잉금지의 원칙'에 위배될 여지가 크다. 입법론적으로 볼 때 공정거래법상 행정적 편의를 위해 불가피하게 총수의 직을 수행한 경우라면 이에 대한 면책 또는 책임 경감에 관한 규정이 존재해야 마땅하다.
   세계적으로 대기업집단 및 총수를 지정하고 이들에게 특별한 규제를 가하는 나라는 대한민국밖에 없다.

   OCI의 경우도 직전 회장인 이수영 회장의 갑작스런 사망으로 그 아들 이우현 부회장이 동일인으로 지정을 받았지만 이 경우도 OCI의 지분 구조를 보면 이수영 회장의 동생들인 이복영 삼광글래스 회장, 이하영 유니드 회장이 이수영 회장의 아들인 이우현 부회장과 비슷한 정도의 지분이거나 조금 높은 지분을 가졌음에도 불구하고 경영에 참여하고 있는 이우현 부회장을 동일인으로 지정하였다.

한국경제신문. 2019.5.9.
보유주식 관련 IFRS17 해석 바뀌어 ··· 삼성생명 '9조 손실' 막았다

삼성생명이 국제회계기준위원회로부터 2022년 도입되는 국제보험회계기준(IFRS17)에 대한 유리한 해석을 이끌어 내 약 9~10조원대로 추정되는 손실을 방어해냈다. 변경된 해석의 골자는 삼성생명이 보유한 삼성전자 주식 평가액을 '손익'이 아니라 '자본'으로 회계처리할 수 있도록 허용한 것이다. 파급효과는 크다. 주식 가치 변동으로 실적이 요동치는 리스크가 줄고, 배당에 대한 부담도 덜게 됐다. 삼성그룹의 지배구조 개편을 노린 '보험업법 개정안'을 방어할 수 있는 논리도 보강됐다는 평가다.

• 삼성 손 들어준 IASB

8일 회계 및 보험업계에 따르면 IASB는 지난달 이사회를 열고 계약자 배당과 관련한 미래 현금흐름을 '금융가정 변동'으로 본다는 해석을 'IFRS17' 기준서에 추가했다. 주식가치 상승으로 유배당 계약 상품에서 수익이 발생할 것으로 간주돼도 보험사가 이를 손익에 곧바로 반영하는 대신 자본으로 회계처리 할 수 있다는 의미다. '기준서'는 IFRS17의 실제 적용 방식을 규정하는 '시행령'에 해당한다.

국내 보험업계에선 2022년 IFRS17과 IFRS9(금융상품 국제회계기준) 도입으로 보유주식의 가치변동을 회계 상 손익으로 곧바로 반영하는 상황을 우려해왔다. 주식가치가 바뀔 때마다 실적이 요동치는 '변동성 리스크'가 발생하기 때문이다. 보험회사의 실제 경영상황과는 별개로 회사의 안정성이 보유 주식의 가격에 따라 휘둘릴 수 있다는 얘기다.

특히 삼성생명은 23조원어치(8.51%)에 달하는 삼성전자 주식을 보유해 가장 걱정이 컸다. 주식의 가격 변화를 매년 손익으로 환산하면 변동성과 더불어 막대한 배당이

발생할 수도 있다. 삼성생명이 이런 '배당 리스크'에 직면한 이유는 과거 '유배당 보험'을 팔아 마련한 자금으로 삼성전자 주식을 샀기 때문이다. 유배당 보험이란 투자 이익의 일부를 계약자에게 배당하기로 약속한 보험이다. 보험회계 전문가들은 삼성생명이 이번에 IASB의 기준서를 수정하면서 막아낸 계약자 배당금만 9조원을 넘는다고 추산했다.

• 보험업법 바뀌어도 '방어' 가능

기존 IFRS17 해석대로라면 삼성생명은 유배당 계약자에게 보유주식 가치 변동에 따라 배당금을 나눠줘야 할 가능성이 높았다. 이에 대해 삼성생명은 삼성전자 주식을 보유하는 이유가 매각 차익을 얻기 위한 '투자'가 아니라 그룹 지배구조를 확보하기 위한 '전략적 보유목적'이라는 논리를 마련했다. 이 경우 삼성전자 주식을 회계상 '자본'으로 인정하는 '기타포괄손익 공정가치 금융자산(FV OCI)'으로 분류할 수 있다.

하지만 삼성생명법으로 불리는 '보험업법 개정안'이 부담이었다. 박용진 더불어민주당 국회의원 등이 주도하고 있는 이 법은 보험사가 보유한 지분증권의 평가를 취득원가가 아닌, 시가로 바꾸는 게 핵심이다. 보험업법에선 보험사가 총자산의 3% 이상의 계열사 지분을 보유하지 못하도록 하고 있다. 개정안이 통과되면 단계적으로 16~17조원 어치의 삼성전자 지분을 팔아야 한다.

더 큰 문제는 삼성전자 주식이 회계상 '팔아야 할 주식'으로 분류된다는 점이다. 이럴 경우 삼성전자 주식 처분에 따른 계약자 배당금을 가정해 보험부채를 계산해야 한다. 삼성전자 등 계열사 주식이 회계상 자본으로 인정되지 않으면 삼성생명 손익계산서가 요동칠 공산이 컸다. 회계업계 관계자는 "이번 기준서 변경은 결과적으로 IASB가 삼성그룹에 큰 선물을 안긴 것"이라고 말했다.

• 일부 보험사는 '불만'

이번 기준서 변경은 삼성그룹 지배구조에 대한 정부와 국회의 압박이 거세진 가운데 이뤄졌다는 점에서 더욱 주목받는다. 국회에서 보험업법 개정을 통해 삼성생명이 삼성전자 지분을 매각해야 한다고 주문했고, 최종구 금융위원장도 작년 5월 "삼성생명의 삼성전자 주식 매각은 시대적 요구"라고 말하며 압박 수위를 높였다.

삼성생명은 아직까지 계약자 배당의 현금흐름에 대한 IFRS17의 확정된 기준이 없다는 데 착안했다. IFRS17 해석을 위한 전문가 그룹인 TRG에 계약자 배당 이슈를 질의해 IASB를 설득했고, 보험사가 보유한 지분증권을 자본으로 회계처리할 수 있는 기준서 변경을 이끌어냈다.

일부 보험사는 "삼성생명이 IASB를 움직여 모든 해석을 자사에 유리하게 끌고 있다"는 볼멘소리를 한다. 삼성생명은 이번에 국내 생명보험업계와 손해보험업계가 충돌한 '보험 계약의 경제' 이슈도 TRG를 통해 유리한 해석을 이끌어 냈다. 보험업계 관계자는 "이미 IFRS17 대응을 위해 회계 및 계리 시스템에 투자한 일부 대형 보험사는 기준서가 다시 바뀌면서 수십억원의 추가 비용을 넣어야 한다"고 말했다.

> 유배당 보험: 보험사가 주식 및 채권 등에 투자해 수익을 얻으면 주주처럼 투자 이익을 나눠 받을 수 있는 보험. 무배당 보험에 비해 보험료가 높지만 배당에 대한 기대가 높아지면서 1990년대 인기를 끌었다. 지금은 거의 판매되지 않는다.

"가치 변동으로 실적이 요동치는 리스크가 준다"는 내용이 기술되어 있는데 예를 들어 기업이 투자 주식에 지분법을 적용할 수도 있고, 지분법을 적용하지 않을 수도 있는데 지분법을 적용한다면 지분법 대상 기업의 실적에 따라 지분법이익/손실에 반영되므로 지분법으로 회계처리하는 것을 희망하지 않을 수 있다. 이는 투자회사가 통제할 수 없는 지분법 대상 기업의 영업의 성과가 이익에 반영되는 것을 희망하지 않을 수 있기 때문이다. 물론, 지분법 대상 기업의 영업의 결과가 좋아서 이를 지분법을 연결하는 기업의 업적으로 반영할 수 있다고 하면 많은 기업은 이를 마다하지 않을 것이지만 동시에 지분법 대상 기업의 영업의 결과가 언제 반전될지를 알 수도 없고 또한 통제할 수도 없다고 하면 더더욱 지분법 회계를 적용하는 것이 부담으로 작용할 것이다.

매각 차익을 위한 보유가 아니므로 이 주식은 장기보유 목적이 되며 FV OCI로 분류될 수 있다. 기업지배구조 목적이므로 단기에 처분할 대상의 주식이 아니라는 것이다. 투자주식이 단기에 처분할 주식이라면 이는 FV PL로 분류되어야 하는 것이 옳다.

삼성생명이 보유한 삼성전자의 주식을 평가하면서 평가이익으로 계상하게 되면 이 이익은 바로 배당가능이익에 포함되면서 삼성생명에 배당 압력이 가해지게 된다.

한국경제신문. 2019.6.20.
증권사 "IPO사 회계부실 책임지라니"

상장 추진 기업의 재무제표 적정성 판단 결과에 대한 주관사 책임을 강화하겠다는 금융감독당국의 방침을 두고 증권사들이 강력 반발하고 있다. 주관 증권사가 부실한 회계처리를 제대로 확인하지 못하면 대규모 과징금을 물리겠다는 '회계감독 선진화 방안'이 불을 지폈다. 증권사들은 무리한 책임 떠넘기기라며 들끓고 있다.

19일 증권업계에 따르면 국내 주요 증권사 기업 공개 담당 본부들은 회계 감독 선진화 방안에 관한 의견을 금융투자협회에 제출하기로 했다. 지난 13일 발표된 이 방안을 둘러싸고 증권사들의 불만이 폭주하고 있기 때문이다.

회계감독 선진화 방안에 따르면 앞으로 상장 주관 증권사는 상장 예비기업이 재무제표 등 중요사항을 거짓으로 기재했거나 빠뜨렸는지 여부를 실사 과정에서 적발할 책임을 지게 된다. 증권사는 확인 내역을 한국거래소에 제출하고 실질적인 보증을 서게 된다. 문제가 발생할 경우 거액의 과징금도 내야 한다.

상장 준비기업의 회계처리에 문제가 있다고 드러나면 금융감독당국, 한국거래소, 주관 증권사, 회계법인 중 어디가 가장 큰 책임을 져야 하는가를 놓고 각 당사자는 치열한 '핑퐁게임'을 벌여왔다. 삼성바이오로직스가 유가증권시장에 상장하기 전 에피스 관련 회계처리를 부적절하게 했다는 논란이 2년 넘게 이어지면서 몸살을 앓고 있는 만큼 모두에 예민한 문제기 때문이다. 금융위원회가 지난해 금융감독원에 상장 예비기업에 대한 사전감리를 강화하라고 했지만, 금감원은 사전 감리를 전면 폐지하자고 주장한 게 대표적인 사례로 꼽힌다.

증권사들은 금융감독당국의 책임 떠넘기기에 자신들이 희생양이 됐다고 보고 있다. 한 증권사 IPO 담당 임원은 "회계법인이 재무제표를 제대로 작성했는지 확인할 의무가 왜 증권사에 있는 건지 모르겠다"며 "다른 회계법인에 재무제표의 적정성 판단 업무를 위탁하려 해도 나중에 생길지 모르는 법적 책임을 우려해 어디도 맡으려 하지 않을 것"이라고 반발했다.

이에 대해 금융감독당국은 상장 예비 기업 실사를 맡은 주관 증권사의 책임을 강화하는 것은 세계적 추세라고 주장했다. 미국 등에서는 이미 증권사가 재무제표를 포함한 증권신고서에 대한 1차 책임을 진다는 설명이다.

금융감독당국 관계자는 "국내 증권사들은 상장 주관을 맡은 데 대한 책임을 충분히지지 않고 있다"며 "회계법인의 감사와 한국거래소의 최종 검증 절차가 있기 때문에 증권사에만 책임이 몰리진 않을 것"이라고 말했다.

한국거래소 측은 "주관 증권사와 상장 예비 기업, 회계법인이 충분히 소통해 회계처리를 점검해 보라는 뜻"이라며 "증권사가 감당할 수 없는 수준의 재무제표 검증을 요구하지 않을 것"이라고 설명했다.

증권업계에선 증권사와 회계법인 간 분쟁이 급증할 것이란 우려도 나온다. 상장사의 과거 회계부정이 뒤늦게 드러나 주관 증권사가 과징금 등 제재를 받게 되면 해당 증권사가 지정 감사인에게 손해 배상 소송을 거는 등 다툼이 잦아질 것이란 관측이다.

이러한 금융기관의 책임에 대한 논의는 다음의 외감법에서의 비례책임 관련 개정안 논의에서도 이슈가 되었다.

일단, 금융감독당국이나 거래소는 힘이 있는 기관이므로 책임을 증권사나 회계법인에 전가하려 할 것이다.

서울경제신문. 2008.2.22.
외감법 개정안 통과

은행과 보험 등 기관투자자들은 이번 외감법 개정으로 부실회계에 대한 입증책임을 지게 되자 권한과 책임의 조화측면에서 앞뒤가 맞지 않는다고 반발하고 있다.

회계법인과 달리 회계자료 제출 요구권이나 재산상태에 대한 조사권은 물론 기업의 감사과정에서 취득할 수 있는 각종 정보, 이른바 감사조서에 대한 접근권이 전혀 없는데도 앞으로 부실 피해가 생길 경우 입증책임을 묻도록 하는 것은 비합리적이라고 주장하고 있다.

이에 대해 공인회계사 업계는 기관투자자는 일반 개인투자자와 달리 고도의 전문성을 갖고 있어 감사보고서의 해독 능력이 있는 만큼 감사인에게 입증책임을 물리는 것은 과잉규제라고 맞서고 있다. 또한 민법이나 상법상으로도 손해배상소송에서 인과관계에 대한 입증책임은 원고가 지는 것이 원칙이라고 덧붙였다.

하지만 기관투자자들은 감사권한이 없는데 입증책임을 부담하는 것은 형평성에 맞지 않는다고 반박했다. 이들은 '최근 의료사고에 대한 대법원 판례에서도 의료행위 등 전문직 행위의 부실책임은 환자가 아닌 의사가 져야 한다고 판결하고 있다'며 '특별한 전문가만이 권한과 정보능력을 갖고 있다면 민법의 원고 입증 책임 부담은 부당하다.'고 주장하고 있다.

특히 기관투자자는 회계법인의 부실 입증에 필요한 감사조서에 대한 접근권이 없기 때문에 소송을 하지 않고서는 알 길이 없고 소송을 한다 하더라도 입증책임이 있어 승소 가능성도 낮다고 지적했다.

기관투자자 중에서도 입증책임 부담에서 자산운용사, 증권 등은 빠져 있고 은행, 보험 등만이 들어가 있는 것도 이해하기 힘들다는 지적이다. 입법 발의를 한 이종구 의원 측은 '은행, 보험 등은 대출 금융기관이기 때문에 대출시 거래 기업의 정보 취득이 용이하고 이에 따라 입증 책임을 지게 했다'고 설명하고 있다.

위의 기사에서 기관투자자는 감사조서에 대한 접근권이 없다고 하면서 재무제표에 대한 책임을 지지 않으려 하며 감사인은 계좌 추적권이 없다고 하면서 재무제표를 완전하게 점검하는 것이 불가하다고 한다. 누구에게나 정보의 접근 권한에는 한계가 있다. 이 모든 권한을 갖는 것은 검찰이므로 감독기관에서 정보 접근의 한계가 있을 경우, 검찰에 고발하거나 참고 사항으로 전달하게 되면 검찰이 이러한 권한을 가지고 더 심층적인 조사가 가능하다. 물론, 감독기관은 이렇게 검찰에게 조사권한을 보내면 검찰이 조사를 하거나 하지 않거나 그 책임과 부담도 검찰로 이관하게 된다.

매일경제신문. 2014.2.21.

KDB대우증 중징계. 금감원, 중 고섬 관련 '기관경고' 2명 정직

금융감독원은 20일 제재심의위원회를 열고 중국고섬의 상장 주간사인 대우증권에 '기관경고', 임직원 2명에게 정직, 4명에게 감봉, 8명에게 견책 등의 조치를 내렸다.

금감원은 대우증권이 중국고섬 상장 대표 주간사로서 기업 실사 등 인수업무를 제대로 수행하지 않았다고 판단했다.

대우증권은 중국고섬 증권 신고서에 기재된 2010년 3분기 재무제표가 외부감사인의 감사 또는 검토를 받지 않았는데도 거래 내용 확인 등 심사를 하지 않았다. 또 중요 계약 체결 사실 등 투자 위험 요소를 파악하지 못하고 주요 토지계약 관련 공시자료가 일치하지 않은 것도 확인하지 못한 것으로 드러났다.

기관경고를 받은 증권사는 3년간 최대주주 자격요건에 제한을 받는다. 이렇게 되면 헤지펀드 운용을 위한 자회사 설립이 제한되는 등 신규 사업을 펼치기 어려워질 수 있다. 금융회사에 대한 금감원의 제재는 기관주의, 기관경고, 영업정지, 인가취소의 4단계로 나뉜다.

한국경제신문. 2014.8.26.

중국 고섬 상장 폐지 손해 물어내라. HMC IBK 증권, 대우증에 소송

HMC 투자증권과 IBK 투자증권이 중국 섬유회사 고섬의 상장 폐지에 따른 손실을 물어달라며 KDB대우증권을 상대로 손해배상 소송을 제기했다. 지난해 분식회계로 상장폐지된 중국 고섬 사태가 증권사 간 소송전으로 비화되고 있다.

HMC증권과 IBK투자증권은 최근 대우증권을 상대로 각각 18억 8,000만원, 35억 2,000만원을 물어내라는 내용의 손해배상소 청구 소송을 관할 법원에 제기한 것으로 25일 확인됐다.

고섬에 투자한 이들 두 증권사는 2011년 고섬 상장 당시 주관을 맡은 대우증권이 부실을 제대로 검증하지 않은 만큼 책임을 져야 한다고 주장하고 있다.

고섬은 2011년 1월 주식예탁증서 형태로 한국거래소 유가증권시장에 상장했다. 당시 청약 부진으로 실권주가 발생하자 주식 인수단 자격으로 참여한 두 증권사는 각각

61만 2,827주, 30만 259주의 실권주를 떠안았다. 고섬은 그러나 상장 두달 만에 분식회계 은닉 논란이 불거지면서 거래가 정지된 데 이어 지난해 10월에는 분식회계가 사실로 드러나면서 상장폐지됐다.

그로 인해 개인투자자는 물론 실권주를 인수한 두 증권사도 50여 억원의 손실을 입은 것으로 전해졌다. 대우증권은 이와 관련, 금융감독당국으로부터 기관 경고조치를 받았다.

고섬이 약 1,000억원에 달하는 부실을 감추는 등 분식회계를 했음에도 대표주관사로서 이를 검증하지 못했다는 이유에서다.

서울남부지법은 올 초 중국고섬 투자자 550명이 한국거래소와 대우증권, 한영회계법인 등을 상대로 제기한 손해배상 청구소송에서 "대우증권은 투자자들에게 31억원을 지급하라"는 내용의 1심 판결을 내렸다.

한국거래소와 한영회계법인은 손해배상책임에서 일단 제외됐다.

한국경제신문. 2015.9.23.
대우증권-한영회계법인 '중국 고섬 분식' 놓고 법정다툼

KDB대우증권과 한영회계법인이 함께 상장 작업을 진행한 중국 섬유업체 고섬공고유한공사(고섬)의 분식회계 사건과 관련된 법정 다툼이 본격화된다. 고섬이 2011년 한국 증시에 입성한 뒤 분식회계 적발로 2013년 상장 폐지된 책임이 상장 주관사인 대우증권과 회계감사인인 한영회계법인 중 어느 쪽에 있는지가 법원에서 판가름 날 전망이다.

22일 투자은행(IB) 업계에 따르면 대우증권이 한영회계법인을 상대로 낸 10억원 규모 손해배상 소송의 첫 재판이 이르면 다음 달 열린다.

대우증권은 지난 4월 "고섬 회계감사를 맡았던 한영회계법인이 이 회사의 분식회계를 적발하지 못했다"며 "이로 인해 상장 주관을 맡은 대우증권이 책임을 떠안고 금융당국으로부터 20억원의 과징금을 부과받는 등 손실을 입었다"는 이유로 소송을 냈다. 대우증권은 법무법인 영진을 법률대리인으로 선임했고, 한영회계법인은 법무법인 화우를 선임해 재판을 준비하고 있다.

고섬은 중국 푸젠성 등에 공장을 두고 고급 의류와 가정용품, 생활용품에 쓰이는

폴리에스터 섬유를 제조 판매하는 회사다. 2009년 9월 싱가포르에 상장한 뒤 2011년 1월 대우증권을 대표 주관사, 한화투자증권을 공동 주관사, 한영회계법인을 회계감사인으로 정해 한국 유가증권시장에 2차로 상장했다.

고섬은 한국 상장 2개월 만인 2011년 3월 싱가포르 증시에서 주가 급락으로 거래가 정지된 여파로 국내에서도 거래가 정지됐다. 이후 재무제표에 적시된 1,600억여원 규모의 은행 잔액이 확인되지 않는 등 분식회계 의혹이 불거지면서 2013년 국내 증시에서 퇴출됐다. 금융위원회는 주관사로 회사의 부실을 제대로 밝혀내지 못했다는 이유로 대우증권과 한화투자증권에 각각 20억원의 과징금을 부과했다. 고섬 투자자들도 대우증권과 한화증권, 한국거래소, 한영회계법인을 상대로 손해배상 소송을 제기했다. 서울남부지방법원은 지난해 초 대우증권만 31억원을 배상토록 하고 한영회계법인 등에는 책임을 묻지 않았다.

고섬의 분식회계는 2009년부터 진행됐지만, 한영회계법인은 2010년 반기까지 감사를 진행하는 과정에서 이를 발견하지 못했다. 한영회계법인이 금융당국의 제재를 피한 것은 대우증권이 한영회계법인 감사를 받지 않은 2010년 3분기 재무제표를 근거로 금융당국에 증권신고서를 제출한 것이 주요 원인이었다. 대우증권은 회사 실사 등을 진행하면서도 고섬 통장을 제대로 확인하지 않는 등 대표 주관사로서 역할을 제대로 수행하지 않았다는 지적을 받았다.

그러나 지난 2월 서울행정법원은 대우증권과 한화증권이 금융위를 상대로 낸 과징금 취소 소송에서 "고섬이 거짓으로 증권신고서를 기재하는 것에 대해서까지 주관사에 책임을 물릴 수 없다"며 대우증권에 책임이 없다는 취지의 판결을 냈다. 대우증권은 이 판결을 근거로 한영회계법인을 상대로 소송을 냈다.

대우증권 관계자는 "고섬의 분식을 밝혀내지 못한 것은 한영회계법인이 고섬에 대해 지속적으로 '적정' 감사의견을 냈기 때문"이라고 주장했다. 한영회계법인 관계자는 "이제 재판이 시작되는 만큼 입장을 밝힐 때가 아니다"고 말했다.

이와 같이 진행되던 소송은 결국 대법원에까지 이르게 된다.

한국경제신문. 2019.10.23.
'2천억 투자손실' 중 고섬사태

투자자들에게 2,000억원대 손실을 안겼던 2011년 '중국 고섬사태'와 관련해 당시 상장을 주관한 증권사들이 책임을 져야 하는지를 두고 대법원 전원합의체가 판단하기로 했다. 증권사가 모두 승소했던 원심이 뒤집힐지 주목된다.

22일 법조계에 따르면 대법원은 최근 한화투자증권이 금융위원회를 상대로 낸 시정명령 및 과징금 부과처분 취소소송의 상고심을 대법원장을 포함한 대법관 13명이 참여하는 전원 합의체에 회부한 것으로 확인됐다. 전원 합의체 첫 심리기일은 23일이다.

중국섬유업체인 중국고섬은 2011년 1월 유가증권시장에 상장됐으나 2개월 만에 1,000억대 분식회계 사실이 드러나 거래가 정지됐다. 결국 2013년 중국고섬이 상장폐지됨에 따라 투자자들이 날린 돈은 2100억원에 달한다. 당시 상장주관사였던 한화증권과 대우증권을 상대로 부실한 외국 기업을 제대로 실사도 하지 않고 상장을 주관해 수천억원대 피해를 끼쳤다는 비난 여론이 일었다. 금융당국은 두 증권사에 각각 법정 최대 규모인 20억원의 과징금을 부과했다. 한화투자증권 등은 "회계법인의 감사 의견을 따랐을 뿐"이라며 행정소송을 냈다.

1, 2심에선 증권사가 모두 승소했다. 재판부는 "인수계약상 원고(한화투자증권)의 지위와 역할, 증권 공모 참여 시점 등에 비춰볼 때 원고에게 고의 또는 중대한 과실이 있다고 인정하기 어렵다"며 증권사에 책임을 물을 수 없다고 판단했다. 대우증권도 1, 2심 모두 승소해 현재 대법원에 계류된 상태다.

금융위 상고에 따라 사건을 접수한 대법원은 3년 9개월 동안 결론을 내리지 못하다가 최근 사건을 전원 합의체에 회부했다. 원고 승소 판결한 하급심의 판단 근거를 면밀히 재검토하겠다는 취지로 해석된다.

대법원이 원심을 뒤집고 증권사의 책임을 인정하면 당시 피해를 본 고섬 투자자들이 이들을 상대로 추가적인 손해배상 소송을 제기할 가능성도 있다. 앞서 2011년 투자자 약 550명은 이들을 상대로 손해배상 소송을 냈다가 패소했다.

43 감사위원회의 회계 전문성

한국경제신문. 2019.2.25.
"삼바 사태 남 일 아니다" ··· '회계 권위자' 모시는 기업들

주요 대기업 상장사들이 다음 달 정기 주주총회를 앞두고 경쟁적으로 회계 분야 권위자를 사외이사 감사로 영입하고 있다. 지난해 삼바 사태와 신 외감법 시행으로 내부회계관리체계를 갖추는 것이 그 어느 때보다 중요해졌기 때문이다.

24일 금융감독원 전자공시시스템에 따르면 LG그룹 지주회사 LG는 다음달 26일 정기 주주총회에서 한종수 이화여대 교수를 사외이사 및 감사위원에 선임하는 안건을 상정할 예정이다.

한 교수는 실무와 이론에 능통한 몇 안 되는 회계 분야 권위자 중 한 명으로 꼽힌다. 삼일회계법인에 근무한 경력이 있는 한 교수는 2013년부터 3년간 한국회계기준원 기준위원회 위원으로 활동했으며, 2015년부터는 국제회계기준 해석위원회위원을 맡아왔다.

LG상사는 양일수 이정 회계법인대표를 사외이사 및 감사위원으로 영입하기로 했다. 다음달 15일 주총에서 최종 확정된다.

아모레퍼시픽도 회계 전문가 모시기에 나섰다. 아모레퍼시픽그룹[1]은 다음달 15일 주총에 최종학 서울대 경영대학 교수를 사외이사이자 감사위원으로 선임하는 안건을 올리기로 했다. 최교수는 국내 대표적인 회계학자로 금융위원회 산하 회계전문심의기구인 감리위원회의 감리위원으로 활동한 바 있다.

효성은 다음달 15일 주총에 최중경 한국공인회계사회 회장을 사외이사에 재선임하는 한편 감사위원으로 선임하는 안건을 올릴 예정이다. 최회장은 대통령 경제수석비서

---

1) 아모레퍼시픽그룹은 아모레퍼시픽 기업집단을 의미하는 것이 아니고, 회사명이 아모레퍼시픽그룹이라서 혼동을 준다.

관, 지식경제부 장관 등을 지냈으며 2016년부터 한국공인회계사회를 이끌고 있다.

농심은 대형 회계법인 출신인 신병일 회계사를 영입했다. 신 회계사는 1981년 삼정에 입사해 2009~2017년 품질관리실장으로 일했다. 2015~2018년에는 회계기준원의 회계기준위원회 위원을 지냈다.

회계법인 관계자는 "신외감법에 따라 회계 부정의 제재가 대폭 강화될 뿐 아니라 내부 회계관리제도에 대해서도 외부 감사를 받아야 한다"며 "상장사들이 회계 전문가를 사외이사와 감사위원으로 영입해 기업 내부에서 먼저 회계관리 체계를 갖추고 회계 위험에 대응하려는 움직임이 확산되고 있다"고 말했다.

수년전 최중경 한국공인회계사회 회장이 효성의 사외이사를 맡고 있을 때, 한공회장이 회계법인에 영향을 미칠 수 있으므로 청년공인회계사회에서는 한공회 임원들은 사외이사를 맡으면 안 된다는 의견을 표명하기도 하였다. 한공회 내부적으로 정리되기는 상근 부회장들은 사외이사를 맡지 않는 것으로, 단, 비상근인 회장은 사외이사 선임에 제한을 두지 않는 것으로 결론 내려졌다.

우리나라 4대 재벌 또는 10대 재벌(삼성, 현대차, SK, LG. 포스코, 롯데, 한화, GS, 농협금융지주. 현대중공업, 두산, 신세계)[2] 중에서 유난히도 지주사 또는 계열사에 수년 전부터 공인회계사나 회계학 교수를 사외이사/감사위원으로 선임했던 기업이 LG이다. (주)LG, LG전자, LG디스플레이, LG생활건강, LG상사, 광고 회사인 지투알 등이 이에 해당된다. 이는 매우 바람직한 현상이다. 특히나 자산 규모 2조원이 넘는 기업에는 재무 또는 회계전문가가 외감법 시행령에 의해서 강제되는데 LG의 경우는 재무 또는 회계 전문가에서 회계 전문가로 그 전공의 폭을 더 좁힌 것으로 보이며 (주)LG에는 감사위원회 모범규준에서 요구하였듯이 2019년 사업연도에는 회계 전문가를 2인까지 선임하고 있다. 적어도 4대 그룹 정도의 기업이라고 하면 전문가가 개입하여 전문적인 지식에 의해서 이사회가 운영되어야 한다.

법에서는 자산 규모 2조 넘는 기업에 감사위원회를 의무화하지만 감사위

---

2) 순수 민간 기업으로만 10대 재벌을 선정하면 두산과 신세계가 포함되지만 공기업적 성격이 있고 정부 지분이 어느 정도 이상 되는 기업을 선정하면 두산과 신세계 대신, 포스코와 농협이 포함된다.

원회 모범 규준에서는 자산 규모 1조 넘는 기업에 감사위원회를 권하고 있다.

규준에서는 회계 및 재무전문가의 수도 두명으로 제안하고 있다. 상법에서는 자산규모 2조원이 넘는 기업에는 회계 및 재무전문가가 강제되나 『감사위원회 모범규준』 — Ⅱ. 감사위원회 구성, 선임 및 자격요건 — 1.2(회계 또는 재무전문가) '안내지침' 상에 회계감사의 요건이 강조되고 있음을 확인할 수 있다.

자산 규모가 2조원으로 상법에서는 규정하고 있는데 이 정도 규모가 되지 않는 기업은 회계/재무 전문성이 없어도 되는지에 대한 의문도 있다.

LG도 회계 및 재무전문가라고 된 내용을 회계 전문가로 해석하고 회계 전공자들을 선임한 것으로 판단된다. 혹자는 회계 및 재무전문가가 아니고 회계 및 회계감사 전문가여야 한다는 주장을 하기도 한다.

저자의 판단에도 감사위원회에 상정되는 대부분의 안건이 회계 정보와 관련되므로 회계 전공자와 재무 전공자는 구분되어야 한다고 판단하며 감사위원에 필수적인 전공은 회계 전공자여야 한다는 생각이다. 신 외감법 도입 이후에도 지속적으로 회계 관련된 제도가 변하고 있는데 이러한 제도는 전공자가 아니면 지속적으로 up date하기가 용이하지 않다.

감사의 영역은 업무감사 또는 회계감사라고 구분할 수 있는데 우리나라 감사위원회에서 업무 감사 관련된 안건이 상정되는 경우는 거의 없다고 판단되며 거의 대부분의 안건은 회계 관련이므로 회계전문가가 감사위원회에 필수적이다. 업무 감사 관련된 안건이 지배적인 안건이라면 법률 전문가 또는 실무 전문가가 더 적임일 수도 있다.

이사회의 활동에 있어서는 재무 전공자의 전문성이 더 필요한 경우가 있다. 예를 들어 투자의사결정 등에 있어서는 이러한 투자를 위한 자본 조달을 어떻게 할지 등은 회계보다는 재무관리의 영역이며 이러한 안건은 감사위원회보다는 대부분 이사회에 상정되는 안건이다. 그러나 감사위원회에서 논의되는 안건을 보면 거의 대부분 회계 관련된 내용이다.

이러한 논의는 잘못 이해하면 회계와 재무간의 무슨 영역 다툼 같이 보일 수도 있지만 이는 전문가에게 전문 영역을 맡겨야 한다는 매우 단순한 논리이다.

많은 기업에서는 경영학교수를 사외이사/감사위원으로 선임하면서 회계 및 재무 전문가로 분류하는데 이는 타당하지 않다. 경영학 교수라고 하여도 대부분은 학부나 대학원 수준에서 회계 수업을 한두 과목 이수할 정도의 회계학 지식만을 갖는 경우가 대부분이다. 물론 재무 전공 교수들은 다른 전공 교수보다는 회계학 지식이 더 많을 수 있다.

KB금융지주의 경우 금융경영, 재무, 회계, 법률/규제, HR, IT, 소비자보호로 사외이사의 전공 영역을 구분하고 있으며 신한금융지주는 사외이사의 영역을 금융 경영 경제 법 회계 정보기술 글로벌 소비자 보호로[3] 구분하고 있어서 국민지주와 HR과 글로벌 정도에서 차이가 나타나서 분류가 크게 다르지 않다. 일반 기업들은 이 정도로 경영의 영역을 기능적 영역(functional area)으로 상세하게 구분하여 사외이사를 섭외하고 있는 것 같지는 않고 또 기능적 영역으로 나눌 정도로 사외이사 수가 그렇게 많지도 않다.

KB는 2019년 2월 현재, 금융경영은 2인, 재무, 회계, 법률/규제, 소비자보호 각 1인을 사외이사로 두고 있다. 물론, HR과 IT 전문가가 공석으로 되어 있으나 현재 KB의 7인의 사외이사 구성으로 모든 전문 영역을 cover할 수는 없다. KB의 전문 영역 구분에서도 재무와 회계는 명확하게 다른 영역으로 구분된다.

그러면 한국을 대표한다고 하는 삼성, 현대차, SK 등의 기업은 많은 계열 상장사들이 있는데 이들 기업에는 회계 및 재무 전문가의 선임이 잘 지켜지지 않고 있다는 판단이다. 한국을 대표한다는 삼성전자와 현대자동차에 회계 전문가가 보이지 않는다.

다음과 같은 세 가지의 사례를 들 수 있다.

필자가 어느 금융 회사의 사외이사로 활동할 때이다. 처음 선임되어 이사회에 참석하였는데 선임된 사외이사가 모두 신규 선임이라서 이사회 안건에 보니 이사회 내 위원회를 사내이사와 사외이사를 적절하게 조합하여, 리스크관리위원회, 임원(사외이사) 추천위원회, 감사위원회 등으로 이미 시나리오에 의해서 구성이 되어 있었고 사외이사는 동수로 여타 위원회에 내정되어 있었다. 저자는 회계 전공자이니 당연히 감사위원으로 구성되어 있을 것으로 기대하였으나 다른 위원들이 감사위원으로 구성되었고 저자는 다른 위원회로 구성

---

3) KB금융지주 2018년 지배구조 및 보수체계 연차보고서, 신한금융지주회사 2018 지배구조 및 보수체계 연차보고서

이 되어 있었다.

그렇다고 저자가 회계 전문가이니 감사위원회로 구성되어야 한다고 나서서 주장하기도 주제 넘은 것 같아 아무 의견을 내지 않고 회의에 참석하고 있었는데 한 사외이사가 감사위원회는 다른 위원회와는 달리 전문적인 지식이 필요한 위원회이니 본인이 감사위원회에서 빠지고 다른 위원회로 구성되면 되니 저자를 감사위원회에 포함하는 것이 좋겠다는 의견을 피력하였고 다른 위원들도 그러한 의견이 타당하다며 매우 자연스럽게 위원회 구성을 변경하게 되었다.

전문가를 어떻게 활용하여야 하는지가 합리적으로 회의 석상에서 의견 교환되는 것을 보고 일부에서는 사외이사가 거수기라고 비판을 받는 경우도 있지만 반드시 그런 것만은 아니라는 것을 경험하였다. 이사회나 감사위원회에서는 생각보다도 많은 건에 대해서 다양한 의견을 공유하고 논의하게 된다. 그냥 안건을 별 고민 없이 통과시키는 것이 아니다.

또 다른 경험을 공유한다.

어느 회사 이사회에서 저자 포함 세 명의 사외이사가 퇴임하면서 후임 사외이사들을 이사회에서 사외이사 후보로 추천하는 안건을 다루게 되었다. 이사회 안건에 대한 사전보고를 받는 회의에서 있었던 일이다. 자산 규모가 2조 원을 초과하지 않아서 회계 및 재무 전문가가 의무화되었던 경우는 아니지만 감사위원회를 임의로 운영하는 회사였고, 당연히 감사위원회에서 적지 않은 회계 이슈들을 논의하였던 경우라서 한 사외이사가 명확하게 회계 전문가로 분류될 수 있는 후보자가 보이지 않는다며 다음 번 이사회까지 회계 전문성을 가진 후보자 1인이 추가 또는 교체되면 좋겠다는 의견을 제안하였다. 이사회 후보자 명단을 받아 보면서 저자도 회계 전문가가 보이지 않는다고 생각하였지만 회계 전문가의 입장에서 후보 중에 회계 전공자가 없다고 나서서 주장하기도 조금 애매한 상황이었는데 사외이사들이 회사를 위해서 제대로 역할을 하고 있다고 느끼는 기회였다.

2012년 상법이 개정되면서 희망하는 기업이 주주총회에서의 정관 변경을 하여서 이사회에서 재무제표를 확정할 수 있도록 상법이 개정되었다. 물론, 주총에서 재무제표가 확정되는 것이 주주 중심 경영이라는 대의에는 벗어나지만 신속한 기업 경영이라는 차원에서는 이사회에서 재무제표를 확정하는 것도 충분히 의미가 있다는 판단이었을 것이다. 또한 이사회에서 주총에 상정된 재무제표가 주주총회에서 거부될 가능성도 거의 없기 때문이기도 하다. 재무제표의 확정도 중요하지만 재무제표의 확정에는 배당 의사 결정도 포함되므로 기업의 지배구조 차원에서는 매우 중요한 사건이다. 예를 들어 재무제표를 수정할 일이 있는 경우, 주총에서만 재무제표가 확정될 수 있고 임시 주총을 하면서까지 의결해야 하는 신속성이 필요하지 않다면 그 다음번 정기 주총까지 재무제표가 확정되지 않은 상태가 계속될 수 있다.

많은 기업이 이 상법 개정 이후에 이사회에서 재무제표를 확정하는 것으로 정관을 개정하였지만 여전히 주총에서 재무제표를 확정하는 기업도 있다. 단, 정관이 개정되어 이사회에서 재무제표가 확정되는 경우에도 외감법에서 요구하는 사전 조건이 있는데, 외부 감사인의 의견이 적정이어야 하며 전원의 감사위원회 위원이 이사회에서 재무제표를 확정하는 데 동의를 하여야 한다.

이 회사에서는 감사위원회에서 동의해 준다면 이사회에서 재무제표를 확정하는 데 대한 의견을 감사위원회에 사전적으로 문의하였고 저자는 이사회에서 재무제표가 확정되나 주총에서 확정되나 큰 문제 아니라고 의견을 피력하였으나 한 사외이사가 매우 강력하게 재무제표 확정이라는 중차대한 문제를 기업 지배구조의 가장 정점에 있는 주주총회에서 의사결정해야지 이사회에서 의사 결정할 이유가 명확하지 않다고 반대하면서 주총에서 확정하는 것으로 정리되었고 그 이후 연도에도 계속적으로 주총에서 재무제표를 확정하였다.

이러한 사례를 보면, 기업의 이사회가 거수기라는 비판은 일부 기업에서는 적용되는 비판일 수 있지만 이사회를 성실하게 운영하는 기업에 있어서는 그렇지 않다는 것을 보인다.

특히나 이사회를 체계적으로 책임 있게 운영하는 것이 사외이사들의 입장에서는 여러 가지 책임 문제로부터 본인들을 보호하게 된다. 특히나 이사회 회의록이나 감사위원회 감사록을 명확하게 남겨 두는 것은 매우 중요하다. 이사회에서 어떠한 안건이 논의되었고 어떤 논의가 있었는지 또한 심각한 고민 후에 의사결정을 한 것인지 등이 기록으로 남아 있어야 한다. 아무리 구두로 신의 성실한 논의가 있었다고 해도 회의록에 이 내용이 남아 있지 않으면 시간이 경과한 이후, 이러한 논의가 있었다는 것을 입증하는 것이 불가능하다.

그렇기 때문에 과거에는 외감법하에서 감사위원회가 감사인에 대한 승인

권한만 가지고 있다가 개정된 외감법하에서는 선임권한이 있는 것으로 변경되면서 기업이 실질적으로 감사위원회를 이렇게 운영하는지를 확인하기 위해서 제반 documentation을 갖춰 두기를 요구하고 있다.

심각한 고민이 없이 안건이 통과되었는지 아니면 이사회나 감사위원회 차원에서 고민의 결과였는지는 아마도 배임 의사결정을 수행함에 있어서 매우 중요한 판단의 근거가 될 수 있다.

2019 Audit Comittee Outlook. 삼정회계법인 감사위원회지원센터(Audit Committee Institute)의 조사에 의하면 KOSPI 200 기업 감사위원회 안건은 다음으로 분류된다.

1. 재무감독 25.7%
2. 내부감사감독 18.1%
3. 외부감사인감독 16.9%
4. 내부회계관리제도 감독 13.2%

국내 KOSPI 200기업의 평균 감사위원 수는 3.2명으로 78.5%의 비중을 차지하고 있다.[4] 미국의 경우는 감사위원회 4인 이상 구성 비중이 77%에 달한다.[5] 삼정 in depth interview에서(2019년 7월). 물론, 감사위원회의 규모를 크게 유지한다는 것이 감사위원에 대한 급여 등을 생각하면 기업에는 부담일 수 있다. 단, 동시에 감사위원은 어차피 사외이사를 겸임하거나 상근감사위원 이므로 감사위원회의 규모를 늘린다고 해도 기업에 추가적인 급여 부담이 있는 것은 아니다.

---

4) 2019 Audit Committee Outlook, 삼정KPMG ACI
5) 2018 Board practice report

한국경제신문. 2019.5.17.
기업감사위원 10명 중 2~3명이 관료 출신

기업경영과 회계 투명성을 감사하는 감사 위원 가운데 관료 출신 인사가 가장 많은 비중을 차지한 반면 회계 재무학 교수와 회계사 비중은 미미한 것으로 나타났다.

16일 삼일회계법인에 따르면 이 회계법인 감사위원회센터가 자산 총액 2조원 이상인 유가증권시장 상장사 114곳(금융업 제외)의 2018년 감사위원 활동 현황을 조사한 결과 감사위원으로 활동한 사외이사 383명 중 관료 출신이 90명(23%)으로 가장 높은 비중을 차지했다. 회계나 재무를 전공하지 않은 교수, 연구원 등 학계 인사가 85명(22%), 판사 검사 출신 변호사 및 법학 교수들 법률전문가는 68명(18%)으로 집계됐다. 이어 금융회사 출신 25명(7%), 회계사 23명(6%), 회계학 교수 23명(6%), 재무학 교수 10명(3%) 등의 순이었다.

상법에선 한 명 이상의 회계 또는 재무전문가(과거 경력, 전공 등 감안)를 감사위원회에 두도록 하고 있다. 신 외부감사법에 맞춰 한국기업지배구조원에선 두 명 이상의 회계 재무전문가를 포함시킬 것을 권고한다.[6]

김재윤 삼일회계법인 감사위원회센터장은 "대기업들이 상법상 감사위원 요건을 지키긴 했지만 감사위원회 모범규준에는 못 미친 것으로 분석된다"고 말했다.

2017년 기업지배구조원에서 처음으로 일부 기업의 지배구조에 대해서 외부에서 접근 가능한 정보나 문건이 아니고 실제로 심층인터뷰를 진행하였다. 다른 지배구조는 잘 운영되고 있는데 감사위원회가 잘 운영되지 않는 듯하다는 평가 결과가 있다. 특히나 전직 관료들이 감사위원회가 어떻게 운영되어야 하는지에 대한 이해가 떨어진다는 평가가 있었다.

---

6) 『감사위원회 모범규준』 - Ⅱ. 감사위원회 구성, 선임 및 자격요건 - 1.2 (회계 또는 재무전문가) '안내지침' 상에 회계전문가의 요건이 강조되고 있다.

매일경제신문. 2019.6.25.

코스피 250기업, 회계 감사위원 부족

　코스피 200 기업 감사위원회 안건 절반 이상이 회계감독 관련 안건이지만 감사위원 중 회계 재무 전문가는 20%에 불과한 것으로 나타났다. 24일 삼정KPMG가 발간한 '2019 감사위원회 현황 및 활동 분석 보고서'에 따르면 지난해 말 기준 코스피 200 기업 중 감사위원회를 설치한 곳은 158개사다. 삼정KPMG는 이들 기업 감사위원회 안건 2327건을 분석한 결과 재무보고와 신규 회계 기준 도입 검토 등 재무감독 안건 비중이 25.7%로 가장 많았고, 외부 감사인 감독(16.9%)과 내부회계관리제도 감독(13.2%) 등 회계 감독 관련 안건이 전체의 55.7%를 차지했다고 밝혔다.

　그러나 전체 감사위원 209명 중 회계 및 재무전문가는 106명(20.8%)에 불과한 것으로 나타났다. 회계 전문가 수는 회계법인에서 감사 업무를 수행한 경험이 있는 감사위원뿐 아니라 회계학 관련 학위가 있는 경우까지 포함한 것이다.

　김유경 삼정KPMG 감사위원회 지원센터 리더는 "감사위원회 활동 대부분이 회의를 통해 이뤄지고 있어 감사위원회 회의에 상정된 안건으로 실질적인 감사위원회 역할을 확인할 수 있다"며 "감사위원회 안건에서 회계감독 관련 안건 비중이 가장 크기 때문에 감사위원 중 회계 및 재무 전문가가 반드시 필요하다"고 강조했다. 현행 상법에서는 감사위원 중 회계 및 재무전문가 1인 이상 선임을 의무화하고 있으나 장기적으로 회계 전문가와 재무 전문가 각각 1인으로 요건을 강화하는 것을 고려할 필요가 있다고 보고서는 지적했다.

　한편 보고서에 따르면 감사위원회를 설치한 158개 기업 중 33개사(20.9%)가 4명 이상 감사위원을 선임하고 있는 것으로 조사됐다. 감사위원회 위원 전원을 사외이사로 두고 있는 곳 비율도 97.5%에 달해 독립성 측면에서 긍정적 신호로 볼 수 있다고 보고서는 평가했다.[7]

　상법에서는 감사위원회 구성을 최소 3명 이상 이사로 할 것으로 규정하고 있으며 위원 중 3분의 2를 사외이사로 선임하도록 하고 있다.

---

7) 전원 사외이사가 아닌 2.5%의 기업은 아마도 금융기관일 확률이 높으며 상근감사위원이 나머지 위원을 구성하고 있을 것이다.

독일에서는 회계 및 재무 전문가가 감사위원장을 맡도록 제도화되어 있다고 한다.

한국경제신문. 2019.8.1.
"상장사 회계 재무 전문가 현황 기재 미흡"

상장회사들이 사업보고서에 감사위원 중 회계 재무전문가 관련 현황을 제대로 기재하지 않고 있다는 금융당국 조사 결과가 나왔다.

금융감독원은 감사위원회를 설치한 425개 상장사가 제출한 지난해 사업보고서를 점검한 결과 회계 재무 전문가인 감사위원의 자격과 기간 요건 등을 충실히 기재한 곳은 87개사(20.5%)에 그쳤다고 31일 발표했다.

상법에 따르면 감사위원회를 설치한 상장사는 감사위원 중 1명 이상을 회계나 재무 관련 전문가로 선임해야 한다. 금감원이 마련한 '기업공시 서식 작성기준'은 상장사들이 정기보고서에 감사위원의 전문가 여부와 경력 사항을 구체적으로 기재하도록 규정하고 있다.

회계 재무 전문가는 –공인회계사 – 회계 재무 분야 석사 이상 학위 취득자 – 상장사 회계 재무 분야 근무 경력자 – 금융회사 정부 기관 등에게 회계 재무 분야 업무 또는 감독 분야 근무 경력자 등 네 가지 유형으로 나뉜다.

그런데 182개사(42.8%)는 이 같은 전문가로서의 기본 자격을 명확히 판단하기 어렵게 기재한 것으로 나타났다. 338개사(79.5%)는 관련 근무기간을 누락하거나 아예 요건 충족 확인이 곤란하도록 기재했다.

감사위원 중 회계 재무 전문가 여부를 특정한 상장사는 253곳(59.5%)에 그쳤다. 감사위원이 공인회계사 출신인 상장사가 137곳(32.2%)으로 가장 많았고 금융회사 정부 등 회계 재무 경력자 112개사(26.4%), 회계 재무 경력자 112개사(26.4%), 회계 재무 분야 학위자 91개(21.4%), 상장사 회계 재무 경력자 33개(7.8%) 등의 순이었다.

KB 등의 금융지주와 계열사, 현대중공업지주와 계열사는 삼정회계법인에 위탁하여, 롯데지주 및 계열사는 삼일회계법인에 위탁하여 감사위원회 위원들을 교육하기 위한 계몽적인 교육 세션을 진행하기도 한다. 어느 정도 계열사를 가진 그룹이라야 교육을 위한 critical mass가 구성될 수 있다.

물론, 2018년 빅4 회계법인을 중심으로 설립된 감사위원회포럼, 삼정의 감사위원회지원센터, 삼일의 감사위원회센터, 한영회계법인이 상장회사 감사위원들을 초대하여 교육 세미나를 개최하기도 한다.

기업지배구조원에서 기업에 대한 심층면접에 같이 참여해 본 경험이 있다. 어느 교육 관련된 기업을 방문했는데 해당 기업은 8명 이사 중, 사내이사가 5명, 사외이사가 3명으로 구성되어 있었다. 그런데 사외이사들의 전문성이 해당 기업이 속한 산업의 산업 전문가가 아니었다. 감사위원회 구성이 법 전문가, 세무 전문가, 방송 전문가로 구성이 되어 있었고, 저자가 이러한 점이 궁금하여 면담을 진행하던 감사위원장에게 질문을 했더니 변호사인 감사위원장은 이미 사내 이사가 모두 해당 산업의 전문가들로 사내이사들이 도움을 받고자 하는 영역은 해당 기업이 속한 산업 이외의 사회 전반적인 내용에 대한 자문이지 사내이사들이 이미 가지고 있는 해당 산업에 대한 전문성은 아닌 듯하다고 답을 하였다.

그 기업이 속한 산업이 대단한 전문성을 필요로 하는 산업이 아니라서 그 면담자의 대답도 충분히 이해할 수 있는 부분이었다.

반면, 저자가 모 보험회사의 사외이사/감사위원을 맡고 있을 때, 그 당시 모든 사외이사가 동시에 신규로 등기했는데, 그 구성이 법 전문가, 회계 전문가 및 보험 전문가로 구성이 되어 있어서 변호사, 저자와 같은 회계 전문가, 또한 전문성이 있는 보험 전문가로 구성된 것이 이사회와 감사위원회 활동을 하는데 많은 도움이 되었던 기억이 있다.

실적예측치의 정합성 검토는 국내에서는 감사위원회의 점검활동이 이루어지지 않는 분야이며, 미국의 NYSE Section 303에 규정된 내용이자, 미국의 Practice라고 할 수 있다.[8] 단, 이 내용 또한 감사위원회 모범 규준에는 포함되어 있어서 규준과 실무 간에는 큰 차이가 있음을 알 수 있다.

양준권(2019)는 감사위원회 검토 사항으로 경제상황이나 회사의 환경 변화가 회사의 이익예측치 정합성에 미치는 영향 검토(신용평가기관 자료 등 참고)까지 포함하고 있다고 발표하였다.

---

8) 박성배. 2019.8.28. 감사(위원회)의 재무보고 감독. 감사위원회 포럼

이러한 예측치의 정합성이 이슈라기보다 양준권은 단기실적예측치를 달성하려는 압박이 회사 공시 재무제표에 미치는 영향을 들고 있다. 외국의 회계학 문헌에서도 기업들이 이익 예측을 meet 혹은 beat하기 위해서 이익 조정을 한다는 실증분석 결과도 있으므로 이러한 점을 기업의 일반적인 경영활동에 대해서 감사 업무를 수행하는 감사위원회가 점검함은 충분히 이해할 수 있지만 그럼에도 이러한 업무까지 수행하는 국내 기업의 감사위원회가 얼마나 되는지에 대해서는 의문이 있다.

자자가 관여하였던 기업일 경우, 분반기 재무제표 관련되어 이사회를 오전에 수행한 이후에는 재무 관련된 실무자들이 IR 업무를 하러 가게 되는 경우가 많았고 IR에서 어떠한 예측치 등이 발표되었을 수도 있는데, 저자가 감사위원을 맡았던 기업이 다수인데 감사위원회가 예측치를 챙겨 본 기억도 없고 회사 측에서 예측치를 감사위원회에 보고해 본 기억도 없다.

모든 것이 이론대로 되는 것이 아니지만 다른 기업에서도 상황은 거의 유사하다고 판단된다.

국내 기업의 감사위원회가 이러한 업무를 수행하지 않음에도 불구하고 모범 규준 등에 이러한 업무 범주가 포함된다고 하고 이러한 기업의 업무가 적절하지 않게 진행될 때 감사위원회의 책임 문제가 이슈가 될 수 있다.

기업지배구조 및 감사위원회 모범규준 등[9]

감사위원회 모범 규준
IV. 감사위원회 역할과 책임
2.1. 재무보고
감사위원회는 재무보고의 질과 신뢰성을 확인 필요. 특히, 특수관계자와의 거래, 실적예측정보의 정합성 등에 관하여 면밀히 감독 필요

감사위원회 모범 규준 매뉴얼 안내 지침

회사가 발표하는 실적 예측치와 재무분석가나 신용평가기관에 제공하는 재무정보 및 이익 예측치 등의 정합성 감독도 감사위원회의 업무 범위에 포함됨

[9] 양준권. 2019.10.17. 감사(위원회)가 해야 할 10가지 질문. 감사위원회 포럼

국내에서는 이루어지지 않지만 미국의 practice를 감사위원회 check point로 포함시킬 수 있는 이유는, global standard(US GAAP 및 IFRS)에서는 공정가치 평가, 손상평가, 이연법인세 평가 등의 평가 분야에서 회사 실적예측치가 적용되어 재무제표에 중요한 영향을 미치게 된다.

또한 최근 몇 년 사이에 평가 이슈로 인해 실적예측치 정합성에 대한 감사 중요성이 매우 높아졌고, 실제로 회계감사 실무에서 valuation specialist가 감사에 참여하여 이를 검토하는 사례가 폭증하고 있다.

아직까지 이 분야가 감사(위원회)의 통상적인 점검사항으로 자리 잡는 데는 시간이 걸릴 것으로 예상되나, 회계감사 측면에서는 이 영역도 이미 중요한 이슈로 자리 잡았기 때문에 check point로 제시할 수 있다.

우리나라의 감사위원회 활동은 투입되는 시간이 매우 제한적이지만 미국의 경우는 비상근 감사위원들이 실질적으로 많은 시간을 감사위원회 활동에 투입하고 있고 물론, 이에 상응하는 보상도 뒤따라야 한다.

과거 프랑스에서는 경영진의 예측에 대해서 감사인이 인증을 해야 하는 경우도 있었는데 내부 외부 감사인이 감사의 기능을 수행하는 위치만 기업 내와 외부로 나누어져 있을 뿐이고 수행하는 업무는 유사하다는 차원에서는 이 제도와 일맥상통한다고 할 수 있다.

이와 같이 감사위원회의 전문성 제고에 대한 필요성이 존재하자 이를 제고하는 방안이 다음과 같이 강구된다.

2018년 12월 19일 한국거래소의 "유가증권시장 공시규정"이 일부 개정되어서 그 중 자산 2조 이상 상장법인의 경우 사업보고서의 법정제출기한으로부터 2개월 이내에 '기업지배구조 핵심원칙' 준수현황과 미준수시 그 사유가 담긴 '기업지배구조 보고서'를 거래소에 신고해야 한다는 내용이 포함되었다.

기업지배구조 핵심원칙 중의 하나인 감사기구 독립성과 관련하여 '감사위원 등에 대한 지원(교육제공)' 등의 내용을 공시해야 하고, 이를 포함한 기업지배구조 보고서를 기일내에 제출하지 않거나, 거짓 신고 시 불성실공시법인 지정 등의 불이익을 받도록 되어있다.

이렇게 진행이 되자 일부 기업들은 그룹별 집체식 교육이나 또는 감사위원회 포럼 등의 공식적인 교육에 참여하는 것이 아니라 회계법인이 사전 보고 등의 시간을 통해서 변경된 기업회계기준이나 개정되는 제도 또는 법률 등에 대해서 브리핑을 하면서 교육을 실시하는 어느 정도 편법적인 방법으로 교육을 대신하기도 한다. 교육이 실질적으로 충실하게 진행되었는지를 확인할 수 없는 비공식적인 교육 기회보다는 체계적인 형식을 가진 교육이 더 정형화된 교육이라고 판단된다.

상장기업이 아닌 금융회사는 기업지배구조 보고서를 금융회사지배구조법상 지배구조연차보고서로 대체하고 있다.

양준권(2018)은 감사위원회가 수행하여 할 업무를 10가지로 분류한다. 그 내용은 다음과 같은데 우리나라 대부분의 기업이 이사회의 사외이사와 감사위원들이 중복되므로 어느 업무는 이사회 업무이고 어느 업무는 감사위원회 업무인지를 구분하는 것이 어렵다. 또한 이사회에는 사내 이사들이 회의를 같이 하므로 중립적인 입장에서 수행하는 감시 업무일 경우는 감사위원회가 수행하는 것으로 기대되기도 쉽다.

1. 감사인의 독립성 준수 여부 진술
2. 회계처리 정책이나 추정에 사용된 가정의 유의적인 변경
3. KAM 선정 사항과 수행 절차
4. 내부회계관리제도 감사
5. 특수관계자 거래
6. 부정행위나 회계처리 위반의 발견
7. 경영진의 재무보고
8. 감사종료 단계
9. 감사인의 평가
10. 의견변형

위에 나열된 업무 중에 5. 특수관계자 거래와 같은 경우는 이 업무가 특별하게 이사회에서 다루어질 안건인지 아니면 감사위원회에서 다루어질 안건인지가 명확하지 않다.

조선일보. 2019.1.3.
삼성준법감시위, 사장급 규모로 꾸릴 듯

삼성이 이재용 부회장의 파기환송심을 맡은 재판장의 '신경영' 요구에 따라 대법관 출신 변호사를 준법감시위 위원장으로 영입하면서, 앞으로 진행될 삼성의 조직 개편과 인사 이동에 재계의 관심이 집중되고 있다.

2일 재계에 따르면, 삼성전자는 정현호 사업지원TF 팀장 주도로 내부 경영진과 완전히 독립된 형태의 준법감시위원회를 도입하기로 하고 위상과 규모, 운영 형태 등을 검토하고 있다. 삼성전자는 김지형 전 대법관을 준법감시위 위원장으로 내정한 만큼, 사장급 규모의 신규 조직이 꾸려질 것으로 예상된다. 삼성전자에서 사장급이 조직을 맡는 곳은 스마트폰이나 반도체, TV 가전사업부 등 몇몇 주요 사업부뿐이다. 삼성 안팎에서는 인사 조직 개편은 준법감시위 구성이 완료된 이후 나올 가능성이 클 것으로 예상된다. 또 선고 공판을 전후해 이 부회장이 'JY 신경영'과 상생 경영 방안도 내놓을 것으로 전망된다.

지난 10월 이 부회장의 횡령 뇌물 혐의 파기 환송심을 맡은 정준영부장판사는 이 부회장에게 부친인 이건희 회장의 과거 '삼성 신경영'을 언급하며 '신경영'을 주문했다. 외부 감시 제도를 도입하고, 재벌의 폐해를 바로 잡는 방안도 고민할 것을 권했다. 법조계에서는 이 부회장 양형에 영향을 미칠 수 있을 것이라는 전망이 나왔다. 이 부회장은 오는 17일 4차 파기환송심 공판이 예정됐고, 이르면 2월 선고 공판이 있을 것으로 보인다.

하지만 재계에서는 삼성이 재판장 '훈수 경영'에 맞추느라 당장 그룹 경영 현안을 챙기지 못하고 중요 사안이 뒤로 밀리는 것 아니냐는 지적이 나온다. 지난해 연말 정기 인사가 늦어지고, 재판부의 '신경영' 주문에 맞추기 위해 새해 경영계획도 뒷전으로 밀린 모양새다.

이 부회장은 2일 새해 첫 일정으로 경기도 화성사업장에 있는 반도체연구소를 찾아, 세계 최초로 개발한 3나노(10억분의 1m) 공정기술을 보고받았다. 이 부회장은 "잘못된 관행과 사고는 과감히 폐기하고 새로운 미래를 개척해 나가자"며 "우리 이웃, 우리 사회와 같이 나누고 함께 성장하는 것이 우리의 사명이자 100년 기업에 이르는 길임을 명심하자"고 말했다. 삼성의 한 직원은 "예전엔 글로벌 불황 조짐만 보여도 비상경영 선언하고 생존 전략을 짰는데, 지금은 훨씬 어려운데도 이번 정부가 싫어한다고 '불황'이란 말조차 외부에 조심하고 있다"며 "윗사람이 '위기'를 말하지 않으니, 지금이 진짜 위기가 아닌가 걱정된다"고 말했다.

문화일보. 2020.1.9.
삼성 '준법감시위' 외부 위원 중심 독립적 설치

삼성이 외부에 준법감시위원회를 독립적으로 설치해 계열사들의 위법 행위를 감시하기로 했다. 준법감시위는 총7명으로, 위원장은 김지형 전 대법관이 맡는다. 준법감시위는 이르면 이달 말부터 공식적인 활동에 나설 예정이다.

김 위원장은 9일 오전 서울 서대문구 법무법인 지평 회의실에서 기자간담회를 열고 준법감시위 인원 구성과 지위 및 운영 원칙, 향후 계획 등에 대해 밝혔다.

준법감시위는 삼성전자, 삼성물산 삼성생명 삼성SDI 삼성전기 삼성SDS 삼성화재 등 7개 계열사와 각각 협약을 체결하고 준법 감시업무를 수행하게 된다. 김위원장은 "준법 감시 프로그램과 시스템이 전반적이고 실효적으로 작동하도록 하는 구체적 실행 방안을 마련해 삼성의 개입을 완전히 배제하겠다"고 밝혔다. 준법감시위는 각 계열사의 준법감시와 관련된 자료 제출이나 시정 조치를 요구할 수 있고, 이사회에 직접 권고할 수 있다. 김위원장은 "필요한 경우 준법감시위가 계열사의 법 위반 사안을 직접 조사할 계획"이라고 밝혔다. 준법감시위는 이달 말까지 7개 계열사가 각각 협약과 운영규정에 대한 이사회 의결 절차를 마무리하면 공식 출범할 예정이다. 김위원장은 "의구심, 불신을 넘어서는 것은 삼성이 풀어내야 할 과제이자 동시에 위원회의 몫"이라고 말했다.

모든 경영은 법이라거나 규정이라거나 하는 적법한 체제 system하에서 수행되어야 한다. 감시라고 하면 준법감사인, 내부감사실, 상근감사, 감사위원회, 준법지원인 등의 법체계 하에서의 장치가 이미 완비되어 있고 특히나 삼성그룹이라는 실체를 부정하지는 않지만 그럼에도 미전실이 해체된 시점에 각 개별 회사가 자체적으로 경영활동을 하고 있는데 부장판사라는 분이 공명심도 아니고, 본인의 영역도 아닌 경영 부분에 대해서 훈수를 하고 주문을 한 것도 매우 이상한 모습이다. 그럼에도 삼성은 재판을 담당하고 있는 재판장의 요청을 무시할 수도 없었을 것이다.

삼성이 내 놓을 준법감시위가 어떠한 형태가 되었건 이는 초법적인 형태가 될 수도 있을 것이고 이를 논의하는 회의를 2019년 12월 17일 주요 계열사 사장단 회의에서 논의하였다고 하니 지주회사 형태로 아닌 삼성에서 법체계가 인정하지 않는 기업지배구조의 모습이 또 탄생할지가 우려되기도 한다. 그렇다고 하면 기존의 계열사 차원에서의 감사위원회는 감시 관련되어서 어떠한 위상을 갖는 것인지도 의문이다.

특히나 삼성의 경우, 미래전략실이 해체된 현 시점에도 모든 경영 활동은 계열사 위주로 진행하는 것으로 알려져 있는데 계열사 사장 회의에서 이러한 건이 논의되었다는 것은 지주회사의 형태도 아닌 삼성이 그룹 차원의 의사결정기구를 운용한다면 미전실의 해체가 큰 의미가 없다. 물론, 삼성과 같은 큰 기업 집단이 구심점을 가지고 일사분란하게 움직이는 것이 장점이 있을 수 있지만 그럼에도 이는 공식적인 기구가 될 수는 없다. 기업의 경영활동이란 상법에 기초한 적법한 개별적인 기업 중심으로 진행되어야 하며 지주회사 이외의 기업집단을 지배하는 실체는 법에서는 인정하기 어려운데도 불구하고 그룹 차원에서 뭔가를 준비하고 있다. 행정부에서 추구하는 기업지배구조와 어느 정도 역행하는 방향성이 아닐 수 없다.

모든 경영은 적법한 체계 하에서 수행되어야 하는데 음시응변 식으로 경영활동이 수행되는 것은 아닌지 유념하여 관찰하여야 한다. 초일류 기업인 삼성이 부장판사의 도가 넘는 훈수에 흔들려 일회성 기구를 만든다고 하면 이는 너무 단기적이며 지속되지도 않을 기구가 될 가능성도 높다.

모든 정책의 개선이나 기업 선진 경영은 법의 틀 안에서 수행되어야 하는 것이지 초법적인 기구에 의해서 뭔가를 이루려 한다면 이 자체가 법체계에서의 일탈을 초래할 수 있다.

물론, 이러한 주장에 대한 이견도 있다. 재판부는 양형을 할 때, 여러 가지를 종합적으로 판단하여 판결을 내리게 되는데, 정 부장판사는 판결 시 삼성의 지배구조 개선과 관련된 내용을 고려할 수도 있으며 이는 재판장의 판단 범주 내에 있으므로 이러한 사법부의 판단에 대해서 가타부타 하는 것 자체도 사법부의 독립성을 심각하게 훼손할 수 있다는 것이다. 또한 삼성이 국민 경제에서 차지하는 부분을 고려할 때, 초 일류기업이 다시 한번 이러한 건에 연류되며 에너지를 낭비하지 않도록 재판부의 입장에서는 얼마든지 의견을 낼 수 있다는 주장이다.

예를 들어 재판부가 피고인에 대한 형량을 판단할 때, 피고인이 경제적인 능력이 있다고 하면 최종적인 선고 이전에 어느 정도 사회적 약자들에게 보탬이 되는 기부활동을 수행하였는지를 고려하겠다고 하면 이는 사법부의 재량에 의해서 결정될 수 있으며 이 모든 것은, 즉, 양형에 어떠한 요소들을 고려할지는 사법부의 고유 업무 영역이므로 외부에서 판단할 수 있거나 판단의 대상이 되는 사안이 아니다.

한국경제신문. 2020.1.18.
삼성준법감시위 진정성 확인 후 형량에 반영하겠다는 재판부

이재용 삼성전자 부회장의 '국정농단' 사건 파기환송심 재판부가 삼성 준법감시위원회의 진정성을 확인하겠다며 전문 심리위원단을 구성하겠다고 밝혔다. 삼성은 파기환송심 재판부가 준법감시제도 강화 필요성을 언급하자 김지형 법무법인 지평 대표변호사를 위원장으로 하는 준법감시위원회를 구성해 다음 달 출범하기로 했다. 법원의 전문심리위원단이 삼성의 준법감시조직을 평가한 뒤 제대로 된 역할을 할 수 있겠다고 판단했을 때만 이 부회장의 형량을 줄여 줄 수 있다는 뜻을 재판부가 드러냈다는 분석이 나온다.

서울고등법원 형사1부(부장판사 정준영)는 17일 이 부회장 파기 환송심 공판에서 3명으로 이뤄진 전문심리위원단을 꾸리겠다고 했다. 형사소송법 279조의 2에 따르면 법원은 직권으로 전문심리위원을 지정해 소송에 참여하도록 할 수 있다.

재판부는 "삼성이 준법감시위를 운영하겠다고 하지만 그러한 제도가 효과적으로 운영되도록 하는 게 중요하다"며 "국민 중에는 (준법경영을 하겠다는) 삼성의 약속에 의구심을 품는 사람도 있으므로 전문심리위원단이 엄격하게 점검할 필요가 있다"고 말했다. 재판부는 3명 가운데 1명을 강일원 전 헌법재판관으로 제시하면서 이달 말까지는 변호인과 검찰이 1명씩 추천해 달라고 주문했다.

재판부의 결정에 대해 변호인단은 이렇다 할 의견을 내지 않았지만 검찰은 반발했다. 검찰은 "삼성 준법감시위가 양형 사유라는 것을 분명히 한 것 같다"며 "전문심의위

선정에 반대하고 협조할 생각도 없다"고 밝혔다.

매일경제신문. 2020.1.18.
법원 "준법감시안 제대로 시행되는지 볼 것"

특검은 이에 대해 "미국 양형 기준 8조를 참조한 방안으로 보이는데, 대통령과 재벌 총수 뇌물 사건에 미국을 참고한 제도 수립이 어떤 의미가 있는지 의문"이라고 반박했다. 이어 "재벌 체제를 혁신하지 않고 준법감시제도 준법감시제도만 도입하는 것은 실효성에 한계가 있다"고 지적했다.

재판부는 "1월말까지 특검과 변호인 측은 전문심리위원 후보자를 추천해 달라"고 요청했다. 이어 "다음 기일에는 전문심리위원을 최종 지정하고, 이들이 점검하고 평가할 사항에 대해 의견을 들을 것"이라고 밝혔다.

형사소송법에 전문심리위원을 지정할 수는 있지만 그럼에도 이는 어디까지나 위법과 관련된 판단과 관련된 내용에 대한 판단 자문일 것이다. 재판부가 시민단체도 아니고 … 물론 위원 구성에 있어서 법원이 1인을 추천하고 검찰과 검찰이 1인을 추천하도록 하면서 형평성을 맞춘 것은 이해할 수 있다.

경제개혁연대. 2020.1.20.
삼성 이재용 파기환송심 4차 공판에 대한 논평

삼성 준법감시위원회가 이재용 부회장
양형의 근거가 되어서는 안 된다

준법감시위원회 위원들은 사법정의를 바라는 국민여론에 부응하여 '위원참여 결정'
재고해야

1. 지난 금요일(1/17) 삼성전자 이재용 부회장 국정농단 뇌물공여사건 파기환송심

4차 공판에서 재판부(서울고법 형사1부, 재판장 정준영)는 최근 삼성이 출범한 '준법감시위원회'의 실효성을 점검하여 양형에 반영할 뜻을 내비쳤다. 작년 10월 재판장은 "재판의 진행이나 결과와 무관"하다고 명확히 하면서 삼성에 강력한 내부통제장치의 필요성, 재벌체제 혁신, 총수 이재용의 선언 등을 주문했는데, 이는 우려했던 대로 결국 이재용 부회장 감형을 위한 수순이었던 셈이다. 경제개혁연대는 삼성 이재용 파기환송심이 사실상 집행유예 결정 여부를 판단하는 양형재판으로 변질된 것에 강한 유감을 표하며, 삼성의 준법감시위원회는 그 실효성 여부를 불문하고 양형기준이 되어선 안 된다는 점을 강조한다.

2. 이번 4차 공판에서 재판부는 "기업범죄 재판에서 준법감시제도의 시행 여부는 미국 연방법원이 정한 양형 사유 중 하나"라며 삼성에서 제출한 "준법감시제도는 실질적이고 실효적으로 운영돼야 양형 조건으로 고려될 수 있다"고 언급했다고 한다. 즉, 삼성 준법감시위원회가 적절한 내부통제시스템을 갖춘 것으로 평가될 경우 이재용 부회장의 감형사유로 채택하겠다는 선언이다. 이에 재판부는 전문심리위원단을 구성해 삼성의 준법감시제도를 점검·평가하기로 결정했다. 그러나 이번 재판부의 결정은 다음과 같은 문제가 있다.

첫째, 삼성의 준법감시위원회는 그 실효성 여부를 불문하고 양형기준으로 삼아서는 안 된다. 재판부는 미국의 사례를 들어 "삼성에서 제출한 새로운 준법감시제도는 기업범죄 양형기준에 핵심 내용"이라 밝혔지만 이와 같은 재판부의 판단을 수긍하기 어렵다. 삼성 이재용의 국정농단 뇌물공여사건에서 대법원은 이재용에 대해 약 87억원의 뇌물공여와 횡령죄의 유죄를 인정했다. 그런데 대법원 양형위원회의 뇌물범죄 및 횡령·배임범죄의 양형기준에서 내부통제시스템 구축 또는 준법감시제도의 시행 등은 양형의 참작사유로 고려하고 있지 않다. 대법원 양형기준은 과거 "유전무죄, 무전유죄"라는 재벌 총수일가 봐주기 판결 관행을 개선하고 "법앞에 평등"정신을 구현하기 위해 오랜 기간 사회적 합의를 거쳐 마련하고 적용해온 원칙이다. 이러한 원칙을 무시한 채 우리 법원이 인정하고 있지 않은 양형사유를 미국 사례에서 찾아 들이미는 재판부의 주장은 상식 밖이다.

둘째, 법 논리적으로도 재판부가 인용하고 있는 미국의 내부 통제시스템의 구축조항은 이재용의 집행유예의 고려사유가 되지 못한다. 재판부가 언급한 내부통제수단은 아마도 미국 연방법원 양형기준(United States Sentencing Commission Guidelines Manual) 제8장(Chapter 8 Sentencing of Organization)의 Effective Compliance and Ethics Program1)을 언급하는 것으로 보인다. 그러나 이는 CEO와 같은 개인범죄자가 아닌 주식회사 같은 법인의 처벌에 있어 고려되는 것이다. 정준영 재판장의 발언이 집행유예를 선고하기 위한 의도적 사실 왜곡인지 아니면 무지나 오독 때문인지알 수 없으나, 적어도 이 조항을 언급하며 기업범죄자 개인의 감경사유를 이야기하는 것은 미국에서도 있을 수 없다. 또한, 미국 기업범죄의 경우 내부통제시스템을 잘 갖추고 있음에도 불구하고 사고가 난 경우 기업의 형량을 감경해주는 것이지, 사후적으로 내부통제시스템을 갖춘 경우는 적용되지 않는다. 기업범죄의 양형 참작사유인 내부통제시스템을 총수일가(Controller)에게 적용하는 것이 타당한지도 의문이다.

더욱이 우리나라는 상장회사나 은행 등에 대해 독립적 지위에서 내부통제시스템을 책임지는 준법감시인 또는 준법지원인을 의무적으로 선임하도록 하고 있어, 적절한 내부통제시스템의 구축은 상장회사나 은행 등의 당연한 의무사항으로 볼 수 있다. 당연히 갖추고 있어야 할 내부통제시스템이 총수일가 개인범죄의 감경사유가 될수는 없다.

3. 경제개혁연대는 삼성과 재부부의 의도가 분명해진 만큼 삼성 준법감시위원회 위원들에게도 위원참여 결정을 재고할 것을 요청한다. 이 달 말 공식 출범할 예정이라는삼성 준법감시위원회는 발표 직후부터 이재용 부회장의 감형에 악용될 것이라는 비판을 받았을 뿐 아니라, 이와 별개로 그 위상과 역할 자체에 대해서도 많은 의구심이 제기되고 있다. 위원회는 공정거래와 부패행위 분야, 노조와 경영승계 문제까지 광범위하게 삼성그룹의 준법경영을 감시하겠다며 시정요구, 직접조사 등을 언급하고 있으나결국은 '권고' 역할에 불과하다. 삼성전자·삼성생명 등 위원회와 협약을 체결한 7개계열사 모두 이사회 중심의 독립경영을 표방하고 있는바, 법적 권한을 가지고 책임과의무를 부담하는 이사회가 아닌 외부기구의 한계는 분명하다고 할 수 있다. 또한, 지금까지 삼성그룹이 국정농단이나 노조파괴 공작에 연루된 임원에 대해 책임을 묻지않고 있는 것을 보면 삼성의 준법경영 의지를 신뢰하기 어렵고, 재판부의 요구로 급조된 준법감시위원회가 재판 후에도 작동할 것이라 장담할 수도 없다. 때문에 2006년삼성공화국 논란 당시 비난여론을 잠재울 목적으로 만들어져 결국 흐지부지된 '삼성을지켜보는 모임'과 같은 길을 걷게 될 것이라는 비판이 나오는 것이다.

결국 준법감시위원회는 삼성의 '이재용 부회장 구하기' 수단으로 전락할 가능성이높고, 이는 국정농단 사건의 주범인 이재용 부회장에 대한 엄정한 처벌을 원하는 국민들의 기대를 저버리는 것이다. 경제개혁연대는 준법감시위원회 위원들이 이 문제를 무겁게 받아들여, 사법정의를 훼손하는 삼성과 재판부에 엄중히 경고하고 국민여론에 부응하는 차원에서 위원참여 결정을 재고할 것을 강력히 요청한다.

한국경제신문. 2020.1.20.

삼성전자, 국내외 영업조직 수장 대거 바꾼다.

조직 개편안엔 법무팀에서 컴플라이언스(준법지원) 부서를 분리하는 방안이 들어갈 것으로 알려졌다.

한경비즈니스 2020.1.20.-2.2.
27년 만에 나온 삼성의 셋째 '준법 경영' 카드

삼성의 준법감시위원회 설립은 27년 만에 나온 셋째 '경영' 카드다. 삼성의 준법 경영 역사는 1993년으로 거슬러 올라간다. 당시 이건희 삼성전자 회장은 글로벌 경기 침체 시기를 돌파한 경영 시스템의 혁신 방안으로 신경영을 선언하면서 제시한 '지행33훈'에 도덕성 회복 없이는 아무것도 할 수 없다는 '삼성헌법'을 명시한 것이 시초였다. 이후 2009년 이후 삼성은 그룹 사장단협의회에서 준법 경영 기조를 공식화한 이후 2011년 '무관용 준법 경영'을 선포하며 둘째 준법 경영 카드를 선보였다.

물론 2003년에는 김상균 전 삼성 준법경영실장의 주도로 계열사 최고경영자 평가 때 준법 경영 활동을 반영하기로 전격 발표한 바 있고 2017년에는 그룹 미래전략실 해체 등 경영 쇄신안이 추가되기도 했지만 조직 설립과 광범위한 실행 방안이 복합적으로 나온 것은 이번이 처음이다.

한국경제신문. 2020.1.24.
삼성전자 '준법 경영팀' 법무실에서 분리 … 별도 조직으로 키우기로

컴플아이언스팀을 총괄하는 임원은 2월 초 출범 예정인 '삼성준법감시위원회' 이사

회에 필수적으로 참석하고, 필요하면 준법감시위원회 이사회를 소집하는 요청권도 가질 예정이다. 재계 관계자는 "이같은 조치는 내부 준법 감시를 강화하기 위한 것"이라며 "준법감시위원회를 지원하는 조직도 다음 주 이사회에서 별도로 논의할 것으로 보인다"고 했다.

매일경제신문. 2020.1.24.
삼성, 준법감시 지원조직 신설

삼성전자 이사회는 오는 30일로 예정된 이사회에서 준법감시위원회를 지원하기 위한 조직신설(사무국)과 공석이 된 이사회 의장 선임 등을 논의할 것으로 알려졌다. 사무국 신설은 법무팀에서 컴플라이언스 부서를 분리 확대하는 방안이 거론되는 것으로 전해졌다.

한국경제신문. 2020.1.30.
삼성 준법감시팀, CEO 직속 조직으로 격상

전자는 부사장이 총괄
물산 전기는 전담팀 강화

삼성전자를 비롯한 삼성그룹 주요 계열사들이 법무팀 소속 컴플라이언스(준법감시)팀을 대표이사(CEO) 직속 조직으로 독립시킨다. 삼성전자는 컴플라이언스 책임자를 전무급에서 부사장급으로 올려 역할과 위상을 강화하기로 했다.

29일 삼성에 따르면 삼성전자는 30일 이사회를 열어 컴플라이언스 강화 방안을 의결한다. 다음달 초 삼성 준법감시위원회 공식 출범을 앞두고 선제적으로 내부 컴플라이언스 역량을 높이기 위한 목적으로 분석된다.

삼성전자는 현재 법무실에 소속된 컴플라이언스팀을 독립시키고 CEO 직속 조직으로 격상시킬 계획이다. 만에 하나 발생할 수 있는 법무실의 컴플라이언스팀 간섭을 차단하기 위해서다.

컴플라이언스팀은 준법감시위원회의 업무를 지원하는 역할도 담당한다. 준법감시위원회가 별도로 사무국을 꾸리기로 했지만 인력 구성 등에 한계가 있기 때문이다.

삼성전자는 컴플라이언스팀 독립성을 높이기 위해 컴플라이언스팀장의 겸직을 금지하고 이사회에 의무적으로 참석하게 할 계획이다. 컴플아이언스팀의 이사회 정기 보고를 확대하고 이사회 소집요청권도 부여할 예정이다.

삼성물산과 삼성전기를 이미 이사회를 열어 컴플라이언스팀을 CEO 직속 조직으로 독립시키는 내용을 의결했다. 삼성생명과 삼성SDI, 삼성SDS, 삼성화재 등 나머지 삼성 계열사들도 31일까지 회사별로 이사회를 열어 준법감시위원회 설치 동의, 컴플라이언스 강화 등의 내용을 담은 안건을 의결할 예정이다.

컴플라이언스팀장이 이사회에 의무적으로 참석하게 할 계획이라는 내용은 조금 고민할 필요가 있다. 이사회의 회의 참석은 이사들과 회의 진행과 보고를 위해서 배석하는 관련자들로 한정되어야 하는데 컴플라이언스팀장의 이사회 필참은 이사회를 감시하기 위한 목적임을 충분히 이해할 수 있지만 그럼에도 올바른 방향인지는 의문이다. 물론 위원의 중복으로 잘 수행되지는 않지만 이사회를 감시해야 할 의무를 상법에서는 감사위원회에 주어졌는데 그러면 감사위원회의 감시 역할은 어떻게 되는 것인지에 대한 의문이 있다. 보고자도 아닌 컴플라이언스팀장의 이사회 필참은 매우 혁신적인 아이디어이다.

조선일보. 2020.1.31.
삼성 준법감시팀, 계열사마다 CEO 직속으로 만든다

준법감시위은 위원회 아래에 사무국을 구성할 예정이다.

한국경제신문. 2020.1.31.

CEO 직속조직 된 삼성 준법감시팀 … 부서장은 변호사

삼성생명과 삼성화재 등 4개사는 변호사를 준법감시 조직 부서장으로 지정해 전문성을 높이기로 했다. 이로써 기존에 변호사를 부서장으로 둔 삼성전자 등 8개사를 포함해 12개 삼성 계열사에서 변호사가 내부 준법감시 조직의 수장을 맡는다.

분반기(중간) 재무제표가 연차 재무제표에 추가하여 그 역할을 수행하고 있는지에 대해서는 상반된 anecdotal evidence가 있다.

대우조선의 2016년 3분기 재무제표가 한정으로 표명되면서 분반기 재무제표가 연차 재무제표가 공시되기 이전에 투자자에게 사전적으로 경고할 수 있는 중간 재무제표의 순기능이 있음을 보인다.

검토보고서의 일부 내용은 다음과 같다.

한정의견의 근거

본인은 미청구공사 등 주요계정의 기초잔액에 대한 적정성 판단을 위하여 대한민국의 분·반기재무제표 검토준칙에서 정하는 절차를 검토보고서일 현재 충분히 수행하지 못하였습니다. 이와 같은 사항들의 결과로 본인은 기록되었거나 기록되지 아니한 재무제표 및 주석의 구성요소에 관하여 수정이 필요한 사항이 발견되었을 것인지 여부를 결정할 수 없었습니다.

연차 재무제표가 분반기 재무제표에 비해서는 상대적으로 더 중요한 재무제표라는 데는 이견이 없다. 연차 재무제표에 문제가 있다면 분반기 재무제표는 그 조짐을 미리 예방적으로 알릴 수 있는 것이 중간 재무제표의 역할이라고 할 수 있다. 연차 재무제표라는 것이 결국은 분반기 재무제표가 누적되어 나타나는 것이기 때문이다.

위의 내용은 중간 재무제표가 맡겨진 역할을 하고 있다는 내용이고, 다음의 내용은 이러한 역할이 미흡하다는 내용이다.

연차 재무제표가 비적정감사의견을 보인 기업 중, 분반기가 적정인 경우가 81%를 보이고 있어서 분반기 재무제표가 과연 그 역할을 하고 있는지에 대한 의문이 있다. 물론, 분반기 재무제표는 감사가 아니고 검토이기는 하지만 그럼에도 분반기 재무제표가 누적되어서 연차 재무제표를 작성해야 하는데 81%의 통계치는 기업들이 분반기 재무제표에 별로 방점을 두지 않는다는 의미이다.[1]

다음의 신문기사도 감사인의 분반기 재무제표에 대한 검토에 대하는 마음의 자세를 읽을 수 있다.

매일경제신문. 2010.4.21.
회계법인 감사보고서 못 믿겠네. '적정의견' 반년새 '의견거절'로 뒤집기도

블루스톤의 외부감사인 현대회계법인은 '회사가 600억원으로 계상하고 있는 SMI현대의 지분법 적용 투자주식 가치에 대한 합리적인 근거가 존재하지 않고, 그 비중이 자산 총액의 65%에 해당하는 매우 중요한 금액으로 회계정보의 중대한 불확실성이 존재하기 때문'이라고 연말 감사보고서에서 이유를 밝혔다.

하지만 이 회계법인은 6개월 앞서 나온 반기보고서에서 '적정' 검토의견을 내 놓았다. 블루스톤이 SMI현대 지분에 대한 양수도 계약 체결을 공시한 일자가 지난해 6월 30일. 현대 회계법인이 반기보고서를 제출한 일자는 8월 4일. 2008년 전반기에 이뤄졌던 지분 인수에 대해 반기보고서에서는 '적정' 검토의견을 냈다가 연말 감사보고서에서는 '거절'의견을 제시한 것이다.

이처럼 지난해 반기보고서에서 '적정'이나 '지적사항 없음'의 검토 의견을 내놓은 회계법인들이 불과 반년이 지난 감사보고서에서는 '거절' 의견을 내놓아 투자자들의 원성을 사고 있다.

올해 감사의견 거절로 상장폐지에 몰린 상장사는 총 10개. 자강과 블루스톤은 계속기업 불확실성을 이유로 IC코퍼레이션, 엑스씨이, 케이이엔지, 쿨투, 나노하이텍, 3SOFT, 팬텀엔터그룹, IDH 등은 감사 범위 제한을 사유로 의견 거절을 받았다. 하지만 이들의 외부감사를 맡은 삼일, 안진, 삼정, 성도, 화인, 현대회계법인은 모두 반기보고서에서 아무런 문제점을 제기하지 못했다.

반기 검토는 연말 감사에 비해 낮은 수준의 잣대가 적용되지만 회사의 중대한 재무

---

1) 최준우. 2019.6.18. 한영회계법인 세미나.

변동에 대해 상시 감시해야 할 의무가 있는 회계법인들이 연말 이후 '한철 장사'에만 치중하는 것 아니냐는 비판의 목소리가 나오고 있다.

하지만 회계법인들도 할 말은 있다. 반기 감사보고서를 낼 때 연말에 이뤄지는 수준의 감사를 하기에는 시간상이나 여건상 하기도 어렵고, 할 의무도 없다는 것이다.

김창권 현대회계법인 대표는 "실사나 조회 의무가 수반되지 않은 반기 검토에서 연말 감사 수준으로 사실을 확인하는 것은 불가능한 일"이라고 말했다. 블루스톤 회계실무를 맡았던 회계사는 "지분이 회계장부에 잡힌 것은 7월이라 반기보고서상 의무는 없다고 판단했다"며 "반기 검토 때 해당 사실에 대해 구두질문이 이뤄졌지만 투자의 진위 여부를 밝혀내는 절차는 아니었다"고 설명했다. 회계법인들의 형식적인 반기 회계검토 작업에 대해 한 대형 회계법인 출신 회계사는 "반기 검토 때는 편안한 마음으로 자료를 훑는다"면서 "문제를 알아내기도 쉽지 않지만 문제가 있어도 연말까지는 두고 보자는 게 실무 태도"라고 털어놨다.

한편 금융감독원도 회사 재무에 중대한 영향을 미칠 사안에 대해 감사나 검토 의무를 소홀히 했다가 차후 문제점을 지적하면서 '한정'이나 '거절' 감사의견을 내놓은 회계법인에 대해 내부조사 중인 것으로 알려졌다.

45 기업지배구조보고서

매일경제신문. 2019.6.5.
재계 "지배구조 평가지표, 현실과 괴리"

올해부터 자산 2조원 이상 코스피 상장사가 의무적으로 내야 하는 기업지배구조 보고서가 현행법보다 엄격한 기준을 요구하고 있어 기업들에 또 다른 부담으로 작용하고 있다는 지적이 일고 있다.

투기자본 등 회사 외부 세력의 영향력을 키워줄 '집중투표제 실시 여부'도 상장사의 투명한 지배구조를 뜻하는 지표에 버젓이 포함돼 있어 상장사 입장에선 지키기 어려운 잣대라는 불만이 쏟아져 나온다. 이 같은 내용을 공시해야 하는 상장사들은 주가에도 부정적 영향을 미칠까봐 전전긍긍하는 것으로 나타났다.

4일 매일경제신문이 지난 3일까지 기업지배구조 보고서를 공시한 코스피 상장사(161개사) 중 시가총액 상위 50개사를 분석한 결과 이들이 준수하지 못한 핵심지표는 '주주' 관련 질문 중 '주주 총회 4주 전에 소집공고 실시 여부' 항목이다. 이 질문에 대해 그렇다고 답한 상장사는 고작 6곳으로 이행률이 12%에 그쳤다.

상법상 주총 소집에 관해선 최소 2주 전에 주주들에게 통보하도록 규정하고 있는데 관련 지표는 법보다도 엄격한 기준을 요구하고 있는 셈이다.

업계 관계자는 "지배구조 투명성 관련 공시에서 1번부터 ×를 유도하고 있어 김이 샜다"며 "도대체 '4주 전 소집공고'라는 근거는 어디에 있는 것인가"라고 반문했다. 지배구조 관련 15개 지표 중 11개를 준수한다고 공시한 삼성전자조차 이 질문에는 ×라고 답했다.

금융위원회는 지난 4월 '상장회사 등의 주주총회 내실화 방안'을 발표하면서 주총 소집 통지 시한을 현행 '주총 2주 전'에서 '주총 4주 전'으로 변경하기로 했다. 아직 관련 법 개정안이 국회를 통과하지 못한 상황인데도 올해 주요 상장사의 지배구조 의무

공시 사항에 포함한 것이다. 법안 통과를 전제로 이 제도는 일러야 내년부터 시행이 가능할 전망이다. 한 상장사 관계자는 "기업의 지배구조 지표 이행률을 낮추려는 의도로 보인다"고 전했다.

이행률(지키고 있다고 답한 비율)이 낮은 또 다른 지표는 이사회 관련 항목 중 '집중 투표제 채택'여부다. 집중투표제를 채택하고 있는 곳은 50여 곳 중 7곳(14%)에 그쳤다. 대주주를 견제하는 기능도 있지만 일부 투기자본이 소수 지분을 갖고도 경영권을 위협할 수 있어 재계에선 반대의 목소리가 높다.

이처럼 기업 실정과 동떨어진 지배구조 지표가 다수 포함되면서 전체 이행률도 낮게 나왔다. 한국거래소에 따르면 올해 지배구조 보고서를 공시한 전체 161개사는 기업지배구조 핵심지표 15개 항목 중 평균 8.01개(53.4%)를 준수하는 것으로 집계됐다.

주총소집 통지를 2주에서 4주 전으로 당긴다는 것은 주주들이 주총 안건을 충분히 숙지하고 주총에 임할 수 있는 순기능이 있을 수 있다. 그러나 주주총회 이전에 시급하게 변동되는 사안들이 있을 수 있어서 주총 이전에 너무 시점을 당겨서 안건을 확정한다는 것이 반드시 순기능만 있는 것은 아니다.

2016년초 KB금융지주에 사외이사 후보로 사전 안건이 확정된 후보자가 국회의원 비례대표로 추천되면서 후보를 사퇴하는 일이 발생하였다. 이미 주총 안건을 공지한 이후라서 다른 후보로 대체할 시간적 여유가 없어서 대체가 될 수 없었는데 이러한 안건 이외에도 2주라는 기간은 기업의 가변적인 경영환경을 생각하면 짧은 기간은 아니다. 특히나 기업이 주총 이전에는 여러 가지 이슈가 발생할 수 있으므로 감독당국에서는 이를 법제화하기 이전에 기업들의 사정을 충분히 청취하고 반영하여야 한다. 따라서 주총 안건을 미리 공지한다는 것이 순기능만 있는 것이 아니고 역기능도 존재한다.

기업지배구조 보고서가 상법에서 규정하는 내용보다 더욱 강한 내용을 포함하면서 이를 준수하기를 기대하는 것은 현실적이지 않다. 기업지배구조원에서 작성한 감사위원회 모범 규준도 상법에서 요구하는 것보다도 훨씬 높은 수준의 규준이라서 규준이 초법적인 내용인가에 대한 비판도 있지만 규준은 그 나름대로 상징적인 의미를 가질 수도 있다. 예를 들어 자산 규모 2조원이 넘는 기업일 경우 법에는 회계 및 재무 전문가가 최소 1인으로 되어 있으나 규준에는 2인으로 되어 있다. 또한 법에는 자산규모 2조 넘는 기업에 감사위원회를 강제하고 있는데 규준에는 자산 규모 1조 넘는 기업에 감사위원회를 권하고 있다. 규준은 연성법(soft law)이며 법은 강제(강행)규정(hard law)이라는 차이가 있어서 규준은 상징성이 있을 뿐이다. 단, 규준이 상법에서 정하는 내용만을 포함한다면 규준의 추가적인 의미가 없어지는 것이므로 규준은 상징적으로 전향적인 내용을 포함하고 개선의 방향성을 제시하는 것이 더 옳다는 주장도 있을 수 있다.

단, 상장회사협의회 산하의 내부회계관리제도운영위원회에서 작성하는 내부회계관리제도 모범규준인 경우는 이 규준에 근거하여 내부회계관리제도의 인증이 수행되므로 다른 규준보다는 구속력이 있다. 따라서 이 위원회를 상장협 산하에 둘 것이 아니고 금융위 산하의 위원회로 공식화해야 한다는 의견도 제시되고 있다.

2019년에 공시해야 하는 기업지배구조보고서의 내용에는 최고경영자승계계획도 공시해야 한다. 불시의 최고경영자 승계 계획 보유, 승계 계획 논의 및 후보자 교육제도 현황도 공시해야 한다.

포스코, KT, KB금융지주, 신한금융지주 등 최대주주가 없는 기업의 경우는 CEO 승계 작업이 매우 중요한 경우이지만, 기타 기업의 경우에는 최대주주의 영향력 하에서 CEO가 선임되기 때문에 이러한 최고 경영자 승계 계획 자체가 큰 의미가 없다는 판단을 할 수 있다.

또한 계획이 아무리 잘 되어 있다고 해도 선임과정에서 최대주주가 낙점을 하게 되는 경우가 다수이므로 이렇게 되는 기업일 경우에 최고경영자 승계 계획이라는 것 자체는 큰 의미가 없다.

그렇게 제도가 갖추어 있지 않다면 포스코 CEO 회장의 경우는 외풍에 흔들릴 수도 있다. 포스코와 같은 경우는 차기 CEO pool을 관리하고 후보자들 간에 선의의 경쟁을 하고 있다고도 할 수 있다.

9대 최정우, 8대 권오준, 7대 정준양, 6대 이구택, 5대 유상부, 4대 김만제, 3대 황경로, 2대 정명식, 초대 박태준 회장 중 4대 김만제 회장을 제외하고는 모두 내부 출신이다.

KB의 경우는 1대 황영기, 2대 강정원, 3대 어윤대, 4대 임영록, 5대 윤종규 회장에 이르고 있고 강정원 회장과 윤종규 회장만이 어느 정도 이상 국민은행이나 금융지주에서의 근무한 경험이 있고 황영기, 어윤대, 임영록회장은 모두 외부 영입 케이스이다. 물론 사내 승진이 좋은지 외부 영입이 더 좋은지는 매우 주관적인 판단의 영역이므로 뭐라고 단언하기 어렵다.

46 사학기관 감사

사학기관

2013년 1월 23일, 사립학교법

대학 운영 모든 사학 외부감사 및 감리 실시

교육부 장관은 필요한 경우 감사증명서 및 부속서류에 대하여 감리할 수 있음

감사를 수행하는 감사인의 요건은 외감법에 따름

감사인: 회계법인, 감사반(peer review)

그런데 거의 재감사 수준

2017년 11월 개정 법 제31조의 2:

교육부장관은 감리 업무의 전부 또는 일부를 외부회계감사 및 감리에 관한 전문성을 갖춘 법인이나 단체에 위탁할 수 있다.

2018년 5월 개정 시행령 제14조의 3: 교육부장관은 외부회계감사에 대한 감리 업무를 다음 법인 또는 단체에 위탁할 수 있다.

회계법인 한국사학진흥재단법에 따른 한국사학진흥재단 소속 공인회계사가 회계 감리

1년에 20곳, 14년에 한 번

2022년까지는 1년에 60곳 감리해서 5년에 한번 주기로…

교육부는 감사인 감리 결과를 금융위원회에 통보 – 감리결과 위반 사항 및 해당 감사인 명단을 금융위원회에 통보

금융위원회는 감사인 징계 내용 등 조치결과를 교육부에 통보

사학진흥재단은 각 사학기관에 감리 결과 그리고 교육부에 조치 통보

사립학교법 개정안(2019.3.22.)

'3+2'

연속하는 3개 회계연도에 대하여 외부 감사인을 직접 선임한 경우 그 다음 연속하는 2개 회계연도에 대하여 교육부장관 외부감사인 지정

peer review에 해당하는 경우가 처음에는 회계법인 또는 감사반에서 나중에는 회계 법인 또는 한국사학진흥재단으로 변경되었다.

한국경제신문. 2019.7.30.
공기업도 내년부터 '감사인 강제 지정'

정부가 내년부터 상장사를 중심으로 민간 기업에 시행하는 '주기적 감사인 지정제'를 공공기관에도 도입하기로 했다. 에너지와 금융 공기업 등 330여 곳이 이르면 내년부터 정부로부터 외부 감사인을 강제로 지정받게 될 전망이다.

• '공기업 회계 투명성 더 높여야'

29일 여권에 따르면 기획재정부는 최근 '공공기관의 운영에 관한 법률(공운법)'상 공공기관에 주기적 감사인 지정제를 도입하기로 하고 한 회계 전문 학회에 관련 연구용역을 맡겼다. 기재부 관계자는 "연구 용역 결과를 받아 공운법을 개정해 제도를 도입할 계획"이라며 "내년부터 순차적으로 시행하는 게 목표"라고 말했다. 또 "법 개정이 안 되더라도 일단 주요 공공기관을 대상으로 내년부터 시범 시행할 것"이라고 덧붙였다.

주기적 감사인 지정에는 기업이 외부 감사인을 6년간 자율적으로 선임하면 그 다음 3년은 금융위원회 산하 증권선물위원회로부터 감사인을 지정받는 제도다. 국회가 대우조선해양 분식 사건을 계기로 회계투명성을 높인다는 이유로 2017년 외감법 개정을 통해 도입했다. 개정법은 상장사와 자산총액 1,000억원 이상 비상장사 중 소유와 경영이 분리되지 않은 회사를 대상으로 삼았을 뿐 비상장 공공기관은 제외했다. 공공기관은 공운법에 따라 일반 민간기업보다 엄격한 회계기준을 적용받는다는 이유에서였다.

정부는 그러나 "국민의 세금으로 운용하는 공공기관은 회계 투명성을 더 높일 필요가 있다"는 학계와 회계업계 지적에 따라 공공기관에도 주기적 감사인지정제 도입을 추진하기로 했다. 최중경 한국공인회계사회 회장은 지난 5월 기자간담회에서 "민간부문은 감사인지정제가 도입돼 회계 개혁의 완성 단계에 도달했으나 공공, 비영리부문은 미흡하다"며 제도 도입을 촉구했다.

제도가 도입되면 한국 마사회 등 29개 공기업, 국민연금공단 등 93개가 해당될 예정이다.

• "분식회계 유인 적은데…" 실효성 지적도

공공기관은 민간기업에 비해 분식회계의 유인이 낮기 때문에 감사인 지정제를 도입하는데 신중해야 한다는 의견도 있다. 감사인을 지정하면 감사보수가 높아질 수밖에 없기 때문에 굳이 민간 기업과 같은 제도를 도입할 필요는 없다는 것이다. 한 회계학 교수는 "공공기관장은 민간기업 최고경영자와 달리 회계적 수치를 좋게 포장하는 것이 평가 우선 순위에 있지 않다"며 "회계를 조작할 이유가 없는데 굳이 지정제를 통해 감사보수를 높일 필요는 없다고 본다"고 말했다.

학계에서는 공공기관에 대한 주기적 감사인 지정제 도입이 분식회계 적발보다는 자금을 규정에 따라 정당하게 집행하고 운용했는지를 살펴보는 '합규성 감사'에 효과를 낼 것이라는 전망도 나온다. 다른 국가에는 공공기관이 설립 취지에 맞게 공익을 위한 본연의 역할을 제대로 하는지를 감사원이 아니라 제3자가 감독하는 합규성 감사 제도가 발달돼 있다는 설명이다. 정도진 중앙대 경영학부 교수는 "공기업의 재무구조 악화가 정당한 투자에 따른 결과인지, 정권이 바뀐 이후 대규모 적자가 난 공기업이 있다면 그 원인이 급격한 정책 변경에 따른 것은 아닌지를 따져보는 쪽으로 감사를 강화하는 게 필요하다"고 말했다.

조선일보. 2019.5.24.
조심하세요, 공시후 감사보고서 고치는 기업 늘어

국내 기업의 감사보고서가 공시된 이후 수정된 사례가 늘고 있어 투자자들이 주의해야 할 것으로 보인다.

금융감독원은 23일 지난해 외부감사 대상 기업이 감사보고서(연결 감사보고서 포함)를 공시 이후 고친 사례가 1,533건에 달한다고 밝혔다. 2016년 969건, 2017년 1,230건으로 늘어나는 추세다. 2016~2018년 3년간 감사보고서 수정 사례를 분석한 결과, 44%는 한 달 내에 감사보고서 오류를 바로 잡았다. 하지만 공시 후 1년이 지나서야 오류를 바로잡은 곳도 20%에 달했다. 이 사이 잘못된 정보를 보고 투자 판단을 내린 사람이 있을 수 있다는 것이다.

자산 규모가 큰 기업일수록 감사보고서를 고친 경우가 상대적으로 더 많았다. 자산 500억원 이상 기업은 전체 외부감사 대상 중 26%에 불과하지만, 감사보고서를 고친 기업 가운데 차지하는 비중은 46%로 더 높았다. 큰 기업일수록 다양한 자산을 보유하고 있고 계열사와 관계도 복잡해 오류 가능성이 높다는 지적이다.

금감원은 기업을 담당하는 감사인이 바뀐 것도 영향을 줬다고 분석했다. 작년까지 최근 3년간 감사보고서를 고친 적 있는 상장사는 857곳인데, 이 중 46%인 394곳에서 감사인이 바뀐 뒤 감사보고서를 고친 것으로 나타났다. 내년에 감사인 지정제가 시행되면 감사인이 더 자주 바뀌어 오류가 더 늘 수 있어 투자자들이 주의해야 한다는 지적도 나온다.

48 회계사가 비리 저질렀어도 그가 만든 감사보고서는 유효하다?

조선일보. 2019.7.20.

회계사가 비리 저질렀어도 그가 만든 감사보고서는 유효하다?

회계사가 잘못했더라도 그가 만든 '보고서'는 어쩔 수 없다?

"윤창호법이 생각나요. 사람 하나 죽어야 법이 바뀌는 나라인데, 기업 하나 망해야 법이 바뀔까요."

디스플레이 장비를 만드는 중소기업 A사 관계자는 이렇게 푸념했다. 이 회사는 2017년까진 300억원대 매출을 올리며 친환경 금속막 코팅 기술 등 22건의 특허를 보유하고 산업자원부가 주최하는 산업기술상을 받은 실적도 있는 강소기업이다. 하지만 지난 3월 회계 감사를 진행하던 회계사 이모씨가 요구한 억대의 금품을 거절했고, 이후 회계사의 '의견 거절' 판정을 받아서 몇 달째 곤욕을 치르는 중이다. <본지 4월 20일 자 B9면>. 의견 거절은 필요한 자료가 부족해 제대로 감사를 진행할 수 없었다는 뜻이다. 의견 거절 판정은 기업 경영이 정상이 아니라는 신호를 담고 있어 주식회사에서 퇴출되거나 투자금 회수 등 위기를 맞을 수 있다. 실제로 지난 3월 웅진그룹 계열사인 웅진에너지가 회계 감사에서 의견 거절을 받을 뒤 법정관리에 들어갔다. 그 여파로 웅진그룹은 어렵게 재인수한 코웨이를 다시 시장에 매물로 내놓아야 했을 정도다. A사 역시 지난 3월 나온 감사보고서에서 최종적으로 의견거절 판정을 받았다. A사 관계자는 "이씨의 요구를 거절하자 그 보복으로 의견 거절 판정을 준 것"이라고 말했다.

A사는 이씨의 금품 요구가 협박이나 다를 바 없다고 보고 경찰에 형사 고소했다. 사건을 수사한 서울 수서경찰서는 지난 12일 이씨가 감사보고서를 놓고 A사에 억대의 금품을 위법하게 요구했다고 보고 기소 의견으로 서울 중앙지검에 송치했다. 이와 별도로 한국공인회계사회에 송치했다. 이와 별도로 한국공인회계사회도 윤리위원회에서 이씨 문제를 조사 중이다.

문제는 회계사에게 비리 혐의가 있다고 해서 감사보고서가 곧바로 무효가 되는 건 아니라는 점이다. A사는 문제의 감사보고서를 파기하고 새 감사를 받으려 했지만, 유관 기관인 금융위원회나 금융감독원 모두 "이씨의 행위가 문제가 있는 건 맞지만 법규상 당장 기존의 무효로 하고 새 감사를 받게 해줄 수단이 없다"는 입장만 되풀이하고 있다. 외부감사법은 회사가 일방적으로 회계사 또는 회계법인과 맺은 감사 계약을 파기하고 감사보고서를 무효로 만들 수 없도록 여러 규제를 두고 있다. 과거엔 회계사가 을의 위치였기 때문에 갑인 회사에 휘둘려 부실 감사를 하지 않게 보호 장치를 둔 셈이다. 하지만 외감법 개정으로 회계사의 권한이 강해지면서 갑을 관계가 바뀌었다는 평가가 나오는 지금은 회계사가 도리어 이런 보호 장치를 악용할 소지가 있다는 지적이 나온다.

외감법 13조는 감사인이 회계 감사와 관련하여 부당한 요구를 하거나 압력을 행사한 경우 해당 감사인과 맺은 계약을 파기할 수 있다고 규정하고 있다. A사는 이 조항에 따라 이씨와의 감사계약을 해지할 수 있는지 여부를 금감원에 질의했으나 "이 조항에 해당되지 않는다"는 취지의 답변을 들었다. 13조 조문에는 상장사나 대형 비상장사, 금융회사의 경우만 규정하고 있어서 A사 같은 중소기업은 이 조문의 적용을 받지 않는다는 논리였다. 이에 A사는 금융위를 통해 해당 조문을 넓게 해석해서 적용받을 수 있게 해달라는 민원을 넣었다. 금융위는 금감원과 협의했지만 다시 한 번 부정적 답변만 돌아왔다. 그 대신 증선위에 의뢰해 이씨와의 감사 계약을 파기할 수 있는지 여부를 다시 한 번 판단해 보겠다고 했다. 증선위가 비상장사 회계감사에 관한 감독기관이기 때문이다.

하지만 증선위 역시 부정적인 답변을 내 놓았다. 이 역시 외감법 때문인데, 금감원과는 다른 이유에서였다. 외감법에는 회계법인이나 회계사와 계약을 맺었다가 해지할 때는 그해 안에 하도록 규정하고 있다. 2018년에 맺은 계약은 2018년이 지나기 전에 파기해야 한다는 뜻이다. 하지만 기업의 한 해 경영을 감사하는데 몇 달이 걸린다. 이 때문에 전년도 감사보고서는 다음 해 3~4월쯤 나오는 것이 보통이다. 외감법 규정대로라면 감사보고서에 문제가 있다는 게 밝혀져도 이미 시간이 지나버려서 해당 감사인과 맺은 계약을 파기할 수 없다는 결론이 나올 수 있다. 금융위 관계자는 "입법할 때 세부 사항에서 부족했던 점이 있었던 것 같다"며 "입법을 통해 보완해야 할 부분으로 보인다"고 말했다.

A사 관계자는 "보험을 포함한 금융거래가 모두 끊겨 위기"라며 "올해 해외 사업 쪽

이 잘 풀리면서 700억원대의 매출을 바라봤는데, 잘못된 감사보고서 하나 때문에 구제도 못 받고 그러다 기업이 망하면 누가 책임져주나"라고 말했다.

49 사외이사 역할 확대

현대자동차은 2018년 초 주주제안제도를 활용하여 주주들이 사외이사를 추천하는 제도를 적극적으로 채택하겠다고 공언하였다. 각 계열사는 투명경영위원회에서 주주권익 보호 역할을 맡는 사외이사를 뽑을 때 국내외 일반 주주들로부터 공모 형태로 후보 추천을 받는다고 한다. 계열사 중에서는 2017년 주총부터 현대글로비스에서 이 제도를 제일 먼저 도입하고 다른 계열사는 2018년부터 연차적으로 도입하는 계획을 발표하였고 이 제도에 의해서 한 사외이사가 선임되었다.

매일경제신문 2018.7.10.
현대글로비스, 해외 설명회에 주주권익 보호 사외이사 참여

이러한 움직임은 포스코에서도 감지되었는데, 사내이사들이 이러한 역할을 수행하는 것보다도 어느 정도 '공익성'을 가지고 있는 사외이사들이 이러한 업무를 맡아 준다면 시장이 조금 더 신뢰할 수 있는 IR 활동이 될 수도 있다는 판단을 할 수 있다. 단, 문제는 사외이사들이 IR을 수행할 정도로 기업의 내용을 숙지하고 있어야 한다는 것이 필수적인 조건인 것은 당연하다.

매일경제신문 2019.7.9.
"포스코 주가 높이자" IR 나선 사외이사들

포스코 사외이사들이 기업가치를 제대로 평가받기 위해 최대주주인 국민연금 공단을 포함해 기관투자자들을 대상으로 투자설명회를 열었다. 포스코 사외이사들과 경영

진은 8일 서울 대치동 포스코센터에서 '2019년 사외이사 IR'를 개최하고 직접 주주들과 만나 경영 현황을 설명하면서 비전을 공유했다고 밝혔다. 포스코에서는 SK그룹 부회장 출신인 김신배 포스코 의장, 김주현 전 현대경제연구원장, 정문기 성균관대 교수 등 사외이사 3명, 전중선 전략기획본부장을 비롯해 경영진 5명이 참석했다. 국민연금공단을 포함한 국내 기관투자자가 6곳과 한국기업지배구조원도 자리를 함께 했다.

최정우 포스코그룹 회장은 작년 11월 취임 100일을 맞아 100대 경영계획 과제에서 이사회 역할 지배구조와 관련해 사외이사와 주주 간 적극적인 소통을 추진하겠다고 밝혔고, 같은 달 사외이사 IR을 처음 열었다. 이번이 두 번째 사외이사 투자설명회다. 포스코 주가는 최 회장 취임 직후 34만원대까지 치솟았으나 글로벌 경기 불황 여파로 지금은 24만원 선에 머물고 있다. 포스코는 철강 경쟁력 강화와 이차전지 소재 등 신성장 부문 투자를 확대해 기업 가치를 제고했지만 주식시장에서는 상대적으로 외면받고 있다.

이날 IR에서는 –투자 리스크 저감 방안, –기업 시민 활동 추진 방향 –이사회 구성 운영 등 주주들 관심 사항에 대한 설명이 이어졌다.

우선 포스코 사외이사들은 철강 글로벌 경쟁력 강화를 위한 투자와 신사업 선정 과정에 대해 상세히 소개했다. 또 이사회에서 승인된 사업에 대해서도 주기적으로 위험 요소를 점검하는 등 포스코의 투자 절차와 리스크 관리에 대한 투명성도 높였다고 밝혔다. 이어 포스코의 새로운 도약과 지속성장을 위한 신 경영 이념인 기업시민 활동에 대해 공유하는 시간을 가졌다. 포스코는 전사적인 기업시민 활동을 통해 경제적 사회적 가치의 선순환을 가져와 기업가치를 극대화할 수 있다고 설명했다.

특히 포스코 사외이사들은 이사회의 구성 역할 운영에 대한 설명, 주주의 사외이사 예비후보 추천제도 도입, 전자투표제 시행 등 주주 권한을 강화하기 위한 사외이사들 제안과 성과를 강조했다. 이어 포스코 사외이사들과 투자자들 간에 1시간 넘는 질의응답 시간이 진행됐다. 포스코 사외이사들은 분기별로 철강과 신사업 분야 사업장을 방문해 업무보고를 받고 전략세션을 갖는 등 전문성을 높여 왔기에 적극적인 IR 활동이 가능했다는 평가가 나온다. 김신배 이사회 의장은 "포스코는 한국기업지배구조원의 기업 지배구조 수준 평가에서 A+를 받는 등 매우 선진적이고 투명한 지배구조를 가지고 있다"며 "사외이사들도 주주들이 주는 의견을 지배구조 개선과 경영에 적극 반영하겠다"고 밝혔다.

포스코는 11월 해외 주주들을 대상으로도 사외이사 IR 행사를 개최할 예정이다.

매일경제신문. 2019.8.13.

충당금이 발목, 잇단 '실적 쇼크'

올 2분기에 예상 외의 충당금 설정으로 실적 쇼크를 낸 상장사가 크게 늘어난 것으로 나타났다. 오스템임플랜트 등 일부 종목은 사상 최대 매출을 올리고도 충당금 문제로 주가가 급락했다. 지난해 '신외부감사법' 도입 이후 깐깐해진 회계법인의 기준을 고려해 상장사들이 보수적으로 충당금을 쌓고 있다는 분석도 나온다.

12일 코스닥시장에서 오스템임플랜트는 1만 2,400원(19.25%) 급락한 5만 2,000원에 마감했다. 외국인투자자와 기관투자가가 각각 87억원, 99억원어치 순매도하며 낙폭을 키웠다. 지난 9일 장 마감 후 발표한 2분기 실적이 기대에 미치지 못해 매물이 쏟아졌다는 분석이다.

오스템임플랜트는 2분기에 사상 최대인 1,409억원의 매출을 올렸다. 하지만 영업이익(77억원)이 작년 동기에 비해 5.6% 증가하는 데 그쳤다. 컨센서스인 125억원을 38% 밑도는 금액이다.

해외에서 발생한 대손충당금 및 재고충당금이 영업이익을 줄인 원인이 됐다는 분석이다. 대손충당금은 받지 못할 가능성이 높은 매출채권, 재고자산 충당금은 팔리지 않을 것으로 예상되는 제품 관련 손실을 비용으로 재무제표에 반영하는 항목이다.

김슬 삼성증권 연구원은 "동남아시아와 인도 자회사에서 재고자산 평가손실이 60억원 가량 발생해 실적 부진의 원인이 됐다"며 "해외 자회사 매출채권의 대손상각비용도 약 20억원 발생했다"고 추산했다. 삼성증권을 비롯해 한국투자증권, 신한금융투자 등 주요 증권사는 오스템임플랜트 목표 주가를 하향 조정했다.

오스템임플랜트 외에도 충당금으로 인해 부진한 '성적'을 낸 상장사가 여럿 있다. 현대건설기계는 1분기 영업이익(504억원)이 작년 동기보다 33.0% 감소했다. 협력업체의 기업회생 신청으로 대손충당금을 192억원 설정한 영향이 컸다. 이 회사는 같은 이유로 1분기에도 58억원을 충당금으로 쌓았다.

2분기에 대규모 영업손실(807억원)을 내며 적자 전환한 현대일렉트릭은 보증수리 관련 판매 보증 충당금(260억원), 특약점 부실 관련 대손충당금(90억원) 등을 쌓았다. 현대일렉트릭은 "특약점 관련 충당금은 특약점 거래업체가 부도를 내 현금흐름이 막히면서 발생했다"며 "현재 채권 회수를 진행 중이고 충당금 환입이 가능할 것으로 예상된다"고 밝혔다.

발광다이오드(LED) 제조업체인 서울반도체도 2분기 영업이익(66억원)이 66.3% 급감했다. 글로벌 LED 시장의 경쟁이 과열되면서 대손충당금 130억원 가량을 일시에 반영한 것으로 추산됐다. 이종욱 삼성증권 연구원은 "이번 대손상각비 발생은 향후 업황 바닥 국면에서 어닝 쇼크를 방어하는 보험의 의미"라고 말했다.

충당금을 미리 설정해 두는 상장사가 늘어나는 것은 회계기준 강화와도 관련 있다는 분석이다. 지난해 11월 기업 회계에 오류가 생겼을 때 외부감사를 맡은 회계법인들이 손해배상 책임을 지도록 하는 '신외부감사법'이 시행됐다. 한 코스닥 상장사의 재무 담당자는 "정상 채권이라 하더라도 결제기간이 조금 길면 회계법인인 충당금을 쌓으라고 하는 요구가 늘었다"고 말했다.

현대건설기계의 경우[1] 협력업체의 기업회생 신청으로 충당금을 설정하게 된 것이라 다른 회사의 경우와는 사례가 다르지만 그럼에도 협력업체가 현대건기의 입장에서 대안이 없는 협력업체라면 어떻게 해서든지 이 협력업체가 회생을 하여서 계속 협력 관계를 유지할 수 있도록 하고 있다. 물론, 공급업체/협력업체를 다변화하여 한 회사에 대한 의존도를 낮추는 것이 해답이지만 이러한 옵션이 용이하지 않은 경우도 있다.

해당회사의 기업회생절차 개시 결정 과정은 다음과 같다.

– 주거래은행인 농협에 워크아웃 신청

---

[1] 현대건설기계는 마침 저자가 사외이사와 감사위원장을 맡고 있는 기업이라서 내용을 알게 되어 조금 자세하게 기술한다.

- 기업회생절차 신청(대구지방법원)
- 법원, 재산보전처분 및 포괄적 금지 명령
- 법원, 기업회생절차 개시 결정

해당 회사와 현대건설기계에 대한 거래 의존도는 100%인 회사로, 회사는 생산 차질최소화를 위한 사전 준비 기간 중 선급금 지급 등으로 유동성을 확충하게 된다. 이와 같이 생산 차질이 초래될 정도로 특정 업체에 부품을 의존하는 경우 기업은 어려움에 직면할 수 있다.

현대건설기계가 이 회사의 문제를 해결하려는 방향은

- 일정 기간 이 회사의 운영자금 부족분에 대해 법원 허가를 통한 지원이 불가피하며
- 향후 기업회생절차 진행 경과에 따라 해당 기업과의 거래 유지 검토를 예정하고 있다.

51 공공기관 감사

조선일보. 2019.8.20.

만년 적자 철도공사, 4,000억 분식회계로 흑자 둔갑

한국철도공사가 지난해 순이익을 실제보다 4,000억원가량 부풀려 1,000억원대 적자에서 3,000억원 흑자로 둔갑시킨 것으로 감사원 감사 결과 19일 확인됐다. 철도공사가 흑자 공공기관에 들어가기 위해 사실상 분식 회계를 한 것 아니냐는 지적이 나온다.

총리실과 기획재정부에 따르면, 감사원이 최근 철도공사 등 공공기관 23곳을 대상으로 '공공기관 결산 감사'를 실시한 결과 철도공사는 지난해 회계 처리 과정에서 수익 3,943억원을 부풀린 것으로 나타났다. 철도공사는 지난해 당기순이익을 2,893억원으로 공시했지만, 실제로는 1,050억원 적자였던 것으로 알려졌다.

감사원은 최근 결산 감사를 통해 "철도공사는 법인세법상 수익을 잘못 산정해 부채 3,943억원을 적게 산정한 반면 수익 3,943억원을 과대 산정했다"는 결론을 내렸다. 철도공사 외부 감사인인 대형 회계법인 삼정의 부실 회계 감사에 대한 책임론도 제기되고 있다. 철도공사 측은 "법인세법 개정 내용을 공사와 회계법인이 인지하지 못해 수익이 과다 계상됐다"며 "감사원 감사를 거쳐 장부상 수익을 삭제했다"고 해명했다.

철도공사는 지난 6월 발표된 기획재정부의 2018년 공공기관 경영 평가에서 2017년(C등급 보통)보다 한 단계 오른 B등급(양호)을 받았다. 전직 국세청 간부는 "이번 사례는 기업 경영 실적을 좋게 보이려고 이익을 부풀리는 사실상의 '분식회계'"라며 "잘못된 실적을 토대로 임직원들에게 성과급을 지급하거나, 각종 금융 혜택 등을 받으면 결국 피해는 고스란히 국민이 보는 것"이라고 했다.

철도공사의 '4,000억 수익 뻥튀기'는 공공기관들의 방만한 경영 회계 실태를 단적으로 보여주는 사례다. 철도공사는 만성 적자에도 불구하고 지난해 직원 1명당 평균 1,081만원의 성과급 상여금을 지급했다. 직원 2만 8,000여 명에게 총 3,000만원 이상을 지급한 것이다. 임원은 3,500~5,500만원씩 받았다.

철도공사의 부채는 2015년 13조 4,502억원에서 지난해 15조 5,532억원으로 2조원 이상 늘었다. 2016년 2,265억원 적자에 이어 2017년엔 적자액이 8,555억원으로 급증했다. 반면 임직원 정원은 2015년 2만 7,981명에서 올 6월 말 3만 2,267명으로, 4,286명(약15%) 늘었다. 올해도 전년보다 한 단계 오른 2,018년 경영평가 등급(B등급) 등을 토대로 성과급을 지급할 전망이다. 문재인 캠프 출신으로 작년 2월 철도공사 사장 취임 이후 10개월 만에 강릉선 KTX 탈선 사고 책임을 지고 물러난 오영식 전 사장도 수천만원대 성과급을 받을 것으로 보인다.

다른 공공기관도 사정은 별반 다르지 않다. 방만한 경영 회계를 감시하는 시스템이 작동하지 않고 있다. 공공기관 총 339곳 중 감사원의 결산 감사 대상은 23곳에 불과하다. 한국전력 등 일부 공기업은 상장까지 되어 있지만 금융감독원의 감리를 받지 않는다. 공공기관 대부분이 회계 처리의 '사각지대'에 있다는 뜻이다. 대형 회계법인의 한 간부는 "공공기관 회계 감사는 감시하는 눈이 적은 편이라 회계법인들이 쉽게 생각하는 게 사실"이라고 했다.

공공기관은 실적을 부풀려 이른바 '성과급 잔치'를 벌이거나, 일부러 실적을 줄여 탈세하고 정부 예산을 많이 배정받는 경우도 있다. 이 모두 국민에게 피해가 가게 된다. 앞서 한국 농어촌공사는 경영 실적 평가를 잘 받기 위해 2014~2015년 총 9,637억원 규모의 국책 사업 공사가 끝나지 않았는데도 허위로 준공 처리했다가 총리실에 적발됐다. 산업은행은 2011년 영업이익을 최대 2,443억원 부풀려 임직원들에게 성과급을 더 지급했다가 감사원 감사에 걸렸다.

대부분의 경우 공공기관에 대한 감사는 감사인들이 큰 부담을 느끼지 않고 진행한다. 그 이유는 부실감사로 인해서 감사인들이 가장 부담스럽게 생각하는 것이 감리와 주주의 소송인데 대부분의 공공기관은 한국전력, 한국지역난방공사 이외에는 상장기업이 아니므로 소송의 위험이 없다. 또 상장기업이 아닌 외감대상 기업인 경우 감독원의 직접 감리가 아닌 한공회의 위탁감리의 대상이다. 이는 내부에서 감사업무를 맡고 있는 감사위원들도 동일한 생각을 할 수 있다. 그렇다고 철도공사의 경우와 같이 감사원으로부터 회계분식이 지적될 가능성은 높지 않다.

52 기업 기밀 보호

조선일보. 2019.8.23.
"알 권리보다 기업 기밀 중요" 법원, 삼성전자 정보 공개 제동

법원이 삼성전자의 작업환경 보고서를 공개하라는 고용노동부의 결정에 제동을 걸었다. 삼성전자 공개 결정에 반발해 제기한 소송에서 삼성 측 손을 들어 준 것이다. 법원은 "반도체 공정에 관련된 매우 세부적인 정보인 부서와 공정 명, 단위 작업 장소에 대한 일반 국민의 알 권리가 삼성이 경쟁 업체들에 대한 관계에서 보호받아야 할 이익보다 우선한다고 하기 어렵다"고 밝혔다.

22일 수원 지방 행정3부(이상훈 부장판사)는 삼성전자가 고용노동부 경기지청장과 평택지청장을 상대로 낸 정보부분 공개결정 취소 소송에서 원고 일부 승소 판결을 내렸다. 삼성전자는 국가 핵심 기술과 경영상 영업상 비밀에 해당하는 쟁점 정보를 공개해서는 안 된다며 작년 3월 소송을 냈다. 작업 환경 보고서는 사업주가 작업장 내 유해물질(총 190종)에 대한 노동자의 노출 정도를 측정하고 평가해 그 결과를 기재한 것이다. 사업주는 이 보고서를 6개월마다 지방고용노동 관서에 제출한다.

재판부는 작년 3월 경기 평택지청이 공개하기로 한 작업환경 보고서 내용 중 '부서 및 공정' '단위작업장소' 부분은 공개 결정을 취소한다고 밝혔다. 재판부는 "쟁점 정보는 경영상 영업상 비밀로 공개될 경우 원고의 정당한 이익을 현저히 해칠 우려가 있는 정보로 보는 것이 타당하다"고 밝혔다.

이번 소송은 2014년 삼성전자 온양공장에서 근무한 뒤 백혈병이나 림프암 등에 걸린 근로자와 유족이 산업재해 입증을 위해 작업환경보고서 공개를 요구하면서 시작됐다. 이 보고서에는 반도체 생산 장비가 몇 대가 있는지, 장비들의 배치가 어떻게 돼 있는지, 공정별로 어떤 물질을 쓰는지 등이 써 있다. 2017년 3월 대전지법은 온양공장 노동자 유족들의 작업 환경 측정보고서 공개 청구를 기각했지만, 2018년 2월 항소심에

서 반대의 판결을 내렸다. 그해 3월 고용부는 대전지법 항소심 결과를 반영해 작업 환경 보고서 공개 결정을 내렸다.

삼성 측은 공개할 경우 핵심 공정 기술의 유출이 우려된다며 반발했다. 작년 3월 산업부에 이 정보들이 국가 핵심 기술인지 판단해 달라고 요청했고, 결정 취소를 요구하는 행정심판을 중앙행정심판위원회에 청구했다. 또 수원지법에 집행정지 신청 및 소송을 제기했다. 산업부는 보고서의 내용이 국가 핵심 기술이라고 판정했고, 중앙행심위는 작년 7월 보고서의 일부만 공개하고, 나머지는 비공개하라고 결정해 삼성의 주장을 일부 인용했다. 중앙행심위는 당시 "공개될 경우 삼성의 정당한 이익을 현저히 해칠 우려가 있다고 인정되는 정보는 비공개하고 그 외는 공개한다"는 취지로 결정했다. 이번에 수원지법 또는 본안 사건에서 삼성전자의 손을 들어주면서 일단락되는 모양새다.

이번 판결에 대해 반도체 업계는 "다행"이라는 입장이다. 업계 관계자는 "작업 환경 보고서에 나온 정보를 가지고 바로 반도체 완제품을 만들 순 없지만, 이 정보는 반도체 업체가 수십년 간 쌓은 노하우가 들어간 것들"이라며 "반도체 굴기를 외치며 시장에 진입하려는 중국 업체들이 이 정보들을 조합해 대외비성 기술 정보를 베낄 수 있다"고 말했다.

고용노동부는 이번 판결에 대해 항소는 하지 않을 방침인 것으로 알려졌다. 박영만 고용부 산재예방보장정책국장은 "법원의 판단대로 보고서 내용을 공개하지 않으면서도, 소송을 제기한 분들이 과거 자신들이 (유해 물질에) 노출됐던 이력들을 산재보상 과정에서 충분히 감안 받을 수 있게 하겠다"고 말했다. 관련 논란이 모두 끝난 것은 아니다. '반도체 노동자의 건강과 인권지킴이 반올림' 등은 작년 10월 중앙행심위의 결정에 반발해 서울행정법원에 행정소송을 제기한 상태다.

투자자 보호와 기업의 기밀 보호는 항상 이해 상충이 될 수 있는 기업과 투자자에게는 소중한 두 value이고 공시의 이슈이기도 하다.

그렇기 때문에 수시공시제도 중에 공시 유보제도라는 것이 존재하는데 주요사항공시내용 중에 기업의 기밀 보호에 해당하는 경우 공시를 이 기간 동안 유보하게 해 주는 제도이다.[1]

----

1) 손성규(2009) chapter 20을 참조한다.

Chapter

53 대우조선해양

조선일보. 2019.9.30.
성과급 4,960억원 실적 부풀려 뿌리고선 궤변 늘어놓은 대우조선
'성과급은 회사가 어지러워져서 임금이 깎이기 전에 미리 지급한 것.'

분식회계로 실적을 부풀리고 이를 바탕으로 성과급 잔치를 벌인 대우조선해양이 법인세를 깎아달라며 내세운 논리입니다. 지급한 성과급을 정당한 비용으로 인정받아 세금을 줄여보겠다는 의도로 풀이됩니다. 그런데 대우조선해양의 논리대로라면 성과급의 정의가 달라져야 할 것 같습니다. '실적 등 성과에 따라 지급하는 보수'가 아니라 '회사가 어려워지기 전 미리 챙기는 돈'으로 말입니다.

지난 2015년 7월 대우조선해양의 분식회계 의혹이 제기됐습니다. 금융당국의 조사 결과 대우조선해양은 2012~2014년 매출액을 부풀리고 자회사 손실을 반영하지 않는 등의 방법으로 자기자본 기준 약 5조 7,059억원 규모의 분식회계를 저지른 것으로 드러났습니다. 이 과정에서 대우조선해양 임직원들이 4,960억원에 달하는 성과급을 받아갔다는 사실도 드러났습니다. 실제로는 적자였지만, 분식회계로 부풀려진 실적 덕분에 대우조선해양은 '성과급 잔치'를 벌일 수 있었던 것입니다. 쓰러져가는 대우조선해양을 살리기 위해 투입된 '혈세'는 13조원에 달합니다.

대우조선해양은 성과급이 과다하게 지급됐다는 판단도 자의적이고, 설령 과다하게 지급된 것이라고 해도 사회질서에 심히 위반되지 않는다고도 주장했다고 합니다. 기업 실적이 좋지 않으면 임직원은 성과급을 덜 받아간다는 것은 직장인의 상식입니다. 그래서 수많은 직장인이 더 나은 성과로 더 많은 성과급을 받기 위해 노력하는 것입니다. 물론 기업이 허투루 나가는 돈을 한 푼이라도 줄이려고 노력하는 것입니다. 그러나 분식회계로 부풀려진 실적을 바탕으로 받아간 성과급을 토해내지는 못할망정, 이 돈을 정당한 것으로 인정해 달라고 주장하는 것은 개인과 회사의 성과를 위해 열심히 뛰

는 직장인들을 힘 빠지게 하는 일 아닐까요. 다행히 국세청과 조세심판원은 대우조선해양의 주장을 받아드리지 않았습니다.

대우조선해양일 경우, 5조원의 분식회계로 인해서 2013년과 2014년에 재무제표를 재작성하게 된다. 이익을 과대계상하는 분식이 분식회계로 드러나자 법인세를 과대로 납부한데 대해서 환급을 요청하게 된다. 법은 이러한 경우 환급을 하도록 되어 있는데 이 법규 내용은 뭔가 잘못되었다는 판단을 할 수 있다.

이러한 법은 오류로 인해서 회계정보가 잘못 표시되고 이에 따라서 법인세가 과대하게 지급되었다고 할 때는 환급이 정당화될 수 있지만 그러한 경우가 아니고 대우조선해양의 경우와 같은 고의적인 분식일 경우에도 법인세를 환급해 주는 것에 대해서는 뭔가 법이 개정되어야 한다는 생각을 하게 된다.

한국경제신문. 2016.5.25.
'부실회계' 뒤늦게 시인하고 세금<법인세> 2,300억원 돌려 받는 대우조선

대우조선해양이 지난 3월 부실 회계처리를 시인하며 2013~2014년도의 재무제표를 수정 공시함에 따라 해당 연도에 납부했던 법인세 2340억원을 뒤늦게 돌려받게 된 것으로 밝혀졌다. 당초 흑자로 발표했던 두 회계연도 실적을 적자로 바꾼 것이 법인세법상 세금 환급 요건을 충족하고 있기 때문이다. 하지만 대규모 손실을 숨겨왔던 일정의 위법 행위가 드러났음에도 세금 환급이 가능하도록 규정한 현 법인세법이 과연 적절한 것인지를 놓고 논란이 일고 있다.

24일 세무당국과 회계업계에 따르면 대우조선은 2013년도와 2014년도에 각각 4,409억원, 4711억원의 영업이익을 반영한 재무제표를 발표했다. 이에 근거해 두 회계연도에 법인세를 1,291억원, 1,049억원(현금흐름표상 법인세 납부액 기준)씩 납부했다. 하지만 이 회사는 2015년 상반기 말 일시에 5조 5,000억원 규모의 적자를 냈다고 발표해 조선 회계업계에선 대우조선의 분식회계 가능성을 강하게 제기했다.

• 회계부실 인정 후 '세금횡재'

외부감사인인 안진회계법인은 올 초 2015년 결산 감사 과정에서 부실 회계감사에 대한 '뒷북 고백'을 했고, 대우조선에 과거 손실을 반영한 재무제표 정정을 요구했다. 이에 따라 대우조선은 지난 3월 25일 2013년도와 2014년도 재무제표를 수정해 공시했다. 당초 2,209억원이었던 2014년 영업이익은 7,784억원의 영업적자로, 4,711억원이었던 2014년 영업이익은 7,429억원의 영업손실로 각각 바꾼 것이다. 업계에서는 "재무제표 정정으로 대우조선이 분식회계 또는 심각한 부실회계 부실을 시인한 것"이라고 평가했다.

하지만 재무제표 정정으로 대우조선은 뜻하지 않은 '횡재'를 얻게 됐다. 영업손실을 낼 경우 법인세가 부과되지 않는데, '법인세법 제58조의 3(사실과 다른 회계처리에 대한 경정에 따른 세액공제)'에 근거해 과거에 내지 않아도 됐던 세금에 대해 '경정 청구(과다 납부한 세액을 바로 잡을 것을 요청하는 행위)'할 수 있기 때문이다. 국세청 법인세 납세국 관계자는 "법인세법 58조의 3은 업무착오 등은 물론이고 분식회계에도 적용된다"며 "대우조선해양은 경정 청구를 해 관련 혜택을 볼 수 있을 것"이라고 말했다.

• 세금 환급 적정성 논란

현행 법인세법상 경정 청구를 한 기업들은 세금을 당장 돌려받지는 않는다. 대신 해당 기업은 향후 5년간 법인세를 내야 할 경우 경정 청구한 세금으로 대신 납부할 수 있다. 그러고도 남는 세금이 있으면 5년 후 잔액을 환급받는다.

하지만 대우조선은 5년 뒤 2,340억원을 고스란히 돌려받을 것으로 예상된다. 2013~2015년 5조원이 넘는 대규모 이월결손금(세무상 적자)을 내서다. 세법에 따라 대우조선은 이 이월결손금을 2016년 이후 세금 산정 때 공제받을 수 있다. 때문에 5년간 5조의 이익을 내지 않는 한 대우조선은 세금을 내지 않게 된다.

경정 청구제도는 1998년 외환위기 이후 정착됐다는 게 국세청 설명이다. 당시 다수의 분식회계 기업들이 구조 조정되는 과정에서 과세당국에 세금을 돌려달라는 소송을 냈는데, 당시 대법원이 분식회계기업도 경정 청구를 할 수 있다고 판결했기 때문이다.

이 제도가 과연 적절한 것인지를 놓고 과세당국과 학계의 의견이 갈리고 있다. 국세청 관계자는 "세금 문제만 놓고 보면 분식회계로 내지 말았어야 할 세금을 낸 것이기 때문에 '실질과세의 원칙'에서 경정 청구 후 세금을 돌려주는 것이 타당한 측면이 있다"며 "대신 분식회계는 자본시장법 등 다른 법률로 처벌하고 있다"고 말했다.

반면 제도를 바꿔야 한다는 목소리도 적지 않다. 자본시장법상 분식 회계 관련 과징금이 최대 20억원으로 묶여있고 형사처벌도 5년 이하 징역이나 2억원 이하 벌금에 그치는 등 '솜방망이 제재'가 이뤄지고 있는 만큼 세법에도 분식회계에 대한 징벌적 요소를 강화해 회계투명성을 높여야 한다는 것이다. 홍기용 인천대 교수는 "분식회계에 대한 법원 확정 판결이 나와 고의성이 입증되는 경우 등에는 경정 청구를 못하도록 하거나 법인세 환급액을 감액하는 방안 등을 검토할 만하다"고 말했다.

한국경제신문. 2019.9.24.
국제회계기준위 "가상 통화, 화폐 금융 상품 아니다"

비트코인, 이더리움 등 가상화폐는 금융상품이나 화폐가 아니라는 국제회계기준 해석이 나왔다. 앞으로 상당 기간 동안 가상화폐가 가상화폐공개(ICO), 가상화폐펀드 출시 등을 통해 제도권 금융시장에서 통용되기는 어려울 것이란 분석이 나온다.

23일 한국회계기준원에 따르면 국제회계기준위원회 산하 IFRS해석위원회는 지난 6월 가상 화폐는 금융자산으로 분류할 수 없다는 유권해석을 내렸다. IASB는 한국을 비롯 전 세계 140여 개국이 사용하는 회계기준 IFRS를 제정하는 기구다.

IFRS해석위원회는 가상화폐에 대해 재화 용역과의 교환수단으로는 사용될 수 있지만, 현금처럼 재무제표에 모든 거래를 인식하고 측정하는 기준은 아니라고 판단했다. 예금이나 주식, 채권, 보험, 신탁 등과 같은 금융자산의 정의로 충족하지 않는 것으로 해석했다.

대신 IFRS해석위원회는 가상화폐를 무형자산이나 재고자산으로 분류하는 것이 맞다고 판단했다. 기업이 중개나 판매 등 영업 목적으로 가상화폐를 갖고 있을 때는 재고자산으로 보고, 그 외에는 모두 무형자산에 해당한다는 게 IFRS결정이다.

회계기준원 관계자는 "IFRS를 사용하는 상장사는 가상화폐를 보유했을 때 목적에 따라 무형 또는 고정자산으로 인식해야 하지만, 비상장사 등 일반 회계기준을 쓰는 기업들은 반드시 IFRS 해석을 따를 필요는 없다"고 말했다. '빗썸' 운영사 비티씨코리아컴과 '업비트'의 두나무 등 국내 대표 가상화폐거래소의 경우 모두 비상장사여서 재무제표 작성에 큰 영향은 없을 것이란 평가다.

그러나 이번 유권해석으로 가상화폐가 제도권 금융시장으로 들어오기는 더욱 힘들어졌다는 분석이 나온다. 그동안 정부는 가상화폐를 화폐나 금융상품으로 인정하지 않았다.

　가상화폐에 대한 회계기준이 제시된 것을 계기로 과세 기준이 명확해질 것이란 전망도 나온다. 정부는 가상화폐에 대해 부가가치세를 매기지 않고, 소득세를 부과하는 방안을 검토 중이다. 기획재정부 관계자는 "기업엔 가상화폐 보유에 따른 법인세를 부과할 수 있으며, 개인의 경우 가상화폐 거래로 인한 소득에 세금을 매길 수 있다"며 "내년 세법 개정안에 가상화폐 소득세를 반영할 가능성이 있다"고 설명했다.

55 우발채무

한국경제신문. 2019.8.28.
"한화, 현대오일뱅크에 85억원 더 줘라"

현대오일뱅크가 한화에너지를 합병하는 과정에서 입은 손해를 두고 김승연 한화그룹 회장 등과 벌인 소송전이 17년 만에 사실상 현대오일뱅크 승리로 마무리됐다.

27일 법조계에 따르면 서울고등법원 민사 16부(부장판사 김시철)는 현대오일뱅크가 김회장과 한화케미칼, 한화개발, 동일석유를 상대로 낸 손해배상소송의 세 번째 2심에서 "현대오일뱅크에 85억여원과 지연이자를 지급하라"고 판결했다.

현대오일뱅크는 1999년 김회장 등으로부터 한화에너지 주식 946만 주를 사들여 합병했다. 이후 한화에너지는 1998~2000년 현대오일뱅크와 SK(주), LG칼텍스, 에스오일 들과 군납유류 입찰을 담합한 혐의로 공정거래위원회로부터 475억여원의 과징금을 부과 받았다. 이에 현대오일뱅크는 "각종 소송을 치르며 변호사 비용과 벌금 등을 지출해 입은 손해 322억여원을 물어내라"며 2002년 김 회장 등을 상대로 소송을 냈다.

현대오일뱅크와 한화의 재판은 17년 간 총 여섯 번 열렸다. 첫 번째 열린 2심은 "현대오일뱅크가 한화에너지의 군납유류담합 사실을 인수합병 이전에 이미 알고 있었으므로 이를 문제 삼지 않은 점을 고려할 때 뒤늦게 배상책임을 물을 수 없다며 원고 패소 판결했다. 그러나 대법원에서 파기 환송돼 다시 열린 2심에선 "약정 상 원고(현대오일뱅크)에 손해가 발생한 경우도 배상해야 하지만, 손해액을 입증하기 어렵다"며 배상액을 10억원으로 인정했다.

대법원은 다시 "과징금 및 소송 비용 등 회사의 우발채무 전부가 손해에 해당한다"며 배상액을 늘리라는 취지로 원심을 파기했다.

회계정보의 공시의 주체가 기업인 데 비해서 그 책임이 감사인에게 전가 된다는 비판이 오래전부터 있어왔다. 또한 회계업계에 가장 큰 영향을 미치는 법이 상법, 외감법, 공인회계사법, 자본시장법이고 그중에서도 외감법이 회계 감사에 지대한 영향을 미친다.

외감법은 그 태동 자체가 군사정권하에서의 국보위 시절 제정된 법으로 외부감사인의 역할을 통해서 회계정보의 적정성을 보장받겠다는 식으로 접근 이 되었다. 따라서 회계정보의 주체는 기업인데 뭔가 첫 단추가 잘못 되었다 는 주장도 있어 왔다.

회계업계에서는 경찰이 도둑을 잡지 못한다고 경찰 책임을 물을 것인가 라는 주장을 하기도 하면 일면 일리가 있기도 하다.

회사와 감사인 간의 책임이 대칭적이지 않다는 것은 기업은 분식회계에 대한 책임이 있고 감사인은 부실감사에 대한 책임이 있는데 감사인에 대해 감 독/규제기관이 조치를 할 때는 회계법인뿐만 아니라 개인 공인회계사에 대해 서도 징계를 하는데 기업에 대한 조치는 기업과 기업의 회계담당 임원 또는 회계 담당 임원이 등기가 아닌 경우는 CEO에 대해서 조치를 하게 된다. 즉, 분식회계와 부실감사에 대해서 대칭적으로 조치를 해야 한다고 하면 기업의 회계담당자에 대한 조치가 빠져 있는 셈이다.

이러한 이슈에 대해서 신 외감법의 기초가 되었던 한국회계학회의 선진 화 TF에서도 심도 있는 논의가 진행되기도 하였지만 논의 단계 이상으로 진행 되지는 않았다. 결국, 이슈는 회계분식에 대한 원인을 기업의 임원이 제공했으

---

1) 본 내용은 황인태. 2019.10.24. 상장회사협의회. 2019년도 기말감사 및 감사보고를 위한 감사 (위원)의 효율적 직무수행방안을 참고하여 작성되었다.

면 임원이 책임을 져야 하는데 임원의 명령을 받고 분식을 수행한 실무자 차원에 대해서까지 조치를 할 수는 없다는 논지였다. 그러나 때로는 실무자 선에서 분식이 initiate될 수도 있으므로 기업의 실무자에게 책임을 묻지 않는 것에 대해서는 심각한 고민을 해 보아야 한다.

개정된 외부감사법은 기존의 외부감사법이 외부감사법의 명칭에서도 명확히 드러나듯이 감사인의 책임을 강조한데 비해서 그 중심의 축을 기업으로 옮겨가게 되는 큰 변화를 읽을 수 있다.

회계 중심 이동: 감사인 → 기업

종전의 외부감사법 1조

외감법 제1조(목적) 이 법은 주식회사로부터 독립된 외부의 감사인이 그 주식회사에 대한 회계감사를 실시하여 회계처리를 적정하게 하도록 함으로써 이해관계인의 보호와 기업의 건전한 발전에 이바지함을 목적으로 한다.

종전의 외감법을 자세히 읽어보면 기업이 작성하는 회계정보의 적정성을 달성하는데 기업이 주체가 아니고 기업의 회계정보를 감사하는 감사인의 역할을 통해서 회계정보의 적정성을 달성하겠다는 식의 논지가 전개되면서 무엇인가 주객이 바뀌었다는 생각을 하게 한다. 회계정보 작성의 주체는 기업인데 이러한 기업이 작성한 회계정보의 적정성을 확보하는데 감사인의 힘을 빌려서 이를 이룬다는 개념이다. 물론, 감독기관의 입장에서는 기업보다는 회계 전문가들인 감사인을 통제하면서 기업의 회계 투명성을 확보하는 것이 더 쉬운 대안일 수는 있다.

개정: 외부감사법 1조

외부감사를 받는 회사의 회계처리와 외부감사인의 회계감사에 관하여 필요한 사항을 정함으로써 이해관계인을 보호하고 기업의 건전한 경영과 국민경제 발전에 이바지한다.

개정된 외부 감사법일 경우 회사의 회계처리와 외부감사인의 회계감사를 모두 언급함으로서 종전의 외감법 1조가 감사인을 통해서 회계의 적정성을 확보하려고 한 것과는 달리 기업과 감사인을 동일 선상에 두고 회계정보의 투명성을 달성하려고 한다는 데서 큰 변화를 읽을 수 있다. 어떻게 보면 이전의 외감법의 목적과 같이 기업의 재무제표를 감사하는 감사인을 규제함이 가장 쉽게 간접적으로 기업의 회계정보를 감시하는 쉬운 수단일 수 있다.

회계분식이 발생하는 많은 경우는 부실감사가 병존하게 된다. 물론, 감사는 전수조사가 아니고 표본 추출에 의해 진행되며 또한 감사의 과정이 완벽할 수 없으므로 이 두 건이 항상 같이 병행하는 것은 아니다.

즉, 회계처리를 하는 경제주체와 이를 감독하는 경제주체에게 모두 책임을 묻는 것이다. 또한 회사를 먼저 기술하면서 기업에게 1차적인 책임이 있다는 것을 명확히 하였다.

기업의 재무제표에 분식회계가 발생하면 과거의 외감법 하에서는 기업의 공시 책임자인 CEO/CFO에게만 해임권고 등의 조치를 수행하다가 개정된 외감법에서는 감사위원회에게도 직무 정지 등의 조치를 부과할 수 있는 것으로 개정된 것과 외감법의 목적이 개정된 것이 일맥상통한다. 즉, 기업의 이해관계자에게 더 많은 책임을 묻는 것이다.

본 장에서는 이 이외에도 신외감법에서 어떠한 방식으로 기업을 주된 규제의 대상으로 변경했는지를 기술한다.

외부감사법
증선위 감리 업무 등(26조)

종전
증선위는 감사를 공정하게 수행하기 위하여 필요한 감사보고서 감리와 그 밖에 대통령령으로 정하는 업무
시행령 제8조(증선위 감리업무) 증선위 감사보고서에 대한 감리는 다음 각 호의 어느 하나에 해당하는 경우에 실시
1. 회사가 제출한 재무제표에 대하여 회계처리기준 준수 여부를 심사한 결과 회계처리기준을 위반한 사실이 인정되는 경우

개정

증선위는 재무제표 및 감사보고서 신뢰도를 높이기 위하여 업무를 함

종전의 감리는 소위 감사보고서 감리로서 감사보고서를 감리함으로 감사보고서에 첨부된 재무제표를 점검하는 방식으로 진행되었다. 종전의 외감법의 내용에서 감사보고서 감리를 강조함을 보아서도 이러한 감독기관의 의중을 읽을 수 있다. 그러나 개정된 외감법의 감리 관련된 법규에서는 재무제표와 감사보고서를 동시에 기술함으로써 감사보고서를 통한 감리의 방식에 변화를 엿볼 수 있다. 이는 외감법 1조의 외감법의 목적 개정 내용과 일맥상통하는 것이 1장에서는 감사인의 회계감사 이외에도 회사 회계처리를 기술하고 있다.

외부감사법

회사 및 감사인 등에 대한 조치 등(29조)

종전

① 증선위는 감사인 또는 공인회계사에 대하여 등록취소 또는 업무 또는 직무정지 건의, 주권상장법인, 감사인 지정 회사 등에 대한 감사 업무 제한 등

② 증선위는 회사의 주주총회에 대하여 임원, 감사, 감사위원회의 위원 등의 해임권고, 유가증권의 발행제한 등 필요한 조치

개정(순서 변경)

① 증선위는 회사에 임원 해임 또는 면직 권고, 6개월 이내의 직무정지, 증권의 발행제한 등

② 증선위는 감사인에 대해 다음 각 호의 조치

③ 증선위는 공인회계사에 대해 다음 각 호의 조치

개정의 방향은 회사 및 감사인에 대한 조치에서도 읽을 수 있다. 종전에는 회사에 대한 조치를 기술하기 이전에 감사인 또는 공인회계사에 대한 조치를 먼저 기술하였는데 개정된 외감법에서는 회사에 대한 조치를 기술하고 있다. 또한 해임 권고 이외에 직무정지가 추가 되었다. 물론, 회사, 감사인, 공인

회계사를 모두 기술하고 있으므로 이를 법 조문에서 나열하는 순서가 어떤 특별한 의미가 있는 지라고 반문할 수도 있지만 그럼에도 법 조문도 중요성의 순서를 무시할 수 없다.

해임권고는 증선위가 주총에 권고하여도 주총이 받지 않으면 강제할 수 없으므로 보충적인 조치로 직무정지가 추가되었다.

외부감사법

제35조 과징금

① 고의 또는 중대한 과실로 회계처리기준 위반한 경우 회사에 대하여 회계처리기준과 달리 작성된 금액 20% 범위에서 과징금 부과, 회사의 위법행위를 알았거나 현저히 주의 의무 위반으로 방지하지 못한 상법에 규정된 자가 회계업무 담당자에 대해서도 회사 과징금의 10%를 초과하지 아니하는 과징금 부과

② 감사인이 고의 또는 중대한 과실로 회계감사기준 위반한 경우 해당 감사로 받은 보수 5배 범위 내에서 과징금 부과

회사의 관련자에 대한 과징금과 감사인에 대한 과징금을 비교해 보면 회사에 대한 과징금은 분식 금액 규모에 따라서 천문학적인 숫자가 나올 수 있는 반면 감사인에 대한 과징금은 감사보수의 5배로 그 과징금에 한도가 정해져 있다. 이러한 점을 비교하더라도 개정된 외감법에서는 감사인보다도 회사에 대한 책임이 매우 강화된 점을 알 수 있다.

이는 회계에서의 가장 기본적인 내용인 회계정보의 주체는 감사인이 아니라 회사라는 철학에 기초한다.

57 사외이사 임기 cap

한국경제신문. 2019.10.29.

내년 '사외이사 대란'… 718명 강제 교체

내년 봄 주주총회 시즌에 약 570개 상장사의 사외이사 700여 명이 한꺼번에 강제 물갈이 될 전망이다. 전체 상장사(금융회사 제외) 사외이사 다섯 명 중 한 명꼴이다. 장기 재직한 사외이사와 경영진의 유착을 막기 위해 정부가 추진하는 상법 시행령 개정안에 따른 파장이다.

법무부는 상장사 사외이사 임기를 최장 6년으로 제한하는 내용을 담은 상법 시행령 개정안을 지난달 24일 입법예고했다. 다음달 4일까지 의견을 수렴한 뒤 법제처 심사, 국무회의를 거쳐 연내 시행할 계획이다.

한국경제신문이 12월 결산 상장사 2,003곳의 사외이사(총 3,973명) 임기를 전수 조사한 결과, 내년 3월 주총을 앞두고 임기가 만료되는 사외이사는 936개 상장사에서 1,432명인 것을 나타났다. 이 중 개정안에 따라 6년 이상 재직했거나, 내년 재선임 되더라도 임기 중 자격이 상실돼 반드시 교체해야 하는 사외이사는 718명에 달한다. 전체 상장사 사외이사의 약 5분의 1(18.0%)에 해당한다. 내년 주총에서 사외이사를 강제로 바꿔야 하는 상장사는 566곳에 이른다.

상법 개정안은 또 대기업 집단에서 계열사를 바꿔 사외이사를 맡더라도 총 9년까지만 재직할 수 있도록 했다. 사외이사를 맡다가 임기 6년이 지나면 다시 계열사로 옮기는 '돌려막기'를 차단하기 위해서다. 이를 감안하면 내년 주총에서 강제 교체될 사외이사 수는 더욱 많다. "전문성을 갖춘 사외이사 풀이 한정된 상황에서 한꺼번에 이들의 물갈이를 강제하면 내년 주총에서 큰 혼란이 벌어질 것"이라고 우려했다.

사외이사 임기 cap까지도 상법에서 규제할 내용인가라는 생각이 드는 반면에 일부 기업에서는 사외이사가 21년째 자리를 지키고 있는 경우도 있다고 하니 이 영역도 규제가 필요하다는 생각을 동시에 하게 된다.

정부가 사외이사를 동시에 맡을 수 있는 기업의 수도 2개로 제한하고 있다. 사외이사 제도가 처음 도입되었을 때는 사외이사를 맡을 수 있는 기업의 수가 3개로 제한되었다.

사외이사의 임기에 제한을 둔다는 것은 수년 전, 채택되었다가 폐지된 감사인의 강제 교체와 같은 성격의 제도이다. 사외이사의 임기는 정관에서 정하지만 보통 3년의 경우가 많고 연임까지는 생각한다고 하면 이 기간이 6년이다. 감사인의 경우도 상장기업의 경우, 3년의 계속 감사인 제도가 적용되므로 두 번 재계약을 하면 이 또한 6년 동안 감사를 수행할 수 있었다.

감사가 되었건 사외이사가 되었건 일하는 기간이 길어질수록 전문성은 높아지지만 반대로 독립성이 훼손될 가능성이 높아져서 감사인과 사외이사의 두 덕목인 전문성과 독립성이 반대 방향으로 영향을 받게 된다.

3년씩 사외이사가 연임을 하게 되면 첫 3년간은 회사의 사정을 파악하고 해당 기업의 이사회가 운영되는 방식 및 분위기를 파악하는 데 있어서 시간도 필요하게 되고 실질적으로 회사에 도움이 되는 기간은 두 번째 임기 때이다.

한국경제신문. 2019.10.29.
사외이사 신상공개 의무화…전직 관료 교수 이사회 진출 늘어날 듯

주총 안건 의결 요건인 '출석 주주의 과반 찬성, 의결권 있는 주식의 25% 찬성' 등을 고려한 수치다.

금융회사에 대해선 사외이사 재직 기한 규정(해당회사 6년, 계열사 포함 9년)을 2016년부터 적용하고 있다.

기업들은 공공적 성격이 강한 금융회사와 일반 상장사를 똑 같은 잣대로 규제하는 것은 과도하다며 반발하고 있다. 유환익 한국경제연구원 혁신성장실장은 "일반 기업은 자기자본을 운용해 이익을 실현하고 이를 주주들에게 배당한다"며 "고객의 자금을 운용하는 금융회사만큼 엄격한 자격요건을 강제하고 일률적으로 규제하는 것은 기업 경영에 대한 지나친 간섭"이라고 주장했다.

• 이사 후보자 개인 정보 제공도 논란

이번 상법 개정안 중 이사 감사 후보자의 개인 정보를 의무적으로 공개하도록 한 규정도 논란을 낳고 있다. 사생활 침해, 직업 선택의 자유 등 국민의 기본권과 관련된 내용을 법률이 아닌, 시행령으로 규제하는 것은 위헌의 소지가 있다는 지적이 일각에서 제기되고 있기 때문이다. 개정안은 상장사들이 주총 소집 통보 때 이사와 감사 후보자의 세금 체납 사실, 부실기업 경영진 해당 여부, 법령상 결격 사유 유무 등을 적고 후보자가 자필로 서명하도록 하는 내용도 담았다. 현행 후보자 직업과 약력만 간단히 서술하는 것보다 자격 검증이 강화된다.

정우용 상장협 전무는 "사기업 임원 후보가 됐다는 이유로 공직자에 준하는 의무를 부과해 신상 정보를 공개토록 하는 건 개인의 기본권을 침해할 소지가 있다"고 말했다. 그는 "이사회 구성원의 자격 강화는 기업경영에 중대한 영향을 끼치는 사안인 만큼 시행령이 아니라 국회에서 상위법을 통해 충분한 논의가 이뤄져야 한다"고 했다.

• "상장사 사외이사 큰 장 선다"

상장사 이사에 대한 자격 규제 강화로 기업 이사회에 관료 출신 인사가 더욱 늘어날 것이란 전망이 나온다. 개정안에서 상장사 임직원으로 근무한 뒤 일정 기간 사외이사를 맡지 못하게 하는 냉각 기간을 현행 2년에서 3년으로 확대한 데다 민간 기업 출신은 공직자에 비해 상대적으로 개인 정보를 공개하기 꺼리기 때문이다.

금융회사지배법에는 사외이사의 임기를 6년으로 제한하고 있지만 KB금융지주나 KB은행의 경우는 정관에 의해서 사외이사의 임기를 5년으로 정하고 있어서 법보다도 엄격하게 사외이사의 독립성을 확보하도록 하고 있다.

2019년 9월 9일 입법 예고된 상법 시행령 일부개정령(안)에 의하면 다음과 같이 적고 있다.

사외이사로 해당 상장회사에서 6년 이상 사외이사로 재직하였거나 해당 상장회사 또는 그 계열회사에서 사외이사로 재직한 기간을 합산하여 9년 이상인 자'의 결격사유를 신설함으로써(안 제34조 제5항 제7호), 사외이사의 독립성을 강화함

즉, term limit을 두겠다는 정책방향이다. 이 시행령의 시행이 2020년으로 계획되었다가 2021년으로 연기되려고 했으나 결국은 유예 없이 2020년 2월부터 강제된다. 그런데 이러한 입법 예고의 내용에 대해서 직업선택권을 침해 했다는 논란이 있다. 정부가 이를 규제하는 것이 옳은지에 대한 고민을 하게 된다. 이러한 제도는 전문성보다는 독립성/중립성이 더 중요하다는 판단을 하고 있는 것이며 여러 가지에 대해서 정부는 이러한 정책 기조를 가져가고 있다.

문화일보. 2019.12.5.
'기업 사외이사 임기 통제' 위헌이다

영국 '기업 지배구조 코드'는 사외이사가 9년 이상 재직 중인 경우 그 회사의 연례 보고서에 기재하라고 규정할 뿐이다. 독일 '기업 지배구조 코드'에선 감독이사회 이사가 12년 이상 활동한 경우 '독립성 결여로 판단한다'고만 돼 있다.

주기적 지정제, 회계 법인 파트너 교체, 감사팀 교체 등이 모든 이러한 철학 하에 의무화되는 제도이다.

한국경제신문. 2019.12.17.
상장사 사외이사 임기제한 정부, 시행령 1년 유예할 듯

정부가 상장사 사외이사의 임기를 제한하고 정기 주주총회가 열리기 전 사업보고서 및 감사보고서를 의무적으로 제출하도록 한 상법 시행령 개정안 적용을 1년 유예하는 방안을 유력하게 검토하고 있다. 수 십년 간 이어져 온 관행을 바꾸는 개정안을 당장 내년 정기 주총부터 적용할 경우 혼란이 불가피해 준비기간을 더 주겠다는 취지다.

법무부 관계자는 16일 "지난 11월 입법예고를 마친 상법 시행령 개정안 중 일부를 연내가 아니라 2021년부터 시행하는 방안을 유력하게 검토 중"이라고 말했다. 이에 따라 주총 소집 전 사업보고서 감사보고서 제출을 의무화하고, 사외이사 임기를 최장 6년 (계열사 포함 9년)으로 제한하는 조치 등은 유예될 가능성이 높다.

다만 임원 후보자의 세금 체납 여부, 부실 기업 경영 여부 등 세부 경력을 공개하는

방안은 예정대로 연내 시행될 예정이다.

정부는 사외이사 임기를 제한하면 전문성과 독립성을 갖춘 사외이사가 더욱 많아질 것이라며 상법 시행령 개정안 입법예고까지 마쳤다. 이에 대해 기업들과 일부 학자는 700여명에 달하는 사외이사가 한꺼번에 교체되는 혼란이 예상된다면 시행을 유보해야 한다고 주장했다. 사외이사 임기 제한은 헌법상 직업 선택의 자유를 침해할 수 있다는 주장도 있었다.

주총 전 감사보고서 제출 의무화 방안에 대해서도 자본시장법과 외부감사법 등 상위법과 충돌한다는 지적이 나왔다. 기업들이 3월말 같은 날 동시에 주총을 하는 '수퍼주총데이' 문제를 심화시키고 사업보고서와 감사보고서가 부실하게 작성될 수 있다는 우려도 나왔다.

기획재정부도 공공기관에 대한 경영평가를 시행하고 있는데 평가위원들은 2, 3년에 한 번씩 교체하고 있다. 평가위원들과 피감기업들의 유착을 우려한 정책 방향인 듯하지만 평가위원들 중 많은 위원이 교수인데 실무를 하지 않는 교수로서는 해당 산업에 대한 전문성이 거의 없는 상태에서 심사를 시작하게 된다. 해당 분야에 대해서 어느 정도 알게 되면 경영평가를 그만 두게 된다. 물론, 정부는 독립성이 훼손되는 것보다는 비전문가가 새로운 이 업무를 수행하는 것이 낫다고 생각할 수 있지만 해당 산업에 대한 전문성도 부족한 가운데 평가를 한다는 것도 매우 위험한 발상이라는 판단이 든다. 정부의 입장에서는 전문성이 없는 전문가들이 어설픈 평가를 하는 것보다도 독립성이 없는 전문가들의 문제가 불거져 나오는 것이 더 부담될 수 있다.

피감의 대상이 되는 공공기관의 임직원들은 나름대로 모두 전문성을 가지고 있는데 비전문가들이 해당 전문 분야에 대한 학문적인 지식만을 가지고 평가한다는 것이 어느 정도의 평가의 정당성을 확보할 수 있는지 의문이다.

이러한 분위기가 강행 쪽으로 다시 선회하게 된다.

매일경제신문. 2020.1.15.
'사외이사 임기 제한' 강행

　　당시 상장회사협의회는 "사외이사 연임 제한이 6년이 적정한지에 대한 해외 입법사례 또는 실증 근거가 없다. 회계전문가로서 감사위원 역할을 수행하는 사외이사처럼 오랜 기간 재직하며 해상 회사의 특성을 잘 이해할 수 있는 사외이사도 존재한다"는 입장을 내놓았다.

　　법제처 심사를 통과한 상법 시행령 개정안은 대통령 재가 절차 등을 거쳐 오는 2월호 시행된다.

　　사외이사 재직 연한 규정은 시행령 이후 선임하는 사외이사부터 적용된다. 올해 주주총회에 임기가 만료되는 사외이사 중 6년 이상 재직했던 이사는 교체 대상이 된다는 얘기다. 하지만 이번 2월부터 3년 임기 사외이사는 연임까지만 가능하다.

　　셀트리온은 6명을 교체해야 하며 삼성 SDI는 4명, 삼성 SDS 4명, 삼성전기 2명, 현대건설 2명, 현대제철 2명, SK텔레콤 2명, 롯데케미칼 2명 등이 교체 대상이다.

　　상장회사협의회 관계자는 "헌법상 보장된 직업 선택의 자유를 제한할 경우 '법률'로서 제한해야 함에도 '상법 시행령'에서 이를 제한하는 것은 부적절하며 위헌 소지도 있다"면서 "해외 입법 사례로 소개된 영국의 경우도 권고 사항일 뿐 재직 연한과 관련해 선진국의 유사 입법 사례는 찾아보기 어렵다"고 밝혔다. 개선 안에선 사외이사 자격 제한 기간도 강화됐다. 상장회사의 계열회사에서 최근 2년 이내에 상무에 종사하는 이사 집행이사 감사 등은 사외이사가 될 수 없는데, 2월부터 2년이 3년으로 늘어난다.

　　사외이사 자격 요건 강화와 더불어 여성 등기임원 의무화도 기업들에는 부담이다. 최근 자산 총액 2조원 이상 상장법인의 여성 등기임원을 의무화하는 자본시장법 개정안이 본회의를 통과했다. 시행일은 오는 7월로 예상된다. 이 법은 총자산 2조원 이상 상장사 이사회에는 여성을 1명 이상 포함하도록 규제했다.

　　여성 등기임원 의무화의 경우 공시 의무나 사유 미 충족 시 불이익은 없다. 하지만 국민연금이나 의결권 행사 기관들이 이를 문제 삼아 압박하는 수단으로 사용할 수 있다. 한국거래소도 기업 지배구조보고서 공시처럼 등기임원 여성 비율을 공시사항에 포함시킬 가능성도 있다. NH투자증권에 따르면 2018년 말 기준 자산총액 2조원 이상 상장기업 200곳 이사회는 평균 6.8명의 등기임원으로 구성됐으며 이 중 여성은 0.2명(2.5%)에 불과하다.

한편 상법 시행령 개정안에 따르면 주총 소집통지 시 사업보고서 등 제공 의무화는 내년 1월부터 시행된다. 법무부 관계자는 "주주가 사업보고서 등 충분한 정보에 기초해 주총에서 의결권을 행사하도록 하기 위한 것"이라고 밝혔다. 하지만 상장사들은 주총 소집 통지 시 사업보고서 등 통보 의무화 자체에 반대한다. 상장회사협의회 관계자는 "주총 전 사업보고서를 첨부할 경우 현행 자본시장법상 사업보고서 제출 기한과 외부감사법상 감사보고서 제출 기한 등 법률에서 규정하고 있는 사항과 배치된다"고 밝혔다.

12월 결산 상장사 대부분은 주총과 관계없이 3월 말께 사업보고서를 제출하고 있다. 상장회사협의회 관계자는 "재무제표 승인이나 정관 변경, 임원 선·해임은 주총 의결 결의 사항"이라며 "주총 소집 통지 시 사업보고서를 첨부하면 이 같은 내용은 보고서에 빠지게 되고 사업보고서 공시 내용을 사후 정정해야 하기 때문에 중복 보고 문제도 야기된다"고 전했다.

여성 이사 할당을 시행한다는 것이 얼마나 현실적으로 가능할지에 대해서는 의문이 있다. 사내/사외이사를 구분하지 않고 여성 이사를 할당한다는 정책이므로 기업이 이 조건을 만족시키기 위해서는 기업 내의 고위급 직군에 있는 여성의 숫자를 고려하면 특히나 제조업의 경우는 아마도 사외이사 쪽에서 이 제도를 해결하는 것이 더 용이할 것인데, 기업의 사외이사 풀도 매우 제한된 풀이어서 적임인 여성을 갖는 것이 얼마나 용이한 것인지는 의문이다. 오히려 이러한 제도를 억지로 운영하는 것이 순기능보다는 역기능이 나타날 수 있다. 미국에서의 소수 민족이나 여성의 고용, 대학교 입학 등의 정책에서도 오히려 역차별 등의 여러 가지 복잡한 이슈가 性이나 인종간의 불신과 이해 상충을 초래한 점을 고려하면 여성의 사회 참여와 공평한 기회 보장이라는 대의에서 출발한 정책이기는 하지만 생각만큼 집행이 쉽지만은 않은 내용이다.

조선일보. 2020.1.20.
자동차 회사도 철강회사도 "여성 이사님 모십니다"

최근 국회는 자산 2조원 이사의 상장법인은 '이사회의 이사 전원을 특정 성의 이사로 구성하지 않아야 한다'는 '자본시장과 금융투자업에 관한 법률' 개정안을 통과시켰다.

이 기업들은 늦어도 2022년 7월까지는 여성 등기이사를 적어도 1명 확보해야 한다. 지키지 않는 기업에 대한 처벌 조항은 없지만, 재계에서는 "이 법을 어길 기업은 단 한 곳도 없을 것"이라고 보고 있다. 한 재계 인사는 "국민 연금이 주주 총회에서 이사 해임 등을 행사할 수 있도록 가이드라인까지 바꿨는데, 어느 기업이 정부 눈 밖에 날 짓을 할 수 있겠나"라며 "국세청, 검찰 등에 많이 시달려온 기업들은 이번 법 통과로 정부가 어떤 메시지를 던질 지 잘 알고 있을 것"이라고 말했다.

금융위원회에서도 "입법 취지에는 공감하지만, 이사회 구성 등은 기업이 자율적으로 결정하는 것이 바람직하다"며 "규제로 접근하기보다는 인센티브 부여 방식으로 접근하는 것이 적절하다"는 의견을 냈다.

해외에서는 이사회 성별할당제를 지키지 않을 경우 상장폐지까지 가능할 정도로 글로벌 트렌트라는 주장도 있다. 여성임원할당제를 최초로 도입한 노르웨이는 이사회 인원이 9명 이상인 경우 남녀 각각 40% 이상의 이사를 두도록 규정하고 있다. 이를 지키지 않으면 조직 개편 의무가 주어지고, 상장폐지까지 가능하다. 스페인은 40% 이상을 할당하도록 했고, 이를 준수한 기업은 정부와 계약시 우선권을 제공하고 있다. 독일은 감독이사회(우리나라 이사회와 비슷) 구성원 30%를 여성에게 할당하도록 했다. 미국 캘리포니아주는 캘리포니아에 주된 사무실을 둔 상장사는 여성 이사를 1명 이상 뽑도록 했다. 내년 말까지는 이사회 규모가 6명 이상인 경우 3명의 여성 이사를 둬야 하면, 위반시 벌금을 부과받을 수 있다.

외국과 같이 여성의 사회 참여가 활발한 경우는 충분히 이해할 수 있지만 우리의 경우와 같이 여성의 사회 참여가 최근의 시류이며 아직 임원급에 근접한 여성의 숫자가 남성과 비교하여 매우 적은데도 불구하고 이러한 정책을 강제함은 조금 시기상조라는 판단을 할 수 있다.

매일경제신문. 2020.1.29.
임원 부실기업 경력도 공개하라는 정부 … 상장사 "해도 너무해"

상장사 주주총회 준비에 비상이 걸렸다. 정부가 상법 시행령에 이어 '증권의 발행 및 공시 등에 관한 규정(증발공)'으로 기업들을 옥죄려고 해서다. 올해 주총부터 임원 보수 실제 지급액과 사외이사 후보자 직무수행계획서, 임원 후보 추천 사유 등의 공시 서류에 포함된다.

또 증발공 개정안은 임원 선임 시 제공되는 서류 내용이 사실과 일치한다는 후보자 확인 서명도 의무화했다.

한국상장회사협의회는 임원 후보자 세부 경력 기재 등에 대해 반대하는 입장이다. 상장회사협의회 관계자는 "대부분 상장회사가 '주주총회 소집통지'를 공시하고 있는 점을 고려하면, 법률상 임원 자격 제한 요건이 아닌 사항까지 공시하도록 할 경우 과도한 개인정보 침해 소지가 있다"고 전했다.

상장회사협의회에 따르면 코스피와 코스닥 상장사 2019년사 중 1,972개사(97.7%)가 1% 미만 주주에 대한 주총소집통지를 공시로 갈음하도록 정관에 규정하고 있다.

상장회사협의회는 사외이사 후보자가 직접 직무수행계획서를 작성하는 것에 대해서도 비판의 목소리를 냈다. 작성 근거와 사후 책임 관련 내용이 불명확한 후보자의 직무수행계획서 공시의무는 사외이사의 소극적 업무 수행을 야기할 수 있다는 논리다.

상장회사협의회 관계자는 "사외이사 특성상 주총에서 선임되기 이전엔 향후에 수행할 직무를 모두 인지해 계획서를 작성할 수 없다"며 "계획서상 직무를 수행하지 못하면 이에 따른 책임을 회피하기 위해 사외이사 스스로 직무 범위를 최소한으로 설정하는 부작용도 우려된다"고 말했다.

현재 사외이사는 주총 소집 결의 시 사외이사 자격 요건 적격확인서를, 회사는 정기주총 결과 공시 시 사외이사 자격요건확인서를 제출하고 있다.

한편 증발공 개정안엔 감사 관련 논의 사항 공시와 근로자 현황 공시 신설도 포함됐다. 두 규정 시행 시기는 올해 제출하는 사업보고서부터다. 개정안에 따르면 내부 감사기구와 외부 감사를 맡은 회계법인 간 주요 논의사항도 사업보고서에 기재해야 한다. 금융위 관계자는 "연중 상시 감사를 유도하기 위해 주요 회계 이슈와 관련된 내부 감사기구와 외부 감사인 간 논의도 투자자에게 제공할 예정"이라고 전했다.

이에 대해 상장회사협의회 측은 "주요 회계 정보엔 기업 내부 정보 등이 담길 수 있다”며 “해당 정보에 대한 회사 감사 (또는 감사위원)와 외부 회계감사인의 면담 내용을 공시하도록 하면 기업의 중요 정보가 유출될 가능성도 제기된다”고 말했다.

1년 만에 새로운 저술을 간행할 수 있어서 매우 기쁘다.

정년을 5년 남기니 이제는 어느 정도 교수생활을 정리해 가면서 살아 나가야 한다는 생각을 하게 되면서도 공부는 평생 하는 것이며 일부 명예교수님들은 정년 이후에도 맡겨진 영역에서 활동하시는 것을 보면서 앞으로 어떻게 살아가야 하는지에 대한 고민을 하게 된다.

모든 제도에는 장단점이 있으며 완벽한 제도란 있을 수 없다. 고민 끝에 외감법이 대대적으로 개정되었고 이 제도가 잘 정착하도록 최선을 다해야 한다.

요즘 부쩍 내게 배우는 학생들이 있으니 교수가 있다는 생각을 하게 되어 특히나 학생들에게 고맙다는 생각이 든다. 내게 배우는 학생, 동료 교수, 같이 일하는 교직원 선생님들에게 항상 감사한다. 더불어 같이 할 때 이 모든 것이 가능하다고 생각하게 된다. 회계정보와 회계감사가 잘 정착되어서 우리 기업들이 투명하게 정보를 전달하는데 도움이 되었으면 하는 바람이다.

우리가 흔히 사회가 너무 투명해져서 사는 재미가 없다는 얘기들도 하게 되지만 이는 비정상이 정상이 되는 과정에 불과하다.

시리즈로 회계제도, 정책과 관련된 이후, 이 서적이 10번째 저술이다. 2018년 저술로 2008년, 2010년에 이어 세 번째로 학술원 사회과학부문 우수 도서로 선정이 되었으니 사회에 보탬이 되는 일을 하고 있다는 생각을 하게 된다. 또한 간혹 저자의 저술로 수업을 진행하고 있다는 얘기를 듣거나 회계 시사적인 이슈를 학습할 때, 저자의 저술이 도움이 된다는 얘기를 듣게 되면 흐뭇하다. 무엇인가 계속 사회에 보탬이 되고 가치가 있는 일을 하고프다.

2020년 4월

손성규

감사인연합회. 2019.5.28. 국회

경제개혁연대. 2020.1.20. 삼성 이재용 파기환송심 4차 공판에 대한 논평

권재열. 2019.2.19. 상법상 내부 감사제도 개관. 한국감사인연합회

더벨. 2019.3.20. 신한지주, 확 바뀐 사외이사 후보 추천 경로

매경이코노미. 2014.3.5.−11. 의미 없는 재계 순위 발표 중단하자.

매경이코노미. 2018.12.12.−12.18. 총수 일가, 등기이사 아닌데 경영좌지우지

매경이코노미. 2019.1.23.−1.29. 삼정, '중소회계법인 못 믿어' …

매경이코노미 2019.8.7.−13. SK, 임원제 중심 개편 '상무 전무직 없앤다'

매경이코노미. 2019.9.18.−9.24. 현대차 인사혁신 … 과장 이상 '책임매니저'

매경이코노미. 2019.10.9.−10.15. 삼성전자 감사인 누구? 빅4 판도 '흔들'

매일경제신문. 2010.4.21. 회계법인 감사보고서 못 믿겠네. '적정의견' 반년새 '의견 거절'로 뒤집기도

매일경제신문. 2010.7.19. IFRS로 모자 회사 감사인 다를 땐 혼선

매일경제신문. 2014.2.21. KDB대우증 중징계. 금감원, 중 고섬 관련 '기관경고' 2명 정직

매일경제신문. 2015.3.20. 대우인터내셔널, KT&G, 동서 감사 시간 짧아 부실 가능성

매일경제신문. 2016.3.29. 카카오는 재벌 … 네이버는 중견기업? 시대 뒤떨어진 대기업집단 지정 요건

매일경제신문, 2018.3.22. 기업 내부회계관리제도 부실 운영 땐 임직원 해임 권고 직무 정지 등 강력 제재

매일경제신문. 2018.5.8. "행정소송가면 삼성 승소할 수도"

매일경제신문. 2018.5.9. 기업들, 신용등급 취사 선택 못한다.

매일경제신문. 2018.5.14. 금감원, 삼성물산 정밀감리

매일경제신문 2018.7.10. 현대글로비스, 해외 설명회에 주주권익 보호 사외이사 참여

매일경제신문. 2018.7.26. "공공부문 감사공영제 도입을"

매일경제신문. 2018.10.20. '정책 회계기준 변경' 겹호재 … 통신 주 파란불

매일경제신문. 2018.11.6. 변경 매출 영향

매일경제신문. 2018.11.19. 감사위원 분리 선임 입법 땐 세계 최초의 사례

매일경제신문. 2018.11.22. "삼바 가치보고서 내부용 금융당국 감리대상 아냐"

매일경제신문. 2018.12.27. 포스코건설 분식 의혹 … 금감원, 내달 감리할 듯

매일경제신문. 2019.1.22. 검경조사 등 의혹만 있어도 …

매일경제신문. 2019.1.23. 삼성바이오 '증선위 제재' 당분간 올스톱

매일경제신문. 2019.1.23. 표준감사시간 1.5배만 늘리기로

매일경제신문. 2019.1.25. "할 수 있는 게 없는데 … " 수탁위 많았던 까닭

매일경제신문. 2019.1.30. 우군 없는 '국민연금 경영참여'

매일경제신문. 2019.2.1. "코리아디스카운트, 회계개혁으로 넘어야"

매일경제신문. 2019.2.7. 합작기업의 지배구조와 삼성바이오 이슈. 이동기

매일경제신문. 2019.2.8. 저배당 남양유업에 국민연금 '경고장'

매일경제신문. 2019.2.9. 국민연금, 오너 견제 이어 저배당도 정조준

매일경제신문. 2019.2.9. 국민연금의 강수.. 주총 전 안건 찬반 공개

매일경제신문. 2019.2.9. KCGI, 한진 감사 선임도 무산될 듯

매일경제신문. 2019.2.12. 남양 "대주주 이득 가장 커" 배당 확대 거부 … 국민연금
    망신살

매일경제신문. 2019.2.12. 한진칼이 금융업? 제 업종 찾는 지주사

매일경제신문. 2019.2.15. "외부감사시간 증가율 제한" 한공회, 표준감사시간제 확정
    자산 200억 미만 중기는 배제

매일경제신문. 2019.2.18. 감사보수 과다 인상 회계법인

매일경제신문. 2019.2.18. 한진칼 직접 투자 1주도 없이

매일경제신문. 2019.2.18. '국민 집사' 국민연금 … 자신의 집사에는 권한 안줘

매일경제신문. 2019.2.18. 감사보수 과다 인상 회계법인 금감원이 법인 징계 나선다.

매일경제신문. 2019.2.18. 한진칼 직접 투자 1주도 없이

매일경제신문. 2019.2.19. 교보생명 경영권 '위기' FI,<재무적투자자>, 이달 손배
    중재신청

매일경제신문. 2019.2.20. "배당 너무 많다" S&P, SK E&S 신용전망 낮춰

매일경제신문. 2019.2.21. SK, 투명한 지배구조로 '사회적가치' 실현 드라이브

매일경제신문. 2019.2.26. 삼성전자 이사회 독립성 강화,

매일경제신문. 2019.3.5. "사업보고서 점검 때 사회적 책임 살필 것"

매일경제신문. 2019.3.12. '비적정감사의견' 받아도 1년간 상장유지 … 이듬해 한 번
    더 기회

매일경제신문. 2019.3.12. 관리종목 상폐 사유 벌써 23곳

매일경제신문. 2019.3.13. "억울한 상장 폐지 막겠다"

매일경제신문. 2019.3.13. 공공기관 감사, 매년 평가해 물갈이한다.

매일경제신문. 2019.3.22. 아시아나 주식 거래정지

매일경제신문. 2019.3.23. 아시아나의 항변

매일경제신문. 2019.4.8. 소송 이기고 신차는 씽씽 기아차, 달릴 일만 남았네

매일경제신문. 2019.4.10. 회계의견 엇갈릴 땐 증선위가 유권해석

매일경제신문. 2019.4.13. 코스닥 내부회계관리 경고 등 … 6곳 비적정

매일경제신문. 2019.5.11. "회계사 증원보다 감사 보조 인력 늘려야"

매일경제신문. 2019.5.13. 이사회 주총 있는데 … 총수 따로 지정하라는 한국

매일경제신문. 2019.5.14. '증선위 제재 효력 정지' 삼성바이오 2심도 인용

매일경제신문. 2019.5.21. 김상조 "대기업 총수 지정 제도 개선"

매일경제신문. 2019.5.22. SK '사회적 가치' 첫 측정 … 매년 실적처럼 외부 공시

매일경제신문. 2019.6.4. 기업지배구조 지표 15개

매일경제신문. 2019.6.5. 재계 "지배구조 평가지표, 현실과 괴리"

매일경제신문. 2019.6.6. KCGI, 이번엔 한진칼 차입금 사용내역 공개 압박

매일경제신문. 2019.6.20. 아파트 학교도 회계투명성 높인다

매일경제신문. 2019.6.25. 코스피 250기업, 회계 감사위원 부족

매일경제신문. 2019.6.28. 스튜어드십 담당자 겨우 3~6명 … 80%는 공시 안 해

매일경제신문. 2019.7.5. "주식 손실 때도 세금부과 증권거래세법 폐지 추진"

매일경제신문. 2019.7.6. 국민연금 위탁 주식 54조원

매일경제신문. 2019.7.9. "포스코 주가 높이자" IR 나선 사외이사들

매일경제신문. 2019.7.9. 내년부터 '기업회계 감시' 2배 촘촘하게

매일경제신문. 2019.7.16. 최대주주 '상속세 할증률' 낮춘다.

매일경제신문. 2019.7.18. "삼바 분식회계 근거 없는데 … 과잉수사로 적법절차
　　위반"

매일경제신문. 2019.7.22. 법원 "범죄성립 다툴 여지" … 삼바 분식회계 수사 제동

매일경제신문. 2019.7.26. 감사인 지정제 앞두고 … 회계법인 25곳 합병열풍

매일경제신문. 2019.8.1. 실적도 미래도 캄캄한데 억지로 배당늘린 기업들

매일경제신문. 2019.8.2. 반기보고서 마감 임박 … 상장폐지 주의보

매일경제신문. 2019.8.13. 충당금이 발목, 잇단 '실적 쇼크'

매일경제신문. 2019.8.16. SK, 독 바스프 등과 손잡고 사회적 가치 국제표준 만든다.

매일경제신문. 2019.8.17. "GE 380억 달러 역대급 회계부정" … '제2의 엔론 그림자'

매일경제신문. 2019.8.19. "이사회 무리한 차입에 주주손실"

매일경제신문. 2019.8.21. "주주이익, 기업 최우선 목표 아니다"…미 CEO 181명 성명

매일경제신문. 2019.9.17. 회계법인 손배한도 늘렸다.

매일경제신문. 2019.9.19. "자본주의 리셋"… 개혁 깃발 든 FT

매일경제신문. 2019.10.1. 감사인 비용 부담되면… 재지정 요청 가능해진다.

매일경제신문. 2019.10.3. 마음 통한 최최 … SK 사회적 가치–포스코 기업 시민 손 잡아

매일경제신문. 2019.10.4. 회계사 배우자가 다니는 기업도 감사업무 가능하도록 규제 푼다.

매일경제신문. 2019.10.8. 재감사 대신 회생법원 택한 상폐위기 기업들

매일경제신문. 2019.10.11. NH증, 'ESG 리포트' 국내 증권사 최초 발간

매일경제신문. 2019.10.11. 경영참여 해 놓고 … 한진칼 단타친 국민연금

매일경제신문. 2019.10.14. 상장폐지 확정 기업들, 마지막 희망은 법원?

매일경제신문. 2019.10.16. 삼성전자 회계감사 '삼일 → 안진'

매일경제신문. 2019.10.16. 본사는 안진, 해외법인은 PWC … 감사혼란 예고

매일경제신문. 2019.10.16. 대우조선 망치고 삼성전자 꿰찼다 … 안진 적정성 논란

매일경제신문. 2019.10.17. '삼바' 증선위 1 2차 제재

매일경제신문. 2019.10.28. 아시아나 "매각주간사 EY한영, 감사인 부적절"

매일경제신문. 2019.10.22. 아시아나 이번엔 '회계악재' "기준 변경에 이익 1,600억 ↓"

매일경제신문, 2019.11.13. 국민연금 경영 개입 이사해임까지 추진

매일경제신문. 2019.11.13. 정부, 연구용역 반대에도 이사해임 강행 … 재계, 연금사회주의 우려

매일경제신문. 2019.11.23. 250개 법인 중 60% 우선 교체

매일경제신문. 2019.11.25. 중소회계법인 10곳 감사인 추가등록

매일경제신문. 2019.12.28. 국민연금의 경영개입 노동계 요구만 수용

매일경제신문. 2019.12.31. 상장사 '감사보고서 정정' 3년 새 3배 증가

매일경제신문. 2020.1.10. 감사인 이견 땐 '제3자가 협의회' 조율

매일경제신문. 2020.1.15. '사외이사 임기 제한' 강행

매일경제신문. 2020.1.18. 법원 "준법감시안 제대로 시행되는지 볼 것"

매일경제신문. 2020.1.23. 감사인 지정 받은 기업 '급증'

매일경제신문. 2020. 1. 29. 임원 부실기업 경력도 공개하라는 정부.. 상장사 "해도 너무해"

문화일보. 2019.2.8. 힘세진 의결권 자문사, 공정 전문성 못 믿겠네.

문화일보. 2019.2.14. 기업 표준감사시간, 전년보다 30% 넘지 않게 한다.

문화일보. 2019.2.27. 사외이사 독립성 확보 '미흡' 사추위내 오너 일가 기업 24곳

문화일보. 2019.11.18. 금융당국, 내년 공인회계사 1100명 이상 선발한다.

문화일보. 2019.12.5. '기업 사외이사 임기 통제' 위헌이다.

문화일보. 2020.1.9. 삼성 '준법감시위' 외부 위원 중심 독립적 설치

박성배. 2019.8.28. 감사(위원회)의 재무보고 감독. 감사위원회 포럼

박종성. 2019a.1.25. 감사인교체와 재무제표 재작성. 원칙중심 회계와 회계감사. 한국회계학회. 원칙중심회계 구현 방안 제2차 세미나

박종성. 2019b.10.23. 주기적 지정제 등 감사인 선임제도. 한국회계학회

박종성, 최기호. 2001. 차별적 감사수요와 자발적 감사인 교체. 회계학연구.

박종일, 남혜정. 2014. 전기 비적정 감사의견이 감사인 교체 방향과 이익 조정에 미치는 영향: 비상장기업의 의견구매. 회계학연구

삼정회계법인. 2019.5.14. 감사위원회지원센터 세미나

삼정회계법인. 2019. Audit Committee Outlook, 삼정KPMG ACI

서울경제신문. 2008.2.22. 외감법 개정안 통과

손성규. 2006. 회계감사이론, 제도 및 적용. 박영사.

손성규. 2009. 수시공시이론, 제도 및 정책. 박영사.

손성규. 2012. 금융감독, 제도 및 정책―회계 규제를 중심으로. 박영사.

손성규. 2014. 회계환경, 제도 및 전략. 박영사.

손성규. 2016. 금융시장에서의 회계의 역할과 적용. 박영사.

손성규. 2017. 전략적 회계 의사결정. 박영사.

손성규. 2018. 시사적인 회계이슈들. 박영사.

손성규. 2019. 회계 문제의 대응과 해법. 박영사.

손성규, 배창현, 임현지. 2017. 계속기업의견이 감사인 교체에 미치는 영향. 회계 세무와 감사연구.

손성규, 이호영, 조은정, 박현영. 2016.10. 공인회계사 적정 선발 예정 인원에 관한 연구. 2016. 회계저널.

송창영. 2019.12.2. 회계 관련 자본시장 제재조치와 투자자에 대한 영향. 회계개혁은 계속되어야 한다. 전경련회관, 한국회계학회 세미나

엄재용. 2019.12.2. 해외 사례로 살펴본 재무제표 재작성. 회계개혁은 계속되어야 한다. 전경련회관, 한국회계학회 세미나

양준권. 2019.10.17. 감사(위원회)가 해야 할 10가지 질문. 감사위원회 포럼

연강흠, 이호영, 손성규. 2018. 기업지배구조의 모든 것. 클라우드나인.

이상돈. 2007. 부실감사론 이론과 판례. 법문사

이종운. 2015.12.10. 우리감사 내부감사의 현재와 미래. 창조사회투명성을 위한 내부 감사의 품격혁신전략' 한국감사협회

이준철. 2019. 전력그룹사 감사업무 현황과 개선방향 모색. 연세대학교 미발표 논문.

이코노미스트. 2019.5.27. 경영참여 목적의 행사 기준 모호해 혼선

이코노미스트. 2019.10.7. 두산중공업 부정 적발 감사 필요

이코노미스트. 2020.1.6. 노조에서 임원 2명 고발...꼬이고 또 꼬여

전홍준. 2019.12.2. 재무제표 정정 공시 동향 및 원칙 중심의 회계제도 하의 감독사례. 회계개혁은 계속되어야 한다. 전경련회관, 한국회계학회 세미나

조선일보. 2011.9.29. 금융당국, 저축은 구조조정 적당히 하려다 허 찔렸나

조선일보. 2017.9.4. "이해진은 총수"지정에 … 네이버, 행정소송 검토

조선일보. 2018.2.7. 친여 성향 위원들이 '경영 참여' 밀어 붙여 … "정치적 결정" 지적

조선일보. 2019.1.3. 삼성준법감시위, 사장급 규모로 꾸릴 듯

조선일보. 2019.1.23. 법원 "다수의 전문가, 삼바 회계처리 문제없다 판단"

조선일보. 2019.1.23. 미등기임원 연봉 공개, 사내이사 출석 체크

조선일보. 2019.1.25. "대한항공에 경영 참여하려면 국민연금, 100억 토해내야 가능"

조선일보. 2019.1.25. "삼바의 가처분 신청 인용 … 증선위 결정 무리수였다는 의미"

조선일보, 2019.2.2. 국민연금, 한진칼에 경영 참여 결정

조선일보. 2019.2.7. 삼바 내부 제보자 진술 '신빙성 논란'

조선일보. 2019.2.9. 국민연금 다음 타깃은

조선일보. 2019.2.14. 한진, 경복궁옆 호텔 부지 팔고 … 한진칼 배당 순이익의 50% 까지 늘리기로

조선일보. 2019.2.14. KB, 신한에 일부러 1위 내줬나

조선일보. 2019.2.21. 최태원,SK(주) 이사회 의장에서 물러난다.

조선일보. 2019.3.20. 풋옵션이 뭐길래 … 교보생명 '백기사' 소송 벌이나

조선일보. 2019.3.22. "강성부펀드, 한진칼 주총서 제안할 자격 없어"

조선일보. 2019.3.27. '회계 파문' 아시아나, 29일 유동성 위기 1차 고비

조선일보. 2019.4.3. 자본인가 빚인가 … 30조 영구채 논란

조선일보. 2019.4.23. 삼바 아시아나 사태로 … 기업 회계법인 갑을관계 바뀌었다.

조선일보. 2019.4.30. '삼바' 분식회계 증거인멸 혐의

조선일보. 2019.5.24. 조심하세요, 공시 후 감사보고서 고치는 기업 늘어

조선일보. 2019.7.20. 회계사가 비리 저질렀어도 그가 만든 감사보고서는 유효하다?

조선일보. 2019.8.20. 만년 적자 철도공사, 4,000억 분식회계로 흑자 둔갑

조선일보. 2019.8.21. 미국식 주주 자본주의 시대의 종언?

조선일보. 2019.8.23. "알 권리보다 기업 기밀 중요" 법원, 삼성전자 정보 공개 제동

조선일보. 2019.9.6. 5%룰까지 바꿔가며 국민연금의 기업 개입 정부가 길 터줬다.

조선일보. 2019.9.18. 법으로 안 되니 시행령 바꾸는 정부 … 기업들 공포

조선일보. 2019.9.19. 공직자도 아닌데, 임원 전과까지 공개 … 기업 잡는 시행령

조선일보. 2019.9.30. 성과급 4,960억원 실적 부풀려 뿌리고선

조선일보. 2019.10.12. 국민연금은 '단타족'

조선일보. 2019.12.27. 수출입은행, 노조에 사외이사 자리 준다.

조선일보. 2019.12.28. 국민연금 뜻대로 기업 손본다.

조선일보. 2019.12.28.1심 판결도 전에 … 국민연금, 배임으로 이사해임 요구 가능

조선일보. 2020.1.20. 자동차 회사도 철강회사도 "여성 이사님 모십니다"

중앙일보. 2019.2.16. 삼바사건과 무시된 회계 전문가의 견해. 최종학

중앙일보. 2019.3.23. "충당금 문제로 적자 946억 불었다" … 아시아나항공 주식 거래정지

중앙선데이. 2017.9.17.−9.18 노조 소송 없어도 회계 장부엔 충당부채 미리 올려야

최준우. 2019.6.18. 한영회계법인 세미나.

한겨레신문. 2005.6.15. 김우중 감독의 '세계 최대 41조 회계조작' 사건

한경비즈니스. 2020.1.20.−2.2. 27년 만에 나온 삼성의 셋째 '준법 경영' 카드

한국공인회계사회, 2019.2.11. 표준감사시간 공청회.

한국경제신문. 2003.2.28. [2003 주총소식] LG산전

한국경제신문. 2006.1.31. 모든 회계법인 금융사 감사 가능, 공정위, 경쟁 막는 규제 손질

한국경제신문. 2016.6.2. '감사전 재무제표' 안 낸 상장사 금융당국, 100여 곳 무더기 적발

한국경제신문. 2011.1.11. 공적연금 충당금, 정부부채 제외 논란. 재정부 2011 회계부터 적용

한국경제신문. 2014.3.5. 위기의 국민은 … 경영권 감사권 '정면 충돌'

한국경제신문. 2014.8.26. 중국 고섬 상장 폐지 손해 물어내라. HMC IBK 증권, 대

우증에 소송

한국경제신문. 2014.10.14. 한국 경제신문, 구멍난 금감원 '감리 그물망'

한국경제신문. 2015.9.23. 대우증권－한영회계법인 '중국 고섬 분식' 놓고 법정다툼

한국경제신문. 2016.4.15. 감사보수 가장 짠 SKC

한국경제신문. 2016.4.18. 배당 100% 늘려도 '반대' 상장사 "국민연금 판단기준 뭐냐"

한국경제신문. 2016.5.25. '부실회계' 뒤늦게 시인하고 세금＜법인세＞ 2,300억원 돌
　　려 받는 대우조선

한국경제신문. 2016.6.2. '감사전 재무제표' 안 낸 상장사 금융당국, 100여 곳 무더기
　　적발

한국경제신문. 2016.10.12. 줄줄 새는 노조비.. 회계 비리 막는다.

한국경제신문. 2017.4.18. 신규상장사, 첫해 감사인 금융당국이 지정

한국경제신문. 2017.11.1. 총수 부재 삼성전자 '주주 포퓰리즘'에 빠져드나

한국경제신문. 2018.3.27. 공무원 연금 부채 급증 탓 작년 국가 빚 1,500조 넘었다.

한국경제신문. 2018.3.28. 거래소, 한솔피엔에스, 한솔인티큐브에 '감사의견 비적정
　　설' 조회요구

한국경제신문. 2018.3.29. 주총 안건 부결, 이달에만 50곳

한국경제신문. 2018.4.9. "회계법인 강제 교체 안 당하려면 금감원 감리 받아라"

한국경제신문. 2018.4.30. 공정위 '아파트 감사' 회계사회 검찰 고발 논란

한국경제신문. 2018.5.9. 기업들 '신용등급 쇼핑' 못한다.

한국경제신문. 2018.5.16. '삼바 감리위'의 뜨거운 감자 '안진보고서'

한국경제신문. 2018.5.26. "표준 감사시간제, 적용 대상 점진적으로 늘려야"

한국경제신문. 2018.6.5. "몸집 켜져야 일감 늘어난다."

한국경제신문. 2018.7.7. 대기업 지정 기준, GDP의 0.5%로 연동

한국경제신문. 2018.9.12. "2018년을 1900년대 틀로 들여다보는 꼴"

한국경제신문. 2018.9.14. 카드사 순익 32% 줄었는데 51% 늘었다고?

한국경제신문. 2018.10.1. 정부 CPA 선발인원 확대 추진에 회계업계 "증원 안 된다."

한국경제신문. 2018.11.25. 세례 유례없는 감사위원 분리 선출

한국경제신문. 2018.12.11. 기업 스스로 회계오류 정정 기회 준다.

한국경제신문. 2018.12.21. 내년부터 상장사 감사 시간 2배로

한국경제신문. 2019.1.5. KCGI, 한진 한진칼 감사 자리 노린다.

한국경제신문. 2019.1.8. 우리금융, 새 감사인 '삼일' 낙점

한국경제신문. 2019.1.12. "감사시간, 회계사가 정할 사항" vs "무차별 연장, 기업 부담"

한국경제신문. 2019.1.17. '회계감사보수 폭탄' 맞는 기업들

한국경제신문. 2019.1.18. "상장절차 시한 쫓겨 실효성 없다" 지적에 … 금융당국, IPO 사전 감리 폐지 검토

한국경제신문. 2019.1.21. 금융위 "표준감사시간 강제 규범 아니다" 제동

한국경제신문. 2019.1.21. '2012년 삼바 연결회계'가 정당하다.

한국경제신문. 2019.1.23. 법원 "학계도 회계처리 적법 판단" … 1심 앞둔 삼바, 일단 한숨 돌려

한국경제신문. 2019.1.23. "표준감사시간, 자산 2조 상장사에 우선 적용"

한국경제신문. 2019.1.24. '한진그룹 적극적 주주권 행사' 일단 제동

한국경제신문. 2019.1.28. 금융당국, KAI '분식회계' 심의착수

한국경제신문. 2019.1.31. '고의적 분식회계 혐의' KAI 과징금 80억, 임직원 고발 '중징계'

한국경제신문. 2019.2.1. "표준 감사시간, 기업들과 합의가 중요"

한국경제신문. 2019.2.15. 시간상한 도입 … 표준감사제 논란 속 확정

한국경제신문. 2019.2.15. 과도한 배당은 독 … '마법의 탄환'에 총 맞을 수도

한국경제신문. 2019.2.15. 예금금리보다 높아진 배당수익률 … '순이익 2배' 배당으로 쏜 기업도

한국경제신문. 2019.2.19. 현대차, 30년 만에 감사인 '교체'

한국경제신문. 2019.2.19. 내년 '감사인 지정제' 앞두고 폭풍 전야

한국경제신문. 2019.2.20. 삼성바이오, 증선위 1차 제재도 효력 정지

한국경제신문. 2019.2.20. 국세청, 공인회계사회와 '회계부정 정보 공유'

한국경제신문. 2019.2.21. 최태원 회장, SK(주) 이사회 의장서 물러난다.

한국경제신문. 2019.2.25. "삼바 사태 남 일 아니다" … '회계 권위자' 모시는 기업들

한국경제신문, 2019.2.26. 수자원공, 오늘 이사회

한국경제신문. 2019.2.26. 노조가 이사회서 의견 발언 … "기득권 세력에 칼자루 쥐어주나"

한국경제신문. 2019.2.26. 신외감법 여파 … "무더기 상장폐지 막아라."

한국경제신문. 2019.3.1. 이달 한진칼 주총 안건에 KCGI 주주제안 올라간다.

한국경제신문. 2019.3.5. 금감원, 특례상장기업 '실적 전망치 뻥튀기' 여부 점검

한국경제신문. 2019.3.11. "분식회계 최종 판결 안 나왔는데 …"

한국경제신문. 2019.3.14. '삼바' 분식회계 내부고발자에 억대 포상금

한국경제신문. 2019.3.21. 금감원 "영구채는 부채로 봐야" 30조어치 발행한 기업들

'발칵'

한국경제신문. 2019.3.21. 금융위, '감사의견 비적정 기업' 상장폐지 1년 유예

한국경제신문. 2019.3.22. '감사의견 비적정설'에 휘말린 아시아나

한국경제신문. 2019.3.23. 아시아나-삼일 '회계처리' 놓고 이견 …재무구조 개선에 도 '빨간불'

한국경제신문. 2019.3.25. 아시아나, 재감사 협의 착수 …"주총 전 '적정' 보고서 제 출할 것"

한국경제신문. 2019.3.26. '회계쇼크' 벗은 아시아나

한국경제신문. 2019.3.26. 아시아나, 신용 하락 채권 상환 압박 해소될 듯

한국경제신문. 2019.3.27. '급한 불' 끈 아시아나 …부채비율 600%대로 막아

한국경제신문. 2019.3.30. 아시아나 2대주주 금호석유 '감사쇼크' 불똥 튈라

한국경제신문. 2019.3.30. 감사의견 '적정'에도 내부통제 '낙제점' 받는 상장사 늘어

한국경제신문. 2019.3.31. '퇴출' 모면 위해 법정관리 신청 속출할 듯

한국경제신문. 2019.4.23. '영구채 회계처리' 난기류 만난 대한항공

한국경제신문. 2019.5.3. 내부회계 '비적정' 의견 받은 상장사 56곳…"투자 조심"

한국경제신문. 2019.5.3. 삼성바이오로직스 수사 진실게임 회계사들 콜옵션 존재 정 말 몰랐나?

한국경제신문. 2019.5.9. 보유주식 관련 IFRS17 해석 바뀌어.. 삼성생명 '9조 손실' 막았다.

한국경제신문. 2019.5.17. 기업감사위원 10명 중 2~3명이 관료 출신

한국경제신문. 2019.5.24. 공정위의 총수 지정, 행정편의주의다.

한국경제신문. 2019.6.4. 적자기업도 회계감사 비용 2~3배 뛰어 …중소 상장사들 '악 소리'

한국경제신문. 2019.6.5. 한진그룹 승계 과정 정조준한 KCGI …경영권 공격 본격화 하나

한국경제신문. 2019.6.11. 삼성바이오, 회계분식 여부로 문제 좁혀야

한국경제신문. 2019.6.13. 거래은행 감사 못 맡아 …회계사 "월급통장도 바꿔야 하 나" 혼란

한국경제신문. 2019.6.13. 삼성전자 하이닉스 회계법인 '강제 교체'

한국경제신문. 2019.6.20. 증권사 "IPO사 회계부실 책임지라니 …"

한국경제신문. 2019.6.25. 회계사 채용 전쟁에 다시 불붙은 'CPA 증원' 논란

한국경제신문. 2019.7.25. 검 "삼바 분식회계 혐의 외에 아직 수사해야 할 부분 많다."

한국경제신문. 2019.7.30. 공기업도 내년부터 '감사인 강제 지정'

한국경제신문. 2019.8.1. SK, 사회적 가치 '국제표준' 만든다.

한국경제신문. 2019.8.1. "상장사 회계 재무 전문가 현황 기재 미흡"

한국경제신문. 2019.8.9. 수세 몰린 KCGI, 한진칼 상대 주주대표 소송

한국경제신문. 2019.8.15. '감사의견 거절' 속출 …회계 대란 재연되나

한국경제신문. 2019.8.17. 법원 "감마누 상장폐지 취소" 기업 상폐 취소 소송 첫 승소

한국경제신문. 2019.8.28. "한화, 현대오일뱅크에 85억원 더 줘라"

한국경제신문. 2019.9.18. '주기적 감사인 지정제' 시행 초읽기

한국경제신문. 2019.9.24. 국제회계기준위 "가상 통화, 화폐 금융 상품 아니다"

한국경제신문. 2019.9.26. 국민연금 기금위 정부인사 줄이고

한국경제신문. 2019.10.16. 초유의 기업 감사인 '강제 교체' 실험 …"회계 분쟁 등 혼란 예고"

한국경제신문. 2019.10.23. '2천억 투자손실' 중 고섬사태

한국경제신문. 2019.10.29. 새 내부회계관리 도입 앞두고

한국경제신문. 2019.10.29. 내년 '사외이사 대란' …718명 강제 교체

한국경제신문. 2019.10.29. 사외이사 신상공개 의무화 …전직 관료 교수 이사회 진출 늘어날 듯

한국경제신문. 2019.10.31. 회계 빅4 외부감사 싫다, 바꿔달라

한국경제신문. 2019.11.4. 아시아나 우발채무 매각 '막판 변수'로

한국경제신문. 2019.11.12. 도입 한 달 만에 …금융당국, 감사인 재지정제 손질 검토

한국경제신문, 2019.11.13. KB금융지주 새 외부감사인 삼정KPMG로 최종 '낙점'

한국경제신문. 2019.12.16. "자산 1,000억 미만 상장사 내부회계관리 감사 면제해야"

한국경제신문. 2019.12.17. 상장사 사외이사 임기제한 정부, 시행령 1년 유예할 듯

한국경제신문. 2019.12.28. 주주권 행사지침 강행 처리

한국경제신문. 2019.12.30. 상장사 감사 가능한 회계법인 37곳

한국경제신문. 2020.1.10. 금융당국, 회계분쟁 중징계 안한다.

한국경제신문. 2020.1.18. 삼성준법감시위 진정성 확인 후 형량에 반영하겠다는 재판부

한국경제신문. 2020.1.20. 삼성전자, 국내외 영업조직 수장 대거 바꾼다.

한국경제신문. 2020.1.24. 삼성전자 '준법 경영팀' 법무실에서 분리 …별도 조직으로 키우기로

한국경제신문. 2020.1.30. 삼성 준법감시팀, CEO 직속 조직으로 격상

한국기업지배구조원. 2019. 감사위원회 모범 규준

헤럴드경제. 2018.1.18. [국민연금 주주권 행사] 칼자루 쥔 수탁자책임委 …'감시기
　능' 제대로 할까

황인태. 2019a.6.28. 상장법인 감사인 등록 요건과 감사품질. 세미나. 한국회계학회

황인태. 2019b.10.24. 상장회사협의회. 2019년도 기말감사 및 감사보고를 위한 감사
　(위원)의 효율적 직무수행방안

DeAngelo, L., 1981. Auditor Size and Audit Quality, Journal of Accounting and
　Economics, 183 – 199.

https://en.m.wikipedia.org/wiki/Arthur_Andersen_LLP_v._United_States

Tay, Julia, 2019.6.18. 한영회계법인 세미나. EY APAC public policy leader

YTN, 2019.3.22. 아시아나항공, 감사의견 '한정' … 25일까지 주식 거래 정지

저자약력

손성규

경력:
연세대학교 경영학과 졸업
University of California-Berkeley, MBA
Northwestern University, 회계학박사
뉴욕시립대학교 조교수
미국공인회계사
한국회계학회 상임간사
한국경영학회 상임이사
기획예산처 정부투자/산하기관 경영평가위원
University of Southern California, visiting scholar
한국전력 출자회사/발전자회사 평가위원
금융감독원 감리위원회 위원
한국회계학회 회계학연구 편집위원장
KT재무회계자문단위원
YBM시사닷컴 감사
롯데쇼핑 사외이사/감사위원
회계기준위원회 비상임위원
STX엔진 사외이사
한국거래소 유가증권시장 공시위원회 위원장
한국CFO협회 운영위원
한국회계학회 부회장
기획재정부 공공기관 국제회계기준 도입 자문단
금융위원회 증권선물위원회 비상임위원
국가보훈처 기금운영위원
국제중재재판소 expert witness
국가회계기준센터 자문위원
한국연구재단 전문위원
유니온스틸 사외이사/감사위원
삼일저명교수
서울보증보험 사외이사/감사위원장
KB생명보험 사외이사/감사위원장
한국지방재정공제회 지방회계통계센터 제도연구심의위원회 위원
연세대학교 기획실 정책부실장
연세대학교 재무처장
연세대학교 감사실장
연세대학교 상남경영원장
한국경영학회 이사
한국회계학회장
미국회계학회 Global Engagement Committee member
국회예산정책처 사업평가 포럼 자문위원
한국조세재정연구원, 국가회계재정통계센터 자문위원
제주항공 사외이사/감사위원장
하나로의료재단 감사
삼정회계법인 감사위원회 지원센터 자문교수
한국공인회계사회 심의위원회 위원

현,
연세대학교 경영대학 교수
기업지배구조원, 기업지배구조위원회 위원
기업지배구조원, 등급위원회 위원장
서울의과학연구소(SCL)재단이사회 감사
현대건설기계 사외이사/감사위원장
삼성자산운용 사외이사/감사위원
한국경영학회 부회장

보고서/용역:
기획재정부, 금융감독원, 한국공인회계사회. 코스닥증권시장, 상장회사협의회,
한국거래소, 한국회계기준원, 삼정회계법인, 아이에이취큐, 삼일회계법인, 금융위원회,
리인터내셔널법률사무소, 김앤장, 에머슨퍼시픽, 안진회계법인, 대우조선해양, 삼성바이오로직스,
법무법인 지평, 서울중앙지법 전문가 의견 등

저서:
회계감사이론, 제도 및 적용. 박영사. 2006
수시공시이론, 제도 및 정책. 박영사. 2009
회계정보의 유용성. 권수영, 김문철, 최관, 한봉희와 공저. 신영사. 2판. 2010
금융감독, 제도 및 정책-회계 규제를 중심으로. 박영사. 2012
회계환경, 제도 및 전략. 박영사. 2014
금융시장에서의 회계의 역할과 적용. 박영사. 2016.1
전략적 회계 의사결정. 박영사. 2017.1.
회계원리. 이호영과 공저. 법문사. 14판. 2019
기업지배구조의 모든 것. 연강흠, 이호영과 공저. 클라우드나인. 2018.1
시사적인 회계이슈들. 박영사. 2018.5
회계문제의 대응과 해법. 박영사. 2019.5

논문:
Journal of Accounting and Economics, 회계학연구, 회계저널, 회계·세무와 감사연구, 경영학연구,
증권학회지 외 다수.

수상:
상경대학 우수업적 교수상
한국공인회계사회 최우수논문상
한국공인회계사회 우수논문상
한국경영학회 우수논문상
2008년 학술원 사회과학부문 우수도서 선정
2010년 학술원 사회과학부문 우수도서 선정
2013년 한국회계정보학회 최우수논문상
2018년 대한민국학술원 우수도서 선정. 시사적인 회계이슈

기업 경영에서의 회계의사결정

초판발행	2020년 4월 30일
지은이	손성규
펴낸이	안종만·안상준
편 집	전채린
기획/마케팅	장규식
표지디자인	이미연
제 작	우인도·고철민
펴낸곳	(주)**박영사**
	서울특별시 종로구 새문안로3길 36, 1601
	등록 1959. 3. 11. 제300-1959-1호(倫)
전 화	02)733-6771
f a x	02)736-4818
e-mail	pys@pybook.co.kr
homepage	www.pybook.co.kr
ISBN	979-11-303-0990-3 93320

* 잘못된 책은 바꿔드립니다. 본서의 무단복제행위를 금합니다.
* 저자와 협의하여 인지첩부를 생략합니다.

정 가   32,000원